“十三五”国家重点出版物出版规划项目
中国特色社会主义法学理论体系丛书

法治视野下的政府权力结构和运行机制研究

决策权、执行权、监督权的制约与协调问卷调查数据分析

主　编　薛刚凌
副主编　杨　欣　陈晓勤
撰稿人　（以姓氏笔画为序）
丁　朋　王　峰　王双环　王霁霞
乌兰那日苏　冯　望　朱　渝
伍　昉　张　朋　张　颖　张国平
张昌瑞　孟　倩　郝建臻　胡红茎
倪　菁　徐超华　郭　蕾　常永达

中国人民大学出版社
·北京·

本书系国家社会科学基金重大项目“法治视野下的政府权力结构和运行机制研究——决策权、执行权、监督权的制约与协调”（项目编号：07&ZD029）调查成果

总　序

《中共中央关于全面推进依法治国若干重大问题的决定》高度重视中国特色社会主义法治理论建设，明确提出："中国特色社会主义道路、理论体系、制度是全面推进依法治国的根本遵循。必须从我国基本国情出发，同改革开放不断深化相适应，总结和运用党领导人民实行法治的成功经验，围绕社会主义法治建设重大理论和实践问题，推进法治理论创新，发展符合中国实际、具有中国特色、体现社会发展规律的社会主义法治理论，为依法治国提供理论指导和学理支撑。"在这样的历史和现实背景下，中国法学会决定组织撰写"中国特色社会主义法学理论体系丛书"，全面总结、梳理中国特色社会主义法治建设的实践经验和理论研究成果，提炼出一套具有中国特色的社会主义法学理论并逐步形成相应体系。这对于促进中国特色社会主义法治理论创新，无疑具有重要的理论意义和实践意义。

首先，有助于发展和完善中国特色社会主义理论体系的研究。新中国成立以来，我们党领导人民在治国理政方面开始了艰辛的探索和实践，特别是在改革开放新时期，不断推进马克思主义中国化进程，逐步形成了内涵丰富、思想深刻的中国特色社会主义理论体系，成功地开辟了中国特色社会主义道路，取得了举世瞩目的成就。这些历史无一不证明，中国特色社会主义事业要不断进步和繁荣，就必须始终坚持和发展中国特色社会主义道路和中国特色社会主义理论体系。"中国特色社会主义理论体系"是指包括邓小平理论、"三个代表"重要思想、科学发展观以及党中央治国理政新理念新思想新战略在内的科学理论体系。这个理论体系是包容的、开放的、与时俱进的，不仅继承和发展了马克思主义、毛泽东思想，更凝结了几代中国共产党人带领人民不懈探索实践的智慧和心血，是马克思主义中国化的最新成果，是党最宝贵的政治财富、精神财富，是全国各族人民团结奋斗的共同思想基石。究其具体内容，中国特色社会主义理论体系应是涵盖了历史、经济、政治、文化、法律、社会、生态、军事、党建等各个领域的一系列重大思想理论。其中，中国特色社会主义法学理论体系毫无疑问是中国特色社会主义理论体系的重要组成部分，总结、归纳、提炼、升华新中国成立以来特别是改革开放后中国特色社会主义法治建设的实践成果以及在这个过程中形成的法律思想与法学理论成就，并将其体系化，诚然有助于发展和完善中国特色社会主义理论体系的研究。

其次，有助于推动中国特色社会主义法学理论体系的构建。回顾我国社会主义法治建设的历史进程，我们可以看到，党和国家提出了一系列具有鲜明中国特色和时代特征的法治思想与方针政策，人民群众进行了诸多实践创新，法学法律界开展了丰富深入的研究。正是这些党和国家本土化的依法治国方针政策、人民群众鲜活的法治实践、学者们深厚的理论积淀，构成了中国特色社会主义法学理论体系最为重要、最为基础和全面的内涵。然而现阶段这些资源和智慧还是零散的、片断化的，因而迫切需要我们将其系统地总结、梳理、整合、升华，从而构建出一套外在框架完整、内在逻辑结构严谨的法学理论体系。

再次，有助于推动中国特色社会主义法治建设实践进程。所有的理论都来源于实践，并反过来为实践服务。长期以来，法学界以繁荣法学研究、推动法治建设为己任，把握正确方向，立足中国实际，破解现实问题，开展了卓有成效的研究工作，取得了一大批优秀研究成果，为法治实践提供了可靠的指导。当前，全面建成小康社会已进入决定性阶段，改革已进入攻坚期和深水区。党和国家面对的改革发展稳定任务之重前所未有、矛盾风险挑战之多前所未有，必然需要更加切实有效的理论来引领实践。系统地总结、梳理我国在法治建设过程中积累的实践经验和形成的法学理论，同时合理借鉴国外法学理论成果，提炼出一套符合中国实际、具有中国特色、体现社会发展规律的社会主义法治理论，进而指引实践，必将有力推动其发展进程。

最后，有助于向世界展示中国法学研究的理论成就，提升中国法学在国际学术舞台上的话语权。习近平总书记在哲学社会科学座谈会上指出：“我国是哲学社会科学大国，研究队伍、论文数量、政府投入等在世界上都是排在前面的，但是目前在学术命题、学术思想、学术观点、学术标准和学术话语上的能力和水平同我国综合国力和国际地位还不太相称。”作为哲学社会科学中具有支撑作用的法学学科，在发展过程中也面临着上述问题：民族特色彰显不够，在国际上的声音还比较小，还处在有理说不出、说了传不开的境地，对世界法学的贡献还极为有限。针对这个问题，中国法学法律界应该加强对传统法律文化资源的理论发掘，加强对社会主义法治建设实践经验的理论研究，致力于总结出一批真正富有中国特色、中国气派、中国风格的法学理论成果，为世界法治贡献中国法学智慧，提升其在国际学术舞台上的话语权。

新中国成立以来，中国特色社会主义法治建设取得了丰硕的成果。中国法学学者在阐释研究中国特色社会主义法律制度、法律体系、法治实践等方面也已经积累了相当丰富的经验。撰写“中国特色社会主义法学理论体系丛书”最为重要和最为根本的任务就是总结、归纳、概括和提炼出符合中国实际、具有中国特色、体现社会发展规律的社会主义法学理论。从其内涵来看，这套理论应该包括中国特色社会主义法治基本理论、各部门法理论以及阐释社会主义法治实践中重大问题的专门理论。正是基于这样的考虑，本套丛书收录了三个方面的选题：一是从宏观上阐释中国特色社会主义法治基本理论的著述，二是从不同部门法及其制度角度分别阐释相应部门法理论发展与创新的著述，三是从专题视角阐释社会主义法治建设中重大理论与实践问题的著述。这三个角度的著述，既有理论研究的深厚积淀，又有对实践问题的有力回应，从理论到实践，再从实践到理论，有机结合，互相补充，共同构成一套较为完整的“中国特色社会主义法学理论体系丛书”。

在中国特色社会主义法治建设的历史进程中，我国广大法学法律工作者天地广阔。中国法学会组织撰写“中国特色社会主义法学理论体系丛书”，是希望更多的法学法律工作者积极投身于中国特色社会主义法治理论研究，并能够立足中国、借鉴国外，挖掘历史、把握当代，关怀人类、面向未来，研究形成一套真正具有中国特色、中国风格、中国气派的法学理论体系，引领和指导全面推进依法治国的伟大事业，为统筹推进“五位一体”总体布局、协调推进“四个全面”战略布局、实现“两个一百年”奋斗目标、实现中华民族伟大复兴的中国梦作出应有贡献。

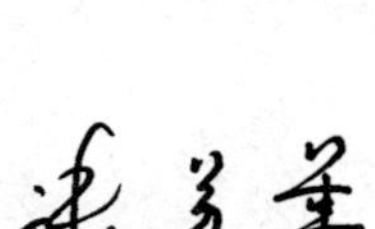

前言

改革开放以来，我国经济社会制度发生了巨大变迁，行政管理体制也经历了全面变革。行政管理体制改革牵引着经济社会的转型，经济社会变革也不断要求行政管理体制作出及时回应。四十多年来，经过八次规模较大的改革和各种局部调整，具有中国特色、与社会主义市场经济相匹配的行政管理体制逐步形成。四十多年的改革塑造了今日之中国行政管理模式，定义了中国道路；而今日之新问题、新阶段又呼唤着新的变革。政府权力结构和运行机制是行政管理体制改革的核心内容，分析其成就与不足，展望未来，将坚定我们改革的信心，也将更好地服务于新一阶段的改革发展。

行政决策权、执行权和监督权分属行政权力运作的三个不同层面，其共同目的在于保证特定行政目标的实现。“决策权、执行权、监督权相互制约又相互协调的权力结构和运行机制”，就是将行政管理职能分为决策、执行、监督三部分，在相对分离的基础上，三者相辅相成，相互制约、相互协调。按照“决策、执行、监督相协调的要求”深化行政管理体制改革，始于党的十六大报告。在理论和实践探索的基础上，党的十七大报告提出“要坚持用制度管权、管事、管人，建立健全决策权、执行权、监督权既相互制约又相互协调的权力结构和运行机制”。党的十八大报告进一步要求建立健全权力运行制约和监督体系，“要确保决策权、执行权、监督权既相互制约又相互协调，确保国家机关按照法定权限和程序行使权力”。而后，2017 年的十九大报告更明确地指出权力运行机制应当“决策科学、执行坚决、监督有力”。如果缺乏有效的权力运行机制和制度保障，行政决策权、执行权和监督权在行政程序运作的不同阶段，就存在着被滥用的风险。因此，为了适应政治文明发展的需要，加快行政管理体制改革，就必须完善权力运行的制约和监督机制。党的十九届四中全会更是强调国家治理的整体性和科学性，合理的政府权力结构和运行机制是国家治理现代化的重要组成部分。

近年来行政认同度对于公共改革的作用得到越来越多学者的肯定。我国行政改革的实践业已证实，如果一项改革有较高的行政认同度，则改革方案更易推行，更易得到真正落实；反之，如果一项改革缺乏基本面的认同，则改革方案的推行将面临巨大的困难和阻力，甚至不了了之。因此，在改革方案确定之前，了解作为具体执行者的公务员对改革方案的认同程度，是改革推行的前提步骤。本书是国家社会科学基金重大课题“法治视野下的政府权力结构和运行机制研究——决策权、执行权、监督权的制约与协调”调查成果。本课题运用问卷调查和访谈调查方法，对中央政府18个部委以及包括广西、贵州、河北、江西、西藏、宁夏、四川、内蒙古、山东、新疆、重庆在内的11个省区的省级、地市级、县区级地方政府的3 350名公务员进行了访谈和问卷，了解他们对于我国行政决策权、执行权和监督权运行现状的认识，对于政府权力结构与配置、政府权力制约机制、政府权力协调机制以及政府权力结构和运行机制的法律保障与其他保障状况的认识，重点了解他们对于解决我国政府权力运行中问题对策的认识，并对所调查的结果进行总体情况统计、中央与地方统计、府级统计、地区统计；在科学统计的基础上运用行政学、行政法学等理论全面剖析产生问题的原因，以有的放矢地提出解决问题的对策。

本课题以量化的技术和手段对所有原始数据进行公式化、图表化的整理和表达，对整理后的数据形态进行深入的比较分析和综合分析，解释了每一道调研题目设计的意图和思路，说明了每一例分级指标在整个调研指标体系中的地位，阐释了每一个数据所表达的客观状态和主观判断，分析了每一组数据群所反映的主要问题和原因。课题透过枯燥和生硬的数字、曲线、比例、模块等数理符号，力图生动地还原政府权力结构的实际运行现状，通过解释数字包含的丰富意蕴，分析曲线体现的深层趋势，揭示比例折射的复杂原因，说明模块反映的具体问题，将对我国政府权力结构研究的热忱，凝结到客观存在的事实、案例和原貌上来，为增强对我国政府权力结构现状的直观感受，以及进一步开展权力结构改革研究提供可利用的实证材料、观点和判断。

本成果具有两个鲜明特点：一是在分析方法上注重量化对比的成果，对每一个调研题目根据政府类型的不同形成多组数据进行分析，具体分为基于中央和地方、不同府级（具体分为国家部委、省、市、县四级）、不同地区（具体分为东、中、西部）的公务员分类数据分析，归纳出每组数据的差异和具有普遍性的趋向，比较准确地把握存在的问题、情况的程度、可能的原因、具体的症结；二是在分析的对象上不仅仅关注横向的权力结构分析，同时还注意对纵向的权力结构进行调查分析，从公务人员—政府运行的亲历者的角度，深入到同一层级不同职能部门以及不同层级政府的日常运行状况之中，尽可能还原决策、执行和监督的职能在政府权力机构中的运行样态，同时展现中央与地方及不同府级政府之间权力结构的分配和协调状况。这两个特点的积极意义在于，将我们对我国政府权力结构现状的整体描述，对权力运行方式存在的优势和问题的判断，对改革方向的设想和建议，建立在客观实证调查的基础上，基于我国国情和原有制度设计进行深入分析，可以避免由于统而论之而产生的含糊性和由于主观猜测而产生的随意性。

本书由九章组成。每一章、每一节都首先对该章节所要研究的问题作详细阐释，力图划分不同研究对象的界限和范围；然后以该章节的核心概念、主要指标和研究路径为切入点，对公式化、图表化的数据进行认真分析。每一具体章节包括总体分析和分解为不同地区、不同省份、不同府级、不同学历、不同性别、不同工龄和不同职务类型的公务员群体等变量的分析分类。经过对收集所得数据的整理和分析，从纵向和横向两个维度进行总结，见微知著，最终形成调查结论，进而提出完善相关制度的配套措施。

目 录

第一章

我国政府权力结构配置总体情况调查

第一节　当前我国政府权力结构状况的数据分析

一、序言

改革开放以来历次行政体制改革均将政府权力结构调整作为改革的核心内容。政府权力包括决策、执行、监督三种职能。政府权力结构调整主要是对以上三种职能进行合理设定和完善。行政管理决策权、执行权和监督权三权相互协调的改革，是我国目前探索的行政管理体制新模式。

(一) 本题的设计缘由

目前我国大多数政府部门集决策、执行和监督于一体，自定规则、自己执行、自我监督。这种政府权力结构不合理状况所导致的消极影响在行政管理领域日益突出。首先，政府部门内部管理功能混淆造成“权力部门化，部门利益化”的权力怪圈。在这种体制下不容易清楚地判断管理成败的原因究竟是在决策环节还是在执行环节，抑或是监督环节，由此造成责任界限不清；其次，政府部门内部管理功能混淆不利于提高管理效率，尤其是不利于采取针对性的措施。① 为了解我国当前政府权力结构现状，设计本题。

---

① 傅小随．“行政三权协调”与深圳的行政体制创新．特区理论与实践，2003 (2)．

（二）调查问卷的相关问题说明

本题设计如下：

对于我国当前的政府权力结构，您认为是否需要改变？（单选）
[1] 当前的政府权力结构合理，不需要改变
[2] 当前的政府权力结构有一些不合理，需要局部调整
[3] 当前的政府权力结构有许多不合理，需要较大的调整
[4] 当前的政府权力结构非常不合理，需要整体性调整
[5] 不太清楚

针对上题内容，有以下几方面内容需要明晰。

1. 关于政府权力结构的界定

政府权力结构是一国行政管理体制的重要组成部分，主要指一级政府内部的机构框架和权力配置，其横向结构涉及政府机构规模、权力分工、不同职能机构比例、各类机构之间关系等，纵向结构包括管理层级、各层级权力配置以及层级之间关系。①

2. 关于问题选项

五个选项分支均针对当前我国政府权力结构的合理性问题，主要有三类：第一类是对当前的政府权力结构状况的全面肯定性意见；第二类是对当前的政府权力结构状况的相对肯定或相对否定意见；第三类是对当前的政府权力结构状况的全面否定意见。

3. 调查采集的基本信息表

表 1-1　对于我国当前政府权力结构是否需要改变总体选择计数和百分比表

选　项	选择计数	百分比（%）
[1] 当前的政府权力结构合理，不需要改变	344	14.8
[2] 当前的政府权力结构有一些不合理，需要局部调整	1 364	58.6
[3] 当前的政府权力结构有许多不合理，需要较大的调整	472	20.3
[4] 当前的政府权力结构非常不合理，需要整体性调整	90	3.9
[5] 不太清楚	58	2.5
总计	2 328	100.0

① 薛刚凌．政府权力结构改革的回顾与前瞻．河北学刊，2008（4）．

二、总体分析

本部分以调查问卷总体选择计数和百分比表为分析对象，分析当前我国政府权力结构现状。对表1-1中的数据按照选择计数多少重新排序，得到表1-2。

表1-2　　对我国当前政府权力结构是否需要改变总体选择计数和百分比排序表

新序号	选　项	选择计数	百分比（%）
1	[2] 当前的政府权力结构有一些不合理，需要局部调整	1 364	58.6
2	[3] 当前的政府权力结构有许多不合理，需要较大的调整	472	20.3
3	[1] 当前的政府权力结构合理，不需要改变	344	14.8
4	[4] 当前的政府权力结构非常不合理，需要整体性调整	90	3.9
5	[5] 不太清楚	58	2.5
	总计	2 328	100.0

调查显示，对当前政府权力结构状况相对肯定或相对否定意见排在前位。其中认为当前政府权力结构有一些不合理，需要局部调整的意见占首位，约占参选人数的58.6%；认为当前政府权力结构有许多不合理，需要较大调整的意见占第二位，约占参选人数20.3%；认为“当前政府权力结构合理不需要改变”和“当前政府权力结构非常不合理，需要整体性调整”的分别占第三和第四位，约占参选人数14.8%和3.9%。改革开放四十几年来的历次行政体制改革（或政府权力结构调整）取得了显著成绩，政府权力结构在一定程度上顺应了时代变迁和经济转型需要，这一点也得到了社会大众的认可和肯定。但不断发展的现实状况进一步要求政府权力结构进行改革和创新，对经济和社会的发展变化作出更多回应。面对经济社会发展新形势新任务，现行行政管理体制仍然存在不相适应的方面。政府权力结构的不合理导致了决策不科学、执行效率低、监督效果差等弊病。这也是一部分被调查者认为“当前政府权力结构非常不合理，需要整体性调整”的主要原因。

三、基于中央与地方公务员的分类数据分析

将中央政府和地方政府公务员对我国政府权力结构现状的认识，分别统

计，制作成表 1－3。

表 1－3 中央与地方政府公务员对当前政府权力结构是否需要改变的认知

选　项	统　计	地方政府	中央政府
[1] 当前的政府权力结构合理，不需要改变	选择计数	314	30
	百分比（%）	16.9	6.4
[2] 当前的政府权力结构有一些不合理，需要局部调整	选择计数	1 108	256
	百分比（%）	59.5	54.9
[3] 当前的政府权力结构有许多不合理，需要较大的调整	选择计数	333	139
	百分比（%）	17.9	29.8
[4] 当前的政府权力结构非常不合理，需要整体性调整	选择计数	59	31
	百分比（%）	3.2	6.7
[5] 不太清楚	选择计数	48	10
	百分比（%）	2.6	2.1
总计	参选人数	1 862	466
	百分比（%）	100.0	100.0

按照中央与地方政府公务员对当前政府权力结构是否需要改变的认知程度排列得表 1－4、表 1－5 与图 1－1。

表 1－4 中央公务员对当前政府权力结构是否需要改变的认知

选　项	统　计	中央政府
[1] 当前的政府权力结构有一些不合理，需要局部调整	选择计数	256
	百分比（%）	54.9
[2] 当前的政府权力结构有许多不合理，需要较大的调整	选择计数	139
	百分比（%）	29.8
[3] 当前的政府权力结构非常不合理，需要整体性调整	选择计数	31
	百分比（%）	6.7
[4] 当前的政府权力结构合理，不需要改变	选择计数	30
	百分比（%）	6.4
[5] 不太清楚	选择计数	10
	百分比（%）	2.1
总计	参选人数	466
	百分比（%）	100.0

表 1-5　　　地方公务员对当前政府权力结构是否需要改变的认知

选　项	统　计	地方政府
[1] 当前的政府权力结构有一些不合理，需要局部调整	选择计数	1 108
	百分比（%）	59.5
[2] 当前的政府权力结构有许多不合理，需要较大的调整	选择计数	333
	百分比（%）	17.9
[3] 当前的政府权力结构合理，不需要改变	选择计数	314
	百分比（%）	16.9
[4] 当前的政府权力结构非常不合理，需要整体性调整	选择计数	59
	百分比（%）	3.2
[5] 不太清楚	选择计数	48
	百分比（%）	2.6
总计	参选人数	1 862
	百分比（%）	100.0

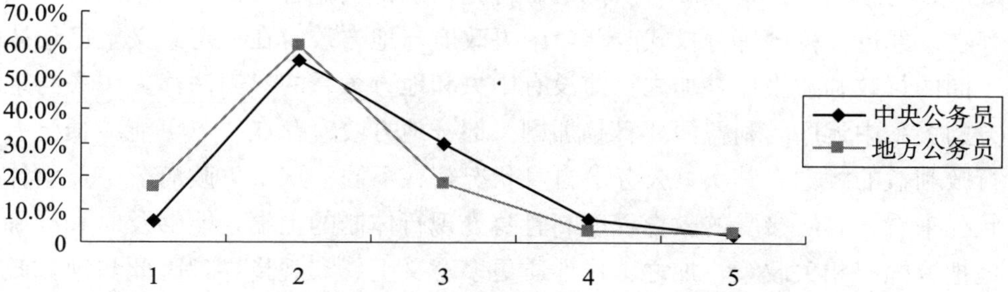

图 1-1　中央和地方公务员对当前政府权力结构是否需要改变的认知
（横轴分别表示五个选项）

以上调查显示，中央与地方公务员对当前政府权力结构状况的相对肯定或相对否定意见均排在前位。经过几轮重大的行政体制改革，我国政府权力结构已有所完善，但由于时代局限性仍存在许多问题，有待在行政体制改革的进一步深化中解决。

在调查数据中，中央与地方公务员认为当前政府权力结构有一些不合理，需要局部调整的意见占首位。其中中央公务员选择率为 54.9%，地方公务员选择率为 59.5%，高于中央公务员近 5 个百分点。认为当前的政府权力结构有许多不合理，需要较大的调整的意见占第二位。其中中央公务员选择率为 29.8%，地方公务员选择率为 17.9%，低于中央公务员近 12 个百分点。

调查显示，中央与地方公务员中对当前的政府权力结构状况的全面肯定性意见和全面否定性意见的排序情况有很大不同。其中中央公务员中持全面肯定性意见和全面否定性意见的比率接近。认为当前的政府权力结构非常不合理，需要整体性调整的选择率为6.7%，占第三位；认为当前的政府权力结构合理，不需要改变的选择率为6.4%，占第四位。从调查数据中看出在地方公务员中对当前的政府权力结构状况的全面肯定性意见比率较大，约16.9%，占第三位，选择率接近排在第二位的“当前的政府权力结构有许多不合理，需要较大的调整”的意见，这个比率比中央政府公务员的高出10.5个百分点，而对当前的政府权力结构状况的全面否定性意见的选择率很低，仅有3.2%，占第四位，而这一项的比率恰恰比中央政府公务员的低3.5个百分点。这些数据表明，中央政府公务员和地方政府公务员由于其所处行政层级、自身文化程度、业务性质等因素不同而对行政管理体制尤其是政府权力结构的认知程度有所区别。首先，既得利益者维护与依赖现行体制存在。经过分税制等分权式改革，中央政府与地方政府在一定意义上已形成不同的行政利益主体，加之目前没有中央和地方关系的专门法律，中央与地方的关系中无序的利益博弈日趋加剧。部分地方政府存在改革可能减损已有行政利益的顾虑。其次，公务员自身状况存在不同。从中央政府公务员整体状况来看，其所接受的教育程度高且身处现行体制的上端，能够及时和准确地把握国家相关政策，加之工作性质更多意义上属宏观指导，因此与地方政府公务员相比，其认知水平更趋于理性，思想观念更具有开放性。

四、基于不同府级公务员的分类数据分析

将不同府级政府公务员对我国政府权力结构现状的认识，分别统计，制作成表1-6与图1-2。

表1-6　　不同府级公务员对当前政府权力结构是否需要改变的认知

选　项	统　计	国家部委	省级政府	市级政府	县级政府
[1] 当前的政府权力结构合理，不需要改变	选择计数	30	57	116	141
	百分比（%）	6.4	9.4	17.5	23.7
[2] 当前的政府权力结构有一些不合理，需要局部调整	选择计数	256	392	371	345
	百分比（%）	54.9	64.8	56.0	58.0

续前表

选　项	统　计	国家部委	省级政府	市级政府	县级政府
[3] 当前的政府权力结构有许多不合理，需要较大的调整	选择计数	139	119	139	75
	百分比（%）	29.8	19.7	21.0	12.6
[4] 当前的政府权力结构非常不合理，需要整体性调整	选择计数	31	29	16	14
	百分比（%）	6.7	4.8	2.4	2.4
[5] 不太清楚	选择计数	10	8	20	20
	百分比（%）	2.1	1.3	3.0	3.4
总计	参选人数	466	605	662	595
	百分比（%）	100.0	100.0	100.0	100.0

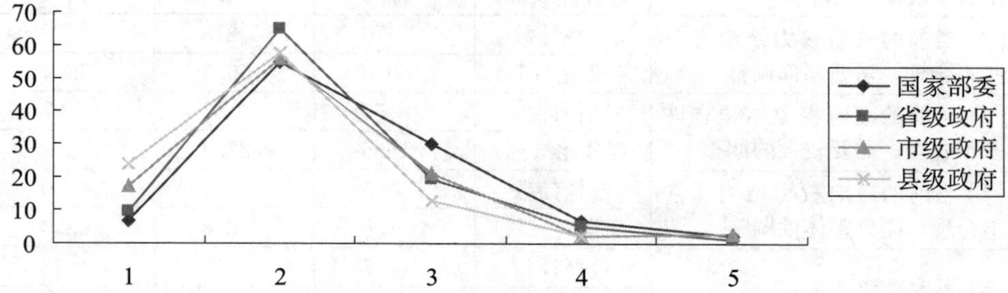

图 1－2　不同府级公务员对当前政府权力结构是否需要改变的认知（横轴分别表示五个选项）

调查数据显示，不同府级公务员对当前政府权力结构相对肯定性意见的比率最高。其中对“当前政府权力结构有一些不合理，需要局部调整”一项的选择率均占第一位，分别为中央政府公务员 54.9%、省级政府公务员 64.8%、市级政府公务员 56.0%、县级政府公务员 58.0%。然而不同府级公务员对其余选项认知情况却有所不同，尤其是在“当前的政府权力结构合理，不需要改变”和“当前的政府权力结构非常不合理，需要整体性调整”两个选项的选择率有着明显不同：随着行政层级下降，对当前政府权力结构的全面肯定性意见渐次提高，即四个层级的政府公务员中，中央政府公务员对当前政府权力结构的全面肯定性意见最低选择率只有 6.4%，而县级政府公务员对此项选择率最高，达到 23.7%，高于中央政府公务员的 17.3 个百分点，其余依次为省级政府公务员、市级政府公务员。然而对当前政府权力结构的全面否定性意见却与之相反。持此意见的中央政府公务员比率最高，为 6.7%，其次是省级政府公务员，比率为4.8%，市、县两级公务员最低，只有2.4%，低于中央政府公务员的4.3个百分点。其中原因可以从我国不同府级公务员的行政层级、职权、职责、权力和工作方式、业务性质等方面加以分析。

五、基于不同地区公务员的分类数据分析

将不同地区公务员对我国政府权力结构现状的认识，分别统计，制作成表1-7与图1-3。

表1-7　　不同地区公务员对当前政府权力结构是否需要改变的认知

选　项	统　计	东部地区	中部地区	西部地区
[1] 当前的政府权力结构合理，不需要改变	选择计数	49	41	224
	百分比（%）	17.4	11.3	18.4
[2] 当前的政府权力结构有一些不合理，需要局部调整	选择计数	170	216	722
	百分比（%）	60.3	59.3	59.4
[3] 当前的政府权力结构有许多不合理，需要较大的调整	选择计数	55	81	197
	百分比（%）	19.5	22.3	16.2
[4] 当前的政府权力结构非常不合理，需要整体性调整	选择计数	5	14	40
	百分比（%）	1.8	3.8	3.3
[5] 不太清楚	选择计数	3	12	33
	百分比（%）	1.1	3.3	2.7
总计	参选人数	282	364	1 216
	百分比（%）	100.0	100.0	100.0

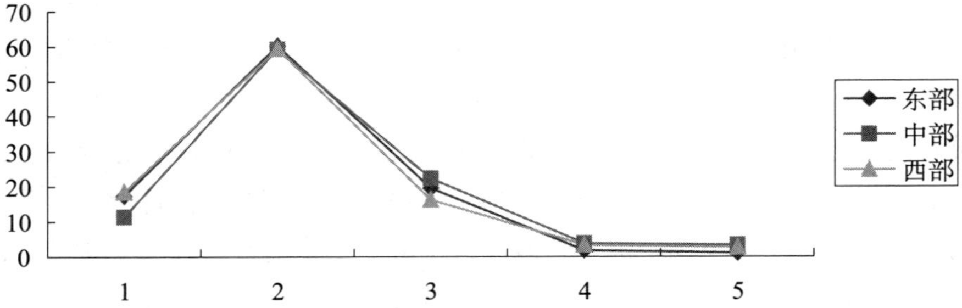

图1-3　不同地区公务员对当前政府权力结构是否需要改变的认知（横轴分别表示五个选项）

不同地区公务员对当前政府权力结构的相对肯定或相对否定性意见大体一致，其中认为“当前政府权力结构有一些不合理，需要局部调整”均占第一位，但对此项的选择比率各具特色。三个区域里东部地区公务员持此意见

的比率最高达到 60.3％，中部和西部地区相近，依次为西部地区 59.4％，中部地区 59.3％。调查数据中认为“当前的政府权力结构有许多不合理，需要较大的调整”的，在东部和中部地区公务员中均占第二位，其中东部地区公务员对此项的选择率为 19.5％，中部地区公务员的选择率为 22.3％。而在西部地区公务员认为“当前的政府权力结构合理，不需要调整”的比率达到 18.4％，占第二位。其原因可能与不同地区的经济发展状况和政府公务员思想观念认知水平有关。调查显示，不同地区公务员对当前政府权力结构的完全否定意见，即“当前政府权力结构非常不合理，需要整体性调整”均排在第四，选择比率分别为东部地区 1.8％、中部地区 3.8％、西部地区 3.3％。原因可能同历次行政体制改革或政府权力结构的调整有着紧密的联系。也就是说，不同地区公务员认为，虽然我国行政管理体制有待进一步完善，但是改革开放以来我国政府权力结构的调整在一定程度上顺应了市场经济体制的客观要求，为“东部地区率先发展、中部地区崛起、西部大开发”等重大产业和经济政策配套的行政管理制度改革，对各区域发展起到了积极的推动作用。

六、结论

行政体制是国家体制的重要组成部分。经过改革开放以来的几次重大改革，我国政府职能转变取得了重大进展，初步形成了适应市场经济要求的中国特色社会主义行政管理体制，为改革开放和社会主义现代化建设提供了重要体制保障，但仍然存在政府权力结构不合理的问题。

党的十六大报告中把“决策、执行、监督相协调”作为深化行政管理体制改革的思路提了出来，党的十七大报告中又提出了建立决策权、执行权、监督权相互制约、协调运行的崭新思路，尝试借鉴西方公共管理活动的成功经验，试图将行政系统内部以上三种职能适度分离，即用“决策权、执行权、监督权既相互制约又相互协调的权力结构和运行机制”再造政府。2012 年党的十八大报告在此基础上明确“要健全权力运行制约和监督体系。要确保决策权、执行权、监督权既相互制约又相互协调，确保国家机关按照法定权限和程序行使权力”。而后 2017 年党的十九大报告更进一步指出权力运行机制应当决策科学、执行坚决、监督有力。“决策权、执行权、监督权既相互制约又相互协调的权力结构和运行机制”就是借鉴国外行政体制改革模式，并在其基础上结合我国具体国情来推行的行政体制改革模式，对我国行政体制改革，尤其是政府权力结构调整具有重大的现实意义。首先，该模式有助于使决策民主、科学，执行更加公开和透明，提高行政效率。其次，该模式有利于促进我国政府转型，为政府更好地提供公共服务搭建平台。再次，该模式有利于政府行政管理理念、管理模式、管理职能重新定位。最后，该模式有利于重新建构分权和权力制约机制，防范权力异化，有效遏止腐败问题，促进政府的廉政建设。“决策权、执行权、监督权既相互制约又相互协调”的改革，应是我国政府权力结构的新模式。政府权力结构的创新完善应着眼于以下几方面。

（一）加强法制建设，为政府权力结构调整提供坚实的制度保障

回顾我国以往的政府改革，往往缺乏相应的法律制度支撑。改革者习惯性地把行政体制改革当作政府系统内部的事情，作为政府改革政策依据的“三定方案”既不是行政法规，也不是部门规章，更不是法律。这种缺乏法律规制及排斥公众参与和监督的行政体制改革的结果，必然是调整后的政府权力结构规范化程度不高，民主性和科学性不足。组织法定是行政合法性的基本要求。创新和完善政府权力结构应着力加强政府组织法的完善和补充，做到行政机关组织职能的法定化，避免政府机构设置的随意性。第一，应尽快修改完善《中华人民共和国国务院组织法》和《中华人民共和国地方各级人民代表大会和地方各级人民政府组织法》。针对目前国务院组织法和地方政府组织法中存在的突出问题，首先，增加政府组成部门的职责权限、机构设置、权力结构、人员编制以及中央和地方关系、领导方式等方面的规定，实现政府职能的法制化。其次，通过修改地方政府组织法和制定地方性法规或地方政府规章等立法手段，把行政决策部门、行政执行部门和行政监督部门的职责权限法定化。第二，制定国务院各部委、各直属机构组织法规。尽快制定颁布或完善国务院各部委、各直属机构的组织条例，规范各部委、直属机构的基本组成、职能设置、内部机构的设置及行使职权方式、程序等。

（二）立足国情，建立政府权力的制约和协调机制

我们应在学习借鉴西方国家的成功经验的同时，立足本国国情，进一步深化政府权力结构的调整和改革。首先，将业务性质相近、职能类似的部门整和在一起，并按照决策、执行与监督适度分离的原则组建大部门，避免政府职能交叉、多头管理，从而达到合理配置行政权力、提高行政效率的目标。其次，建构政府权力的制约和协调机制。改变过去以执行为主的结构模式为以决策为核心的政府权力结构模式，提升和规范监督权，逐步形成决策权、执行权和监督权既相互制约又相互协调的政府权力运行机制。最后，立足国情推进政府权力结构的调整和改革。我国是一个单一制的社会主义国家，受几千年封建集权统治的影响，过去在计划经济体制下形成的全能政府治理模式，中央集权色彩浓厚、地方分权程度不高，行政决策权、执行权和监督权的架构不合理；此外，我国正处于社会转型期，市场经济客观环境不成熟，政府干预和调控市场的手段未完全走向法治化的道路，与西方发达国家相比，有着自己明显的特殊性。这些自身因素和客观条件要求我们在政府权力结构调整和创新中避免生搬硬套，要立足国情建立一套既符合现代行政管理规律又适合本国国情的政府权力结构和运行机制。

第二节　我国政府权力结构存在问题的数据分析

政府权力结构是政府顺畅运行的关键，良好的政府结构能够达致一种“无缝隙管理”，建立起从决策到执行的效率通道，同时，监督机构的设置可以有效地防止决策、执行中的种种问题。我国现有政府权力结构可溯源至计划经济时期，计划经济下政府对社会事无巨细的管理导致了行政权的聚合。行政部门往往集决策、执行于一身，监督权（行政监察）也从属于部门最高领导，未能形成科学、规范的权力体系。随着从计划经济向市场经济的转型，我国政府权力结构也在发生变化。行政体制改革要解决的一个关键问题就是建立与社会主义市场经济相匹配的行政管理体制。市场经济首先是“法治经济”，它对行政体制提出的第一个要求是权力有边界，权力保持中立。我国自20世纪80年代以来的行政法要解决的核心问题就是为行政权力划定边界。但在权力中立问题上建树有限。权力保持中立的关键要素是使制定政策的部门与执行的部门分开，将执行权从决策部门剥离，从而消减政策制定中的部门利益。目前，决策、执行合一模式已导致了严重的利益部门化倾向。为了切实了解现行政府权力结构存在的具体问题，课题组有针对性地设计了相关问题。

一、调查问卷及相关说明

具体调查问题是：

中央提出要“建立决策权、执行权、监督权相互制约又相互协调的权力结构和运行机制”。您如何评价本市政府现行的权力结构？（可选择多项）

[1] 主要是以执行权为核心的结构，决策制度和监控制度不发达

[2] 决策权、执行权和监督权有合理的分工布局，能相互制约和协调

[3] 决策权配置过于分散，经常多头决策，扯皮不断

[4] 保障决策执行的监督权薄弱，决策执行依赖于执行者的自觉

[5] 部门间条块分工的情况比较严重，没有建立起系统的管理结构

[6] 其他（请填写）

调查问题说明如下。

一是关于问题的选项。主要有三类：第一类是认可现有政府权力结构，如第二选项，认为我国现行决策权、执行权和监督权有合理的分工布局。第二类是对政府权力结构存在问题的选择，受调研者可以就自己认为的政府权力结构存在的问题作出相应选择，备选项目包括第一项、第三项和第四项。第三类是开放性的选项，即请受调研者填写自己所认为的政府权力结构存在的问题。

二是调查采集的基本信息，形成表1－8。

表1－8　　地方公务员对本市政府现行的权力结构的评价

选　项	选择计数	百分比（%）
[1] 主要是以执行权为核心的结构，决策制度和监控制度不发达	1 022	51.5
[2] 决策权、执行权和监督权有合理的分工布局，能相互制约和协调	872	44.0
[3] 决策权配置过于分散，经常多头决策，扯皮不断	799	40.3
[4] 保障决策执行的监督权薄弱，决策执行依赖于执行者的自觉	969	48.9
[5] 部门间条块分工的情况比较严重，没有建立起系统的管理结构	852	43.0
[6] 其他（请填写）	23	1.2
总计	1 983	100.0

“其他”选项的填写情况，可分为两类。

一类是对现行政府权力结构存在问题的认识，包括：过于分散，多头决策；据了解，各级执行部门比较看重领导批示；执行力差，政令不通；权力过于集中，权力行用过程不透明，监督不到位；部门协调应有个新机制；极个别单位制约和协调不到位；有赖于主要领导的督查力度和督查机制的有效性。

另一类是对完善政府权力结构的建议。包括以决策权为中心，执行权、监督权相配合的权力结构和运行机制。（1）决策权与执行权分离，改变监督机构与行政机构合署办公的现状，监督权权重加大是推动三权能够相互制约和相互协调的切入点。（2）决策、执行、监督应在政府的统一组织、指导、协调下运行；应加强法律规范和依据在其中的作用；决策、执行、监督应由政府、社会组织和公民统一实施，统一组织，共同参与。

二、总体分析

把表1-8的顺序按公务员对政府权力结构存在问题的认同度重新排序，可得出表1-9。

表1-9　对政府权力结构存在问题的总体认知

新序号	选　项	选择计数	百分比（%）
1	[1] 主要是以执行权为核心的结构，决策制度和监控制度不发达	1 022	51.5
2	[4] 保障决策执行的监督权薄弱，决策执行依赖于执行者的自觉	969	48.9
3	[2] 决策权、执行权和监督权有合理的分工布局，能相互制约和协调	872	44.0
4	[5] 部门间条块分工的情况比较严重，没有建立起系统的管理结构	852	43.0
5	[3] 决策权配置过于分散，经常多头决策，扯皮不断	799	40.3
6	[6] 其他（请填写）	23	1.2
	总计	1 983	100.0

表1-9显示，被调查者认为地方政府权力结构存在问题依次为：首先

是以执行权为核心的结构，决策制度和监控制度不发达，占被调查者的51.5%；此外，保障决策执行的监督权薄弱，决策执行依赖于执行者的自觉，占被调查者的48.9%。其中第一项与第二项有重合之处，二者都认为监督薄弱是目前政府结构存在的主要问题，第四项认为政府没有建立起系统的管理结构也涵盖了监督权。可以说，对决策执行的监控和监督是目前受调查者认为政府权力结构存在的最主要问题。其次是偏重执行，轻决策、监督。最后是决策多头。

"有权力必有监督"，"没有监督的权力必然走向腐败"。我国行政监督权分别由监察机构、审计机构和上级政府所掌握。2018年之前，行政监察是最主要的行政内部监督形式。2018年3月20日，《监察法》颁布，行政监察被国家监察体制所取代。审计监督起始于1983年中华人民共和国审计署的正式成立。1994年第八届全国人大常委会审议通过了《审计法》，近年来，审计机关对国家重大项目的审计几度掀起"审计风暴"。层级监督是基于行政机关的上下级领导关系而产生的一种监督机制。可以说，自从有了行政权，层级监督就产生了，层级监督包括指示报告制度、行政检查制度、专案调查制度、备案审查制度、批准制度、改变或撤销制度、惩戒制度等。从以往的实践运行来说，我国行政监督的相关权力并没有发挥制度预设效果。改革前的行政监察在腐败问题面前软弱无力，监察机关对"本级人民政府所属部门和下级人民政府作出的决定、命令、批示违反法律、法规或者国家政策，应当予以纠正或者撤销的"可以提出监察建议的规定，基本没有得到执行。① 改革之后的国家监察正逐步铺开，重点落在反腐上，而较少涉及决策监控，实行效果仍待检验。此外，审计之后的"追责柔情"，以及层级监督面临的信息不对称等问题，都使我国行政权力的行使未能得到有效监控。反映到实践中，就是行政机关效率低下、官僚主义严重、重大决策失误、执行不当等问题，特别是行政机关"一把手"常常处于监督权行使的"真空"状态。正是这些表现，使得受调查公务员认为监督权是目前政府权力结构存在的最大问题。

此外，被调查者的过半数认为目前政府权力结构存在偏重执行，以执行

① 《中华人民共和国行政监察法》简介、立法目的、存在问题.[2010-10-11]. http://www.zgzy.gov.cn/dfwz/jjw/ReadNews.asp? NewsID=579.

权为中心来构建制度的问题。在基层政府，如县乡两级，由于执行权是其最为主要的职能，其权力结构应该以执行权为重心。但在市级、省级，如果政府权力结构偏重执行，势必会挤压决策和监督。而在这两级政府，特别是省级政府，决策权以及对下级政府执法情况的监督权可能是其更为主要的职责。在这两个层级，如果政府权力结构仍以执行为中心，会导致决策草率和非科学，监督弱化和失效。

被调查者认为政府权力结构存在的另一个主要问题是决策权分散。从我国目前的行政体制来说，决策权分散的根源在于部门职能交叉。我国 1998 年以前的行政体制改革是以机构改革为逻辑起点的，一直认为是行政机构自身出了问题，这实际上是组织的逻辑。1998 年和 2003 年的两次机构改革开始尝试以职能为逻辑起点，但这两次改革并未有效解决部门职能交叉问题。2008 年的机构改革组建了三个大部，一定程度上解决了这三个部门涉及的职能交叉问题。但深层次的问题依然存在，如部门对立法的深度参与、立法中的部门化倾向，都在一定程度上继续延续着职能交叉，而职能交叉的后果必然是决策权分散，对于同一事项，不同的部门从不同角度享有决策权，这种决策的分散化耗费大量行政成本，常常导致市场主体无所适从。2009 年轰动一时的“网络游戏魔兽事件”，只不过是多部门决策的一个典型映象。因此，2013 年和 2018 年的政府机构改革正是立足于建设和改善国家治理体系，着重解决政府职能交叉的问题。

除前述对问题的认识外，调研显示的一个正面结果是 44.0%的公务员认为现行政府权力结构比较合理。这说明，经过几轮行政体制改革，我国政府结构体系有较为明显的进步，基本上搭建起宏观调控、市场监管、社会管理、公共服务的框架。过去的改革将为今后新的改革提供良好的平台和经验支持。

三、基于不同府级的分类数据分析

不同府级的公务员，由于其行政职能的重心不同，对政府权力结构有着不同需求，这可能影响其对政府权力结构存在问题的认知，因此需要比较分析，本调查在对相关数据统计的基础上制作成表 1－10。

表 1-10　　不同府级公务员对政府权力结构存在问题的认知

选　项	统　计	省级政府	地市级政府	县级政府
[1] 主要是以执行权为核心的结构，决策制度和监控制度不发达	选择计数	269	437	316
	百分比（%）	53.4	48.3	55.0
[2] 决策权、执行权和监督权有合理的分工布局，能相互制约和协调	选择计数	203	394	275
	百分比（%）	40.3	43.6	47.8
[3] 决策权配置过于分散，经常多头决策，扯皮不断	选择计数	218	343	238
	百分比（%）	43.3	37.9	41.4
[4] 保障决策执行的监督权薄弱，决策执行依赖于执行者的自觉	选择计数	257	444	268
	百分比（%）	51.0	49.1	46.6
[5] 部门间条块分工的情况比较严重，没有建立起系统的管理结构	选择计数	219	400	233
	百分比（%）	43.5	44.2	40.5
[6] 其他（请填写）	选择计数	6	13	4
	百分比（%）	1.2	1.4	0.7
总计	参选人数	504	904	575
	百分比（%）	100.0	100.0	100.0

从表 1-10 可以看出，不同府级的公务员对政府权力结构存在问题的认知有较多共性。如对我国政府结构存在问题的认知与前述总体分析保持了一致，但从具体的各项来看，仍能发现一些差异。第一，省级政府公务员的突出选择是认为主要是以执行权为核心的结构，决策制度和监控制度不发达（选项 [1]），保障决策执行的监督权薄弱（选项 [4]）。第二，地市级政府公务员选择率最高的是保障决策执行的监督权薄弱，其次是以执行权为核心的结构，决策制度和监控制度不发达。第三，县级政府公务员选择率最高的是主要以执行权为核心，决策制度和监控制度不发达。

从选项上看，省级政府与县级政府选择率最高的选项较为一致，这里的原因可能有三：就省级政府而言，其权力结构中更为重要的权力应为决策权，现行以执行权为中心构建的政府权力结构，不利于省级政府以决策权为核心的职能履行。但一个奇怪的现象是，县级政府对此项的选择甚至高于省级政府，这说明县级政府也不满现行以执行权为中心的权力结构。本次调查未对此做进一步的深入了解，因此，对于此项尚无有说服力的数据解释。一个可能的分析是县级政府出于对县域发展的需求，希望其有权决定县内事项。而现行县级政府决策权的缺乏以及以执行权为中心的建构，阻碍了县级政府需求的实现。

四、基于不同地域的分类数据分析

由于地理环境、发展程度的差异，不同地区的地方政府可能有着不同的职能需求以及相应的权力配置，由此可能影响这些地区公务员对政府权力结构存在问题的认识。为此，本次调查统计了相关数据，形成表 1－11。

表 1－11　　不同地域公务员对政府权力结构存在问题的认知

选　项	统　计	东部沿海	中部地区	西部地区	东北地区
[1] 主要是以执行权为核心的结构，决策制度和监控制度不发达	选择计数	346	354	150	172
	百分比（%）	51.2	52.2	46.3	56.4
[2] 决策权、执行权和监督权有合理的分工布局，能相互制约和协调	选择计数	317	218	164	173
	百分比（%）	46.9	32.2	50.6	56.7
[3] 决策权配置过于分散，经常多头决策，扯皮不断	选择计数	239	279	162	119
	百分比（%）	35.4	41.2	50.0	39.0
[4] 保障决策执行的监督权薄弱，决策执行依赖于执行者的自觉	选择计数	308	376	172	113
	百分比（%）	45.6	55.5	53.1	37.0
[5] 部门间条块分工的情况比较严重，没有建立起系统的管理结构	选择计数	240	370	156	86
	百分比（%）	35.5	54.6	48.1	28.2
[6] 其他（请填写）	选择计数	10	8	3	2
	百分比（%）	1.5	1.2	0.9	0.7
总计	参选人数	676	678	324	305
	百分比（%）	100.0	100.0	100.0	100.0

从表 1－11 可以发现，不同地域的公务员对政府权力结构存在问题的认知存在一定差距。东部沿海地区和东北地区的公务员认为政府权力结构存在的最大问题，是现行政府权力结构以执行权为中心构建，决策和监督机制不发达。中部地区公务员与西部地区公务员认为政府权力结构存在的最大问题均是保障决策执行的监督权薄弱，决策更多地依赖于自觉执行。二者的连接

点是监督权，不同的是东部沿海地区与东北地区公务员在选择监督权的同时，更侧重从以执行权为中心的体制构建的角度检讨，更着重于对政府结构存在问题的整体认知。而中部地区与西北地区的公务员更侧重于从决策执行的角度关注监督权，认为有效的监督权配置可以缓解决策执行不力问题。

探究不同地域公务员选择上的差异，原因可归为两点：一是东部沿海和东北地区执行行政决策的力度较强，以执行权为核心构建的体制，能够较好地实现政策目标。其面临的主要问题是实现决策的科学化、民主化，这需要加强决策体制。与此同时，在“强执行”的状态下，对执行的监督也成为一个突出问题。对这些问题的认识，使这两个地域的公务员将结构性问题视为政府权力配置的最大问题。二是对于中部地区和西北地区来说，其在面临结构性问题的同时，执行问题较为突出。一些决策不能得到及时有效的执行，直接影响行政决策目标的实现。因此，这两地的公务员倾向于通过加强监督，提高决策的执行力。

从表 1－11 中可以发现另一个比较突出的现象，东北地区的公务员对现行政府权力结构的认同度要远高于中部地区，达 24.5 个百分点。这就说明中部地区对变革现行政府权力结构有更为强烈的主观意愿。

五、基于直辖市和普通省的分类数据分析

北京市作为我国首都，是中央政府所在地，地缘位置决定了其较好地执行了历次中央行政体制改革方案，行政体制的良性向好趋向明显，这可能体现于北京市公务员对政府权力结构存在问题的认知有别于其他省域。为了更好地了解北京市与普通省份公务员对现行政府权力结构存在问题的认知，本调查在统计相关数据的基础上，制作成表 1－12。

表 1－12　　北京市和普通省公务员对政府权力结构存在问题的认知

选　项	统　计	北京专项调研	其他省份调研
[1] 主要是以执行权为核心的结构，决策制度和监控制度不发达	选择计数	755	1 022
	百分比（%）	50.6	51.5
[2] 决策权、执行权和监督权有合理的分工布局，能相互制约和协调	选择计数	680	872
	百分比（%）	45.6	44.0

续前表

选　项	统　计	北京专项调研	其他省份调研
[3] 决策权配置过于分散，经常多头决策，扯皮不断	选择计数	566	799
	百分比（%）	37.9	40.3
[4] 保障决策执行的监督权薄弱，决策执行依赖于执行者的自觉	选择计数	605	969
	百分比（%）	40.5	48.9
[5] 部门间条块分工的情况比较严重，没有建立起系统的管理结构	选择计数	507	852
	百分比（%）	34.0	43.0
[6] 其他（请填写）	选择计数	16	23
	百分比（%）	1.1	1.2
总计	参选人数	1 492	1 983
	百分比（%）	100.0	100.0

从表 1－12 可以看出，北京市公务员与普通省公务员对政府权力结构存在问题的认知大体一致，但也存在一点明显的差异，这种差异表现在对部门间条块分工的认识方面。北京市只有 34.0%的公务员选择了此项，而其他省公务员对“部门间条块分工的情况比较严重，没有建立系统的管理结构”的认知达到43.0%，二者之间存在 9 个百分点的差异，这是二者之间相差幅度最大的一项。其中原因可能是北京市是中央政府所在地，在目前的条块体制下，北京市的系统性矛盾可以较快地在部委之间作出协调，相较于普通省，北京市具有地缘优势。

表 1－12 显示的另一个结果是，就总体而言，北京市的公务员对现行政府权力结构的满意度要高于普通省，虽然在第二项的选择上，北京市仅高于其他省 1.6 个百分点，但对于现有政府权力结构存在问题的认知上，北京市在百分比上普通低于普通省。例如，在第四项“保障决策执行的监督权薄弱方面”的认知方面，北京市低于普通省 8.4 个百分点。

六、基于不同学历的分类数据分析

公务员受教育程度可能影响其对政府权力结构的了解以及存在问题的认知，为求证此点，本调研统计了不同学历公务员对政府权力结构存在问题的认知，制作成表 1－13。

表 1-13　　不同学历公务员对政府权力结构存在问题的认知

选　项	统　计	高中及以下	大专	本科	硕士研究生	博士研究生
[1] 主要是以执行权为核心的结构，决策制度和监控制度不发达	选择计数	44	172	585	152	10
	百分比（%）	57.9	48.5	51.0	55.3	32.3
[2] 决策权、执行权和监督权有合理的分工布局，能相互制约和协调	选择计数	41	164	503	102	17
	百分比（%）	53.9	46.2	43.8	37.1	54.8
[3] 决策权配置过于分散，经常多头决策，扯皮不断	选择计数	25	137	460	127	11
	百分比（%）	32.9	38.6	40.1	46.2	35.5
[4] 保障决策执行的监督权薄弱，决策执行依赖于执行者的自觉	选择计数	33	153	575	145	16
	百分比（%）	43.4	43.1	50.1	52.7	51.6
[5] 部门间条块分工的情况比较严重，没有建立起系统的管理结构	选择计数	19	134	528	129	17
	百分比（%）	25.0	37.7	46.0	46.9	54.8
[6] 其他（请填写）	选择计数	0	6	14	2	0
	百分比（%）	0.0	1.7	1.2	0.7	0.0
总计	参选人数	76	355	1 148	275	31
	百分比（%）	100.0	100.0	100.0	100.0	100.0

从表 1-13 可以看出，不同学历的公务员对政府权力结构存在问题的认知存在较大差异。其中博士研究生学历公务员与高中及以下学历公务员之间存在明显差异。首先，博士研究生学历的公务员认为政府权力结构存在的最大问题是第五项“部门间条块分工的情况比较严重，没有建立起系统的管理结构”，人数比率达到 54.8%。形成对比的是，第五项是高中及以下学历公务员认为存在问题最少的选项，只有 25.0%的公务员选择此项。其次，高中及以下学历公务员认为存在的最大问题是第一项“主要是以执行权为核心的结构，决策制度和监控制度不发达”，其选择比率达到 57.9%。而此项也是博士研究生学历的公务员选择率最低的一项，仅有 32.3%的博士研究生学历的公务员选择了此项。除这两类公务员以外，其他学历的公务员在政府

权力结构存在问题的认知上虽有差异，但并不明显。

对表 1-13 呈现出的结果，可能的解释是高中学历及以下公务员多在基层工作，其对政府权力结构的认识更多地基于实际工作，比较直观。而博士研究生学历的公务员更倾向于政府结构的整体性思考来认识问题，而在宏观层面，我国政府权力运行时的条块分割，确实是导致决策分散、影响行政效率的体制性问题。

七、结论

（一）调查结论

客观而言，我国政府权力结构存在的各项问题并不是单一、孤立的，这也是本调研报告设定多项选择的原因。通过对调研数据的总体分析和比较分析，我们可以把我国政府权力结构存在的问题归结为两类四个子问题。

第一类问题是单项权力之间的结构问题，包括决策与执行的关系、执行与监督的关系、决策与监督的关系三个子问题。此类问题的特点是关注于行政权力的内部配置，这种权力配置更侧重于横向的角度，关注某一层级政府行政权力的合理性结构。

第二类是部门间“条块”分工以及权力配置所引发的系统性问题。此类问题的特点是关注行政权力的运行体系，这种运行体系的核心是“条块”配置，是纵向行政权力与横向行政权力的交锋。相对于第一类问题，第二类问题更为宏观，更有赖于国家行政体制的系统改革。

就第一个子问题——决策与执行的关系问题，调研显示不同层级的政府对于决策权和执行权有不同的要求。对于省级政府来说，作为地方最主要的决策层级，对地方事务拥有大量的决策权。相对于县市级地方政府而言，决策权是其主要的职能。由于决策涉及利益的分配与调整，有必要保持决策机构的中立，将执行权从决策机构剥离。目前省级政府存在的决策与执行合一、以执行为主的权力架构，容易形成行政决策上的利益省级化，以及利益法定化。对于县级政府来说，由于决策职能随着政府层级的下降呈递减趋向，执行权是县市级政府的主要职能，决策职能相对较弱。值得注意的是，县、市级政府是执行主体的地位并不意味着决策权对其不重要，只不过决策职能在县市级的表现更为间接。其对决策权的主要诉求是有权利参与决策的制定，在决策中表达意见。目前，我国政府间的层级节制，抑制了县市级政府的利益表达，这种抑制在实践中易造成政策效力递减、执行阻力递增的不良影响。①

第二个子问题与第三个子问题的核心都是监督权，前者是对执行的监督，后者是对决策的监督。正如前文所述，监督权是调研中地方政府公务员认为的我国政府权力结构存在的主要问题。可以说，相对于决策与执行的分离，我国政府权力结构的当务之急是解决监督弱化问题。只有在建立强有力的监督体系的前提下，决策与执行的合法性与正当性才有保证。

第四个子问题属于第二类问题的范畴，部分公务员，特别是具有博士研究生学历的公务员认为这是我国政府权力结构存在的最主要问题。事实上，政府权力结构的合理化只有在国家行政体制改革的背景下讨论才具有真正意义。因为，如果国家结构形式是单一制，那么决策、执行、监督的配置将不仅是一级政府内部的事情，而是包括了上下级政府的纵向、横向配置。在地方系列，省级政府可能更多地倾向于决策权，而下级地方政府可能更偏重于执行。但地方政府法同时授予了地方政府管辖本级经济、社会事务的权力，这类权力也包括了决策权。这种政治体制上的安排为权力冲突埋下伏笔，即下级政府行使的决策权，如对本地发展方向的决策，可能与上级政府的决策相矛盾。这种结果有可能导致上级政府决策的内容难以在下级政府得到真正的理解与贯彻落实。因此，在单一制下谈及决策、执行、监督的划分将面临比地方分权体制下更多的难题。

（二）对策建议

1. 建立决策与执行的合理关系

从调研来看，决策与执行的关系是许多地方公务员关心的话题，多数公务员对现有的以执行为中心的模式提出了质疑。客观而言，现行以执行权为中心的行政权力结构，在立法、司法、行政三分的政治结构下，属于行政权的本质。因为相对于立法权而言，行政权的传统特质是执行。但随着行政授权的发展，以及对行政决策作用认识的加强，西方国家在公共行政改革中，已开始针对不同类型的政府，设计决策与执行的不同关系类型。通常，政府

① 李军鹏．政府职能转变的新视角：决策与执行分开．新视野，2001（1）.

层级越高，越为偏重决策功能；政府层级越低，越为偏重执行功能。

在建立合理关系之外，我国还有必要建立决策与执行分离的法律支持。从西方国家的经验看，通过签订内部政府合同，在决策中心与执行局之间建立责任关系，决策中心对权力机关承担政治责任，执行局对决策中心承担行政责任。一些国家还针对决策与执行的分离，通过专门立法，设立特定公法主体，如行政法人。这些法律支持为决策与执行的分离提供了运行的法律基础。

2. 加强体制外监督，弥补体制内监督的不足

调研显示，地方政府公务员认为我国政府权力结构存在的最主要问题是监督薄弱。我国近年一直在探索加强监督的路径，无论是审计风暴，还是国家监察体制改革，都是希望推进和强化监督的力度。但国家监察体制的改革着眼于腐败治理，是否有更多的精力关注对决策和执行的监控，仍然有待观察。因此，笔者认为，除了可以将建立执行监控机构纳入考量范围之外，还可以加强体制外的监督。英国《2007 年大伦敦当局法》就在体制外监督上做了重大创新，该法的实施形成了市民同时选举出市长和市议会的格局，市议会的重要职责就是对市长进行监督。我国可参考国外经验，通过体制外监督，补足体制内监督的不足。

3. 在国家行政体制改革的总框架内设计政府权力结构的合理格局

决策、执行、监督的关系受制于我国行政体制的总体设计。从深圳曾试图推行的行政三分制改革看，其行政三分模式是在我国传统部分行政体制的背景下出台的，行政三分模式以纵向上的过程分离替代横向上的功能分离。这种替代方式的分离主义逻辑思维没有发生根本变化，仍然存在严重的分割性，有可能导致种种不利的后果：权力被分为决策权和执行权，集中性决策远离社区利益，决策和执行之间存在很大的冲突；组织的完整权力和组织人员的个人能力以及责任感都被这种划分人为割断，导致组织权力不能完整地发挥功能。① 因此，正如某些地方政府公务员的判断，我国决策、执行、监督的协调与制约必须放在国家行政体制改革的总体框架下设计。随着改革的推进、地方政府权力的清晰化，地方政府将有可能根据自身的特点，设计基于横向的政府权力结构布局。如果地方政府的权力范围仍是现状下的模糊

① 刘圣中．决策与执行的分合限度：行政三分制分析．中国行政管理，2003（6）．

的，那么，决策、执行、监督三者的关系将不可避免地受困于条块纠结。

第三节 我国政府权力结构改革意向的数据分析

一、序言

本题着眼于我国当前政府权力结构现状，尤其是政府权力结构中存在的最为突出的问题及改革路径。正如前章所分析的，经过几次重大的行政体制改革，我国政府职能转变取得重大进展，但是面对市场经济的迅猛发展和社会巨大变革，我国当前的政府权力结构暴露出了一些不相适应的方面。客观现实要求我们进一步改革与完善政府权力结构，进一步厘清其与市场和社会的关系，要形成结构合理、配置科学、程序严密、制约有效的权力运行机制，使行政体制改革更加有效地回应社会变革。以此为背景，课题组以不同类型的公务员为调查对象，通过分析他们对我国当前的政府权力结构的认知情况，探寻我国当前政府权力结构改革的路径。

（一）本题的设计缘由

我国政府权力结构不合理状况所导致的消极影响在政治、经济、文化领域均有着不同的体现，这种状况在一定程度上阻碍了社会的健康发展。为了正确分析我国当前的政府权力结构现状并提出改革思路，相关问题涵盖了政府权力的决策、执行、监督三个职能的设计及运行机制等方面的内容。

（二）调查问卷的相关问题说明

本题题干下共设计了 6 个选项分支，本题的设计情况如下。

调查问题设计（单选 4）：如果先进行部分内容的改革，您认为当前最应该进行哪项改革？

[1] 按照“大部制”的方式建立综合性的决策部门，加强决策

[2] 执行与决策相分离，将执行职能从政府部门中剥离出来，由专门机构负责

[3] 强化执行监控，保证政策的执行到位

[4] 加强研究机构，增强政府对重大决策事项规律性的把握

[5] 弱化“上下对口”和层级节制的直接管理，强调上级决策的宏

观指导和上级政府对下级政府的执行监控

[6] 其他

针对上面题目设计的具体内容，共有以下几方面的内容需要明晰。

1. 关于“决策权、执行权、监督权相互制约又相互协调的权力结构和运行机制”的界定

此项调查对“决策权、执行权、监督权相互制约又相互协调的权力结构和运行机制”的界定是在一级政府内部，将决策、执行、监督职能分离，并在运行过程中使之相辅相成、相互制约、相互协调的一种行政管理体制。①

2. 关于问题选项

该6个选项分支针对的是当前我国政府权力的决策、执行、监督三个职能的设计及运行机制问题。主要有四类：第一类是对政府决策权的制度设计，如选项 [1] 和 [4]；第二类选项是对政府决策与执行两种职能的运行机制及执行权的制度设计，如选项 [2]；第三类选项是对政府执行与监督两种职能的运行机制的制度设计，如选项 [3]；第四类选项是对政府决策、执行与监督三种职能运行机制的制度设计，如选项 [5]。

3. 调查采集的基本信息见表1-14

表1-14　如果先进行部分内容的改革，您认为当前最应该进行哪项改革总体选择计数和百分比表

选　项	选择计数	百分比（%）
[1] 按照“大部制”的方式建立综合性的决策部门，加强决策	345	14.9
[2] 执行与决策相分离，将执行职能从政府部门中剥离出来，由专门机构负责	673	29.0
[3] 强化执行监控，保证政策的执行到位	818	35.3
[4] 加强研究机构，增强政府对重大决策事项规律性的把握	165	7.1
[5] 弱化“上下对口”和层级节制的直接管理，强调上级决策的宏观指导和上级政府对下级政府的执行监控	295	12.7
[6] 其他	24	1.0
总计	2 320	100.0

① 薛刚凌，张国平．论行政三分制的功能定位．行政管理改革，2009（3）．

二、总体分析

本部分以调查问卷总体选择计数和百分比为分析对象，分析当前我国政府权力的决策、执行、监督三个职能的设计及三种职能运行机制等方面的内容。

对表 1－14 中的数据按照选择计数的多少重新排序，得到表 1－15。

表 1－15 如果先进行部分内容的改革，您认为当前最应该进行哪项改革总体选择计数和百分比排序表

新序号	选　项	选择计数	百分比（%）
1	[3] 强化执行监控，保证政策的执行到位	818	35.3
2	[2] 执行与决策相分离，将执行职能从政府部门中剥离出来，由专门机构负责	673	29.0
3	[1] 按照“大部制”的方式建立综合性的决策部门，加强决策	345	14.9
4	[5] 弱化“上下对口”和层级节制的直接管理，强调上级决策的宏观指导和上级政府对下级政府的执行监控	295	12.7
5	[4] 加强研究机构，增强政府对重大决策事项规律性的把握	165	7.1
6	[6] 其他	24	1.0
	总计	2 320	100.0

从表格的排序上看，对当前的政府权力执行与监督职能运行机制和执行与决策职能运行机制的设计意见在前位。其中认为强化执行监控，保证政策的执行到位的意见占首位，约占参选人数的 35.3%；认为执行与决策相分离，将执行职能从政府部门中剥离出来，由专门机构负责的意见占第二位，约占参选人数的 29.0%。

建设法治政府是我国行政体制改革的目标，也是政府权力结构调整的最终落脚点。正如前章所析，目前我国大多数政府部门集决策、执行和监督于一体，自定规则、自己执行、自我监督。这种政府权力结构不合理状况所导致的消极影响在行政管理领域表现得日益突出。在这种体制下不容易清楚地判断管理成败的原因究竟是在决策环节还是在执行环节，抑或是监督环节，由此造成责任界限不清。建设法治政府的重要内容不仅是规范控制政府权力，更重要的是建设责任政府。让政府承担明确责任，提供更多的服务，需要进一步明确政府责任，应对政府的决策、执行、监督三种职能进行明确的划分，建构决策、执行、监督三权既相互制约又相互协调的权力结构和运行机制。

在调查数据中，执行与监督职能运行机制和执行与决策职能运行机制设计意见的排序在前位，这可能是基于执行权在"行政三权"中的关键位置及执行权同监督权和决策权关系的重要性。我国传统的政府权力配置主要是以执行为核心的结构模式，对行政权的控制和规范更多意义上体现为对执行权的监控。在调查选项中"强化执行监控，保证政策的执行到位"的意见占首位可能是基于这个原因。

调查显示，认为"应按照'大部制'的方式建立综合性的决策部门，加强决策"和"弱化'上下对口'和层级节制的直接管理，强调上级决策的宏观指导和上级政府对下级政府的执行监控"以及"加强研究机构，增强政府对重大决策事项规律性的把握"分别占第三、第四位和第五位，占参选人数的14.9%、12.7%和7.1%。以"大部制"改革为主要内容的我国新一轮行政体制改革将业务性质相近、职能相似的部门整合在一起，并按照决策、执行与监督适度分离的原则组建大部门，避免政府职能交叉、多头管理，从而达到了合理配置行政权力、提高行政效率的目标。本次行政体制改革和政府权力结构调整改变了过去的以执行为主结构模式，构建了以决策为核心的政府权力结构，提升了监督权，进一步规范执行权，逐步形成决策权、执行权和监督权既相互制约又相互协调的政府权力运行机制。从调查数据的选项情况看出，经过改革开放以来的几次重大改革，尤其是进行"大部制"改革以来，我国正逐步建立适应市场经济要求的行政管理体制，政府权力结构在一定程度上顺应了时代的变迁和经济转型的需要。

三、基于中央与地方公务员的分类数据分析

将中央政府和地方政府公务员对"如果对我国当前的政府权力结构进行部分内容的改革，当前最应该进行哪项改革"的认识，分别统计，制作成表1-16。

表 1-16　中央与地方政府公务员对“如果先进行部分内容的改革，您认为当前最应该进行哪项改革”的认知

选　项	统　计	地方政府	中央政府
[1] 按照“大部制”的方式建立综合性的决策部门，加强决策	选择计数	257	88
	百分比（%）	13.8	19.1
[2] 执行与决策相分离，将执行职能从政府部门中剥离出来，由专门机构负责	选择计数	561	112
	百分比（%）	30.2	24.3
[3] 强化执行监控，保证政策的执行到位	选择计数	676	142
	百分比（%）	36.4	30.8
[4] 加强研究机构，增强政府对重大决策事项规律性的把握	选择计数	137	28
	百分比（%）	7.4	6.1
[5] 弱化“上下对口”和层级节制的直接管理，强调上级决策的宏观指导和上级政府对下级政府的执行监控	选择计数	215	80
	百分比（%）	11.6	17.4
[6] 其他	选择计数	13	11
	百分比（%）	0.7	2.4
总计	参选人数	1 859	461
	百分比（%）	100.0	100.0

按照中央与地方政府公务员对“如果对我国当前的政府权力结构进行部分内容的改革，当前最应该进行哪项改革”的认知程度排列，得表 1-17、表 1-18 及图 1-4。

表 1-17　中央公务员对“如果先进行部分内容的改革，您认为当前最应该进行哪项改革”的认知

选　项	统　计	中央政府
[1] 强化执行监控，保证政策的执行到位	选择计数	142
	百分比（%）	30.8
[2] 执行与决策相分离，将执行职能从政府部门中剥离出来，由专门机构负责	选择计数	112
	百分比（%）	24.3
[3] 按照“大部制”的方式建立综合性的决策部门，加强决策	选择计数	88
	百分比（%）	19.1
[4] 弱化“上下对口”和层级节制的直接管理，强调上级决策的宏观指导和上级政府对下级政府的执行监控	选择计数	80
	百分比（%）	17.4
[5] 加强研究机构，增强政府对重大决策事项规律性的把握	选择计数	28
	百分比（%）	6.1

续前表

选　项	统　计	中央政府
[6] 其他	选择计数	11
	百分比（%）	2.4
总计	参选人数	461
	百分比（%）	100.0

表 1-18　　地方公务员对“如果先进行部分内容的改革，您认为当前最应该进行哪项改革”的认知

选　项	统　计	地方政府
[1] 强化执行监控，保证政策的执行到位	选择计数	676
	百分比（%）	36.4
[2] 执行与决策相分离，将执行职能从政府部门中剥离出来，由专门机构负责	选择计数	561
	百分比（%）	30.2
[3] 按照“大部制”的方式建立综合性的决策部门，加强决策	选择计数	257
	百分比（%）	13.8
[4] 弱化“上下对口”和层级节制的直接管理，强调上级决策的宏观指导和上级政府对下级政府的执行监控	选择计数	215
	百分比（%）	11.6
[5] 加强研究机构，增强政府对重大决策事项规律性的把握	选择计数	137
	百分比（%）	7.4
[6] 其他	选择计数	13
	百分比（%）	0.7
总计	参选人数	1 859
	百分比（%）	100.0

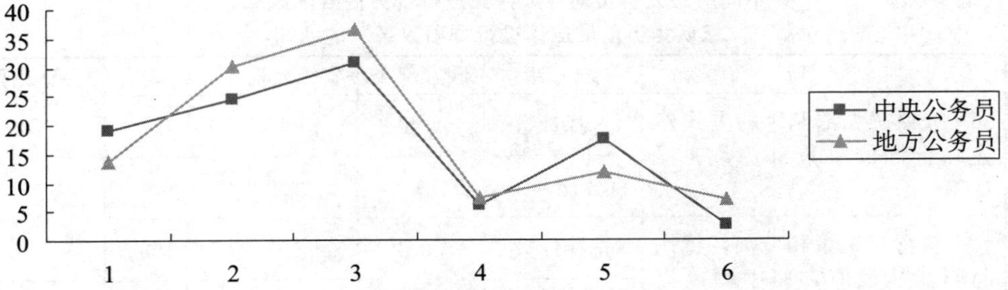

图 1-4　中央和地方公务员对“如果先进行部分内容的改革，当前最应该进行哪项改革”的认知（横轴分别表示五个选项）

以上调查显示，中央与地方公务员对当前的政府权力执行与监督职能运行机制和执行与决策职能运行机制的设计意见均排列在前位。其中认为强化执行监控，保证政策的执行到位的意见占首位，约占中央政府公务员参选人数的 30.8%和地方政府公务员参选人数的 36.4%；认为执行与决策相分离，将执行职能从政府部门中剥离出来，由专门机构负责的意见占第二位，约占中央政府公务员参选人数的 24.3%和地方政府公务员参选人数的 30.2%。

调查显示，认为"按照'大部制'的方式建立综合性的决策部门，加强决策""弱化'上下对口'和层级节制的直接管理，强调上级决策的宏观指导和上级政府对下级政府的执行监控"和"加强研究机构，增强政府对重大决策事项规律性的把握"的意见选项均排列在第三、第四位和第五位，其中中央政府公务员中以上三个选项分别占参选人数的 19.1%、17.4%和 6.1%，地方政府公务员中以上三个选项分别占参选人数的 13.8%、11.6%和 7.4%。

以上调查数据结果同上面分析的结论是相吻合的。经过几次重大的行政体制改革，我国政府权力结构有所完善，但是由于时代的局限性和改革自身的不足所暴露出的许多问题，有待在深化行政体制改革中加以解决。新一轮的行政体制改革和政府权力结构调整中，制度设计旨在逐步形成决策权、执行权和监督权既相互制约又相互协调的政府权力运行机制。

四、基于不同府级公务员的分类数据分析

将不同府级公务员对"如果对我国当前的政府权力结构进行部分内容的改革，当前最应该进行哪项改革"的认识分别统计，制作成表 1-19、图 1-5。

表 1-19　不同府级公务员对"如果先进行部分内容的改革，您认为当前最应该进行哪项改革"的认知

选　项	统　计	国家部委	省级政府	市级政府	县级政府
[1] 按照"大部制"的方式建立综合性的决策部门，加强决策	选择计数	88	78	95	84
	百分比（%）	19.1	12.9	14.4	14.2
[2] 执行与决策相分离，将执行职能从政府部门中剥离出来，由专门机构负责	选择计数	112	165	196	200
	百分比（%）	24.3	27.3	29.6	33.7
[3] 强化执行监控，保证政策的执行到位	选择计数	142	239	231	206
	百分比（%）	30.8	39.6	34.9	34.7

续前表

选　项	统　计	国家部委	省级政府	市级政府	县级政府
[4] 加强研究机构，增强政府对重大决策事项规律性的把握	选择计数	28	42	59	36
	百分比（%）	6.1	7.0	8.9	6.1
[5] 弱化“上下对口”和层级节制的直接管理，强调上级决策的宏观指导和上级政府对下级政府的执行监控	选择计数	80	72	77	66
	百分比（%）	17.4	11.9	11.6	11.1
[6] 其他	选择计数	11	8	4	1
	百分比（%）	2.4	1.3	0.6	0.2
总计	参选人数	461	604	662	593
	百分比（%）	100.0	100.0	100.0	100.0

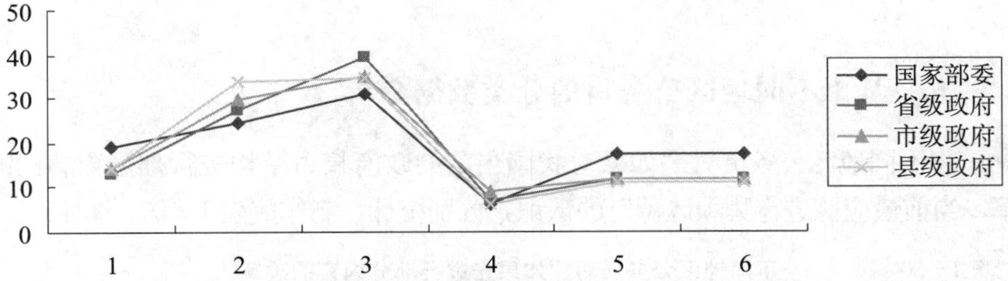

图 1-5　不同府级公务员对“如果先进行部分内容的改革，您认为当前最应该进行哪项改革”的认知（横轴分别表示五个选项）

调查数据显示，不同府级公务员中对当前的政府权力执行与监督职能运行机制和执行与决策职能运行机制的设计意见均排列在前位。其中认为“强化执行监控，保证政策的执行到位”的意见占首位，约占中央政府公务员参选人数的 30.8%，省级政府公务员参选人数的 39.6%，市级政府公务员参选人数的 34.9%，县级政府公务员参选人数的 34.7%。认为“执行与决策相分离，将执行职能从政府部门中剥离出来，由专门机构负责”的意见占第二位，约占中央政府公务员参选人数的 24.3%，省级政府公务员参选人数的 27.3%，市级政府公务员参选人数的 29.6%，县级政府公务员参选人数的 33.7%。对此情况可能存在的原因，我们前面从执行权在“行政三权”中的关键位置及执行权同监督权和决策权关系的重要性等方面做过分析、判断，在此不再赘述。

调查显示，不同府级公务员中认为“按照‘大部制’的方式建立综合性的决策部门，加强决策”“弱化‘上下对口’和层级节制的直接管理，强调上级决策的宏观指导和上级政府对下级政府的执行监控”和“加强研究机构，增强政府对重大决策事项规律性的把握”的占第三、第四位和第五位。其中中央公务员约占参选人数的19.1%、17.4%和6.1%，省级政府公务员约占参选人数的12.9%、11.9%和7.0%，市级政府公务员约占参选人数的14.4%、11.6%和8.9%，县级政府公务员约占参选人数的14.2%、11.1%和6.1%。我国新一轮行政体制改革达到了合理配置行政权力、提高行政效率的目标。从调查数据的选项情况看出，经过改革开放以来的几次重大改革，尤其是进行“大部制”改革以来，我国正逐步建立适应市场经济要求的行政管理体制，政府权力结构在一定程度上顺应了时代的变迁和经济转型的需要。

五、基于不同地区公务员的分类数据分析

将不同地区公务员对“如果对我国当前的政府权力结构进行部分内容的改革，当前最应该进行哪项改革”的认识，分别统计，制作成表1-20、图1-6。

表1-20　　不同地区公务员对“如果先进行部分内容的改革，您认为当前最应该进行哪项改革”的认知

选　项	统　计	东部地区	中部地区	西部地区
[1] 按照“大部制”的方式建立综合性的决策部门，加强决策	选择计数	33	41	183
	百分比（%）	11.7	11.2	15.1
[2] 执行与决策相分离，将执行职能从政府部门中剥离出来，由专门机构负责	选择计数	84	111	366
	百分比（%）	29.8	30.3	30.2
[3] 强化执行监控，保证政策的执行到位	选择计数	106	135	435
	百分比（%）	37.6	36.9	35.9
[4] 加强研究机构，增强政府对重大决策事项规律性的把握	选择计数	20	24	93
	百分比（%）	7.1	6.6	7.7
[5] 弱化“上下对口”和层级节制的直接管理，强调上级决策的宏观指导和上级政府对下级政府的执行监控	选择计数	39	51	125
	百分比（%）	13.8	13.9	10.3

续前表

选　项	统　计	东部地区	中部地区	西部地区
[6] 其他	选择计数	0	4	9
	百分比（%）	0	1.1	0.7
总计	参选人数	282	366	1 211
	百分比（%）	100.0	100.0	100.0

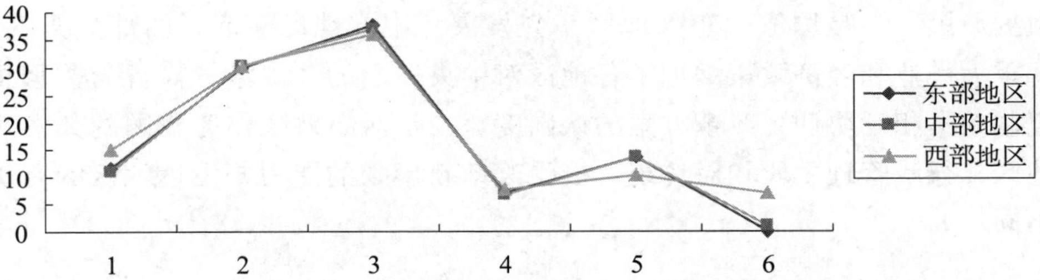

图 1-6　不同地区公务员对“如果先进行部分内容的改革，您认为当前最应该进行哪项改革”的认知（横轴分别表示五个选项）

从以上数据可以清楚地看到，不同地区公务员对执行与监督职能运行机制和执行与决策职能运行机制设计意见的选项大体一致。不同地区公务员中“强化执行监控，保证政策的执行到位”意见的选择率均占第一位，这个结果同我们在总体分析中得出的结论相一致。但对此项的选择比率各具特色。三个区域里东部地区公务员持此意见的比率最高，达到 37.6%，中部和西部地区相近，依次为 36.9%和 35.9%。调查数据中选择“执行与决策相分离，将执行职能从政府部门中剥离出来，由专门机构负责”意见的，在东部、中部和西部地区公务员中均占第二位，其中东部地区公务员对此项的选择率为 29.8%，中部和西部地区依然相近，依次为 30.3%和 30.2%。其原因可能是各地区对新一轮行政管理体制改革和政府权力调整的普遍认可，除此之外，可能还与不同地区的经济发展状况和政府公务员思想观念、认知水平，尤其是对“行政三权”及它们之间的关系的把握和理解有关。

调查显示，东部和中部地区公务员对“弱化‘上下对口’和层级节制的直接管理，强调上级决策的宏观指导和上级政府对下级政府的执行监控”“按照‘大部制’的方式建立综合性的决策部门，加强决策”和“加强研究机构，增强政府对重大决策事项规律性的把握”意见的认可度相近，而且排列均在第三、第四位和第五位，选择比率依次分别为东部地区13.8%、11.7%和7.1%，中部地区13.9%、11.2%和6.6%，然而西部地区公务员选择率却同前两者有所不同，“按照‘大部制’的方式建立综合性的决策部门，加强决策”一项的选择率为15.1%，排列在第三位，其他两项的选择率分别为10.3%和7.7%，排列为第四和第五位。分析以上数据原因，一是国家“东部地区率先发展、中部地区崛起、西部大开发”等重大产业和经济政策增加了各地区对中央提出的“决策、执行与监督相互制约又相互协调”改革方案的认同度。二是西部地区作为我国的欠发达地区，行政管理手段相对传统，接受改革新事物的能力与发达地区的有所不同。

六、调查结论

我们在分析和判断中央和地方公务员、不同府级公务员、不同地区公务员对政府权力决策、执行、监督三个职能的设计及运行机制等问题认知情况的基础上，探寻我国当前政府权力结构改革的路径。

近年来，作为新一轮行政体制改革的核心内容，我国政府权力结构的调整步伐不断加快。这使得现行行政管理体制在一定程度上顺应了时代变迁和经济转型的需要，为改革开放和社会主义现代化建设提供了重要的体制保障。但是面对经济社会发展的新形势、新任务和社会变革，现行行政管理体制和政府权力结构仍然存在同经济体制改革不相适应的地方。客观情况要求我们进一步创新与完善政府权力结构，进一步厘清其与市场和社会的关系，要形成结构合理、配置科学、程序严密、制约有效的权力运行机制，使行政体制改革更加有效地回应社会变革。

“大部制”改革作为行政管理体制改革的关键环节，涉及复杂的利益关系和权力关系的调整和组合，是一项系统工程。

第一，“大部制”改革需要其他配套改革相配合。必须坚持整体配套改革的原则，使“大部制”改革和其他改革相互协调和彼此促进。一方面，以“大部制”改革为契机积极推进政治体制改革。“大部制”改革的实质是一种权力结构的重组和再造，它实行的是行政决策权、执行权和监督权的合理划分和相对分离。因此，“大部制”改革要遵循“决策、执行、监督”的改革思路，我们要以“大部制”改革为契机，使我国的行政管理方式走上制度化、法治化和科学化的道路，同时强化政府系统内部的监督制。另一方面，使地方行政部门的设置和中央的“大部制”改革相适应。中央政府在国家治理结构中虽然处于高端的支配地位，但治理的效果最终体现在地方，如果中央政府和地方政府的权力划分不当，地方的“大部制”改革没有跟上，那么，无论是“大部制”还是“小部制”，都可能治理无效。

第二，“大部制”在建立过程中要注意协调好部门利益。“大部制”改革最大的阻力是多年来被强化的部门利益。“大部制”机构设置可能把部门职能交叉、相互扯皮的问题通过改变组织形态加以抑制。过去部门之间职能交叉、决策周期长、制定成本高、协调沟通困难，原因就是受到了部门利益的严重影响，所谓“权力部门化，部门利益化，利益集团化”导致政府运行成本太高，效率太低，甚至把部门利益凌驾于公众利益之上。“大部制”改革如果不成功，就会把分散的部门利益积聚为集中的部门利益。要减少各部门之间的利益冲突，除了建立外部的监督和制约机制以外，在各部门之间建立起有效的协调机制也是一条重要途径。

第三，“大部制”改革需要良好的法律保障。受计划经济和部门立法的影响，我国在相当程度上存在一个部门、一套法律体系的现象，“大部制”改革后，有关执法主体、诉讼管辖和法律适用可能会出现一定的问题。同时，“大部制”改革必然涉及现行法律法规的修改问题，国家应当以此为契机，增强我国法律体系的协调统一并实行综合立法。一是切实加强行政组织法体系建设，推进行政组织设置、职能定位和机制运行的法制化，以法律的形式将政府部门的设置固定下来，不得随意增减，如有增减的必要，需要提请全国人大常委会修改相关法律。政府各部门要在法律的范围内行使职权，不得违反法律。二是强化预算的法制化。立法机关要制定严格的预算法案，对各行政部门进行严格的财政控制，监督每一笔财政支出的具体去向，坚决打击滥用职权、贪污腐败和公款吃喝等腐败现象。

以“大部制”为主要内容的行政体制改革没有现成的经验来照搬，只能通过实践来探索。中央和地方公务员、不同府级公务员、不同地区公务员对政府权力的决策、执行、监督三个职能的设计及运行机制的认知情况，从不同角度和侧面为形成“决策权、执行权、监督权相互制约又相互协调的权力结构和运行机制”的框架提供了参考数据。

第四节　我国政府权力结构改革难点的数据分析

一、序言

政府权力结构调整作为行政管理体制改革的核心内容和重要方向，其功能的发挥依赖于现实环境支持，尤其是政府权力结构调整意味着对传统行政结构模式的突破，可能会遭遇来自各方面的阻力。为顺利推进行政管理体制改革和政府权力结构调整，对影响改革的各种因素需要特别关注。课题组以不同类型公务员为调查对象，了解他们对我国当前政府权力结构调整改革难点的认知情况。

本题的设计情况如下。

调查问题设计（多选 22）：如果进行改革，您认为改革的主要困难是什么？

[1] 政府工作人员的工作方式和行政习惯难以转变

[2] 改革将会打破现有的行政秩序，可能在一定范围内导致管理失控，风险较大

[3] 构建配套制度的难度大

[4] 法律依据不足

[5] 将损害部分人员的既得利益，受到他们的抵制

[6] 其他

针对上题内容，有以下几方面的内容需要明晰。

1. 关于问题选项

6 个选项分支针对的是当前我国政府权力结构改革的主要难点问题。主要有四类：第一类是利益因素，如第五选项；第二类是制度因素，如第三选项和第四选项；第三类是风险因素，如第一选项和第二选项；第四类是开放性选项，如第六选项。

2. 调查采集的基本信息（见表 1－21）

表 1－21　“如果进行改革，您认为改革的主要困难是什么”总体选择计数和百分比表

选　项	选择计数	百分比（%）
[1] 政府工作人员的工作方式和行政习惯难以转变	1 316	56.6
[2] 改革将会打破现有的行政秩序，可能在一定范围内导致管理失控，风险较大	1 170	50.3
[3] 构建配套制度的难度大	1 390	59.8
[4] 法律依据不足	612	26.3
[5] 将损害部分人员的既得利益，受到他们的抵制	1 480	63.6
[6] 其他	42	1.8
总计	2 326	100.0

二、总体分析

本部分以调查问卷总体选择计数和百分表为分析对象，分析当前我国政府权力调整改革的主要困难。对表 1－21 中的数据按照选择计数的多少重新排序，得到表 1－22。

表 1－22　“如果进行改革，您认为改革的主要困难是什么”总体选择计数和百分比排序表

新序号	选　项	选择计数	百分比（%）
1	[5] 将损害部分人员的既得利益，受到他们的抵制	1 480	63.6
2	[3] 构建配套制度的难度大	1 390	59.8
3	[1] 政府工作人员的工作方式和行政习惯难以转变	1 316	56.6
4	[2] 改革将会打破现有的行政秩序，可能在一定范围内导致管理失控，风险较大	1 170	50.3
5	[4] 法律依据不足	612	26.3
6	[6] 其他	42	1.8
	总计	2 326	100.0

被调查者认为，如果对当前的政府权力结构进行改革，主要难点或障碍

是利益因素、制度因素和风险因素。其中认为“将损害部分人员的既得利益，受到他们的抵制”的意见占首位，约占参选人数的63.6%；认为“构建配套制度的难度大”和“法律依据不足”的意见分别占第二位和第五位，此两个选项的选择率分别是59.8%和26.3%；认为“政府工作人员的工作方式和行政习惯难以转变”和“改革将会打破现有的行政秩序，可能在一定范围内导致管理失控，风险较大”的意见分别占第三位和第四位，此两个选项的选择率分别是56.6%和50.3%。

分权与制衡是建立现代法治国家的基本要求。我国行政体制改革和政府权力结构调整的目标是建立决策、执行、监督三权既相互制约又相互协调的权力结构和运行机制。在传统行政管理体制下决策与执行高度合一，“政府部门集决策、执行和监督于一体，自定规则、自己执行、自我监督”，这种权力结构模式容易形成部门分割。各部门自我决策时往往从本部门利益出发，并通过手中掌握的执行权实现部门利益。同时，决策和执行的监督因集中在同一部门而不能充分发挥其固有纠错功能。“决策、执行、监督”一体化，造就了“权力垄断”格局，并构成部门利益实现的“一条龙”。在调查数据中“将损害部分人员的既得利益，受到他们的抵制”意见排在首位的情况可能是由于受调查者认为，决策、执行、监督的分设，必然使得原来的部门之间的权力和利益格局发生巨大变化，从而会遇到既得利益者的抵制。

在调查选项中“构建配套制度的难度大”的意见占第二位。受调查者可能认为，现实当中很难出台既能规范党委决策又可以调整政府决策的制度。行政决策、执行与监督既相互制约又相互协调的尺度和方式很难把握，也不易构建与行政改革相配套的相关制度和保障机制。

调查显示，作为风险因素的“政府工作人员的工作方式和行政习惯难以转变”和“改革将会打破现有的行政秩序，可能在一定范围内导致管理失控，风险较大”的意见分别占第三和第四位，约占参选人数的56.6%和50.3%。

三、基于中央与地方公务员的分类数据分析

将中央政府和地方政府公务员对“如果进行改革，您认为改革的主要困难是什么”的认识，分别统计，制作成表1-23。

表 1－23　　中央与地方政府公务员对“如果先进行改革，您认为改革的主要困难是什么”的认知

选　项	统　计	地方政府	中央政府
[1] 政府工作人员的工作方式和行政习惯难以转变	选择计数	1 082	234
	百分比（%）	58.2	50.2
[2] 改革将会打破现有的行政秩序，可能在一定范围内导致管理失控，风险较大	选择计数	890	280
	百分比（%）	47.8	60.1
[3] 构建配套制度的难度大	选择计数	1 120	270
	百分比（%）	60.2	57.9
[4] 法律依据不足	选择计数	502	110
	百分比（%）	27.0	23.6
[5] 将损害部分人员的既得利益，受到他们的抵制	选择计数	1 135	345
	百分比（%）	61.0	74.0
[6] 其他	选择计数	32	10
	百分比（%）	1.7	2.1
总计	参选人数	1 860	466
	百分比（%）	100.0	100.0

按照中央与地方政府公务员对“如果进行改革，您认为改革的主要困难是什么”的认知程度排列，得表 1－24、表 1－25、图 1－7。

表 1－24　　中央公务员对“如果先进行改革，您认为改革的主要困难是什么”的认知

选　项	统　计	中央政府
[1] 将损害部分人员的既得利益，受到他们的抵制	选择计数	345
	百分比（%）	74.0
[2] 改革将会打破现有的行政秩序，可能在一定范围内导致管理失控，风险较大	选择计数	280
	百分比（%）	60.1
[3] 构建配套制度的难度大	选择计数	270
	百分比（%）	57.9
[4] 政府工作人员的工作方式和行政习惯难以转变	选择计数	234
	百分比（%）	50.2
[5] 法律依据不足	选择计数	110
	百分比（%）	23.6

续前表

选　项	统　计	中央政府
[6] 其他	选择计数	10
	百分比（%）	2.1
总计	参选人数	466
	百分比（%）	100.0

表 1-25　　地方公务员对“如果先进行改革，您认为改革的主要困难是什么”的认知

选　项	统　计	地方政府
[1] 将损害部分人员的既得利益，受到他们的抵制	选择计数	1 135
	百分比（%）	61.0
[2] 构建配套制度的难度大	选择计数	1 120
	百分比（%）	60.2
[3] 政府工作人员的工作方式和行政习惯难以转变	选择计数	1 082
	百分比（%）	58.2
[4] 改革将会打破现有的行政秩序，可能在一定范围内导致管理失控，风险较大	选择计数	890
	百分比（%）	47.8
[5] 法律依据不足	选择计数	502
	百分比（%）	27.0
[6] 其他	选择计数	32
	百分比（%）	1.7
总计	参选人数	1 860
	百分比（%）	100.0

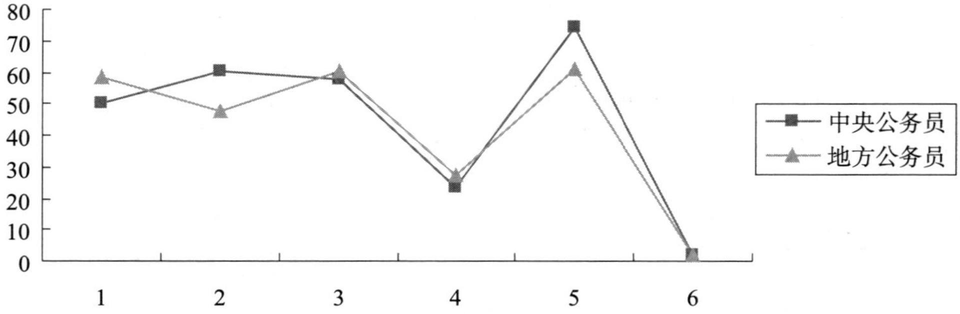

图 1-7　中央和地方公务员对“如果先进行改革，您认为改革的主要困难是什么”的认知（横轴分别表示五个选项）

以上调查显示，作为利益因素的“将损害部分人员的既得利益，受到他们的抵制”，在中央与地方公务员的选择中均排列在首位，分别占中央公务员参选人数的74.0%和地方政府公务员参选人数的61.0%。

我国政府体制改革和政府权力结构调整的重要内容之一，就是决策与执行机关的分别设立。这使得原来平行机构之间的权力和利益关系主线被独立、纵向机关之间的权力和利益关系主线所取代。对原有利益格局的重新组合和调整必然触及一些部门和一部分人的既得利益。这可能就是“将损害部分人员的既得利益，受到他们的抵制”意见选择率高居榜首的主要原因。

调查显示，风险因素和制度因素四个选项的被选择率排列在利益因素之后。其中中央公务员中认为“改革将会打破现有的行政秩序，可能在一定范围内导致管理失控，风险较大”“构建配套制度的难度大”和“政府工作人员的工作方式和行政习惯难以改变”“法律依据不足”的意见选项排列在第二、第三位和第四、第五位，以上四个选项分别占参选人数的60.1%、57.9%和50.2%、23.6%。地方政府公务员的选择率却有所不同。地方公务员中认为“构建配套制度的难度大”“政府工作人员的工作方式和行政习惯难以改变”和“改革将会打破现有的行政秩序，可能在一定范围内导致管理失控，风险较大”“法律依据不足”的意见选项排列在第二、第三位和第四、第五位，以上四个选项分别占参选人数的60.2%、58.2%和47.8%、27.0%。

以上调查数据结果同上面的分析结论基本吻合。经过几轮重大的行政体制改革，我国政府权力结构有所完善，但政府运行方式的深刻变化，会使公务员对体制调整所面临的风险因素和制度因素等，怀有不同程度的担忧和顾虑。

四、基于不同府级公务员的分类数据分析

将不同府级公务员对“如果先进行改革，您认为改革的主要困难是什么”的认识，分别统计，制作成表1-26、图1-8。

表 1-26　　不同府级公务员对“如果先进行改革，您认为改革的主要困难是什么”的认知

选　项	统　计	国家部委	省级政府	市级政府	县级政府
[1] 政府工作人员的工作方式和行政习惯难以转变	选择计数	234	349	376	357
	百分比（%）	50.2	57.7	57.0	60.0
[2] 改革将会打破现有的行政秩序，可能在一定范围内导致管理失控，风险较大	选择计数	280	306	299	285
	百分比（%）	60.1	50.6	45.3	47.9
[3] 构建配套制度的难度大	选择计数	270	394	391	335
	百分比（%）	57.9	65.1	59.2	56.3
[4] 法律依据不足	选择计数	110	182	180	140
	百分比（%）	23.6	30.1	27.3	23.5
[5] 将损害部分人员的既得利益，受到他们的抵制	选择计数	345	393	410	332
	百分比（%）	74.0	65.0	62.1	55.8
[6] 其他	选择计数	10	12	12	8
	百分比（%）	2.1	2.0	1.8	1.3
总计	参选人数	466	605	660	595
	百分比（%）	100.0	100.0	100.0	100.0

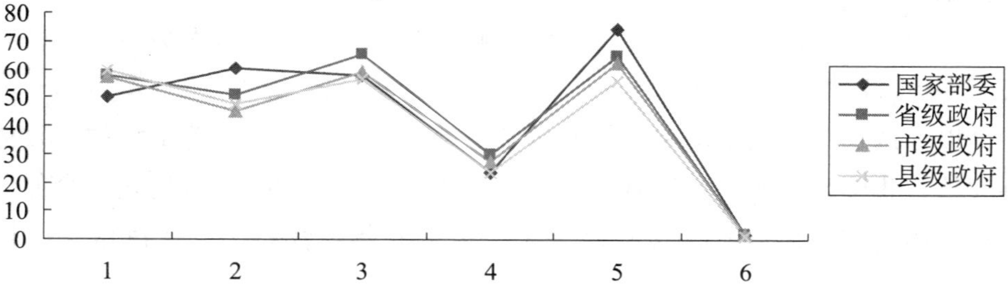

图 1-8　不同府级公务员对“如果先进行改革，您认为改革的主要困难是什么”的认知（横轴分别表示五个选项）

表 1-26、图 1-8 的调查数据显示，不同府级公务员对“改革的主要困难”的认知情况不尽相同。其中中央政府公务员和市级政府公务员认为“将损害部分人员的既得利益，受到他们的抵制”的意见占首位，约占中央政府

公务员参选人数的74.0%，市级政府公务员参选人数的62.1%，如果考虑省级政府公务员在此选项上的65.0%（省级政府公务员的首选项是“构建配套制度难度大”，占65.1%，其与“触及既得利益者”占比相差0.1个百分点，可忽略不计）则意味着，从中央到地方，四个层次的公务员中，有三个层次的公务员认为当前的政府权力结构改革会触及“既得利益”，会引起抵触。从我国政府权力设置史来看，“条块分割”管理体制以及以事权为中心进行权力配置的模式，不可避免地会产生部门利益与地方利益，甚至是群体利益、个体利益。而从数据分析中可以看到，从中央到地方对触及“既得利益”选项的认同度依次下降，由此表明，中央政府对既有政府权力结构形成的“既得利益”的认识要高于地方，可能的原因是在既有政府权力结构体系下，中央政府很多触及地方政府利益或部门利益甚至是群体、个体利益的改革措施及施政方针，受到了较地方政府更多的抵制。这固然与中央政府忽视地方正当利益有一定关系，但关键是打破既有政府权力结构，必然会使在既有体系下受益的各主体利益受损，因此，其必然对此措施进行抵制。这一结论也从侧面说明现实中“政令不出中南海”尴尬现象的原因。

而在“改革将会打破现有的行政秩序，可能在一定范围内导致管理失控，风险较大”选项中，数据表明，这一选项在中央政府公务员群体中位于诸选项的第二位（以占比数据从大到小为序），占到了60.1%，而省、市、县公务员群体的选择呈现出趋同性，即在诸选项中，此选项仅占到了第四位，省、市、县公务员的数据分别为50.6%、45.3%以及47.9%。以此来分析，可以看到在政府权力结构改革面临的最主要困难上，中央与地方在此选项上认知差异较大，在地方上则较为一致。可能原因在于，从政府权力结构改革的方向来看，中央政府更多的是强化决策科学性，地方政府则更多的是强化执行“合决策性”“合法性”，二者在侧重点上有所区别。中央一旦将重心放在强化决策上，则其执行、监督方面的措施在政府权力结构改革方面必然会有所降低，加大中央对地方的失控风险，主要依靠“决策”对地方进行监控，中央对此信心不足。从现有事实及数据来看，在中央集决策、执行、监督于一体的既有体制下，中央对地方政府的监控在某种程度上也存在着失控现象，一旦将重心转移至“决策”，放松“执行、监督”，就会导致既有行政秩序失控的可能性加大，风险较大。对地方而言，在政府权力结构改革方向上，其“决策”功能虽被一定程度弱化，但其“执行、监督”方面的功能仍然保留，并在某种意义上被强化，因此在“改革困难”诸因素中，此选项仅位于地方公务员选择的第四位。而从省、市、县数据来看，省的“决策”功能最强，因此，其担心失控的可能性最大。而县位于政府层级最末端，按说其担心失控的数据应低于市，然而，在三者数据中，担心失控最低的反而是市，可能的原因是强县扩权等措施的推进，县级政府的职权有所增大，其担忧改革会导致利益的减损。

在“构建配套制度的难度大”选项上，中央政府的数据也与省、市、县的数据有所偏离，中央政府在此选项上的数据在诸因素中仅占第三位，达到57.9％，而省政府在此选项上的数据在诸因素中占第一位，达到65.1％，市、县政府在此选项上的数据在诸因素中占第二位，分别达到59.2％、56.3％。对此选项进行分析，可以看到，中央政府在此选项的数据明显低于省政府的数据，两者相差7.2个百分点。原因可能在于，在政府权力结构改革总体方案中，中央只负责改革总体思路与框架，而具体配套制度的建设主要由省级政府来承担，根据实施效果反馈中央，以此来形成政府权力结构改革的再修正。因此，从此意义上来看，中央对于绝大部分政府权力结构改革方案，基本不涉及配套制度建设，而仅限于核心制度的建构。而省级政府作为承上启下的中间层级政府，其承担的主要任务将是政府权力改革核心制度以外配套制度的建设。对于市、县而言，随着政府层级降低，对此选项的数据也依次降低，这表明，政府层级越低，其承担的主要任务将不是配套制度的建设，而是配套制度的实施。但不可否认的是，如果没有相关的配套制度，将会给层级较低的政府在实施行政管理时带来很多空白，这也是市、县政府为什么会在“改革困难”诸因素中，选择此因素的数据占到第二位的主要原因。

五、基于不同地区公务员的分类数据分析

将不同地区公务员对“如果先进行改革，您认为改革的主要困难是什么”的认识，分别统计，制作成表1-27、图1-9。

表 1－27 不同地区公务员对"如果先进行改革，您认为改革的主要困难是什么"的认知

选项	统计	东部地区	中部地区	西部地区
[1] 政府工作人员的工作方式和行政习惯难以转变	选择计数	173	192	717
	百分比（%）	61.6	52.5	59.1
[2] 改革将会打破现有的行政秩序，可能在一定范围内导致管理失控，风险较大	选择计数	161	159	570
	百分比（%）	57.3	43.4	47.0
[3] 构建配套制度的难度大	选择计数	163	242	715
	百分比（%）	58.0	66.1	58.9
[4] 法律依据不足	选择计数	73	64	365
	百分比（%）	26.0	17.5	30.1
[5] 将损害部分人员的既得利益，受到他们的抵制	选择计数	181	252	702
	百分比（%）	64.4	68.9	57.9
[6] 其他	选择计数	8	4	20
	百分比（%）	2.8	1.1	1.6
总计	参选人数	281	366	1 213
	百分比（%）	100.0	100.0	100.0

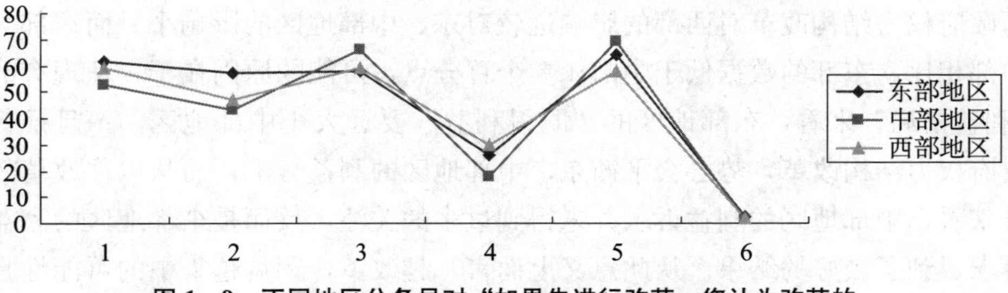

图 1－9 不同地区公务员对"如果先进行改革，您认为改革的主要困难是什么"的认知（横轴分别表示五个选项）

从整体数据来看，东部地区在"改革困难"诸因素的排列次序上，占前三位的分别是"将损害部分人员的既得利益，受到他们的抵制""政府工作人员的工作方式和行政习惯难以转变""构建配套制度的难度大"，分别达到 64.4%、61.6%与 58.0%。中部地区占前三位的为"将损害部分

人员的既得利益，受到他们的抵制”“构建配套制度的难度大”“政府工作人员的工作方式和行政习惯难以转变”，分别达到68.9%、66.1%、52.5%。西部地区占前三位的为“政府工作人员的工作方式和行政习惯难以转变”“构建配套制度的难度大”“将损害部分人员的既得利益，受到他们的抵制”，分别为59.1%、58.9%、57.9%。从以上数据可以看出，不同地区公务员对“改革困难”诸因素的排列次序呈现出整体一致、细微差别的特征。

在“将损害部分人员的既得利益，受到他们的抵制”选项中，东部与中部地区均将此选项列为“改革困难”诸因素中的第一位因素，而西部地区则将其列为第三位因素，数据分别为64.4%、68.9%、57.9%，由东、中部再到西部地区，数据呈现出明显的先上升再显著下降的特点，这表明，虽然东、中、西部均认为既得利益者是阻碍政府权力结构改革的重要因素，但三地对于既得利益者对政府权力结构改革的影响大小持不同态度。相对于东、中部地区，西部地区对此选项的选择比例相对最低，其可能原因在于西部本身就是“西部大开发”的既得利益者，但“西部大开发”推行多年，西部地区与东部地区的差距并未有太大改观，因而政府权力结构进一步改革，重新进行“利益格局”的洗牌，符合西部利益需求。且从个体角度来看，西部地区的政府权力运行者手中可支配的资源、权力与东、中部地区相比较少，因而政府权力结构改革对西部的影响远较对东、中部地区的影响小。而东部与中部相比，东部的数据低于中部4.5个百分点，可能的原因在于，从现有的“利益格局”来看，东部地区的“既得利益”要远大于中部地区。一旦推行政府权力结构改革，势必会平衡东、中部地区的利益分配，而从以往改革效果来看，中部地区的利益诉求并未得到过多的关注，反而是东部地区的利益诉求得到了较好的结果。从此意义上而言，越改革，利益越集中的可能性是存在的。因而，中部地区对既得利益者阻碍改革的担忧最强。

在“政府工作人员的工作方式和行政习惯难以转变”选项中，东、中、西部对此选项在所有影响改革选项的排序中分别为第二、第三、第一，数据分别为61.6%、52.5%、59.1%。从数据所占百分比来看，东部认为此选项会影响改革的人最多，其次是西部，中部最少。数据与位次呈现出一定程度的背离。原因可能在于，东部地区相较于中、西部地区，改革往往先行，对影响改革因素的理解要比中、西部地区更为深刻，所以被调查者考虑因素所占百分比一般要高于中、西部地区被调查者的。政府工作人员的工作方式与行政习惯影响着政府权力运行的效率与效果。西部地区认为此选项为影响改革的第一要素，原因可能在于，我国政府权力结构改革通常的模式是选取个别城市进行试点，然后进行推广。而试点城市的选取，需要考虑政府权力结构改革对当地经济、社会等方面的综合影响，基于此，一般选择东部相对发达的城市。因此，对西部而言，政府工作人员的工作方式与行政习惯转变可能性不大，而工作方式与行政习惯通常随时间变化而加大转变难度。在此情况下，推行全国范围内的政府权力改革，对西部这种较少改革的地区而言，其政府工作人员的工作方式与行政习惯理所当然成为影响改革最重要的因素。而对于东、中部的数据，理应是东部地区的数据（位次）低于中部地区的，但数据却背离逻辑上的分析。原因可能在于，相对于此选项而言，其余选项如“构建配套制度的难度大”对中部地区政府权力结构改革更为重要。

六、调查结论

政府权力结构改革会导致公共管理的主体多元化。在中国传统的国家治理结构中，集决策、执行、监督三权为一体的政府组织是公共管理的单一主体，而政府权力结构改革冲破了政府部门自定规则、自我执行、自己监督的行政权力运作模式，分设决策、执行和监督等不同部门。改革在使行政主体多样的同时也促使一部分非政府组织、非营利组织、社区组织、行业自治组织等加入公共事务管理的治理结构中来，实现国家治理主体的多元化。与此同时，新问题、新情况也伴随而来。政府运行方式的深刻变化，不仅会使公务员队伍产生强烈阵痛，而且也会给整个社会带来冲击，因为这是我国传统行政文化所不习惯的政府运行方式。双方之间会有一个磨合过程，这也是改革的一种正常反映。[①]

总的来讲，政府权力结构改革是一个综合性系统工程，其影响因素众多，既受制于当前现状，也受制于历史上改革措施的实施效果，同样因政府

---

① 傅小随．行政决策、执行和监督相互协调改革与地方行政管理体制创新．广西社会科学，2004(12).

权力行使者的状况而发生改变。作为上层建筑的政府权力，也无法摆脱现实的经济基础、利益格局的作用。因而，政府权力结构改革影响因素的数据一定程度上呈现出较为复杂的情况。但从整体数据、央地数据、不同府级数据以及不同地区数据来看，却共同指向共同的几个选项，如“将损害部分人员的既得利益，受到他们的抵制”“构建配套制度的难度大”。因此，为深入推进政府权力结构改革，科学配置政府权力结构，必须进行深入研究。

第二章

政府横向权力结构现状调查（一）：决策权及其运行机制

第一节　重大行政决策存在问题的数据分析

一、调查问卷及相关说明

重大行政决策是政府行政管理最常用的手段之一，全国的行政机关每年作出的行政决策不下千万。但是实践中频繁出现的重大行政决策失误表明，现阶段我国的行政决策体制还不是很完善，行政决策存在很多问题，尤其是重大行政决策更是存在着诸多亟待解决的问题。究竟重大行政决策中存在哪些问题？调查结果显示，决策的公开化与透明度不足、决策权配置的不合理以及责任追究机制的不完善等，是重大行政决策当中存在的主要问题。

针对“重大行政决策中存在的问题”设计的具体的调查问题是：

据您了解，当前政府的重大决策中存在的主要问题是什么？（限选三项）

［1］上下级政府、政府与所属部门、部门与部门之间的决策权限划分不清楚

［2］决策权配置不合理，个别部门的决策权过大

［3］重大事项的范围不明确，缺乏统一的标准

［4］决策的公开化与透明度不足，公众参与、决策听证等制度流于形式

[5] 决策的科学性有待提高，经验决策、领导拍脑门决策的情况仍然存在

[6] 制度不健全，特别是在决策程序方面缺乏刚性的法律规定

[7] 责任追究机制不完善，很多情况下决策责任的追究难以落到实处

[8] 决策人员素质不能适应当前决策的实际需要，有待提高

[9] 其他（请填写）

调查问题说明：

关于选项的设计。问题的设计主要是想从以下几个角度来了解实践中重大行政决策存在的问题：第一类是重大行政决策的权限划分方面，包括第一项、第二项和第三项；第二类是重大行政决策程序方面，包括第四项、第五项和第六项；第三类是决策责任和决策者方面，包括第七项和第八项；第四类是开放性选项。

调查采集的基本信息见表 2-1。

表 2-1　据您了解，当前政府的重大决策中存在的主要问题是什么？（限选三项）

选　项	选择计数	百分比（%）
[1] 上下级政府、政府与所属部门、部门与部门之间的决策权限划分不清楚	719	36.3
[2] 决策权配置不合理，个别部门的决策权过大	914	46.2
[3] 重大事项的范围不明确，缺乏统一的标准	678	34.3
[4] 决策的公开化与透明度不足，公众参与、决策听证等制度流于形式	1 166	58.9
[5] 决策的科学性有待提高，经验决策、领导拍脑门决策的情况仍然存在	789	39.9
[6] 制度不健全，特别是在决策程序方面缺乏刚性的法律规定	440	22.2
[7] 责任追究机制不完善，很多情况下决策责任的追究难以落到实处	866	43.8
[8] 决策人员素质不能适应当前决策的实际需要，有待提高	224	11.3
[9] 其他（请填写）	15	0.8
总计	1 979	100.0

“其他”选项填写为：重大决策本来就很复杂等。

二、总体分析

把表 2－1 的数据按被调查者认为重大行政决策中存在问题的程度排列可得到表 2－2。

表 2－2　地方公务员认为重大行政决策中存在的问题（按程度排列）

选　项	选择计数	百分比（%）
[1] 决策的公开化与透明度不足，公众参与、决策听证等制度流于形式	1 166	58.9
[2] 决策权配置不合理，个别部门的决策权过大	914	46.2
[3] 责任追究机制不完善，很多情况下决策责任的追究难以落到实处	866	43.8
[4] 决策的科学性有待提高，经验决策、领导拍脑门决策的情况仍然存在	789	39.9
[5] 上下级政府、政府与所属部门、部门与部门之间的决策权限划分不清楚	719	36.3
[6] 重大事项的范围不明确，缺乏统一的标准	678	34.3
[7] 制度不健全，特别是在决策程序方面缺乏刚性的法律规定	440	22.2
[8] 决策人员素质不能适应当前决策的实际需要，有待提高	224	11.3
[9] 其他（请填写）	15	0.8
总计	1 979	100.0

根据表 2－2 显示，被调查者认为重大行政决策中最为突出的问题是决策的公开化与透明度不足，占被调查人数的 58.9%。所谓决策的公开化和透明度不足，就是没有将决策的过程公之于众，或者虽然公之于众，但是公众失去了参与决策过程的机会，丧失了在决策过程中的话语权，公众没有参与决策的渠道。重大行政决策不公开，公众也就失去了参与重大行政决策过程的机会，同时公众参与机会的减少，很有可能导致行政决策者缺少信息收集的渠道，在没有对基本信息进行分析的基础上所作出的行政决策也就丧失

了其科学性。

在决策的公开度和透明度不足之后，被调查者认为重大行政决策过程中存在比较重要的问题，是决策权配置不合理和责任追究机制的不完善，分别占被调查者的46.2%和43.8%。

决策权配置不合理，个别部门决策权过大，的确是我国行政决策体制中存在的一个重大问题，也是实现行政决策科学化和民主化的最大障碍。决策权配置不合理，个别部门决策权过大，根本原因在于我国权力高度集中的行政体制。决策权过度集中的缺点在于决策主体根本不了解基层情况，缺少据以作出决策的实际信息，导致主观性、脱离实际。个别部门决策权过大，往往会对其他部门管理范围内的事项作出决策，而实际有权管理某一事项的部门却没有决策权，导致决策不符合实际，出现决策失误。

目前，我国对重大行政决策失误的责任追究，缺少完备的制度规定。这就导致了决策者对重大行政决策的不重视，不认真对待，忽视群众在重大决策过程中的利益，甚至在决策过程中想尽办法中饱私囊，决策的过程甚至成为产生腐败的“温床”。这可能与现实中的决策方式有关，根据调查，集体决策的方式已经成为政府决策的最主要方式，而集体决策也成为决策者逃避决策责任的挡箭牌。

被调查的公务员认为决策科学性不足和上下级决策权限划分不清是重大行政决策中除上述问题外比较突出的问题，分别占被调查者的39.9%和36.3%。

决策的科学化程度低一直都被认为是中国行政决策存在的主要问题。党的十六大也明确提出了要推进决策的科学化。但是决策的科学化不足一直阻碍着我国行政决策体制的完善。决策方式、决策的法律规制、确立重大决策的标准以及决策的环节都会影响到决策的科学性。

决策权限划分不清，实际上也是一个行政决策权限配置的问题。在重大事项决策权上，地方一直在和中央进行博弈，争取尽可能大的自主决策权。迄今为止，在我国的行政体制内并没有清晰地界定好中央和地方、上级与下级以及部门之间的权限。各个机关、部门为了自身的利益都力图争取更多的自主决策权，往往会出现就一个事项多个部门都有各自的决策，导致政出多门，不利于行政管理。应当理顺行政决策权限的划分，解决决策权在行政系统内部的纵向（各级政府之间、不同政府层级的具体部门之间、各级垂直管理机构之间）、横向（同级政府各部门之间、政府部门内部各机构之间）之间的配置。

在重大行政决策中排第六位的主要问题是重大事项范围不明确，标准不统一，占被调查者的34.3%。重大行政决策比普通行政决策更为复杂，所涉及的事项和利益更为重要，在决策的方式、过程等方面也与普通行政决策有许多不同之处，因而需要由更高一级的行政决策主体来行使。所以，确定重大事项的标准是划分行政决策权和确定对某一事项决定采用何种方式（普通决策还是重大决策）决策的前提。重大事项范围标准的确定需要一系列的指标体系，对此标准仍需要进一步的研究。

排第七位和第八位的主要问题是制度的不健全和决策人员的素质不高，分别占被调查者的22.2%和11.3%。制度不健全、缺少硬性程序规定是行政决策体制中存在的问题。决策者素质不高也是重大行政决策中存在的一个问题，但是这一问题呈减少的趋势，主要是因为现在的领导者大多都受过高等教育，具备了相当素质。

三、基于不同地区的分类数据分析

由于地理环境、发展程度的差异，不同地区面临的经济、社会事务的繁简复杂程度也有所不同，不同地区政府在重大决策中面临的问题也可能有所不同。为了解不同地区的差异性，课题组对东部沿海、中部、西部和东北地区四个区域进行了抽样调查，统计结果见表2-3。

表2-3　不同地区公务员对重大行政决策中存在主要问题的判断

选　项	统　计	东部沿海	中部地区	西部地区	东北地区
[1] 上下级政府、政府与所属部门、部门与部门之间的决策权限划分不清楚	选择计数	268	212	100	139
	百分比（%）	39.8	31.1	31.6	45.1
[2] 决策权配置不合理，个别部门的决策权过大	选择计数	304	314	146	150
	百分比（%）	45.2	46.0	46.2	48.7
[3] 重大事项的范围不明确，缺乏统一的标准	选择计数	258	183	115	122
	百分比（%）	38.3	26.8	36.4	39.6

续前表

选　项	统　计	东部沿海	中部地区	西部地区	东北地区
[4] 决策的公开化与透明度不足，公众参与、决策听证等制度流于形式	选择计数	362	433	200	171
	百分比（%）	53.8	63.5	63.3	55.5
[5] 决策的科学性有待提高，经验决策、领导拍脑门决策的情况仍然存在	选择计数	255	288	153	93
	百分比（%）	37.9	42.2	48.4	30.2
[6] 制度不健全，特别是在决策程序方面缺乏刚性的法律规定	选择计数	143	161	71	65
	百分比（%）	21.2	23.6	22.5	21.1
[7] 责任追究机制不完善，很多情况下决策责任的追究难以落到实处	选择计数	268	362	120	116
	百分比（%）	39.8	53.1	38.0	37.7
[8] 决策人员素质不能适应当前决策的实际需要，有待提高	选择计数	89	77	27	31
	百分比（%）	13.2	11.3	8.5	10.1
[9] 其他（请填写）	选择计数	9	4	0	2
	百分比（%）	1.3	0.6	0.0	0.6
总计	参选人数	673	682	316	308
	百分比（%）	100.0	100.0	100.0	100.0

将表 2-3 用曲线表示出来，得到图 2-1。其中横坐标 1、2、3 等分别代表各个选项。

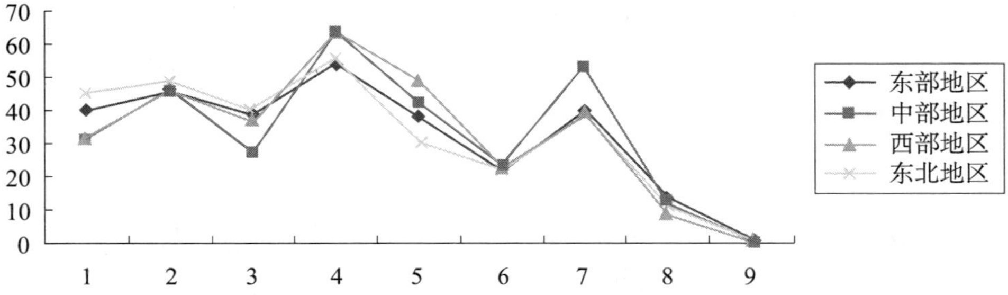

图 2-1　不同地区公务员对重大行政决策中存在问题的判断

根据表 2-3 和图 2-1 可以看出，各个地区政府在重大行政决策中存在的问题有很多相同之处，但更明显的是各自所具有的特点，说明不同地区存在的同一问题的严重程度是不同的。在四个地区中，中部地区的调查者对“重大事项的范围不明确，缺乏统一的标准”选取的比重最低，占中部地区被调查公务员的26.8%，远远低于其他三个地区；同时中部地区公务员对“责任追究机制不完善”的选取比重又是在四个地区中最高的，占被调查公务员的53.1%，远远高于其他三个地区。这种差异也许与中部地区的经济发展水平、制度建设程度密切相关。相比较而言，东部地区经济发展水平较高，需要进行重大决策的事项和范围也比较广。因此，对重大事项的范围的确定可能就有点模糊，不是很明确；而西部地区经济发展又过于缓慢，经济水平过低，许多在其他地区看来属于普通行政决策的事项，在西部地区可能需要进行重大决策，需要进行重大行政决策的范围也是很广的，而这一个边界的确定又是比较困难；而在中部地区，经济发展相对平稳，政府需要进行重大行政决策的事项相比全国其他地区少，而且在中部地区需要进行重大行政决策事项的特点是非常明显的，不像东部地区和西部地区那样重大决策事项的边界模糊不清。所以中部地区在“重大事项的范围不明确”这一点上存在的问题相对于其他三个地区较少。

对于“责任追究机制不完善”，中部地区选取的比例远远高于其他三个地区，这可能与各地的制度建设相关联。俗话说“经济发展，制度先行”，东部地区开发较早，制度建设相对完善，责任追究机制也比较健全。而且东部地区也是全国人民目光所聚焦的地方，一旦东部地区的某个地方发生了重大行政决策失误，立刻会吸引全国人民的眼球，在此情形下，决策者对重大决策失误必然会在制度和舆论的压力下承担相应的责任。同样，自实行西部大开发以来，西部地区的制度建设相对而言比较快，而且由于国家对西部地区政策的倾斜，西部地区同样也是吸引全国人民眼球的地方，所以西部地区的决策责任问题相对而言也没有中部地区突出。中部地区的制度建设一直是比较落后的，责任追究机制相当不完善，而且中部地区相对比较闭塞，开放程度和对外公开的程度要远远低于东部地区，故中部地区受访者对此项的选择率较高。

此外，从图2-1中我们可以看出，四个地区存在的问题各有特点，这与四个地区经济发展水平、民主化程度和制度建设密切相关。不同的经济发展水平和民主化程度导致不同地区重大行政决策中存在的主要问题不尽相同。

四、基于直辖市和普通省份的分类数据分析

在我国，北京、上海、天津、重庆四市作为直辖市，由中央直辖。通常直辖市都是全国或某一区域的政治、经济、文化中心。与其他普通省份相比，直辖市的城市化程度高，人均受教育水平高，开放程度较高，其思想观念和制度建设也比较开放和完善。同时，直辖市在其重大行政决策中面临的问题也更加复杂。为了更好地了解直辖市和普通省份在重大行政决策中面临主要问题方面的不同，我们分别统计，制成表 2-4。

表 2-4　据您了解，当前政府的重大决策中存在的主要问题是什么？（限选三项）

选　项	北京专项调研		其他省份调研	
	选择计数	百分比（%）	选择计数	百分比（%）
[1] 上下级政府、政府与所属部门、部门与部门之间的决策权限划分不清楚	564	37.1	719	36.3
[2] 决策权配置不合理，个别部门的决策权过大	762	50.2	914	46.2
[3] 重大事项的范围不明确，缺乏统一的标准	628	41.3	678	34.3
[4] 决策的公开化与透明度不足，公众参与、决策听证等制度流于形式	821	54.0	1 166	58.9
[5] 决策的科学性有待提高，经验决策、领导拍脑门决策的情况仍然存在	491	32.3	789	39.9
[6] 制度不健全，特别是在决策程序方面缺乏刚性的法律规定	358	23.6	440	22.2
[7] 责任追究机制不完善，很多情况下决策责任的追究难以落到实处	523	34.4	866	43.8
[8] 决策人员素质不能适应当前决策的实际需要，有待提高	167	11.0	224	11.3
[9] 其他（请填写）	11	0.7	15	0.8
总计	1 519	100.0	1 979	100.0

从表 2－4 的调查数据中可以看到，无论是北京市还是全国其他省份，在政府重大行政决策中排前两位的问题是决策的公开化和透明度不足、决策权配置不合理。在“其他”选项上二者大体相同，但又有一定的差异。

将表 2－4 用曲线表示出来，得到图 2－2，其中横坐标 1、2、3 代表各个选项。

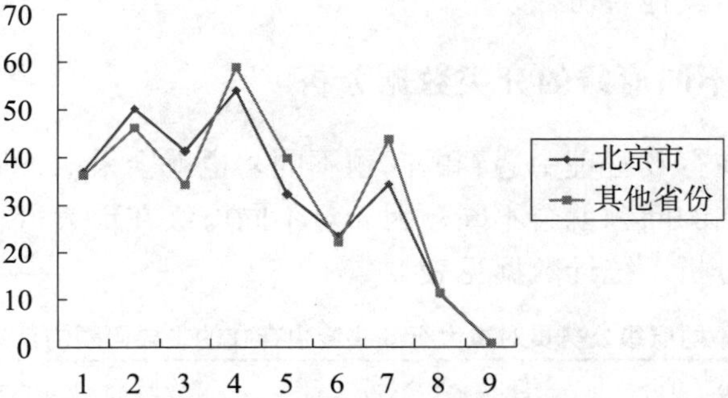

图 2－2　北京市和其他省份对重大行政决策中存在的主要问题认知的比较

从表 2－4 和图 2－2 可以看出，直辖市和其他省份的公务员对政府重大行政决策中存在的主要问题的认知存在着一定的共通之处，如都认为决策的公开性和透明度不足，公众参与、决策听证等制度流于形式是政府重大决策中存在的第一位的主要问题，第二位的主要问题是决策权配置不合理，个别部门的决策权过大。但从数据上又可以看出直辖市和其他省份面临的问题又有各自的特点。

在决策权配置不合理和重大事项的范围不明确这两个选项上，北京市公务员的选择明显高出其他省份公务员对这两个选项的选择，分别高出 4 个百分点和 7 个百分点。相对于其他省份而言，北京市作为直辖市，在政府的层级设置上，比其他省份少一个层级。北京市的政府层级设置是市、县（区）、乡（镇）三级，而其他省份的政府层级设置多为省、市、县、乡四级。由于政府层级的减少，每一层级的政府承担的职责相对就会较多，而且我国又是一个集权制的国家，在直辖市这一点体现得更为突出，导致直辖市的个别部门的职权过多，从而有过多的重大决策权，而本来应当拥有重大决策权的部门的职权相对而言被限制。而在其他省份，这一问题相对于直辖市会好一点。

而在决策的公开化和透明度不足、决策的科学性以及责任追究机制不完善等方面，其他省份又高出北京市很多。相对来说，北京市作为我国的首都和直辖市，开放较早、经济发展水平较高、各种制度也比较健全；而且北京作为我国的政治中心，人才众多，政府领导的学识水平、文化背景等一般而言要比全国其他省份的优越，所以在决策的公开化、科学性和责任追究机制方面的问题少于其他省份。

五、基于不同府级的分类数据分析

各级政府在行政管理中遇到的问题不同，也就会采取不同的决策，在不同的决策中面临的问题就会不同，因而对不同府级在重大行政决策中的问题也要进行比较分析。统计数据见表2-5。

表2-5　不同府级公务员对重大行政决策中存在的主要问题的认知

选　项	统　计	省级政府	地市级政府	县级政府
[1] 上下级政府、政府与所属部门、部门与部门之间的决策权限划分不清楚	选择计数	182	309	228
	百分比（%）	36.0	34.4	39.7
[2] 决策权配置不合理，个别部门的决策权过大	选择计数	262	400	252
	百分比（%）	51.8	44.5	43.8
[3] 重大事项的范围不明确，缺乏统一的标准	选择计数	158	312	208
	百分比（%）	31.2	34.7	36.2
[4] 决策的公开化与透明度不足，公众参与、决策听证等制度流于形式	选择计数	286	536	344
	百分比（%）	56.5	59.7	59.8
[5] 决策的科学性有待提高，经验决策、领导拍脑门决策的情况仍然存在	选择计数	218	373	198
	百分比（%）	43.1	41.5	34.4
[6] 制度不健全，特别是在决策程序方面缺乏刚性的法律规定	选择计数	109	201	130
	百分比（%）	21.5	22.4	22.6
[7] 责任追究机制不完善，很多情况下决策责任的追究难以落到实处	选择计数	225	399	242
	百分比（%）	44.5	44.4	42.1
[8] 决策人员素质不能适应当前决策的实际需要，有待提高	选择计数	45	100	79
	百分比（%）	8.9	11.1	13.7
[9] 其他（请填写）	选择计数	7	6	2
	百分比（%）	1.4	0.7	0.3
总计	参选人数	506	898	575
	百分比（%）	100.0	100.0	100.0

从表2-5可以看出，不同层级的地方政府在重大行政决策中存在的主要问题有许多共性。如都认为决策的公开化和透明度不足，公众参与、决策听证流于形式是重大行政决策中存在的最主要、最严重的问题，处于第二位的主要问题是决策权配置不合理，个别部门的决策权过大，第三位的问题是责任追究机制的不完善。但从统计数据上又可以看出，各级地方政府在选项上又各有侧重。其中省级政府选择中最突出的选项是决策权配置不合理，个别部门决策权过大，远远高出其他两级政府的选择。这可能是因为省级政府作为地方政府中的最高层级，各部门需要管理的事项都比较多，而决策权在配置时忽视了其他部门的权力，导致决策权过分集中于个别部门，使本来应当对相关事项有决策权的部门没有相关的决策权，而由其他不熟悉相关事项的部门作出决策，导致行政决策的失误增多。

县级政府在上下级政府、政府与所属部门、部门之间的决策权限划分不清这一选项上的选择最为突出，分别高出省级政府和地级市政府3.7个百分点和5.3个百分点。这可能是因为县级政府作为基层政府，需要直接处理各种事项，但是上级政府并没有赋予其相关的决策权，有的上级政府甚至会越权直接决策县级政府的管理事项，导致县级政府对决策权限划分不清十分敏感。县级政府在对选项的选择上还有一个突出的特点，是对决策科学性的要求不是很高，对该选项的选择远远低于省级政府和地市级政府的选择。这可能是因为县级政府大多是在执行上级政府的决策，而需要自己作出的重大决策较少，所以对具体决策是如何做出的并不十分了解。

地级市政府在各个选项的选择上没有特别突出的地方，但这并不是说地级市政府在重大决策中没有问题，从表2-5的数据上看，地级市政府也存在诸多问题，只是与省级政府和县级政府比较起来，没有特别突出的问题而已。

六、基于不同学历的分类数据分析

不同学历的公务员由于所具有的知识结构和掌握的知识量不同，看待和分析问题的角度有所不同。公务员受教育的程度对重大行政决策有很重要的影响。为比较方便，按公务员受教育程度统计，得出表2-6。

表 2-6　据您了解，当前政府的重大决策中存在的主要问题是什么？（限选三项）

选　项	统　计	高中及以下	大专	本科	硕士研究生	博士研究生
[1] 上下级政府、政府与所属部门、部门与部门之间的决策权限划分不清楚	选择计数	25	120	418	100	9
	百分比（%）	33.3	33.9	36.5	36.4	29.0
[2] 决策权配置不合理，个别部门的决策权过大	选择计数	38	153	538	117	19
	百分比（%）	50.7	43.2	46.9	42.5	61.3
[3] 重大事项的范围不明确，缺乏统一的标准	选择计数	31	122	390	84	10
	百分比（%）	41.3	34.5	34.0	30.5	32.3
[4] 决策的公开化与透明度不足，公众参与、决策听证等制度流于形式	选择计数	36	222	654	190	12
	百分比（%）	48.0	62.7	57.1	69.1	38.7
[5] 决策的科学性有待提高，经验决策、领导拍脑门决策的情况仍然存在	选择计数	23	137	454	127	13
	百分比（%）	30.7	38.7	39.6	46.2	41.9
[6] 制度不健全，特别是在决策程序方面缺乏刚性的法律规定	选择计数	22	76	253	61	9
	百分比（%）	29.3	21.5	22.1	22.2	29.0
[7] 责任追究机制不完善，很多情况下决策责任的追究难以落到实处	选择计数	26	163	515	115	15
	百分比（%）	34.7	46.0	44.9	41.8	48.4
[8] 决策人员素质不能适应当前决策的实际需要，有待提高	选择计数	10	40	130	30	5
	百分比（%）	13.3	11.3	11.3	10.9	16.1
[9] 其他（请填写）	选择计数	0	2	6	7	0
	百分比（%）	0.0	0.6	0.5	2.5	0.0
总计	参选人数	75	354	1 146	275	31
	百分比（%）	100.0	100.0	100.0	100.0	100.0

从表 2-6 可以看出，不同学历的公务员对重大行政决策中存在的主要问题的认知是有很大差异的。如在决策科学性不足、经验决策和拍脑门决策的问题上，学历高的公务员选择这一问题的倾向稍大一些，这说明学历高的公务员对决策科学性的要求更高一点，对经验决策和拍脑门决策更加抵制，毕竟决策

的科学性是决策能够顺利实施的基础性保障之一。在决策人员素质有待提高这一选项上，博士研究生学历公务员的选择远高于其他学历的公务员的选择，这可能是因为部分决策者的学历或者决策能力远远低于博士研究生学历公务员的，导致博士学历的公务员不看好现在决策人员的素质。不同学历公务员对重大行政决策中存在主要问题的选择的不同，反映了教育背景对决策的影响。

七、基于不同职务的分类数据分析

公务员的职务不同，接触的决策的内容就不同，领导职务的公务员往往是在决策的作出阶段介入决策，而非领导职务的公务员大多是在执行阶段才接触到行政决策，因此他们面临的重大行政决策的问题也是不同的（见表2-7）。

表2-7　据您了解，当前政府的重大决策中存在的主要问题是什么？（限选三项）

选　项	统　计	领导职务	非领导职务
[1] 上下级政府、政府与所属部门、部门与部门之间的决策权限划分不清楚	选择计数	172	263
	百分比（%）	32.9	33.5
[2] 决策权配置不合理，个别部门的决策权过大	选择计数	254	336
	百分比（%）	48.6	42.9
[3] 重大事项的范围不明确，缺乏统一的标准	选择计数	143	273
	百分比（%）	27.3	34.8
[4] 决策的公开化与透明度不足，公众参与、决策听证等制度流于形式	选择计数	325	476
	百分比（%）	62.1	60.7
[5] 决策的科学性有待提高，经验决策、领导拍脑门决策的情况仍然存在	选择计数	214	308
	百分比（%）	40.9	39.3
[6] 制度不健全，特别是在决策程序方面缺乏刚性的法律规定	选择计数	121	186
	百分比（%）	23.1	23.7
[7] 责任追究机制不完善，很多情况下决策责任的追究难以落到实处	选择计数	258	376
	百分比（%）	49.3	48.0
[8] 决策人员素质不能适应当前决策的实际需要，有待提高	选择计数	54	96
	百分比（%）	10.3	12.2
[9] 其他（请填写）	选择计数	1	8
	百分比（%）	0.2	1.0
总计	参选人数	523	784
	百分比（%）	100.0	100.0

为便于比较，按公务员的职务统计得出图2-3。

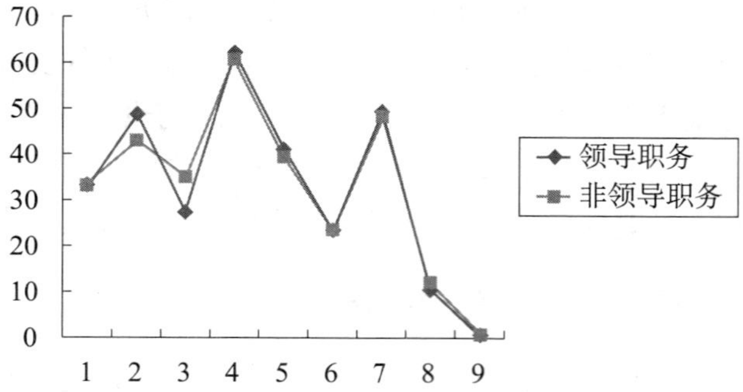

图 2-3 不同职务公务员对重大决策中存在主要问题认知的比较

从图 2-3 可以看出，领导职务公务员和非领导职务在对重大行政决策存在的问题上其认知基本一致，只有在 2、3 选项的选择上有点差别。领导职务的公务员对第 2 个选项即决策权配置不合理，个别部门决策权过大的选择要高于非领导职务公务员对它的选择。这也许是因为领导职务的公务员一般都是决策人员，最熟悉自己本部门掌握了什么样的决策权，还需要什么样的决策权，对本应属于本部门决策却由其他部门行使决策权的反应比较敏感，而非领导职务的公务员往往不能参与决策的制定，对决策权的配置也就不是很敏感。而对第 3 项非领导职务的公务员的选择又高出领导职务公务员的选择很多。非领导职务的公务员是决策的执行者，对决策执行过程中出现的问题最为了解，他们在决策的执行中会了解到哪些事项应当制定重大决策，哪些不应当制定重大决策。但是现实的情况是，他们执行的很多重大决策所决策的事项根本不需要进行重大决策，而需要进行重大决策的事项却是以普通决策的方式作出的，混淆了或者没有界定清楚重大事项的范围。领导职务公务员和非领导职务公务员对重大决策中存在问题的认识，帮助我们从多个角度分析问题，更利于问题的解决。

八、调查结论

如前所述，在重大行政决策中存在诸多问题，这些问题并不是孤立的，而是相互联系、相互影响的，正是这些问题的存在导致实践中屡屡出现重大决策失误。总体上说来，重大行政决策中存在的前三位的主要问题是：决策不透明、决策权配置不合理和责任追究机制不完善。但是从不同的角度来看，各个问题的重要程度又是不同的。我们从上述的分析中可以看出，经济的发展水平和制度的完善化程度是影响这些问题的最主要的因素，此外，还有一系列其他要素也在影响着重大行政决策。所以，要实现重大行政决策的科学性，就不得不考虑并解决影响重大行政决策水平的决策权配置不合理，重大事项的标准不统一，决策的公开化与透明度不足，公众参与、决策听证等制度流于形式，决策的科学性低，决策制度不健全，特别是在决策程序方面缺乏刚性的法律规定，决策责任追究机制不完善，决策人员素质低等各种问题。

第二节　重大行政决策立法必要性的数据分析①

一、调查问题及相关说明

在市场经济体制不断完善下的中国，行政决策作为行政权运作的一种重要体现形式，通过立法对其规制，是否具有必要性，不仅仅是一个纯粹的理论问题，还需要从整体性出发，对立法成本等相关的一系列立法可行性问题进行考量，可见行政决策立法是一个牵涉面甚广的系统工程。本题通过对公务员就此项立法态度的数据分析，论述重大行政决策立法的必要性，明确立法时应当重点关注的事项。

在实践中，如何实现政府重大问题决策的科学化、民主化，人们提出了诸如听证、民意调查和团体利益表达的公众参与制度，还有像专家咨询制度和事后评估制度，这些制度的提出和具体的适用，毋庸置疑对于实现政府重大问题决策的科学化、民主化能够产生积极的效果，但是这些具体的制度是否需要立法予以确认？是否需要立法为其提供法律上的保障？如果要立法，那么法律又该在哪些方面作出重点规定？这些问题都需要我们在科学研究的基础上有针对性地进行回答。为论证在全国范围内对政府的重大决策进行立法的必要性和可行性，设计该题目。

调查问题是：

① 2019 年 4 月 20 日国务院公布了《重大行政决策程序暂行条例》，对重大行政决策的作出和调整程序作出了明确规范，自 2019 年 9 月 1 日起施行。本报告的这部分内容在该条例公布之前形成，但我们认为这些分析仍然具有价值，有利于该条例的实际施行。

在全国范围内对政府的重大决策进行立法（比如国务院制定《重大行政决策条例》），您认为有没有必要？（单选）

[1] 很有必要，可以推动重大决策的科学化、民主化和规范化

[2] 有一定的必要性，但意义并不大，由各地分别立法就行了

[3] 没有必要，按政策决策更灵活

[4] 其他（请填写）

如选择第一项，您认为应该重点规定哪些方面？（可选两项或以上）

[1] 决策原则

[2] 决策程序

[3] 实体问题（比如决策权限、重大事项的范围等）

[4] 责任追究问题

[5] 其他（请填写）

调查问题说明。

一是关于问题选项。问卷中的这两道题目旨在全国范围内对政府的重大决策进行立法的必要性进行调查论证，以及如果立法，那么在该法中要对哪些方面作出重点规定。在全国范围内对重大决策进行立法的必要性的问题选项，主要分两类：认为有必要和认为没有必要。而对于立法中应该重点规定哪些方面，主要分成4类，第一类认为以规定决策原则为重点，第二类认为应当对决策的操作程序做详细说明，第三类认为应当以行政决策所遇到的实体问题为重点，第四类认为应当以规范行政决策责任追究、对行政决策的监督为重点。

二是调查采集的基本信息见表2-8、表2-9。

表2-8　在全国范围内对政府的重大决策进行立法（比如国务院制定《重大行政决策条例》），您认为有没有必要？（单选）

选　项	选择计数	百分比（%）
[1] 很有必要，可以推动重大决策的科学化、民主化和规范化	1 729	85.4
[2] 有一定的必要性，但意义并不大，由各地分别立法就行了	235	11.6
[3] 没有必要，按政策决策更灵活	55	2.7
[4] 其他（请填写）	6	0.3
总计	2 025	100.0

表 2-9　　如选择第一项，您认为应该重点规定哪些方面？（可选两项或以上）

选　项	选择计数	百分比（%）
[1] 决策原则	1 051	59.2
[2] 决策程序	1 164	65.6
[3] 实体问题（比如决策权限、重大事项的范围等）	1 006	56.7
[4] 责任追究问题	1 059	59.7
[5] 其他（请填写）	19	1.1
总计	1 775	100.0

“其他”选项的填写情况：(1) 如何界定重大决策；(2) 民主监督制度；(3) 根本不是一部法的问题，应从体制、机制上大大压缩政府决策范围和力度，建议：限制决策权，平衡执行权，强化监督权；(4) 程序决定结果，程序不对，结果肯定不对；(5) 关键在于我国的决策机制，而不在于是否为重大行政决策事项进行立法；(6) 重点是防止权力的滥用，如决策监督；(7) 决策权需建立在民主和科学的基础上，执行权须依法规范，监督权应是民众化的监督；(8) 决策前征求群众的意见；(9) 公众咨询意见的征询程序；(10) 应写入宪法。

二、总体分析

表 2-8 表明，被调查者对于是否有必要在全国范围内就政府的重大行政决策进行立法的态度倾向鲜明，97%的被调查者赞同在全国范围内对政府的重大决策进行立法，其中有 85.4%的被调查者认为很有必要进行此项立法，因为在他们看来，进行此项立法将有助于推动重大行政决策的科学化、民主化和规范化，此项立法也将成为依法行政的重要体现，从长远讲，此项立法将会成为依法治国的助推器。有 11.6%的被调查者对于此项立法仍然持肯定的态度，但是对立法的意义并不看重，他们认为各地方的情况不同，全国范围内对政府的重大行政决策进行立法并不足以解决各地实践中出现的具体问题，倒不如由各地根据自己的需要单独立法，例如湖南省就制定了《湖南省行政决策程序规定》。可见，此类被调查者仍然希望将政府的重大行政决策纳入法治化轨道。但是，第三类的被调查者彻底否定进行此项立法的

必要性，不希望以法律手段介入政府的重大行政决策，在他们看来，依据政策就足以规制政府的重大决策了，而且只有政策规定才会更具有灵活性普遍适用性。

当前，中国各级政府机关所作出的相当多的行政决策，是由机关内部的领导或者“一把手”拍板，决策的程序可能出自各项政策，或者完全无程序可言，而完全出于领导的喜好，行政决策、行政事务的公开化和民主化在这种情形下便无从谈起。这只是行政决策的开始，一旦行政决策被正式拍板并付诸实施，随之也会面临很多问题，由于行政决策不当，缺乏科学性，遂造成一系列的损失，那么这些损失究竟由谁来补偿？正如民众所呼喊的那样，“因行政决策的不当而造成纳税人的血汗钱的损失去哪里追偿?”对于行政决策不当所产生的责任追究问题如何解决也亟待回答。不难看出，这些问题要得到妥善的处理，对行政决策进行立法，让行政决策自此走上法治化轨道，用法律规范去规制行政机关的行政决策应当是明智之举。

行政决策立法的必要性已经略见一斑，那么是在全国范围内对政府的重大决策进行立法，还是由各地方根据自己的省情和需要进行分别立法呢？《中华人民共和国立法法》第65条规定，国务院根据宪法和法律，制定行政法规。行政法规可以就下列事项作出规定：（1）为执行法律的规定需要制定行政法规的事项；（2）宪法第89条规定的国务院行政管理职权的事项。由此可见，国务院有权在全国范围内对重大问题的行政决策立法，对行政决策制定条例也属于宪法规定的国务院行政管理职权范围内的事项。国务院对此进行立法，一方面可以通过立法来厘清自身在对重大事项进行行政决策时面临的问题，另一方面也能够对全国各级行政机关的行政决策问题作出总体性的规定，各地方在遵循中央立法精神的基础上，结合各自的不同情况，对行政决策作出具体的规定。

那种认为行政决策完全可以依靠政策予以调整，而不需要法律的介入的观点，尽管和我国的现实状况部分吻合，但是这是否就能说明政策可以代替法律？政策真的能够保证行政决策的民主化、科学化、规范化吗？答案是否定的。首先，什么是政策？政策是指在一定的历史时期基于社会政治经济等形势和问题所作出的政治决策和对策。政策有国家政策和政党政策之分。法与政策是现代法律理论和实践面临的一个普遍的问题。对此，学者们提出过很多学说，如拉斯韦尔和麦克道格尔的法律政策学，反对法律中立观，甚至截然割裂二者的联系。在我国，政策有其自身的缺陷，政策大多是领导机关制定的，以至于在实施上不像法律那样有强大的国家法律作为其强大的后盾，对于违反政策的行为也没有法律制裁。由于政策是基于一定历史时期的社会政治经济形势所作出的，具有比较大的灵活性，故而出现“朝令夕改”也就不足为怪了。鉴于此，对行政决策立法还可以起到“定分止争”的作用。

表 2-9 反映出来的是，人们在赞同对行政决策通过立法进行调整的前提下，该法中要重点规定的问题。从被调查者的问卷情况看，在被调查者看来，他们认为最关注的应当是 4 项内容，主要包括决策程序、决策原则、实体问题和责任追究问题。对此 4 项内容进行再分析，可以发现被调查者把在立法中对行政决策的决策程序作出明确的规定放在最为重要的地位，决策原则和责任追究问题并列成为他们放在第二位考虑的要素，最后关注的才是通过立法来界定行政决策权限等实体问题。

决策程序如此被看重其原因何在？从现实情况来看，决策程序的“炙手可热”从另一个侧面反映出来，我们的行政决策机关在决策时缺少现成的行政决策程序规范，很大程度上导致决策的混乱，决策的合法性和正当性备受质疑。简言之，行政决策在决策程序上存在很多问题，正是决策程序规范的缺位才导致人们对决策程序的期盼。

三、基于不同地区的分类数据分析

地理环境、区域经济发展程度的差异，以及各个区域在社会历史发展中功能的差异，导致各区域政府对重大行政决策立法必要性认识的差异。为充分认识这种差异，我们分别在东部沿海、中部、西部和东北地区四个区域进行了抽样调查，统计结果见表 2-10。

表 2-10　在全国范围内对政府的重大决策进行立法（比如国务院制定《重大行政决策条例》），您认为有没有必要？

选　项	统　计	东部沿海	中部地区	西部地区	东北地区
[1] 很有必要，可以推动重大决策的科学化、民主化和规范化	选择计数	574	620	263	272
	百分比（%）	82.7	90.4	79.9	86.1

续前表

选　项	统　计	东部沿海	中部地区	西部地区	东北地区
[2] 有一定的必要性，但意义并不大，由各地分别立法就行了	选择计数	89	52	57	37
	百分比（%）	12.8	7.6	17.3	11.7
[3] 没有必要，按政策决策更灵活	选择计数	28	12	8	7
	百分比（%）	4.0	1.7	2.4	2.2
[4] 其他（请填写）	选择计数	3	2	1	0
	百分比（%）	0.4	0.3	0.3	0.0
总计	参选人数	694	686	329	316
	百分比（%）	100.0	100.0	100.0	100.0

从表 2-10 可以看出，虽然各地公务员在现实的行政决策中所遇到的问题有较大的不同，并且各自采用解决问题的办法也存在差异，但是在对行政决策的立法态度的认知上表现出的一致性很强。各区域的公务员大多赞同此项立法，从问卷的结果上看，各区域对此项立法的支持程度平均起来可以达到 85%，当然四个不同地区的支持程度依然悬殊，中部地区支持率最高，达到了 90.4%，而西部地区只有 79.9%。

但是，表 2-10 所反映出来的差异也不容忽视。这种差异主要表现在：东部沿海地区和西部地区有相当数量的公务员，对于在全国范围就政府重大决策进行立法，制定法规这一行为的必要性持保留态度，其中又以西部地区反对最为强烈，通过西部省份调查问卷的结果分析，认为此项立法有一定的必要性，但是意义不大，应由各地分别立法的人占 17.3%，这个比例在四个区域中排第一位。而面对同类问题，东部沿海地区所占比例是 12.8%；认为没有必要，直接依据政策就能达到目的的，西部地区所占比例是 2.4%，东部沿海的比例是 4.0%。综上，东部沿海和西部地区对全国范围内立法的反对意见较多，他们呼吁给予地方更多的自主权。

表 2-11 的数据展示出不同区域的公务员对立法所规定内容的关注倾向，其中东部沿海和东北地区主要关注的是决策原则和决策程序；中部地区和西部地区更加强调的是决策程序和责任追究这两方面的立法。

表 2-11　　如选择第一项，您认为应该重点规定哪些方面？（可选两项或以上）

选　项	统　计	东部沿海	中部地区	西部地区	东北地区
[1] 决策原则	选择计数	377	355	145	174
	百分比（%）	63.1	55.3	56.0	62.8
[2] 决策程序	选择计数	388	432	182	162
	百分比（%）	65.0	67.3	70.3	58.5
[3] 实体问题（比如决策权限、重大事项的范围等）	选择计数	342	379	162	123
	百分比（%）	57.3	59.0	62.5	44.4
[4] 责任追究问题	选择计数	319	418	170	152
	百分比（%）	53.4	65.1	65.6	54.9
[5] 其他（请填写）	选择计数	8	7	4	0
	百分比（%）	1.3	1.1	1.5	0.0
总计	参选人数	597	642	259	277
	百分比（%）	100.0	100.0	100.0	100.0

上述现象产生的原因何在？从东部沿海地区的角度看，东部沿海占据区位优势，经济发达，政府依法行政的水平也高于国内其他地区的。改革开放之后，中央政府的各项政策，特别是对东部沿海地区的特殊政策成为促进东部沿海飞速发展的重要因素，特殊的经济政策及法制政策，给予了东部沿海地区在经济和法律上很大的自由度，在中央的统一领导之下，这一地区的政府又能够因地制宜，制定适合自己的发展规划。这当中既有中央为贯彻特殊政策为其制定只适用于该地方的法律法规，同时还有授权地方就自身事务的特殊立法权，无论是早成为带动国家经济发展的巨型马车——经济特区，还是正在蓬勃发展的像浦东新区或者是滨海新区这样的新经济区，都需要更加自由的发展空间。上层建筑反作用于经济基础，制定的法律只有在对经济的发展起到促进作用时，才能更好地维护经济基础，经济离不开法律。东部沿海在面对全国范围内对重大决策进行立法是否具有必要性的问题时，表现出一定的犹豫，强调地方因地制宜的立法，也就不足为奇了。

从西部地区的角度去分析这个问题，西部地区地理位置上自古就不具备优势，相比之下（即使和中部地区比较），无论是自然环境还是经济社会的发展程度都偏落后。国家制定适用于全国范围内的政策或者法律规范时，便会出现某些政策、法律规范可能难以在西部地区适用。其原因可能是要求的标准过高，如果强行执行起来，很可能会阻碍西部地区的发展，使得它们更加落后。所以，西部要求发展的自由度，在执行中央的政策、法规时，获取一定的降低要求和标准的权利，以及变更适用的权利，为自身的发展获取更多的发展空间，这就不难理解产生上述现象的缘由了。

一方面，中部无论是从地域上、历史上与中央的关系来考察，还是从经济发展的动力要素上讲，都与中央关系最为密切，在它们发展的历程中，中央一直充当着“保姆”似的角色，换句话说，它们对中央的依赖程度高。另一方面，中央在制定适用于全国范围的政策与法律规定时，既会考虑东部沿海的发展状况，又会顾及西部实际，最终推出的是折中型的方案。这种折中的方案在很大程度与中部的发展实际相吻合，但是用到东部沿海时，可能会因为要求过于死板，限制它们的正常发展；运用到西部时，则会标准过高，造成难以执行政策或法律规范的现象，同样会对西部发展造成掣肘之势，所以只有中部会表现出不遗余力地支持在全国范围内对重大决策立法的态度。

四、基于直辖市和普通省份的分类数据分析

我国直辖市体制是按照《宪法》和《地方各级人民代表大会和地方各级人民政府组织法》及相关规定设置和实施的。直辖市与省、自治区相比，是设置特大城市地区的地方行政单位，它与一般的设市城市相比，是最高一级的城市型政区单位。按《宪法》规定，直辖市下设区，可以领导县，但不能辖市。中国的直辖市与国外大多数国家的直辖市、特别区、特别市、首都区等相比，辖区范围和农村比重较大，即兼有地域行政区的特点。北京独特的地位，不仅表现在政治地位上，在中央与地方的关系上还表现为一种特殊的行政区划，与普通的省级单位相比，受到中央政府直接监督控制的程度更强，它无论在经济建设上还是法治建设上都很有特色，而且通常是能够走在改革的前沿，担当改革的试点，在各项制度建设上成就显著，处于领军地位。本文所指的普通省份是除直辖市之外的其他省份，而北京可以作为直辖市的代表，表 2-12 的信息就是直辖市与普通省份的公务员对立法必要性的态度。

表 2-12　在全国范围内对政府的重大决策进行立法（比如国务院制定《重大行政决策条例》），您认为有没有必要？

选　项	统　计	北京专项调研	其他省份调研
[1] 很有必要，可以推动重大决策的科学化、民主化和规范化	选择计数	1 289	1 729
	百分比（%）	82.7	85.4
[2] 有一定的必要性，但意义并不大，由各地分别立法就行了	选择计数	207	235
	百分比（%）	13.3	11.6
[3] 没有必要，按政策决策更灵活	选择计数	55	55
	百分比（%）	3.5	2.7
[4] 其他（请填写）	选择计数	8	6
	百分比（%）	0.5	0.3
总计	参选人数	1 559	2 025
	百分比（%）	100.0	100.0

以上数据显示，在全国范围内对政府的重大决策进行立法的必要性调查中，北京市和其他省份的 80%以上的政府公务员都认为有必要性。但是不同的是，其他省份的认同度比直辖市的高出 2.7 个百分点，直辖市主张此项立法意义不大，可以由地方单独立法或者可以直接依据政策灵活把握的比例占到了 16.8%，高出其他省份 2.5 个百分点。

我们认为这种现象产生的主要原因，还是在于直辖市的特殊性。直辖市的快速发展优势得益于它所具备的普通省份所不具有的自主权限。同时因为它法制建设的水平高于普通省份的，中央在实施全国性的立法活动时，离不开对全局的考虑，由此制定出来的法律法规，能否恰如其分地解决直辖市所遭遇的实际问题，不免会产生疑问，如果从地方利益的角度看待这个问题，直辖市当然不希望这样的立法损害到“它们的地方利益”。

另外，我们也可以尝试从以下要素来思考这个问题。我国实行的中央直辖市制度是符合中国国情的，各直辖市在追求自身发展的同时，对全国的经济发展作出了巨大贡献。然而中国现行直辖市区划模式仍存在一些明显的不足之处。首先，表现在直辖市之间内部区划体制的不协调，比如，重庆升格之初曾经保留原万县市和涪陵市的区划体制，引发了争议：一是产生了与京津沪三市区划体制的不协调，与《宪法》规定相矛盾，并且增加了管理层次，与行政区划、行政管理体制改革的方向不符合。二是直辖市郊县改区与中心城区相混淆。例如北京改郊县为区，这种做法解决了“一地两府”的矛盾，也解决了机构与干部的级别等问题。但由此产生了新的矛盾，主要是郊区与城市性质的混淆，出现“假性城市化”现象，也给城市人口统计带来不方便。三是直辖市城区的区、街道规模过大。对比同一层次国外的城市，如巴黎、伦敦、东京和莫斯科，中国直辖市的设区规模要大得多。上述种种问题以及自身状况与普通省市差异明显，迫使直辖市在遵循中央的统一领导下，更加照顾本地实际。

五、基于不同府级的分类数据分析

表 2-13　在全国范围内对政府的重大决策进行立法必要性调查

选　项	统　计	省级政府	地市级政府	县级政府
[1] 很有必要，可以推动重大决策的科学化、民主化和规范化	选择计数	428	809	492
	百分比（%）	82.8	87.6	84.1
[2] 有一定的必要性，但意义并不大，由各地分别立法就行了	选择计数	75	85	75
	百分比（%）	14.5	9.2	12.8
[3] 没有必要，按政策决策更灵活	选择计数	12	27	16
	百分比（%）	2.3	2.9	2.7
[4] 其他（请填写）	选择计数	2	2	2
	百分比（%）	0.4	0.2	0.3
总计	参选人数	517	923	585
	百分比（%）	100.0	100.0	100.0

从不同府级公务员对立法必要性的认知调研的数据分析中可以看出，地市级的公务员对立法必要性的呼声最高，分别高出省级和县级 4.8 和 3.5 个百分点，而认为立法意义较小或者无必要性的，其中省级政府占到 16.8%，地市级只有 12.1%，省级政府位列榜首。

对于省级政府来说，他们更加直接地接受中央政府的领导和监管。一方面，从中央与地方分权的角度来看，中国省级政府既是接受中央政府授权，代表中央政府管理地方的中央下一级的政府机关，又是代表地方与中央“分庭抗礼”的地方政府。在与中央政府的博弈中，充分地争取归位于地方的权利，更多的分权可视为对省级政府最有“诱惑力”的追求之一。另一方面，省级政府相对于地市级和县级政府，拥有更加充足的人力、物力和财力，它们更有能力就重大决策进行单独的立法，省级政府可以根据省情，制定出适用于自身的法规。

首先，地市级政府面临的最为尴尬的问题是地级市的法律地位问题。《宪法》第30条对中国的行政区划作出了规定，但是并没有提及地级市，只对直辖市和较大的市作出了规定。直辖市与地级市的区别明显不必作出详述，同时地级市和较大市也存在较大的差别，比如较大市享有一定的立法权，但是地级市没有此项权力。其次，从行政层级上看，地级市政府对上要接受省级政府的领导和监控，对下领导县级政府。实践中某些省级政府为带动辖区内某些地级市的经济发展或者为推动某项重大的投资，可能采取牺牲一部分地方利益的办法，去发展另一部分地方利益，比如限制某些地级市，而鼓励另一些地级市，这样在同一个辖区内，不同地级市获得的利益出现明显的不同。上述两方面因素的结合，可能是地市级赞同在全国范围内对重大行政决策进行立法的主要原因。

再看县级政府，当前中国的行政区划一共是五级，具体到地方政府就是四级。当初确立市管县体制的主要目的在于以中心城市的经济优势拉动周边地区的经济发展，但是就目前的形势看，大量盲目的市管县，以及强行将县级市升为地级市，造成了小马拉大车，力不从心的局面。这种状况不仅造成了管理上的不便，更加阻碍了地方经济的发展。在现实中，“市卡县”“市刮县”现象普遍存在。[①] 在市管县体制下，一些地级市为了维持本级政府的运转或者为了加快中心城市的发展，利用其强势地位不断截留省级下放的权力；同时侵害下辖各县的利益，不仅没有带动县的发展反而是“吃”县，“富了一个地级市，穷了诸多县和乡”，实际上拉大了城乡差距。[②] 在这样的情形下，县级政府似乎都寄希望于“省管县”体制的推行，所以县级政府对在全国范围内立法的态度，则是更愿意由省级政府根据各地情况由各地分别立法。

---

① 熊文钊．论行政区划层级结构调整，中央与地方关系的法治化国际学术研讨会论文集，2007.

② 同①.

六、基于不同学历的分类数据分析

公务员的受教育程度可能影响到他们对在全国范围内就重大决策立法必要性的认知，因此我们在调研中也将被访问调查者的学历作为统计依据，得到表 2－14。

表 2－14　在全国范围内对政府的重大决策进行立法（比如国务院制定《重大行政决策条例》），您认为有没有必要？

选　项	统　计	高中及以下	大　专	本　科	硕士研究生	博士研究生
[1] 很有必要，可以推动重大决策的科学化、民主化和规范化	选择计数	69	310	1 012	236	25
	百分比（%）	86.3	85.9	85.9	84.9	80.6
[2] 有一定的必要性，但意义并不大，由各地分别立法就行了	选择计数	7	37	137	32	6
	百分比（%）	8.8	10.2	11.6	11.5	19.4
[3] 没有必要，按政策决策更灵活	选择计数	4	14	25	9	0
	百分比（%）	5.0	3.9	2.1	3.2	0.0
[4] 其他（请填写）	选择计数	0	0	4	1	0
	百分比（%）	0.0	0.0	0.3	0.4	0.0
总计	参选人数	80	361	1 178	278	31
	百分比	100.0	100.0	100.0	100.0	100.0

调查显示，不同学历的公务员对于在全国范围内对政府的重大决策进行立法的必要性认知也存在相当大的差异。学历越低的公务员越肯定立法的必要性，从高中及以下学历的公务员到博士研究生学历的公务员认为有必要进行立法的比例在逐步递减。高中及以下学历的公务员肯定的比例占到86.3%，而到了博士研究生学历的公务员只占到 80.6%。相反，认为立法有一定的必要性，但是由各地分别立法的，随着学历从高到低呈现出几近递增的趋势。比较引人注目的就是认为立法没有必要，按政策决策更加灵活的公务员中，高中及以下学历的占到 5.0%。

出现上述现象的原因：一方面学历低的公务员关注的是政令的统一性，

在全国范围内对政府重大决策立法，可以实现由统一的标准去规制政令、规制决策；另一方面，可以作出这样的推测，学历越低的公务员一般都身处层级较低政府及相关的职能部门，他们在实际工作中可能经常遭遇“上有政策，下有对策”的现象，这又表现为上级政府对中央政策法令的规避，或者上级政府对省级政府政令的规避，以至于使身处层级较低政府及相关职能部门的公务员无所适从，难以做到依法行政，故而他们更需要中央统一立法。

学历高的公务员面对是否有必要在全国范围内对政府的重大决策立法时，他们可能更多地去考虑如何实现决策的科学性的问题，顾及的是重大决策的影响问题。学历高的公务员更倾向于认为应当由各地方分别立法，是在为重大决策立法挑选更加适应其生存的土壤，为这样的立法寻求更加优良的成长环境，不至于出生不久就夭折。其实这样做的目的就在于做到立法的因地制宜，保证所立之法不过于“前卫”，以致造成“英雄无用武之地”的尴尬局面；也不至于落后，最终能确保政府重大决策的科学性。

七、结论

通过对于调查问卷的分析，我们能够发现：尽管不同区域、不同性质、不同府级和不同学历的地方公务员对于这样的课题——在全国范围内是否应当就重大行政决策进行立法，有着不同的意见和看法，但是问卷所反映出来的是绝大多数的公务员都赞同此项立法，并且认同此项立法能够推动行政决策的科学化、民主化和规范化，对于实现依法行政和建构法治政府有相当重要的作用。

对于不同意见和看法，我们需要着重分析原因。通过对原因的剖析，我们能够知道他们对于此项立法有何种顾忌，他们在面对现实行政中存在的问题时有怎样的思考，他们理想中的解决办法和现实中的解决办法是什么等等，这些将有助于确立立法倾向。

如上所述，对于此项立法的必要性，从理论和实践两个方面来论证。

（一）学理上解析此项立法的必要性

行政决策民主化是指行政决策主体在决策过程中与社会公众保持密切联系，最大限度地让公民参与决策，使公民能够通过各种有效的信息渠道，充分表达对各种行政决策选择方案的意见和建议，达到决策体制符合民愿、决策目标体现民情、决策方式考虑民力、决策过程尊重民意、决策结果顺应民心，以最大化地实现与之有利害关系的公民之根本利益。可见，重大行政决策民主化的实现与公民的知情权等相关政治权利的保障有着密切的关系。

从宪法中国家与公民的关系上看，行政决策民主化的真正实现，需要政府通过依法行政来约束自身和保障公民基本的政治权利。《宪法》第41条规定：中华人民共和国公民对于任何国家机关和国家工作人员，有提出批评和建议的权利；对于任何国家机关和国家工作人员的违法失职行为，有向有关国家机关提出申诉、控告或者检举的权利，但是不得捏造或者歪曲事实进行诬告陷害。

宪法通过本条规定意在保障公民的批评建议权，公民要行使宪法所赋予自己的批评建议权，或者说公民要正确地行使权利，而不至于超越宪法所赋予的权利范围构成权利滥用。这就要求公民在对国家机关和国家工作人员的各种行为提出批评建议之前，首先必须知道国家机关和国家工作人员所作出的与公民有利害关系的所有行为及行为的始末。作为国家的政府部门在作出一系列的行政行为和相关的重大行政决策前，只有事前通过制定行为规范，将自身决策权限予以明确界定，将决策原则和决策程序规范化，并对事后决策责任之追究作出具体的规定，才可能使得行政决策这一行政行为变得合法公开，从而保障公民对政府事务知情的权利。当然这并不是要求政府对自身的所有事务都向公民公开，涉及国家秘密的，当然应当另作规定。在全国范围对于重大的行政决策制定法律规范，依法规来规制、约束政府的行政决策，实现政府决策合法化和透明化。唯此，公民能够真实地介入行政决策这一禁区，以极大的政治热情参与监督政府决策，行使宪法所赋予公民的批评建议权。

分析我国的传统行政文化就能发现：尽管我国的传统行政文化中有一部分积极的成分，能够为我们现代行政制度所吸纳，但是，其中的消极成分也是不容忽视的，如专制主义、宗法思想、草民思想、小农平均主义思想、“崇圣”观念导致的臣民心理以及重人治轻法治的思想等等，都会以有形或无形的方式对行政决策构成负面影响。但是新类型的行政管理方式的快速增长与应用，以及国际化交流的压力，促使行政机关通过法律的手段对重大问题的行政决策及所产生的相关问题加以规定。与国外相比，特别是与西方一些发达国家的行政决策的机制相比，我们确实很有必要去尝试广泛建立类似于公众参与制度、专家讨论制度、事后评估制度等相关制度。尽管这些制度并不一定适合我们的现实情形，但是它们向我们传递的是一种法治的理念，那就是我们需要将自己的行政决策纳入法治的轨道，依法决策，而不单单是从政策考虑行政决策的问题。这不仅是为了适应新的行政管理方式的需要，也是适应国家间政府对外交流的需要。

从行政权的性质上看，行政权天生具有扩张性和渗透性，如果没有法律牵制，必然会走向专横。作为行政权一种的行政决策权也具有此种天性，决策即是对各种利益要求进行整合，对各种社会资源进行分配、控制的权力。权力主体通过控制能够给权力客体带来精神利益或物质利益，迫使权力客体服从自己的支配。[①] 但决策者的意志自由性和软弱性，使权力潜在的扩张性和排他性成为决策中最不稳定的一个变数，因而一旦缺乏制度约束和责任监督，就不可避免地会导致个人专权和腐败。由此在决策过程中会不可避免地产生上述“人的因素”的缺陷。

但是，要单独依靠行政决策者的良知和主观道德责任感的内部控制，根本没有办法去克服这类缺陷，更无法控制由此产生的行政权力滥用。由此，出现这样的局面——没有“惩罚性的外部控制”，出现政府决策者的责任或义务“未履行”“渎职”“越权履行”等行为，也可以看作是顺理成章的。然而，法律是理性的化身，这种理性恰恰是前述缺陷的天敌。通过法律的形式去明确行政决策这一行政行为以及该行政行为在法律上产生的相关责任，进而以法律控制做手段来约束行政决策权。试想如果缺乏硬性的法律制度规定，仅依靠内心强制的约束，就会显得苍白无力，根本无法对抗权力为规避责任而设立的重重障碍。可见，实现行政决策规范化的途径已经非常明晰了。

从行政行为的效力上看，行政行为具有公定力，一经作出，不论是否合法，即具有被推定为合法而要求所有机关、组织或者个人表示尊重的一种法律效力。行政行为具有确定力，有效成立的行政行为具有不可变更力，即非依法不得随意变更或撤销和不可争辩力。行政行为还具有拘束力和执行力，

---

① 王寿林．权利与权力制约论纲．黑龙江社会科学，1997（3）．

即使是错误的行政决定，行政相对人也必须无条件地执行，除非有重大、明显违法情形。当行政相对人没有履行或拖延履行时，行政主体可申请法院强制其履行。对此，只有避免错误的行政决定出台，才能从根本上保证公民的合法权益不受侵害。当行政决策不受法律约束，任由决策人拍板决定时，错误的决策就会给当事人的权益带来各种侵害。由此可见，行政决策失误所引发的行政行为，直接损害的还是行政相对人的利益。

正如有些学者所说的，“行政决策是行政管理过程的首要环节，它贯穿于行政管理的全过程，直接关系着行政管理的成败”。“它规定着行政管理活动的方向”。行政决策是具体行政行为的源头，一项行政决策的出台，可能导致若干个行政行为的执行。忽略了对行政决策的法律约束，就不可能从源头上制止行政权力的滥用，更不可能从根本上保障、维护公民的合法权益，故而，对于政府就重大问题所作的行政决策进行全国范围内的立法是很有必要的。

（二）从实践的角度分析立法的必要性

对重大问题行政决策的立法面临很多现实问题，这些问题主要表现为当前立法的缺位。

理论滞后，立法缺位。一方面，法学界对行政决策缺乏系统、深入的研究。已有的研究主要集中在行政管理和决策技术层面上，基本上还没有进入法学领域，偶有涉及也仅仅是论证行政决策失误的法律责任追究问题。另一方面，对于重大问题行政决策缺少法律法规的规制。从我国现实情况看，只有少数省市出台了相关规定，这就出现了“地方立法先行”的状况。但是，由于人所拥有的是有限理性，绝对理性并不存在，以人的有限理性为基础的统筹与协调不可能做到完全、合理和科学。另外，鉴于对社会的真实立法需求不易得到准确把握，对社会的多元立法资源的统计难以做到完整，“地方立法先行”往往局限于特定的区域，由其获得的地方性经验不一定具备普遍适用性。地方立法者的主观判断易导致违背立法需求、造成立法资源浪费的现象。可见，立法在重大问题行政决策民主化和科学化的过程中并没有承担起应有的责任。

行政决策过程程序化、法治化程度不高。科学的行政决策过程包括发现问题、确立目标，调查预测、拟订方案，评估选优、择定方案，实施反馈、修正完善等一系列环节，特别对于重大问题行政决策来说，程序化、法治化显得尤为重要。然而，在我国的行政决策实践中，一些行政决策的必要环节，如问题界定、事后评估等往往被忽视，科学的、合理的决策程序并未完全确立起来。少数决策者行政决策程序意识淡漠，凭经验甚至随心所欲“拍板”决策的情况远未绝迹。此外，行政决策的法治化程度偏低，决策制定程序缺乏完善的法律规范，有法不依和有章不依的问题在某些地方和部门相当严重，以至主观随意决策屡禁不止，重复决策、错误决策、违法决策屡禁不止。

行政决策监督机制及纠错机制缺失。有权力必应受监督。行政决策作为一种行政活动方式，必然存在违法运用、不当运用或出现失误的可能，特别是对于重大问题行政决策来说后果更为严重。因而需要对其加以监督和约束，设定纠错机制和补救办法。但目前我国法律在这方面的规定还几乎是空白，这使得行政决策监督程序的实施缺乏必要的制度保障。并且体制设置不合理，也影响了现有监督机制作用的发挥。一方面，行使监督职权的机构常常隶属于某一个被监督的对象，是在本单位内部设立一个机构监督自身的运作，无法产生监督的实效。另一方面，决策权责分离。对于重大问题事项，常常是决策权在上级、责任在下级。责任难以认定，强制性的纠错机制也就无从谈起。

第三节　重大行政决策方式的数据分析

一、调查问题及相关说明

重大行政决策是政府行政活动的重要内容，有人说“决策是典型的行政行为，……没有‘决策’，‘行动’将是不可能的”[①]。随着经济的发展、社会转型的深化，政府在做行政决策时面临很多新问题、新情况，决策失误屡屡发生，由此带来的损失日益让人担忧。重大行政决策的方式对重大行政决策的作出及其效果有着重要影响，本题的设计正是为了了解重大行政决策的常规方式，找出实践中存在的问题。调查结果显示，集体决策已经成为重大行政决策的主要方式，同时，行政首长负责制的作用仍有待加强；另外，重大行

① FESLER，KETTL. 行政过程的政治——公共行政学新论．北京：中国人民大学出版社，2001：250.

政决策中上级政府的影响和干预也是客观存在的。本部分围绕调查数据对重大行政决策的方式进行揭示和分析，提出完善重大行政决策方式的基本思路。

就重大行政决策方式设计的具体问题是：

在对重大事项进行决策时，您所在单位最通常的做法是（单选）：

［1］领导班子集体表决

［2］领导班子集体讨论后由“一把手”决定

［3］“一把手”个人决定

［4］“一把手”请示上级后决定

［5］其他（请填写）

调查问题说明如下。

一是关于重大行政决策。

1. 什么是“决策”

“决策”一词，在我国最早见于战国时《韩非子》，现代社会科学研究中运用的决策概念，则是从西方管理学著作中引入的。决策可以有两种字面含义：首先，决策可以是作出决定的活动；其次，管理学意义上的决策是指在若干方案中进行优化选择的过程。综论之，决策可以定义为人们或社会组织在对某一具体事物具有一定认知的基础上，为实现一定的目标而作出决定或选择行动方案的活动与过程。

2. “行政决策”又是什么

对于行政决策的理解，学者有不同观点。比较权威的观点认为，行政决策是指行政主体为实现预定目标，依据相应的规则、运用一定的方法对所面临的问题提出若干解决方案并择优运行的过程。①

3. 所谓重大行政决策是指关系较大范围的全局性、长期性、综合性问题的决策

重大行政决策是相对于非重大行政决策而言的，尽管学界对于什么样的行政决策才称得上是重大行政决策尚无定论。我们在把握重大行政决策的概念时，可以主要从以下几个方面入手：第一，重大行政决策一般都涉及整个行政区域或整个部门，而不是行政区内某个行政单位的事项或部门的某一事

① 应松年，袁曙宏．走向法治政府．北京：法律出版社，2001：254.

项，因此具有全局性。第二，重大行政决策一经作出，其效力将具有持续的影响力，也可能反复适用，可见具有长期性。第三，重大行政决策涉及的往往是一些综合性的事项而不是具体的事项，所以具有综合性。

二是关于行政决策的方式。行政决策的方式根据决策主体的不同，通常可分为首长个人决策、委员会制和首长负责制等形式。

首长个人决策，是传统行政决策的主要方式，其特点是决策主体单一，即领导人凭主观经验判断作出决策；决策程序具有随意性，多为“拍脑袋”式的决策；决策手段单一；决策的“谋”与“断”以及“断”与“行”合一。

委员会制又称合议制，决策权力属于领导集体，对于重大问题的决策，必须经由集体讨论，充分发扬民主，最后按照少数服从多数的原则投票表决决定。委员会制的优点是能够集思广益，决策问题时考虑比较周详，各委员分工合作可以减轻主要负责人的负担，还可以避免个人专制，滥用职权；其缺点是权力分散，责任不明，决策缓慢，效率不高。从新中国成立至1982年，我国各级政府在领导体制上，大体采取委员会合议制的办公方式。行政决策是在各级政府首长的主持下，经过民主讨论，最后由委员会集体表决作出。这种方式能充分发扬民主，但是存在议而不决和责任不清的弊端。

首长负责制是指由政府首长或行政主管全权负责的领导体制。在首长负责制的领导体制下，行政首长在作出决策前要征求各方面的意见，集思广益，但最终由首长个人作出决定，行政首长有决策的全权，其他人都要服从。1982年《宪法》将新中国成立以来各级政府的合议制改为首长负责制，赋予各级行政首长在民主讨论的基础上，集中作出行政决策的权力。

三是关于选项设计。本节设计的问卷试图解决以下几个方面的问题：首先是各级政府进行重大决策时，采用什么方式，是集体决策还是个人决策，行政首长发挥多大的作用。其次是本级政府进行重大决策时受上级政府的影响程度。再次是各级公务员对重大事项决策方式的看法和建议。在选项设计上，选项一“领导班子集体决策”和选项二“领导班子集体讨论后由‘一把手’决定”，都是集体决策的方式，差别在“谋”和“断”的关系上。选项一实行谋断合一，选项二谋断分离，行政首长有最终的决定权。选项三“‘一把手’个人决定”和选项四“‘一把手’请示上级后决定”都是行政首长个人决策的方式，差别在上级政府的影响程度。选项三中下级政府有很大的自主权，尤其是下级政府行政首长的权限很大；选项四中下级政府要受到上级政府的干预和监督，下级政府在决策时必须唯上级政府命令是从。最后是调查采集的基本信息见表2-15。

表2-15　在对重大事项进行决策时，您所在单位最通常的做法是（单选）：

选　项	选择计数	百分比（%）①
[1] 领导班子集体表决	1 181	59.1
[2] 领导班子集体讨论后由“一把手”决定	691	34.6
[3]“一把手”个人决定	61	3.1
[4]“一把手”请示上级后决定	37	1.9
[5] 其他（请填写）	30	1.5
总计	2 000	100.0

“其他”选项的填写情况：“一把手”发表意见后，再集体表决；领导班子集体讨论后由“一把手”决定，当无法下决定时，请示上级后决定；领导班子集体讨论后“一把手”请求上级后决定；班子集体表决后报上级决定；等等。

二、总体分析

把表2-15的数据按决策方式重新排序，可得出表2-16。

表2-16　对决策方式的总体分析（按程度排列）

新序号	选　项	选择计数	百分比（%）
1	[1] 领导班子集体表决	1 181	59.1
2	[2] 领导班子集体讨论后由“一把手”决定	691	34.6
3	[3]“一把手”个人决定	61	3.1
4	[4]“一把手”请示上级后决定	37	1.9
5	[5] 其他（请填写）	30	1.5
	总计	2 000	100.0

表2-16显示，各级政府在进行重大行政决策时，采用的方式按发生频

① 说明：本次调查数据的百分比保留到小数点后一位，因此，当调查问题涉及的选项较多时，各个选项百分比之和可能出现与100%有正负0.1左右的误差。

率排列："领导班子集体表决"，占 59.1%；"领导班子集体讨论后由'一把手'决定"，占 34.6%；"'一把手'个人决定"，占 3.1%；"'一把手'请示上级后决定"，占 1.9%；其他形式如'一把手'发表意见后再集体表决，或领导班子集体讨论后"一把手"请示上级后决定等共占 1.5%。

"领导班子集体表决"以 59.1%的比例高居首位，说明目前各级政府在作出重大行政决策时，在方式上有以下一些特点：（1）集体决策取代个人决策，成为决策的主要方式。个人决策是最传统、最常见的一种决策方式，以往由于经济不发达、社会管理事务比较简单和单一，凭领导者的主观经验和判断就可以处理好行政事务，个人决策具有很强的执行效率，一直以来是我国各级政府决策中的主要方式。然而随着社会经济的发展，各种新情况、新问题不断出现，行政事务变得错综复杂，决策需要考虑的因素已超出行政首长一己之力，需要群策群力。个人决策也因为其随意性大、失误率高而逐渐退出历史舞台，集体决策成为各级政府在作出行政决策，尤其是重大行政决策时经常使用的决策方式。调查所获的数据正是对这一变化的反映。（2）"谋"和"断"仍未适度分离。行政决策除了要充分保障民主之外，决策的效率也不容忽视，这是由行政管理事务不断变化、急需解决方案决定的。新中国成立以来至 1982 年，我国各级政府委员会合议制的实践已经表明，过分强调集体决策容易导致权力分散，责任不明，决策缓慢，效率不高。因为行政决策在各级政府首长的主持下，经过民主讨论，最后由委员会集体表决作出，立场和利益的不同，很容易导致议而不决，而且集体决策只能由集体承担决策责任，实践中，对集体责任的追究非常困难，往往只能导致集体无责任。这也是目前各级政府重大决策屡屡失误，却无人为之负责的重要原因。因此，按照现代行政决策理论，政府在"谋"与"断"上应该有适度分离，即如选项二所描述，在集体讨论的基础上，由行政首长决策，尤其是在各方意见不统一的时候，行政首长的"拍板"作用应该予以发挥。在这种决策方式下，错误决策的责任主体非常明确，这有利于行政决策责任的追究和落实。调研所收集的数据反映，各级政府在作出重大行政决策时，采用集体讨论基础上的行政首长最终决定的方式只占 34.6%。

选项三和选项四分别只有 3.1%和 1.9%的公务员选择，说明目前行政首长的个人决策、经验决策已经逐渐淡出历史舞台，集体决策成为决策方式的主流。选项四还说明，在行政决策过程中，上级政府的干预已经逐渐减少，地方政府和下级政府的自主权得到很好的发挥。一直以来，我国在处理中央和地方、地方纵向府际关系方面的主要法律依据只有《国务院组织法》和《地方各级人民代表大会和地方各级人民政府组织法》，而这两部法律并没有对各级政府的职权作界分，导致“除外交、国防等少数专属于中央的权限外，地方政府拥有的权限和中央政府几乎是一致、对等的，地方政府拥有的权限可以说是中央政府的翻版”①。这种翻版给各级政府的权力配置和组织结构设置带来了很多问题，其中上级任意干涉下级政府行使权力就是一个突出的问题，下级政府在作出决策时，往往先请示上级，由上级提出处理方案后再付诸执行。然而市场经济把各级政府推到了竞争的前台，在促进当地经济发展、提供公共服务、解决就业等过程中，各级政府逐渐形成了自己的利益，多元利益格局日见雏形。下级政府在做重大决策时，更希望能结合自身实际而排除上级政府的任意干涉，即不再凡事请示、打报告，只有1.9％的公务员选择“由‘一把手’请示上级后决定”，说明了这一情况。

三、基于不同地区的分类数据分析

由于地理环境、区域经济发展程度等方面的差异，不同地区的决策方式选择趋向不同。我们分别在东部沿海、中部、西部和东北地区四个区域进行了抽样调查，统计结果见表2-17。

表2-17　不同地区公务员对政府重大行政决策方式的选择（单选）

选　项	统　计	东部沿海	中部地区	西部地区	东北地区
[1] 领导班子集体表决	选择计数	442	379	146	214
	百分比（％）	64.4	56.0	44.8	68.8
[2] 领导班子集体讨论后由“一把手”决定	选择计数	206	262	146	77
	百分比（％）	30.0	38.7	44.8	24.8
[3] “一把手”个人决定	选择计数	11	15	20	15
	百分比（％）	1.6	2.2	6.1	4.8

① 颜延锐，等．中国行政体制改革问题报告．北京：中国发展出版社，2004：252；张志红．当代中国政府间纵向关系研究．天津：天津人民出版社，2005：270-282.

续前表

选　项	统　计	东部沿海	中部地区	西部地区	东北地区
[4]“一把手”请示上级后决定	选择计数	14	9	9	5
	百分比（%）	2.0	1.3	2.8	1.6
[5] 其他（请填写）	选择计数	13	12	5	0
	百分比（%）	1.9	1.8	1.5	0.0
总计	参选人数	686	677	326	311
	百分比（%）	100.0	100.0	100.0	100.0

将表 2-17 用曲线表示出来，得到图 2-4。其中横坐标 1、2、3 等分别代表各个选项。

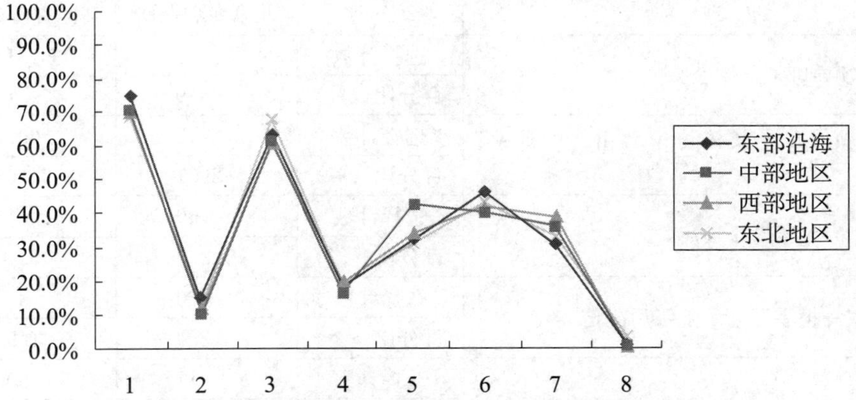

图 2-4　不同地区公务员对政府重大行政决策方式的选择

从表 2-17 和图 2-4 可以看出，不同地区政府重大行政决策的方式大体一致，但又各有特色。在四个区域中，西部地区“‘一把手’个人决策”的选取比重最大，达到 6.1%，远远高于东部沿海，这跟东、西部经济发展、社会民主的差异程度紧密相连。西部地区因为经济发展相对缓慢，社会民主程度较低，而对传统经验决策的依赖还比较大。相对而言，东部地区的经济发展水平较高，社会面临的新情况、新问题也更为突出，领导者个人的经验决策已经不能很好地满足社会需求，在纷繁复杂的行政事务面前，力不从心的领导者更希望通过群策群力来提出方案、解决问题、避免决策失误、降低决策的风险。此外，随着经济的发展，社会对民主决策的需求程度也大大提高，政府必须有效回应这一需求，才能保证决策在社会中的可接受性。因此集体决策在东部地区占重大行政决策的比重要大些。

四、基于直辖市和普通省份的分类数据分析

在我国，中央直辖北京、上海、天津和重庆四个市。直辖市通常为国家或某一区域的政治、经济和文化中心。相较于普通的省份，直辖市的城市化程度高，人均受教育的程度高，其思想观念、制度建设等方面也比较开放和完善。这样就导致了直辖市对决策方式的需求与一般省份的有所差异。为更好地了解直辖市和普通省份行政决策方式的异同，分别统计，制作成表 2－18。

表 2－18　直辖市和普通省份公务员对政府重大决策方式的选择（单选）

选　项	统　计	北京专项调研	其他省份调研
[1] 领导班子集体表决	选择计数	971	1 181
	百分比（%）	63.9	59.1
[2] 领导班子集体讨论后由“一把手”决定	选择计数	442	691
	百分比（%）	29.1	34.6
[3]“一把手”个人决定	选择计数	59	61
	百分比（%）	3.9	3.1
[4]“一把手”请示上级后决定	选择计数	30	37
	百分比（%）	2.0	1.9
[5] 其他（请填写）	选择计数	17	30
	百分比（%）	1.1	1.5
总计	参选人数	1 519	2 000
	百分比（%）	100.0	100.0

以上调查数据显示，无论是直辖市还是其他省份，重大决策采取的方式基本相同，但又有一些差别。在直辖市，领导班子集体决策要高于其他省份近 5 个百分点。这说明直辖市由于直辖市领导班子内部成员的利益分歧相对较小，决策很容易达成一致意见，需要行政首长拍板决定的次数比较少。而其他省份内部的机构设置较为复杂，分工过细带来职能交叉，利益冲突比较激烈，决策相对难以达成一致意见，这就需要行政首长发挥其最终决定权，因此，“领导班子集体讨论后由‘一把手’决定”的选择计数就比较大。当

然，直辖市和其他省份集体决策的比例都要远远高于“一把手”的个人决策、经验决策的比例。

五、基于不同府级的分类数据分析

由于在中央政令的执行上，各级地方人民政府面临的问题不同，因而也有必要进行比较分析。统计数据见表 2-19。

表 2-19　不同府级公务员对政府重大行政决策方式的选择（单选）

选　项	统　计	省级政府	地市级政府	县级政府
[1] 领导班子集体表决	选择计数	277	550	354
	百分比（%）	53.6	60.6	61.5
[2] 领导班子集体讨论后由“一把手”决定	选择计数	210	291	190
	百分比（%）	40.6	32.1	33.0
[3]“一把手”个人决定	选择计数	14	28	19
	百分比（%）	2.7	3.1	3.3
[4]“一把手”请示上级后决定	选择计数	7	23	7
	百分比（%）	1.4	2.5	1.2
[5] 其他（请填写）	选择计数	9	15	6
	百分比（%）	1.7	1.7	1.0
总计	参选人数	517	907	576
	百分比（%）	100.0	100.0	100.0

将表 2-19 作成曲线图，得图 2-5。其中横坐标 1、2、3 等分别代表各个选项。

从表 2-19 和图 2-5 看出，不同层级的地方政府在对政府重大行政决策方式的选择上有许多共性，分布曲线基本一致。但从统计数据看出，各级地方政府在选项上又各有侧重。这种侧重突出表现在选项一和选项三上：首先，从省级政府到县级政府，选项一按递增顺序排列，选项一的递增顺序说明省级政府与县级政府相比，面临的事项更复杂、更重大，很多事项无法通过集体决策讨论通过，意见分歧比较大，最终需要行政首长决定；而基层政府的行政事项相对简单、影响不是很重大，行政决策容易达成一致意见。其次，选项三说明基层政府的传统决策、个人决策仍有很大的市场，决策民主化的发展程

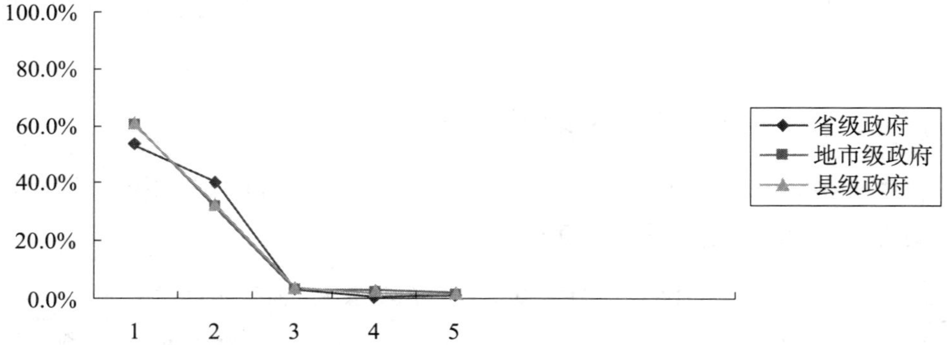

图 2-5 不同府级公务员对政府重大行政决策方式的选择

度不及省、地市级政府，对行政首长的经验、权威的依赖相对要大些。

六、基于不同学历的分类数据分析

公务员受教育的程度直接影响到对重大行政决策民主化、科学化等的认识，这种认识反映在对重大行政决策的方式选择上。为方便比较，按公务员受教育程度统计，得出表 2-20。

表 2-20 不同学历公务员对政府重大行政决策方式的认知（单选）

选项	统计	高中及以下	大专	本科	硕士研究生	博士研究生
[1] 领导班子集体表决	选择计数	46	217	701	143	10
	百分比（%）	61.3	61.6	60.1	51.6	32.3
[2] 领导班子集体讨论后由“一把手”决定	选择计数	24	105	394	121	20
	百分比（%）	32.0	29.8	33.8	43.7	64.5
[3]“一把手”个人决定	选择计数	3	15	34	4	0
	百分比（%）	4.0	4.3	2.9	1.4	0.0
[4]“一把手”请示上级后决定	选择计数	1	10	20	4	0
	百分比（%）	1.3	2.8	1.7	1.4	0.0
[5] 其他（请填写）	选择计数	1	5	18	5	1
	百分比（%）	1.3	1.4	1.5	1.8	3.2
总计	参选人数	75	352	1 167	277	31
	百分比（%）	100.0	100.0	100.0	100.0	100.0

调查显示，博士研究生和硕士研究生学历公务员的选择曲线与本科、大专、高中及以下学历公务员的选择曲线有比较明显的差别。对选项三和选项四，博士研究生学历公务员没有人选择，硕士研究生学历公务员的选择计数也要低于本科、大专、高中及以下学历公务员的计数，这说明对于决策的民主性认识上，学历越高，认识越为深刻；学历越高，越赞同发扬民主、反对专权。

七、基于不同职务类型的分类数据分析

公务员因职务不同，在重大行政决策方式的倾向性上有所差异。领导职务公务员对集体决策还是个人决策，集体决策的谋断是否分离等方面的认识与非领导职务公务员的存在差别，而且领导职务公务员与非领导职务公务员在面临的决策事项、参与重大决策的机会、对重大决策的认识等方面也存在较大差异。为方便比较，按公务员的不同职务类型统计，得出表 2－21。

表 2－21　不同职务类型公务员对政府重大行政决策方式的认知（单选）

选　项	统　计	领导职务	非领导职务
[1] 领导班子集体表决	选择计数	292	461
	百分比（%）	55.6	58.2
[2] 领导班子集体讨论后由“一把手”决定	选择计数	208	278
	百分比（%）	39.6	35.1
[3]“一把手”个人决定	选择计数	14	24
	百分比（%）	2.7	3.0
[4]“一把手”请示上级后决定	选择计数	7	16
	百分比（%）	1.3	2.0
[5] 其他（请填写）	选择计数	4	13
	百分比（%）	0.8	1.6
总计	参选人数	525	792
	百分比（%）	100.0	100.0

调查显示，领导职务和非领导职务的公务员在选择集体决策还是个人决策方面的差别并不明显，但是对在集体决策中行政首长所发挥作用的认识上，有一定差别。领导职务的公务员更强调行政首长的作用，这跟领导职务

的公务员经常参加重大行政决策，对决策流程和决策的意义有较深的把握密切相关。而很多非领导职务的公务员并未参加过行政决策，只知道行政决策经过了领导班子集体讨论，至于谁谋谁断，并不太了解，更无法知道行政首长在行政决策，尤其是决策意见分歧较大时发挥了怎样的作用。

八、结论

（一）调查结论

1. 集体决策逐渐取代个人决策

调查数据反映，选择集体决策（选项一、选项二）的公务员要远远多于选择个人决策（选项三、选项四）的公务员。这说明，在中国延续了较长时间的个人决策已经渐渐淡出历史舞台，体现决策民主的集体决策成为各级政府作出重大行政决策过程中运用的主要方式。

在各级政府已出台的重大行政决策条例或草案中，集体决策得到明确规定和保障。如《湖南省行政程序规定》其中第39条规定，重大行政决策方案草案经政府分管负责人审核后，由行政首长决定提交政府常务会议或者政府全体会议讨论。政府常务会议或者政府全体会议审议重大行政决策方案草案，应遵循以下程序：决策承办单位作决策方案草案说明；政府法制部门作合法性审查或者论证说明；会议其他组成人员发表意见；决策事项的分管负责人发表意见；行政首长最后发表意见。第40条规定：重大行政决策在集体审议的基础上由行政首长作出决定。行政首长可以对审议的事项作出同意、不同意、修改、暂缓或者再次审议的决定。作出暂缓决定超过1年的，方案草案退出重大决策程序。行政首长的决定与会议组成人员多数人的意见不一致的，应当说明理由。政府常务会议或者政府全体会议，应当记录重大行政决策方案的讨论情况及决定，对不同意见应当特别载明。《青海省人民政府重大行政决策程序规定》第6条也有类似规定：“决策事项由省长主持召开省政府全体会议或者常务会议讨论决定。……其他事项，需要省政府决定的，由省长、副省长按照《青海省人民政府工作规则》的权限作出决定。”

2. 行政首长在重大决策中的作用有所发挥

调查数据显示，与“领导班子集体表决”相比，“领导班子集体讨论后由‘一把手’决定”的比例无论在总体上，还是在不同层级、不同职务、不同区域的公务员的选取计数上都要低。这有两个方面的原因：一是有些行政管理事务相对简单、利益分歧不大，比较容易达成一致意见，通过领导班子就可以作出；二是目前行政首长负责制的作用虽有所发挥，但作用仍不明显，尤其是在行政决策存在重大利益纷争时，很多行政首长出于责任承担等方面的考虑并没有行使最终决定权，而使决策久拖不决、耽误时机，而且过于强调集体决策，也使行政首长往往以集体决策逃避个人责任，使行政决策责任的追究机制无法得到有效落实。

3. 下级政府的自主权有很大提高

调查数据显示，与其他形式相比，由行政首长请示上级后决定的选择计数很小，几乎可以忽略不计。这说明与以往相比，下级政府的自主权得到很好的保证。地方政府可以在自己的职权范围内，结合当地的经济、社会等实际情况作出决策，而不再需要凡事打报告、亦步亦趋。当然，在调研过程中，不少公务员尤其是西部地区的公务员反映行政决策过程中，上级政府随意干预的现象仍然存在，而要彻底解决这一问题，必须明确上下级政府的职权划分，并通过法律予以保障，使下级政府的自主权得到最大程度的保障。还有部分公务员反映，虽然上级政府干涉下级政府事务的现象存在，但是下级政府有时也随意超越权限，变相执行上级政策，尤其是在地方保护主义盛行的地区，上级政府对下级政府的监督不是过强，而是仍须加强。为此，很多省份的重大行政决策条例都规定了某些事项下级政府向上级政府的报告制度，如《湖南省行政程序规定》第41条规定："重大行政决策事项依法需要报上级人民政府批准或者依法应当提请同级人民代表大会及其常务委员会审议决定的，县级以上人民政府提出决策意见后，按程序报上级人民政府批准或者依法提请同级人民代表大会及其常务委员会审议决定。"

（二）完善重大行政决策的建议

如前所述，目前重大行政决策的方式总体上是符合现代行政管理理论的，但是仍有很多需要完善的地方，这也是导致目前决策失误频频、决策屡受诟病的重要原因。

1. 保证决策的民主性

以决策主体为划分标准，决策可分为个人决策和集体决策。个人决策与领导者的个人能力及经验密切相关。集体决策是通过集体讨论研究进行的决策，集体决策要求领导班子成员充分酝酿，集体协商，使每个成员充分陈述自己的意见及观点。行政决策实为行政首长决策。由于现代社会经济、政治和社会生活的复杂性，传统的政府行政首长个人决策的体制逐渐为遵循一定的方式和步骤的依法决策、科学决策、民主决策的集体决策体制所替代。目前各级政府在作出行政决策时，集体决策得到广泛应用，决策的民主化得到保障。但是在实务中，仍然存在打着集体决策的名号行个人决策、经验决策之实的情况，比如名为集体决策，实际上是为领导个人意见搞“论证”和“解释”；决策前开吹风会；临时动议，使其他成员在未能充分思考的情况下匆匆表决；等等。这些做法都是对行政决策民主的严重损害，应该予以重视和解决。很多地方如湖南规定政府常务会议或者政府全体会议，应当记录重大行政决策方案的讨论情况及决定，对不同意见应当特别载明。通过案卷方式来记录和监督决策过程不失为一个好的尝试。行政决策的民主除了程序保障外，还有待于整个公务员群体民主意识的增强和公务员尤其是领导人员行政素质的提高。

2. 突出行政首长的决策责任

首长负责制克服了委员会制议而不决、责任不清的弊端，在凸显行政首长的决策责任的同时，也发扬了民主。如《江西省县级以上人民政府重大行政决策程序规定》规定：政府行政首长代表本级政府对重大行政事项行使决策权。政府分管领导、政府秘书长、政府办公厅（室）主任协助政府行政首长行使决策权。决策咨询机构、政府法制机构等应当为政府重大行政决策提供专业咨询、法律等有关服务。

3. 推进上下级关系的法治化

为了使下级政府能更好地结合当地实际做好重大行政决策，必须保障下级政府能有效地行使自主权，排除上级政府的任意干涉，当然这并不意味着下级政府可以超越上级政府的监督而为所欲为。因此，如何合理地划分上下级政府的职责权限，并通过法律制度予以保障，是解决问题的核心。上下级政府关系的法治化意味着要明确各级政府的权利义务关系，从而建立可预期的常态化的上级和下级政府的秩序，以有效避免利益边界不清所带来的大量干预行为和地方保护行为；建立上级对下级的法律监控机制，可以有效制约下级政府的行为，并可以及时纠正违法行为，避免或减少重大行政决策失误所带来的损失。上下级政府关系的法治化是一个复杂的工程，需要大量的立法和制度建设，具体包括上下级政府事权、财权的划分，下级的诉求表达制度，上级对下级政府的领导机制、监督和控制制度，等等。

4. 完善其他相关制度

重大行政决策是一个系统工程，行政决策方式的选择只是该系统的一个组成部分。整个系统的有效运作，离不开其他制度的建立和完善，如行政决策的咨询、论证制度，行政决策的执行机制，行政决策的责任追究机制，等等。

综上所述，目前就重大行政决策的方式而言，集体决策已经取代个人决策成为主流，决策的民主化程度得到很大提高。行政首长在行政决策中的作用有所发挥，但仍须加强，同时也要加强对行政首长决策失误责任的追究。下级政府在行政决策中的自主权不断加强，但是仍面临着法律保障不足、上级随意干预决策的尴尬。现存的这些问题应该放在行政决策、执行、监督三分制改革的大系统里加以解决。

第四节 重大事项决策环节的数据分析

一、调查问卷及相关说明

当代社会，随着政治现代化进程的逐步推进，行政决策的民主化和科学化成为现代社会发展的必然要求。要作出科学的决策必须要遵循科学决策的程序。

作为行政程序立法的破冰之作——《湖南省行政程序规定》，明确规定了重大行政决策必须做到“依法决策、科学决策和民主决策”。单位重大事项决策出台一般应当经过调查研究、合法性论证、公众参与、专家论证、集体审议等多个环节。《东莞市重大行政决策程序规定》也显示，政府重大行政决策将更加规范，将来重大行政决策一般应当经过决策调研、咨询论证、征求意见、合法性审查、集体讨论决定、结果公开等 6 个步骤。可以看出，行政决策的民主化和科学化已成为现代社会发展的必然要求。要作出科学的决策必须遵循科学决策的程序，而实践中政府决策的失误使我们不得不对政府决策的过程表示怀疑。

调查结果显示，公众、专家在重大决策中的作用有所提高，咨询权的需求增大；集体决策模式取代个人决策模式成为主流，决策的民主化程度加强；但成本效益分析环节的制度构建相对缺失，在一定程度上影响了决策的科学性。本题围绕调查数据对重大行政决策的环节进行揭示和分析，提出完善的基本思路。

关于重大行政决策环节的具体调查问题是：

您单位重大事项的决策主要经过下列哪些环节？（多选）

[1] 调查研究

[2] 公众参与

[3] 专家论证

[4] 成本效益分析

[5] 决策程序公开

[6] 合法性审查

[7] 集体审议

[8] 其他（请填写）

调查问题说明如下。

1. 关于决策的程序

决策过程是任何决策不可缺少的组成部分。决策程序的设定和选择直接反映决策者的决策水平和理性程度，不仅会影响决策的合理性和可行性，而且会影响决策的社会效果等。近几十年来，不少学者对决策程序做了大量的研究，对决策程序的划分繁简不一。其中，西方决策程序研究的一个基本特色是模型的构造和分析。例如，最著名的理性决策模型，是由诺贝尔经济学奖获得者、美国行政学家赫伯特·A. 西蒙首创的一个分析模型。他认为决策过程应概括为："情报活动→设计活动→抉择活动→审查活动"[①]。而哈罗德·孔茨认为，在目标已定的情况下，决策过程包括"拟定抉择方案""评价决策方案""选取抉择方案"三个阶段。[②] 在中国，大部分的学者[③]都把行

---

① 西蒙．管理决策新科学．北京：中国社会科学出版社，1982：33－34.

② 孔茨，等．管理学．贵阳：贵州人民出版社，1982：228－263.

③ 有学者把四阶段概括为：（1）确定问题和目标要求；（2）拟定决策备择方案；（3）选择和决定决策方案；（4）修正完善决策方案。也有学者认为科学决策的程序应该包括以下四个阶段：（1）明确问题，确立目标；（2）集思广益，拟订方案；（3）分析评估，选择方案；（4）实施方案，完善决策。总体而言，以上学者的观点都有大同小异之嫌。参阅彭和平．公共行政管理．北京：中国人民大学出版社，1995：226－230；莫岳云．公共行政教程（一）行政决策学．北京：中国社会科学出版社，2004：86－111.

政决策程序分为以下四个部分：（1）发现问题，确定目标；（2）分析预测，拟制方案；（3）比较选优，抉择方案；（4）实施反馈，完善决策。

从我国立法实践来看，目前还没有关于行政程序立法的统一规定。但作为程序立法破冰之作——《湖南省行政程序规定》，我们可以从相关的条文中看出，单位重大事项决策出台一般应当经过调查研究、合法性论证、公众参与、专家论证、集体审议等多个环节。

2. 关于问题选项设计

主要分为四类：第一类发现问题、确定目标阶段，如选项一；第二类集思广益、拟订方案阶段，如第二和第三选项；第三类分析评估、选择方案阶段，如第四、第六和第七选项；而第四类选项是原则性和补充性选项，如第五、第八选项。问题的设计试图解决以下几个方面的问题：（1）了解目前实践中各级政府在进行重大决策时经过哪些环节。（2）考察公众、专家等成员参与决策的程度及其影响决策的力度。（3）了解各级公务员对重大决策程序的看法和建议。（4）试图分析影响决策实施的因素。

3. 调查采集的基本信息（见表2-22）

表2-22　　您单位重大事项的决策主要经过下列哪些环节？

选　项	选择计数	百分比（%）
[1] 调查研究	1 727	85.9
[2] 公众参与	911	45.3
[3] 专家论证	999	49.7
[4] 成本效益分析	689	34.3
[5] 决策程序公开	964	48.0
[6] 合法性审查	974	48.5
[7] 集体审议	1 416	70.4
[8] 其他（请填写）	35	1.7
总计	2 010	100.0

“其他”选项的填写情况：（1）领导讨论；（2）领导集体决策；（3）领导起决定作用，主要是“一把手”；（4）根据重大事项的情况结合专家或公众参与；（5）可行性论证；（6）媒体参与，决策者公开陈述意见；（7）领导

说了算。

将表 2－22 的数据用柱状图表示出来，可得到图 2－6。

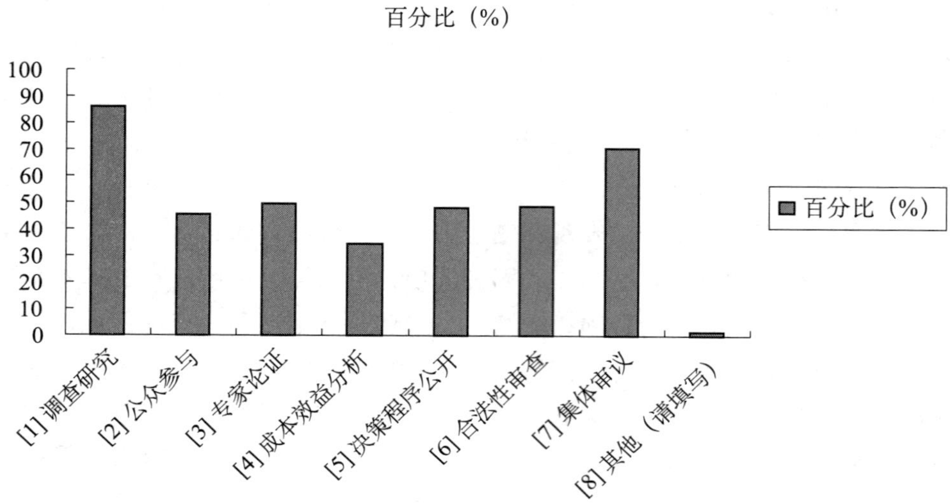

图 2－6　单位重大事项的决策主要环节选择情况图

二、总体分析

把表 2－22 的数据按程度高低重新排序，可得出表 2－23。

表 2－23　　对单位重大事项决策环节的总体分析（按程度排序）

新序号	选　项	选择计数	百分比（%）
1	[1] 调查研究	1 727	85.9
2	[7] 集体审议	1 416	70.4
3	[3] 专家论证	999	49.7
4	[6] 合法性审查	974	48.5
5	[5] 决策程序公开	964	48.0
6	[2] 公众参与	911	45.3
7	[4] 成本效益分析	689	34.3
8	[8] 其他（请填写）	35	1.7
	总计	2 010	100.0

表 2-23 显示，单位重大事项的决策环节，按照选择人数的多少排列，最普遍适用的两个环节是调查研究和集体审议，分别占 85.9%和 70.4%。这主要反映出以下两个特点。

（1）重视调查研究，提高决策科学性。决策活动首先就是从发现问题开始，而要弄清问题所在就要从调查研究做起。各种潜在的或明显的决策问题，只有通过深入细致的调查研究才能摸到问题症结，提出解决问题的方案。行政决策的调查研究不同于一般调查，它的任务是收集决策信息，对决策系统及环境的全局性的关键问题进行调查。在现实生活中，一般可以采取包括全面调查、抽样调查、典型调查、重点调查等方法在内的调查形式。准确全面的调查研究，是科学决策的起点。调查所获的数据正是反映了现实中的这一变化趋势。

（2）集体决策取代个人决策，成为主要决策模式。个人决策是指某个行政机关的首长单独掌握决策权力，决策方案的选择以首长的拍板定案为终结，这是一种最传统、最常见的决策方式。以往由于社会管理事务比较简单，凭领导者的主观经验和判断就可以处理好行政事务，而且个人决策具有较强的执行效率，一直以来就是我国各级政府决策中的主要方式。然而随着社会经济的发展，各种新情况、新问题不断出现，行政事务变得越来越错综复杂，单凭一人之力，难以适应需求。而集体决策模式的优点正是能够集思广益，处理复杂问题。集体决策是采取会议和集体表决的方式通过决策方案，能够通过成员间的妥协以反映各种利益群体的利益要求。集体决策的这种优势，使它逐渐成为主要的决策方式。调查所获的数据正是对这一变化的反映。

此外，专家论证、合法性审查、程序性公开以及公众参与的选择比例也相对较高，都达到了 45%～50%的程度。而成本效益分析的选择度相对较低，只有 34.3%。这说明，目前各级政府单位对于重大行政决策制定的过程相对公开，公众与专家的参与机会增多，并且法治观念正在深入人心，这也保证了重大决策出台后的民众可接受性。然而，决策制定中的可行性分析环节，还相对不被重视，这正是导致实践中重大决策失误的重要原因之一。

还有一些特殊情况的填写，例如：（1）领导讨论；（2）领导集体决策；（3）领导起决定作用，主要是“一把手”；（4）根据重大事项的情况结合专家或公众参与；（5）不可行性论证；（6）媒体参与，决策者公开陈述意见；（7）领导说了算；等等。但是，这些情况只占 1.7%，而且大部分的选项可归纳到选题自身的选项中，如（1）（2）（4）（6）等，所以仅作为特殊情况考虑。

三、基于不同地区的分类数据分析

由于地理环境、发展程度的差异，我们分别在东部沿海、中部、西部和东北地区四个区域进行抽样调查，统计结果见表 2-24。

表 2-24　不同地区公务员对单位重大事项的决策环节的选择

选　项	统　计	东部沿海	中部地区	西部地区	东北地区
[1] 调查研究	选择计数	564	621	285	257
	百分比（%）	82.2	90.9	86.9	82.1
[2] 公众参与	选择计数	332	281	138	160
	百分比（%）	48.4	41.1	42.1	51.1
[3] 专家论证	选择计数	359	294	173	173
	百分比（%）	52.3	43.0	52.7	55.3
[4] 成本效益分析	选择计数	272	187	121	109
	百分比（%）	39.7	27.4	36.9	34.8
[5] 决策程序公开	选择计数	344	297	162	161
	百分比（%）	50.1	43.5	49.4	51.4
[6] 合法性审查	选择计数	329	362	150	133
	百分比（%）	48.0	53.0	45.7	42.5
[7] 集体审议	选择计数	429	541	253	193
	百分比（%）	62.5	79.2	77.1	61.7
[8] 其他（请填写）	选择计数	14	13	5	3
	百分比（%）	2.0	1.9	1.5	1.0
总计	参选人数	686	683	328	313
	百分比（%）	100.0	100.0	100.0	100.0

将表 2-24 数据用柱状图表示出来，可得到图 2-7。

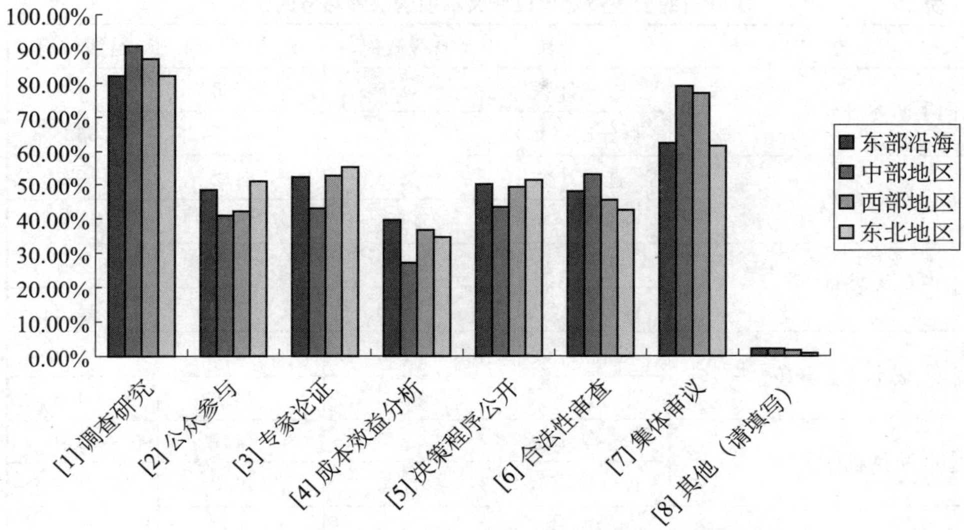

图 2-7　不同地区公务员关于单位重大事项决策环节的选择情况图

从表 2-24 和图 2-7 可以看出，不同地区的政府在重大行政决策的程序选择上总趋势相同，但各有特色。在四个区域中，中部地区在“调查研究”“合法性审查”和“集体审议”的选择比例上都高于其他地区，这跟中部一些省份正在实行的行政决策程序立法的试点有关，更多的中部城市开始关注程序的合法性，坚持以调查研究为基础。而在“公众参与”的选择比例上，我们可以看出，东部沿海和东北地区的选择比例远远高于中部和西部地区的。这应该是与地区经济发展和社会民主的开放程度紧密联系。东部沿海和东北地区的民主程度相对较高，因而民众参加决策讨论的积极性也就越高。此外，东部沿海地区在成本效益分析的选择比例上达到了 39.7%，远远高于其他地区。东部沿海地区的城市化进程相对较快，人均受教育的程度比较高，因而在思想观念上也更注重成本效益的估算，这在一定程度上也与其经济发展程度有关。

四、基于不同府级的分类数据分析

由于不同府级政府在作出重大事项决策时所面临的问题不同，对于各级地方政府的决策过程也需要作比较分析。统计数据见表 2-25。

表 2－25　　不同府级公务员对单位重大事项的决策环节的认知

选　项	统　计	省级政府	地市级政府	县级政府
[1] 调查研究	选择计数	455	785	487
	百分比（%）	88.0	86.1	83.8
[2] 公众参与	选择计数	225	412	274
	百分比（%）	43.5	45.2	47.2
[3] 专家论证	选择计数	308	434	257
	百分比（%）	59.6	47.6	44.2
[4] 成本效益分析	选择计数	172	316	201
	百分比（%）	33.3	34.6	34.6
[5] 决策程序公开	选择计数	243	447	274
	百分比（%）	47.0	49.0	47.2
[6] 合法性审查	选择计数	259	452	263
	百分比（%）	50.1	49.6	45.3
[7] 集体审议	选择计数	354	682	380
	百分比（%）	68.5	74.8	65.4
[8] 其他（请填写）	选择计数	11	14	10
	百分比（%）	2.1	1.5	1.7
总计	参选人数	517	912	581
	百分比（%）	100.0	100.0	100.0

将表 2－25 数据用曲线图表示出来，可得到图 2－8。

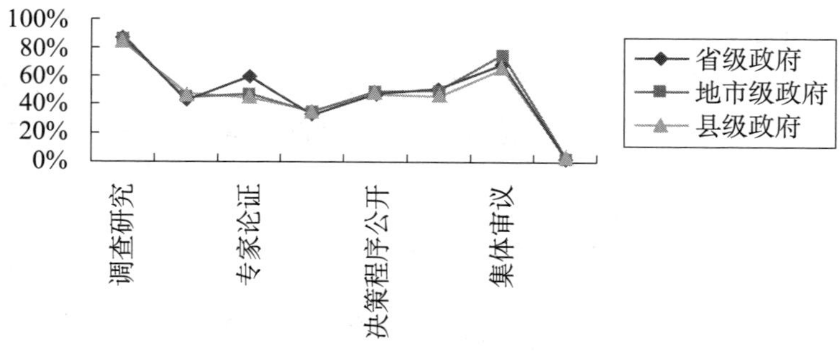

图 2－8　不同府级公务员关于单位重大事项决策环节的选择情况图

从表 2-25 和图 2-8 可以看出，不同层级的地方政府在作出重大决策的环节上有许多共性，分布曲线基本一致。但从统计数据来看，各级地方政府在选项上又各有侧重。这种侧重突出表现在选项三、选项六上。在“专家论证”环节，省级政府的比例最高，达到了 59.6%，远远高出其他层级的政府单位。这是因为省级政府的重大决策事项一般都是相对复杂，并且影响力重大的事项，很多情况下无法通过单位内部的集体决策就作出正确决定。而邀请专家论证不仅能够听取多方意见，更在一定程度上体现了决策的公开性与科学性。此外，由于省级政府单位的资源较多，因而比较容易请到各方面的专家来参与决策论证环节。相反，地市级特别是县级政府的资源相对有限，决策事项的受关注度也不高，因而专家的参与性也就呈递减趋势。在选项六“合法性审查”的选择上，也同样呈现出递减趋势，县级政府只达到了 45.3%。这些都说明了基层政府的决策科学化与民主化程度不及省、地市级政府的，其在决策环节的科学性和合法性上还有待加强。

五、基于不同年龄的分类数据分析

不同年龄阶段公务员的工作经验和受教育程度都有所不同，这直接影响到他们对单位重大事项决策环节的认识。为方便比较，按公务员年龄阶段统计，得出表 2-26。

表 2-26　　不同年龄阶段公务员对单位重大事项决策环节的认知

选　项	统　计	30 周岁以下	31～40 周岁	41～50 周岁	51～60 周岁	61 周岁以上
[1] 调查研究	选择计数	431	671	414	162	2
	百分比（%）	88.5	86.4	84.1	84.8	100.0
[2] 公众参与	选择计数	243	361	201	72	2
	百分比（%）	49.9	46.5	40.9	37.7	100.0
[3] 专家论证	选择计数	270	384	226	84	2
	百分比（%）	55.4	49.4	45.9	44.0	100.0
[4] 成本效益分析	选择计数	208	273	130	45	1
	百分比（%）	42.7	35.1	26.4	23.6	50.0

续前表

选　项	统　计	30 周岁以下	31～40 周岁	41～50 周岁	51～60 周岁	61 周岁以上
[5] 决策程序公开	选择计数	255	379	214	79	2
	百分比（%）	52.4	48.8	43.5	41.4	100.0
[6] 合法性审查	选择计数	276	403	201	78	1
	百分比（%）	56.7	51.9	40.9	40.8	50.0
[7] 集体审议	选择计数	343	575	343	134	1
	百分比（%）	70.4	74.0	69.7	70.2	50.0
[8] 其他（请填写）	选择计数	4	14	11	6	0
	百分比（%）	0.8	1.8	2.2	3.1	0.0
总计	参选人数	487	777	492	191	2
	百分比（%）	100.0	100.0	100.0	100.0	100.0

将表 2-26 数据用柱状图表示出来，可得到图 2-9。

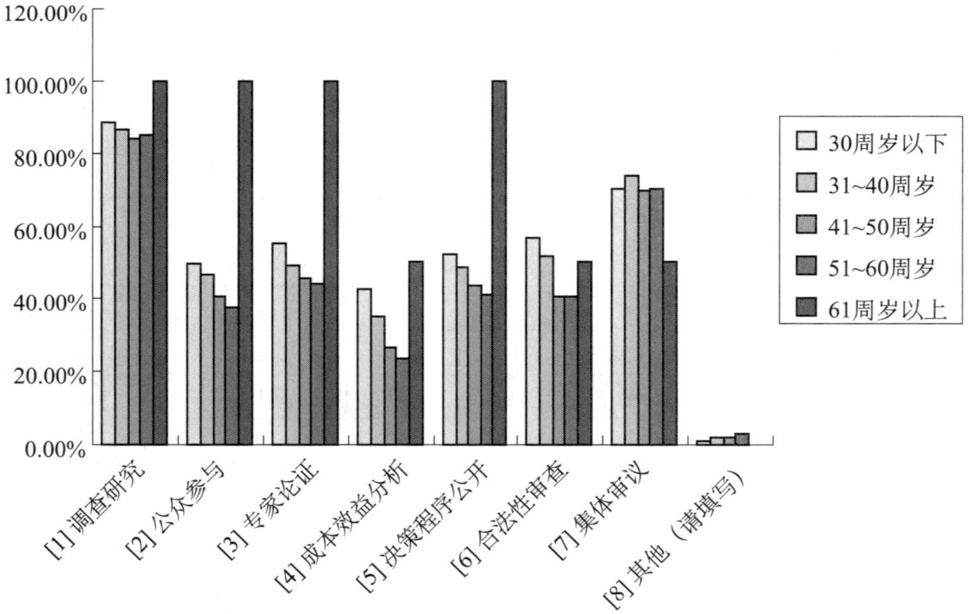

图 2-9　不同年龄阶段公务员关于单位重大事项决策环节的选择情况图

从图 2-9 可以看出，除了 61 周岁以上的 2 名代表外，其他年龄阶段关于决策环节的选择基本都呈现出同样的趋势，即年龄越小，选择度越高；年龄越大，选择度越低。这主要与不同年龄阶段公务员的受教育程度有关。越是年轻的公务员，对于决策的科学性和民主性要求更高。这里我们也可与工龄不同的公务员统计情况做个比较，大致都体现出了这个特点：在决策环节的选择上，年龄越小，工龄较短的，对科学性、民主性的认识更深刻，这与我们新录用的公务员学历要求逐渐升高有很大关联（见图 2-10）。

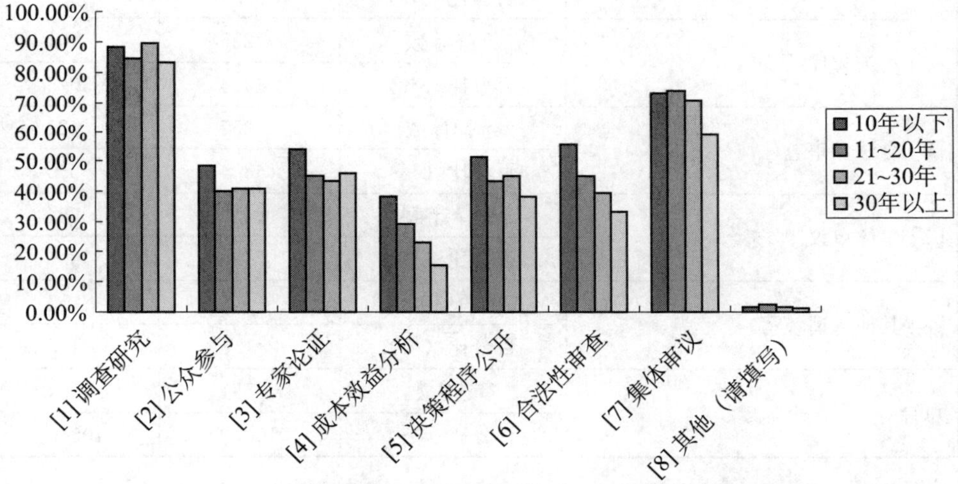

图 2-10　不同工龄公务员对单位重大事项决策环节的认知

六、基于不同职务类型的分类数据分析

公务员的职务对重大行政决策环节的选择有重要影响，领导职务对决策程序的设定和选择直接反映决策者的决策水平和理性程度，领导职务不仅常常会影响决策的合理性和可行性，而且常常会影响决策的社会效果等。为方便比较，按公务员的不同职务类型统计，得出表 2-27。

表 2-27　不同职务类型公务员对单位重大事项决策环节的认知

选　项	统　计	领导职务	非领导职务
[1] 调查研究	选择计数	472	710
	百分比（%）	88.9	89.4

续前表

选　项	统　计	领导职务	非领导职务
[2] 公众参与	选择计数	228	371
	百分比（%）	42.9	46.7
[3] 专家论证	选择计数	254	412
	百分比（%）	47.8	51.9
[4] 成本效益分析	选择计数	157	282
	百分比（%）	29.6	35.5
[5] 决策程序公开	选择计数	236	401
	百分比（%）	44.4	50.5
[6] 合法性审查	选择计数	257	421
	百分比（%）	48.4	53.0
[7] 集体审议	选择计数	413	584
	百分比（%）	77.8	73.6
[8] 其他（请填写）	选择计数	8	15
	百分比（%）	1.5	1.9
总计	参选人数	531	794
	百分比（%）	100.0	100.0

从表 2－27 的数据来看，领导职务和非领导职务在决策环节的选择上大体还是一致的。领导职务的选择比例与非领导职务的相比，差别基本都徘徊在 5～6 个百分点。但值得关注的是，在“集体审议”环节的选择上，领导职务的选择比例 77.8%高于非领导职务的选择比例。这说明，随着社会经济的发展，各种行政事务也逐渐变得错综复杂，决策并不只是出于领导一人之手。在领导群体的观念中，集体决策模式开始取代个人决策模式成为主要决策方式，各级单位决策部分都开始注重集体审议，群策群力，这样的决策方式增加了决策的科学性和公正性。

七、结论

（一）调查结论

1. 公众、专家在重大决策中的作用有所提高，咨询权的需求增大

在传统决策过程中，决策者凭借其知识、经验和才智，一般就可以作出

有效的决策。但是，随着现代科学技术和经济的飞速发展，决策过程中的随机因素不断增多，对一些复杂的经济、社会问题进行决策的难度愈益增大。现代决策者所要解决的决策问题的能力与他们的知识和能力的差距越来越大，要弥补这个差距，就必须充分利用公众和各领域专家的聪明才智。把他们的智慧有效地投入决策过程中，充分发挥他们在政府决策过程中的作用，这正是决策咨询的问题。

调查数据显示，“专家论证”和“公众参与”的实践比例正在逐渐增大，反映了咨询权越来越受到重视。这在中国目前的行政决策条例或草案制定的实践中亦有体现。如《湖南省行政程序规定》第 35 条规定，除依法不得公开的事项外，决策承办单位应当向社会公布重大行政决策方案草案，征求公众意见……第 36 条规定，决策承办单位应当组织 3 名以上专家或者研究咨询机构对重大行政决策方案草案进行必要性、可行性、科学性论证……决策承办单位应当对专家论证意见归类整理，对合理意见应当予以采纳；未予采纳的，应当说明理由。专家论证意见及采纳情况应当向社会公布。第 37 条和第 38 条规定，重大行政决策方案草案公布后，决策承办单位应当根据重大行政决策对公众影响的范围、程度等采用座谈会、协商会、开放式听取意见等方式，广泛听取公众和社会各界的意见和建议。公众参与的范围、代表的选择应当保障受影响公众的意见能够获得公平的表达……重大行政决策有下列情形之一的，应当举行听证会：(1) 涉及公众重大利益的；(2) 公众对决策方案有重大分歧的；(3) 可能影响社会稳定的；(4) 法律、法规、规章规定应当听证的。

专家论证制度的发展虽然有利于决策的科学性，但是如何保证专家决策意见的科学性也是应当注意的问题。现实生活中，有关部门邀请的所谓专家，有很多都是上级单位或同级单位的领导官员，这类官员虽大多拥有诸如兼职教授、经济师之类的职称，但真正懂得决策事项的人并不多。把“专家论证”搞成了“领导论证”，这是许多投资失误的重要原因之一。因此，建立健全专家咨询论证的责任机制，也是保障决策科学性的重要环节。

2. 集体决策取代个人决策，成为主要决策模式

调查数据清晰地反映出，单位重大事项的决策环节中集体审议已得到普遍适用。这说明，首长个人拍板定案式的决策方式正渐渐退出历史舞台，而

体现决策民主的集体决策已成为各级政府在重大行政决策过程中的主要方式。

根据各级政府已出台的重大行政决策条例或草案，集体决策得到明确规定和保障。例如《湖南省行政程序规定》第39条规定，重大行政决策方案草案经政府分管负责人审核后，由行政首长决定提交政府常务会议或者政府全体会议讨论。政府常务会议或者政府全体会议审议重大行政决策方案草案，应遵循以下程序：(1) 决策承办单位作决策方案草案说明；(2) 政府法制部门作合法性审查或者论证说明；(3) 会议其他组成人员发表意见；(4) 决策事项的分管负责人发表意见；(5) 行政首长最后发表意见。第40条规定，重大行政决策在集体审议的基础上由行政首长作出决定……

笔者认为，集体决策模式能够集思广益，处理复杂问题，并且能够通过成员间的妥协以反映各种利益群体的利益要求。但是这种模式也容易在争议较大的重大决策问题上久拖不决，影响决策效率。此外，这种模式可能导致名义上集体负责，实际上无人负责、互相推诿的情况发生。因此，在集体决策模式执行的同时也要关注行政首长所发挥的积极作用。

3. 成本效益分析环节相对缺失，决策科学性有待加强

调查数据显示，与其他环节相比，成本效益分析的选择计数比较少。这说明，目前各级政府单位在作出重大事项决策的过程中常常忽视了成本效益分析的重要性。这也与目前各行政决策条例或草案的规定有关。例如《湖南省行政程序规定》第34条第5款规定，决策承办单位可以对重大行政决策方案进行成本效益分析。这里，法条中的用词是“可以”而非“应当”，在行为效力上没有强制力，因而也为各单位忽视成本效益分析提供了正当理由。

然而，成本效益分析对于保证决策的科学性是有重要意义的。成本与效益分析，是公共部门决策可行性分析的核心内容。一个决策方案是否可行，在很大程度上取决于其成本与效益之间的关系。尽可能低的成本与尽可能高的效益是决定一个方案可取的重要因素。需要指出的是，对公共部门决策方案的可行性分析仅仅估算经济成本是不够的，还有必要对可能需要或花费的政治、社会成本进行评估和分析。政治成本和社会成本往往是公共部门决策方案可行性的一个非常重要的因素，其弹性较小，对于一些特定的政治成本和社会

成本有时是刚性的，对一个决策方案是否可行有可能起着决定作用。[①]

目前我国仍然存在着“调查研究简单化”“论证简单化”等现象，系统性的可行性分析制度非常缺失。在社会转型期的今天，我们不应再依赖于粗放式的管理模式，而更应建立起精细化的科学的制度管理模式。因此，各级政府单位应当逐步建立起科学的可行性分析机制，这是避免决策失误，保障决策方案顺利实施的重要环节。

（二）完善重大事项决策环节的建议

如前所述，目前重大行政事项的决策环节总体上是符合现代行政管理的客观需要的，但是为保障重大行政决策的科学化、民主化和合法化，决策环节中仍有一些地方需要完善。

1. 建立健全决策听证制度，实现公众、专家和政府的有机结合

决策听证制度是指在政府决策过程中，听取有关团体、专家学者的意见，特别是听取与该决策有利害关系的当事人的意见，把决策变成集思广益、有科学根据、有制度保证的过程[②]，它是扩大决策民主参与、增加决策透明度和公开性的重要途径。

听证程序分为非正式听证和正式听证。非正式听证是指以听证会以外的方式听取意见的制度。因为其程序简单，所以适用的范围远远大于正式听证的。我国《行政法规制定程序条例》规定的方式有座谈会、论证会，《规章制定程序条例》规定的方式有书面征求意见、座谈会、论证会等多种形式。此外，随着我国网络技术的发展，越来越多的行政机关开始通过其官方网站公开向公众征求意见。正式听证是指行政机关采用听证会的方式听取公众、当事人意见的制度。正式听证具有明显的司法化倾向，可谓“司法化程度最高的行政程序制度”[③]。决策程序中的听证环节应当通过制度构建确立下来。公众、专家和政府三位一体、有机结合的行政决策，只能在健全的行政决策过程中才能实现。充分的信息公开和意见回应机制是行政决策正式听证制度的两点核心要素，是听证得以良性发展的关键。前者保证公众充分知悉与决策相关的信息，与决策者做到信息对称，有效参与决策。后者保证行政机关

① 胡象明．公共部门决策的理论与方法．北京：高等教育出版社，2003：154-155.

② 莫岳云．公共行政教程（一）行政决策学．北京：中国社会科学出版社，2004：45-46.

③ 马怀德．行政法学．北京：中国政法大学出版社，2007：154.

认真思考相对人所提意见，保证公众的持续参与热情。

2. 重视调查研究的同时，需关注信息收集的客观、全面和真实性

调查数据显示，各级政府都非常重视决策制定前的调查研究工作。但是调查研究的结果如何，数据资料的真实性能否保证以及信息收集的方式是否合法等一系列问题，在我国现阶段的法律制度中都没有规定。这让我们不得不思考，作为决策首要环节的调查研究工作，我们如何确保其信息数据的客观、全面及真实性。

调查研究是决策科学化的基础。没有调查研究，不了解真实情况，很容易导致错误决策。即使级别再高、经验再丰富的领导人，如果在决策前，不做认真细致的调查研究工作，也难免犯错误。因此，在注重调查研究的同时，我们更应当关注调查研究的方式、方法。目前实践中的决策失误，有很大一部分是事前资料收集不全面、不科学，导致决策者无法了解真实情况而作出错误决策。现代化调查研究方法主要采用了现代科学成果，其主要方式是系统化、定量化、程序化，比以前经验式的调查研究方法要先进。笔者认为，目前实践中，各级政府单位以点代面的调查方式还比较普遍，保证信息数据的准确性需要法律制度来规制。各级政府单位在作出重大行政决策之前应当关注调查研究的质量，确保数据收集的客观、公正和全面性，这是保证科学决策的关键。

3. 健全重大行政决策责任制

在现实生活中，一项重大决策的错误会使人民的生命和财产受到严重损失，对重大决策失误的姑息就是对人民生命和财产损失的漠不关心。必须坚持“一切从人民利益出发”的决策原则，对于每个参加决策活动的人的责任应当明确规定。要按照“谁决策、谁负责”的原则，建立健全决策责任的追究制度，实现决策权和决策责任相统一。目前，不少地方、部门名曰“集体决策”，实际上是个人决策，在追究错误决策责任时导致集体无责任而个人责任也无法追究。这是集体决策的一大弊病，但这并不是不能避免的。责任政府要求政府以积极的、负责任的姿态，不断了解社会的发展变化，洞察和预见可能出现的问题，科学决策。因此，完善决策责任追究机制，是实现决策权和决策责任有机统一的有效途径。

4. 完善其他相关制度

重大行政决策是一个系统的工程，要使整个系统有效地运作，离不开其

他制度的建立和完善，如行政决策的咨询、论证制度，行政决策的执行机制等等。在调查中，也有被调查者认为，媒体参与、决策者公开陈述意见也是必经环节。当然，决策制定过程中要求程序公开，除了不能对外公开的事项外，媒体是可以参与到决策环节中的。不过，如何保证媒体客观公正地陈述事实，促进民主决策，也是我们可以研究的范围。

综上所述，笔者认为目前就重大行政决策的程序而言，公众、专家在重大决策中的作用有所提高，咨询权的需求增大；集体决策模式取代个人决策模式成为主流，决策的民主化程度加强；但成本效益分析环节的制度构建相对缺失，在一定程度上影响了决策的科学性。

第五节 重大行政决策标准的数据分析

一、调查问题及相关说明

决策机制体现党和国家的治国理念，也是政府自身改革的重要环节。无论是在地方还是在中央，无论是官方还是民众，对实现重大行政决策民主化、科学化，都怀有极大的期待。在此情况下，重大行政决策标准就是完善决策机制首先必须讨论的问题。

关于重大行政决策标准的具体调查问题是：

当前，政府的重大决策引起了人们的广泛关注，比如小灵通退市。有一些地方开始对重大决策进行立法。您认为判断重大决策事项的标准是什么？（多选）

[1] 涉及人员的多少

[2] 涉及成本或金额的大小

[3] 对公共利益或老百姓切身利益的影响程度

[4] 是否具有全局性、综合性、长期性影响

[5] 其他（请填写）

调查问题说明。

一是关于问题选项。本题五个选项从不同方面描述重大决策事项的可能标准。这些选项都从小范围内的事先调查中选出，代表了一般民众的典型意

见。第一项从与决策利益相关者的规模来描述。第二项从重大决策的经济性来描述。第三项从重大决策的公共性来描述。第四项从重大决策的时空范围来描述。第五项为开放性选项，由受访者自主填写。本题为多选题，受访者可以选择两个（含两个）以上选项。

二是调研采集的基本信息见表 2－28。

表 2－28　您认为判断重大决策事项的标准是什么？（多选）

选　项	选择计数	百分比（%）
[1] 涉及人员的多少	683	33.7
[2] 涉及成本或金额的大小	686	33.9
[3] 对公共利益或老百姓切身利益的影响程度	1 815	89.6
[4] 是否具有全局性、综合性、长期性影响	1 546	76.3
[5] 其他（请填写）	13	0.6
总计	2 026	100.0

“其他”选项的填写情况：（1）既然是决策，成本是必须考虑的，但是民主精神也是一种成本；（2）重要的是社会公共利益，保护弱势群体，决策不能简单地以少数服从多数来牺牲少数无话语权的人的利益，要从公平、正义的角度来进行决策；（3）决策执行力。

二、总体分析

为得到对本题结果的整体认识，本课题组首先对该题调查结果做总体分析。现将表 2－28 的选项按被选比例由高到低排列，可得出表 2－29。

表 2－29　您认为判断重大决策事项的标准是什么？

新序号	选　项	选择计数	百分比（%）
4	[1] 涉及人员的多少	683	33.7
3	[2] 涉及成本或金额的大小	686	33.9
1	[3] 对公共利益或老百姓切身利益的影响程度	1 815	89.6
2	[4] 是否具有全局性、综合性、长期性影响	1 546	76.3
5	[5] 其他（请填写）	13	0.6

表 2－29 显示，被调查者认为判断重大决策事项的前三大标准是对公共利益或老百姓切身利益的影响程度，是否具有全局性、综合性、长期性影响，涉及成本或金额的大小。其中，对公共利益或老百姓切身利益的影响程

度占据首位，89.6%的受访者认为对公共利益或老百姓切身利益的影响程度是判断重大决策事项的主要标准。89.6%的高比例反映出受调查者对该选项有高度的认同感。“公共利益”和“切身利益”的内涵一直是理论界十分关注的热点课题，但是长期的讨论和研究的结果是学者们众说纷纭。尽管学术界对该问题有诸多观点和争论，但民众在心理认同上却呈现一边倒的态势。公众对公共利益的关切也反映在本次对两千多名被调查公务员的身上。“公共利益”这一标准毫无悬念地成为选择比例最高的选项。

调查显示，地方公务员认为判断重大决策事项的第二大标准是是否具有全局性、综合性、长期性影响。76.3%的受访者持有这一观点。选项［4］是一个复合型的选项。“全局性”是从决策所影响的范围来讲；“综合性”说明了决策事项的复杂程度；“长期性”则从时间维度描述了政府重大决策事项的特点。有了较明确的特征描述，该选项也得到了受调查公务员的广泛认同。相对于选项［3］，选项［4］更为明确，但其抽象性并不低，对受调查者来说也不易理解和体会。再加上脱离了受调查公务员对利益的关切，其受认可程度低于选项［3］也是可以理解的。

从数据来看，判断重大决策事项的第三大标准是涉及成本或金额的大小。33.9%的受访者赞同这一观点。该选项更为具体，直接指向可以用数据直观衡量的经济成本。在不少公民看来，利益的核心就是经济利益；在衡量重大事项的标准上，首要标准就是重大经济利益。金额的大小是这一标准的典型表现。由于选项［2］实质上体现的是经济利益，仅仅表现了公民所关心的公共利益的一部分，受认可度自然又比前两项下降不少。

接下来，判断重大决策事项第四位的标准是涉及人员的多少。持有该观点的受访者比例为33.7%，可以说与第三大标准不分伯仲。它与上一个标准相似之处就是比较客观具体，但同时也削减了受众面，其选择比例不高也是可以预料的。应该注意到的是，选项［2］“涉及成本或金额的大小”与选项［1］“涉及人员的多少”只是提出了判断政府重大决策事项标准的“质”，但如何确定“量”却是更大的问题。事项要达到多大的成本金额，以及涉及人员多至什么数量，才能纳入重大决策事项？看似具体的选项，其实在操作上提出了相当困难的问题。

开放性选项的填写情况显示，有部分受访者还认为：（1）既然是政府重大决策，其成本是必须考虑的，但是民主精神能不能称作一种成本有待讨论；(2) 重要的是社会公共利益，保护弱势群体，决策不能简单地以少数服从多数来牺牲少数无话语权的人的利益，要从公平、正义的角度来进行决策；(3) 决策执行力。综合以上数种填写内容，开放性选项的回复基本上是对“其他”选项的补充，因此合并入“其他”选项之中，下文不再赘述。

三、基于不同府级分类数据分析

各级地方人民政府所管辖的区域大小各有不同，其公务员处理和面对的事务复杂程度和影响范围也不同，由此产生的对重大决策事项的判断标准或许也有所区别。为论证这一假设，本课题组特别针对不同府级公务员的观点作出分析，得出表 2-30。

表 2-30　不同府级公务员对重大决策事项标准的认识

选　项	统　计	省级政府	地市级政府	县级政府
[1] 涉及人员的多少	选择计数	178	289	216
	百分比（%）	34.2	31.4	36.9
[2] 涉及成本或金额的大小	选择计数	189	303	194
	百分比（%）	36.3	32.9	33.2
[3] 对公共利益或老百姓切身利益的影响程度	选择计数	438	861	516
	百分比（%）	84.2	93.5	88.2
[4] 是否具有全局性、综合性、长期性影响	选择计数	398	736	412
	百分比（%）	76.5	79.9	70.4
[5] 其他（请填写）	选择计数	3	6	4
	百分比（%）	0.6	0.7	0.7
总计	参选人数	520	921	585
	百分比（%）	100.0	100.0	100.0

为直观起见，现依据表 2-30 做成图 2-11。

由表 2-30、图 2-11 可以看出，被调查的地方各级政府公务员在各个选项上的分布比例很相近，且都与整体调查结果基本一致。判断重大决策事项的标准选择最多的是 [3] “对公共利益或老百姓切身利益的影响程度”，

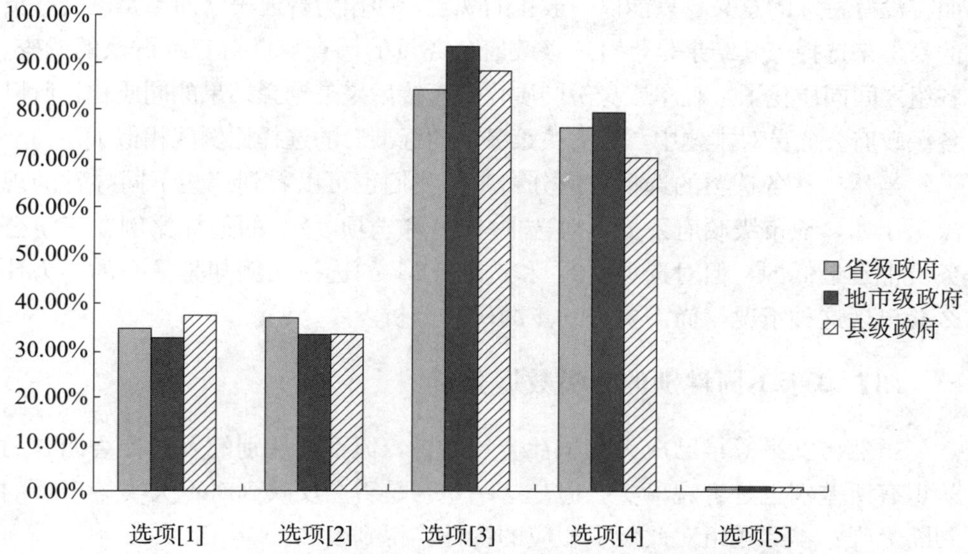

图 2-11　不同府级公务员对重大决策事项标准的认识

其次是［4］“是否具有全局性、综合性、长期性影响”，前两个选项选择比例大致相当。地方各级公务员对重大决策事项标准的认识并未如课题组事先设想的“与政府级别有明显的关联”相一致。这可能有如下几个原因。

第一，我国纵向政府间职责同构现象严重，各级政府间机构、事务雷同，导致各级政府公务员对重大决策事项的认识相似。在当前的政府间职能划分制度下，每一级政府所管理的事务基本相同。各级政府之间事权不明，职责不专。宪法和组织法没有对各级政府的职权作明确区分，没有划清各级政府的职责范围和独有权限。中央政府与地方政府之间、地方各级政府之间，权责基本是“上下一般粗”。有职责就需要设置相应的机构、人员来执行；相同的职责往往导致类似的机构人员配置，要求上下“对口”。在这种环境下工作的公务员也会与上级、下级产生接近的观念，比如在重大决策事项上。因此，地方各级政府公务员判断什么事项是重大决策事项时，就体现不出各自的特色，进而导致对重大决策事项的判断标准与所在政府级别显现不出相关变化。

第二，本题没有根据所设想的各级政府的特点有针对性地设计选项，即各选项体现不出各级政府的特别属性。这样，所有选项对各级政府的公务员而言没有特殊的意义，只能以一般化的观念，即作为普通民众而不是以公务员的身份来选择。其结果是，对三级政府公务员的调查变成对三组群众的调查，各组之间同质化了。观念或身份同质化的直接后果是选择结果的同质化，所以各级政府公务员对本题中“重大决策事项的标准”的选择比例就相似了。

当然，从各选项的选择比例分布中，我们也可以看到一些不同寻常的现象。比如，地市级政府公务员对选项［1］和选项［2］的选择比例在三组公务员中是最低的，但对选项［3］和选项［4］的选择比例却是最高的。为什么会出现这种情况，尚需要进一步的研究分析。

四、基于不同性别的分类数据分析

虽然男女平等早已成为我国社会的共识，但不同性别的人对社会问题的认识有所差别也是客观事实。但是这一差别是否会反映到对重大决策事项的判断上呢？本课题组对此做了相应的统计，得到表 2-31。

表 2-31　　不同性别公务员对重大决策事项标准的认识

选　项	统　计	男性	女性
［1］涉及人员的多少	选择计数	438	213
	百分比（%）	33.9	32.0
［2］涉及成本或金额的大小	选择计数	419	223
	百分比（%）	32.5	33.5
［3］对公共利益或老百姓切身利益的影响程度	选择计数	1 155	611
	百分比（%）	89.5	91.9
［4］是否具有全局性、综合性、长期性影响	选择计数	1 009	512
	百分比（%）	78.2	77.0
［5］其他（请填写）	选择计数	10	3
	百分比（%）	0.8	0.5
总计	参选人数	1 291	665
	百分比（%）	100.0	100.0

将以上表格转换为图 2-12。

从表 2-31 和图 2-12 可以看出，被调查的男女公务员对各选项的选择比

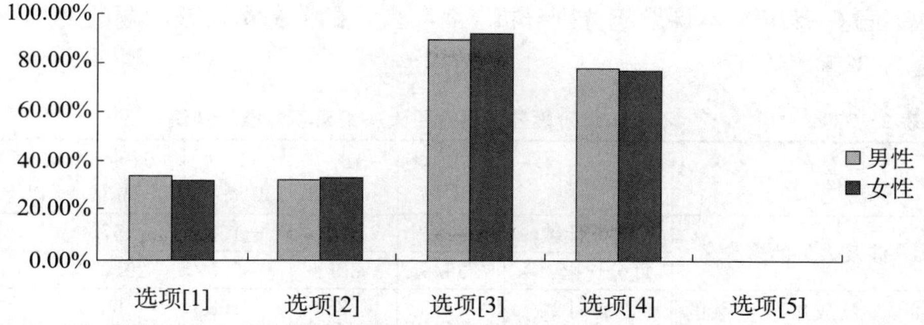

图 2－12 不同性别公务员对重大决策事项标准的认识

例很接近，差异基本在 2 个百分点以内。选择最多的判断重大决策事项的标准是“对公共利益或老百姓切身利益的影响程度”，其次是“是否具有全局性、综合性、长期性影响”，前两个选项选择比例大致相当。可以说，男性公务员与女性公务员对重大决策事项的判断标准基本一致。其原因可能有如下几个。

第一，我国男女平等的国策贯彻较好，男女公务员除了在社会上承担平等的责、权、利外，在政府内部也扮演平等的角色。平等的地位使得男女公务员所接触、处理的公共事务相一致，两者平等地讨论和决定政府重大决策事项，由此获得的判断重大决策事项的认识标准也就近似。

第二，本题并未根据男性公务员和女性公务员各自不同的认识特点来设计选项，各个选项无法反映男性公务员和女性公务员在判断什么事项是重大决策事项上可能存在的差异。由于选项不揭示两者可能存在的认识区别，最终结果无法得出两者的思想分野也是自然而然的。

虽然男性公务员与女性公务员对重大决策事项的标准没有太大差别，但从此次调研中也看出某些值得思考的现象。由于此次问卷调查是在各级政府间随机抽样，且所调查公务员人数比较多，调查结果得出的男女公务员比例应该与被调查单位的男女公务员整体比例大致相当。从被调查者的男女比例来看，男性公务员的比例几乎是女性公务员的两倍，进而可推测被调查单位的男女公务员比例也大概如此。两性公务员的比例为何如此悬殊，值得关切。

五、基于不同年龄阶段的分类数据分析

不同年龄阶段的公务员对问题的认识会存在一定的差异，因此，在判断什么事项属于政府重大决策事项上，不同年龄段的公务员或许会有不同的看法。

为验证这一假设，本课题组分别分析了各年龄段的公务员对该问题的观点，见表2－32。

表2－32 不同年龄阶段公务员对重大决策事项标准的认识

选 项	统 计	30周岁以下	31～40周岁	41～50周岁	51～60周岁	61周岁以上
[1] 涉及人员的多少	选择计数	181	250	163	57	1
	百分比（%）	36.9	32.1	32.8	29.2	50.0
[2] 涉及成本或金额的大小	选择计数	183	253	168	50	1
	百分比（%）	37.3	32.4	33.8	25.6	50.0
[3] 对公共利益或老百姓切身利益的影响程度	选择计数	430	716	442	181	2
	百分比（%）	87.8	91.8	88.9	92.8	100.0
[4] 是否具有全局性、综合性、长期性影响	选择计数	378	632	374	134	2
	百分比（%）	77.1	81.0	75.3	68.7	100.0
[5] 其他（请填写）	选择计数	2	9	1	1	0
	百分比（%）	0.4	1.2	0.2	0.5	0.0
总计	参选人数	490	780	497	195	2
	百分比（%）	100.0	100.0	100.0	100.0	100.0

将表2－32表示成更直观的图2－13。

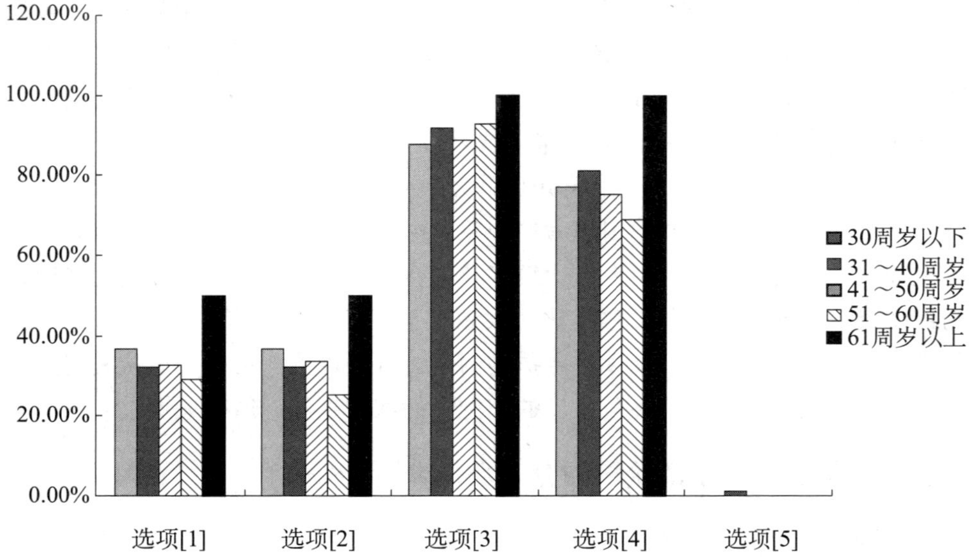

图2－13 不同年龄阶段公务员对重大决策事项标准的认识

除去人数甚少的61周岁以上公务员和选项［5］，我们将选择各选项的被调查者按所在选项中的比例从高到低排列，可得表2-33。

表2-33　　不同年龄阶段公务员对重大决策事项标准的认识排列表

名次＼选项	选项［1］	选项［2］	选项［3］	选项［4］
1	30周岁以下	30周岁以下	51～60周岁	31～40周岁
2	41～50周岁	41～50周岁	31～40周岁	30周岁以下
3	31～40周岁	31～40周岁	41～50周岁	41～50周岁
4	51～60周岁	51～60周岁	30周岁以下	51～60周岁

从表2-33的排列来看，各选项的人群倾向没有呈现出一定的规律性，基本上是散乱的。再从各组别与全局的关系来看，不同年龄阶段的公务员在各个选项上的选择比例分布与本题的整体选择比例分布大概一致。选择最多的判断重大决策事项的标准是“对公共利益或老百姓切身利益的影响程度”，其次是“是否具有全局性、综合性、长期性影响”，前两个选项选择比例大致相当。也就是说，问卷调查结果反映出，不同年龄阶段的公务员并未因自身年龄的不同而对重大决策事项的判断有着太大的差异。由此证明，公务员在判断重大决策事项时，年龄因素的决定作用比较小。

六、基于不同学历的分类数据分析

不同的学历层次大致说明了个人具有的知识储备差异，由此形成的世界观差异往往导致人们对某个事物看法的差异。这种差异是否会影响受调查者对政府重大决策事项标准的判断呢？本课题组仔细分析了不同学历公务员对重大决策事项的判断标准，得到表2-34。

表2-34　　不同学历公务员对重大决策事项标准的认识

选　项	统　计	高中及以下	大专	本科	硕士研究生	博士研究生
［1］涉及人员的多少	选择计数	25	115	370	114	13
	百分比（%）	32.9	31.9	31.5	40.7	41.9

续前表

选　项	统　计	高中及以下	大专	本科	硕士研究生	博士研究生
[2] 涉及成本或金额的大小	选择计数	25	105	381	106	16
	百分比（%）	32.9	29.1	32.4	37.9	51.6
[3] 对公共利益或老百姓切身利益的影响程度	选择计数	67	321	1 074	248	29
	百分比（%）	88.2	88.9	91.3	88.6	93.5
[4] 是否具有全局性、综合性、长期性影响	选择计数	45	255	933	234	24
	百分比（%）	59.2	70.6	79.3	83.6	77.4
[5] 其他（请填写）	选择计数	0	5	5	2	0
	百分比（%）	0.0	1.4	0.4	0.7	0.0
总计	参选人数	76	361	1 176	280	31
	百分比（%）	100.0	100.0	100.0	100.0	100.0

将表 2－34 以柱形图表示出来得图 2－14。

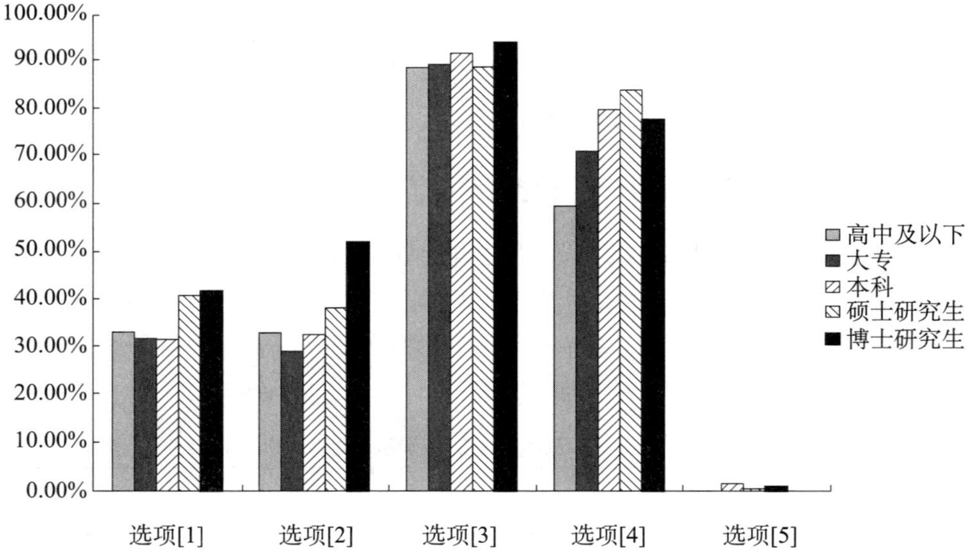

图 2－14　不同学历公务员对重大决策事项标准的认识

由图表可以看出，不同学历公务员选择最多的判断重大决策事项的标准是“对公共利益或老百姓切身利益的影响程度”，其次是“是否具有全局性、综合性、长期性影响”，前两个选择的选择比例差别不大。总体而言，不同学历层次公务员的选项分布与整体调查结果相符，但是也呈现出与其他对比组不同的特点。高学历公务员（即拥有硕士研究生学历或博士研究生学历的公务员）对选项［1］、选项［2］、选项［4］的选择比例明显高于其他学历层次公务员的。在选项［3］仍保持最高选择比例的情况下，为什么会出现这种现象？通过对比选项［3］和选项［1］、选项［2］、选项［4］就可以发现，选项［3］的内涵比较广泛和抽象，相对来说，选项［1］、选项［2］、选项［4］的内涵更加具体、更有针对性。这说明，对“重大决策事项影响公共利益或老百姓切身利益更深”这一宽泛的判断，大家已经形成高度的共识。而在描述或辨别决策事项重大性的细化标准上，虽然因人而异，但高学历的公务员明显更重视明确、具操作性的判断标准。由此，我们可以推断，伴随学历的提升，公务员对重大决策事项的认识越来越清晰和具体，更富有实践性。究其原因，我们认为学习阅历的丰富使得担任公务员的公民获得了更深厚的知识积淀，从而对重大决策事项有了更深刻的认识。从这方面来说，学历层次与对重大决策事项标准的认识深度，是有正向相关关系的。

七、基于不同工龄阶段的分类数据分析

不同工龄的公务员对政府运作有不同程度的体验。另外，我国公务员体制经历了多次重大改革。不同工龄阶段的公务员可能经历了不同体制，因此对政府决策的理解也有所不同，比如在判断重大决策事项的问题上。对此，本课题组将所调查的公务员分为数个工龄阶段，并对其在该问题上的看法作相应比较分析，见表 2－35。

表 2－35　　不同工龄阶段公务员对重大决策事项标准的认识

选　项	统　计	10 年以下	11～20 年	21～30 年	30 年以上
［1］涉及人员的多少	选择计数	354	162	74	28
	百分比（%）	34.4	33.8	29.4	35.9
［2］涉及成本或金额的大小	选择计数	353	159	76	26
	百分比（%）	34.3	33.1	30.2	33.3
［3］对公共利益或老百姓切身利益的影响程度	选择计数	928	432	223	73
	百分比（%）	90.2	90.0	88.5	93.6

续前表

选　项	统　计	10 年以下	11～20 年	21～30 年	30 年以上
[4] 是否具有全局性、综合性、长期性影响	选择计数	811	386	187	48
	百分比（%）	78.8	80.4	74.2	61.5
[5] 其他（请填写）	选择计数	5	4	1	1
	百分比（%）	0.5	0.8	0.4	1.3
总计	参选人数	1 029	480	252	78
	百分比（%）	100.0	100.0	100.0	100.0

将表 2－35 用图表示，得图 2－15。

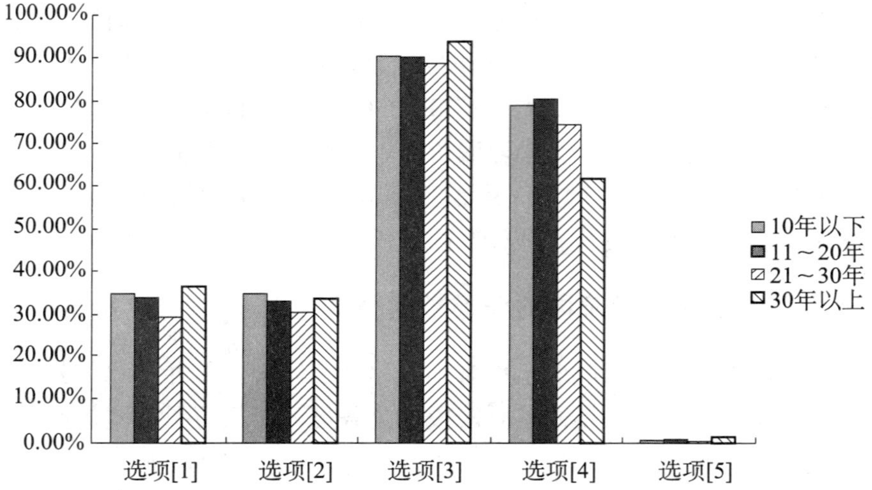

图 2－15　不同工龄阶段公务员对重大决策事项标准的认识

从表 2－35 和图 2－15 可以看出，在各个选项之中，各个工龄阶段的公务员分别选择最多的判断重大决策事项的标准是“对公共利益或老百姓切身利益的影响程度”，其次是“是否具有全局性、综合性、长期性影响”，前两个选项选择比例大致相当。对重大决策事项标准的认识的工龄阶段分布调查结果，没有反映出工龄阶段与该认识有明显关联，或者说，各级地方政府公务员的工龄长短对其判断哪些事项是政府重大决策事项没什么影响。

八、基于不同职务类型的分类数据分析

在以科层制为主要特征的政府决策制度下，领导成员对决策议题的选定

有绝对的话语权，非领导成员的意见则只起到参考作用，这也是职能分工的必然。这一点在重大决策事项的判断上表现得尤为明显，那么，不同的职务层级或职能分工，是否会影响该公务员对重大决策事项的看法呢？对此，本课题做了相应的分析，见表2-36、图2-16。

表2-36　不同职务类型公务员对重大决策事项标准的认识

选项	统计	领导职务	非领导职务
[1] 涉及人员的多少	选择计数	177	253
	百分比（%）	33.2	31.7
[2] 涉及成本或金额的大小	选择计数	185	249
	百分比（%）	34.7	31.2
[3] 对公共利益或老百姓切身利益的影响程度	选择计数	481	741
	百分比（%）	90.2	92.7
[4] 是否具有全局性、综合性、长期性影响	选择计数	439	651
	百分比（%）	82.4	81.5
[5] 其他（请填写）	选择计数	2	8
	百分比（%）	0.4	1.0
总计	参选人数	533	799
	百分比（%）	100.0	100.0

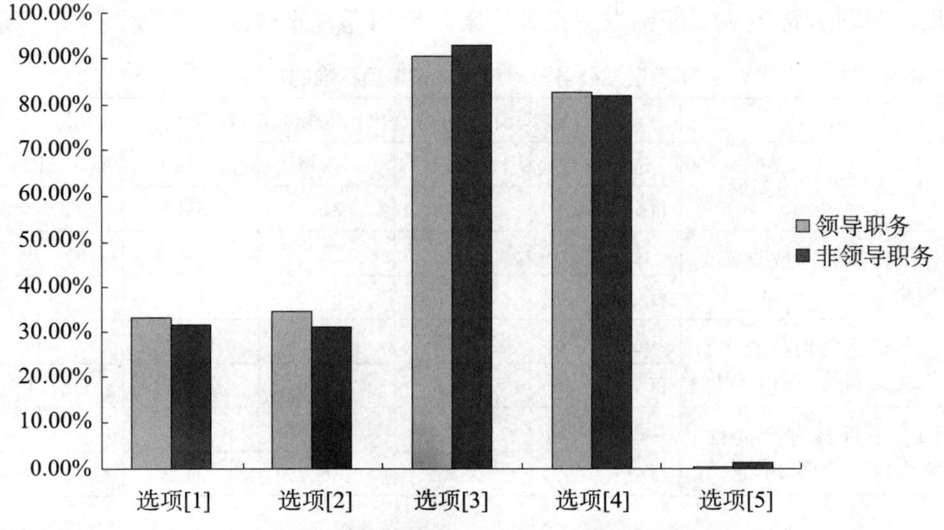

图2-16　不同职务类型公务员对重大决策事项标准的认识

从表2-36和图2-16可以看出，在各个选项之中，不同职务类型的公务员分别选择最多的判断重大决策事项的标准是选项［3］“对公共利益或老百姓切身利益的影响程度”，其次是选项［4］“是否具有全局性、综合性、长期性影响”，前两个选项选择比例大致相当。职务类型对各级地方公务员判断什么事项属于政府重大决策事项，没有太大影响。然而，从细节上来看，担任领导职务的公务员对选项［3］的选择比例略低于担任非领导职务公务员的，而在选项［1］、选项［2］和选项［4］的选择比例上要略高于后者。正如上文所分析的，选项［3］的内涵比较广泛和抽象，相对来说，选项［1］、选项［2］、选项［4］的内涵更加具体、更有针对性。这个现象说明，担任领导职务的公务员判断什么事务能成为政府重大决策事项时，在坚持“对公共利益或老百姓切身利益的影响程度”这一总体标准的基础上，比担任非领导职务的公务员更多地考虑了细化和具体的标准，对公共事务的认识和对公共议题的选取更注重操作性。这一区别可能与担任领导职务的公务员接触重大决策的机会较多，职务性质要求其深入思考和作出决定相关。

九、基于不同区域的分类数据分析

我国区域发展不平衡现象严重，不同地区发展程度差异较大。某项公共事务在此地区视为重大，在彼地区则可能只是一般议题。事实是否真是如此，课题组希望从实证调查中得到答案。经问卷调查得到表2-37。

表2-37　　不同区域公务员对重大决策事项标准的认识

选　项	统　计	东部沿海	中部地区	西部地区	东北地区
［1］涉及人员的多少	选择计数	222	214	130	117
	百分比（%）	31.9	31.2	39.3	37.3
［2］涉及成本或金额的大小	选择计数	245	185	145	111
	百分比（%）	35.3	27.0	43.8	35.4
［3］对公共利益或老百姓切身利益的影响程度	选择计数	615	656	280	264
	百分比（%）	88.5	95.6	84.6	84.1
［4］是否具有全局性、综合性、长期性影响	选择计数	498	595	246	207
	百分比（%）	71.7	86.7	74.3	65.9

续前表

选　项	统　计	东部沿海	中部地区	西部地区	东北地区
［5］其他（请填写）	选择计数	6	3	4	0
	百分比（%）	0.9	0.4	1.2	0.0
总计	参选人数	695	686	331	314
	百分比（%）	100.0	100.0	100.0	100.0

由表 2－37 得图 2－17。

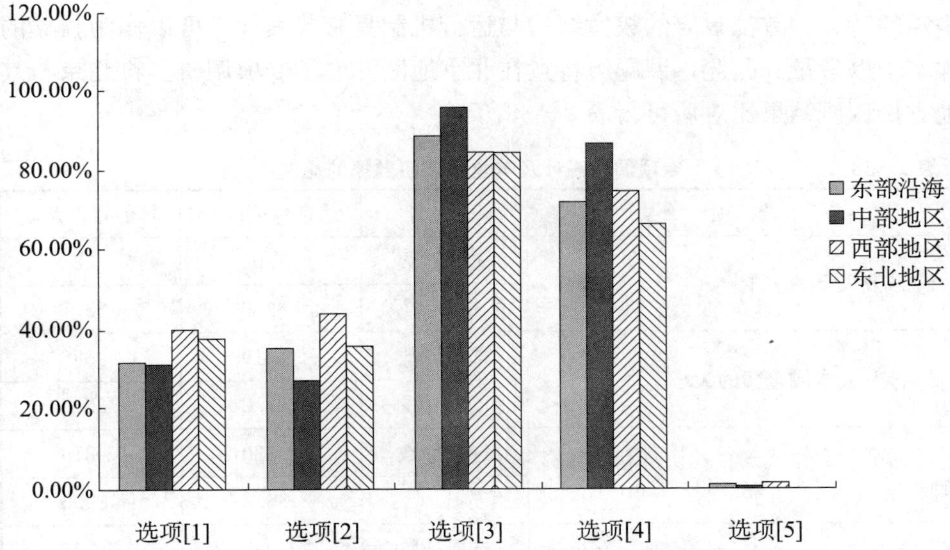

图 2－17　不同区域公务员对重大决策事项标准的认识

从表 2－37 和图 2－17 可以看出，在各个选项之中，不同区域的公务员分别选择最多的判断重大决策事项的标准是选项［3］“对公共利益或老百姓切身利益的影响程度”，其次是选项［4］“是否具有全局性、综合性、长期性影响”，前两个选项选择比例虽然有一定起伏，但未偏离全局调查结果的总体分布。总体而言，各区域地方政府公务员对重大决策事项标准的认识都与整体调查结果相符。每个区域在选项选择比例的分布上出现了分化，但基本上维持了类似的布局。至于这一分化现象的原因，根据课题组所掌握的资料尚不足以作出解释。

十、基于直辖市与普通省份的分类数据分析

在课题调研过程中，课题组注意到北京作为首都与其他地区所不同的特殊性。北京地区的政府权力结构与运行机制具有一定的典型性：一方面，北京作为全国的政治和文化中心，具有天然的优势，可以迅速地了解全国政府改革和发展的新思路、新方法、新政策，并汲取和实践这些思路、方法、政策的有益因素；另一方面，北京作为我国的首都，基于首都政治环境稳定性的需求，其政府权力结构与运行机制既力求创新，又保持稳定，体现出中规中矩的特点。首都政府的权力结构与运行机制具有代表性，可以作为独立的样本予以考量。因此，课题组特意在北京地区开展了专项调研。将北京与其他省份调研结果比对后可得表 2－38。

表 2－38　专项调研统计及与全国调研数据的比对

选　项	统　计	北京专项调研	其他省份调研
[1] 涉及人员的多少	选择计数	508	683
	百分比（%）	32.9	33.7
[2] 涉及成本或金额的大小	选择计数	419	686
	百分比（%）	27.2	33.9
[3] 对公共利益或老百姓切身利益的影响程度	选择计数	1 330	1 815
	百分比（%）	86.2	89.6
[4] 是否具有全局性、综合性、长期性影响	选择计数	1 099	1 546
	百分比（%）	71.2	76.3
[5] 其他（请填写）	选择计数	10	13
	百分比（%）	0.6	0.6
总计	参选人数	1 543	2 026
	百分比（%）	100.0	100.0

从表 2－38 可得出图 2－18。

从表 2－38 和图 2－18 可以看出，在各个选项之中，北京市政府公务员选择最多的判断重大决策事项的标准是选项［3］“对公共利益或老百姓切身

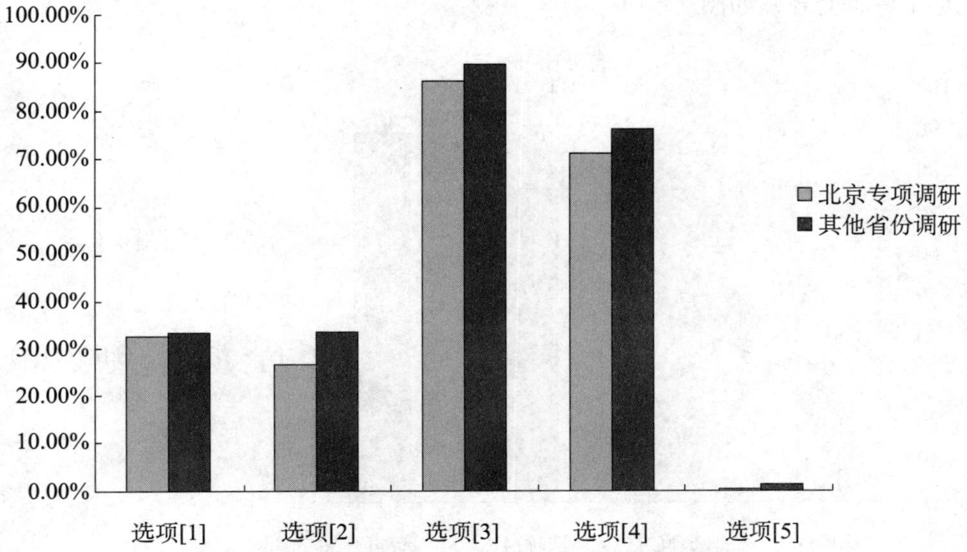

图 2-18　专项调研统计及与全国调研数据的比对

利益的影响程度"，其次是选项［4］"是否具有全局性、综合性、长期性影响"，前两个选项选择比例大致相当，选项［1］比选项［2］略高一些。北京市的选项选择比例分布与其他省份基本一致，没有如课题组所预设的那样表现出某种特殊性。这说明，全国地方政府公务员在判断政府重大决策事项的标准上存在共同性。

十一、结论

通过对本调查问题的总体分析，加上从七个不同方面和一项专项调研的交叉比较分析，我们可以得出以下结论。

（一）总体分析结论

本调查问题收到超过 2 000 名受调查者的回答，大体可以反映出地方各级政府公务员对政府重大决策事项标准的整体观点。根据选项内容的抽象、具体程度及可操作性，我们把选项大致分为两组。抽象程度最高、内涵最广泛的选项［3］作为一组。比较具体、可操作性更强的选项［1］、选项［2］和选项［4］分为第二组；其中又以选项［4］的抽象性最高，选项［1］、选项［2］的抽象程度相当。课题组发现，选项的选择比例随选项的抽象性程度提高而上升，如图 2-19：

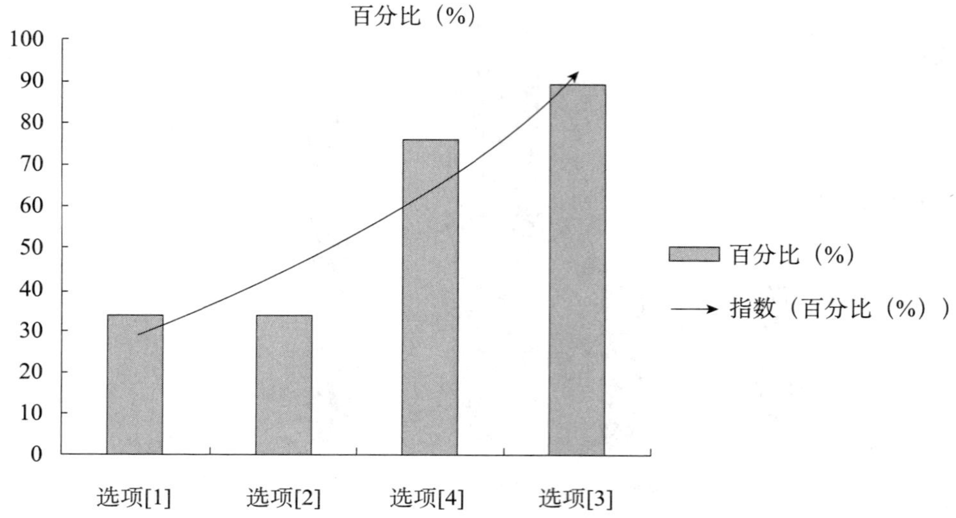

图 2-19 政府重大决策事项标准选择比例随选项抽象性变化趋势

这一趋势变化说明，抽象性高的标准更能凝聚受调查公务员的共识，而随着标准内涵的具体化，受调查者的意见呈现出分化现象。

（二）分类分析结论

为了进一步认识影响各级地方政府公务员判断政府重大决策事项标准的因素，课题组设置了七个交叉比较组和一个专题调研统计比对组。这八个比较组涵盖的可能影响因素包括受调查者所供职的政府层级、受调查者的性别、受调查者所处的年龄阶段、受调查者拥有的学历、受调查者所处的工龄阶段、受调查者的职务类型、受调查者的工作区域、首都北京与其他省份的比对。为考察各个因素与公务员判断政府重大决策事项的相关性，课题组首先将各因素与调查结果做交叉比较，然后将交叉比较后各因素下的选项选择比例与总体调查结果做比较，分析各因素是否实质上影响了公务员对该问题的判断及这种实质影响可能存在的原因，此外还指出其他值得注意的现象或问题。我们将交叉比较分析的分项结果总结如表 2-39。

表 2-39　　交叉比较分析的分项结果总结

可能影响因素	是否实质影响了受调查者的判断？	影响的可能原因或其他值得注意的现象、问题
政府层级	否	地市级政府公务员对选项［1］和选项［2］的选择比例在三组公务员中是最低的，但对选项［3］和选项［4］的选择比例却是最高的。
性别	否	受调查者的男女比例严重失衡，男性公务员的比例几乎是女性公务员的两倍。
年龄阶段	否	各选项的人群倾向没有呈现出一定的规律性，基本上是散乱的。
学历	是	高学历的公务员明显重视更明确、更具操作性的判断标准。原因：学习阅历的丰富使担任公务员的公民获得了更深厚的知识积淀，从而对重大决策事项有了更深刻的认识。
工龄阶段	否	担任领导职务的公务员比担任非领导职务的公务员更多地考虑了细化和具体的标准，对公共事务的认识和对公共议题的选取更注重操作性。原因：担任领导职务的公务员接触政策、重大决策的机会较多，职务性质要求其深入思考和作出决定。
职务类型	否	
区域	否	
首都与地方的差异	否	

八组交叉/比对分析最终得出的结果是，这八项可能的影响因素中，只有学历因素会对地方政府公务员判断政府重大决策事项的标准产生实质影响；其他因素似乎并未有力地影响到公务员对这一问题的判断。

第六节　县级政府决策模式的数据分析

一、序言

本题的着眼点在于我国县级政府决策模式改革的思路研究，通过设计县级政府不同的决策模式，在中央与地方公务员之中进行可行性和认同度调研，以寻求县级政府决策模式改革的可行路径。

（一）本题的设计缘由

县级政府是国家行政体系中的一个重要层次，也是直接承担公共服务职能最多、与公民接触最充分的政府层级。我国县级政府现有决策模式以县党委和行政统一决策为主，决策过程基本可概括为以下步骤：首先由政府内部有关机构针对相应的问题进行调查研究，收集材料，提出方案；其次由机构负责人召开会议进行讨论，且会议范围往往局限于政府内部，但在少数情况下，决策者也会邀请本机关之外的有关部门和社会人士对初步方案进行论证，征询意见；最后是作出决策，付诸实施。① 从实践来看，县级政府决策模式具有以下特点。

第一，县级政府决策带有强烈的管制色彩和领导主观意志性。韦伯将传统社会的权威界定为“官僚科层制”，相应地，传统社会的决策模式也以官僚精英决策为主。尽管随着社会的发展，决策文化已由传统的个人经验型决策向科学决策转变，但受传统文化与行政体制固有强大支配力的影响，县级政府决策中基于威权的管制决策色彩依然非常强烈，决策者的“权威型”人格和“官本位”文化使决策具有明显的领导主观意志性，实践中领导者按个人经验和主观判断的“拍脑袋”式决策仍然存在。②

第二，县级政府决策过程具有较大封闭性，民主参与程度较弱。行政过程中的民主参与源于西方 20 世纪中叶兴起的公众参与浪潮，政府决策的效率主导转向对决策过程中对话、协商与民主理念的实现，以改变决策主体自上而下的科层管理控制。③ 我国行政决策中的民主参与也经历了具有中国特色的从“关门模式”“动员模式”到“内参模式”“上书模式”“借力模式”的转变。④ 尽管现实中传统决策“关门模式”发生了一定改变，部分地区也专门针对重大决策程序问题进行了立法⑤，但实践中公民参与政府决策的广度、

---

① 蔡乐渭．论我国行政决策模式的改革．领导科学，2010（10）．

② 钱洁．基于社会建构的我国地方政府决策模式转变．中国行政管理学会 2010 年会暨“政府管理创新”研讨会论文集．

③ 同②．

④ 王绍光．中国公共政策议程设置的模式．中国社会科学，2006（5）．

⑤ 全国约有 29%的省级行政单位制定了重大行政决策程序规范，专门制定县级政府决策规范有：《保亭黎族苗族自治县人民政府重大行政决策规则》《北京市大兴区人民政府重大行政决策暂行办法》《大竹县人民政府重大行政决策程序规定》等。参见杨寅．我国重大行政决策程序立法实践分析．法学杂志，2011（7）．

深度和效果都非常有限，决策过程基本仍然是政府自己的事。决策过程的封闭性一方面源于集权式决策传统与对权威服从的强调使基层民众缺乏参与热情与公共精神，另一方面则源于我国市民社会与利益团体不够发达，民众参与能力欠缺。[①]

第三，决策权力缺乏有效监督，决策的反馈和纠错机制薄弱。在横向层面，政府决策权力受到的制约非常有限，权力机关的监督已被实证证明为弱监督[②]，司法机关的监督一方面范围有限，只能监督违法或无效的具体行政行为，不能监督不科学的决策行为或抽象的决策行为，另一方面司法的纠错能力也非常有限。在纵向层面，上级政府对县级政府的监督是比较有力的，但由于县级政府在基层政府与上级政府之间的信息链条中占据优势地位，因而上级政府往往因信息不对称等而无法监督县级政府的决策行为。自下而上的民主监督虽具有对县级政府决策利益有最直接感受的特点，但与决策者偏好不一致的公众意见反馈在一般情况下不受决策者的欢迎，只有借助上级机关的权威才能纠正本级机关的决策错误，且这种越级求助的方式往往遭到本级政府的压制。[③] 因此，现有县级政府决策权力缺乏有效监督，反馈与纠错机制较弱。

正是由于我国县级政府决策模式具有上述特点，决策模式跟不上社会发展的需求，政府重管理、轻决策，忙于日常事务性工作，决策时的信息量、科学性和民主参与程度都不够，因而实践中政府封闭决策对社会回应能力较弱、政府决策失误造成的突发或群体事件时有发生。[④] 2008 年 5 月，国务院出台《关于加强市县政府依法行政的决定》，要求完善市县政府行政决策机制，县级政府决策模式的改革成为下一步行政体制改革的重要内容。

基于县级政府决策模式现存的问题，本课题组设计了几种县级政府决策模式改革的路径：第一种是维持现有决策模式，但在决策程序和责任追究机

① 钱洁．基于社会建构的我国地方政府决策模式转变．中国行政管理学会 2010 年会暨“政府管理创新”研讨会论文集．

② 这一点已为许多学者指出，如黄继忠对中国地方初级政治市场的研究证明了地方各级人大对同级政府的弱监督。黄继忠．省级财政支出制度：委托代理关系下的分析．经济社会体制比较，2003（6）．

③ 王锡锌，章永乐．我国行政决策模式之转型——从管理主义模式到参与式治理模式．法商研究，2010（5）．

④ 如重庆出租车罢工事件、上海磁悬浮事件、贵州瓮安“6·28”事件等。具体关于群体事件中传统决策模式存在问题的分析，参见王锡锌，章永乐．我国行政决策模式之转型——从管理主义模式到参与式治理模式．法商研究，2010（5）．

制方面进行完善；第二种是由各职能部门成立统一集中的决策中心，实行二级决策，即重大事项由县政府常务会议或全体会议决策，一般事项由相对集中的决策中心决策；第三种是彻底改革由县政府常务会议或全体会议决策的传统模式，设立由各职能部门组成的统一决策中心，实行“议行合一”，建立统一的决策中心，决策人员分别负责一个执行部门。这些改革路径首先要在政府公务员内部进行可行性调研，才能够作为改革方案。因此，本课题组选取了中央与地方公务员共 2 304 人进行可行性调研。

（二）调查问卷的相关问题说明

本题题干下共设计了 4 个选项分支，本题的设计情况如下：

您认为对县级政府而言，哪种决策模式最有效？（单选）

[1] 维持现有决策格局不变，完善决策程序和决策责任追究机制

[2] 实行二级决策，即重大事项由县政府常务会议或全体会议决策，一般事项由相对集中的决策中心决策

[3] 实行“议行合一”，建立统一的决策中心，决策人员分别负责一个执行部门

[4] 其他

针对上题设计的具体内容，共有以下三个方面的内容需要明晰。

1. 重大行政决策

所谓重大行政决策是指关系着较大范围的全局性、长期性、综合性问题的决策。重大行政决策是相对于非重大行政决策而言的。由于重大决策对经济和社会发展带来的影响非常重大，并且关系到行政相对人的切身利益，因而，行政机关在作出重大行政决策时，应当保有高度的谨慎。通常应当由本机政府常务会议或者是全体会议作出决策，以便充分发挥集体的智慧，避免出现决策失误的问题。为此，国务院《关于加强市县政府依法行政的决定》明确指出：市县政府及其部门的重大行政决策应当坚持集体决定制度，在深入调查研究、广泛听取意见和充分论证的基础上，经政府及其部门负责人集体讨论决定，杜绝擅权专断、滥用权力。

2. 关于“议行合一”的决策中心

“议行合一”与“三权分立”相对立，一般指国家的政权组织形式，即立法权和行政权同属于一个最高权力机关，或者行政机关从属于立法机关，

行政机关仅仅作为立法机关的执行部门的政体形式。“议行合一”的概念多被用于政治制度领域，而在此其被用于行政领域。按照“议行合一”理念建立起来的县级政府行政决策制度，在具体制度设计上为：建立统一的行政决策中心，同时，组成决策中心的人员分别负责一个执行部门。这种行政决策模式强调县级政府的决策权力由行政决策中心统一行使，而县级政府部门仅负责具体事务的执行。事实上，由于“议行合一”原则特有的“人员合一”[①]，实际上，县级决策中心在行政决策的制定和执行中掌握了最终权力。“议行合一”理念下组织的行政决策制度，有利于决策者参与行政决策的具体执行工作，方便其知道具体行政决策执行机构按照行政决策的内在行政目的落实决策的内容。同时，既然决策人员分别负责一个执行部门，那么该决策人员还能够将实践中遇到的问题及时反映到决策中心，有利于决策中心及时修正决策，从而适应实际情况的变化。此外，由于决策人员参与行政决策的执行过程，因而其在执行行政决策过程中积累的经验、知识以及在实践过程中收集到的信息和资料都有可能上达到决策中心。这有助于决策中心制定出来的决策具有科学性、民主性和合理性，继而能够形成行政决策制定、执行的良性循环。

3. 调查采集的基本信息（见表2-40）

表2-40　　您认为对县级政府而言，哪种决策模式最有效？（单选）

选　项	选择计数	百分比（%）
[1] 维持现有决策格局不变，完善决策程序和决策责任追究机制	732	31.8
[2] 实行二级决策，即重大事项由县政府常务会议或全体会议决策，一般事项由相对集中的决策中心决策	1 115	48.4
[3] 实行“议行合一”，建立统一的决策中心，决策人员分别负责一个执行部门	415	18.0
[4] 其他	42	1.8
总计	2 304	100.0

① 依照“议行合一”原则建立起来的县级政府行政决策制度，决策中心的组成人员同时还是政府部门的负责人，负责领导所属部门的具体政策执行工作。

二、总体分析

本部分以所有的调查问卷为分析对象，分析从整体上公务员对县级政府决策模式改革路径的意愿。本次调研的总体数据见表2-40。对表2-40中的数据按照公务员选择比例的高低重新排序，得到表2-41。

表2-41　　您认为对县级政府而言，哪种决策模式最有效？(单选)

新序号	选　项	选择计数	百分比（%）
1	[2] 实行二级决策，即重大事项由县政府常务会议或全体会议决策，一般事项由相对集中的决策中心决策	1 115	48.4
2	[1] 维持现有决策格局不变，完善决策程序和决策责任追究机制	732	31.8
3	[3] 实行“议行合一”，建立统一的决策中心，决策人员分别负责一个执行部门	415	18.0
4	[4] 其他	42	1.8
	总计	2 304	100.0

从表2-41可以看出，在被调查的公务员群体中，赞成度最高的是选项“实行二级决策，即重大事项由县政府常务会议或全体会议决策，一般事项由相对集中的决策中心决策”，共有1 115名被访者选择，占据被访对象的48.4%；其次是“维持现有决策格局不变，完善决策程序和决策责任追究机制”，共有732名被访者选择此项，占据31.8%；再次是“实行‘议行合一’，建立统一的决策中心，决策人员分别负责一个执行部门”，共有415名公务员选择该选项，占据18.0%的比例；“其他”选项的选择数较少，仅有42名公务员选择，占1.8%。

上述数据显示，48.4%的被调查者认为县级政府应当实行二级决策。其原因主要在于以下三个方面：首先，我国现行行政管理体制遵循的是“首长负责制”，同时，遇到重大问题或事项时，应当由行政机关集体讨论决定。在二级决策模式下，重大行政决策是由行政机关负责人组成的县政府常务会议或者是全体会议决定，而一般决策事项由相对集中的决策中心决策，这种未对现行行政管理制度作出根本性变动的决策模式相对较为容易实施。同时，二级决策体制要求县级政府成立专门的决策中心来承担一般行政决策的任务，客观上有利于县级政府及其部门的负责人从繁重的行政事务处理工作中脱离出来，从而使其专心投入宏观领导本级政府或政府部门的工作中。其次，虽然一般行政决策事项由相对集中的决策中心负责制定，但是一般行政机关在一定范围内依然享有行政决策权。由于行政机关在执行行政决策的过程中需要根据实际情况的变化对行政决策进行调整或者作出解释，因而客观上需要赋予执行机关一定的行政决策权。最后“相对集中的决策中心”在保证行政决策专业化、技术化的同时，也有利于保证行政决策在执行过程中具有灵活性、适应性。

此外，有 31.8%的被调查者认为应该维持现有决策格局不变，但是应当完善行政决策程序和决策追究机制，其原因也是多方面的：其一，相对于成立二级决策机制而言，这种方案没有涉及行政管理体制的变化，因此几乎不存在推行的障碍。其二，现有决策的格局确立的“首长负责制”的行政领导体制，有利于基层政府高效执行决策，符合基层行政实践的需要。在我国，中央政府主要承担宏观的行政管理工作，具体事务的执行一般由地方政府负责执行。而作为基层地方政府，县级政府承担着大量的行政决策执行工作。因此，县级政府需要将大量的人力、财力和物力投入处理具体行政事务中，这就导致在资源有限的情况下很难承担专门“决策中心”的运作经费。并且县级政府行政决策体制能够应对目前行政决策的任务，所以无须另外扩大编制成立“决策中心”。其三，虽然现有行政决策体制能够完成行政决策的任务，但是不容否认，现行行政决策体制中仍然存在很多问题，诸如行政决策程序、行政责任追究机制不健全等。正是如此，该部分被调查者认为在现有决策格局基础上，通过完善行政决策程序和行政决策责任追究机制就能建立有效的行政决策模式。

较前两种对现行行政管理体制影响较小的改革方式而言，支持按照“议行合一”理念建立行政决策模式的被调查者人数较少，仅有 18.0%的人选择了该种方式。究其缘由，主要是：首先，县级政府成立专门“决策中心”，有利于制定出来的行政决策具有科学性、民主性和合理性。现代社会行政事务的多样性、复杂性要求行政机关应当具有专业化知识。特别是在作出行政决策方面，行政机关更需要综合考虑多种因素。而一般行政机关大多疲于处理具体的行政事务，很难有充足的时间和精力制定行政决策[①]，因此，成立专门的“决策中心”制定行政政策就更加符合现实需要。其次，因为专门决策中心的决策人员还分别负责一个执行部门，这就使行政执行部门在执行行政决策的时候更加具有灵活性。而且，行政决策人员也参与决策的执行过程，这样有利于行政执行机关探明决策的真实目的，达到提高行政决策执行效率的目的。同时，决策人员参与行政决策的执行能够将在实际执行决策过程中收集到的信息反馈给专门决策中心，从而使决策中心不断修正已经制定出来的决策，保证决策所确定的行政目标能够顺利实现。最后，由于行政决策中心是遵从“议行合一”原则设立的，这对以往行政首长单独决定行政决策而言是一项重大的变革，减少了行政决策在制定的过程中可能出现的专断或者主观偏见等问题。此外，集体参与决策还能够保证制定出来的政策考虑到更多的影响因素，代表范围更广的利益主体的诉求，从而为行政决策得到顺利执行做好前提工作。

另外，还有1.8%的被调查公务员群体选择了“其他”选项，其原因也比较复杂：可能是因为该部分被调查公务员对县级政府的决策模式不了解，也可能是因为其有更好的决策模式可供选择。

以上数据表明，在公务员系统中，县级政府二级决策模式的支持率较高，是一个认同度较高的改革路径，但支持率并未达到一半；对传统决策模式从程序与责任追究机制方面进行改革的支持率也较高。对于学者提出的设立“议行合一”的决策模式，在公务员系统内部的认同度则较低。

三、基于中央与地方的分类数据分析

我们将被访公务员区分为中央公务员与地方公务员，则分别得到中央与地方对县级政府决策模式改革意愿的数据，如表2-42。

---

① 这个问题在“省直管县”，赋予县级政府更大的自主性决策权时表现得更为突出。孙广夏．县级政府自主性决策研究意义与视角．人民论坛，2012（3）.

表 2-42　　您认为对县级政府而言，哪种决策模式最有效？（单选）

选　项	统　计	地方政府	中央政府
[1] 维持现有决策格局不变，完善决策程序和决策责任追究机制	选择计数	557	175
	百分比（%）	30.2	38.0
[2] 实行二级决策，即重大事项由县政府常务会议或全体会议决策，一般事项由相对集中的决策中心决策	选择计数	913	202
	百分比（%）	49.5	43.8
[3] 实行“议行合一”，建立统一的决策中心，决策人员分别负责一个执行部门	选择计数	339	76
	百分比（%）	18.4	16.5
[4] 其他	选择计数	34	8
	百分比（%）	1.8	1.7
总计	参选人数	1 843	461
	百分比（%）	100.0	100.0

将中央公务员与地方公务员的选择数进行比较，得到图 2-20：

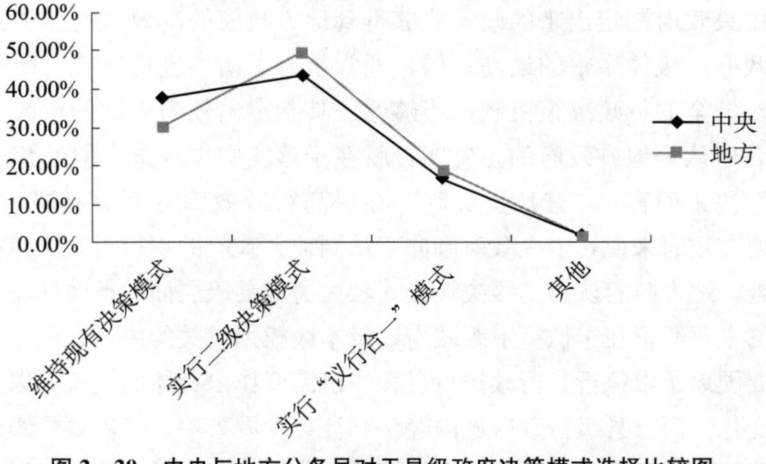

图 2-20　中央与地方公务员对于县级政府决策模式选择比较图

从表 2-42 的数据可以看出，无论是中央公务员还是地方公务员的选择，首先占最大比例的选项仍是“实行二级决策，即重大事项由县政府常务会议或全体会议决策，一般事项由相对集中的决策中心决策”，但地方公务员的选择比例高于中央的约 6 个百分点；其次比例的选项仍是“维持现有决策格局不变，完善决策程序和决策责任追究机制”，但这一选项中央的比地方的高约8个百分点；再次是选择“实行‘议行合一’，建立统一的决策中心，决策人员分别负责一个执行部门”的选项比例，中央的与地方的选择数据非常接近，只相差不到2个百分点；“其他”选项的选择数最少，且中央的与地方的比例几乎一致，只相差0.1%。

在选项［1］上，中央政府被调查公务员群体的赞成度比地方政府被调查公务员群体的赞成度高出约8个百分点，其所占比分别为38.0%和30.2%。而在选项［2］上，地方政府被调查者的支持度比中央政府的高出5.7个百分点，分别为49.5%和43.8%。在这两个选项上，中央政府和地方政府表现出较大的差异，其原因主要存在于以下两点：一是对于地方政府而言，其认为现有的行政决策体制无法保证决策机关制定出科学、民主、合理的决策。决策机制不健全或者是决策人员素质问题导致的决策失误问题时有发生，甚至给国家和人民的财产带来难以弥补的损失。所以，县级政府认为应当改革现有行政决策格局，改变“首长决策”的决策领导体制，从建立决策中心的思路着手来完善行政决策机制。但是，从中央政府的角度考虑，其更希望中央政府制定出来的政策能够得到地方政府的高效执行。中央政府作为我国政府层级体系中的最高一层，通常掌握了诸多进行决策时所需要的资源。相对健全的行政决策机制，能够保证其制定出较为科学的行政决策，因此中央政府认为地方政府的主要职责就在于落实中央政策。但是相对于“决策中心”决策而言，“首长负责制”在提高行政效率方面具有更大的优势，因而较地方政府来说，中央政府倾向于认同地方政府的现行行政决策机制。二是经调查，地方政府认为二级决策模式较为适应县级层面的行政体制。虽然县级政府的主要职责在于执行上级政府以及本级权力机关的决定、命令，但是其并不是僵硬地予以执行。行政执行过程中也需要作出具体的决策，以适应行政实践的变化。而且县级行政区域内经济和社会发展事项，仍需要县级政府具体进行决策。因此，建立良性行政决策机制是县级政府在行政改革过程中不可缺少的一环。二级决策既能够保证一般决策能够得以高效制定，也能够保证重大决策的制定更具理性化。通过建立以“首长负责制”为主导、以“委员会制”为辅助的行政决策模式，可以兼顾决策效率和决策科学的问题。

在选项［3］上，地方政府和中央政府的态度趋同，地方政府被调查者的支持度比中央政府的仅高出1.9个百分点，这反映出中央政府和地方政府对

“议行合一”理念下构建“决策中心”模式的疑虑。其一，“议行合一”作为政治理念，其在行政领域的运作效果尚不得而知。由于缺乏行政实践的支撑，改革的风险加大，因而其获得的赞成度总体较低。此外，较中央政府而言，地方政府更能切身体验到县级政府在行政决策过程中由于决策体制不民主、不科学以及不合理所带来的决策失误问题的严重性，越发感觉到改变现行行政决策体质的急迫性。在选项［4］上，中央政府和地方政府分别有 1.8%、1.7%的被调查者选择了“其他”选项，其原因较为复杂，在此不再一一分析。

从以上数据的比较中可以看出，地方政府公务员对于实行二级决策模式的认可度更高，而中央政府的对于维持现有决策模式的认可度更高。造成这一区别的原因可能包括：中央层面的决策与县级的不同，县级政府完全实行与中央层级决策模式相同的决策，地方公务员更能切身感受到现有模式的不合理性。

四、基于不同府级的分类数据分析

通过不同府级的公务员，即国家部委、省级、市级与县级的公务员的数据比较，我们得到表 2-43 和图 2-21。

表 2-43　　您认为对县级政府而言，哪种决策模式最有效？（单选）

选　项	统　计	国家部委	省级政府	市级政府	县级政府
［1］维持现有决策格局不变，完善决策程序和决策责任追究机制	选择计数	175	189	197	171
	百分比（%）	38.0	31.4	30.0	29.2
［2］实行二级决策，即重大事项由县政府常务会议或全体会议决策，一般事项由相对集中的决策中心决策	选择计数	202	308	316	289
	百分比（%）	43.8	51.2	48.2	49.4
［3］实行“议行合一”，建立统一的决策中心，决策人员分别负责一个执行部门	选择计数	76	98	134	107
	百分比（%）	16.5	16.3	20.4	18.3
［4］其他	选择计数	8	7	9	18
	百分比（%）	1.7	1.2	1.4	3.1
总计	参选人数	461	602	656	585
	百分比（%）	100.0	100.0	100.0	100.0

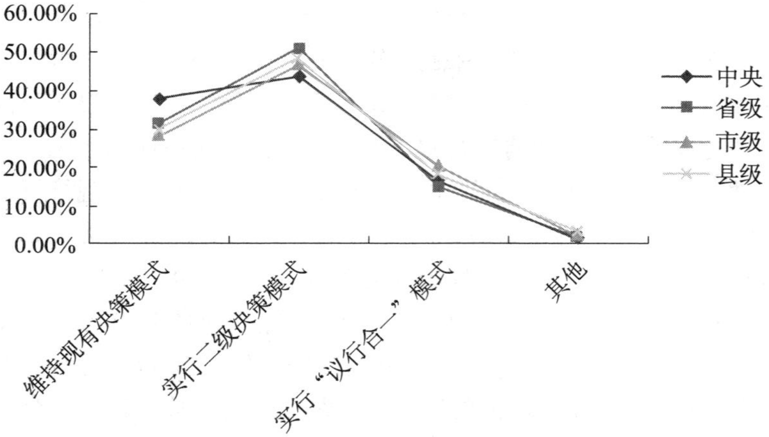

图 2-21 不同府级公务员对县级政府决策模式改革意愿比较图

在四个选项的高低比例中，四级政府公务员的选择是一致的，但在每一个选项的认可度方面，四级政府公务员的选择体现出了明显的差别：在最大比例的选项“实行二级决策，即重大事项由县政府常务会议或全体会议决策，一般事项由相对集中的决策中心决策”中，认可度从高到低分别是省级政府的、县级政府的、市级政府的，最后是中央政府的，认同比例分别为：51.2%、49.4%、48.2%、43.8%。作为地方政府的省级政府、市级政府和县级政府对选项［2］都表现出较大的赞成度。这表明地方政府认为只有改革现行行政决策体制，才能改变县级层面现行“领导拍板”决策模式不合理的局面，减少因错误决策而引发的经济和社会问题。

在其次比例的选项“维持现有决策格局不变，完善决策程序和决策责任追究机制”中，认可度从高到低分别是中央的、省级的、市级的、县级的，呈现了随行政层级增加而认可度降低的趋势，认可比例分别为：38.0%、31.4%、30.0%、29.2%。值得注意的是，在选项［1］上，随着政府层级的下降，四级政府的赞成度逐渐降低。这也显示出地方政府，特别是县级政府认识到变革现行决策模式紧迫性问题。事实上，正是因为县级政府对现有决策格局的感触最为贴切，其在选项［1］上才呈现出如此之低的支持度。

总体而言，四级政府对选项［3］的支持度并不是很高。在“实行‘议行合一’，建立统一的决策中心，决策人员分别负责一个执行部门”的选项中，市级政府对其的支持度最高，其次的是县级政府，中央政府的与省级政府的认可度基本一致。其原因不外乎以下两个方面：其一，四级政府，特别是市级和县级政府对在“议行合一”理念下建立的统一“决策中心”，是否能够承担县级层面所有的行政决策任务有很大疑虑。较分散了行政决策任务的压力的现有决策格局和“二级决策”模式来说，选项［3］中统一的“决策中心”将县级层面的行政决策权力集中行使。对于“首长负责制”的决策模式来说，承担数量繁多的行政决策任务尚有很大问题。假如行政决策不分巨细一并由“决策中心”统一制定，不仅会导致“决策中心”规模巨大，还可能导致县级政府难以出台有效的行政决策。从而出现与建立“决策中心”的初衷适得其反的后果，不利于整合县域经济和社会发展。其二，区别于其他决策模式，“议行合一”理念下行政决策人员同时负责一个决策部门。这样，行政决策人员就能够把行政执行工作中遇到的问题、积累的经验反馈到决策过程中，从而提高行政决策的科学性、民主性和合法性。对于保持行政执行机关的灵活性而言，这也不啻是一个很好的选择。因此，这是四级政府被调查者在该模式表现出矛盾心理的原因。

“其他”选项的选择数最少，各级政府的比例较为接近，其中县级政府的最高，其次是中央政府的、市级政府的，省级政府的比例最低。

从以上数据的比较可看出，中央公务员与地方公务员选择比例差别较大，地方各级之间的比例相差较小。且基本上层级越低，越支持改变现有模式，实行二级决策模式；层级越高，维持现状的意愿越大。

五、基于不同地区①的分类数据分析

由于地理环境、发展程度的差异，我们的抽样分别在东部、中部、西部三个区域进行，统计结果见表2-44。

表2-44　您认为对县级政府而言，哪种决策模式最有效？（单选）

选　项	统　计	东部地区	中部地区	西部地区
［1］维持现有决策格局不变，完善决策程序和决策责任追究机制	选择计数	96	121	340
	百分比（%）	34.3	33.2	28.4

① 东部地区：河北、山东；中部地区：湖南、江西；西部地区：广西、贵州、西藏、宁夏、四川、内蒙古、新疆、重庆。

续前表

选　项	统　计	东部地区	中部地区	西部地区
[2] 实行二级决策，即重大事项由县政府常务会议或全体会议决策，一般事项由相对集中的决策中心决策	选择计数	118	179	616
	百分比（%）	42.1	49.0	51.4
[3] 实行“议行合一”，建立统一的决策中心，决策人员分别负责一个执行部门	选择计数	62	59	218
	百分比（%）	22.1	16.2	18.2
[4] 其他	选择计数	4	6	24
	百分比（%）	1.4	1.6	2.0
总计	参选人数	280	365	1 198
	百分比（%）	100.0	100.0	100.0

我们将不同地区公务员的数据进行比较，得到图 2－22：

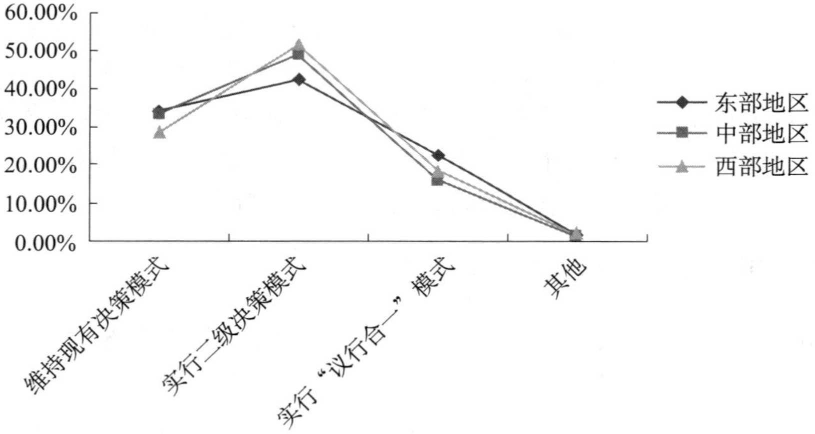

图 2－22　不同地区公务员对县级政府决策模式改革意愿的比较

从表 2－44 的数据可看出，在四个选项的高低比例中，不同地区公务员的选择基本是一致的，但在每一个选项的认可度方面，不同地区公务员的选择体现出了明显的差别：在占最大比例的选项“实行二级决策，即重大事项由县政府常务会议或全体会议决策，一般事项由相对集中的决策中心决策”中，认可度从高到低分别是西部地区、中部地区、东部地区，认同人数比例分别为：51.4%、49.0%、42.1%。东部地区较中部、西部地区而言在该选项上表现出来的差异较为明显，其原因可能是东部地区经济发展水平位于全国前列，其法治建设水平、政治文明的程度也较高。东部不少地区都出台了有关决策方面的法律，建立了较为完整的决策体制。因此其较为倾向于认同选项［1］的决策模式，认为通过完善决策程序和决策责任追究制度就可以进一步建立良好的行政决策格局，而不是通过大幅改革。中部、西部地区由于将政府工作的重心放在经济建设上，法制发展水平略有欠缺，其现有决策格局显现出的问题也较多，因而希望能够大幅改革现有行政决策格局，建立“二级决策”模式。

在其次比例的选项“维持现有决策格局不变，完善决策程序和决策责任追究机制”中，认可度从高到低则完全相反，分别是东部地区、中部地区、西部地区，认同人数比例分别为：34.3%、33.2%、28.4%。其原因主要在于：东部地区面临的经济发展机遇多，客观上需要一个反应迅速的政府决策模式。高效率的决策有助于县级政府及时捕捉到经济、社会发展的时机，采取相应措施促进发展。而东西部地区的经济发展水平相对于东部地区来说较为落后，对行政决策效率的要求相对而言不是那么强烈。

“实行‘议行合一’，建立统一的决策中心，决策人员分别负责一个执行部门”的选项中，东部地区所占比例最高，其次是西部地区所占比例，中部地区所占比例最少，这也与我国区域发展不平衡的现实相符合。东部地区比中部地区和西部地区的教育水平高，其行政机关公务员普遍具有良好文化素质。因此，东部地区被调查者对“议行合一”理念了解得较为全面。此外，行政实践中存在的行政决策和行政实践脱节问题，也是东部地区支持“建立统一的决策中心，决策人员分别负责一个执行部门”的重要原因。相比之下，中西部地区对“议行合一”的行政决策中心反映不是很强烈。

“其他”选项的选择数最少，不同地区公务员的比例较为接近，其中西部地区最高，其次是中部地区，东部地区的比例最低。

从以上分析可以看出，西部地区对现有模式的改革意愿最大，中部地区次之，改革意愿最小是东部地区。这一结果可能是由于改革开放以来，东部地区在现有决策模式之下获得利益最大，对现有决策模式的抵触度不强烈，而中部地区、西部地区的发展受到现有模式的束缚，改革意愿最强烈。

六、结论

通过对中央与地方公务员对于县级政府决策模式改革意愿的数据进行比例分析，可以看出，总体上：第一，政府公务员对于县级政府实行二级决策模式改革的认可度最高，但维持现有决策模式的认可度也比较高，对“议行合一”的模式设计认可度较低。第二，地方公务员比中央公务员的改革意愿更强烈，尤其是在实行二级决策模式方面，呈现出政府层级越低改革意愿越强烈的趋势。第三，不同地区公务员对县级政府决策模式改革意见呈现出西部地区、中部地区到东部地区的递减规律。

正如前文所述，这三个选项代表着不同的行政改革模式，蕴含着不同的改革理念，同时对现行行政管理体制的影响也各不相同。首先，按照“议行合一”理念建立的统一决策中心，并由决策人员分别负责一个决策部门，是改革幅度最大的一种决策模式。这种模式可以增强行政决策的专业性、民主性，减少行政决策和行政实践脱节的问题，增加行政执行过程中的灵活性。但由于所有决策问题都有一个统一的决策部门来承担，该种决策模式较大地影响了行政机关的行政效率。对于需要高效执行行政政策的县级政府而言，无疑具有很大挑战。其次，较为折中的改革方案是建立“二级决策”模式，重大事项由县级政府常务会议或全体会议决策，一般事项由相对集中的决策中心决策，这种决策模式的好处在于能够兼顾决策的效率和决策的民主性问题。特别是就县级政府而言，虽然其主要承担具体行政事务的执行工作，但其仍然需要对县域经济和社会发展等诸多问题承担决策责任。采用这种决策模式使县级政府既能及时处理行政执行过程出现的需要决策的情形，也能妥善应对重大决策的问题。最后，维持现有决策格局不变，完善决策程序和决策责任追究机制是相对最为保守的选择。选择该选项的被调查者认识到了现有行政决策格局的缺陷，认为仅仅靠健全决策程序和监督机制就可以达到完善行政决策体制的效果。

在总体支持县级政府实行“二级决策”的背景下，建立和完善行政决策部门的分工制度，健全行政决策程序和行政决策责任追究制度，是保证县级政府决策科学化、民主化和合理化的内在需要。

第三章

政府横向权力结构现状调查（二）：执行权及其运行机制

第一节　公共服务多元供给状况的数据分析

在新公共行政的大背景下，公共服务的多元供给主体越来越为理论界和实务界所关注。本题根据调研数据，对提供公共服务多元主体的状况及多元主体提供公共服务的领域进行实证分析，并提出公共服务市场化和公共管理社会化的相关对策和建议。

一、公共服务提供的多元主体

20 世纪 80 年代，伴随着行政国家、福利国家、服务行政等观念的兴起和研究的深入，西方国家发起新公共行政实践，如美国的“重塑政府运动”、德国的“国家苗条化改革”等改革运动。新公共行政的一项重要内容就是将市场竞争机制引入公共服务领域，倡导公民参与行政，引入公共服务的民营化和非营利组织参与公共服务机制，弱化国家作为公共服务“生产者”的角色，强化国家作为公共服务“安排者”的角色，改变国家在公共服务供给中的垄断地位。公共服务的民营化，“是指由市场或民间部门参与公共服务的生产及输送过程”[①]。政府机关采取签约外包、特许经营、补助、抵用券、强制保险等多种方式，将政府部分公共服务转由民营企业承担。非营利组织参与提供公共服务也是公共管理的一个趋势，根据美国税务部门的统计，在美国适用《税法》501条款规定的非营利组织多达575 000个。[②]

与新公共行政理论相对应，行政法学界也开始积极探索承担行政任务的多元主体。除传统的科层制组织外，出现了众多其他类型的行政任务承担主体，有的是以公法约束的相对独立的行政组织，如独立署（英国的部外公共组织、法国的独立行政当局、新西兰的独立皇家实体等）、执行署（英国的执行署、法国的中央服务机构等）以及公法人（公法社团、公务机构和公法财团等）；有的是以私法约束的组织，如企业、社团和个人等。[③]

公共服务提供主体的多元化在现代公共行政中具有明显的优点。首先，公共服务提供主体的多元化是政府职能和任务不断扩展与政府人员精力有限之间矛盾的有效解决办法，政府为了避免独立承担公共行政任务而不堪重负，只能适当“分散”行政权力，吸纳部分企业和非营利组织参与公共管理。其次，公共服务提供主体的多元化也适应了现代行政管理的专业性趋向。对于某些专业性比较强的行政任务，有必要委托给专业部门，比如律师协会在性质上属于社团组织，但实际行使部分行政职权。最后，公共服务提供主体的多元化一方面节约了政府的时间，使政府能够更加专注于政策执行，另一方面，通过引入市场竞争机制来选择公共服务的“生产者”，在一定程度上可以节约成本、提高服务效能。

二、调查设计及相关说明

问卷设计中，首先，对企业或非营利组织参与公共服务的程度进行了提问；其次，专门对企业或者社会组织参与公共服务的类型进行了调查。

> 据您了解，在政府管理或提供公共服务过程中，有没有企业或社会组织参与其中？（单选）

① 张成福，党秀云．公共管理学．2版，北京：中国人民大学出版社，2007：326.

② 同①329.

③ 李洪雷．其他承担行政任务的主体//应松年．当代中国行政法：上卷．北京：中国方正出版社，2005：375－432.

[1] 有

[2] 没有

如果选择第一选项，在政府管理或提供公共服务过程中，企业或社会组织主要参与其中哪些领域？（可选两项或以上）

[1] 公用事业管理

[2] 城市管理

[3] 税收征收

[4] 工商管理

[5] 其他领域

在我国建设服务型政府的背景下，公共服务领域不断扩展，单纯依靠政府的单一力量垄断公共服务的供给，既是低效的，也是不现实的。公共服务的市场化正是弥补这一缺陷的良方。在西方国家实践中，公共服务的市场化有效地减轻了政府的压力，也为政府“瘦身”提供了必要的前提。公共服务的市场化为政府提供了“菜单式”的选择空间，有效地提升了政府的服务效率，也降低了政府的管理成本。公共服务的市场化同时还拉近了政府和公民之间的距离，私人组织参与公共管理，有利于弱化政府和民众之间的对立。在我国，政府购买公共服务的实践尚处于探索阶段，如北京市在 20 世纪 90 年代就开始试行政府购买医疗公共服务、环卫服务、为特殊人群出资购买家政服务等。[①]

“一般而言，人们要求政府组织以强制权力产生公益物品，并把这类机关称为‘第一部门’，同时把以自愿行为产生私人物品的企业称为‘第二部门’。”而随着社会的发展，非政府组织、非营利组织、社会团体、民间组织等积极参与公共服务的提供，学者称之为“第三部门”[②]。在本次调查问卷设计中，为了避免“第三部门”概念引起被调查者的误解，我们将非政府组织、非营利组织、社会团体等统称为“社会组织”。据中国社会组织公共服务平台统计，截止到 2018 年 12 月，经登记的全国社会组织共有 809 935 个，

① 童伟．从市场检验到政府职能转变——北京市公共服务供给模式改革分析．北京社会科学，2008 (1).

② 吴光芸，方国雄．解决公共服务需求的重要思路：第三部门提供公共服务．桂海论丛，2003 (5).

其中民政部登记社会组织共 2 305 个。这些民间组织较为活跃的领域主要为环境保护、扶贫开发、妇女儿童权益保护、教育支持、公共卫生、社会福利、行业管理等。[①] 从目前的研究状况看，社会组织主要集中于公益事业和公共服务领域。

企业和社会组织参与公共服务提供的领域有一定的区别，企业组织为营利性组织，其参与公共服务带有明显的利益倾向，因此，企业提供的公共服务一般集中于公共事业管理、公共设施承建、公共服务生产等领域。社会组织为非营利组织，公益性是社会组织的基本属性，因此，社会组织参与公共服务提供的领域较企业的有很大的不同。如前文所述，社会组织参与环境、扶贫、医疗卫生、行业管理等多个领域的公共服务，当然，社会组织参与公共服务的领域也有一定的限制，如社会组织缺乏组织生产的能力，一些签约外包、特许经营的公共服务领域并不能由社会组织来承担。在西方成熟的现代政府结构中，“分散”行政权力的方法就是吸纳社会组织参与公共管理，把部分公权力赋予特定的社会组织实施。企业参与公共服务提供的主要方式是订立合同，而社会组织参与公共服务提供的主要方式是获得授权。企业参与公共服务是通过企业的生产行为间接行使“公权力”，而社会组织参与公共服务是通过法律法规的授权直接行使“公权力”。

三、总体分析

对企业或社会组织参与公共服务的程度和领域进行总体统计，结果如下（见表 3－1、表 3－2）：

表 3－1　据您了解，在政府管理或提供公共服务过程中，有没有企业或社会组织参与其中？（单选）

选　项	选择计数	百分比（%）
[1] 有	1 487	75.0
[2] 没有	496	25.0
总计	1 983	100.0

① 王名．走向公民社会——我国社会组织发展的历史及趋势．吉林大学社会科学学报，2009 (3).

表 3-2 如果选择第一选项，在政府管理或提供公共服务过程中，企业或社会组织主要参与其中哪些领域？（可选两项或以上）

选 项	选择计数	百分比（%）
[1] 公用事业管理	1 218	86.2
[2] 城市管理	847	59.9
[3] 税收征收	256	18.1
[4] 工商管理	253	17.9
[5] 其他领域	54	3.8
总计	1 413	100.0

从表 3-1 的数据可见，企业或者社会组织参与政府管理或提供公共服务的情况还是比较普遍的。应该注意的是，“75%”的认可率是指对企业和社会组织的综合参与比例的认可，企业和社会组织各自为多少比例，本题中并没有分类进行提问。在表 3-2 中，企业或者社会组织参与政府管理或者公共服务的主要领域为“公用事业管理”和“城市管理”，分别达到 86.2%和 59.9%，而企业或者社会组织参与“税收征收”和“工商管理”的比例分别仅为 18.1%和 17.9%。税收征收和工商管理是“命令型”公权力，这种行政行为并不能借助企业的生产行为来实现，只能由特定的主体来完成。而且，企业本身是税务部门和工商部门的工作对象，如果让企业参与税收征收和工商管理，也容易造成工作主体和工作对象的混同。“公用事业管理”和“城市管理”是“服务型”公权力，“服务型”公权力的目标在于提高服务的质量和效率，并不要求特定的主体来提供服务，因此，服务的提供既可以由政府亲自完成，也可以借助企业或者社会组织的力量完成。值得注意的是，社会组织参与政府管理或者提供公共服务的领域主要涉及公益领域和行业性的专业管理领域，而一些职能性的行政工作，如税收和工商管理，社会组织在其中发挥的作用是相对较小的。

四、基于不同府级的分类数据分析

我们抽取省级政府、地市级政府和县级政府三级政府进行比较分析，具体数据如下（见表 3-3、表 3-4）。

表 3-3 据您了解，在政府管理或提供公共服务过程中，有没有企业或社会组织参与其中？（单选）

选　项	统　计	省级政府	地市级政府	县级政府
[1] 有	选择计数	401	670	416
	百分比（%）	78.5	74.9	72.1
[2] 没有	选择计数	110	225	161
	百分比（%）	21.5	25.1	27.9
总计	参选人数	511	895	577
	百分比（%）	100.0	100.0	100.0

表 3-4 如果选择第一选项，在政府管理或提供公共服务过程中，企业或社会组织主要参与其中哪些领域？（可选两项或以上）

选　项	统　计	省级政府	地市级政府	县级政府
[1] 公用事业管理	选择计数	341	527	350
	百分比（%）	86.3	85.6	87.1
[2] 城市管理	选择计数	227	385	235
	百分比（%）	57.5	62.5	58.5
[3] 税收征收	选择计数	65	105	86
	百分比（%）	16.5	17.0	21.4
[4] 工商管理	选择计数	45	119	89
	百分比（%）	11.4	19.3	22.1
[5] 其他领域	选择计数	23	23	8
	百分比（%）	5.8	3.7	2.0
总计	参选人数	395	616	402
	百分比（%）	100.0	100.0	100.0

从表 3-3 的数据看，在企业或者社会组织参与政府管理或者提供公共服务的情况中，省级政府、地市级政府、县级政府的比例分别为 78.5%、74.9%和 72.1%，呈现出逐级递减的趋势。这在一定程度上反映出政府的府级越高，政府就越善于借用企业和社会组织的力量来进行行政管理。从表 3-4 的数据看，在参与领域方面，省级政府、地市级政府、县级政府在公用事业管理方面、城市管理方面差异不大，而在税收征收方面、工商管理方

面差异相对较大，特别是在工商管理方面，县级政府吸纳企业或者社会组织参加的程度远远高于省级政府，分别为22.1%和11.4%。应该说，省级政府的工商管理更倾向于宏观管理，而市县级政府的工商管理很多是微观管理，因此，市县级政府更需要企业或者社会组织协助参与本地区的工商管理工作。

五、基于不同学历的分类数据分析

调研对象因其学历差异，对不同的事实或现象有不同的判断，本文抽取调查数据库中的高中及以下、大专、本科、硕士研究生、博士研究生五类不同学历层次的被调查对象进行统计分析，具体数据如下（见表3-5、表3-6）：

表3-5　据您了解，在政府管理或提供公共服务过程中，有没有企业或社会组织参与其中？（单选）

选　项	统　计	高中及以下	大专	本科	硕士研究生	博士研究生
[1] 有	选择计数	48	239	889	213	24
	百分比（%）	64.9	68.5	77.0	76.6	77.4
[2] 没有	选择计数	26	110	266	65	7
	百分比（%）	35.1	31.5	23.0	23.4	22.6
总计	参选人数	74	349	1 155	278	31
	百分比（%）	100.0	100.0	100.0	100.0	100.0

表3-6　如果选择第一选项，在政府管理或提供公共服务过程中，企业或社会组织主要参与其中哪些领域？（可选两项或以上）

选　项	统　计	高中及以下	大专	本科	硕士研究生	博士研究生
[1] 公用事业管理	选择计数	34	187	732	183	21
	百分比（%）	82.9	82.0	86.6	91.0	95.5
[2] 城市管理	选择计数	20	124	516	128	16
	百分比（%）	48.8	54.4	61.1	63.7	72.7
[3] 税收征收	选择计数	10	52	151	28	2
	百分比（%）	24.4	22.8	17.9	13.9	9.1

续前表

选　项	统　计	高中及以下	大专	本科	硕士研究生	博士研究生
[4] 工商管理	选择计数	12	45	152	30	3
	百分比（%）	29.3	19.7	18.0	14.9	13.6
[5] 其他领域	选择计数	0	9	30	13	0
	百分比（%）	0.0	3.9	3.6	6.5	0.0
总计	参选人数	41	228	845	201	22
	百分比（%）	100.0	100.0	100.0	100.0	100.0

从表3-5的数据可以明显看出，随着学历的提升，知悉企业或者社会组织参与政府管理或提供公共服务的比例越高。而在参与领域方面，表3-6的数据显示，高学历公务员（本科、硕士或博士研究生）选择“公用事业管理”和“城市管理”的比例均比低学历公务员（本科以下）高。反之，高学历公务员选择“税收征收”和“工商管理”的比例均比低学历公务员的低。在行政权向市场化和社会化延展的过程中，哪些行政权可以市场化，哪些行政权可以交付给特定的社会组织，而哪些行政权只能由国家垄断，比如税收征收、工商登记、行政处罚、行政许可等事务并不适宜市场化或社会化，这些问题，学历较高者一般较学历低者更多关注。

六、结论

（一）调查结论

从上述分析可知，首先，企业或者社会组织参与政府管理或提供公共服务的现象，在我国比较普遍。其参与的主要领域为公用事业管理和城市管理。公共服务走市场化发展道路并不罕见，社会组织如何参与政府管理倒是一个值得关注的问题。社会组织与企业有很大的不同，如何发挥社会组织公益性特点，在参与管理的过程中实现政府还政于民、还政于社会，需要进一步探索和研究。其次，从府级差异看，政府级别越高，其公共服务市场化、政府管理社会化的程度越高；而在企业或社会组织参与政府管理或提供公共服务领域方面，政府级别越低，其吸纳企业或者社会组织参与“税收征收”“工商管理”领域的程度越高。最后，从被调查对象的文化程度看，高学历公务员知悉公共服务市场化、政府管理化的程度比低学历公务员高。这说明了教育水平对于公务员认知的影响。

（二）对策建议

1. 公共服务的市场化与政府管理的社会化

从调查的结果可以看出，企业或者社会组织参与政府管理或者提供公共服务的领域仅仅限于“服务型”领域，如公用事业管理和城市管理等。这其实是将企业的参与领域和社会组织的参与领域混同了，本质上是弱化了社会组织参与政府管理的职能，缩小了社会组织参与政府管理的范围和领域。而实际上，社会组织参与政府管理的领域是非常广泛的，如行业协会等。现代新公共行政改革就是要吸收社会组织如非营利组织、非政府组织、基金会等共同参与政府的管理行为。从现在情况看，公共服务的市场化是普遍现象，而政府管理的社会化并不是一个普遍现象。自改革开放以来，越来越多的社会组织出现，它有别于作为第一部门的国家和作为第二部门的市场，形成了独立的第三部门。“社会组织之于面临改革的党政体制的优势在于它的社会性、民间性和独立于体制之外的相对自主性，它们因此具有摆脱体制失灵的制度资源；而社会组织之于体制外的市场力量来说，它们的优势则在于并非完全外生于体制而存在对立甚至对抗的危险，它们与既有的党政体制存在天然的千丝万缕的联系。”① 因此，就调查反映出来的问题看，公共服务的市场化和政府管理的社会化应当并重发展、协同进步，充分利用市场的竞争机制和公民的参与机制，促进行政分权的逐步实现，以提高行政权的效能。

2. 管理市场化的领域和管理社会化的界限

企业和社会组织分别可以参与哪些领域的政府管理或者公共服务，这是值得思考的问题。由于公共服务的市场化和政府管理的社会化尚处于探索阶段，因而政府的权力如何向市场和社会转移，仍然需要进一步的探讨和研究。在一些地方，政府把本应该由自己承担的行政职能交由企业或者社会组织来承担，如令不具有行政处罚资格的社会组织行使处罚权力，由此造成了诸多行政诉讼。目前，市场化的领域主要为公共服务领域，即“服务型”行

---

① 王名．走向公民社会——我国社会组织发展的历史及趋势．吉林大学社会科学学报，2009（3）．

政。除此之外，笔者认为“纯技术型”行政、“研究型”行政、“宣传型”行政等可以从政府中分离出来，交由企业或者社会组织来承担。其中，在公共管理的社会化领域，更适合由非营利的社会组织来承担，而不是由营利的企业来承担。目前，大部分社会组织的工作都限于公益性活动和行业协会，而且，社会组织发展状况各异，有的是民间组织，有的是事业单位；有的由财政供养，有的自主发展，社会组织自身发展良莠不齐，造成公共管理的社会化的过程相对缓慢。笔者认为，公共管理社会化的核心在行政分权，随着社会组织的发展，只要能够由社会组织承担的工作，政府应该放手让社会组织来完成，政府本身只要担当好监管者的角色即可。

3. 改革的尝试和法律的规制

在公共服务市场化和公共管理社会化的进程中，法律保障是必不可少的。首先，公共服务市场化和公共管理社会化的范围和界限需要法律的规制。哪些公共服务可以市场化，哪些公共管理可以社会化，这需要从立法的角度明确予以规定；何种类型的企业可以承接公共服务，何种类型的社会组织可以承担公共管理职能，这也需要从立法的角度予以明确。其次，政府在市场化和社会化的过程中仍然承担监督者的角色，政府的部分职能转移给市场和社会之后，并不能任由市场和社会随意提供公共服务或任意履行公共管理职能，在有些公共服务市场化领域，由于政府缺乏对企业服务质量的监督，企业本身也放松对服务质量的控制，因而公众并没有真正从公共服务中得到真正的利益。政府应该监督企业和社会组织合理合法地履行公共事务职能。最后，公共服务市场化的过程也是某些腐败行为滋生的过程，政府与企业之间、政府与社会之间的权力转换过程极容易存在权力寻租、权钱交易等腐败行为，应当制定相应的法律制度，以规范市场化和社会化的资格、流程、步骤、要求、程序及处罚措施等。

第二节 行政机关落实决策前所做准备的数据分析

一、问卷调查及相关说明

调查研究的目标：一是探寻行政机关落实决策前所做准备工作的实际情况，二是尝试对调查统计结果进行学理解释。

凡事预则立，不预则废。行政决策的落实，即使称不上是创造性工作，也可以称得上是综合行政系统内外各种主客观因素来执行上级决策的人类活动。而要落实决策就必须认真去准备人、财、物甚至制造一定的舆论氛围，否则决策恐怕难以落实，至少很难以符合社会效益、行政效益、经济效益的方式落实。本题调查研究的目的，就是要调查行政系统对落实决策进行的准备情况。因为没有相关准备工作，决策的落实就会大打折扣，人们往往强调决策的制定而非决策的落实，所以有必要调研决策落实的准备情况。“正如政策并不能凭空产生一样，它们也不能凭空执行。确切地说，公共政策的执行受到一组复杂的环境因素的影响。此外，即使没有环境因素的影响，复杂执行特定政策的官僚机构有时也不能完成任务。不管什么原因——有限的资源，不恰当的组织结构，无效的沟通，或者不良的协调——决策者的决策都有可能未按其原先意图去执行。”[①] 遗憾的是，实践中有时重视决策的制定而不重视决策的落实或执行，这是本题调查研究的意义。

本题的分析方法是尊重客观性，同时也承认主观对数据的影响，并力求用最简单的方式说明问题。我们反对相对主义“没有任何一个文化传统可以被分析出其中包含另一种文化传统的论述”[②] 的否定客观性的立场，但是承认“科学的知识是情景化”，即“透过一个既定社群的文化和公共建制的生活，知识是社会情景的”，“借由检视和分享传统的知识产物，知识是历史情景的”[③] 表达的主观性成分。我们采用阿诺特（Arnoult，1976，pp. 30－35）提出的另外两种解释方法：一是类比（analogical）解释方法，即用另外一个已经被众人完全了解的现象类比解释某个有待解释的现象；二是化约论（reductionistic）解释方法，也就是把要解释的现象用比这种现象更为简单的另一现象来加以说明。[④]

本问卷调查根据行政的一般规律从行政活动所需的条件即组织机构、人

---

① 登哈特．公共组织理论．扶松茂，等译．北京：中国人民大学出版社，2003：147.

② MALCOLM WILLIAMS. 研究方法的第一本课题．王盈智，译．台北：韦伯文化国际出版有限公司，2005：28.

③ MARK J. SMITH. 社会科学概说：方法论的探索．吴翠松，译，台北：韦伯文化国际出版有限公司，2004：18.

④ THOMAS HERZOG. 社会科学研究方法与资料分析．朱柔若，译，台北：扬智文化事业股份有限公司，2004：11.

员、物质、技术等设计问卷内容。同时，考虑到了决策的落实需要行政系统内部的配合与外部行政相对人的配合。其中，宣传动员就很重要，宣传动员工作不做好，有时能使软环境变成刚性制约，因此，把宣传动员也纳入决策落实准备工作的调查研究对象。拟定执行方案，当然是准备工作必需的，因此其也被列入调研内容。至于“检查决策的可行性”，由于上级的决策本身可能是违法的（尽管可能性低）、违背客观规律的或者现在因“情势变更”而不适宜于执行，因而，也把它纳入调研内容。为避免我们选项过于封闭的缺陷并尊重行政实践的创造性准备活动，我们设计了一个开放性选项，即“[6] 其他（请写出）”。由于几种准备活动并不相互排斥，因而本题为多选题。

具体问卷内容如下：

您单位在落实某项决策前，通常会做哪些准备工作？（多选）

[1] 检查决策的可行性

[2] 拟定执行方案

[3] 进行宣传动员

[4] 建立组织机构，配备相应的人员

[5] 进行物质准备包括技术条件

[6] 其他（请写出）

表 3-7　　您单位在落实某项决策前，通常会做哪些准备工作？（多选）

选　项	选择计数	百分比（%）
[1] 检查决策的可行性	1 254	62.6
[2] 拟定执行方案	1 712	85.4
[3] 进行宣传动员	1 360	67.9
[4] 建立组织机构，配备相应的人员	1 498	74.8
[5] 进行物质准备包括技术条件	880	43.9
[6] 其他（请写出）	25	1.2
总计	2 004	100.0

“其他”选项填写情况：(1) 向其他单位咨询；(2) 部分决策会请专家评审论证；(3) 准备工作往往不充分；(4) 定期组织协调筹备会；(5) 一般不做准备，落实就行；(6) 由承办人按现实情况看着办。

二、问卷调查结果的总体数据分析

统计结果表明：在落实决策前通常进行的准备工作中，“拟定执行方案”方面的准备最多，占85.4%。这是很好的现象，因为凡事预则立，不预则废，拟定科学的执法方案能迅速地、低成本地、人性化地落实决策目标。然后是“建立组织机构，配备相应的人员”占74.8%、“进行宣传动员”占67.9%、“检查决策的可行性”占62.6%、“进行物质准备包括技术条件”占43.9%，最后是“其他”占1.2%。这个依次递减规律反映出了行政系统对相关问题的重视程度。特别是“进行物质准备包括技术条件”的只占43.9%，说明行政系统要么是不缺乏包括技术条件在内的物质条件——尽管有地方政府宣称财政吃紧但是行政系统花钱“大手大脚”，这实际上反映出其“不差钱”；要么是有关行政机关对物质准备不太重视；要么是对“进行物质准备包括技术条件”的理解发生了偏差。

三、基于不同府级的分类数据分析

由于不同府级行政权的内容有所侧重，在落实某项决策前，通常的准备工作也会有差异，为方便比较，我们进行了统计（见表3-8）。

表3-8　您单位在落实某项决策前，通常会做哪些准备工作？（多选）

选　项	统　计	省级政府	地市级政府	县级政府
[1] 检查决策的可行性	选择计数	300	564	390
	百分比（%）	57.8	62.3	67.4
[2] 拟定执行方案	选择计数	454	784	474
	百分比（%）	87.5	86.5	81.9
[3] 进行宣传动员	选择计数	348	637	375
	百分比（%）	67.1	70.3	64.8
[4] 建立组织机构，配备相应的人员	选择计数	400	693	405
	百分比（%）	77.1	76.5	69.9
[5] 进行物质准备包括技术条件	选择计数	246	401	233
	百分比（%）	47.4	44.3	40.2

续前表

选　项	统　计	省级政府	地市级政府	县级政府
[6] 其他（请写出）	选择计数	9	6	10
	百分比（%）	1.7	0.7	1.7
总计	参选人数	519	906	579
	百分比（%）	100.0	100.0	100.0

表3－8显示，[1][2][3][4][5]五个选项中，省、市、县三级政府选择比例最高的是“[2]拟定执行方案”，均超过了80%，分别为87.5%、86.5%、81.9%，而且选择比例从省级至市级、到县级依次递减，说明落实某项决策前，拟定执行方案是三级政府的常态；而省级政府的这一做法更加常规化。三级政府选择比例总体排位第二的是“[4]建立组织机构，配备相应的人员”，三级政府选择比例分别是77.1%、76.5%、69.9%，而且选择比例同样也是从省级至市级、到县级依次递减，说明落实某项决策前建立组织机构，配备相应的人员也是三级政府通常的做法。三级政府选择比例总体排位第三的是“[3]进行宣传动员”，三级政府选择比例分别是67.1%、70.3%、64.8%。三级政府选择比例总体排位第四的是“[1]检查决策的可行性”，三级政府选择比例分别是57.8%、62.3%、67.4%。三级政府选择比例总体排位第五的是“[5]进行物质准备包括技术条件”，三级政府选择比例分别是47.4%、44.3%、40.2%。从排序第五的选项[5]中，我们不难看出，落实某项决策前，三级政府对于物质和技术条件的准备重视程度不高，并且呈现逐级递减的态势，说明落实决策的准备工作有一定的欠缺，不够全面，有待进一步提升。

四、基于不同工龄的分类数据分析

任职时间长短可能影响公务员对所在单位落实某项决策前，所做准备工作的认识，对此，我们也进行了统计（见表3－9）。

表3－9　　您单位在落实某项决策前，通常会做哪些准备工作？（多选）

选　项	统　计	10年以下	11～20年	21～30年	30年以上
[1] 检查决策的可行性	选择计数	687	261	140	44
	百分比（%）	67.3	55.2	56.5	57.1

续前表

选　项	统　计	10年以下	11～20年	21～30年	30年以上
[2] 拟定执行方案	选择计数	907	396	203	66
	百分比（%）	88.8	83.7	81.9	85.7
[3] 进行宣传动员	选择计数	720	315	175	42
	百分比（%）	70.5	66.6	70.6	54.5
[4] 建立组织机构，配备相应的人员	选择计数	797	362	181	49
	百分比（%）	78.1	76.5	73.0	63.6
[5] 进行物质准备包括技术条件	选择计数	517	195	88	20
	百分比（%）	50.6	41.2	35.5	26.0
[6] 其他（请写出）	选择计数	14	6	2	1
	百分比（%）	1.4	1.3	0.8	1.3
总计	参选人数	1 021	473	248	77
	百分比（%）	100.0	100.0	100.0	100.0

表3-9显示，[1] [2] [3] [4] [5] 五个选项中，选择比例最高的是“[2] 拟定执行方案”，均超过了80%，四个工龄段对该项的选择比例呈U字形，其中以10年以下工龄的公务员选择比例最高，为88.8%，可能的原因是，年轻公务员在机关中多从事执行各项具体工作的任务，因此，他们更多地接触或者被安排直接草拟执行方案。总体排位第二的是“[4] 建立组织机构，配备相应的人员”，四个工龄段选择比例分别是78.1%、76.5%、73.0%、63.6%，而且选择比例是工龄段从小到大依次递减，说明在落实某项决策前建立组织机构，配备相应的人员时，尽管年轻公务员未必是重要成员，但机构中少不了年轻公务员。选项提示我们，对于年轻的公务员不但要大胆使用，而且应该注意培养和教育，使他们今后能够胜任更重要的工作。选择比例总体排位第三的是“[3] 进行宣传动员”，四个工龄段选择比例分别是70.5%、66.6%、70.6%、54.5%。值得注意的是，这一选项最高和最低工龄段选择比例相差16个百分点，说明30年以上工龄的公务员直接从事宣传动员的情形少，因此，他们对此的认同度低。

五、基于不同学历的分类数据分析（见表3-10）

表3-10　您单位在落实某项决策前，通常会做哪些准备工作？（多选）

选　项	统　计	高中及以下	大专	本科	硕士研究生	博士研究生
[1] 检查决策的可行性	选择计数	46	213	734	171	17
	百分比（%）	62.2	60.2	63.0	61.5	54.8
[2] 拟定执行方案	选择计数	63	289	1 025	246	22
	百分比（%）	85.1	81.6	87.9	88.5	71.0
[3] 进行宣传动员	选择计数	42	228	818	193	22
	百分比（%）	56.8	64.4	70.2	69.4	71.0
[4] 建立组织机构，配备相应的人员	选择计数	42	247	902	221	25
	百分比（%）	56.8	69.8	77.4	79.5	80.6
[5] 进行物质准备包括技术条件	选择计数	19	131	528	156	13
	百分比（%）	25.7	37.0	45.3	56.1	41.9
[6] 其他（请写出）	选择计数	0	4	15	3	1
	百分比（%）	0	1.1	1.3	1.1	3.2
总计	参选人数	74	354	1 166	278	31
	百分比（%）	100.0	100.0	100.0	100.0	100.0

表3-10显示，[1][2][3][4][5]五个选项中，总体选择比例最高的是“[2]拟定执行方案”，其中以本科生和硕士研究生学历的公务员选择比例最高，分别为87.9%和88.5%。选择率总体排名第五的“[5]进行物质准备包括技术条件”与之相似，也是本科生和硕士研究生学历的公务员选择比例最高，分别为45.3%、56.1%，可能的原因是本科生和硕士研究生公务员在机关中是主要力量，他们更多地接触或者被安排直接草拟执行方案以及物质技术准备。总体排位第二的是“[4]建立组织机构，配备相应的人员”，五个学历层次分别是56.8%、69.8%、77.4%、79.5%、80.6%，而且选择比例是学历层次从低到高依次递增，可能的原因是高学历层次的公务员对人在决策落实中的作用认识得更加清晰的缘故。总体排位第三的是“[3]进行宣传动员”，从低学历到高学历分别是56.8%、64.4%、70.2%、

69.4%、71.0%，呈现几近依次递增态势，其中博士研究生选择比率最高，原因可能是其理论水平相对更高些，从事的工作可能与理论研究、宣传教育关系更加紧密，因此，对于落实决策前准备的宣传动员工作认同度更高。

六、基于不同地区的分类数据分析

不同地区的政府机关对于落实某项决策所做的准备工作可能会有差异，体现在公务员的认同度上形成的差异。对此，我们进行了分类统计，形成表3-11。

表3-11　　您单位在落实某项决策前，通常会做哪些准备工作？（多选）

选　项	统　计	东部沿海地区	中部地区	西部地区	东北地区
[1] 检查决策的可行性	选择计数	472	388	179	215
	百分比（%）	69.2	56.6	54.7	69.4
[2] 拟定执行方案	选择计数	549	610	298	255
	百分比（%）	80.5	89.1	91.1	82.3
[3] 进行宣传动员	选择计数	431	490	231	208
	百分比（%）	63.2	71.5	70.6	67.1
[4] 建立组织机构，配备相应的人员	选择计数	460	563	255	220
	百分比（%）	67.4	82.2	78.0	71.0
[5] 进行物质准备包括技术条件	选择计数	283	326	160	111
	百分比（%）	41.5	47.6	48.9	35.8
[6] 其他（请写出）	选择计数	12	11	2	0
	百分比（%）	1.8	1.6	0.6	0
总计	参选人数	682	685	327	310
	百分比（%）	100.0	100.0	100.0	100.0

从表3-11可以看出，西部地区的公务员对选项“[2] 拟定执行方案”的认同度最高，达到91.1%，说明西部地区对常规落实措施的需求最为强烈。选项“[1] 检查决策的可行性”在四个地区选择的比例分别为69.2%、56.6%、54.7%、69.4%，我们从中看出中西部地区选择比例接近，东部沿海地区和东北地区选择比例接近，而中西部地区与东部沿海地区、东北地区

相差较大，可能的原因是中西部地区更习惯于传统的上下级之间的决策执行模式，而东部沿海地区、东北地区开放程度略高些，对于决策并不盲从，执行的主动性更好些。

七、结论

“检查决策的可行性”蕴含着三层疑问：是否应该检查决策的可行性？检查的程度？检查决策可行性后采取什么行动？

关于行政执行机关是否应该检查行政决策的可行性问题，我们既可以寻找到支持的理由，也可以寻找到反对的理由。一方面，行政执行机关应该检查决策的可行性。简洁地说，一是基于行政执行权对行政决策权的监督制约的必要性，行政权力内部也应相互制约；二是由于行政决策可能确实存在合法性问题、合理性问题或不具备实施的条件或者现在虽然能够实施但是社会效应特别差。例如，出现涉及重大项目的决策要求下级配套支出一定比例的经费等财政问题时，下级政府有时确实拿不出钱来。在行政决策是没有经过科学论证的“拍脑袋决策”时，更是如此。这也许就是有 62.6％的问卷填写者认为本单位在落实某项决策前检查了决策可行性的原因。另一方面，行政执行机关检查决策的可行性也可能面临质疑。因为，“落实”一词的潜在含义是落实机关即执行机关是决策机关的下级。下级机关检查上级机关的决策，意味着下级机关对上级机关的怀疑，因而下级机关对上级机关的“忠诚”就受到怀疑。而且，行政机关与立法机关、司法机关的要求是不同的。立法机关最重要的是民主；司法机关最重要的是公正；但行政机关是主动地、经常地、直接地面对社会的机关，而且事务特别多，必须强调效率。“效率是行政的生命。”而效率在韦伯指出的官僚等级制下是要求下级严格服从上级的。倘若下级执行机关在落实上级决策前可以检查上级的决策，那么意味着它可以对其可行性下一个检查结论：可行、不可行、暂时不可行等。这其实是对上级权威的削弱甚至否定，这是不符合官僚等级制要求的。这也许就是毕竟还是有 37.4％的问卷填写者认为本单位在落实某项决策前没有检查决策可行性的原因。

既然对于“检查决策的可行性”完全赞成、完全否定都不对，那么只能探求折中的办法：下级执行机关在发现上级机关的决策明显不具有执行性、时间上明显还不适宜执行、内容上明显不适宜全面执行等时，应当马上向上级决策机关报告并说明理由。“明显”是针对具有法律常识、行政常识、技术常识、文化宗教常识等的相应职位的普通工作人员的认识水平、判断水平而言的。

关于检查决策可行性后采取什么行动的问题，经过检查，具有可行性的，就应当执行；而明显违法、明显完全不具有执行性、时间上明显还不适宜执行、内容上明显不适宜全面执行、对象上明显不具有执行性的，就应当暂停执行，上报决策机关，说明理由；并根据决策机关的进一步行动来采取自己的行动，如前所述。

问卷调查中，2 004 人中有 1 712 人认为本单位在落实某项决策前做的准备工作包括“拟定执行方案”，占 85.4%。决策的落实，往往有很多种方式。行政执行机关需要根据行政决策的目标及内容，执行机关自身人、财、物等情况，行政决策执行涉及的行政相对人及第三人，当事人之外需要配合执行的其他主体的情况，包括公众舆论在内的行政决策执行在当下面临的各种环境等情况来拟定执行方案。正如有学者指出的，要综合考虑如下因素：第一，行政任务方面的影响因素。第二，行政主体方面的因素。第三，行政实施客体的影响因素，主要是指人民群众的文化程度、知识水平、政策水平、承受能力等。第四，行政环境的影响因素，包括自然环境、文化环境、经济技术环境、政治环境甚至工作环境。[①] 一个科学的、可执行的、尊重人权的、关心公共利益的、符合社会公序良俗的、便民的、高效能并高效率的行政执行方案，一个符合行政法基本原则特别是比例原则的行政执行方案，应是综合衡量各种因素之后拟定出来的。

拟定执行方案时，尽管其最终是由行政首长决定，但是应广泛征求一般工作人员的意见，集思广益。毕竟行政首长负责制体现的是民主集中制而非首长专制。“员工也许比你更清楚完成任务的基本要求。一旦任务明确，管理者不仅应担当指挥者的角色，还应当是个听众。允许员工帮助确定工作可使任务的分配更加现实，还制造一种共享所有权的氛围。员工的控制感可通过参与工作分配而增强。这种增强的控制感可激励人们更加努力更加有效地

① 张国庆．行政管理学概论．北京：北京大学出版社，2000：301－302.

工作。”①

上述分析可能就是有 85.4％的问卷填写者选择本选项的原因。当然，为什么不是100％呢？可能的原因是：有些“决策”涉及面不大、不复杂、不困难，执行机关的工作人员对其很熟悉，不需要拟定执行方案，大家一看见决策“心中就有谱”，这实际是执行方案早已在心中。而有些执行方案是领导以布置任务、安排工作的方式直接下达的，问卷填写者并不认为之前已经拟定了执行方案。

问卷调查中，2 004 人中有 1 360 人认为本单位在落实某项决策前做的准备工作包括“进行宣传动员”，占 67.9％。“行政决策必须获得所有执行人员及有关各方的理解和接受，行政人员必须了解决策并决心努力实现决策。此外，思想准备还包括很重要的一个方面的内容，那就是对行政客体的思想动员工作。要利用各种手段充分发动行政客体，不仅要使行政客体也能理解工作的内容和意义，而且要设法将其变为行政客体的自觉行动。”② 这两句话道出了宣传动员的意义。我国著名行政学家夏书章教授认为：“行政信息是整个行政活动的基本元素，也是重要软资源。从整个行政活动过程看，行政信息对我们了解行政事务的过去、分析现状、预测未来有着重要作用……行政信息是确保行政执行顺利推进的重要前提。”③

信息沟通是宣传动员的核心。至于宣传动员的对象，应视决策内容的性质而定：具有保密性质的，应严格控制传达对象的范围；主要是民生性质的或者需要公众配合的，如人口普查，宣传动员对象应是全社会。

当然，沟通应是双向互动的，不能仅仅是领导向工作人员的单向传达、指示，领导应让员工畅所欲言，否则就是扭曲的，容易使信息失真。当代公共服务行政学派代表人物罗伯特·B. 登哈特认为，“真正理性的行动只有通过去除沟通中的各种约束才能产生，控制就是其中最经常使我们达成共识的尝试受到扭曲的一种约束。不对称的沟通类型（也就是沟通的某一方其权势

---

① 科恩，埃米克．新有效公共管理者：在变革的政府中追求成功．王巧玲，等译．北京：中国人民大学出版社，2001：96.

② 张国庆．行政管理学概论．北京：北京大学出版社，2000：303.

③ 夏书章．行政管理学．4 版．北京：高等教育出版社，中山大学出版社，2008：283.

大于另一方）必定会在社会生活（正如在个人内心一样）中产生扭曲的沟通。”①

问卷调查中，2 004 人中有 1 498 人认为本单位在落实某项决策前做的准备工作包括“建立组织机构，配备相应的人员”，占 74.8%。

行政决策的落实，最终都离不开具体的承办机构和人员。国外有学者把组织机构和人员作为管理内部三要素之一。② 国内学者也认为，“执行决策之前，要考虑到组织机构是否完善，人力条件是否充足。”③

没有科学合理、精干高效的承办机构，行政决策很难得到迅捷的、经济的、人性化的落实。“机构是行政组织的实体，也是履行行政职能、达成组织目标的载体。设置科学合理、精干高效的行政机构，是行政组织建设的核心内容。”④ 组织结构会影响组织员工的行为。如果组织结构和组织工作不匹配，那么组织的绩效会受到影响。组织结构的作用在于，它决定组织如何界定和分配工作（劳动分工）；为分散的组织单元提供协调和整合机制。一个组织的结构会决定谁和谁一起工作，会影响员工互动深度和效度，会影响是否充分开发利用员工潜力。⑤

人员的配备也很重要，因为组织机构离开人员就只是个名词而已，不能作出任何行为。人员的配备不仅应当在数量上充足，而且应当在专业知识、社会经验、性格特征等方面整合。

问卷调查中，2 004 人中有 880 人认为本单位在落实某项决策前做的准备工作包括“进行物质准备包括技术条件”，占 43.9%。物质准备是落实行政决策的基础。毕竟，“巧妇难为无米之炊”。辩证唯物主义认为，物质是基础，是世界的本原。没有物质，一切行政机构都会瘫痪、一切行政活动都会停止。落实行政决策需要办公经费、设备、物质等。涉及检测、检验的，还要有专业技术设备。一般情况下，最重要的是经费，有了经费一般就可以买技术、买设备，但特殊技术、设备除外。经费，一般在年度预算

① 登哈特．公共组织理论．扶松茂，等译．北京：中国人民大学出版社，2003：189.

② 休斯．公共管理导论．彭和平，等译．北京：中国人民大学出版社，2001：198.

③ 张国庆．行政管理学概论．北京：北京大学出版社，2000：302.

④ 夏书章．行政管理学．4 版．北京：高等教育出版社，中山大学出版社，2008：73.

⑤ 科恩，埃米克．新有效公共管理者：在变革的政府中追求成功．王巧玲，等译．北京：中国人民大学出版社，2001：79.

中下拨，如果决策是临时作出而又没有专项经费，这就需要领导层的统筹安排。

为什么只有43.9%的被问卷者认为本单位在落实决策前进行了物质准备呢？一种理解是，本单位确实没有正式地、专门地做这个“准备”，原因可能在于这项工作不是第一次做了，大家都知道按照往常做法进行本次活动——实际上还是要去准备，特别是外出执法的，要开车、要给车加油、要准备钱交过路费及吃住等，而没有明说“大家去准备一下”。只是问卷填写者对“准备”的理解不同罢了，他们把“准备”理解为狭义的、正式的、明确宣告的专项准备。另一种理解可能是，不管怎样，由于经费、设备、物质、技术等物质准备很重要，因而一般早在年度规划时就已经有了安排，现在需要做的物质准备只是对既有年度规划的执行，除非是不属于以往工作范围的例外的、紧急的决策。出于这种理解，问卷填写者认为他们“早有准备”，是故现在“无须准备”。

问卷调查中，2 004人中有25人认为本单位在落实某项决策前做的准备工作包括“其他”准备并单独写出来，占1.2%。不同行业不同级别的单位在落实决策前可能有不同的准备活动，除了上述几种准备之外，还可能存在其他准备。例如，调查摸底、派人监视涉嫌违法的地下工厂，等等。又如，在正式的落实决策行为之前，进行决策执行活动的预演，等等。准备活动的丰富性、多元性，是由决策的性质及内容的多元性以及各地区发展不平衡、执法对象千差万别甚至执法主体自身条件迥异等决定的。

第三节　政府执行力的数据分析

一、政府执行力概念与研究界定

（一）执行

行政执行有广义与狭义之分，广义的行政执行包括通常所说的行政立法、行政执法和行政司法[①]；狭义的行政执行是指行政机关为实现行政管理职能，依据法律、法规、规章以及其他规范性文件的规定，通过发布命

① 应松年，袁曙宏．走向法治政府．北京：法律出版社，2001：254.

令、许可、提供指导、订立合同等方式，针对特定事务所作的实现决策内容的行为。“决策、执行、监督”体系下的行政执行，指的是狭义的行政执行。

（二）执行力与政府执行力

“执行力”这一概念起源于企业管理，国内外诸多管理学的学者和研究人员对“执行力”这一概念进行了深入的探讨。保罗·托马斯和大卫·伯恩认为执行力是一切有效战略的关键要素，执行是一套系统化流程，是一个完整的体系[①]；拉里·波克纳和萨姆·多尔认为“执行是行动的艺术”“三分战略、七分执行”[②]；国内学者彦博认为“执行是一个系统化的流程，它包括对策略的制定、实施、跟踪以及责任的具体落实，包括对企业组织能力的评估、对执行的相关资源进行有效配置，以及为提高企业执行能力以适应竞争战略挑战的实际流程和机制”[③]；姚予认为执行力是构成组织核心竞争力的重要环节。[④]

企业管理行为和政府管理行为在价值取向上有很大的差异，但是在应用手段、工具和管理理念方面有着较多的共同点，“执行力”的概念迅速从企业管理领域延伸到公共管理领域，国内诸多学者提出了“政府执行力”的概念。如莫勇波教授提出，政府执行力是当前公共行政研究的新课题，政府执行力是“政府组织为达致既定目标，通过对各种组织资源进行使用、调度和控制，从而有效地执行政府的日常事务和有效贯彻实施法律、政策、决策、法令、战略计划的政府内在的能力和力量。”[⑤] 蔺全录教授认为，“政府执行力就是政府把社会经济发展目标变成现实的实施能力。”[⑥] 顾杰教授认为，政府的执行力“是指政府及其部门和公务人员，执行法律法规、规划计划、决策政策、法令政令的一种能力，执行就是做事、办事、干事，就是面对问

① 保罗·托马斯，大卫·伯恩．执行力．白山，译．北京：中国长安出版社，2003：25.

② 拉里·波克纳，萨姆·多尔．执行——高效能地完成任务．牛晶晶，编译．北京：朝华出版社，2005：“序言”4.

③ 彦博．执行力决定竞争力．北京：中国商业出版社，2006：3，53.

④ 姚予．执行力——高效能完成任务的学问和策略．北京：中华工商联合出版社，2007：8.

⑤ 莫勇波．政府执行力：当前公共行政研究的新课题．中山大学学报（社会科学版），2005（1）.

⑥ 蔺全录．关于提高政府执行力的一些思考．中国行政管理，2006（8）.

题、研究问题、解决问题。”[①]

（三）研究界定

首先，对“政府执行力”概念进行界定。（1）从执行的对象上看，政府执行力的指向是实施法律、政策、政令、法令等政务内容，从这点看，蔺全录教授把政府执行力限于“社会经济发展目标”，有失偏颇；（2）从执行过程看，执行工作不能只求目标，不择手段，因此执行的过程应该是事前合理规划、事中适时监督、事后评价考核的过程，从这点看，莫勇波教授的概念界定中提到的“对各种组织资源进行使用、调度和控制”，是比较合理的；（3）从执行的效果看，政府执行力的指向是法律、政策、政令、法令等政府内容的实现，从这点看，顾杰教授提出的“执行就是做事、办事、干事”，没有准确地反映执行应当达到的实际效果。因此，我们比较赞同莫勇波教授的概念界定，该概念基本回答了执行的对象、过程和效果。应该增加的观点是，政府执行除了对各种组织资源进行使用、调度和控制外，还包括加强执行监控、执行工具、执行手段、执行流程设计等内容。因此，笔者认为，政府执行力的完整概念应当是：政府执行力是指政府组织以既定目标为导向，采取资源调配、过程控制、监督检查、考核考评等方式、方法，有效地执行政府的日常事务和有效贯彻实施法律、政策、决策、法令、战略计划的政府内在的能力和力量。

其次，界定研究范围。政府执行力涉及的问题很多，本题主要从实施公共政策执行阶段的措施角度出发，研究公共政策实施过程中事前、事中和事后的措施状况。

最后，界定研究方法。为了有效地考量政府在政策执行的不同阶段执行措施的实际状况，本题采取实证研究的方法，通过对政府机关及其公务员的问卷调查、座谈会等调研政府执行力的实际状况，并据此提出相应的对策。

二、调查设计

问卷中，关于执行的问题包括执行措施、执行监控、委托执行等多方

---

① 顾杰．论政府执行力建设的深层影响因素．中国行政管理，2008（11）．

面，本题研究的是其中的一个问题：执行的阶段措施。问卷的题目如下：

在落实某一项决策时，您单位主要采取什么措施保障完成的质量？（单选）

[1] 主要是事先规定工作标准

[2] 主要是事中检查，发现问题及时纠正

[3] 主要是事后验收，进行考核评价

[4] 没有保障措施，任务完成的质量取决于任务承担者的素质和能力

[5] 其他（请填写）

该题主要从事前、事中和事后三个阶段考察执行措施。

三、总体分析

调查数据显示见表 3-12。

表 3-12　在落实某一项决策时，您单位主要采取什么措施保障完成的质量？（单选）

选　项	选择计数	百分比（%）
[1] 主要是事先规定工作标准	1 062	55.7
[2] 主要是事中检查，发现问题及时纠正	404	21.2
[3] 主要是事后验收，进行考核评价	279	14.6
[4] 没有保障措施，任务完成的质量取决于任务承担者的素质和能力	143	7.5
[5] 其他（请填写）	17	0.9
总计	1 905	100.0

“其他”选项填写情况：（1）明确各部门职责，一件事最好由一个部门进行管理；（2）立方案、落实责任、检查验收；（3）全过程监督；（4）事先制定工作标准，事后检查验收；（5）事先定标准要求、事中检查、事后考核；（6）一般都会采取事先规定工作标准，事中检查、发现问题及时纠正，事后验收、进行考核评价三种手段，但决策“意见”的落实，任务的完成质量往往会受到基层单位具体工作人员业务素质、能力的影响（程度较大）；（7）本单位决策程序包括事先规定工作标准、事中检查纠正、事后验收考核

等；(8) 没有固定模式；(9) 要形成事先听证、事中检查、事后验收的完整机制；(10) 没有明确保障措施，根据决策内容不同，受到的影响不同；(11) 经办人员的职业素质；(12) 规定标准，事后验收；(13) 无任何科学评论标准，更谈不上由中介机构来评估，评估环节也不能自己评自己，应该让群众来检验。

从调查数据可以看出两个方面的问题：一方面，在公共政策实施的事前、事中和事后三个阶段中，政府机关执行中最主要使用的措施是事先规定工作标准，其比例高达 55.7%，远远高于事中和事后措施的总和 (35.8%)；另一方面，在公共政策实施的三个阶段中，从事前、事中到事后，执行措施的选择情况呈逐级递减的状态，特别是事后检查的选择比例仅仅为 14.6%。这一组数据令人想起公共政策实施过程中的一句老话："雷声大、雨点小"。当然，并不是说，所有的公共政策最终都不能得到有效的实施，现实状况是在公共政策实施过程中，政策实施的真实效果或最终结果并没有得到应有的关注，而相反地，实施前的准备过程却被置于最重要的地位。因此，调查数据一定程度上反映出，现今公共政策实施并不是以目标为导向的。

从事前准备看，过半数政策的执行工作主要是事先规定工作标准。应该说，事先规定工作标准的方法比"口号式"执行、"照搬式"执行、"随意性"执行有很大的进步，我国政府越来越重视使用量化的数据来规定政策的执行标准。从实际的运行情况看，具有量化标准的执行措施更有利于实现执行的目标。首先，执行标准为执行工作设定了一个"底线"，政策的执行不能低于该标准，执行标准有利于政策的真正落实。其次，执行标准实际上是对行政机关自由裁量权的一个约束。现实中比较常见的是政策在不同的时间、不同的地点、不同的对象中执行的标准并不一致，甚至差异很大，这与行政机关在异时、异地、异人中对政策的宽严、轻重等把握标准不一是紧密相关的。而执行标准规避行政机关在行使自由裁量权中随意性、选择性、机械性、替代性地执行政策，防止造成曲解政策、利用政策、替代政策等执行弊端。最后，执行标准从一定程度上说，也是"目标标准"，即执行某项政策应该达到的目标。从现实的政策执行中，我们经常可以看到"大力宣传""积极动员""认真落实"等政策执行准备措施。实际上，认真分析这些字眼，我们可以发现，政策执行者希望能够通过“大力宣传”“积极动员”“认真落实”等实现政策目标。但政策执行者忽视了在执行准备中规定执行标准的重要性。因此，执行者高呼执行但无从真正落实的现象在现实中并不乏见。

当然，执行标准还有三个方面的问题需要注意。首先，真标准与假标准的区别。“量化”是标准的灵魂，“模糊”是标准的克星，“模糊”的标准就是假标准，诸如“进一步加强”“下大力气整顿”“上一个新台阶”等用语，实际上就是假标准。这类的政策本身如何执行、怎么执行、执行效果等本身就存在疑问。其次，执行标准和政策标准的关系。从理想状态看，执行标准应该是对政策标准的一个细化规定，而实际上，大部分政策本身就缺乏标准，那么，“标准”是政策的任务还是执行的任务呢？笔者认为，两者都有任务制定执行标准，政策规定应该尽量地量化规定政策的目标。当然，考虑到地区差异、群体差异等情况无法“一刀切”，无法制定统一标准的政策，此时，需要执行部门另行制定执行的标准。最后，有些政策并没有可以量化的标准，如关于加强公民道德的政策，关于文明建设的政策等。对于这些政策，如何制定执行标准？这些政策往往因为其“软性”标准而无法得到切实的贯彻实施。相比企业单一以利润为目标的管理，政府机关设定目标或者标准比企业要复杂得多，经济标准并不是政府机关设定目标的唯一尺度，相反，政治发展、社会稳定、文化进步等标准也是政府机关制定目标的依据。如果政策本身是“软性”的，那么执行本身是否可以完全量化，如在财政支持力度、人员配备标准、资源调配要求、工作流程标准等方面均可以量化规定。如何探索从“软性”政策到“硬性”执行也是需要研究的一个课题，本文限于篇幅，不再讨论。

从事中检查看，仅仅有约两成的政策执行主要通过事中检查的措施来确保政策的执行。事中检查是监督执行的重要措施，行政执行监督分为内部监督和外部监督，内部监督是指执行机关内部的机关或人员检查政策的执行状况，如层级监督、专门监督机关的监督等。在内部监督中，专门的监督机关仅仅对行政执行过程中违法、违规、违纪行为进行监督，其监督的内容并没有深入到执行效果、执行结果、执行评价等执行的深层次问题。外部检查是指行政机关以外的机关对执行工作进行检查，如人大监督，我国自2007年1

月1日起施行的《各级人民代表大会常务委员会监督法》第22条明确规定，各级人民代表大会常务委员会每年选择若干关系改革发展稳定大局和群众切身利益、社会普遍关注的重大问题，有计划地对有关法律、法规实施情况组织执法检查。该类型的监督主要是对法律、法规实施情况进行监督。监督执法状况与监督政策落实有较大的区别，但两者也存在部分交叉。有些政策本身就是对法律、法规的细化规定，人大常委会执法监督的范围为重大问题，而非一般问题，因此，人大监督对行政执法的监督范围、内容是相当有限的。现实的状况是行政执行监督实际上是一个空白，仅凭行政机关层级间督促或者行政机关内部的检查，实际效果并不理想，正如调查数据所反映的，仅仅有约两成的行政执行存在事中检查。

从事后评价看，调查数据显示，行政机关极少对本部门或单位的执行工作进行事后验收。事后验收和执行评价是公共政策落实的重要一环，执行的效果如何，是否达到预期目标，这是公共政策价值的最终体现。从调查数据可以看出，执行评价处于执行的最后环节，也被置于最不受重视的一环。公共政策的落实过程中存在“只看过程、不看结果”的问题，特别是重视事先的执行准备，而不重视事中、事后的检查和验收。有公共政策学者提出在行政组织中实施与企业相类似的目标管理，“目标管理方法促使行政组织履行其职责，明确其工作任务，可以全面准确地评价行政组织的绩效。”① 完全在行政机关中实施目标管理，确实还需要进一步研究，但是部分政策或者政策中的部分内容，只要是可以量化的，实行目标管理未尝不可。在企业目标管理中，目标是基本导向，在政策实施过程中，即使不能完全实施目标管理，也应该以执行的最后环节即执行评价为基本导向。否则，政策的最终目标很可能成为一个虚幻的内容。

四、基于不同府级的分类数据分析

我们抽取省级政府、地市级政府和县级政府三级政府进行比较分析，具体数据如下（见表3-13）。

---

① 杨永杰．论行政组织的目标及目标管理．甘肃政法学院学报，2001（4）．

表 3-13 在落实某一项决策时，您单位主要采取什么措施保障完成的质量？（单选）

选 项	统 计	省级政府	地市级政府	县级政府
[1] 主要是事先规定工作标准	选择计数	257	500	305
	百分比（%）	53.3	57.6	55.0
[2] 主要是事中检查，发现问题及时纠正	选择计数	96	158	150
	百分比（%）	19.9	18.2	27.0
[3] 主要是事后验收，进行考核评价	选择计数	67	144	68
	百分比（%）	13.9	16.6	12.3
[4] 没有保障措施，任务完成的质量取决于任务承担者的素质和能力	选择计数	51	63	29
	百分比（%）	10.6	7.3	5.2
[5] 其他（请填写）	选择计数	11	3	3
	百分比（%）	2.3	0.3	0.5
总计	参选人数	482	868	555
	百分比（%）	100.0	100.0	100.0

从调查数据可以看出，在事先制定工作标准和事后验收这两个措施上，三级政府的选择比例基本一致，没有明显的差异。在事中检查上，县级政府（27.0%）的选择比例明显高于省级政府（19.9%）和地市级政府（18.2%），因此，县级政府比省级政府和地市级政府更加注重事中检查的执行措施。在三级政府中，县级政府处于政策执行“前线”，而省级政府和地市级政府更多地承担部署政策执行的准备工作，并不更多地具体开展政策执行。因此，在政策执行过程中，县级政府的事中检查行为选择比例明显高于省级政府和地市级政府的事中检查行为选择比例。

五、基于不同地区的分类数据分析

我们分别抽取东部沿海地区省份、中部地区省份、西部地区省份和东北地区省份四类不同地区进行比较分析，具体数据如下（见表 3-14）。

表 3-14 在落实某一项决策时，您单位主要采取什么措施保障完成的质量？（单选）

选 项	统 计	东部沿海	中部地区	西部地区	东北地区
[1] 主要是事先规定工作标准	选择计数	396	346	148	172
	百分比（%）	60.0	53.2	48.7	59.1

续前表

选　项	统　计	东部沿海	中部地区	西部地区	东北地区
[2] 主要是事中检查，发现问题及时纠正	选择计数	135	133	64	72
	百分比（%）	20.5	20.5	21.1	24.7
[3] 主要是事后验收，进行考核评价	选择计数	84	105	53	37
	百分比（%）	12.7	16.2	17.4	12.7
[4] 没有保障措施，任务完成的质量取决于任务承担者的素质和能力	选择计数	40	57	38	8
	百分比（%）	6.1	8.8	12.5	2.7
[5] 其他（请填写）	选择计数	5	9	1	2
	百分比（%）	0.8	1.4	0.3	0.7
总计	参选人数	660	650	304	291
	百分比（%）	100.0	100.0	100.0	100.0

从调查数据可以看出，在政府执行中的事先制定执行标准方面，东部沿海地区的选择比例最高，达到60%，东北地区次之，中部地区和西部地区分别位列其后。由此可见，经济越发达的地区，政府机关分解政策要素、制定政策实施标准的能力越强。与此相对应，在事后检查验收上，西部地区的选择比例最高，达到17.4%，中部地区的选择比例次之，东北地区和东部沿海地区的选择比例并列位于最后。可见，经济欠发达地区，政府机关比较倾向于依靠事后检查来实现政策的执行。这似乎与企业的目标管理有相似之处，但实际上，如果没有事先制定科学合理的衡量标准，事后的检查也就没有科学的依据，也就无从谈起目标的实现与否。

六、基于首都地区与其他省份的分类数据分析

我们分别抽取了首都地区的调查数据和全国其他省份的调查数据进行比对分析，数据如下（见表3-15）。

表3-15　在落实某一项决策时，您单位主要采取什么措施保障完成的质量？（单选）

选　项	统　计	北京专项调研	其他省份调研
[1] 主要是事先规定工作标准	选择计数	827	1 062
	百分比（%）	55.5	55.7

续前表

选　项	统　计	北京专项调研	其他省份调研
[2] 主要是事中检查，发现问题及时纠正	选择计数	341	404
	百分比（%）	22.9	21.2
[3] 主要是事后验收，进行考核评价	选择计数	189	279
	百分比（%）	12.7	14.6
[4] 没有保障措施，任务完成的质量取决于任务承担者的素质和能力	选择计数	119	143
	百分比（%）	8.0	7.5
[5] 其他（请填写）	选择计数	15	17
	百分比（%）	1.0	0.9
总计	参选人数	1 491	1 905
	百分比（%）	100.0	100.0

从表 3－15 的数据可以看出，首都地区的调查数据和全国的调查数据非常近似，只有个别数据有较小的差异，如在事中检查方面，首都地区的调研数据略高于全国的调研数据，在事后验收方面则相反。首都地区在行政层级上分为三级：市、区县和乡镇；而地方政府在行政层级上主要分为四级：省级、市级、县级和乡镇级。首都政府的管理半径也远远小于地方省级政府的管理半径。因此，从管理幅度和管理半径两个角度看，首都政府在开展政策执行的事中检查方面略有便利。

七、结论

（一）调查结论

从上述分析可知，首先，在执行的事前、事中和事后三个阶段中，政府的执行行为侧重于事前执行标准，事中和事后的执行手段严重缺失。事中和事后执行手段的缺失直接影响执行效果。在执行过程中，事前、事中和事后过程应当协调发展。没有事前的准备和制定执行标准，事后的评价也就没有依据，执行效果的好坏要以事前执行的标准为依据。同样，事中检查也是执行中的重要一环。事中检查就是要发现执行中存在的问题，及时进行沟通协调，甚至根据事中检查的情况，及时调整执行的具体标准，使执行工作朝着正确、有效的方向行进。而事后验收和评价更是执行工作的重中之重，执行的事前措施和事中措施直接指向执行的效果，执行的最终目标就是实现政策预设的效果。对执行效果进行评价，既是评价政策是否具有科学性的重要措施，同时也是政府执行力的最终评价标准。笔者认为，执行的事前、事中和事后措施应该是平衡发展的。目前，执行的事后措施在执行措施中的分量应该相对更重，原因在于事后措施是对执行效果的最终评价。而且，在目前政府执行力相对薄弱的现状下，强调事后措施有利于政府更加明确地看到执行工作的重要性，并采取更有力的措施提升政府的执行力。

其次，执行工作在不同层级的政府、不同地区的政府上各有不同的表现。比如，县级政府更加注重采取事中检查措施确保执行工作的效果，在经济越发达的区域，政府越倾向于采取事前制定执行标准的执行措施，在经济欠发达的区域，政府相对倾向于以事后验收来保证执行的效果。

在调研中我们发现，下级政府总是抱怨上级政府的政策缺乏科学性，而上级政府则总是抱怨下级政府对其政策的执行不力。在政策执行中，很多政府机关更愿意充当政策的“发号施令者”，而不愿意承担政策的“身体力行者”，这点在对各府级政府进行分类分析中可以明显看到。应该说，在政策由上而下的实施过程中，每级政府都有实施政策规定内容的义务，我们强调政府的宏观管理职能，但并不能因此丧失政府对微观执行的关注。否则，除基层机关以外，其他所有的政府机关都变成纯粹的宏观管理机关。

在调研中我们还发现，经济因素也对执行措施有一定的影响。经济较发达地区虽然比较重视事前制定执行标准，使执行工作更有科学性，但缺乏对执行效果的检验。经济欠发达地区虽然重视对执行效果的检验，但忽略了执行工作本身的科学性。应当说，在执行措施缺位的情况下，单纯以事后验收和评价为手段，也能达到提升部分执行力的效果。但是执行工作并不能仅仅以“成败”作为唯一的衡量标准，况且执行“成败”还有赖于是否有判断“成败”的标准，即事先制定的执行标准。

（二）提升政府执行力的对策——以公共政策的实施阶段为视角

1. 建立以执行为导向的政府运行模式

执行力低下是企业管理的巨大黑洞，也是公共管理的巨大黑洞。从调查的数据看，政府的执行力并没有得到有效的监督和合理的评价，政策执行的中后期阶段几近于“放羊式”执行，执行中的问题没有得到切实的关注和解决，执行的好坏也无法得到真正的验证，这种执行方式与企业的目标管理相去甚远。政府机关的视野无法从政策本身转向政策执行，政策实施中的消极抵抗、故意曲解、断章取义、虚假夸大等弊端在一些领域长期存在，政策在“三令五申”中不断徘徊。久而久之，“红头文件”越来越多，但社会不良状况并没有得到切实的改观。现实中，政府机关落实政策的常见措施就是“发文件”“开大会”。一旦有新的政策出台，政府机关就逐级制定相关文件，政策学习会、宣讲会、部署会等蜂拥而至。当然，政策落实之前的会议是必要的，但是会议之后的实际行动才是政策的真正目的。从现状看来，政府机关“重决策、轻执行”的倾向是非常严重的。

首先，政府应该在决策权和执行权方面做一个适当的分工。很多执行部门所做的工作实际上是“二次决策”的工作，即对上级部门的政策进一步解析，但缺少对实际执行行动的关注。决策权和执行权的适度分离，就是对决策任务和执行任务做适当的分配，弱化执行部门的决策权，强化其执行权。其次，应当努力探索政府的执行文化。政府在市场经济大潮中，极力地强化宏观管理，但忽略了微观执行的重要性。建立政府的执行文化，就是要努力加强政府的“动手能力”，特别是“领导”的“动手能力”，形成上下一体、氛围浓厚的执行文化。最后，政府机关应当建立执行激励机制，在很多地方，政府对招商引资突出的个人予以精神或者物质奖励，这些举措对刺激政府人员的积极性起到了很大的作用。

2. 建立以目标为导向的政府执行模式

近些年来，很多学者都在积极探索把企业管理中的目标管理引入到公共管理领域。“目标管理系由参与管理制定目标，并经过自我管理和自我控制等系统，建立各级人员的责任心和荣誉感，最终以实现组织绩效的一套管理系统”①。政府机关也在积极地探索目标管理模式，如每年的政府工作报告中都充满了各种各样的数据，数据几乎成了“硬标准”。以数据说话体现了政府工作的务实性，但也在一定程度上暴露了政府工作过于关注经济成果。因为，数据更多体现的是经济效益，而经济职能仅仅是政府职能的一部分。

正如前文所述，行政组织的目标是相当复杂的，与企业的相对单一经济

① 张成福，党秀云．公共管理学．2版．北京：中国人民大学出版社，2007：334.

利益指标是不同的。那么，目标管理是否在公共管理中并不适用？笔者认为，目标管理同样适用于公共管理，政府应该建立以目标为导向的政府执行模式。首先，目标管理的精髓在于以目标约束组织成员从而促进其不懈追求执行的成效，在追求执行效果上，企业和政府具有共同之处。其次，目标是调动政府机关有效执行的杠杆，以目标为导向的政府执行模式就是要使政府的执行成为有目的、有计划和有灵魂的活动。最后，从调研的现状看，政府的执行行为的薄弱环节在于事后措施，通过建立以目标为导向的政府执行模式，有利于政府更加关注执行的实效。

3. *建立以法制为保障的执行实施模式*

有学者对政府人员的性质进行了研究，政府人员到底是“政府公共人”还是“政府经济人”？“政府公共人”强调政府人员必须全心全意为人民服务，但实际情况并非如此纯粹。政府人员作为个体也有自己的利益诉求，“大多数的政府人员及由他们所组成的政府组织对于有损自己利益的行为，往往并不会是无动于衷的”[①]。对于政府人员及其组织的利益诉求，如果是不正当诉求，严重的情况可以诉诸刑事法律以职务犯罪论处，如贪污、贿赂、徇私舞弊、滥用职权、玩忽职守等。而一些情况未必违法，但与政策的原意相去甚远。典型的案例如 2018 年以前的排污费征收，依据的是《排污费征收使用管理条例》。[②] 其中规定：“排污费应当全部专项用于环境污染防治，任何单位和个人不得截留、挤占或者挪作他用。”也就是说，排污费包含专项征收和专项使用两个方面，而这条规定在有些地方成了“只管征收，不管治理”，如安徽省灵璧县环保局只管征收排污费，而不管治污，甚至把排污费基本上都用于工资发放。[③] 政策执行过程往往是利益博弈的过程，如中央利益和地方利益的博弈，长期利益和短期利益的博弈，整体利益和局部利益的博弈，集体利益和个人利益的博弈。建立以法制为保障的执行实施模式就是要对执行过程中的无序利益、非法利益、不当利益等进行规制。

在政策执行过程中，敷衍执行、拖延执行、应付执行、虚假执行等情况

---

① 莫勇波．论“政府经济人”及其对政府执行力的制约．社会科学家，2008（5）.

② 《中华人民共和国环境保护税法实施条例》，自 2018 年 1 月 1 日起施行，《排污费征收使用管理条例》同时废止。

③ 秦佩华．环保局人满为患 排污费不够“吃饭”．人民日报，2007－07－31（8）.

并不乏见。对这些不恰当的执行，也应当通过法制手段予以规制，如采取降薪、降级、行政处分等措施。此外，执行本身是行动的艺术，从执行准备、执行检查到执行评价这是一个完整的流程。我们应当研究执行的规律性过程和规范性操作程序，并以条例、规定等形式固定下来，真正使执行工作成为有章可循、有法可依的系统性工程。

第四节　影响公共政策有效执行因素的数据分析

没有公共政策执行，再好的公共政策也只能是一纸空文。然而，在我国行政管理活动中，由于主客观等种种原因，政策落实的情况并不乐观，“上有政策、下有对策”现象还普遍存在。在政策执行中出现了多种政策变异的表现形式，如替代式政策执行、选择式政策执行、敷衍式政策执行、附加式政策执行、机械式政策执行等，直接影响了公共政策目标的实现，削弱了政策执行力和政府公信力。在当前构建社会主义和谐社会的形势下，研究解决我国的公共政策执行中存在的主要问题，对于提高我国公共政策执行效率有着重要理论价值和现实意义。

一、调查问卷设计

据您了解，目前在政府的政策执行过程中，存在的主要问题是什么？（限选三项）

[1] 执行体制不合理，政策制定、政策执行经常是一个部门，没有实现适当分离

[2] 靠行政机关执行，社会组织或个人的参与程度不够

[3] 政策执行过程中缺乏监控机制，导致执行不到位（如上有政策、下有对策）

[4] 执行手段缺乏

[5] 执行依据不足

[6] 执行人员素质、执行专业化程度有待提高

[7] 财政保障不足

[8] 其他（请填写）

公共政策的有效执行受到多种因素的影响和制约，本题有针对性地选择了执行体制、公众参与、监控机制、执法手段、执法依据、公务员素质、财政保障等七个因素。

二、总体分析

统计全部被调查人员的选择情况，各项选择计数及所占比重如表3-16所示。

表3-16　据您了解，目前在政府的政策执行过程中，存在的主要问题是什么？（限选三项）

选　项	选择计数	百分比（%）
[1] 执行体制不合理，政策制定、政策执行经常是一个部门，没有实现适当分离	1 207	60.7
[2] 靠行政机关执行，社会组织或个人的参与程度不够	1 150	57.9
[3] 政策执行过程中缺乏监控机制，导致执行不到位（如上有政策、下有对策）	1 439	72.4
[4] 执行手段缺乏	626	31.5
[5] 执行依据不足	310	15.6
[6] 执行人员素质、执行专业化程度有待提高	705	35.5
[7] 财政保障不足	249	12.5
[8] 其他（请填写）	28	1.4
总计	1 987	100.0

“其他”选项填写情况：(1) 政策本身有问题；(2) 立法执法严重脱节；(3) 执行的公信力不足；(4) 政治体制问题；(5) 缺乏有效的监控机制；(6) 执行要配合宣传，首先让被执行者了解理解和接受，不要一味搞强制，要疏导；(7) 依法执行就可以；(8) 监督机制缺乏；(9) 行政决策的执行受监督不足；(10) 政策执行过程没有公开，群众认同差，执行就有阻力；(11) 政策的反馈调整机制有待健全；(12) 媒体、公众监督不够；(13) 政策相互矛盾，不配套。

分析调查统计数据，可以看到七个因素明显分为三个层次。第一层次：[3] 政策执行过程中缺乏监控机制，导致执行不到位（如上有政策、下有对策）；[1] 执行体制不合理，政策制定、政策执行经常是一个部门，没有实现适当分离；[2] 靠行政机关执行，社会组织或个人的参与程度不够。这三个因素排名前三位，而且选择率较高，分别占到72.4%、60.7%、57.9%。大大高于对后面因素的选择。第二层次：[6] 执行人员素质、执行专业化程度有待提高；[4] 执行手段缺乏。其二者的选择率分别为35.5%、31.5%，从数值来看相对偏低。第三层次：[5] 执行依据不足；[7] 财政保障不足。这两项选择比重最低，分别为15.6%和12.5%，说明公务员普遍认为这两个因素对公共政策的有效执行影响很小。由上面的分析看，第一层次的三个因素应当是当前影响政府政策执行的主要因素。

第一，在政策的执行中，监督制度是否健全，监督体制和方法是否适当，都会对政策执行产生重要影响。从我国的法律规定来看，对于政策执行已经形成了一个由人大监督、行政监督、司法监督等权力性监督和各种非权力性的社会监督组成的多元监督网络。但由于缺乏科学合理的分工，监督范围与监督责任不明确，尚未真正形成高效的监督控制机制，在实践中没有发挥应有的作用。首先，各级政府由同级人大选举产生，应对其报告工作，受其监督。人大监督应具有权威性和强制性，但由于法律规则的保障不足，人大对同级政府的政策执行行为缺乏实际约束力。人大在监督中发现违法情形时，多采用间接的方式解决，一般不直接参与纠正与处理违法案件。选举、决定和罢免政府机关主要领导人员的人大的监督作用有时未能在执行实践中得到充分体现，这些都影响了人大监督的威慑力。其次，行政监督有一般监督（层级监督）和专门监督。上级政府对下级政府的一般监督存在着对监督工作重视不够、监督机构不健全、监督制度不完善、监督手段单一、监督方式陈旧等问题。① 而来自行政监察机关和审计机关的专门监督在双重领导体制下，受同级政府人事、财政等因素的制约，监督工作缺乏独立性和应有的权威性，监督职能发挥不充分。再次，司法机关监督具有事后性，而且由于我国行政诉讼受案范围的限制，不利于及时纠正执行中的偏差，作用发挥有限。最后，社会监督主体不仅包括各种社会团体和舆论传媒，而且还包括各种群众自治组织以及公民。其主体广泛而且与政策执行活动密切相关，所以

① 周国雄．博弈：公共政策执行力与利益主体．上海：华东师范大学出版社，2008：182.

社会监督是政策执行中容易做到的民主监督形式。但是社会监督是一种非权力性监督，必须通过有权国家机关发挥作用，缺乏具体的程序和制度保障，难以发挥作用。新闻媒体在现代社会具有重要监督作用，但政府对新闻媒体具有较强的控制力，使新闻舆论的独立性和客观性不足，因而不能满足监督政策执行的需要。

第二，政策执行体制由承担政策执行任务的机构与人员所形成的组织体系和规范公共政策执行活动的各种制度构成。合理、科学的执行体制对于保证政策的有效执行具有重要意义。中国传统的公共政策执行体制是在计划经济体制下形成的决策与执行高度合一的模式。政府处于公共权力的中心，既享有公共政策制定的权力，又负责公共政策的执行，政府是唯一的公共政策执行主体。社会主义市场经济的发展使公共政策执行主体出现多元化，一些非政府公共组织成为公共政策的执行主体。但是根据现实国情，在相当长一段时间内，政府在政策执行中仍将处于主导地位。从我国宪法和相关组织法来看，从中央政府到地方各级政府都有相应的决策权和执行权。由于我国政府管理中存在着中央与地方各级政府“职责同构”的问题，中央政府与地方政府的事权划分规定不明确或规定得比较笼统，造成在政策执行体制中出现“职责不清”“强行干预”“缺乏协调”“监督不力”等混乱现象。[①] 在决策与执行不分模式下，容易出现“部门职责法定化”“部门利益法定化”现象。若部门再亲自执行来实现这种利益，则构成了部门利益实现链条的“一条龙”。这种情况不仅容易造成部门之间在执行中的扯皮打架，而且制定的政策在执行中也得不到公众认同，往往因为该政策执行难度大而采取强制性措施，继而引发社会矛盾。在这种决策与执行不分、执行主体相对单一的执行体制下，各级政府及其所属部门仍习惯于独立承担公共政策执行主体的职责，享有绝对的公共政策执行权力，执行范围也非常广泛；而非政府公共组织的独立执行权力仍然很弱，一般在执行中处于从属被动地位。这不利于激发调动各方面的积极性，提高其责任心和参与意识，提高公共政策执行的效率。

第三，公众参与公共政策执行，不仅可以提高公共政策执行的社会认同度和接受度，而且还有助于减少公共政策执行者政策执行偏差和执行腐败行

① 刘熙瑞．公共管理中的决策与执行．北京：中央党校出版社，2003：165－168.

为。但是在实际公共政策执行过程中，单纯依靠行政机关、公众参与不足现象还是普遍存在的。究其原因：一方面，我国人民当家做主的社会主义制度为公民参与提供了根本保证，但是关于规范参与行为、畅通参与渠道、保证参与实施的制度却不够健全。政府虽然鼓励公民参与，但是由于参与形式、方法、渠道和手段等都没有具体的规定，公民不能通过正常合法的程序进行参与。另一方面，公民普遍缺乏参与意识，同时由于受社会成员自身素质，对资讯掌握程度、理解程度，以及对政策目标实现的可能性和途径的认识等诸多因素的影响，现实中公民参与的能力与参与要求并不相符，参与效率低下。此外，公众参与的受重视程度不高也是其中的关键因素。有些地方把公民参与作为一种“形象工程”，过于表面化、敷衍化，即使公民提出自己的意见和建议，政府也不予考虑和重视。这使公民真实的意见得不到有效的关注和积极的反馈，导致其参与热情不高。

三、基于不同府级的分类数据分析

如表 3－17 所示，从三级政府公务员各自的选择排序来看，位于首位的都是政策执行过程中缺乏监控机制，导致执行不到位，说明各级政府公务员对于监控机制缺乏对政策执行的影响的认识高度一致。地市级政府和县级政府对主要问题的排序完全相同，而省级政府的略有不同，把公众参与程度不够排在了执行体制不合理前面，但相差数值很少。说明二者相比较而言，省级更加看重公众参与对执行的影响。

表 3－17　据您了解，目前在政府的政策执行过程中，存在的主要问题是什么？（限选三项）

选　项	统　计	省级政府	地市级政府	县级政府
[1] 执行体制不合理，政策制定、政策执行经常是一个部门，没有实现适当分离	选择计数	288	551	368
	百分比（%）	56.1	61.2	64.1
[2] 靠行政机关执行，社会组织或个人的参与程度不够	选择计数	295	534	321
	百分比（%）	57.5	59.3	55.9
[3] 政策执行过程中缺乏监控机制，导致执行不到位（如上有政策、下有对策）	选择计数	402	663	374
	百分比（%）	78.4	73.7	65.2

续前表

选　项	统　计	省级政府	地市级政府	县级政府
[4] 执行手段缺乏	选择计数	181	255	190
	百分比（%）	35.3	28.3	33.1
[5] 执行依据不足	选择计数	67	142	101
	百分比（%）	13.1	15.8	17.6
[6] 执行人员素质、执行专业化程度有待提高	选择计数	187	324	194
	百分比（%）	36.5	36.0	33.8
[7] 财政保障不足	选择计数	67	98	84
	百分比（%）	13.1	10.9	14.6
[8] 其他（请填写）	选择计数	9	12	7
	百分比（%）	1.8	1.3	1.2
总计	参选人数	513	900	574
	百分比（%）	100.0	100.0	100.0

从三级政府公务员对各项选择的横向比较来看，最明显的现象是“两升两降”。“两升”是执行体制不合理和执法依据不足由省级政府到县级政府选择率逐渐上升。省级政府是我国地方政府中最主要的决策主体，对其有权决策的事项，基本都有权加以执行。因而有能力将具有重大利益的执行权保留在自己手中，决策与执行的分离将直接影响省级政府的执行利益。而县级政府决策权范围狭窄，执行是县级政府的主要职能。决策与执行的分离对县级政府利益影响小，而且分离可能使县级政府的执行权更为明确，更有保障，从而具有更多的自主权。因此政府级别越低，越认同决策与执行分离对执行有力。执法依据不足选择率上升一定程度上说明上级决策缺乏科学性，不适合本地方具体情况或自己制定的政策不合理。“两降”是指政策执行过程中监控机制缺乏和执行人员素质、执行专业化程度有待提高由省级政府到县级政府逐步下降。前者说明政府级别越高越重视监控对执行的重要影响，越到基层政府，越忽视监控的作用。政策执行监控不力，导致地方政府为了本地方的利益，对政策进行变通执行、敷衍执行等行为，导致政策执行不到位。后者说明政府级别越高，越认识到公务员素质对政策执行的影响。此外，在财政保障不足上，县级政府选择率最高，这一定程度上反映了基层政

府财政资金的不足，应当在合理划分中央和地方事权的基础上，建立健全与事权相匹配的财税体制，增加基层政府的财政能力。

四、基于不同年龄的分类数据分析

如表 3－18 所示，从不同年龄段的各自选择排序情况看，前三个年龄段的公务员对各影响因素的排序是完全一样的，51～60 周岁年龄段，只是在二、三序位和四、五序位有差别。61 周岁以上公务员由于只有两人参与，样本太少，参考性不大。当然其集中选择在排名靠前的几个因素也说明了一定问题。

从不同年龄段对各选项的选择来看，政策执行过程缺乏监控机制是首要选择因素，各年龄段三分之二以上的人都作了选择，尤其是 31～40、41～50 周岁两个年龄段选择率更高。这两个年龄段的公务员应该是政策执行中的中坚力量，有一定的工作经历，有较多的亲身体验，更能体会政策执行过程中缺乏监控机制对政策具体落实的影响。51～60 周岁年龄段公务员把公众参与程度不高和执行手段缺乏都提高了一个序位，而且分别与其他三个年龄段相比较选择率都最高，而相应的，其执行体制不合理和执行人员素质、执行专业化程度有待提高与其他相比最低。结合对监控机制的选择，可以看出这个年龄段对行政管理体制的改革有一定抵触心理。对执行依据不足和财政保障不足这两个选项，都呈现两头高、中间低的现象，这表明 30 周岁以下和 51～60 周岁这两个年龄段更加认可执行依据和财政支持对执行的影响。

表 3－18　　据您了解，目前在政府的政策执行过程中，存在的主要问题是什么？（限选三项）

选　项	统　计	30 周岁以下	31～40 周岁	41～50 周岁	51～60 周岁	61 周岁以上
[1] 执行体制不合理，政策制定、政策执行经常是一个部门，没有实现适当分离	选择计数	299	458	297	111	2
	百分比（%）	62.4	59.7	60.9	58.1	100.0
[2] 靠行政机关执行，社会组织或个人的参与程度不够	选择计数	297	432	272	121	0
	百分比（%）	62.0	56.3	55.7	63.4	0.0

续前表

选　项	统　计	30周岁以下	31～40周岁	41～50周岁	51～60周岁	61周岁以上
[3] 政策执行过程中缺乏监控机制，导致执行不到位（如上有政策、下有对策）	选择计数	337	569	359	129	2
	百分比（%）	70.4	74.2	73.6	67.5	100.0
[4] 执行手段缺乏	选择计数	143	248	138	69	1
	百分比（%）	29.9	32.3	28.3	36.1	50.0
[5] 执行依据不足	选择计数	76	118	74	30	0
	百分比（%）	15.9	15.4	15.2	15.7	0.0
[6] 执行人员素质、执行专业化程度有待提高	选择计数	174	272	182	65	1
	百分比（%）	36.3	35.5	37.3	34.0	50.0
[7] 财政保障不足	选择计数	61	94	59	29	0
	百分比（%）	12.7	12.3	12.1	15.2	0.0
[8] 其他（请填写）	选择计数	9	12	4	1	0
	百分比（%）	1.9	1.6	0.8	0.5	0.0
总计	参选人数	479	767	488	191	2
	百分比（%）	100.0	100.0	100.0	100.0	100.0

五、基于不同学历的分类数据分析

如表3-19所示，从不同学历公务员各自选择排序情况看，大专、本科和硕士研究生对各影响因素的排位是基本一样的，只是硕士研究生在二、三序位上有颠倒，但数值相差甚小。各个学历层次对政策执行缺乏监控机制、执行手段缺乏、执行依据不足、财政保障不足的选择排序都是一样的。博士研究生更是把执行人员素质对政策执行的影响提到了第二位。他们一般在政府中处于较高层次的位置，往往从整体上把握大局，因此更注重公务员整体素质和水平，有了高水平的工作人员，才能更好地执行政策。

从不同学历层次对各选项的选择情况看，随着学历层次的提高，对政策执行过程缺乏监控机制这一因素的选择率明显提高，呈现正相关关系。这说明知识水平的提高，对问题的看法相应比较深入，更能认识到监督对政策落实的重要性。高中及以下学历公务员对执行手段缺乏，执行依据不足和执行人员素质、执行专业化程度有待提高三个因素选择率较高，一定程度说明他们对执行手段和执行依据等问题的认识把握欠缺，不能保留运用已有的执行条件。博士研究生公务员把政策执行中缺乏监控机制和执行体制不合理两个因素放在前两位，这是由于他们理论知识素养相对较高，对问题的分析比较深入，能够深刻认识到政策执行监控机制缺乏和执行体制不合理对政策执行的重要影响。

表 3-19　　据您了解，目前在政府的政策执行过程中，存在的主要问题是什么？（限选三项）

选　项	统　计	高中及以下	大专	本科	硕士研究生	博士研究生
[1] 执行体制不合理，政策制定、政策执行经常是一个部门，没有实现适当分离	选择计数	34	207	718	163	17
	百分比（%）	45.9	57.7	62.5	59.1	54.8
[2] 靠行政机关执行，社会组织或个人的参与程度不够	选择计数	38	204	679	168	10
	百分比（%）	51.4	56.8	59.1	60.9	32.3
[3] 政策执行过程中缺乏监控机制，导致执行不到位（如上有政策、下有对策）	选择计数	39	229	859	212	29
	百分比（%）	52.7	63.8	74.8	76.8	93.5
[4] 执行手段缺乏	选择计数	32	126	333	92	7
	百分比（%）	43.2	35.1	29.0	33.3	22.6
[5] 执行依据不足	选择计数	22	56	168	45	5
	百分比（%）	29.7	15.6	14.6	16.3	16.1
[6] 执行人员素质、执行专业化程度有待提高	选择计数	35	149	375	104	17
	百分比（%）	47.3	41.5	32.6	37.7	54.8
[7] 财政保障不足	选择计数	7	46	148	33	4
	百分比（%）	9.5	12.8	12.9	12.0	12.9
[8] 其他（请填写）	选择计数	1	3	13	9	0
	百分比（%）	1.4	0.8	1.1	3.3	0.0
总计	参选人数	74	359	1 149	276	31
	百分比（%）	100.0	100.0	100.0	100.0	100.0

六、基于不同职务类型的分类数据分析

如表 3-20 所示，领导职务和非领导职务对各因素的选择排序趋向基本一致，只在第六、第七顺序有颠倒，领导职务公务员把财政保障不足放在了执行依据不足之前，而且选择率比非领导职务公务员的高，说明领导职务公务员更能体会单位财政资金不足对政策执行的影响。而非领导职务公务员的选择恰好相反，作为大多具体执行工作的承担者，说明其更理解执行依据不足导致的执行困难。对政策执行过程中缺乏监控机制的选择率，领导职务公务员高出非领导职务近 8 个百分点，反映了领导职务公务员对政策执行不到位、上有政策、下有对策的认识更清楚：正是缺乏有效的监控机制才使政策在执行中出现大打折扣、敷衍执行等种种不良现象，政策执行者根据本单位、本地方的利益对政策选择执行。另外，领导职务看重公众参与程度和执行手段缺乏对执行的影响，而非领导职务则对执行体制不合理和执行人员素质的影响更为重视。

表 3-20　据您了解，目前在政府的政策执行过程中，存在的主要问题是什么？（限选三项）

选　项	统　计	领导职务	非领导职务
[1] 执行体制不合理，政策制定、政策执行经常是一个部门，没有实现适当分离	选择计数	315	488
	百分比（%）	60.1	62.2
[2] 靠行政机关执行，社会组织或个人的参与程度不够	选择计数	313	447
	百分比（%）	59.7	56.9
[3] 政策执行过程中缺乏监控机制，导致执行不到位（如上有政策、下有对策）	选择计数	410	555
	百分比（%）	78.2	70.7
[4] 执行手段缺乏	选择计数	162	237
	百分比（%）	30.9	30.2
[5] 执行依据不足	选择计数	57	120
	百分比（%）	10.9	15.3
[6] 执行人员素质、执行专业化程度有待提高	选择计数	191	316
	百分比（%）	36.5	40.3

续前表

选　项	统　计	领导职务	非领导职务
[7] 财政保障不足	选择计数	70	97
	百分比（%）	13.4	12.4
[8] 其他（请填写）	选择计数	2	16
	百分比（%）	0.4	2.0
总计	参选人数	524	785
	百分比（%）	100.0	100.0

七、基于不同地区的分类数据分析

从表 3-21 数据可以看出，从对政策执行过程中存在主要问题的认识上看，东部沿海地区、中部地区、西部地区以及东北地区公务员均认为“政策执行过程中缺乏监控机制，导致执行不到位”是影响政策执行的首要因素。说明监督机制的缺乏不是局部的、地区性的，而是整体的、全国性的。各地区公务员的选择对其他各项的排序也是基本一致的，只是在个别序位上有差别。

从各地区的选择横向比较来看，西部地区具有一个明显特点——三最高一最低：政策执行过程中缺乏监控机制，导致执行不到位；靠行政机关执行，社会组织或个人的参与程度不够；执行人员素质、执行专业化程度有待提高，这三个选项的选择率明显高于其他地区的。而其对“执行体制不合理，政策制定、政策执行经常是一个部门”选择率最低。西部地区经济发展水平不高，行政管理体制改革滞后，群众缺乏参与意识，在公务员招考、选拔聘用方面没有东部沿海地区的有吸引力，公务员整体素质相对偏低。这些都对公共政策的执行产生了重要影响。对于靠行政机关执行，社会组织或个人的参与程度不够的选择，东部沿海地区和东北地区的低于中部地区和西部地区，这说明经济发展水平越高，人民的参与意识越强。而对于执行手段缺乏和执行依据不足两项的选择上，东部沿海地区和东北地区的选择率高于中部地区和西部地区的选择率，这说明经济相对发达地区更追求政策制定的科学性、合法性，更注重采取灵活多样的执行手段。

表 3-21 据您了解，目前在政府的政策执行过程中，存在的主要问题是什么？（限选三项）

选　项	统　计	东部沿海	中部地区	西部地区	东北地区
[1] 执行体制不合理，政策制定、政策执行经常是一个部门，没有实现适当分离	选择计数	416	453	162	176
	百分比（%）	61.6	66.2	49.8	58.1
[2] 靠行政机关执行，社会组织或个人的参与程度不够	选择计数	373	400	207	170
	百分比（%）	55.3	58.5	63.7	56.1
[3] 政策执行过程中缺乏监控机制，导致执行不到位（如上有政策、下有对策）	选择计数	478	515	255	191
	百分比（%）	70.8	75.3	78.5	63.0
[4] 执行手段缺乏	选择计数	219	195	96	116
	百分比（%）	32.4	28.5	29.5	38.3
[5] 执行依据不足	选择计数	123	81	51	55
	百分比（%）	18.2	11.8	15.7	18.2
[6] 执行人员素质、执行专业化程度有待提高	选择计数	239	233	131	102
	百分比（%）	35.4	34.1	40.3	33.7
[7] 财政保障不足	选择计数	68	113	34	34
	百分比（%）	10.1	16.5	10.5	11.2
[8] 其他（请填写）	选择计数	14	6	3	5
	百分比（%）	2.1	0.9	0.9	1.7
总计	参选人数	675	684	325	303
	百分比（%）	100.0	100.0	100.0	100.0

八、基于不同省份的分类数据分析

从表 3-22 的数据可以看出，北京市和其他省份对影响政策执行的诸因素排列顺序基本是相同的，都把选项 [1] [2] [3] 排在前三位，把执行依据不足、财政保障不足和其他放在最后三位。二者只在四、五序位有差别，北京市的把执行手段缺乏放在前面，而其他省份的把执行人员素质、执行专业化程度有待提高放在前面。这说明北京市公务员整体素质要比其他省份公务员素质高，而且在执行过程中，为了维护稳定的社会秩序，更加注意执行手段的多样化，提高执行效率。

从各项选择来看，北京对排名前三位的因素选择率比其他省份的低，而对选项［5］［7］的选择率高于其他省份。再结合上段分析，我们认为这与北京作为直辖市和首都的特殊性有很大关系。直辖市比普通省份行政级别一般要少一级，便于上级加强对下级的监督控制，且经济发展水平通常高于普通省份，公务员的法制意识也高一些，执行不到位的违法违规行为也少一些。北京作为首都，受中央的控制更为严格，理应起到示范作用。从调查数据来看，北京的政策执行情况确实要好于其他省份。

表 3-22　据您了解，目前在政府的政策执行过程中，存在的主要问题是什么？（限选三项）

选　项	统　计	北京专项调研	其他省份调研
[1] 执行体制不合理，政策制定、政策执行经常是一个部门，没有实现适当分离	选择计数	896	1 207
	百分比（%）	58.7	60.7
[2] 靠行政机关执行，社会组织或个人的参与程度不够	选择计数	859	1 150
	百分比（%）	56.3	57.9
[3] 政策执行过程中缺乏监控机制，导致执行不到位（如上有政策、下有对策）	选择计数	905	1 439
	百分比（%）	59.3	72.4
[4] 执行手段缺乏	选择计数	550	626
	百分比（%）	36.0	31.5
[5] 执行依据不足	选择计数	347	310
	百分比（%）	22.7	15.6
[6] 执行人员素质、执行专业化程度有待提高	选择计数	518	705
	百分比（%）	33.9	35.5
[7] 财政保障不足	选择计数	196	249
	百分比（%）	12.8	12.5
[8] 其他（请填写）	选择计数	12	28
	百分比（%）	0.8	1.4
总计	参选人数	1 527	1 987
	百分比（%）	100.0	100.0

九、结论

通过前面的总体和分类数据分析，我们可以得出以下结论。

首先，政策执行缺乏监督控制机制已成为影响公共政策有效执行的首要因素。从前面数据来看，无论是总体分析，还是基于不同府级、不同年龄、不同学历、不同职务、不同地区公务员的分类数据分析，全部把政策执行中的主要问题首先指向政策执行过程中缺乏监控机制，导致执行不到位（如上有政策、下有对策），选择率明显高于其他因素。而从北京与其他地区比较来看，如果监督加强，影响会减小。这说明要保证公共政策的有效执行，必须要加强对执行过程的有效监督。

其次，执行体制不合理和公众参与程度不够是导致政策不能有效执行的重要因素。从前面的分类数据来看，只有省级政府、51～60周岁、高中及以下学历、西部地区等类公务员没有把“执行体制不合理，政策制定、政策执行经常是一个部门，没有实现适当分离”放在第二位。而恰恰主要是这几类公务员把“靠行政机关执行，社会组织或个人的参与程度不够”排在第二位。这说明政府级别、年龄、学历、经济发展水平等因素对改革执行体制和提高公众参与程度有一定影响。要针对不同因素分别采取不同方法，提高认识，消除阻力，推进改革，提高公众参与水平。

再次，公务员素质和执行手段对政策有效执行有一定影响，但随着我国公务员素质的整体提高，这些已经不再是影响政策执行的主要因素。为了进一步提高政策执行水平，要加强对公务员队伍的培训，全面提高公务员素质、能力，尤其是学历层次低、经济不发达地区公务员的综合素质。在此基础上，要提高公务员队伍的专业化水平。社会新生事物的不断涌现，人们对政府提供管理和服务的要求也越来越高，这就要求政策执行要由具有相关专业知识的人来完成。公务员的专业化水平成为决定政府工作运行效率的重要因素。执行人员要提高业务水平，具备自己工作领域的专业知识、技能。执行手段有行政手段、经济手段、法律手段、思想教育手段、现代科技手段等多种手段。对执行手段缺乏的选择，说明公务员根据实际情况，灵活运用这些手段的能力还不高。随着公务员整体素质和专业化水平的提高，这一因素的影响应该会进一步降低。

最后，执法依据和财政保障因素对政策有效执行的影响很弱。说明随着政府决策水平和经济发展水平的提高，已经为政策执行提供了较好的基础和保障。

针对上述结论，我们认为应该重点从以下几个方面推进公共政策的有效执行。

（一）强化政策执行监督机制，健全行政问责制

科学、合理的政策执行监督机制是公共政策有效执行的必要前提。针对我国公共政策执行活动监督不力造成的政策执行现状，必须强化内外结合、完善政策执行监督机制。第一，要从政府内部入手，加强层级监督，确立专门监督机关的独立地位。上级政府要重视政策执行监督工作，完善监督手段和监督方式，及时、有效地监督所属部门和下级政府的执行行为。行政监察和审计监督要真正充分发挥作用，有必要改变现行的双重领导体制，建立起自上而下的、独立的垂直领导体系。实现人事自主、财政单列，使监督部门的人员编制、干部任命、财政拨款等不再受同级政府制约，从而保证监督部门获得超然的独立地位，更好地发挥对政策执行应有的监督功能。第二，要加强权力机关监督。通过完善人大常委会和各专门委员会的组织设置，发挥其监督职能，加强和改进执法监督检查等措施。切实把宪法、监督法等赋予权力机关的监督权力真正落到实处。第三，要保障司法机关的独立地位。适当扩大行政诉讼受案范围，及时处理案件，纠正违法行为，保证司法机关依法对政策执行行为的监督。第四，要完善社会监督制度。要让公众和新闻媒体对执行的领导、协调和控制环节有所了解，接受公众和舆论的监督。消除认为新闻媒体多揭露些问题就是暴露阴暗面的错误认识，加强新闻舆论对政策执行的监督作用。加强社会监督方面的立法，使社会监督权威化、法制化。第五，要健全行政问责制。行政问责制是建设现代责任政府的本质要求，也是提升政策执行力的重要保证。政策执行者依法定权力执行政策，是权、责、利的统一体，要真正做到有权必有责。因此，要控制政策执行方向，规范政策执行行为，就必须建立政策执行者责任制，使政策理解偏差、贯彻不力、执行失误甚至违背政策、对抗政策，以至于酿成严重后果的责任落实到具体的执行者身上，从而提高政策执行者的责任感、使命感和风险意识。当前应重点健全首长责任制、目标责任制、岗位责任制以及引咎辞职制等制度。

（二）积极实践，探索适合国情的公共政策执行体制

一个国家构建什么样的公共政策执行体制，必然受到该国政治、经济、文化等方面的制约。中国的公共政策执行体制的构建既要符合当今国际公共管理的发展方向，又要具有中国特色。2002 年 11 月，中共十六大报告提出："按照精简、统一、效能的原则和决策、执行、监督相协调的要求，继续推进政府机构改革。"2003 年深圳率先提出"行政三分制"改革。行政三分制的基本思路是：借鉴英国、美国、中国香港特别行政区等国家和地区成熟经验，对行政权进行重新分解。政府按照大行业、大系统的原则设立若干决策局，就每个决策部门的关联业务设置相应的执行局。执行部门和决策部门之间是绩效合同关系，各自负责决策和执行。此外，设立相对独立的监察机关，包括监察局和审计局，直接向市长负责。但深圳行政三分制改革历程可谓一波三折，正好说明在我国现行行政管理体制下要构建决策、执行、监督相分离的制度将要经历一个长期实践、探索的过程。所以，我们还是要立足现实，不断试点、推广，逐步确立适合我国国情的公共政策执行体制。其实，目前许多地方政府按照行政处罚法和行政许可法规定实施综合执法和集中审批，为决策、执行的分离提供了很好的思路。这说明执行权与决策权的相对分离是可以实现的，关键是如何来构建。当前比较可行的是要扩大公共政策执行主体范围。政府等公共权威机构主要负责宏观的、全局性的、核心的公共政策的决策与执行；把微观的、局部性的、具体的公共政策或通过行政授权、行政委托，或通过引入市场竞争机制、采用签订合同等方式由非政府组织或其他组织执行，同时相关政府部门要加强政策执行的监督。这样也可以实现决策与执行在一定程度上的分离，加强政策与公民社会的沟通、互动，减少公共政策执行的阻力，降低政策执行成本，提高行政执行效率。

（三）完善公众参与制度，提高公众参与水平

公众参与可以为公共政策执行提供有力保障，为公共政策调整提供重要依据，所以需要完善制度，提高公众参与水平。其一，要增强政策执行透明度，拓宽公共政策执行参与渠道。公共政策执行活动除涉及党和国家机密外，其余都应按照法律程序和规章制度在一定范围内公之于众，使执行活动置于公众的监督下。要加强公众参与的具体制度建设，开辟多种有效地参与渠道，如举行公共政策执行听证会、建立公共政策信息披露制度、公民直接参与公共政策执行的投票表决等。通过公共政策执行活动信息的公开化，确保社会公众的知情权、参与权。其二，要培养公民参与意识，提高公民参与能力。积极培育公民参与政策所需要的适度、理性的心理，引导公民树立平等意识、自主意识、责任意识和法制意识。使公民从内心将参与公共政策执行看成是自己的一项重要的权利及义务，积极参与公共政策执行过程。加强对公民参与公共政策的相关政治知识和技能的传授，努力培养公民的民主政治行为能力，通过向公民传授必需的知识，让公民懂得如何参与政策执行过程，了解如何通过参与来保障和实现自己的合法利益，从而提高公民参与公共政策执行的技能，增强公民参与的有效性。其三，要规范公民参与程序，保障公民参与权的实现。无救济即无权利，公民参与权利的实现需要程序来保障。应对公民参与政策执行的内容、方式、途径作出明确的规定，并用法律的形式固定下来，依法确定科学合理的公民参与程序。优化公民参与执行计划、参与执行监督和参与执行评估机制①，切实保障公民参与权的落实。

第五节　公共政策执行主要阻力的数据分析

长期以来，在公共政策执行过程中，有令不行、有禁不止的现象一直是困扰行政管理机构的一大难题。本题拟探讨公共政策执行过程中的阻力因素，分析阻力因素的构成及不同阻力因素对于执行阻力的影响程度，进而提出消除公共政策执行阻力的对策和方法。

一、公共政策执行阻力分析

随着公共政策执行过程中有令不行、有禁不止现象的频繁发生，学界越来越关注公共政策的执行过程。如有学者认为，公共政策执行是政策执行者通过建立执行机构，运用各种政策资源，采取解释、宣传、实验、实施、协调与监控等各种行为，将政策观念形态的内容转化为实际效果，从而实现既定政策目标的动态活动过程。② 公共政策的执行过程本质意义就是政策内容

① 宁国良．论公共政策执行机制问题．求索，2004（6）.

② 张金马．公共政策分析——概念·过程·方法．北京：人民出版社，2004：383.

或者政策目标的实现过程，而这一实现过程是一个非常复杂和系统的过程，公共政策执行主要涉及三个要素：其一，执行主体，即执行公共政策的责任主体或责任人；其二，执行内容，即执行的公共政策的实际内容和目标；其三，执行手段，即使用什么样的方法、工具或途径来完成公共政策的内容和目标。公共政策执行过程是一个主体、内容、手段等因素综合作用的过程，任何因素的欠缺或者失效都可能造成“短板效应”，影响公共政策的整体效果。公共政策执行过程中相关因素的齐备程度和实际情况对于公共政策的实际效果具有决定性的意义，因此分析公共政策执行阻力，应当以公共政策执行的基本要素为分析视角，以便清晰地解析公共政策执行阻力的构成。

从公共政策执行的主体看，执行主体一般为行政机关及其公务员。在公共政策执行过程中，最为典型的执行阻力表现为地方保护，地方保护主要存在于地方利益与中央利益、局部利益与整体利益之间的冲突上，地方政府及其公务员作为执行主体，抵抗公共政策的执行或者变相歪曲公共政策的执行，这种执行阻力的来源为执行主体。除了利益之争外，执行主体还可能存在个人私利、玩忽职守、消极懈怠、能力欠缺等因素，阻碍公共政策的实际执行。同时，也存在上级机构的权威不足造成执行人员执行动力不足的问题。因此，以机构行为为特征的地方保护和地方官员素质问题，共同构成执行主体阻碍执行的基本因素。

执行内容主要体现为政策要求和政策目标。执行内容或政策内容也可能成为执行的阻力因素，原因在于，政策内容也可能存在不科学性和缺乏可操作性，如政策确定的目标过高，政策确定的内容之间存在相互矛盾，政策目标脱离现实、不切实际，政策本身就是“空想”，以及政策根本不考虑执行者的切身利益等，这些问题都可能成为政策执行的障碍。在这些因素里，笔者认为最值得研究的问题如下：首先，是政策制定主体的问题，政出多门是目前中国行政管理体制中的典型性问题，有利可图的政策“一哄而上”，无利可图的政策“如鸟兽散”，一个社会问题往往牵扯多个行政部门，而多个行政部门之间又缺乏必要沟通和利益协调，导致政策制定主体分散，政策之间互相冲突。其次，是科学性和操作性的问题，政策应当根植于现实问题，服务于现实需要。但很多政策并非如此，政策内容脱离实际或政策内容根本无法实施等问题较多，这些问题导致执行者不知道怎么执行政策或者根本无法执行政策。

从政策的执行手段看，执行手段是指执行政令的人、财、物等因素。在政策执行过程中，人、财、物是基本条件，人、财、物等执行手段的欠缺，往往导致政策无法得到落实。在执行手段中，最为重要的应该是法制手段。在法制不健全的情况下，执行者缺乏有效的、常规的约束，执行政策的效果往往大打折扣。更为重要的是，法制手段的欠缺直接导致放任执行中的种种弊端，如歪曲执行、懈怠执行、不予执行等情况，这些情况需要法制的手段予以规制。

总而言之，执行主体、内容、手段等三个方面共同构成了影响政策执行的因素。而在这三个方面中，每个方面均由复杂的内容构成，本题的研究仅以这三方面的内容为框架，选择较为典型的阻碍因素进行分析，进而分析公共政策执行过程中的阻碍因素构成及阻碍程度。

二、调查设计

问卷中，关于公共政策执行阻力的问题设计如下：

当前，在对上级政府的政令执行中，存在着有令不行、有禁不止的现象。您认为造成这种现象的主要原因有：（限选三项）

［1］地方保护

［2］上级政府的权威不足

［3］法制不完善

［4］上级政令忽视地方利益

［5］政出多门，下级政府无所适从

［6］政令本身的科学性和可操作性不足

［7］缺乏执行政令的人、财、物手段

［8］官员素质不高

［9］其他（请填写）

该题目主要从执行主体、内容、手段三个方面来检测政策执行阻力因素，其中，第1、2、8选项主要考察执行主体的情况，第4、5、6选项主要考察执行内容的情况，第3、7选项主要考察执行手段的情况。

三、总体分析

通过对公务员的问卷调查，公务员对于公共政策执行阻力因素选择如下（见表3-23、图3-1）。

表3-23 当前，在对上级政府的政令执行中，存在着有令不行、有禁不止的现象。您认为造成这种现象的主要原因有：（限选三项）

选项	选择计数	百分比（%）
[1] 地方保护	1 278	64.1
[2] 上级政府的权威不足	348	17.4
[3] 法制不完善	1 172	58.7
[4] 上级政令忽视地方利益	409	20.5
[5] 政出多门，下级政府无所适从	806	40.4
[6] 政令本身的科学性和可操作性不足	845	42.4
[7] 缺乏执行政令的人、财、物手段	489	24.5
[8] 官员素质不高	405	20.3
[9] 其他（请填写）	22	1.1
总计	1 995	100.0

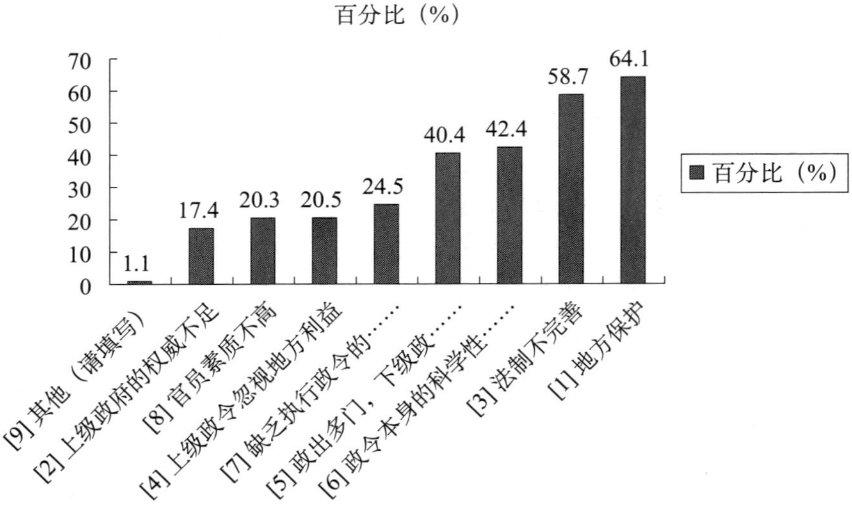

图3-1 在对上级政府的政令执行中存在着有令不行、有禁不止的现象的主要原因选择情况图

"其他"选项的填写情况：(1) 没有监督机制；(2) 最根本的原因是有法不依，权大于法，丧失信仰和党性；(3) 上级政令不符合地方实际；(4) 监督及问责制度不健全，执行力度不够；(5) 问责制难到位；(6) 违法成本较低。

从表3-23和图3-1的调查结果可见，公共政策执行阻力前三位的因素为：地方保护、法制不完善、政令本身的科学性和可操作性不足，分别为64.1%、58.7%、42.4%。可见，公共政策执行的最大阻力源于执行主体的地方保护，公共政策执行过程中法制手段缺失，执行内容本身的科学性和可操作性不足，也是重要的一个方面。概言之，公共政策执行的最大阻力源于执行主体、内容和手段三个方面。而这三个方面中，除了"其他"选项外，公共政策执行阻力的后三位分别为上级政府的权威不足、官员素质不高、上级政令忽视地方利益，分别为17.4%、20.3%、20.5%。执行阻力的后三位因素主要体现在执行主体因素和内容因素上，其中执行的主体因素占主要部分。

为了更加深入地了解执行中不同因素的影响情况，我们对执行主体、执行内容和执行手段分别进行了归类统计，详见下表3-24。

表3-24　当前，在对上级政府的政令执行中，存在着有令不行、有禁不止的现象。您认为造成这种现象的主要原因有：(限选三项)

	选　项	选择计数	百分比（%）	类型统计
执行主体	[1] 地方保护	1 278	64.1	101.8%
	[2] 上级政府的权威不足	348	17.4	
	[8] 官员素质不高	405	20.3	
执行内容	[4] 上级政令忽视地方利益	409	20.5	103.3%
	[5] 政出多门，下级政府无所适从	806	40.4	
	[6] 政令本身的科学性和可操作性不足	845	42.4	
执行手段	[3] 法制不完善	1 172	58.7	83.2%
	[7] 缺乏执行政令的人、财、物手段	489	24.5	

从表3-24的数据可以看出，政策执行阻力因素中，执行内容因素居首位，为103.3%，执行主体因素次之，为101.8%，略低于执行内容因素，而执行手段因素则明显低于前两个因素，为83.2%。执行手段因素的考察选项为2个选项，比执行主体和执行内容少了1个选项，这可能是造成其整

体比例低于执行主体和执行内容的原因。

从以上的分析可以看出，首先，公共政策执行阻力构成是复杂的、系统的、多元的，既有执行内容本身的问题，也有执行主体的问题，同时也包括执行手段的欠缺。其次，公共政策执行排前三的阻力因素为地方保护、法制不完善、政令本身的科学性和可操作性不足。最后，在公共政策执行过程中，上级政府的权威不足、官员素质不高、上级政令忽视地方利益这三种情况，在公共政策实施中的阻碍程度较小。

四、专题分析

为了深入了解公共政策执行三大阻力因素：地方保护、法制不完善、政令本身的科学性和可操作性不足，我们以府级、性别、年龄、学历、工龄、职务、地区等为类型进行比较分析，深入解析三大因素的具体表现。

（一）地方保护问题

在公共政策执行过程中，地方保护是指地方政府基于地方利益因素考虑，违背国家的政令方针，滥用行政权力或者消极对抗国家的公共政策。地方保护中的“地方政府”包括省级政府、地市级政府、县级政府三级政府，不同府级政府诉求不尽相同，因此可能对于本级政府利益具有不同程度的保护态度（见表3－25）。

表3－25　当前，在对上级政府的政令执行中，存在着有令不行、有禁不止的现象。您认为造成这种现象的主要原因有：（限选三项）

选　项	统　计	省级政府	地市级政府	县级政府
[1] 地方保护	选择计数	320	579	379
	百分比（%）	63.0	63.7	65.6

从省级政府、地市级政府到县级政府，对于“地方保护”的认同率逐级递升，分别为63.0%、63.7%和65.6%。可见，越到基层，对于地方保护的诉求越强烈，这在一定程度上反映出政策越到基层，越涉及实际执行问题，地方利益与政策利益之间的冲突就越明显。

（二）法制建设问题

在公共政策执行过程中，法制保障就是通过法律规制、法律引导和法律惩治的方式，规范政策执行的程序和手段，减少政策执行的偏差。法制保障是政策执行中的常规性、长效性保障，使政策能够在有效的、有序的轨道上执行。我们分成领导职务公务员和非领导职务公务员两种类型，对法制保障的认同性进行分析，具体如下（见表3-26）。

表3-26　当前，在对上级政府的政令执行中，存在着有令不行、有禁不止的现象。您认为造成这种现象的主要原因有：（限选三项）

选　项	统　计	领导职务	非领导职务
[3] 法制不完善	选择计数	285	470
	百分比（%）	54.1	59.5

从表3-26的数据可见，非领导职务公务员比领导职务公务员对于“法制不完善”的认同率更高，多数领导职务公务员（54.1%）对于现行法制保障并不认同，非领导职务公务员对此更不认同。非领导职务公务员处于政策执行的第一线，对于政策执行过程中的问题更有切身体会，也更加容易感受到政策执行中的法制缺位。而多数领导职务公务员虽然也赞同应当建立更加完善的法制保障，但是由于领导职务公务员并不是政策执行的一线人员，较容易产生人治心理，因而，领导职务公务员对于法制保障的重视程度略低于非领导职务公务员。

（三）政令本身的科学性和可操作性不足问题

政令本身的问题也是造成执行阻力的重要因素。政令本身的科学性和可操作性直接关系到后期执行的效果。政令之间的互相矛盾、政令内容的模糊不清、政令标准的不统一、政令目标的不科学等问题均可能造成政令本身无法在实际中得到良好的执行。为了更好地了解政令本身的科学性和可操作性对于执行的影响，本题对不同学历公务员对于该问题的认同程度进行了比较，具体如下（见表3-27）。

表3-27　当前，在对上级政府的政令执行中，存在着有令不行、有禁不止的现象。您认为造成这种现象的主要原因有：（限选三项）

选　项	统　计	高中及以下	大专	本科	硕士研究生	博士研究生
[6] 政令本身的科学性和可操作性不足	选择计数	23	122	510	141	17
	百分比（%）	30.3	34.0	44.0	51.3	54.8

从表3-27的数据可以看出，高中及以下、大专、本科、硕士研究生、

博士研究生学历公务员对于“政令本身的科学性和可操作性不足”的认同程度呈逐级递升的状况，分别为30.3%、34.0%、44.0%、51.3%、54.8%，其中硕士研究生和博士研究生公务员对于该问题的认同率超过一半（51.3%和54.8%）。一般而言，学历越高，对于相关问题的认知的准确性和科学性越高，从这点看，硕士研究生和博士研究生公务员对于该问题的认同程度具有一定的代表性，现实中政令的科学性和可操作性不足问题还是比较突出的。

五、调查结论

从上述分析可知，首先，政策执行的阻碍因素是复杂的、多元的、综合的，包括执行主体、内容和手段三个方面。其次，政策执行的阻碍因素虽然是复杂的、多元的、综合的，但现实中阻碍政策执行的因素也有部分典型因素，如地方保护、法制不完善、政令本身的科学性和可操作性不足。最后，在传统思维中，上级政府的权威不足、官员素质不高、上级政令忽视地方利益等一般都是阻碍政策执行的重要因素，但现实状况中这并不是主要的因素。

我们认为，排除政策执行阻力，构建政策执行良好体系应当注意以下四点。

其一，建立政策执行的综合考量体系，全方位地消除政策执行阻力因素。传统的观念认为，执行的最重要条件就是人、财、物。这种观念稍欠妥当，过多强调执行中的人力资源和物质条件，忽略了执行中人的利益诉求和政策本身的问题。现实中，为了推进政策的执行，过分地强调人、财、物，致使有些政策的执行并没有获得预期的效果，如非法拆迁问题。政策执行中的阻力因素是复杂的、多元的，这就要求我们必须从一个综合的、系统的角度来考量政策执行，要关注执行主体的利益诉求、自身素质、人力条件，要注意执行内容的科学性、操作性和合理性，要具备良好的执行手段，否则，政策执行的效果必然大打折扣。因此，建立综合考量的政策执行体系，消除政策执行中可能出现的各种阻力，才有利于提升政策执行的效果，提升政府的政策执行力。

其二，化解整体利益和局部利益的冲突，完善政策执行的利益协调和监督机制。整体利益与局部利益的冲突是政策执行过程中最大的阻力因素之一，因此，如何协调中央利益与地方利益的冲突、上级利益和下级利益的冲突、整体利益和局部利益的冲突，对于政策的执行效果具有非常重大的影响。解决这一问题，第一，需要政策制定者对于利益冲突有充分的分析和预判，并在政策中规定相应的制度和措施，以避免利益冲突对于政策执行的影响。第二，应当尽量从“软政策”向“硬政策”转换，确立明确的政策目标。执行中应当对于政策目标进行必要的量化，避免执行过程中的歪曲政策、断章取义或选择性执行。第三，要加强对政策执行的监督，特别是对于存在利益冲突的政策的监督，避免地方政府为了地方利益、局部利益，甚至是个人利益，阻碍政策的有效执行。同时，我们也应当看到，政策执行者自身的素质也应当得到进一步的加强，政策毕竟是人在执行，人的素质是决定政策执行效果的关键因素。

其三，健全规范政策执行的法制体系，引导执行进入法制化的轨道。长期以来，公共政策的执行过程缺乏相应的法制保障，执行中的种种弊端尚未得到有效的规制。法制手段是执行中的重要手段，既能保障执行工作沿着有序的轨道运转，也能有效地约束和规范执行者的行为，同时法律的威慑力和惩戒力也可以很好地督促和监督执行者更好地实现政策预设的目标。此外，通过法律来规定执行的目标、程序、步骤、方法、手段等，有利于指导执行工作更好地开展，提高执行工作效率。

其四，形成政策制定和执行的衔接反馈机制，形成决策和执行之间的互动和互补。政策本身的问题是造成政策执行阻力的另一大重要因素，政策的科学性和可操纵性直接影响政策的执行。政策规定的内容冲突、政策目标过高、政策目标冲突等在现实中并不乏见，因此，建立正常的政策制定者和执行者之间的衔接反馈机制具有重要的意义。政策制定者未必完全了解现实的状况，政策制定者也未必体会执行者的难处，有些政策也是在实施的过程中才发现政策的问题。当政策在执行前或执行过程中发现了相关问题，执行者应当将问题报告给政策制定者，政策制定者应当根据这些问题调整政策内容，以利于政策的实施。即便在政策颁布前，政策制定者也应当多听取具体执行者和基层工作者的意见，使政策具有更多的现实基础，更贴近现实的需要，更反映现实的问题。总而言之，应当形成政策制定和执行的衔接反馈机制，促进决策和执行之间的互动和互补。

第六节　综合执法认同度的数据分析

一、问卷调查及相关说明

调查研究的目标，一是试图探索或发现公务员对综合执法的认同度；二是尝试对调查统计结果进行学理解释。著名社会科学家 Thomas Herzog 指出："科学研究最基本的研究目标在于探索（exploration），即找出那些事物是否存在着或发生过。更高一级的目标是描述（description），即尝试以更完整的方式来界定某现象的属性。更高一层次的目标是预测（prediction），即发现了关联的事物。最高层次的目标是控制（control）"①。本题的目标在于前两者而非控制目标。本题问题如下：

您对综合执法，即把大部分执法机构合并起来，组成上千人的综合执法局，如何评价？（单选）

具体选项如下：

[1] 比较赞成，有利于提高办事效率

[2] 为权益之计，但需要源头上的合理设置

[3] 不赞成，牵扯到扯皮现象

[4] 不太清楚

[5] 其他答案（请填写）

针对"山头主义"式分散执法导致的执法扯皮、执法扰民现象，1996 年《行政处罚法》规定了集中行使行政处罚权制度②，从而在我国行政法制史上开创了用法律层级规定综合执法制度的先河。随后，具体落实该规定的两个重量级文件问世，即国务院办公厅《关于继续做好相对集中行政处罚权试点工作的通知 》（国办发［2000］63 号）与国务院《关于进一步推进相对

---

① THOMAS HERZOG. 社会科学研究方法与资料分析 . 朱柔若，译 . 台北：扬智文化事业股份有限公司，2004：5.

② 《行政处罚法》（1996 年）第 16 条规定："国务院或者经国务院授权的省、自治区、直辖市人民政府可以决定一个行政机关行使有关行政机关的行政处罚权，但限制人身自由的行政处罚权只能由公安机关行使。"

集中行政处罚权工作的决定》（国发［2002］17号）。2003年《行政许可法》对此继续发扬光大，规定了集中许可制度。[①] 2004年国务院《关于印发全面推进依法行政实施纲要的通知》（国发［2004］10号）进一步明确规定要“继续开展相对集中行政处罚权工作，积极探索相对集中行政许可权，推进综合执法试点。”从2013年开始，综合执法进入了全面探索时代。2013年11月，中共中央《关于全面深化改革若干重大问题的决定》就深化综合行政执法体制改革作出新的部署，明确要求必须整合执法主体，相对集中执法权，推进综合执法，着力解决权责交叉、多头执法问题，建立权责统一、权威高效的行政执法体制。2014年10月，中共中央《关于全面推进依法治国若干重大问题的决定》从建设法治政府的高度，要求：“推进综合执法，大幅减少市县两级政府执法队伍种类，重点在食品药品安全、工商质检、公共卫生、安全生产、文化旅游、资源环境、农林水利、交通运输、城乡建设、海洋渔业等领域内推行综合执法，有条件的领域可以推行跨部门综合执法。”约一年之后（2015年12月），中共中央、国务院印发《法治政府建设实施纲要（2015—2020年）》，再次把深化行政执法体制改革、推进综合执法列为法治政府建设重点。为贯彻中央改革意见，2015年4月，中央编办印发了《关于开展综合行政执法体制改革试点工作的意见》，确定在全国22个省（自治区、直辖市）的138个试点城市开展综合行政执法体制改革试点。在环保领域，2016年9月，中共中央办公厅、国务院办公厅印发了《关于省以下环保机构监测监察执法垂直管理制度改革试点工作的指导意见》。2018年，党的十九届三中全会通过的《中共中央关于深化党和国家机构改革的决定》《深化党和国家机构改革的方案》对深化综合行政执法体制改革提出了明确要求：整合组建市场监管、生态环境保护、文化市场、交通运输、农业五支综合行政执法队伍。这表明党和政府正在大力推进综合执法。然而，有关综合执法的党的政策、国家法律、政府的规范，总是要通过具体的公务员来落实和推进的。他们对于综合执法的认同度，直接关系综合执法的成效。不摸清公务员对综合执法的认同度，很容易导致制定层面与执行层面“两张皮”，使综合执法制度沦为摆设。这是本课题调查研

① 《行政许可法》（2003年）第25条规定：“经国务院批准，省、自治区、直辖市人民政府根据精简、统一、效能的原则，可以决定一个行政机关行使有关行政机关的行政许可权。”

究的意义。

本研究采用问卷调查法。问卷的设计以封闭性（问卷内容的前四项）为主，兼顾开放性（问卷内容的最后一项）。关于“认同度”，根据人们对事物一般的认识态度——除不清楚外，笼统的就只有三种：赞成、不赞成、折中。我们设计了四个封闭的备选答案“［1］比较赞成，有利于提高办事效率”；“［2］为权宜之计，但需要源头上的合理设置”；“［3］不赞成，牵扯到扯皮现象”；“［4］不太清楚”。为防止我们的选项设计“挂一漏万”，我们设计了开放性“选项”或“答案”，即“［5］其他答案（请填写）”作为补充。当然，为什么我们不以开放性为主轴而要以封闭性为主轴呢？开放性选项虽然能使调查对象“畅所欲言”，但是由于在没有任何提示的情况下被调查者的回答很容易游离主题，所以完全的开放性选项只适合研究者自己都不是很清楚却需要“摸底”时使用。也就是说，完全开放性的选项只适合初步研究或者是作为量化调查研究的“前奏曲”，于准备阶段使用。所以，我们以封闭性选项为主，以开放性选项为辅。

本题对调查统计结果的分析研究方法采用“陌生人观点”的方法。① 在对调查统计结果进行分析时把自己定位在“陌生人”角色，把问卷者也定位为“陌生人”角色，即自己从主客观因素结合来分析，也考虑被问卷者的主观立场和客观情况对他选择答案的影响。

本研究的问卷内容如下（见表 3-28）：

---

① “陌生人的观点”是社会学家苏兹（Alfred Schutz，1899—1959）提出的。身为 19 世纪 30 年代后期来自奥地利的难民，苏兹发现自己被送到美国后，必须重新定位自己以适应新环境。他要求我们想象一个城市的建造环境，就如同被我们所选取的研究分析对象一样，并且从三个观点去想象这个都市的组合和城市生活：其一，在街道上的人，是某一个只是简单待在特定地方的一般人，不需要太多的反思，就可以想象这个城市的生活。其二，制作地图的人，是一个绘制城市环境地图的专家，但在某个程度上又和他的研究对象分离，而且也不能去理解，在这样一个地方的生活，究竟像什么。其三，陌生人，是一个经过的路人，但是他为了要通过此地，必须去了解现存的社会关系。一个陌生人既不像一个街头的路人一样没有反思能力，也不会受限于学术专业的狭隘观点（Schutz，1943）。［参见 Mark J. Smith：《社会科学概说：方法论的探索》，吴翠松译，台北韦伯文化国际出版有限公司 2004 年版，第 23 页。］若社会研究者能有效理解人类行为，那么他们必须要将自己从一般的常识中分离出来。但是，他们也不应该真的完全和研究对象分离，否则就会掉入将自己的想法加诸研究对象身上，完全无视于那些被研究者经验的陷阱（专家的观点）。Mark J. Smith. 社会科学概说：方法论的探索．吴翠松，译．台北：韦伯文化国际出版有限公司，2004：28.

表 3-28　您对综合执法，即把大部分执法机构合并起来，组成上千人的综合执法局，如何评价？（单选）

选　项	选择计数	百分比（%）
[1] 比较赞成，有利于提高办事效率	654	32.5
[2] 为权宜之计，但需要源头上的合理设置	715	35.5
[3] 不赞成，牵扯到扯皮现象	484	24.0
[4] 不太清楚	132	6.6
[5] 其他答案（请填写）	28	1.4
总计	2 013	100.0

“其他”选项的填写情况：(1) 由公安部门一家作为执法机构足矣。(2) 不好说。合并机构，可能有利于人员的管理，但不利于工作的衔接。(3) 执法混乱由此加剧。(4) 无意义，表面文章而已。(5) 坚决反对。(6) 不赞成，不同的职责难以合并。(7) 应该归类执法，并在上一级设执法督察。(8) 这种想法属于不了解行政执法的错误观点。(9) 不赞成，弊端太多。(10) 面太大，下部分结合或相关部门结合试点一下。(11) 降低了执法效果，存在无人管现象。(12) 需要建立综合执行协调机制或协调机制。(13) 上万又怎样？何况上千？关键是效率、质量和落实。(14) 可以试点，但要搞好监督。(15) 需要具体情况具体分析，至少上千人的规模，管理起来相当难。(16) 难以操作。(17) 反对，法律授权不明，权力过度集中。(18) 赞成，但执法部门权力太大，应建立与之相制衡的监督机构。(19) 执法主体问题要符合法规。(20) 不赞成，因管理均不到位。(21) 分散则委以权少，综合又委以过多。(22) 不同意，政府本身就是行政执法机关，既然已按职能分成若干职能部门，何必再设综合执法局？(23) 应分开，否则会导致权力寻租。(24) 需要成立一个相应的强有力的组织协调机构，负责人要有相应的问题处置权，以免问题扯皮或无力解决。(25) 重在严格执法，有法必依。(26) 首先弄清执法的内涵、外延，才能决定在多大范围综合，综合执法的方向是对的。(27) 据情况联合执法。(28) 不好说。

二、问卷调查结果的总体数据分析

从横向比较来看，选择选项“[2] 为权宜之计，但需要源头上的合理设置”的最多，占 35.5%，说明行政公务人员中最大比例的判断是组建上千人的综合执法局并不能从源头上解决问题。这部分人我们可以称之为“理性的中间派”，因为他们在立场上是居中的，而这种立场的得出是他们理性分析的结果。而选择选项“［1］比较赞成，有利于提高办事效率”的公务员在比例上居于第二位，占 32.5%，这部分人我们可以称之为“赞成派”。而选择选项“［3］不赞成，牵扯到扯皮现象”的比例也不小，占 24.0%，这部分人我们可以称之为“反对派”。选择选项“［4］不太清楚”的比例较小，有 6.6%，这部分人我们可以称之为“非理性的中间派”。另有填写其他答案的占 1.4%，这部分人也可以归属于“理性的中间派”，因为他们有自己的独立思考并且结论与前面四个选项都不一样，这是他们“理性”的表现，同时由于他们既非“赞成派”也非“反对派”，可以笼统地划归“中间派”，所以他们也属于“理性的中间派”。总体来讲，“理性的中间派”与“非理性的中间派”加起来占 43.5%，“赞成派”占 32.5%，“反对派”占 24.0%。这也许就是我国目前综合执法总体能够在全国推行，但是步履蹒跚的原因。

三、基于不同府级的分类数据分析

基于不同府级的分类，可以得到下表（见表 3－29）。

表 3－29　您对综合执法，即把大部分执法机构合并起来，组成上千人的综合执法局，如何评价？（单选）

选　项	统　计	省级政府	地市级政府	县级政府
［1］比较赞成，有利于提高办事效率	选择计数	138	288	228
	百分比（%）	26.8	31.5	39.1
［2］为权宜之计，但需要源头上的合理设置	选择计数	203	341	171
	百分比（%）	39.4	37.3	29.3
［3］不赞成，牵扯到扯皮现象	选择计数	130	208	146
	百分比（%）	25.2	22.7	25.0
［4］不太清楚	选择计数	34	64	34
	百分比（%）	6.6	7.0	5.8
［5］其他答案（请填写）	选择计数	10	14	4
	百分比（%）	1.9	1.5	0.7
总计	参选人数	515	915	583
	百分比（%）	100.0	100.0	100.0

从表 3-29 可以看出，无论是省级、地市级还是县级政府，均有超过66%的公务员选择了前两项，即赞同或者有条件地赞同；而三级政府中选择完全不赞成的公务员比例均不超过 26%，说明公务员对当前执法权界限不清、交叉重叠的问题有着比较清醒的认识。选项“[1] 比较赞成，有利于提高办事效率”选项的选择比例从省级政府到县级政府逐级提高，说明越是低一级政府，执行权运用越是广泛，同时，执行权行使中的矛盾和问题越是凸显。与选项 [1] 的选择比例形成对比的是选项“[2] 为权宜之计，但需要源头上的合理设置”的选择比例，随着政府级别的降低，从省级政府到县级政府呈选择比例逐级降低的趋势，说明高级别政府的公务员其视野和认识能力相对比较高，对于行政权形式问题现象背后的原因以及解决的办法没有局限于表面化的思考。三级政府中均有 25%左右的公务员选择了选项“[3] 不赞成，牵扯到扯皮现象”，说明尽管将执法机构合并起来不失为一种解决行政执法权力交叉、重叠、界限不清的选择，但是合并可能带来的问题也值得认真研究。

四、基于不同年龄的分类数据分析

不同的年龄，不同的阅历和工作经验可能使公务员对于把大部分执法机构合并起来，组成上千人的综合执法局有不同评价，我们对不同年龄段的公务员进行了相关分析（见表 3-30）。

表 3-30　您对综合执法，即把大部分执法机构合并起来，组成上千人的综合执法局，如何评价？(单选)

选　项	统　计	30 周岁以下	31～40 周岁	41～50 周岁	51～60 周岁	61 周岁以上
[1] 比较赞成，有利于提高办事效率	选择计数	146	236	179	64	2
	百分比（%）	30.2	30.3	36.2	33.2	100.0
[2] 为权宜之计，但需要源头上的合理设置	选择计数	186	296	144	65	0
	百分比（%）	38.4	38.0	29.1	33.7	0.0
[3] 不赞成，牵扯到扯皮现象	选择计数	111	177	143	46	0
	百分比（%）	22.9	22.7	28.9	23.8	0.0

续前表

选　项	统　计	30周岁以下	31～40周岁	41～50周岁	51～60周岁	61周岁以上
［4］不太清楚	选择计数	36	56	22	16	0
	百分比（%）	7.4	7.2	4.4	8.3	0.0
［5］其他答案（请填写）	选择计数	5	14	7	2	0
	百分比（%）	1.0	1.8	1.4	1.0	0.0
总计	参选人数	484	779	495	193	2
	百分比（%）	100.0	100.0	100.0	100.0	100.0

除了61周岁以上因为只有2人，因此，统计数据不具有说服力，在此不予分析之外，与总体数据和分析相似的是，不论哪一个年龄段，前两项选择之和均在65%以上，值得注意的是选项“［1］比较赞成，有利于提高办事效率”选项的选择比例最高的是41～50周岁的公务员，选项“［2］为权宜之计，但需要源头上的合理设置”的选择比例最低的也恰恰是这一公务员群体，而选择选项“［3］不赞成，牵扯到扯皮现象”的比例又是这一年龄段居高，说明这一年龄段的公务员因为具有相当的工作经验，对合并之优劣既有经验上的客观判断，又有深入一步的认识。

五、基于不同学历的分类数据分析

不同的学历层次的公务员由于学识和教育背景的差异，对问题的认识和思考也会产生差异，因而，可能对把大部分执法机构合并起来，组成上千人的综合执法局有不同评价。我们对不同学历的公务员进行了相关分析（见表3-31）。

表3-31　您对综合执法，即把大部分执法机构合并起来，组成上千人的综合执法局，如何评价？（单选）

选　项	统　计	高中及以下	大专	本科	硕士研究生	博士研究生
［1］比较赞成，有利于提高办事效率	选择计数	39	129	354	90	5
	百分比（%）	50.0	36.0	30.3	32.5	16.1
［2］为权宜之计，但需要源头上的合理设置	选择计数	16	113	434	99	11
	百分比（%）	20.5	31.6	37.1	35.7	35.5

续前表

选　项	统　计	高中及以下	大专	本科	硕士研究生	博士研究生
[3] 不赞成，牵扯到扯皮现象	选择计数	17	88	289	60	12
	百分比（%）	21.8	24.6	24.7	21.7	38.7
[4] 不太清楚	选择计数	6	26	71	24	2
	百分比（%）	7.7	7.3	6.1	8.7	6.5
[5] 其他答案（请填写）	选择计数	0	2	21	4	1
	百分比（%）	0.0	0.6	1.8	1.4	3.2
总计	参选人数	78	358	1 169	277	31
	百分比（%）	100.0	100.0	100.0	100.0	100.0

选项“[1] 比较赞成，有利于提高办事效率”的选择比例随着学历的提高基本呈降低走势，选项“[2] 为权宜之计，但需要源头上的合理设置”的选择比例随着学历的提高基本呈提高走势。尤其是高中及以下学历的公务员对第 [1] 项的选择比例高达 50%，第 [2] 项的选择比例低至约 20%，说明高中及以下学历的公务员对问题的认识较为直观、流于现象，而缺乏更深层次的思考。同理，博士研究生学历的公务员选择选项“[3] 不赞成，牵扯到扯皮现象”的比例远远高于其他学历层次，说明这一学历的公务员更善于思考现象背后问题的机理。

六、基于不同职务类型的分类数据分析

领导职务的公务员与非领导职务的公务员因为权责和视角的差异，对问题的认识和思考也会产生差异，所以，可能对于把大部分执法机构合并起来，组成上千人的综合执法局有不同评价。我们对不同职务的公务员进行了相关分析（见表 3-32）。

表 3-32　您对综合执法，即把大部分执法机构合并起来，组成上千人的综合执法局，如何评价？（单选）

选　项	统　计	领导职务	非领导职务
[1] 比较赞成，有利于提高办事效率	选择计数	166	224
	百分比（%）	31.4	28.1

续前表

选　项	统　计	领导职务	非领导职务
[2] 为权宜之计，但需要源头上的合理设置	选择计数	204	286
	百分比（%）	38.6	35.9
[3] 不赞成，牵扯到扯皮现象	选择计数	125	215
	百分比（%）	23.7	27.0
[4] 不太清楚	选择计数	21	61
	百分比（%）	4.0	7.7
[5] 其他答案（请填写）	选择计数	12	10
	百分比（%）	2.3	1.3
总计	参选人数	528	796
	百分比（%）	100.0	100.0

从表 3-32 可以看出，领导职务公务员对选项“[1] 比较赞成，有利于提高办事效率”的选择比例高出非领导职务公务员 3.3%，二者的选择比例分别为 31.4%和 28.1%；领导职务公务员对选项“[2] 为权宜之计，但需要源头上的合理设置”的选择比例高出非领导职务公务员 2.7%，分别为 38.6%和 35.9%，二者选择的比例均在 35%左右且差别不是很大，说明本题所涉及问题已经引起公务员系统的普遍重视，但尚未并很难达成共识。对于选项“[4] 不太清楚”，领导职务公务员与非领导职务公务员选择的比例分别是 4.0%、7.7%。自 1996 年《行政处罚法》及国务院《关于贯彻实施〈中华人民共和国行政处罚法〉的通知》（国发〔1996〕13 号）发布以来，综合执法制度在我国已经有二十余年，一方面，我们假设非领导职务类公务员如果是属于专业技术类的公务员，则其对行政执法方面的情况不了解似乎是可以理解的，而非领导职务类公务员如果属于综合管理类和行政执法类的公务员，则其对行政执法方面的情况不了解是不应该的；另一方面，领导职务类公务员通常更多是属于综合管理类和行政执法类公务员的，纵使不是这类公务员自己的工作职责，但若其对“把大部分执法机构合并起来，组成上千人的综合执法局”这一从 1996 年《行政处罚法》颁布便开始的做法不了解，则是不应该的。这提醒我们需要加强公务员敬业精神的培养和岗位职责的培训。

七、基于不同地区的分类数据分析

由于地理环境、经济和社会发展程度的差异，因而我们分别在东部沿海地区、中部、西部和东北地区四个区域进行抽样调查，统计结果如下（见表3-33）。

表3-33　您对综合执法，即把大部分执法机构合并起来，组成上千人的综合执法局，如何评价？（单选）

选　项	统　计	东部沿海地区	中部地区	西部地区	东北地区
[1] 比较赞成，有利于提高办事效率	选择计数	254	171	100	129
	百分比（%）	36.5	25.0	31.0	41.3
[2] 为权宜之计，但需要源头上的合理设置	选择计数	233	265	122	95
	百分比（%）	33.5	38.8	37.8	30.4
[3] 不赞成，牵扯到扯皮现象	选择计数	152	195	76	61
	百分比（%）	21.9	28.6	23.5	19.6
[4] 不太清楚	选择计数	43	44	19	26
	百分比（%）	6.2	6.4	5.9	8.3
[5] 其他答案（请填写）	选择计数	13	8	6	1
	百分比（%）	1.9	1.2	1.9	0.3
总计	参选人数	695	683	323	312
	百分比（%）	100.0	100.0	100.0	100.0

从表3-33可以看出，如果将东部沿海地区、中部地区、西部地区、东北地区作为函数曲线的变量，选项“[1] 比较赞成，有利于提高办事效率”的选择比例基本呈现U字形，选项“[3] 不赞成，牵扯到扯皮现象”的选择比例基本呈现倒U字形，说明东部沿海地区和东北地区对改变执法现状，把大部分执法机构合并起来，组成上千人的综合执法局的改革动力比较大。选项“[2] 为权宜之计，但需要源头上的合理设置”的选择比例基本呈现倒U字形，说明东部沿海地区和东北地区对于把大部分执法机构合并起来，组成上千人的综合执法局可能存在的相应问题思考得比较多。这一结论从一个侧面提示我们，中、西部地区行政改革的阻力和问题可能大于东部地区和东

北地区的，应当更加着力地去推动。

八、基于专项调研的分类数据分析

北京作为首都，相较于其他省份在制度建设方面比较开放、相对完善，如此，可能导致北京和其他省份对于把大部分执法机构合并起来，组成上千人的综合执法局有不同的评价，为方便比较，我们进行了统计，制作成表 3－34。

表 3－34　您对综合执法，即把大部分执法机构合并起来，组成上千人的综合执法局，如何评价？（单选）

选　项	统　计	北京专项调研	其他省份调研
[1] 比较赞成，有利于提高办事效率	选择计数	506	654
	百分比（%）	32.8	32.5
[2] 为权宜之计，但需要源头上的合理设置	选择计数	497	715
	百分比（%）	32.2	35.5
[3] 不赞成，牵扯到扯皮现象	选择计数	392	484
	百分比（%）	25.4	24.0
[4] 不太清楚	选择计数	125	132
	百分比（%）	8.1	6.6
[5] 其他答案（请填写）	选择计数	25	28
	百分比（%）	1.6	1.4
总计	参选人数	1 545	2 013
	百分比（%）	100.0	100.0

从表 3－34 可以看出，对于选项“[1] 比较赞成，有利于提高办事效率”的选择比例，北京的和其他省份的相差 0.3%，选项“[2] 为权宜之计，但需要源头上的合理设置”的选择比例，北京的和其他省份的相差 3.3%，而选项“[3] 不赞成，牵扯到扯皮现象”的选择比例，北京的与其他省份的相差 1.4%，选项“[4] 不太清楚”的选择比例，北京的和其他省份的相差 1.5%，选项“[5] 其他答案（请填写）”的选择比例，北京的和其他省份的相差 0.2%。这一结果一方面说明北京与其他省份公务员对于把大部分执法机构合并起来，组成上千人的综合执法局的认识差异不大；另一方面，这一结果也进一步说明关于如何提高执法效率，探索的路还很漫长。

九、结论

效率，是行政最重要的目标之一。美国著名行政学家怀特认为“公共行政的目标就是最有效地利用由政府官员和雇员处置的资源”[①]。行政效率的提高，说到底，是整个行政过程效率的提高，即行政决策、行政执行、行政监督各个环节效率的提高，缺一不可。长期以来我们一直重点关注行政决策、行政监督，一般用专章分别讲授，浓墨重彩；而对行政执行关注不够，行政管理学教材或公共管理学教材、公共行政学教材中用专门章或节来讨论行政执行的凤毛麟角。可喜的是，中共中央、国务院《法治政府建设实施纲要（2015—2020年）》规定的7个主要任务和具体措施中就有1个行政执法问题，44个子目标中至少有6个是行政执法问题。该纲要指出，要“根据不同层级政府的事权和职能，按照减少层次、整合队伍、提高效率的原则，合理配置执法力量”“大幅减少市县两级政府执法队伍种类，重点在食品药品安全、工商质检、公共卫生、安全生产、文化旅游、资源环境、农林水利、交通运输、城乡建设、海洋渔业、商务等领域内推行综合执法，支持有条件的领域推行跨部门综合执法。”

综合执法的目的在于“着力解决机构重叠、职责交叉、政出多门问题”，整合相关行政机构，避免多头执法，提高行政效率。其积极的结果是提高了行政效率。如果综合执法部门整合过来的多个职能的相关性特别强，经过合并后的综合执法局的衡量，可以把A执行活动与B执行活动压缩成C执行活动来完成，而C小于A与B之和，那么仅仅就这一方面来看确实是提高了效率。另一种情况是，把分别由几个执法机构要完成的任务交给一个综合执法机构来完成，在职能不减少的条件下也可能减少人力、物力、财力，从而提高行政效率。

其消极的结果是不仅没有增加反而降低了行政效率。如果合并的机构的关联性并不强，那么效率就难以提高，因为原有的那些职能的完成有几种情况：第一种情况是仍然由熟悉相关事务的人员——原有机构合并过来的人员“各自为政”地完成。在这种情况下，效率并没有提高。又由于这些工作人

① 罗伯特·B. 登哈特. 公共组织理论. 扶松茂，等译. 北京：中国人民大学出版社，2003：69.

员要重新适应新的团队环境，因而在适应期内效率可能还更低。正如美国学者史蒂文·科恩、威廉·埃米克所说：“尽管重组有一些积极作用，但它不是无代价的。如果不能战略性地、负责地进行重组，它很有可能大大影响士气。重组破坏了原来的非正式沟通方式；制造不安全感、降低生产力，尤其是在过渡期；使正式的指挥命令关系将低于重组前的效力。”① 而且重组机构，势必“伤筋动骨”，不仅对人事关系有影响，对财力也有影响，涉及办公场所、设备等。这些资源往往并不能简单地“平移”，实现“空间转换”，由此产生了额外支出。第二种情况是由新培训的人员来完成相关事务。在这种情况下，由于新人缺乏实际经验，效率甚至可能更低。第三种是由熟悉A事务但是不熟悉B事务的人来完成A事务、B事务，这样效率也会更低。此外，组成上千人的执法队伍后，相对于以前一百来人甚至十几人来说，如果只有一个管理层级，那么管理的幅度太大，势必降低行政效率。如果设置多个管理层级，那么内部也会产生分化，导致“条块问题”。而且垂直领导的上千人的执法队伍与地方相关行业部门的配合关系问题也将突现，若处理不好，也会消解成立综合执法局的目标。

总之，行政效率的提高是一项系统工程，综合执法机构如果设置合理并且在其他参数不变的情况下能提高行政效率，但是，如果综合执法机构设置不合理或者即使它设置合理但是其他参数发生了消极变化，那么行政效率也难以提高。这也许就是对于选项“[1] 比较赞成，有利于提高办事效率”尽管有人支持但是支持率只有32.5%的原因。

“综合执法”狭义的理解是综合执行，即仍然由不同的行政部门作出决策，综合执法部门只是综合执行，决策与执行分离，此时可能出现两种极端情况。

第一种极端情况：假如作出决策的部门之间权限不明，导致根据法律规定和此时的事实状况应该作出决策而任何一方都不作出决策。此时，综合执法部门是无能为力的，因为它没有决策权，也就不能自己决策，自己执行。

第二种极端情况：假如具有决策权的两个行政机关在同样一件事情上作

① 史蒂文·科恩，威廉·埃米克．新有效公共管理者：在变革的政府中追求成功．王巧玲，等译．北京：中国人民大学出版社，2001：85.

出相反的决策，而且都于法有据[①]，综合执法部门可以选择执行其中之一吗？如果答案是肯定的，在行政法原理或行政原理上如何证成？我们似乎可以通过行政执行权对决策权的制约原理引申出执行权对决策权的制约权包括一定情况下的“否决权”，这是我国隋唐时期实行的三省制即中书省、门下省、尚书省互相制约蕴含的道理。现代法治国家中的立法权、行政权、司法权也是部分承认行政权对立法权的否决的，例如美国总统对国会法案的一次明确否决权或消极否决权。[②] 当然，在我国隋唐时期的三省制和美国三权分立与制衡制中，行政权与立法权都是平行关系。然而，我国的行政决策权与行政执行权的组织架构，在构想上其实也可以是两种：一种组织架构是某行政决策机关代为管理综合执法队伍，这时行政执行权是隶属于行政决策权的。另一种组织架构是决策机关与执行机关处于平行关系。（1）在隶属型组织架构下，在我国的现行实在法上有无证成行政执行权在一定条件下可以明确拒绝或以不作为方式消极拒绝行政决策权的法律依据呢？我国《地方各级人民代表大会和地方各级人民政府组织法》没有相应明确规定，但是我国《公务员法》第60条规定：“公务员执行公务时，认为上级的决定或者命令有错误的，可以向上级提出改正或者撤销该决定或者命令的意见；上级不改变该决定或者命令，或者要求立即执行的，公务员应当执行该决定或者命令，执行的后果由上级负责，公务员不承担责任；但是，公务员执行明显违法的决定或者命令的，应当依法承担相应的责任。”根据此条规定，我们从公务员的上下级关系原理类推行政组织的上下级关系原理，在隶属型组织架构下，执行机构作为下级是不能拒绝执行作为上级的决策机构的决定的，除非决策机构的决定“明显违法”。那么，在同时作为上级的两个决策机构的两个不同决定均没有“明显违法”时，按理都应当执行，但是这两个决定是“打架”的、是相反的，无从执行。如果执行机构综合判断各种因素，认为A决策机构的决定比B决策机构的决定更合理、更实质合法，那么它理想的做法是请A与B的共同上级决定后自己再执行。如果综合执法机构怕得罪A或B，在明知A决策机构的决定比B决策机构的决定更合理、更合乎法治

① 这时平行的法律渊源之间在“打架”，有立法冲突。

② 消极否决，俗称“口袋否决”，意思是说总统把国会提交其签署的法案放在衣服口袋里就不了了之，不明说否决，但是由于没有签署，事实上造成了否决。

精神的情况下，不去请求A与B的共同上级裁决，反而以A与B的决定都合乎形式法治但是又彼此冲突为由不执行A决策机构的决定从而牺牲了重大的公共利益，那么，此时综合执法机关是否应当承担法律责任？简单的结论是，从形式法治精神讲，它不应当承担责任；从实质法治精神讲，它应当承担责任。然而，背后的最大问题是A决策机构的决定与B决策机构的决定各自依据的法律规范彼此之间的冲突如何解决。(2) 在平行型的组织架构关系下，如果A决策机构的决定与B决策机构的决定都形式合法却彼此冲突，那么综合执法机构可以提请A与B共同的上级裁决。当然，与在隶属型关系下不同的是，综合执法机构也可以依据法律和事实自己来判断处理，因为它与A、B是平行关系，这种设计的目的就是要通过执行权来监督决策权以达到法治行政目的。总之，行政决策依据之间的打架，即立法冲突才是最致命的。消除立法冲突[①]，才能正本清源。

综合执法广义的理解是综合行政，即把相关的多项跨行业、跨部门的行政事务交给一个综合部门统一行使相关决定权、执行权。根据我国《行政处罚法》和《行政许可法》的规定，即为综合性地行使行政处罚决定权及其执行权（部分必须申请法院强制执行的除外）、行政许可权及其执行权。成立综合执法局的思路就在于通过“统一”并“精简”相关执法机构，“统一”并“精简”有关执法活动，最终实现“效能”目标。

“精简”“统一”“效能”都具有相对独立的价值，但是相比较来讲，“精简”与“统一”并非终极价值，作为工具价值，它们是服务于“效能”价值的。那么，怎样才能实现“效能”目标呢？是否通过“把大部分执法机构合并起来，组成上千人的综合执法局”就能一劳永逸地提高行政效能，或者即使不是一劳永逸，但也能基本解决行政效能问题呢？

提高行政效能，就组织设计的优化而言也是一门艺术。通过组织优化来提高行政效能，必须结合相关因素，在源头上进行合理设置。可喜的是，35.5%的人选择了本项，它是本单选题各选项中被选择最多的一项。当然，

① 当然，完全“消除”立法冲突几乎是不可能的，因为立法者的利益、认识水平、立法技术等的差异会导致在同一件事情上的不同立法有差异甚至冲突，而要“清理”这些法律文件、“消除”这些冲突非常耗时、耗力且不能实现一有冲突就马上“消除”的“无时差机制”。因此，对于立法冲突，只能尽力“减少”，而无法“消除”。

美中不足的是，这个比例并不大，说明对综合执法认识还有待深化，相关宣传、培训还有待加强。

第七节　执行监控的必要性和实施主体的数据分析

行政主体应当对执行效能进行监控，而实践中，对于行政效能的监督尚处于薄弱环节。本题尝试从法律法规和公共政策的执行落实角度出发，以实证调研的方法，探讨执行监控的必要性和监控主体设置，为执行监控的制度设置提供参考性研究。

一、执行监控概念及与行政监督的关系

监督是政府运行机制的重要组成部分，与执行和决策共同构成政府运行的三大组成部分。原有的《行政监察法》第 18 条赋予监察部门行使执行监控的权力，但原有的监察部没有专门设部门行使执行监控职能，仅由执法监察室和绩效管理监察室行使相关职能。2018 年国家监察体制改革后，通过了新的《监察法》，《行政监察法》被废止。取代行政监察部门的监察委员会工作着眼点主要在治理腐败，对于执行监控则少有涉及。

执行监控是行政监督的一个部分，是指有权的行政机关监控国家行政机关及其公务员在遵守和执行法律、法规和政府公共政策，以使法律、法规或者公共政策既定目标得以实现而采取的措施和手段。执行监控的本质是效能监督，也就是对执行是否具有“效能”和是否具有较好的“执行力”进行监控。

在实践中，重违法违规监督、轻执行效能监督是执行监督的一大问题。因为违法违规监督往往比行政效能监督更加容易。由于法律、法规、规章或者行政纪律都明确地指出允许什么、禁止什么、倡导什么、反对什么，换言之，违法违规的监督具有明确的标准。同时，在这个标准之下，违法违规的后果和惩治措施也非常明确。因此，实践中违法违规监督就是一个发现、判断和处理的步骤，这种监督方式具有便捷的操作性。而行政效能、执行力度等的监督，则缺乏明确的标准，或者说标准相对较为模糊。行政效能、执行力度的内涵不清，不同的人对于行政效能的把握各不一样，而且，违反行政效能原则的惩治措施也不明确，使实践中对于行政效能的监督缺乏基本的操

作性和评价的尺度，造成在实践中很难开展行政效能监督。

执行监控包括监控主体、监控客体、监控对象、监控内容、监控程序、监控方法、监控手段等一系列的内容。本题主要从两个方面来探讨执行监控问题：第一，执行监控的必要性问题；第二，执行监控的设置问题。

二、调查设计及相关说明

问卷中，关于执行监控的问题如下：

题目一：为保证政策执行到位，在执行过程中建立一定的监控机制，您认为有无必要？(单选)

[1] 非常必要

[2] 必要性不大

[3] 没有必要

[4] 不太清楚

[5] 其他（请填写）

题目二：如果选择上题第一选项，为保证政策执行到位，在执行过程中建立一定的监控机制，您认为应该由谁去监控？(单选)

[1] 成立专门的监控机构

[2] 行政监察部门

[3] 主管领导

[4] 其他（请填写）

题目一主要是了解执行监控机制的必要性问题。“徒法不足以自行”，一项好的政策未必有好的实施效果，政策目标的实现不仅取决于政策本身的科学性、操作性和务实性，也同样取决于实施者对贯彻落实政策的力度和深度。因此，我们既应当关注政策本身，也应当关注政策的执行情况，而适当的、合理的、科学的监控机制对于政策的有效执行具有重要的意义。问卷通过公务员对执行监控的必要性的认同情况，了解执行监控机制的必要性和重要性。

题目二主要是了解执行监控主体的设置问题。从广义上看，监控主体包括党的监督、司法监督和行政监督等内容；从狭义上看，监控主体主要指行政机关内部。本题主要研究的是行政机关内部如何开展监控，行政机关内部的监控主体不外乎两类：一类是部门或机构；另一类是专设的个人或者领导。实践中，也有设立专门机构开展执行监控的，如昆明市目标督察办公室，其主要职责就是督促检查重大决策和重要工作、重点项目等的贯彻落实，目标督察办公室的职能类似于行政监察中的效能监察。

三、总体分析

对公务员进行问卷调查。公务员对于执行监控的必要性和执行监控主体的认同程度和倾向性选择如下（见表 3－35、表 3－36）。

表 3－35　为保证政策执行到位，在执行过程中建立一定的监控机制，您认为有无必要？（单选）

选　项	选择计数	百分比（%）
[1] 非常必要	1 777	88.2
[2] 必要性不大	140	7.0
[3] 没有必要	59	2.9
[4] 不太清楚	35	1.7
[5] 其他（请填写）	3	0.1
总计	2 014	100.0

表 3－36　如果选择上题第一选项，为保证政策执行到位，在执行过程中建立一定的监控机制，您认为应该由谁去监控？（单选）

选　项	选择计数	百分比（%）
[1] 成立专门的监控机构	862	53.8
[2] 行政监察部门	608	38.0
[3] 主管领导	87	5.4
[4] 其他（请填写）	45	2.8
总计	1 602	100.0

“其他”选项的填写情况：（1）公众和社会舆论；（2）公正透明，社会监督；（3）专门监控机构协同主管机构；（4）制定规则，由规则进行监督；（5）非常必要，政府有督办机制，但不是很健全；（6）行政主管部门；（7）民间组织、群众；（8）成立问责局。

从表 3－35 的数据可知，高达 88.2%的被调查者认为在执行的过程中建立一定的监控机制非常必要，仅有2.9%的被调查者认为没有必要建立执行监控机制。对于执行监控的认同，折射出被调查者对执行现状的担忧或不满意。因为如果执行效果非常好，法律法规或者公共政策都能得到“有效执行”，或者说，执行本身符合执行者的利益，执行者在利益驱动下就可以“主动执行”，那么，执行监控机制的设置就没有必要了。执行监控机制的设置本身就是为了让法律法规或公共政策更好地落实。表3-35数据中的被调查者高度认同建立执行监控机制，折射出以下两个问题。首先，从目前的行政执行现状看，执行监控机制是一个相对薄弱甚至是完全缺失的环节；其次，从执行监控在行政执行中的地位看，执行监控机制的建立是非常必要的。

从表3-36的数据中可以看出，过半数被调查者（53.8%）倾向于成立专门的监控机构来开展执行监控工作，也有相当一部分的被调查者（38.0%）认为应当由行政监察部门开展执行监控，只有极少数的被调查者（5.4%）认为应当由主管领导开展执行监控工作。从上述数据可知：首先，在机构监控和领导监控的选择上，绝大多数被调查者认为还是应当由专设机构或者监察机构进行监控；其次，在专门机构和现有的监督机构两者的选择上，认为由专门机构进行执行监控的比例占明显优势；最后，从选择由行政监督机构行使执行监督的选择比例看，虽然有部分被调查者意识到执行监控是行政监督机构的职责所在，但是比例并不高，由此也可以看出，行政监督机构在行政效能监督或者执行监控方面的工作需要加强。

总体而言，执行监控目前还是行政监督中的薄弱环节，而对于执行监控主体的设置，由于行政监督机构并没有很好地发挥执行监控的作用，被调查者更多地倾向于建立独立的机构来实施执行监控。

四、基于不同地区的分类数据分析

为了了解不同地区对于执行监控机制的认识，我们分别对东部沿海地区、中部地区、西部地区和东北地区的情况进行了统计，具体如下（见表3-37、表3-38）。

表 3-37　为保证政策执行到位，在执行过程中建立一定的监控机制，您认为有无必要？（单选）

选　项	统　计	东部沿海	中部地区	西部地区	东北地区
[1] 非常必要	选择计数	591	650	275	261
	百分比（%）	85.5	95.0	84.1	83.7
[2] 必要性不大	选择计数	57	24	23	36
	百分比（%）	8.2	3.5	7.0	11.5
[3] 没有必要	选择计数	24	3	18	14
	百分比（%）	3.5	0.4	5.5	4.5
[4] 不太清楚	选择计数	17	6	11	1
	百分比（%）	2.5	0.9	3.4	0.3
[5] 其他（请填写）	选择计数	2	1	0	0
	百分比（%）	0.3	0.1	0.0	0.0
总计	参选人数	691	684	327	312
	百分比（%）	100.0	100.0	100.0	100.0

表 3-38　如果选择上题第一选项，为保证政策执行到位，在执行过程中建立一定的监控机制，您认为应该由谁去监控？（单选）

选　项	统　计	东部沿海	中部地区	西部地区	东北地区
[1] 成立专门的监控机构	选择计数	303	312	115	132
	百分比（%）	56.3	51.5	47.7	60.8
[2] 行政监察部门	选择计数	199	234	107	68
	百分比（%）	37.0	38.6	44.4	31.3
[3] 主管领导	选择计数	26	35	11	15
	百分比（%）	4.8	5.8	4.6	6.9
[4] 其他（请填写）	选择计数	10	25	8	2
	百分比（%）	1.9	4.1	3.3	0.9
总计	参选人数	538	606	241	217
	百分比（%）	100.0	100.0	100.0	100.0

从表 3-37、表 3-38 的数据看，东部沿海地区和中部地区对执行监控

必要性的认同高于西部地区和东北地区；东部沿海地区、中部地区特别是东北地区倾向于由专门机构开展执行监控，而西部地区则明显倾向于由行政监察部门开展执行监控。总体而言，这种情况应当与地区的经济发展水平有一定关联，以上地区经济相对较为发达，合理的规范制度和科学的公共决策以及规范制度和公共决策的有效实施对于建立和维护当地经济发展具有重要的意义，因此其也就更加认同执行监控制度的必要性，而且，也更加倾向于由专门机构来实施执行监控。

五、基于不同职务的分类数据分析

对具有领导职务的公务员和不具有领导职务的公务员的选择情况进行了统计（见表 3－39、表 3－40）。

表 3－39　为保证政策执行到位，在执行过程中建立一定的监控机制，您认为有无必要？（单选）

选　项	统　计	领导职务	非领导职务
[1] 非常必要	选择计数	471	734
	百分比（%）	89.0	92.1
[2] 必要性不大	选择计数	29	46
	百分比（%）	5.5	5.8
[3] 没有必要	选择计数	21	11
	百分比（%）	4.0	1.4
[4] 不太清楚	选择计数	7	5
	百分比（%）	1.3	0.6
[5] 其他（请填写）	选择计数	1	1
	百分比（%）	0.2	0.1
总计	参选人数	529	797
	百分比（%）	100.0	100.0

表 3－40　如果选择上题第一选项，为保证政策执行到位，在执行过程中建立一定的监控机制，您认为应该由谁去监控？（单选）

选　项	统　计	领导职务	非领导职务
[1] 成立专门的监控机构	选择计数	219	347
	百分比（%）	49.8	53.9

续前表

选　项	统　计	领导职务	非领导职务
[2] 行政监察部门	选择计数	181	237
	百分比（%）	41.1	36.8
[3] 主管领导	选择计数	29	39
	百分比（%）	6.6	6.1
[4] 其他（请填写）	选择计数	11	21
	百分比（%）	2.5	3.3
总计	参选人数	440	644
	百分比（%）	100.0	100.0

从表3-39、表3-40的数据可知，领导职务和非领导职务公务员对于执行监控机制必要性的认同程度都很高，其中，非领导职务公务员对于执行监控机制的必要性的认同程度比领导职务公务员的略高。对于执行监控机构的选择，过半数（53.9%）非领导职务公务员较倾向于成立专门的监控机构开展执行监控，而领导职务公务员对此的选择比例则略低（49.8%）。相反地，领导职务公务员更加倾向于由行政部门实施执行监控。一般而言，领导职务公务员更加了解行政管理体制的整体状况，因此，也更加倾向于由行政监察部门进行监控；而非领导职务公务员则基于目前执行问题的严峻程度，更加倾向于由专设机构进行监控。

六、基于直辖市和普通省份的分类数据分析

我们分别选择了北京市的数据和普通省份的数据进行了比对，具体如下（见表3-41、表3-42）。

表3-41　为保证政策执行到位，在执行过程中建立一定的监控机制，您认为有无必要？（单选）

选　项	统　计	北京专项调研	普通省份调研
[1] 非常必要	选择计数	1 309	1 777
	百分比（%）	84.7	88.2
[2] 必要性不大	选择计数	161	140
	百分比（%）	10.4	7.0

续前表

选 项	统 计	北京专项调研	普通省份调研
[3] 没有必要	选择计数	31	59
	百分比（%）	2.0	2.9
[4] 不太清楚	选择计数	43	35
	百分比（%）	2.8	1.7
[5] 其他（请填写）	选择计数	1	3
	百分比（%）	0.1	0.1
总计	参选人数	1 545	2 014
	百分比（%）	100.0	100.0

表 3-42　如果选择上题第一选项，为保证政策执行到位，在执行过程中建立一定的监控机制，您认为应该由谁去监控？（单选）

选 项	统 计	北京专项调研	普通省份调研
[1] 成立专门的监控机构	选择计数	654	862
	百分比（%）	54.8	53.8
[2] 行政监察部门	选择计数	439	608
	百分比（%）	36.8	38.0
[3] 主管领导	选择计数	79	87
	百分比（%）	6.6	5.4
[4] 其他（请填写）	选择计数	21	45
	百分比（%）	1.8	2.8
总计	参选人数	1 193	1 602
	百分比（%）	100.0	100.0

表 3-42 的数据差别不大，说明直辖市和普通省份均倾向于建立专门的监督机构。表 3-41 的数据差异相对较大，说明普通省份对于执行监控的必要性的认识略高于直辖市对于执行监控的必要性的认识，其选择比例分别为 88.2%和 84.7%。笔者认为，这种状况可能源于管理半径的差异，直辖市的管理半径相对较小，可以较为便利地监控执行情况，而普通省份的管理半径较大，难于便捷地了解基层的执行状况，因此，普通省份认为建立执行监控机制更为重要。

七、结论

（一）调查结论

从上述分析可知，第一，公务员对于执行监控机制必要性的认同程度非常高，执行监控目前还是行政监督中的薄弱环节。建立执行监控机制，提升行政效能是当前行政监督的重要任务。

第二，对于执行监控主体的设置，由于现有的行政监督机构并没有很好地发挥执行监控的作用，被调查者更多地倾向于建立独立的机构来实施执行监控。

第三，不同类型的公务员对执行监控的认识不一。简要地说，经济越发达的地区，对于行政效能和执行效果的要求也就越高，同样地，对于执行监控机制的必要性认同程度也就越高；非领导职务公务员对于执行监控的必要性的认同程度比领导职务公务员的高，说明非领导职务公务员对于目前执行问题严峻程度体会更深，但是领导职务公务员更加倾向于由现行的行政监督机构实施执行监控；执行监控与行政管理半径具有一定的关联，管理半径越大，越需要加强执行监控。

（二）执行监控制度设计的初步探讨

1. 建立执行监控制度，监督执行工作

从上述的数据可知，虽然执行监控机制对于行政执行而言具有非常大的必要性，但我国目前的执行监控制度尚处于薄弱环节。建章立制是执行监控的基本方法或路径，加强执行监控，首先就是应当建立良好的执行监控机制，对此，被调查者具有非常高的认同度。执行监控制度是开展执行监控的最为基本的根据，由于执行效果标准的模糊性，执行工作的“好”与“不好”的界限本身就比较模糊，而如果评定执行工作的优良等级则更加困难。实践中有些做法是以目标为标准，即将监控的重心放在是否实现公共政策既定的目标上。但实际上，除了经济领域等个别情况可以用量化的数据来界定明确目标，大部分公共政策无法以“数字”来界定目标，即大部分公共政策是没有“硬目标”的。正是因为大部分公共政策没有“硬目标”，造成现实中开会传达式执行、虚假报告式执行、歪曲政策目标式执行、选择式执行等诸多情况，如何对这些无效执行进行有效监控，对于行政机关是一个巨大的挑战。因此，如何制定合理、科学和操作性强的执行监控制度是一项复杂的工作。

执行监控制度包括的内容非常丰富，包括监控主体、内容、标准、程序、方法、监控的责任等。制定执行监控制度的过程，实际上就是对执行工作进行量化或分类，进而寻求对于不同类型执行的分类控制和不同效果执行的分类治理，从而实现制度层面意义的执行监控。

2. 明确执行监控责任，落实监督工作

在调查中我们发现，公务员并不是特别认同由行政监察机构开展执行监控，这在一定程度上反映了我国行政监督机构在执行监控方面的职能较为薄弱。因此，实践中有成立专门的机构开展执行监督的做法，如目标督查办公室，当然，更多的是领导个人对行政执行进行监控。监督责任的不明晰，造成执行监控的缺位和缺失。那么，应当由谁来承担执行监控的责任？在现有的行政管理体制下，执行监控应当由行政机构来负责。因为行政机构本身对于执行的情况更为了解。尤其是在现在监察委员会着力于治理腐败问题之上，对执行监控少有涉及。更需要在行政机构内部专设执行监控机构，明确执行监控责任。

3. 建立执行监控部门，明确实施主体

执行监控是对执行效果、执行效能和执行目标的监督和控制，是依据公共政策的要求，对执行质量的一种监督。而一般的监督主要是依据法律法规或行政纪律进行监督。在行政机构内部设立专门的执行监控部门的意义在于明确执行监控的职能，部门建制对于行政职能的发挥具有重要的作用，建立专门的执行监控部门，就是要更好地发挥执行监控的作用。同时，专门的执行监控部门的建制也有利于实施执行监控和摸索执行监控的规律。

4. 划定执行监控内容，明确工作范围

行政机关行使行政管理权的过程实际就是一个执行国家法律法规和公共政策的过程，如果对所有的行政执行都进行监督控制，显然是超过监察机构的工作能力的，而且也是耗费有限的行政资源的。什么样的执行可以作为执行监控的对象，这值得认真研究。对于执行监控内容的划定应当秉承“重要性”“重大性”和“普遍性”三个原则。“重要性”，如重要的政策、方针等，这些政策方针的实施涉及行政管理全局的问题，需要以执行监控的方式进行监督；“重大性”，如重大决定、重大决议等，这些决定决议影响大、意义深，需要以执行监控的方式进行监督；“普遍性”，即行政执行中的普遍存在的问题或者人民群众普遍反映的问题，需要以执行监控的方式进行监督。总而言之，划定执行监控内容，有利于避免执行监控本身流于形式，也有利于更好地发挥执行监控的作用，同时也有利于探索执行监控的规律和摸索执行监控的方法。

第四章

政府横向权力结构现状调查（三）：监督权及其运行机制

第一节　行政监督机构有效性的数据分析

在现代社会，国家行政机关担负着众多国家、社会事务的日常管理工作。但是由于权力本身的强制性、单向性、扩张性、嬗变性等特性，加之权力的所有者与权力的行使者实际还处于相对分离的状态，因而，行政权在整个行使过程中必须始终置于监督之下。即权力离不开监督，而监督的有效实施必须依靠有效的监督机构，那么什么是有效的监督机构？针对这一问题，课题组对地方公务员进行了抽样调查，并根据调查结果作了初步分析。

一、调查问卷及相关说明

具体调查问题是：

您认为最有效的监督机构有哪些？（限选三项）

［1］上级政府或部门

［2］纪检监察机构

［3］行政复议机构

［4］审计机构

［5］组织人事机构

［6］其他机构（请填写）

调查问题说明：

一是关于监督的内涵界定（见本章第一节监督的界定）。本节也是采用广义监督的含义。另外，需要说明的是，监督的实质在于发现问题，进行纠偏，以实现原定目标和计划；合理性问题涉及行政自由裁量的范围，本题一般不涉及，除非层级监督（由作出原行政行为主体的上级主管部门监督）。

二是监督机构的界定，由于采用了广义的监督，因而，监督主体主要包括上级政府及相关职能部门；行政复议机构（复议监督）；上级和本级审计机构（审计监督）；上级和本级组织人事机构（人事监督）；纪检监察机构。

三是调查采集的基本信息见表4－1。

表4－1　您认为最有效的监督机构有哪些？（限选三项）

选　项	选择计数	百分比（%）
［1］上级政府或部门	1 239	62.3
［2］纪检监察机构	1 622	81.5
［3］行政复议机构	798	40.1
［4］审计机构	1 211	60.9
［5］组织人事机构	563	28.3
［6］其他机构（请填写）	84	4.2
总计	1 989	100.0

“其他机构”选项的填写情况：其他党派监督；如果有的话，我认为是自已的良心、信仰和对党的事业的忠诚；财政监督；检察机关；群众组织或NGO；政协委员；民间监督、公众监督；社会舆论、网络媒体、新闻媒体（多次出现）应该专门成立机构；直属部门；专门机构；人民代表大会；专项监督检查组；独立于政府机关的监督部门；监督后的处罚措施；监督机构垂直；看不出哪些机构特有效；法院、法律监督；独立的群众监督机构；作为日常监督均无效，作为特定事务监督均有效；巡视检查组；部门自身的监督机构；具有专业性的监督机构；中央直派机构或上级纪检监察部门，最有效的是中央成立纪检部门，各级纪检部门由中央直管；都是自家人监督自家人，没有权威性；独立于政府系列的纯监督体制如廉政公署；最有效的监督应该来自群众；监督部门地位、作用与其行使的权力不对称，使得监督没有发挥真正作用；利益驱动；主要党政领导的态度；监督人员不足；社会中介

机构；普通百姓听证会；督察机构；统一的党政监察机构。

二、总体分析

把表 4－1 的顺序按照公务员支持度重新排列，得出表 4－2。

表 4－2　　监督机构有效性总体分析（按程度排列）

选　项	选择计数	百分比（%）
[1] 纪检监察机构	1 622	81.5
[2] 上级政府或部门	1 239	62.3
[3] 审计机构	1 211	60.9
[4] 行政复议机构	798	40.1
[5] 组织人事机构	563	28.3
[6] 其他机构（请填写）	84	4.2
总计	1 989	100.0

表 4－2 显示，受调查的公务员认为有效的监督机构排在前三位的是：纪检监察机构、上级政府或部门以及审计机构。其中，纪检监察机构占据首位，81.5%的被调查者认为纪检监察机构是最有效的监督机构。纪检监察机构是指党的纪律检查机关，以及与纪委合署办公的同级监察机关。我国是人民民主专政的社会主义国家，国家性质决定了中国共产党的执政地位，在我国政府官员的组成中，中共党员占了很大的比例。因此，纪检监督机构成为最有效的监督机构。一方面是因为纪检监察部门能够以党纪加国法严格履行职责，对政府部门起到很好的监督作用，另一方面是因为作为党内的监督体制，纪检的监督效果比较明显。

根据表 4－2，排在第二位的是上级政府或部门，62.3%被调查者认为上级政府或部门是有效的监督机构。我国是单一制国家，各行政区域单位或自治单位均受中央政府的统一领导，各地方行使的权力来源于中央授权，因此，上级政府或部门对下级的监督是最常见也是比较有效的。

在表 4－2 中，排在第三位的是审计机构，60.9%的被调查者认为审计机关也是比较有效的监督机构。审计机关主要是指国家审计署和地方审计机关，《审计法实施条例》第 5 条规定："审计机关依照审计法和本条例以及其他有关法律、法规规定的职责、权限和程序进行审计监督。审计机关依照有关财政收支、财务收支的法律、法规，以及国家有关政策、标准、项目目标等方面的规定进行审计评价，对被审计单位违反国家规定的财政收支、财务收支行为，在法定职权范围内作出处理、处罚的决定。”在国家机关中，财政关系到一个机关的运转，所以审计监督尤其是财政审计是对行政机关监督的重要手段。因此，审计机构被排在了监督有效机关的第三位。

三、基于不同地区的分类数据分析

由于地理环境、发展程度的差异，我们的抽样分别在东部沿海、中部、西部和东北地区四个区域进行，统计结果见表 4 - 3。

表 4 - 3　　您认为最有效的监督机构有哪些？(限选三项)

选　项	统　计	东部沿海	中部地区	西部地区	东北地区
[1] 上级政府或部门	选择计数	419	420	207	193
	百分比（%）	62.0	61.6	64.3	62.5
[2] 纪检监察机构	选择计数	548	572	270	232
	百分比（%）	81.1	83.9	83.9	75.1
[3] 行政复议机构	选择计数	282	262	115	139
	百分比（%）	41.7	38.4	35.7	45.0
[4] 审计机构	选择计数	406	413	206	186
	百分比（%）	60.1	60.6	64.0	60.2
[5] 组织人事机构	选择计数	169	207	101	86
	百分比（%）	25.0	30.4	31.4	27.8
[6] 其他机构（请填写）	选择计数	20	47	12	5
	百分比（%）	3.0	6.9	3.7	1.6
总计	参选人数	676	682	322	309
	百分比（%）	100.0	100.0	100.0	100.0

将表 4 - 3 用曲线表达出来，得到图 4 - 1，其中横坐标 1、2、3 等分别代表各个选项。

从表 4 - 3 和图 4 - 1 可以看出，不同地区在对监督机构有效性的判断上大体一致，但又各有特色。具体来说，四个区域对监督机构有效性的判断趋同，即排在前三位的都是纪检监察机构、上级政府或部门和审计机构。

但各个区域也略有不同，比如在对纪检监察机构的监督有效性认识上，东北地区比其他三个地区稍低，东北大中型国有企业比较多，企业内部的监

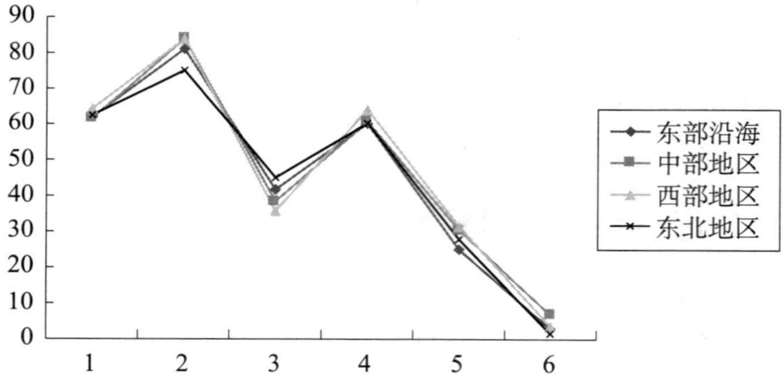

图 4-1　不同区域公务员认为监督机构有效性的排序曲线图

督相对比较完善。而且由表 4-3 和图 4-1 也可以看出，在行政复议机构的监督有效性上，东北地区远远高于其他地区，同样也是因为东北地区国企比较发达，当存在行政权力不当行使的时候，企业会利用行政复议制度维护自己的权益。所以，该地区被调查者在行政复议机构的监督有效性问题上评价比较高。

由图 4-1 可以看出，在行政复议机构的监督有效性问题上，西部地区的认同度低于其他地区的。因为西部地区特殊的地理交通环境和历史渊源，其发展较为缓慢，即使有国家西部大开发政策的扶持，西部地区仍然不具有竞争优势，相应的，西部地区法治化程度也比较低，政府及其部门不习惯复议这种有相对人参与的监督，同时，相对人自身不是不愿意，而是惯性地徘徊于对行政的监督体系之外，所以，有较少的行政相对人选择以行政复议的方式维护自己的权益，因此，对行政复议机构实施行政监督的有效性方面认同度不高。

但是，西部地区在认同审计机构行使监督权的有效性方面要高于其他地区的。原因也是如此，由于西部大开发和一系列政策支持，国家给西部地区很大的财政援助，这就极易出现国家财产的流失，因而，需要审计机构监督其财政收入和使用。因此，西部地区的被调查者对审计机构在监督政府财政上发挥作用的认同度比其他地区的要高。

四、基于直辖市和普通省份的分类数据分析

北京作为首都，且大多数国家机关也位居于此，因而对于北京市的政府

和其他机关而言，其处于国家机关的直接领导下，监督比较容易展开，因此其对监督机构的有效性问题上和其他省份的认识有些不同。因而在调研的基础上，课题组对北京市和其他省份展开了专项调研，以便和其他省份的调研结果进行比较分析。调查结果见表4-4。

表4-4　　您认为最有效的监督机构有哪些？(限选三项)

选　项	统　计	北京市专项调研	其他省份调研
[1] 上级政府或部门	选择计数	954	1 239
	百分比（%）	62.4	62.3
[2] 纪检监察机构	选择计数	1 163	1 622
	百分比（%）	76.1	81.5
[3] 行政复议机构	选择计数	613	798
	百分比（%）	40.1	40.1
[4] 审计机构	选择计数	898	1 211
	百分比（%）	58.7	60.9
[5] 组织人事机构	选择计数	483	563
	百分比（%）	31.6	28.3
[6] 其他机构（请填写）	选择计数	38	84
	百分比（%）	2.5	4.2
总计	参选人数	1 529	1 989
	百分比（%）	100.0	100.0

将表4-4用曲线图表示出来，得到图4-2。

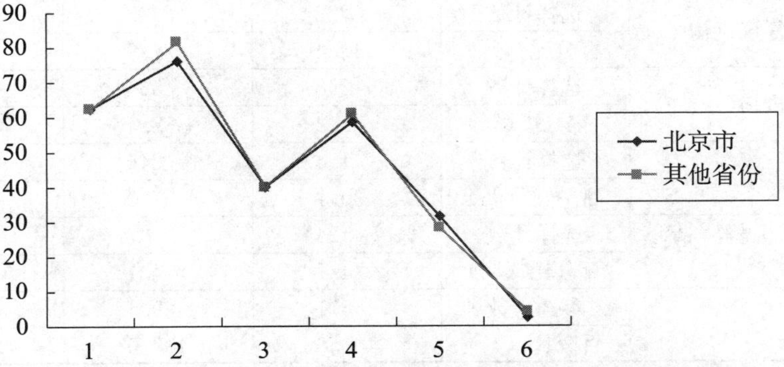

图4-2　北京市和其他省份专项调查对监督机构有效性的排序曲线图

由表4-4和图4-2可以看出，北京市和其他省份的公务员在不同监督机构有效性的排序上大致相同，排在前三位的都是纪检监察机构、上级政府或部门以及审计机构。

但是，由图 4－2 也可以看出，其他省份在纪检监察机构监督有效性的问题上，其认同度高于北京地区 5 个百分点。因为北京市作为首都，国家机关和纪检监察机构总部均在北京设置，因而客观上减少了北京地区公务员贪污犯罪的可能性。纪检监察机构监督发挥作用的概率小，所以，从表面看起来似乎北京地区纪检监察机构的监督效果相较其他省份的要低。而其他省份由于地理位置远离中央，发生腐败的概率大，加之作为省级机关，其上级政府是国务院。由于国务院工作比较繁重，所以纪检监察机构在对省级机关进行调查、监督中凸显出比较重要的作用，显示出来的调查结果就是：其他省份在判定纪检监察机构的监督有效性上要高于北京地区的。

五、基于不同府级的分类数据分析

由于府级的区别，公务员关于监督机构有效性的认识也是存在差别的，因而需要进行比较分析，统计数据见表 4－5。

表 4－5　　　　您认为最有效的监督机构有哪些？（限选三项）

选　项	统　计	省级政府	地市级政府	县级政府
［1］上级政府或部门	选择计数	320	544	375
	百分比（%）	62.6	60.2	65.3
［2］纪检监察机构	选择计数	420	731	471
	百分比（%）	82.2	80.9	82.1
［3］行政复议机构	选择计数	222	343	233
	百分比（%）	43.4	37.9	40.6
［4］审计机构	选择计数	298	564	349
	百分比（%）	58.3	62.4	60.8
［5］组织人事机构	选择计数	154	244	165
	百分比（%）	30.1	27.0	28.7
［6］其他机构（请填写）	选择计数	24	37	23
	百分比（%）	4.7	4.1	4.0
总计	参选人数	511	904	574
	百分比（%）	100.0	100.0	100.0

将表 4－5 做成曲线图，得到图 4－3，其中横坐标 1、2、3 等分别代表各个选项。

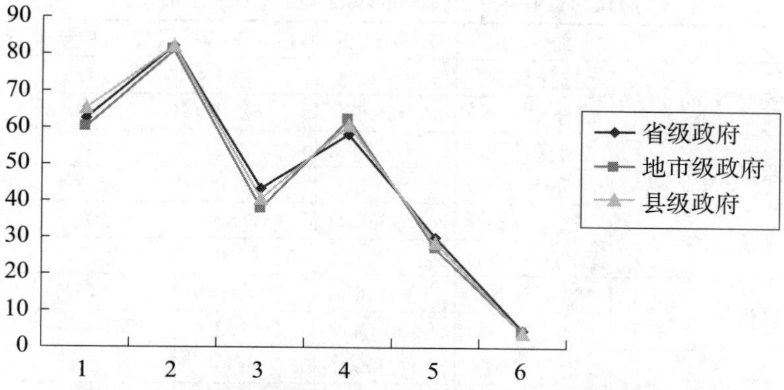

图 4-3　不同府级公务员对监督机构有效性的排序曲线图

由表 4-5 和图 4-3 可以看出，不同府级公务员对不同监督机构有效性的排序上大致一致，排在前三位的同样也是纪检监察机构、上级政府或部门和审计机构。

从图 4-3 也可以看出，各级地方政府在选项上又各有侧重。省级政府在行政复议机构监督的有效性问题上，认可度要高于地市级和县级政府 3 至 5 个百分点。因为省级政府作为地方最高行政单位，对地方事务比较了解，因而具体事务还是由省级政府进行决策。但是，由于我国省级区域都比较大，其自身、其职能部门以及其下级政府违法行政抑或不当行政的问题在所难免，因而提出行政复议的复议机关，按照行政复议法的规定都是或者可以是省级政府，因而大量的行政复议案件集中到了省级政府，所以在省级政府看来，行政复议的次数多。结果就是省级政府在评判监督机构的有效性时，其对行政复议机构的认可度要高于其他两个府级政府。

而地市级政府和县级政府作为直接执行决策的地方政府，其行为直接关系民生利益，因而，在对其财政的监督中，审计监督比较普遍，所以在地市级政府和县级政府看来，审计监督的效果比较大，要高于省级政府 2 至 5 个百分点。

六、基于不同工龄阶段的分类数据分析

公务员工龄的差别，对监督机构的监督有效性评判也会有所不同，为方便比较，按照公务员工龄进行统计分析，见表 4-6。

表 4-6　　您认为最有效的监督机构有哪些？(限选三项)

选　项	统　计	10 年以下	11～20 年	21～30 年	30 年以上
[1] 上级政府或部门	选择计数	642	294	147	45
	百分比（%）	63.6	62.2	59.3	57.7
[2] 纪检监察机构	选择计数	831	383	204	69
	百分比（%）	82.3	81.0	82.3	88.5
[3] 行政复议机构	选择计数	385	184	101	36
	百分比（%）	38.1	38.9	40.7	46.2
[4] 审计机构	选择计数	596	290	175	53
	百分比（%）	59.0	61.3	70.6	67.9
[5] 组织人事机构	选择计数	300	134	71	18
	百分比（%）	29.7	28.3	28.6	23.1
[6] 其他机构（请填写）	选择计数	54	29	0	0
	百分比（%）	5.3	6.1	0.0	0.0
总计	参选人数	1 010	473	248	78
	百分比（%）	100.0	100.0	100.0	100.0

根据表 4-6，为便于比较分析，得出图 4-4。

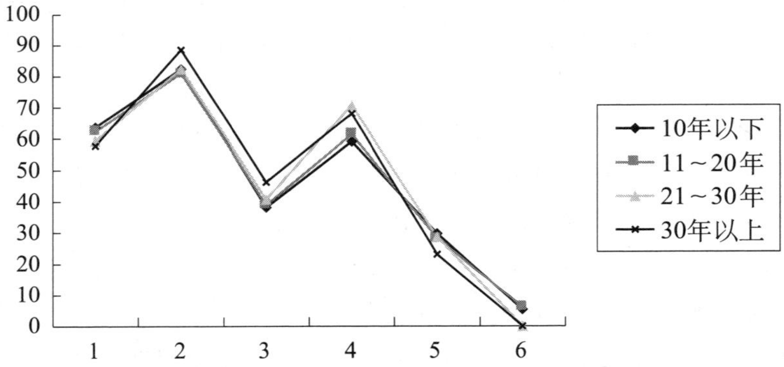

图 4-4　不同工龄阶段对监督机构有效性排序曲线图

由表 4-6 和图 4-4，不同工龄阶段公务员对不同监督机构监督有效性的顺序排列、走向趋于一致，排在前三位的基本上都是纪检监察机构、上级政府或部门和审计机构。

但不同工龄段公务员对监督机构的有效性评判也是略有差别的。由图 4-4 可以看出，在上级政府或部门和组织人事机构的监督效果上，呈现出工龄越长、监督效果评价越差的趋势。我国的监督机构一直存在着监督流于形式的典型弊端，尤其是上级政府或部门以及组织人事机构的监督，很多情况下监督不能到位。工龄越长的公务员对这一状况的体会越深，因此呈现出公务员工龄越长，认为上级政府或部门和组织人事机构的监督效果越差。

而在纪检监察机构和行政复议机构的监督效果上，呈现出工龄越长、监督效果评价越强的趋势。因为在对行政机关及其工作人员的监督中，大凡涉及贪腐、玩忽职守等情况，纪检监察机构都不会缺席，甚至都会成为主力，因此，从现实的状况看，纪检监察机构的监督被工龄长、资历深的公务员认同也就很自然了；同理，行政复议机构依法对行政行为进行合法性、适当性审查，并依法作出行政复议决定，可以撤销、变更该行政行为或者确认该行政行为违法，并要求被申请人在一定期限内重新作出行政行为。工龄越长的公务员经过长时间的工作，见到或接触的行政复议案件越多，认为行政复议机构作为监督机构的监督效果也越大。

七、基于不同职务类型的分类数据分析

公务员职务的不同，对监督机构的监督有效性评判的认知也不同，因此，为便于比较分析，按照公务员职务序列进行统计分析，见表 4-7。

表 4-7　　您认为最有效的监督机构有哪些？（限选三项）

选　项	统　计	领导职务	非领导职务
[1] 上级政府或部门	选择计数	343	498
	百分比（%）	65.2	63.0
[2] 纪检监察机构	选择计数	434	659
	百分比（%）	82.5	83.3
[3] 行政复议机构	选择计数	193	298
	百分比（%）	36.7	37.7
[4] 审计机构	选择计数	334	477
	百分比（%）	63.5	60.3
[5] 组织人事机构	选择计数	158	226
	百分比（%）	30.0	28.6
[6] 其他机构（请填写）	选择计数	20	46
	百分比（%）	3.8	5.8
总计	参选人数	526	791
	百分比（%）	100.0	100.0

根据表 4-7，为便于比较分析，得出图 4-5。

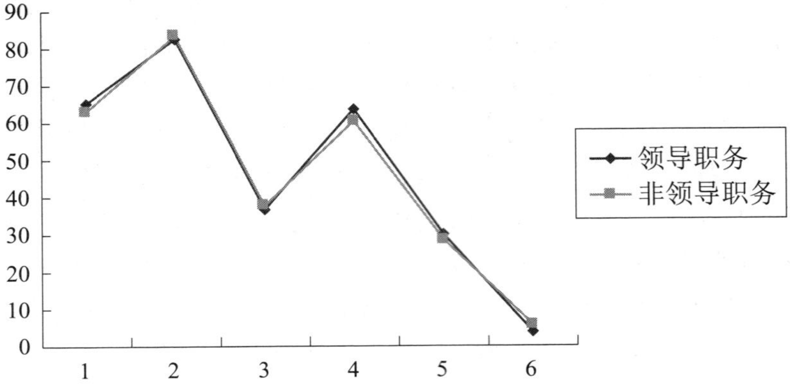

图 4-5 不同职务类型公务员对监督机构有效性排序曲线图

由表 4-7 和图 4-5 可以看出，不同职务类型公务员对不同监督机构有效性的顺序排列，趋向一致，排在前三位的基本上都是纪检监察机构、上级政府或部门和审计机构，由此可以看出，基本上无论是领导职务还是非领导职务的公务员，在对监督机构监督的有效性认识的问题上是存在共识的。

由曲线图 4-5 也可以看出，领导职务和非领导职务的公务员的认识也存在一定差别。在对上级政府或部门和审计机构监督的认识上，领导职务的公务员的认可度要高于非领导职务的，而在对纪检监察机构和行政复议机构的监督效果评判上，非领导职务的认同度要高于领导职务的。

八、结论

（一）调查结论

现代社会事务越来越多，需要政府和有关部门管理的事务越来越多，权力的运作也越来越多地影响公民的利益。我国法制不完善，政府侵犯公民利益的机会也比较多，因而，为维护公民的利益，保证权力的合法使用，需要完善监督体制和设置比较有效的监督机构。我国监督机构的监督方式有很多，包括上下级的监督、纪检监察机构的监督、行政复议机构的监督、审计监督、组织人事监督和其他机构的监督。但是，在现实生活中我们不难发现，很多监督的效果并不理想，那么到底哪些机构在发挥作用？哪些是有效的监督机构？从上面总体分析和分类分析中，被调查者认为监督效果比较强的机构的前三位是纪检监察机构、上级政府或部门和审计机构。

无论是总体分析还是分类分析，排在第一位的都是纪检监察机构，这一方面是因为我国政府或部门人员的组成中，党员占了很大的比例，为纪检监察机构监督的顺利展开提供了组织条件；另一方面，纪检监察机构在监督领导干部的时候行动快、效果强，因而被调查者都把它排在了第一位。《中国共产党党内监督条例》第26条规定，“党的各级纪律检查委员会是党内监督的专门机关”。《中国共产党纪律处分条例》第7条规定，“党组织和党员违反党章和其他党内法规，违反国家法律法规，违反党和国家政策，违反社会主义道德，危害党、国家和人民利益的行为，依照规定应当给予纪律处理或者处分的，都必须受到追究”。《监察法》第3条规定，各级监察委员会是行使国家监察职能的专责机关，依照本法对所有行使公权力的公职人员进行监察，调查职务违法和职务犯罪，开展廉政建设和反腐败工作，维护宪法和法律的尊严。由此也可以看出，纪检监察机构的监督直接影响到官员的身份和地位，所以被调查者认为其监督效果是最强的，被排在了第一位。

排在第二位的是上级政府或部门。《宪法》第89条第3项规定，国务院规定各部和各委员会的任务和职责，统一领导各部和各委员会的工作，并且领导不属于各部和各委员会的全国性的行政工作。第89条第4项规定，国务院统一领导全国地方各级国家行政机关的工作，规定中央和省、自治区、直辖市的国家行政机关的职权的具体划分。第89条第13项规定，国务院改变或者撤销各部、各委员会发布的不适当的命令、指示和规章。第89条第14项规定，国务院改变或者撤销地方各级国家行政机关的不适当的决定和命令。第108条规定，县级以上的地方各级人民政府领导所属各工作部门和下级人民政府的工作，有权改变或者撤销所属各工作部门和下级人民政府的不适当的决定。第110条第2款规定，地方各级人民政府对上一级国家行政机关负责并报告工作。全国地方各级人民政府都是国务院统一领导下的国家行政机关，都服从国务院。

人民政府上下级之间的领导体制，决定了上级行政机关有权行使职权，对下级行政机关进行监督和检查；责令下级机关纠正或者自行纠正违法或者不当行为。这些监督效果直接影响下级政府或部门的行政行为的实施，因此，表4-2中62.3%的被调查者认为上级政府或部门是比较有效的监督机构。

排在第三位的是审计机构，政府审计是指政府审计机关对会计账目，财政，财务收支的真实、合法性进行独立检查的行为，其实质是对受托经济责任履行结果进行独立的监督。我国政府审计是国家审计机关对中央和地方政府各部门及其他公共机构财务报告的真实性、公允性，运用公共资源的经济性、效益性、效果性，以及提供公共服务的质量进行审计，包括中央、地方以及行政单位预决算审计。政府审计的目的，一方面是监督国家财政预算资金合理、有效地使用；另一方面是对财政决算情况作出客观的鉴定与公证，为财政管理提供改进措施，并揭露违法行为。虽然行政事业单位管理的事务越来越多，行使着各种行政管理职能，在日益繁荣的市场经济发展中起了重要作用，但是不少行政事业单位管理上存在着不少问题，尤其是“小金库”现象屡禁不止，已引起社会的广泛关注。因此，加强行政事业单位审计监督十分重要。而且在现实中，许多大型的贪污、腐败案件都是通过审计检查出来的，比如中国远望（集团）总公司原总经理李振远贪污受贿案、中国石油天然气股份有限公司上海销售有限公司原总经理高建中等人挪用公款案等都是审计署的审计查出的典型案例。因此被调查者认为审计监督效果也比较好，将审计监督排在了第三位的。

在对行政复议机构和组织人事机构的监督效果的评判上，不同的统计类型显示出不同的统计结果，譬如对行政复议机构，省级政府认为行政复议机构的监督有效性要高于地市级和县级政府 3 至 5 个百分点，达到 43.4%。

表 4－6 和图 4－4 显示出，对于组织人事机构，工龄低的被调查者比较重视组织人事机构的监督。10 年以下工龄的被调查者认为组织人事机构的监督效果要高于其他较长工龄公务员的认识。

而对其他机构的监督效果的评判，普遍被认为监督效果比较差，尤其是我国的人大监督、检察机关等监督机构的监督效果比较差，所以在对其他监督机构的监督效果评价上都比较低。

（二）对策建议

1. 继续有效发挥纪检监察机构的监督作用

为适应社会主义市场经济条件下党风廉政建设和反腐败斗争的实际需要，确保纪检监察机关反腐倡廉工作任务的全面完成，必须充分发挥纪检监察机关的监督指导作用，尤其是要强化派驻（出）纪检监察机构监督职能。要健全相关制度，明确职能定位。派驻（出）纪检监察机构要重视制度对权力运行的制约作用，通过建立健全各项规章制度，进一步明确自身权力和职责。以县级为例，不能把派驻（出）纪检监察机构看成县纪委和乡镇之间的“传递层”，更不能视其为“一级纪委”。准确把握这一职能定位，才能最大限度地发挥派驻（出）纪检监察机构的作用，有的放矢地开展工作。①

2. 充分发挥上级政府或部门的监督作用

上级政府或部门的监督是行政系统内部上级政府或者职能部门基于行政隶属关系和工作指导关系，依照法定权限和程序对下级政府或部门行政权行使是否合法、适当实施层级监督的自律性机制。要继续强化一系列制度的建设，包括：规范性文件备案制度、重大行政行为备案制度、重大决策报告制度、行政绩效责任制度、决策失误责任追究制度、行政执法检查制度、行政执法过错责任追究制度、行政违法投诉举报制度等。

3. 积极发挥审计机构的监督作用

审计监督作为行政监督中的一项重要监督制度，对监督财务行政，维护财经秩序，推动依法行政，有着重大意义。政府审计工作的目标是通过监督被审计政府及其部门的财政收支、财务收支以及有关经济活动的真实性、合法性、效益性，保障国家经济和社会健康运行，维护国家经济安全，推进民主法治，促进廉政建设，保障国家经济和社会健康发展。然而，现实中政府被审计单位常常是“屡审屡犯”，严重影响了国家财经纪律的规范性和严肃性，较大制约了审计监督功能的发挥。针对上述问题，需要建立和完善审计整改制度，规范审计整改行为。具体包括：（1）加强跟踪督查，建立回访制度，实行动态管理促整改。（2）建立审计信息公开制度，强化舆论监督促进整改。（3）建立整改联动机制，借助财政、纪检监察、检察院、公安等单位的协调配合，建立健全相应的制度和机制。（4）修订完善法律法规，将审计整改的相关内容在法律法规上予以明确。②

---

① 积极发挥派驻（出）纪检监察机构监督作用．[2012-12-26]. http：//epaper. sqdaily. com/sqrb/html/2009-10/19/content_118609. htm.

② 曹润林．审计“整改难”成因与对策的多视角分析．地方财政研究，2008（2）.

4. 充分发挥行政复议机构的监督作用

目前，我国正进入完善社会主义市场经济体制的阶段，随着改革开放的深入和社会主义市场经济的发展，人们的民主意识、政治参与意识不断增强，而社会利益关系日趋复杂，新情况新问题层出不穷，不同利益之间的冲突与社会矛盾增多，许多矛盾必将以行政争议的形式反映出来。行政复议作为保护人民群众的合法权益，维护行政机关依法行政，解决行政争议的重要制度和法定渠道，是民主、法治的重要制度架构，是化解社会矛盾、维护和实现社会公平和正义、保持社会安定团结的重要手段。因此要积极完善行政复议制度，充分发挥行政复议机构的监督效果。一方面要充分重视行政复议机构的作用，建立相对独立的行政复议机构，减少"自家人监督自家人"的弊端；另一方面要增强行政复议的公信力和权威性。同时，以保护行政相对人的合法权益和化解社会矛盾为契机，促进行政复议、信访和行政诉讼的良性互动。

5. 充分发挥社会监督的作用

积极发挥社会监督的作用，要健全群众举报制度，畅通群众反映问题的渠道，保证及时听到群众最迫切的呼声、了解到群众最期盼的事情。同时，全面推行政务信息公开制度，把行政执法活动置于全社会的监督之下，实施"阳光作业"，防止"暗箱操作"。着力推进舆论监督的制度化、法律化，将新闻媒体监督的权利和义务、监督范围、遵循原则等通过法律确定下来，使新闻媒体更好地依法履行监督职责。特别是要依托、重视互联网等新兴媒体，积极搭建行政机关与公众有效沟通的桥梁，不断提高舆论引导能力，让公众通过网络更多地参与、监督行政执法和管理活动，防止权力滥用，实现依法行政。[①]

6. 建立和完善现代反腐败制度

对行政进行监督的任务之一是反腐败，保障权力的正常行使。由于反腐败工作千头万绪，涉及经济、政治、社会制度建设诸方面，是一个系统工程，不可能一蹴而就，因而必须加强和完善制度建设和制度创新。归纳起来，包括：官员财产公开制度、金融实名制度、集中采购制度、招标投标制度、独立审计制度、政治透明制度、重大事项报告制度、质询制度、述职述廉

① 构建对行政权的立体化监督体系．[2013－01－13]. http：//news. sina. com. cn/o/2010－01－20/0400169 59511s. shtml.

制度、民主评议制度、民主选举制度、弹劾制度、现代公务员制度、组织监督制度、新闻监督制度、司法监督制度、立法监督制度、内部监督制度、公众监督制度等。

总之，统计调查结果显示，纪检监察机构、上级政府或部门和审计机构的监督作用比较大，而其他几个机构监督效果不明显。因而要完善我国的监督机构，一方面要毫不动摇地发挥纪检监察机构、上级政府或部门和审计机构的监督作用，另一方面也要充分调动其他机构的监督作用，完善我国的监督体制，保证权力的正常行使，维护公民的合法权益。

第二节　派驻政府部门的纪检监察机构的数据分析

纪检监察机关自从恢复组建以来，在党风廉政建设和反腐败斗争中发挥着重要的作用。2018 年通过的《监察法》第 12 条规定："各级监察委员会可以向本级中国共产党机关、国家机关、法律法规授权或者委托管理公共事务的组织和单位以及所管辖的行政区域、国有企业等派驻或者派出监察机构、监察专员。"依照中央纪委的解释，"实现对所有行使公权力的公职人员监察全覆盖，是监察体制改革的重要目标。纪委监委向同级党和国家机关派驻纪检监察组，是实现这一目标的重要路径之一。派驻机构实行统一名称、统一管理，称为'派驻纪检监察组'。派驻纪检监察组共同设置内设机构，履行纪检、监察两项职能，实现监督全覆盖。派驻机构对派出机关负责，受派出机关直接领导。派驻机构按照干部管理权限和派出机关的授权履行监督、执纪、问责和监督、调查、处置职责。驻在单位具有行业管理职能的，派驻机构可以根据授权对驻在单位管理的行业、系统实施党内监督和国家监察"。派驻政府部门的纪检监察机构实际监督效果究竟怎样？课题组就此专项问题对地方公务员进行了抽样调查，本题围绕调查数据对纪检监察机构的监督效果进行了多方位的分析，找出存在的问题，并提出了解决这些问题的基本思路。

一、调查问卷及相关说明

具体问题是：

您认为派驻政府部门纪检监察机关的作用如何？（单选）

[1] 能够以党纪国法严格履行职责，对政府部门起到很好的监督作用

[2] 能够以党纪国法履行职责，但监督作用不突出

[3] 自家人监督自家人，地位尴尬，作用不大

[4] 其他（请填写）

调查问题说明：

一是关于监督的界定。监督分为体制内监督与体制外监督，体制内监督包括专职监督机关的监督——监察机关，以及非专职监督机关的监督——上下监督、主管监督、职能监督等形式。上下监督即各行政机关按隶属关系，自上而下和自下而上所产生的直线或纵向垂直监督；主管监督即行政主管部门对被管理单位及人员的监督；职能监督指政府各职能部门就其主管的工作，在自己职权范围内对其他有关部门实行监督。体制外监督：人大监督、司法监督、政党监督、群众监督、舆论监督。① 本部分所指的监督是指体制内监督和纪检监督，主要包括纪检监察监督、审计监督和层级监督。

二是关于派驻政府部门的纪检监察机关的角色界定。派驻机构是上级纪检监察机关的重要组成部分，是受上级纪检监察机关指派，并代表上级纪检监察机关对驻在部门实施党内纪律检查和行政监察的专门监督机构。《中国共产党党内监督条例》明确了党委、纪委、党员在党内监督中的职责，强调了纪委派驻机构在纪委的统管下，按照有关规定对驻在部门党的组织和党员领导干部进行监督。可见，派驻统管是党内监督体系的重要组成部分，通过实行派驻统管和建立健全巡视制度，有利于强化纪检监察机关的监督检查职能，有利于加强对驻在部门领导班子及领导干部的经常性监督，能够有效防止或减少权力失控、决策失误和行为失范等问题的发生。②

三是派驻政府部门的纪检监察机关的职责。中央纪委对派驻机构统管后明确了六条职责，大体分为四大内容。第一，监督。监督检查驻在部门及所属系统贯彻执行党的路线方针政策和决议，遵守国家法律、法规，执行党和政府决定、命令的情况；监督检查党组和行政领导班子及其成员维护党的政

① 周育中．我国行政监督体制的现状、不足与完善．江西社会科学，2000（11）.

② 陈胜华．县级纪委对派驻机构统一管理方法研究．苏州：苏州大学，2008.

治纪律、贯彻执行民主集中制、选拔任用领导干部、贯彻落实党风廉政建设责任制和廉政建设的情况。第二，查案。经批准，初步核实党组和行政领导班子及其成员违反党纪政纪的情况；参与调查党组和行政领导班子及其成员违反党纪政纪的案件；调查驻在单位及所属系统干部违反党纪政纪的案件及其他重要案件。第三，协助。协助党组和行政领导班子组织开展驻在部门及所属系统的党风廉政建设和反腐败工作。第四，受理。受理对党组织、党员和行政监察对象的检举、控告，受理驻在部门党员和行政监察对象不服处分的申诉。上述职责可以简单归为维纪与执纪两大类职责。其中，监督检查是基本职能，查办案件是监督检查的必然要求，受理检举控告及申诉是监督检查的必然补充，三者构成了维纪整体，而协助和协调，主要是促进驻在部门及所属系统执纪。维纪与执纪构成相辅相成、相互促进的统一体。①

四是调查采集的基本信息如表 4-8 所示。

表 4-8　　您认为派驻政府部门纪检监察机关的作用如何?

选　项	选择计数	百分比（%）
[1] 能够以党纪国法严格履行职责，对政府部门起到很好的监督作用	721	35.9
[2] 能够以党纪国法履行职责，但监督作用不突出	637	31.8
[3] 自家人监督自家人，地位尴尬，作用不大	635	31.7
[4] 其他（请填写）	13	0.6
总计	2 006	100.0

“其他”选项的填写情况：(1) 有提示作用；(2) 他们说了也不算、没作用，自己不能监督自己；纪检地位低于政府，职位低于政府，无法监督；(3) 你们知道我国有几个层次的监督？有多少种监督机构和方式？我倒认为建立如香港或新加坡的行政公署如何？最好不派驻，成为独立的监察机构；(4) 对行政决策的监督作用不明显；(5) 难以发挥作用，素质需要提高，业务需要熟悉。

二、总体分析

通过表 4-8 可以看出，35.9%的被调查者认为派驻政府部门的纪检监

① 陈胜华．县级纪委对派驻机构统一管理方法研究．苏州：苏州大学，2008.

察机关能够以党纪国法严格履行职责，对政府部门起到很好的监督作用；31.8%的被调查者认为派驻政府部门的纪检监察机关能够以党纪国法履行职责，但监督作用不突出；还有31.7%的被调查者认为派驻政府部门的纪检监察机关是自家人监督自家人，地位尴尬，作用不大。由此可以看出，高于1/3的被调查者认为派驻政府部门的纪检监察机关能够起到很好的监督作用，但高于60%的被调查者认为派驻政府部门纪检监察机关的监督效果有待进一步提升。

其可能的原因是，从2016年到2018年，国家监察体制改革才刚刚开始实践，党员干部对于纪检监察派驻机关的认识还停留在之前的状况上。在以往的情形中，派驻的纪检监察机关往往不能认真按干部双重管理体制的有关规定，切实履行自己担负的职责；纪检监察机关对双重管理的干部不敢管理，或者管理起来缩手缩脚，瞻前顾后。此外，改革前的管理体制导致派驻机构处处维护驻在部门利益，角色定位出现了问题。由于派驻统管不彻底，制约了派驻统管效果。派驻机构的党团组织关系、工资福利待遇、退休关系等仍留在驻在部门，派驻机构干部退休后交驻在部门管理，形成了被监督者对监督者的掣肘，客观上存在着体制改革不够彻底、工作机制不够顺畅、工作制度不够完善等缺陷，一定程度上制约了派驻机构职责的履行和工作的开展。这导致派驻机构的监督职能被削弱。首先，纪检监察机关本身就是监督机构，为同级党委行使监督职能，同级党委容易忽略对纪检监察机关本身的监督；其次，纪检监察机关是同级党委的组成部分，受同级党委的绝对领导，如果不明确过硬的措施做“尚方宝剑”，监督会大打折扣。另外，中央和省对派驻机构统管都采取了“积极稳妥、分步实施”的策略，即管干部管工作不管后勤，派驻机构干部退休后交驻在部门管理，加剧了被监督者对监督者的掣肘。随着国家监察体制改革的进一步实施和展开，派驻政府部门的纪检监察机关的建设也将逐渐完善，其监督作用也将有所提升。

三、基于不同地区的分类数据分析

由于地理环境、发展程度的差异，我们的抽样分别在东部沿海、中部、西部和东北地区四个区域进行，统计结果见表4-9。

表 4-9　　您认为派驻政府部门的纪检监察机关的作用如何？

选　项	统　计	东部沿海	中部地区	西部地区	东北地区
[1] 能够以党纪国法严格履行职责，对政府部门起到很好的监督作用	选择计数	295	198	77	151
	百分比（%）	42.9	29.0	23.8	48.4
[2] 能够以党纪国法履行职责，但监督作用不突出	选择计数	206	247	96	88
	百分比（%）	29.9	36.2	29.6	28.2
[3] 自家人监督自家人，地位尴尬，作用不大	选择计数	181	233	150	71
	百分比（%）	26.3	34.2	46.3	22.8
[4] 其他（请填写）	选择计数	6	4	1	2
	百分比（%）	0.9	0.6	0.3	0.6
总计	参选人数	688	682	324	312
	百分比（%）	100.0	100.0	100.0	100.0

由表 4-9 得出曲线图 4-6。

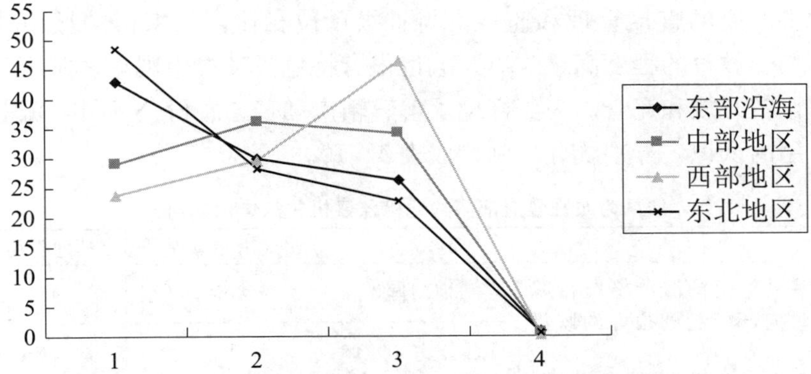

图 4-6　不同地区公务员对派驻的纪检监察机构监督效果的认知

由图 4-6 可以看出，各个地区对派驻政府部门的纪检监察机构监督效果的曲线走向大致一致，但各个选项的差别比较大。四个地区中，东部沿海和东北地区在第 1 项即认为派驻政府部门的纪检监察机构能够以党纪国法严格履行职责，对政府部门起到很好的监督作用的百分比最高，分别达到了 42.9%和 48.4%，即这些地区被调查者中有将近一半的被调查者认为派驻机构能够很好地发挥监督作用。这可以反映出这些地区由于贪污腐败的现象比较多，因而派驻当地政府的纪检监察机构发挥监督作用的概率比较大，因而这些地区的公务员认为派驻政府部门的纪检监察机构作为政府外部的监督机制能够发挥作用。

中部地区在第2项的百分比较高。中部地区相对不发达，地方保护的意识较强，因而很容易形成派驻机构和当地的驻在部门利益结合，反而维护驻在部门的利益，所以中部地区的被调查者容易认为派驻政府部门的纪检监察机构能够以党纪国法履行职责，即履行形式上的职责，但监督作用不突出。

西部地区则在第3项达到了46.3%，也占了近一半的比例。特殊的地理交通环境和历史渊源，使西部地区交通不发达，地理位置较为偏僻，上对下往往鞭长莫及，派驻当地政府的纪检监察机构很容易脱离上级党委的领导，容易造成监督的失灵和失控，导致派驻机构的组成人员是当地的党委组成人员，因而出现自家人监督自家人，地位尴尬，监督作用不大的局面。

四、基于直辖市和普通省份的分类数据分析

北京市作为国家的政治、经济和文化中心，虽然也由地方自己治理，但更受中央政府的直接管理和监控。与省级单位相比，北京市的城市化程度高，人均受教育的程度高，改革开放也很有特色，其思想观念、制度建设等方面也比较开放和完善。为更好地了解直辖市和普通省份公务员对派驻机构监督作用的认识，分别统计，制作成表4-10。

表4-10　　您认为派驻政府部门的纪检监察机关的作用如何？

选　项	统　计	北京市专项调研	其他省份调研
[1] 能够以党纪国法严格履行职责，对政府部门起到很好的监督作用	选择计数	542	721
	百分比（%）	35.1	35.9
[2] 能够以党纪国法履行职责，但监督作用不突出	选择计数	508	637
	百分比（%）	32.9	31.8
[3] 自家人监督自家人，地位尴尬，作用不大	选择计数	485	635
	百分比（%）	31.4	31.7
[4] 其他（请填写）	选择计数	11	13
	百分比（%）	0.7	0.6
总计	参选人数	1 546	2 006
	百分比（%）	100.0	100.0

为便于分析和比较，由表4-10得图4-7。

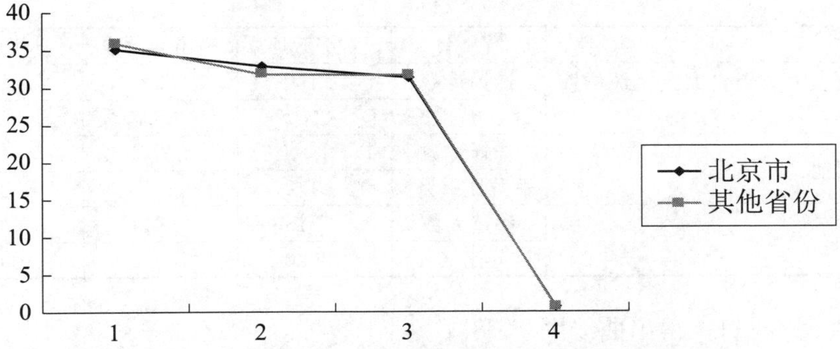

图 4-7　北京市和其他省份公务员对派驻机构监督效果的认知

由图 4-7 可以看出，北京市和其他省份对派驻机构的监督效果曲线走向大致一致，1/3 的被调查者认为派驻机构很好地发挥了监督效果，但超过 60%的公务员认为派驻的纪检监察机关监督不力，不能很好地发挥监督效果。当然，也可以看出北京市和其他省份在评判派驻机构的监督效果时仍存在一些差别。图 4-7 显示出其他省份在第 1 项要略高于北京市的。这是由于其他省份不能像首都一样直接处于中央机关的领导下，因而派驻的纪检监察机构能发挥较大的作用。而在第 2 项上，北京市略高于其他省份，这是因为北京市作为首都，其经济、技术和政治实力较强，而且直接处于中央机关的领导下，中央等领导机关管辖较多，所以派驻的纪检监察机构能够以党纪国法履行职责，但监督作用就不像其他省份那么突出。这一调查数据正说明了北京成为 2016 年国家监察体制改革试点地区之一的原因。

五、基于不同府级的分类数据分析

由于在派驻纪检监察机构的问题上，各级地方人民政府面临的具体情况不同，因而也需要比较分析。统计数据见表 4-11。

表 4-11　　您认为派驻政府部门的纪检监察机关作用如何？

选　项	统　计	省级政府	地市级政府	县级政府
[1] 能够以党纪国法严格履行职责，对政府部门起到很好的监督作用	选择计数	176	281	264
	百分比（%）	34.3	30.7	45.6
[2] 能够以党纪国法履行职责，但监督作用不突出	选择计数	181	294	162
	百分比（%）	35.3	32.2	28.0

续前表

选　项	统　计	省级政府	地市级政府	县级政府
[3] 自家人监督自家人，地位尴尬，作用不大	选择计数	150	335	150
	百分比（%）	29.2	36.7	25.9
[4] 其他（请填写）	选择计数	6	4	3
	百分比（%）	1.2	0.4	0.5
总计	参选人数	513	914	579
	百分比（%）	100.0	100.0	100.0

由表 4－11，得出曲线图 4－8。

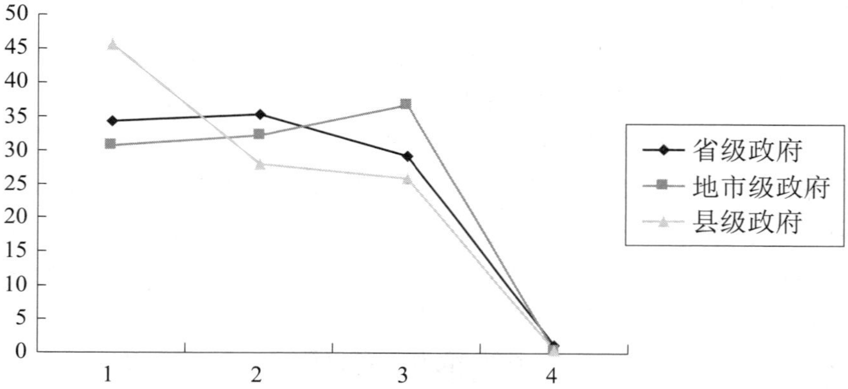

图 4－8　不同府级公务员对派驻政府部门的纪检监察机构监督效果的认知

从表 4－11 和图 4－8 可以看出，不同府级政府对派驻的纪检监察机构的监督效果认知的曲线图大体一致，但也有很大的不同。省级政府在第 2 项上要高于其他府级政府，即认为派驻的政府机构是能够以党纪国法履行职责，但监督作用不突出。这可能是因为省级政府作为地方一级的最高机构，其派驻纪检监察机构的人员组成更倾向于本级党委的组成人员，这样，一方面可以降低中央的管制，另一方面也可以比较容易管理下级政府，因而省级政府的公务员认为派驻的纪检机构能够以党纪国法履行职责，保证省级政府政策的正确方向和遵守党纪国法，但监督作用就不那么突出了。

地市级政府在第 3 项上要高于其他府级，即地市级政府的公务员多认为派驻的纪检机构是自家人监督自家人，地位尴尬，作用不大。这可能是因为地市级政府派驻的纪检机构是省级政府派驻的，而省级政府的大多数人员又来自地市级，因而很容易造成派驻地市级的纪检机构人员是自家人，造成自家人监督自家人的现象。

而县级政府在第1项的认知上达到了45.6%，即县级政府中将近一半的公务员认为派驻政府的纪检监察机构能够以党纪国法严格履行职责，对政府部门起到很好的监督作用。这可能是因为，一是县级政府作为我国较低级别的地方政府，向其派驻的纪检监察机构人员来自上级政府，能够以党纪国法严格履行职责，对当地县级政府的监督比较多；二是县级政府最为基层，执行上级政策、命令总会打折扣，容易发生贪污、腐败等行为，所以纪检监察机构对县级政府的监督效果比较明显，因而县级政府对纪检监察机构的监督效果的评判要高于省级政府和地市级政府的评判。

六、基于不同职务类型的分类数据分析

《公务员法》第17条规定，公务员职务分为领导职务和非领导职务。公务员职务的不同，对监督机构的监督有效性评判认知也会有所不同，因此为便于比较分析，按照公务员职务序列进行统计分析，见表4-12。

表4-12　您认为派驻政府部门的纪检监察机关作用如何？

选　项	统　计	领导职务	非领导职务
[1] 能够以党纪国法严格履行职责，对政府部门起到很好的监督作用	选择计数	151	282
	百分比（%）	28.7	35.6
[2] 能够以党纪国法履行职责，但监督作用不突出	选择计数	192	255
	百分比（%）	36.4	32.2
[3] 自家人监督自家人，地位尴尬，作用不大	选择计数	181	250
	百分比（%）	34.3	31.5
[4] 其他（请填写）	选择计数	3	6
	百分比（%）	0.6	0.8
总计	参选人数	527	793
	百分比（%）	100.0	100.0

由表4-12得出曲线图4-9。

对派驻政府部门的纪检监察机关监督效果的认知，领导职务和非领导职务的公务员的认识也大致相同，但由表4-12和图4-9可以看出，非领导职务的公务员认为派驻政府部门的纪检监察机关能够以党纪国法严格履行职责，对政府部门起到很好的监督作用的比例要高于领导职务约7个百分点。因为非领导职务的公务员认为纪检监察机关在监督、调查政府相关案件，尤

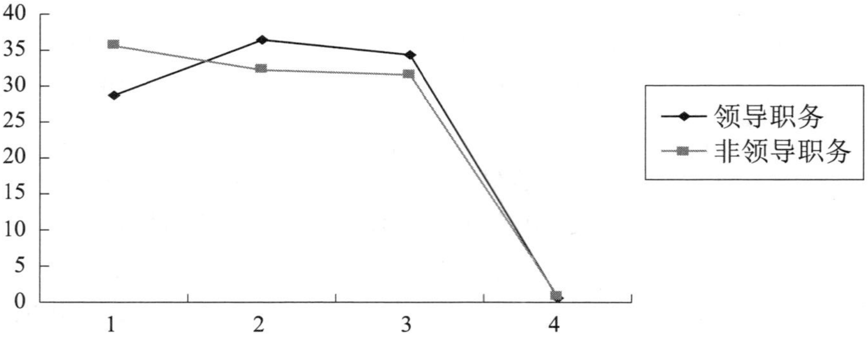

图 4-9　不同职务类型公务员对派驻政府部门的纪检监察机构监督效果的认知

其是对领导的审查时，是具有高效的典型特点的，所以纪检监察机关的监督效果比较强；而领导职务的公务员由于党员比例比较大，认为纪检监察机关能够以党纪国法履行职责，但更多认为纪检监察机关是自家人监督自家人，地位尴尬，监督作用不突出。

七、基于不同学历的分类数据分析

公务员学历的不同，对派驻政府部门的纪检监察机构的监督效果认知也有所不同，为便于比较分析，按照公务员的学历进行统计分析，形成表 4-13。

表 4-13　　您认为派驻政府部门的纪检监察机关作用如何？

选　项	统　计	高中及以下	大专	本科	硕士	博士
[1] 能够以党纪国法严格履行职责，对政府部门起到很好的监督作用	选择计数	43	126	405	91	7
	百分比（%）	57.3	35.1	34.7	32.9	22.6
[2] 能够以党纪国法履行职责，但监督作用不突出	选择计数	19	115	377	91	13
	百分比（%）	25.3	32.0	32.3	32.9	41.9
[3] 自家人监督自家人，地位尴尬，作用不大	选择计数	13	117	374	93	11
	百分比（%）	17.3	32.6	32.1	33.6	35.5
[4] 其他（请填写）	选择计数	0	1	10	2	0
	百分比（%）	0.0	0.3	0.9	0.7	0.0
总计	参选人数	75	359	1 166	277	31
	百分比（%）	100.0	100.0	100.0	100.0	100.0

根据表 4－13，得出曲线图 4－10。

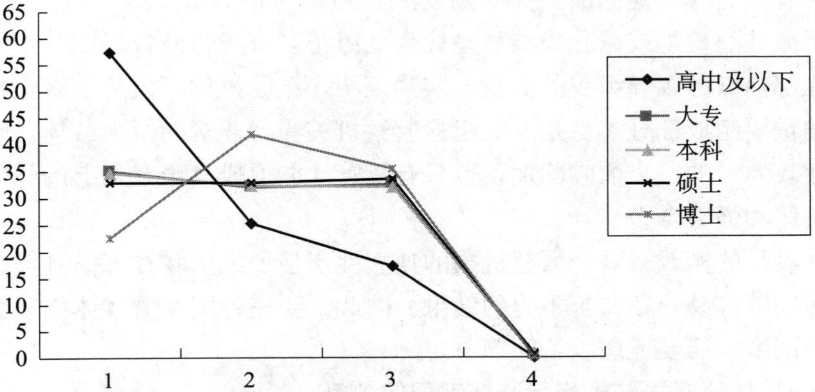

图 4－10　不同学历公务员对派驻的纪检机构监督效果的认知

由图 4－10 可以看出，在第 1 项上，明显呈现出被调查者学历越低，其认为派驻的纪检机构监督效果越好的趋势。尤其是被调查者中高中及以下学历的公务员，在第 1 项上所占比明显高于其他学历的公务员。这是因为学历越低，限于知识背景，对这一问题认识的程度越容易表面化，认为派驻的纪检监察机构作为当地政府的外部机构，对本级政府能够起到很好的外在监督效应，所以对纪检机构的监督效果评价比较高；而学历较高的公务员对派驻的纪检监督机构的人员组成和管理体制有更多的了解，对纪检监察机构监督效果的认识比较理性和实际，更具有批判和质疑精神。因此，在第 2 项和第 3 项上呈现出学历越高，被调查者认为派驻机构的监督作用越不大的趋势。

八、结论

总体来说，对派驻政府部门的纪检监察机构的监督作用的认知总体上并不高，约 1/3 的被调查者认为能够以党纪国法严格履行职责，对政府部门起到很好的监督作用，但约六成的被调查者认为派驻机构并不能很好地发挥监督作用，或者是监督作用不突出，或者是自家人监督自家人，作用不大。归结起来，其可能的原因是，从 2016 年到 2018 年，国家监察体制改革才刚刚开始实践，党员干部对于纪检监察派驻机关的认识还停留在之前的状况上。

新修改的《党章》规定：“党的中央和地方纪律检查委员会向同级党和

国家机关全面派驻党的纪律检查组。纪律检查组组长参加驻在部门党的领导组织的有关会议。他们的工作必须受到该机关党的领导组织的支持。”这就明确了派驻纪检组或派驻检查员是代表上级纪委来履行监督职能的，必须得到驻在部门党的领导组织的支持。实践证明，派驻机构不仅是上级纪检监察机关的重要组成部分，更是上级纪检监察机关履行职责的得力载体，是加强党风廉政建设的一个前哨阵地，也只有统管才能形成真正意义上的纪检监察统一整体和强大合力。

从以往的实践来看，派驻机构的独立性不强、维护驻在部门利益、职能削弱等问题容易导致监督不力的结果。因此，要完善国家监察体制和党的纪律检查制度，需要考虑以下问题。

（一）处理好派驻机构与驻在部门的关系

如何处理好派驻纪检监察机构与驻在部门之间的关系，是派驻纪检监察机构双重管理体制中最重要的问题。一是科学把握监督与参与的关系。总的说应当适度分工、大胆参与、全面监督。纪检组长要继续担任部门党组成员，监察室主任应当列席驻在部门行政会议，适度参与和纪检监察业务相近的工作分工。要根据监督需要介入相关业务活动，在参与中了解驻在部门相关工作的程序和环节，密切同驻在部门党员干部接触，把握监督重点，有针对性地及时提醒干部，预防不公不廉问题。二是正确把握监督与协助的关系。派驻机构既不能沿用双重领导的模式依附于驻在部门，也不能只强调独立性而忽视同一性。派驻机构应与驻在部门党组建立一种“和而不同”的关系，既有监督又有合作，牢记监督职责，在尊重理解、沟通协调和参与服务中强化监督。纪检组长要找准位置，既当主角又当配角；派驻机构要增强监督意识，创新监督方式，变事后监督为事前、事中、事后的全过程监督。三是正确处理手段与目的的关系。派驻机构加强监督和协助都是手段，而目的是确保实行统管后，驻在部门及所属系统的党风廉政建设和反腐败工作切实得到加强。[①] 这是派驻机构与驻在部门共同的目标。所以，派驻机构各项工作都要从这一目标出发，工作手段上与驻在部门“和而不同”，双方在工作目标上始终统一。

---

① 中央纪委、中央组织部、中央编办、监察部关于对中央纪委、监察部派驻机构实行统管的实施意见.

（二）派驻机构人员编制规范化

派驻机构人员编制全部纳入统一规划，统一管理，编制单列。防止出现由于个人人员档案等资料在派驻部门，而出现偏袒派驻部门利益、工作机制不够顺畅、工作制度不够完善等缺陷，一定程度上制约了派驻机构职责的履行和工作的开展的现象。[①]

（三）健全制度，形成派驻机构与驻在部门的监督与协助机制[②]

监督与协助是派驻机构的两个重要职责，虽有主次但不可偏废。一要建立健全派驻机构加强监督的配套制度，落实相关监督权力。根据权责一致的原则，进一步明确派驻机构权力。要落实知情权，建立驻在部门与派驻机构工作相互沟通和重大事项通报制度。要落实查处权，按规定对驻在部门干部违纪直接查处。二是合理划分派驻机构与驻在部门的工作职责，明确各类责任主体。在工作关系上，要重点理顺派驻机构与驻在部门机关党委、机关纪委的工作关系。应当健全驻在部门的机关党委和机关纪委，由驻在部门机关党委、机关纪委承担本部门反腐倡廉具体工作，派驻机构履行督促检查职能。三要建立协助驻在部门加强党风廉政建设的工作制度。重点建立《驻在部门党组和行政领导班子及成员党风廉政建设责任制实施办法》《驻在部门党风廉政建设联席会议工作规则》《驻在部门党组和行政领导班子与派驻机构工作通报制度实施办法》《驻在部门党组和行政领导班子成员党风廉政建设情况沟通办法》《驻在部门党组和行政领导班子成员述职述廉工作实施办法》等相关制度，通过以上制度规范协助工作。

（四）细化监督内容，明确监督重点

派驻纪检监察机构要侧重对所辖单位或部门“重大事项决策、重要事项安排、重要人事任免、大额资金使用”等“三重一大”的监督，配合上级纪委、监察局查办辖区内的违法违纪案件。派驻机构要进一步细化监督内容，拓宽监督渠道，加大监督力度，认真落实好、履行好派驻机构的知情权、参与权、建议权、查处权、报告权和否决权，集中力量解决事关反腐败工作全局的重大问题。

（五）加强组织建设，抓好派驻干部队伍建设

建立过硬的派驻干部队伍，调动其工作积极性和创造性，是抓好派驻干

---

①② 陈胜华．县级纪委对派驻机构统一管理方法研究．苏州：苏州大学，2008.

部队伍建设的核心。为此，要建立健全派驻干部的评价、考核、任用、晋升、待遇、交流等各项制度，为派驻干部积极、大胆开展工作创造一个良好的环境。良好的纪检监察队伍是保证监督作用有效发挥的重要因素。定期对派驻纪检监察机构人员进行调整交流，不断优化队伍结构。建立派驻机构与所辖部门纪检监察干部协作机制，努力解决事情多、人手少的问题，形成整体工作合力。派驻纪检监察机构要充分履行监督职能，牢固树立“不敢监督是渎职、疏于监督是失职、不善于监督是不称职、落实监督是履职”的观念，有效整合各方面监督力量，把党内监督与党外监督、行政监督与审计监督、群众监督与舆论监督等形式结合起来，建立长效监督机制，对驻在单位实施有效监督。①

总之，由以上分析可见，派驻政府部门的纪检监察机构要想很好地发挥其监督作用、改革现行条件下的双重管理体制、建立健全派驻纪检监察机构制度，必须坚持实事求是，从实际出发，寻求完善派驻纪检监察机构监督的有效途径。

第三节　监督影响因素的数据分析

监督是民主政治和现代国家管理的需要，它对于国家行政机关及其工作人员依法行政，优化行政环境，保护公民、法人和其他组织的合法权益等有着十分重要的意义。随着我国经济社会的快速发展，行政管理范围扩大，行政权力急剧扩张，对行政权的制约和监督显得尤为重要。然而，目前我国监督的总体效果并不令人满意，政策执行不畅现象严重，行政机关侵犯公民合法权益的现象时有发生，腐败问题仍然没有得到根本解决，政府官员决策失误责任得不到有效追究等。至于监督效果不明显的原因，有许多分析，如利益关系的制约、监督机制不合理、监督有效手段不多，另外，民主和法治化实现程度不高、政治体制改革滞后也是其中的重要原因。② 为切实搞清影响监督有效运作的因素，课题组有针对性地设计了相关问题，对地方公务员进行了问卷调查。

---

① 积极发挥派驻（出）纪检监察机构监督作用．[2013 - 01 - 13]. http：//epaper. sqdaily. com/sqrb/html/2009 - 10/19/content _ 118609. htm.

② 何增科．试析我国现行权力监督存在的问题及原因．学习与探索，2008（4）.

一、调查问卷及相关说明

具体调查问题是：

就您单位看，影响监督的最主要因素是什么？（限选三项）

[1] 制度是否健全

[2] 监督模式（比如外部监督还是内部监督）

[3] 监督人员的素质水平

[4] 被监督对象的自觉性

[5] 官员之间的派系和博弈

[6] 监督机关的态度和效率

[7] 其他（请填写）

调查问题说明：

一是关于问题选项主要有五类：第一类与监督制度相关，如第一选项；第二类涉及监督模式，如第二选项；第三类与监督机关及人员状况关联，如第三选项和第六选项；第四类涉及被监督对象，如第四项和第五项；第五类为开放性的选项。比较遗憾的是，由于当时的疏忽，没有把监督手段列入选项，所以没有采集到相应的数据信息。

二是调查采集的基本信息见表4-14。

表4-14　　就您单位看，影响监督的最主要因素是什么？（限选三项）

选　项	选择计数	百分比（%）
[1] 制度是否健全	1 394	69.8
[2] 监督模式（比如外部监督还是内部监督）	1 282	64.2
[3] 监督人员的素质水平	908	45.5
[4] 被监督对象的自觉性	582	29.2
[5] 官员之间的派系和博弈	589	29.5
[6] 监督机关的态度和效率	899	45.0
[7] 其他（请填写）	23	1.2
总计	1 996	100.0

“其他”选项的填写情况：监督机构（关）的权威与素质；工作流程是否合理。

二、总体分析

把表 4－14 的内容按公务员的支持度重新排序，可得出表 4－15。

表 4－15　　对行政监督影响因素的总体分析（按程度排列）

新序号	选　项	选择计数	百分比（%）
1	[1] 制度是否健全	1 394	69.8
2	[2] 监督模式（比如外部监督还是内部监督）	1 282	64.2
3	[3] 监督人员的素质水平	908	45.5
4	[6] 监督机关的态度和效率	899	45.0
5	[5] 官员之间的派系和博弈	589	29.5
6	[4] 被监督对象的自觉性	582	29.2
7	[7] 其他（请填写）	23	1.2
	总计	1 996	100.0

表 4－15 显示，被调查者认为影响监督的前三位因素是制度是否健全、监督模式和监督人员的素质水平。其中，制度是否健全占据首位，69.8%的被调查者认为制度是否健全是影响监督效果的最主要因素，之所以出现这样的选择结果是有深刻原因的。在法治建设的背景下，监督首先是法制监督，不仅要监督国家机关及其工作人员的行为，而且监督本身也应当依法进行，有关监督的法律法规既是对监督权及其行使的规范，又是对这种权力及行使的保障。因此，法律制度是否健全，直接影响到监督工作的严肃性、权威性和合法性，进而影响到监督的效果。同时，调查问题中的“其他”选项也与法律制度有关，如何保证监督机关高效运行，保证监督人员具备一定的素质水平，如何防止监督异化为官员之间派系博弈的工具，这些都需要法律制度的支撑和保障。

调查显示，影响监督的第二位因素是监督模式。64.2%的被调查者持有这一观点。监督按照不同的监督主体可以分为外部监督和内部监督两种模式。外部监督是指在系统之外的各种监督主体依法对国家机关及其工作人员所进行的监督，这种监督主要包括新闻舆论监督和公民个人的监督等形式。内部监督是指系统内部的各种监督主体对相应对象的监督，它有一般监督和专门监督两种形式。一般监督是各机关自上而下和自下而上以及相互之间进行的监督，专门监督是专司监督权的机关对国家机关及其工作人员的监督，包括国家监察和审计两种类型。与传统社会自上而下的专制监督不同，在民主法治的背景下，监督的实质是权力对权力的制约、权利对权力的监督，既有外部监督，也有内部监督。我国现阶段监督的模式以内部监督为主，外部监督相对薄弱。从调查结果可以看出，地方公务员普遍认为内部监督模式影响了监督效果。

影响监督的第三位因素是监督人员的素质水平，有45.5%的受调查者持这一观点。监督人员是监督工作的具体承担者和实施者，提高效能，在很大程度上取决于监督人员的素质水平。监督人员的素质包括政治素质、业务素质和道德素质。从总体上说，我国监督人员的结构较为合理，知识层次、能力水平比较高。但是随着改革开放的深入和市场经济的发展，行政管理领域出现了许多新情况和新问题，监督面临的任务更加繁重，监督队伍的素质有待提高。

影响监督的第四位因素是监督机关的态度和效率，赞成率为45%。这里的监督机关主要是指拥有监督权的机关，包括一般监督机关和专门监督机关，一般监督机关有上级政府或部门、组织人事机构等，专门监督机关有党委纪检机关、监察机关、审计机关等。监督机关的独立性和权威性、职能权限配置、组织结构设置和人员配备等因素决定了监督机关能否有效地完成监督的任务。

被调查者对监督人员素质水平与监督机关态度和效率的重要性选择基本持平，都认为属于影响监督效果比较关键的因素。进一步思考可以发现，被调查者普遍将监督人员的素质水平置于监督机关的态度和效率之上，选择率高出后者0.5个百分点，这是比较不正常的现象。在一个法制健全的国家，监督应是依法监督，监督机关在法律的授权下进行监督，监督人员只是监督机关中某项具体职责的承担者，依此逻辑，监督人员的素质水平应当被置于监督机关的态度和效率之下。从被调查对象的这种选择倾向可以看出，我国监督的现状是法制化水平不足，监督中人员的因素仍然占据较大比重。

影响监督的第五位因素是官员之间的派系和博弈，选择率在29.5%。官员之间的派系是在官员进入行政组织以后逐渐形成的。从社会学视角来看，在组织中，基于互惠原则与资源交换，人与人之间产生连带，逐渐形成在内部相互支持的群体，这种群体进一步排除他人的参与，并最终在组织中形成了派系。[①] 行政组织中官员之间的派系博弈主要有以下几种类型：一是理念冲突导致“道不同不相为谋”。二是权威的冲突，即所谓“一山难容二虎”，这在晋升竞争中比较常见。三是既得利益（集团）冲突。组织成员为了维护既得利益很可能结成派系以影响组织决策。四是策略性派系斗争，最常见的情况是组织领袖自身能力较弱，不足以控制较强的下属，故意培养出强势下属的对手，使其相互制衡。[②] 这些不同类型的派系冲突都可能影响到监督的效果。

影响监督的第六位因素是被监督对象的自觉性，选择率在 29.2%。被监督对象主要是指国家行政机关及其工作人员，自觉性意指自律能力和自觉接受监督的意识。在监督过程中，人始终是关键性、决定性的因素，被监督对象的自觉性直接影响到监督的效果，特别在系统内部自我约束强、外部约束弱的情况下，官员自身的自律能力显得尤为重要。官员之间的派系和博弈以及被监督对象的自觉性被归到第四类影响因素，即被监督对象因素。

三、基于不同地区的分类数据分析

由于地理环境、发展程度的差异，我们的抽样分别在东部沿海、中部、西部和东北地区四个区域进行，统计结果见表 4－16。

表 4－16　　不同地区公务员对监督影响因素的判断

选　项	统　计	东部沿海	中部地区	西部地区	东北地区
[1] 制度是否健全	选择计数	460	506	213	215
	百分比（%）	68.1	73.9	64.9	69.8
[2] 监督模式（比如外部监督还是内部监督）	选择计数	420	441	221	200
	百分比（%）	62.2	64.4	67.4	64.9
[3] 监督人员的素质水平	选择计数	320	274	156	158
	百分比（%）	47.4	40.0	47.6	51.3

① 张佳音，罗家德．组织内派系形成的网络动态分析．社会，2007（4）.

② 汤灿晴，董志强．组织中的派系斗争及其控制．中国人力资源开发，2009（5）.

续前表

选　项	统　计	东部沿海	中部地区	西部地区	东北地区
[4] 被监督对象的自觉性	选择计数	227	164	95	96
	百分比（%）	33.6	23.9	29.0	31.2
[5] 官员之间的派系和博弈	选择计数	200	206	109	74
	百分比（%）	29.6	30.1	33.2	24.0
[6] 监督机关的态度和效率	选择计数	280	372	136	111
	百分比（%）	41.5	54.3	41.5	36.0
[7] 其他（请填写）	选择计数	6	10	5	2
	百分比（%）	0.9	1.5	1.5	0.6
总计	参选人数	675	685	328	308
	百分比（%）	100.0	100.0	100.0	100.0

为了便于分析，将表 4－16 制作成曲线图，得到图 4－11。

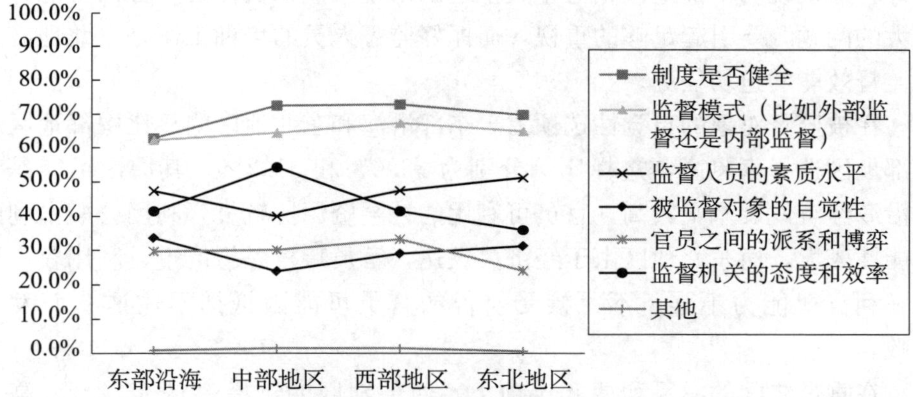

图 4－11　不同地区公务员对监督影响因素的判断

从表 4－16 和图 4－11 可以看出，不同地区公务员对监督影响因素的认知大体一致，如四个区域都将制度是否健全和监督模式这两个选项列为影响监督的前两位因素，但是各个区域在具体的选项上有所不同。在四个区域中，中部地区对制度是否健全比较敏感，居第一位。据此可以猜测，中部地区十分关注监督制度是否健全的问题，但现实中这方面的实践较为欠缺。西部地区对监督模式反应最强烈，选择率是 67.4％。可见，西部地区的外部监督力量较其他地区的更薄弱，内外监督力量对比的失衡严重影响了监督效果。可能的原因是西部地区地域辽阔、交通不便，政治敏感性比较强，公众参与监督的条件不足，而新闻舆论监督的渠道不够畅通。

在监督机关的态度和效率选项上，中部地区选择率高达 54.3%，高出其他地区平均数近 15%；而在监督人员的素质水平方面相比其他地区则最低，选择比例为 40%，低于其他地区平均数近 8 个百分点。再看东北地区，被调查对象在监督人员的素质水平选项上相比其他地区选择率最高，而在监督机关的态度和效率选项上相比其他地区选择率最低。可见，在监督机关的态度和效率与监督人员的素质水平两个影响因素之间存在一定的反向相关关系，监督机关愈是设置合理，态度公正独立，运转高效，监督的效果愈少取决于人的因素，即监督人员的素质水平；反之，监督机关愈是态度暧昧，摇摆不定，机关运行效率低下，监督的效果愈是取决于监督人员的素质水平。此外，这也说明中部地区相对于其他地区来说，监督机构设置方面可能存在更大的问题，要引起足够的重视，而抓好监督人员的培训工作是东北地区提高监督效能的迫切任务。

在被监督对象的自觉性选项上，东部沿海和东北地区明显比中部地区和西部地区选择率更高，选择比例分别为 33.6%和 31.2%。其原因可能是东部沿海经济发展水平较高，官员可利用的社会资源比较多，利用公职牟利的可能性较大，而东北地区由于经济欠发达，官员特权思想严重，利用权力谋取私利自律能力不强、不愿接受监督的官员可能因抵挡不住诱惑而发生腐败。

在官员之间的派系和博弈选项上，西部地区的选择率是 33.2%，高于其他地区，这与西部地区在监督模式选项上的选择有关，如果前面的推断正确的话，西部地区的外部监督力量薄弱，监督的效果更多地取决于机关内部，如监察机关的态度和效率、人员素质，还有组织内部各派系群体之间的利益关系和博弈。

四、基于不同府级的分类数据分析

由于各级地方人民政府公务员所处的层级和环境不同，对监督影响因素的判断可能存在差别，因而需要比较分析。统计数据见表 4-17。

表 4-17　　不同府级公务员对监督影响因素的认知

选　项	统　计	省级政府	地市级政府	县级政府
[1] 制度是否健全	选择计数	361	634	399
	百分比（%）	70.9	69.6	69.3
[2] 监督模式（比如外部监督还是内部监督）	选择计数	369	567	346
	百分比（%）	72.5	62.2	60.1
[3] 监督人员的素质水平	选择计数	228	375	305
	百分比（%）	44.8	41.2	53.0
[4] 被监督对象的自觉性	选择计数	149	259	174
	百分比（%）	29.3	28.4	30.2
[5] 官员之间的派系和博弈	选择计数	147	267	175
	百分比（%）	28.9	29.3	30.4
[6] 监督机关的态度和效率	选择计数	204	445	250
	百分比（%）	40.1	48.8	43.4
[7] 其他（请填写）	选择计数	12	8	3
	百分比（%）	2.4	0.9	0.5
总计	参选人数	509	911	576
	百分比（%）	100.0	100.0	100.0

为了便于分析，将表 4-17 制作成曲线图，得到图 4-12。

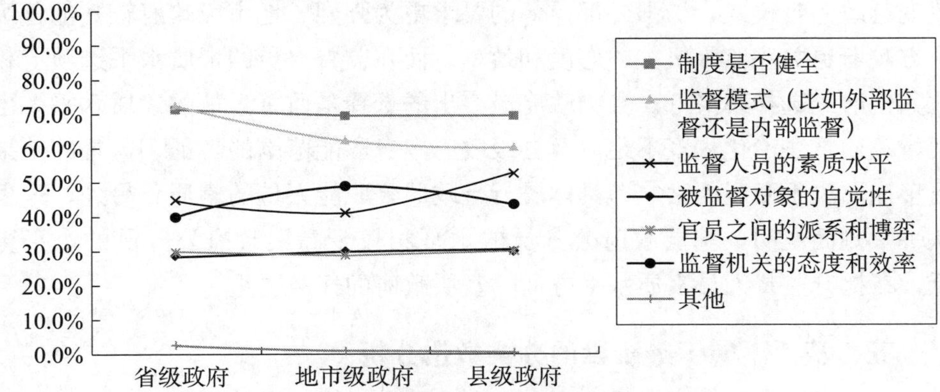

图 4-12　不同府级公务员对监督影响因素的认知

从表 4-17 和图 4-12 可以看出，不同层级的地方政府公务员对监督影响因素的认知基本一致。如都认为前两位影响因素是制度是否健全和监督模式，但从统计数据来看，部分选项在不同政府级别上呈现出一定的规律。首先，在制度是否健全和监督模式两个选项上，选择率随着政府级别的上升而升高。这可能是因为政府级别越高，履行的职责越宽泛，多从事社会发展规划以及法规、规章、规范性文件等的制定，而较少涉及具体社会事务的管理。其行为更多地属于抽象行政行为，监督的效果也更多地取决于宏观层面的监督制度和监督模式。另外，这也与不同府级公务员的体验有关，政府府级越高，其公务员视野越宽阔，关注的问题和处理的事务更多属于宏观层面，在判断监督的影响因素方面也侧重于监督制度和监督模式。其次，在官员之间的派系和博弈选项上，政府级别越高，选择率越低；政府级别越低，选择率越高，呈现负相关关系。推断其缘由，与上面所述相似，基层政府的职能范围更为狭窄、具体，主要是对上级政府政令的执行以及对地方利益的处理，在处理具体问题上容易形成竞争性的利益群体和派系冲突；另外，越往基层，官员之间的地域、亲缘、社交联系越紧密，越容易结成利益联盟，形成派系。

各级地方政府在各个选项上有所侧重。省级政府对监督模式的支持度最高，选择率在72.5%。这可能是由于省级政府处于地方政府体系中的最高层，相对于县、市级政府受到两级以上上级政府的监督而言，它只受中央一级政府的监督，内部监督相对于基层政府更为薄弱，因此省级政府公务员对改变行政监督模式，加强外部监督的要求更为强烈。地市级政府较其他各级地方政府更关注监督机关的态度和效率，而在监督人员的素质水平选项上相比其他府级选择率最低。县级政府最突出的选择是监督人员的素质水平，由于行政监督法治化程度不足以及县级政府本身职能范围的特征，监督的效果更多地取决于微观因素，即具体履行行政监督职能人员的素质。另外，这也从一个侧面说明，基层政府公务员的水平相较于高层政府公务员的水平更低，在提升监督人员素质水平方面，基层政府的任务更重。

五、基于不同工龄阶段的分类数据分析

随着工龄的增长，公务员对监督影响因素的判断会有所变化，为了使行政监督制度的设计更具有普遍性和持久性，必须比较分析不同年资的公务员对“监督的影响因素”的理解。通过将全国性调查数据按照工龄进行分类，可以反映出不同工龄阶段公务员对该问题的看法，统计数据见表4-18。

表 4-18　不同工龄阶段公务员对监督影响因素的认知

选　项	统　计	10 年以下	11～20 年	21～30 年	30 年以上
[1] 制度是否健全	选择计数	739	326	166	49
	百分比（%）	72.7	68.9	68.0	62.8
[2] 监督模式（比如外部监督还是内部监督）	选择计数	674	297	148	40
	百分比（%）	66.3	62.8	60.7	51.3
[3] 监督人员的素质水平	选择计数	430	211	137	46
	百分比（%）	42.3	44.6	56.1	59.0
[4] 被监督对象的自觉性	选择计数	290	112	68	36
	百分比（%）	28.5	23.7	27.9	46.2
[5] 官员之间的派系和博弈	选择计数	269	168	75	20
	百分比（%）	26.5	35.5	30.7	25.6
[6] 监督机关的态度和效率	选择计数	478	223	98	31
	百分比（%）	47.0	47.1	40.2	39.7
[7] 其他（请填写）	选择计数	13	2	1	0
	百分比（%）	1.3	0.4	0.4	0.0
总计	参选人数	1 017	473	244	78
	百分比（%）	100.0	100.0	100.0	100.0

为了便于分析，将表 4-18 制作成曲线图，得到图 4-13。

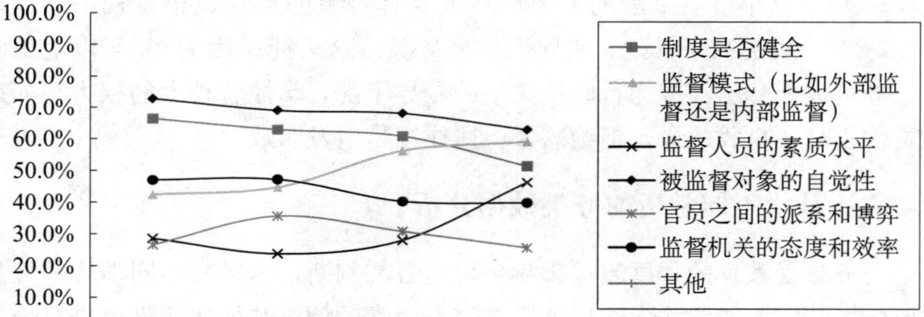

图 4-13　不同工龄阶段公务员对监督影响因素的认知

从表 4-18 和图 4-13 可以看出，不同工龄阶段公务员对监督影响因素的认知差异较大，除了都将制度是否健全列为第一位影响因素以外，其他方面的认识很不统一。在两个主要因素——制度是否健全和监督模式上，随着工龄的增长，选择比例都在降低，表现出明显的负相关关系。这可能是因为，工龄短的公务员进入政府机关时间短，对于监督人员的素质、官员派系等的认识不够全面、深入，倾向于将监督的效果归因于宏观的制度因素和监督模式；另外，工龄短的公务员工作资历浅，对改革的困难预期不足，在面对监督问题时，往往希望通过彻底改革宏观的制度和监督模式来解决。

在监督人员的素质水平选项上，工龄越长，选择率越高，呈现出正相关关系。可能的原因有三：一是制度在较长时期内具有相对稳定性，而监督队伍变更较为频繁，公务员的工作时间越长，越有可能对不同批次监督人员的素质水平作出比较。二是公务员的年资越长，资格越老，在组织内部的威望越高。如果监督人员的政治水平不高，监督态度不够坚决，就会出现不敢监督、监督乏力的现象。三是年资老的公务员对所在机关的环境、监督规则更为熟悉，更有可能寻找到规避监督的途径，如果监督人员的业务水平不足，监督效果将难以保证。

各个工龄阶段的公务员在具体选项的选择上有所侧重。11～20 年工龄的公务员对官员之间的派系和博弈选项认同度较高，选择率在 35.5%，明显高于其他工龄阶段的公务员。这个工龄阶段的公务员在政府机关工作了较长时间，开始初步认识到机关内部官员的派系和利益结构，因此对这个选项比较敏感。30 年以上工龄的公务员对被监督对象的自觉性很重视，选择率是 46.2%，远远高于其他工龄阶段的公务员。这可能是因为 30 年以上工龄的公务员大部分已经成为行政机关中的领导干部，掌握着较大的权力，如果自觉性不高，自我放纵，拒绝监督，往往容易引发腐败。

六、基于不同学历的分类数据分析

公务员受教育的程度直接影响到对监督的判断，为考察不同学历公务员对监督影响因素的看法，这里把影响监督因素的调查数据按照学历进行分类处理，得到数据表 4－19。

表 4－19　不同学历公务员对监督影响因素的认知

选　项	统　计	高中及以下	大　专	本　科	硕士研究生	博士研究生
[1] 制度是否健全	选择计数	49	223	841	202	18
	百分比（%）	65.3	62.8	72.5	72.9	58.1

续前表

选 项	统 计	高中及以下	大 专	本 科	硕士研究生	博士研究生
[2] 监督模式（比如外部监督还是内部监督）	选择计数	36	203	753	206	18
	百分比（%）	48.0	57.2	64.9	74.4	58.1
[3] 监督人员的素质水平	选择计数	47	186	502	106	14
	百分比（%）	62.7	52.4	43.3	38.3	45.2
[4] 被监督对象的自觉性	选择计数	27	100	325	83	10
	百分比（%）	36.0	28.2	28.0	30.0	32.3
[5] 官员之间的派系和博弈	选择计数	25	120	303	94	15
	百分比（%）	33.3	33.8	26.1	33.9	48.4
[6] 监督机关的态度和效率	选择计数	22	162	547	127	15
	百分比（%）	29.3	45.6	47.2	45.8	48.4
[7] 其他（请填写）	选择计数	0	2	11	9	0
	百分比（%）	0.0	0.6	0.9	3.2	0.0
总计	参选人数	75	355	1 160	277	31
	百分比（%）	100.0	100.0	100.0	100.0	100.0

从表 4－19 可以看出，公务员中高中及以下学历的人数已经很少，研究生中具有博士学位的也非常少，绝大部分集中在大专、本科和硕士研究生学历上，其中以本科学历最为集中。这说明当今公务员队伍中占主流的是大专、本科和硕士研究生学历。为分析不同学历公务员对监督影响因素的认识，需要排除样本量偏少、不具有代表性的“高中及以下”学历与“博士研究生”学历样本。在排除小样本的学历群体之后，发现学历高低与监督影响因素的认知存在某种特殊关系。为清晰、具体、直观地显示这种关系，将大专、本科、硕士研究生三种学历的公务员群体在不同选项上的选择百分比绘制成曲线图，得到图 4－14。

观察图 4－14 可以发现，不同学历公务员对监督影响因素的认知总体上基本一致，都将制度是否健全和监督模式列在前两位，但是部分选项在不同的学历水平上呈现出一定的规律性。从统计数据可以看出，制度是否健全和监督模式两个选项的选择率随着学历的上升而升高，呈正相关关系。这表明学历越高的公务员对于宏观制度体系的认知更全面深入，倾向于将监督的效果归因于制度和监督模式的影响。在监督人员的素质水平选项上，学历越低，选择率越高；学历越高，选择率越低，呈现明显的负相

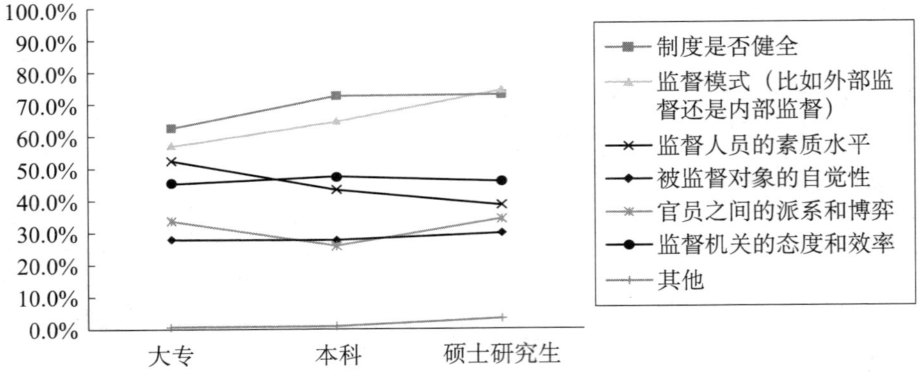

图 4-14　不同学历公务员对监督影响因素的认知

关关系，表明公务员的学历水平越低，越容易将监督的效果归因于监督人员的素质水平。

七、结论

应该说，上述影响因素并不是彼此孤立，而是相互关联的。综合分析，可以把影响监督的因素归纳为四个方面：监督制度、监督模式、监督机构及人员状况、被监督对象。

首要的影响因素是监督制度。调查结果显示，近七成的被调查者选择“制度是否健全”，位列各选项之首。不同地区、不同府级、不同工龄阶段和学历背景的公务员也都把制度是否健全列为影响监督的前两位因素之一。法律制度成为影响监督首要因素的现象与监督理论、现实相吻合。从理论上讲，健全的监督法律体系是保证监督效能充分发挥的法律基础。一方面它赋予监督者以应有的权力，保护监督者的合法权益，使其更好地行使监督的权力，发挥监督的作用；另一方面它对监督工作加以规范和制约，确保监督工作能够在正常的轨道内运行，遏制监督领域腐败现象的发生。

排在第二位的影响因素是监督模式。从调查统计数据可以看出，监督模式在各个选项中位列第二，稍逊于“制度是否健全”。有意思的是，西部地区对监督模式的影响尤其敏感。因此，可以推断这一地区外部监督力量薄弱问题突出，内部监督力度不够严重影响了监督效果。另外，政府级别越高，越看重监督模式的影响。在监督模式上，除了进一步深化国家监察体制改革外，还需要加强人大监督和外部监督。现有的人大监督缺乏刚性，民主党派监督弱化。虽然自2007年实施了《各级人民代表大会常务委员会监督法》，人大常委会的监督得到了一定程度的加强，但是由于法律规范、工作制度、人员素质等各种原因，人大监督的效果仍然不够理想。长期以来，民主党派的“支持”功能和“工具”作用强，制约功能弱，协商有余而监督乏力。由于司法机关独立性不足、行政诉讼对抽象行政行为无审查权等因素，人民法院监督的效果不甚理想。此外，群众监督与舆论监督渠道不畅，缺乏保障机制，难以发挥作用。

排在第三位的影响因素是监督机关及人员状况。在调查问卷中，对机构设置及人员状况的选项是分别设定的，但总括起来反应比较强烈。值得注意的是，中部地区在监督机关的态度和效率选项上回应最强烈，这说明中部地区较其他地区对监督机构的改革要求更迫切。在监督人员的素质水平方面，东北地区、基层政府、工龄高、学历低的公务员反响比较大。监督机构及其工作人员是行政监督权力的实施者，监督机关的态度是否坚决，监督效果是否高效，监督人员的素质水平等对于监督的效果有着重要的影响，目前在这方面还有待加强。

排在第四位的影响因素是被监督对象。被监督对象是行政监督的构成要素之一，调查问卷中，官员之间的派系和博弈、被监督对象的自觉性两个选项属于此类因素。被监督对象这类影响因素虽然选择率不是很高，但是我们在比较分析中发现了一些规律，值得注意。在官员之间的派系和博弈选项上，西部地区、府级较低的公务员选择率较高。在被监督对象的自觉性选项上，发达地区的反应最强烈，这可能与发达地区经济发展较快，腐败可能性较大有关。

官员之间的派系和博弈对于监督的影响表现在：一方面，由于现阶段法律制度的不完善以及自我监督为主的监督模式，监督权可能异化为官员追求自身利益的工具，通过监督打击对立派系和异己力量，不仅达不到理想的监督效果，而且会产生负面影响。另一方面，在权力滥用、特别是腐败案件查办过程中，由于受官员派系和利益博弈的干扰，执纪、执法机关和司法机关及其主管领导以纪律处分代替法律处分，以行政处罚代替法律制裁，甚至徇私舞弊，对违法官员睁一只眼闭一只眼，也会影响到监督效果。

被监督对象的自觉性与公务员素质有关，特别是与领导干部的素质有关。自觉接受监督是领导干部必备的素质，从我国政府机关干部队伍现状来看，大多数领导干部具有较高的思想政治素质和自觉接受监督的意识，但是部分领导干部对监督的重要性缺乏深刻认识，自觉接受监督的意识淡薄。实践证明，领导干部如果不主动增强接受监督的意识，自我放纵，拒绝监督，将可能堕入腐败的深渊。

第四节　行政决策失误责任追究机制的数据分析

行政决策是行政机关及行政领导人享有的一项公共权力，行政决策的成败关系到国家政治生活、社会生活的秩序，为了使行政决策权能够得到良好的监督制约，提高行政决策的科学化，就必须有相应的责任追究机制作为后盾。我国从 2004 年开始重视行政决策责任追究机制的建立和完善。随着行政法治化、科学化、民主化进程的推进，各地也先后制定了有关行政决策责任追究管理的法规、条例。但在具体实践中，我国行政决策责任追究机制还存在诸多问题和不足。基于此，设计本题。

一、调查问卷及相关说明

具体调查问题是：

您如何评价当前政府官员决策失误后的责任追究机制？

[1] 比较健全，能够有力监督政府决策

[2] 初步形成，有待进一步加强

[3] 形同虚设，无实际作用

[4] 没有任何责任追究机制，绝大多数决策失误后无人承担责任

[5] 其他（请填写）

调查问题说明如下。

一是关于行政决策责任和行政决策责任追究机制的界定。行政决策责任有广义和狭义之分。广义的行政决策责任是指行政决策主体在决策活动中，

所应履行的社会义务以及没有履行或者没有很好地履行决策义务所应受到的谴责和制裁的总称。狭义的行政决策责任是指行政决策主体在决策活动中没有履行或者没有很好地履行决策义务所应受到的谴责和制裁。行政决策责任总体上可以分为政治责任、法律责任、道德责任和经济责任四方面。行政决策责任追究机制是为了监督政府的决策行为，保障政府行政决策的科学性，预防决策失误，对滥用行政决策权力和没有履行好行政决策责任的行政机关及其领导人员进行追究、惩罚的机制。

二是关于问题选项。本题共设置了五个选项，前四项是对目前政府官员决策失误后责任追究机制的四种不同评价，有正面的和负面的，正面和负面的评价又分别有两种程度，即充分的肯定或否定、部分的肯定或否定。除此之外，还设置了一个开放项，供被调查者表达自己的态度和看法。这些选项试图通过了解公务员对自身所处系统该方面的主观印象来获得一个对此问题的总体评价。

三是调查采集的基本信息，见表 4-20。

表 4-20　您如何评价当前政府官员决策失误后的责任追究机制？

选　项	选择计数	百分比（%）
[1] 比较健全，能够有力监督政府决策	379	18.9
[2] 初步形成，有待进一步加强	1 020	50.9
[3] 形同虚设，无实际作用	356	17.8
[4] 没有任何责任追究机制，绝大多数决策失误后无人承担责任	237	11.8
[5] 其他（请填写）	11	0.5
总计	2 003	100.0

"其他"选项填写情况：高高举起，轻轻落下，暂时赋闲，择日重用；政府官员决策失误无人追究；政府缺乏责任评价和追究责任的勇气，目前网络舆论监督倒是有一些成效；不赞成目前一些法学家把决策失误当犯罪；有追究，但不规范，随意性大；没有形成责任追究的氛围；机制建设逐年加强，但决策失误所造成的后果远未得到追究；责任追究机制尚不健全。

二、总体分析

把表 4-20 的顺序按公务员选择评价倾向重新排序，可得出表 4-21。

表 4-21 您如何评价当前政府官员决策失误后的责任追究机制

新序号	选 项	选择计数	百分比（%）
1	[2] 初步形成，有待进一步加强	1 020	50.9
2	[1] 比较健全，能够有力监督政府决策	379	18.9
3	[3] 形同虚设，无实际作用	356	17.8
4	[4] 没有任何责任追究机制，绝大多数决策失误后无人承担责任	237	11.8
5	[5] 其他（请填写）	11	0.5
	总计	2 003	100.0

表 4-21 显示，被调查者超过半数对目前我国政府官员决策失误后的责任追究机制持部分肯定的态度。在 2 003 名参选人中，有 1 020 人，即 50.9%的公务员认为我国目前的行政决策责任追究机制“初步形成，有待进一步加强”。此外，18.9%和 17.8%的公务员分别认为现行机制“比较健全，能够有力监督政府决策”和“形同虚设，无实际作用”，还有较少数（11.8%）的人对目前我国的行政决策责任追究机制评价很低，认为我国“没有任何责任追究机制，绝大多数决策失误后无人承担责任”。因此从总体上看，我国的行政决策责任追究机制已经开始形成，但还存在诸多问题和不足，有待进一步加强。

我国政府开始思考行政机关和官员的决策责任问题始于 2003 年“非典”之后。“非典”应对的失败，很大程度上是由于相关行政领导者为了自身利益而置公共安全于不顾，作出重大而错误的行政决策，延误了时机而造成的。从这次惨痛的教训可以看出，行政决策关系到政府社会管理、公共服务、经济调节和市场监管职能的履行，关系到社会的稳定和人民的生命财产安全，对整个国家层面和社会层面都影响重大。因此，行政决策的责任必须进行科学有效的落实，谁对某项政策有决策权，谁就要对它所产生的结果负责，出了问题就应该对其进行严肃处理。这样才能促进行政决策的科学性，约束和监督决策者的权力。尽管行政责任追究机制已经成为一个广受议论的话题，但其建立和完善的脚步还相对缓慢。

（一）行政决策责任意识不强

长久以来我国存在严重的“官本位”思想。中国两千多年的封建历史中儒家思想在很长时期占据了传统文化的核心地位。儒家思想倡导德和礼，德就是要从内部提升个人修养，礼就是要用规则从外部来规范人的行为。这种规则的制定和执行就是统治者的权力。因此儒家思想认为，民众要崇官、敬官、爱官，倡导一种"官本位"的价值取向。儒家思想还主张人治而不是法治，人治必然体现了官治，官就拥有了至高无上的地位。"官本位"思想是几千年封建思想的结果。目前我国正在进行社会主义法治建设，但根深蒂固的人治思想、"官本位"思想还难以彻底转变。无论是行政官员，还是社会公众，都受到这种思想的禁锢。在行政决策的过程中，决策者更注重自己的行政决策权力，往往忽视了决策责任。他们潜意识中认为决策有好坏之分，却无对错之分，即使是被事实证明错误的决策，那也只被当作一次工作中的失误。官员有权决策，至于决策是否科学、程序是否正当、结果是否有效就不在官员的考虑范围之内了。我国当前行政决策中的"三拍"形象地描述了这一现象："先拍脑袋决策，再拍胸脯保证，后拍屁股走人"。没有责任的政府是不可能慎重决策的，一个不好的决策祸害无穷。这种"官本位"的思想导致官员的行政决策责任意识淡薄，有权力而无责，势必会造成权力的滥用。

（二）行政决策与责任落实的透明度不高，信息公开程度不够

对行政决策责任进行追究的前提之一就是要明确责任的归属。但目前我国行政决策的责任界定和落实缺乏透明度，造成决策失误后的责任落实虚化，政府内部操作，社会和公民无法监督责任的界定和落实。如此一来，就造成了这样几个问题：一是该追究的责任是否落实，二是本应承担责任的人是否受到追究，三是追究的具体措施是否合法、恰当。由于政府从决策的制定、执行和事后评估都是在内部操作，很少有社会人士和专家团体的介入，信息公开程度很低，因而外界监督就无法进行。这就容易造成责权不对应、责任落实不到位问题的出现。

（三）行政决策责任追究的法律制度不健全

现行《宪法》第 41 条规定："中华人民共和国公民对于任何国家机关和国家工作人员，有提出批评和建议的权利；对于任何国家机关和国家工作人员的违法失职行为，有向有关国家机关提出申诉、控告或者检举的权利，但是不得捏造或者歪曲事实进行诬告陷害。"宪法从元规则层面确立了公民对国家机关及其工作人员行使国家权力的监督权、申诉控告权，当然包括对政府决策权的监督，但遗憾的是这一权利行使的具体途径没有予以说明，受到质询的国家机关及其公务人员应受到何种形式的追究也没有明确规定。这一权利规定由于过于笼统，执行起来可操作性不强。

到目前为止，我国还没有出台专门规范行政决策及其责任追究的法律，仅有的规定散见于《行政复议法》《监察法》《公务员法》和其他低层级的规范性文件。《行政复议法》第 7 条规定，公民、法人或者其他组织认为行政机关的具体行政行为所依据的一些规定不合法，可以在对具体行政行为申请行政复议时，一并向行政复议机关提出对该规定的审查。这一规定把存在于抽象行政行为中，属于规章以下，并且是争议的具体行政行为所依据的行政决策行为列入了复议范围。显然，行政复议法将属于具体行政行为的行政决策，以及规章及以上的行政决策排除在复议监督之外，限制了行政决策的外部监督。《监察法》规定监察委的职能之一为问责履行职责不力、失职失责的领导人员。《公务员法》虽然没有直接规定决策责任，但其第九章也蕴含了这样的内容。另外，中共中央还出台了《关于实行党政领导干部问责的暂行规定》《党政领导干部选拔任用工作责任追究办法（试行）》。

在地方法规方面，各地区的行政责任追究法规的建设正在积极探索。武汉市、深圳市、徐州市等地纷纷出台重大行政决策责任追究制度。但各地机制不统一、责任主体不清、追责范围不明、归责原则不清、协调机制欠缺的问题普遍存在。法制不健全导致行政决策责任追究无法可依，难以落实。

行政决策责任追究问题不是孤立存在的，它们与社会经济、政治、法治密切相关，相互影响，因此，我国行政决策追究机制的建立和完善还面临极大的困境和挑战。

三、基于不同府级的分类数据分析

调查我国各级政府的公务员对目前我国行政责任追究机制的评价，统计结果见表 4－22。

表 4－22　　您如何评价当前政府官员决策失误后的责任追究机制？

选　项	统　计	省级政府	地市级政府	县级政府
[1] 比较健全，能够有力监督政府决策	选择计数	71	147	161
	百分比（%）	13.9	16.1	27.8

续前表

选　项	统　计	省级政府	地市级政府	县级政府
[2] 初步形成，有待进一步加强	选择计数	279	471	270
	百分比（%）	54.7	51.5	46.6
[3] 形同虚设，无实际作用	选择计数	82	182	92
	百分比（%）	16.1	19.9	15.9
[4] 没有任何责任追究机制，绝大多数决策失误后无人承担责任	选择计数	73	110	54
	百分比（%）	14.3	12.0	9.3
[5] 其他（请填写）	选择计数	5	4	2
	百分比（%）	1.0	0.4	0.3
总计	参选人数	510	914	579
	百分比（%）	100.0	100.0	100.0

将表 4-22 作成柱状图，得到图 4-15。其中，横坐标 1、2、3 等分别代表各个选项。

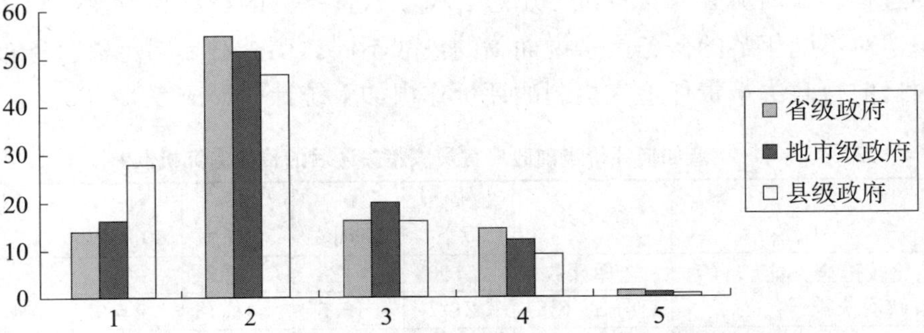

图 4-15　不同府级公务员对我国行政决策责任追究机制的评价

从表 4-22 和图 4-15 可以看出，不同府级公务员对我国目前行政责任追究机制的评价是大体相似的。各级政府公务员大多认为我国的行政决策责任追究机制“初步形成，有待进一步加强”。但相较省级政府和地市级政府，县级政府公务员作出这一评价的人数没有超过参加调查人数的半数，而这一层级政府公务员有 27.8%的公务员认为目前我国的行政决策责任追究机制“比较健全，能够有力监督政府决策”。也就是在地方，公务员对我国的行政决策责任追究机制的评价总体上相对积极。这是由于地方政府处于我国政府行政级别的较低层次，地方政府决策的对象就是本地区的社会公共事务和行政事务。地方政府一方面和民众直接接触，另一方面又受上级政府的领导，因此对地方政府行政决策的监督是双重的。地方政府决策失误，其后果也显现得较快，对这一失误的责任认定也相对清晰，再加上地方行政官员的行政级别较低，其受到的保护也相对较少，因此对行政决策责任的追究就相对严格。而在地市级政府，特别是在省级政府，行政官员的行政级别达到一定的高度，受"官本位"思想的影响，"官高一级压死人"，越是级别高的官员，对其进行监督和问责就越是困难。再加上高一级政府的行政决策大多是关系到更广范围、更长时期的国家和社会事务，其产生的结果要在更长的时间内才能显现。因此决策失误后，当时的决策者可能早已不在原来的职位工作，而且由于决策已经过去很久，追究起来就更加困难。

四、基于不同年龄的分类数据分析

行政决策责任追究作为一种新的行政理念，它的灌输和被接受是一个长期的过程。如何摒弃"官本位"思想，树立权责统一的理念和行政决策责任意识，对不同年龄的公务员来说面临的挑战不同。调查对不同年龄公务员对我国目前行政决策责任追究机制的评价作出如下统计，形成表 4-23。

表 4-23　　您如何评价当前政府官员决策失误后的责任追究机制？

选　项	统　计	30周岁以下	31～40周岁	41～50周岁	51～60周岁	61周岁以上
[1] 比较健全，能够有力监督政府决策	选择计数	106	128	88	29	1
	百分比（%）	21.7	16.5	18.1	14.9	100.0
[2] 初步形成，有待进一步加强	选择计数	264	402	233	96	0
	百分比（%）	54.1	51.9	47.9	49.5	0.0
[3] 形同虚设，无实际作用	选择计数	67	139	105	39	0
	百分比（%）	13.7	17.9	21.6	20.1	0.0
[4] 没有任何责任追究机制，绝大多数决策失误后无人承担责任	选择计数	50	100	58	28	0
	百分比（%）	10.2	12.9	11.9	14.4	0.0
[5] 其他（请填写）	选择计数	1	6	2	2	0
	百分比（%）	0.2	0.8	0.4	1.0	0.0
总计	参选人数	488	775	486	194	1
	百分比（%）	100.0	100.0	100.0	100.0	100.0

将表 4-23 作成柱状图，得到图 4-16。其中横坐标 1、2、3 等分别代

表各个选项。

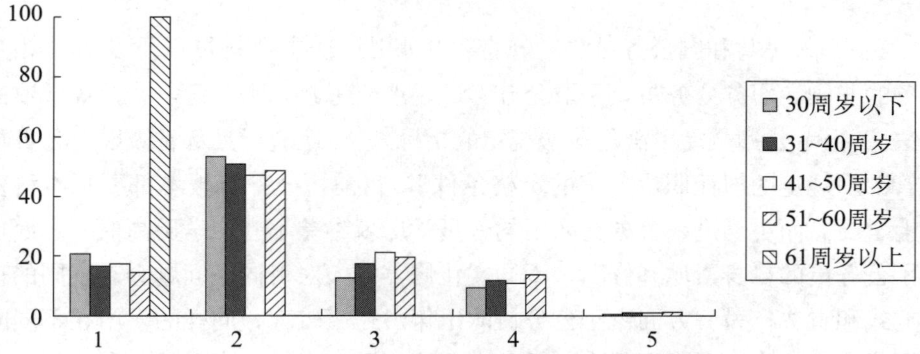

图 4-16　不同年龄公务员对我国行政决策责任追究机制的评价

从表 4-23 和图 4-16 可以看出，61 周岁以下的公务员对目前我国行政决策责任追究机制的评价大体相似。每个年龄阶段都有 50%左右的公务员认为目前我国这一机制“初步形成，有待进一步加强”。其中 30 周岁以下的公务员有 54.1%的公务员持有这类评价，比例最高。这是由于年轻公务员进入公务员队伍的时间较晚，受到的公务员培训也较先进，对目前我国行政决策责任追究机制的认识较为全面，但也过于理想化。年轻公务员在政府部门工作的时间不长，许多官场“潜规则”他们并不熟知，现存机制只是一个硬性的标准和措施，执行起来怎样他们并没有深刻的体会，因此他们对行政决策责任追究机制的总体评价较为积极，有 75.8%的年轻公务员都作出了正面评价。而在 51～60 周岁的人群中，只有 64.4%的公务员持有积极评价，另外有 20.1%的人认为这一机制“形同虚设，无实际作用”，14.4%的人认为“没有任何责任追究机制，绝大多数决策失误后无人承担责任”。年龄较大的公务员熟知官场作风，尽管我国各地区已经逐步建立起行政决策责任追究机制，但由于“官本位”思想的影响及外部监督机制的缺乏，许多追究措施难以落实。因此这部分公务员中持否定态度的人群所占比例较大。由于参选者中只有 1 人是 61 周岁以上（因为我国县处级及以下的男性公务员 60 周岁退休，女性 55 周岁退休；厅局级公务员 60 周岁离任，63 周岁退休；省部级公务员 65 周岁退休；国家级公务员 70 周岁退休。接触到省部级公务员较为困难），因此该项统计数据不具有代表性和可分析性。

五、基于不同学历的分类数据分析

《中华人民共和国公务员法》规定："录用担任主任科员以下及其他相当职务的非领导职务公务员，采取公开考试，严格考察，平等竞争，择优录取的办法。"报考公务员除了满足该法规定的指标外，"还应当具备省级以上公务员主管部门规定的拟任职位要求的资格条件"。目前，公务员报考都要求本科及以上学历。而更早进入公务员队伍的人员学历就参差不齐。学历高低一方面反映了公务员的自身素质和修养，不同文化修养的人对待同一问题会有不同的理解方式和看法；另一方面由于公务员队伍年龄跨度较大，同样的学历在不同时期所代表的个人素质差别很大，因此也不能简单地以学历来衡量公务员的素质和修养。按照公务员受教育的程度对该题进行了统计，得出表 4－24。

表 4－24　　您如何评价当前政府官员决策失误后的责任追究机制？

选　项	统　计	高中及以下	大专	本科	硕士研究生	博士研究生
[1] 比较健全，能够有力监督政府决策	选择计数	36	68	204	31	7
	百分比（%）	47.4	19.0	17.5	11.2	22.6
[2] 初步形成，有待进一步加强	选择计数	26	175	589	175	14
	百分比（%）	34.2	48.9	50.6	62.9	45.2
[3] 形同虚设，无实际作用	选择计数	11	69	217	37	8
	百分比（%）	14.5	19.3	18.7	13.3	25.8
[4] 没有任何责任追究机制，绝大多数决策失误后无人承担责任	选择计数	3	45	144	34	2
	百分比（%）	3.9	12.6	12.4	12.2	6.5
[5] 其他（请填写）	选择计数	0	1	9	1	0
	百分比（%）	0.0	0.3	0.8	0.4	0.0
总计	参选人数	76	358	1 163	278	31
	百分比（%）	100.0	100.0	100.0	100.0	100.0

将表 4－24 作成柱状图，得到图 4－17。其中横坐标 1、2、3 等分别代表各个选项。

从表 4－24 和图 4－17 的统计可以看出，不同学历的人对我国行政决策责任追究机制的评价存在一定差异。高中及以下学历的公务员有 47.4%认

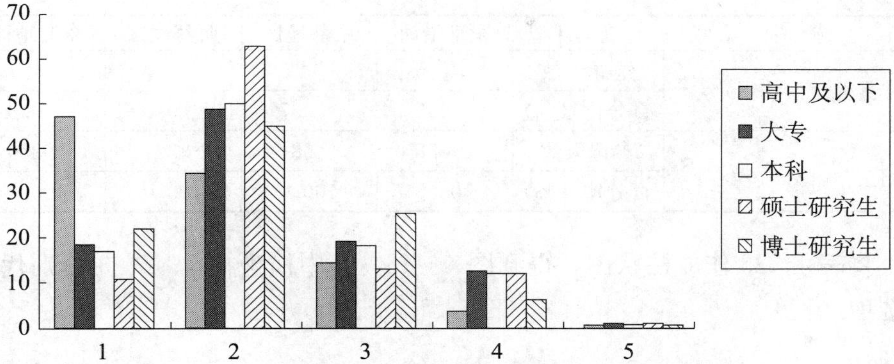

图 4－17　不同学历公务员对我国行政决策责任追究机制的评价

为目前这一机制“比较健全，能够有力监督政府决策”，这一结果与我们做的总体统计不相符。由于学历较低，这部分人群对政策及其执行没有全面客观的认识，过分肯定了我国的决策责任追究机制，在实践中就会缺乏改革和完善机制的动力。在五个学历等级的人群中，硕士研究生学历的公务员认为“初步形成，有待进一步加强”的比例最多，高达 62.9％。

六、基于不同区域的分类数据分析

我国幅员辽阔，不同地区的地理环境、人文环境存在较大差异，再加上改革开放对不同地区采取的政策不一，地区发展程度也存在差距。调查分别在东部沿海、中部、西部和东北地区四个区域进行，统计结果见表 4－25。

表 4－25　　您如何评价当前政府官员决策失误后的责任追究机制？

选　项	统　计	东部沿海	中部地区	西部地区	东北地区
[1] 比较健全，能够有力监督政府决策	选择计数	188	54	31	106
	百分比（％）	27.3	7.9	9.6	34.2
[2] 初步形成，有待进一步加强	选择计数	328	392	166	134
	百分比（％）	47.7	57.6	51.2	43.2
[3] 形同虚设，无实际作用	选择计数	116	135	63	42
	百分比（％）	16.9	19.8	19.4	13.5
[4] 没有任何责任追究机制，绝大多数决策失误后无人承担责任	选择计数	51	95	64	27
	百分比（％）	7.4	14.0	19.8	8.7

续前表

选　项	统　计	东部沿海	中部地区	西部地区	东北地区
[5] 其他（请填写）	选择计数	5	5	0	1
	百分比（%）	0.7	0.7	0.0	0.3
总计	参选人数	688	681	324	310
	百分比（%）	100.0	100.0	100.0	100.0

将表 4－25 作成柱状图，得到图 4－18。其中横坐标 1、2、3 分别代表各选项。

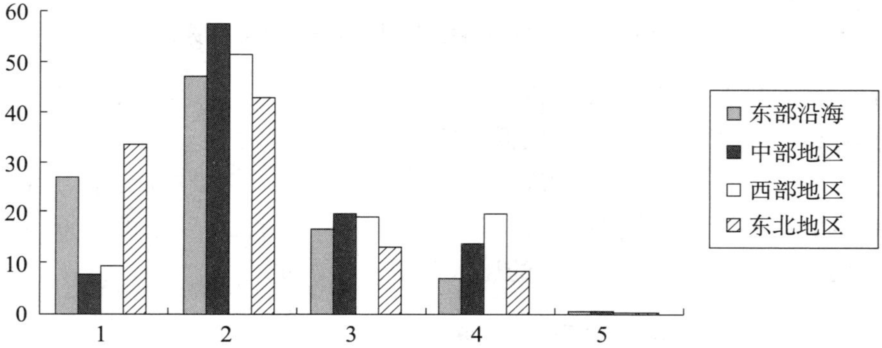

图 4－18　不同地区公务员对我国行政决策责任追究机制的评价

从表 4－25 和图 4－18 的统计可以看出，不同地区公务员对我国行政决策责任追究机制的评价整体趋势相近，但在细节上存在较大差异。东部沿海地区的赞成度集中在前两个选项上，高达 75%的公务员都作出了正面评价，东北地区有 77.4%的公务员肯定了决策责任追究机制的积极方面。而在中部和西部地区，这一比例分别是 65.5%和 60.8%。中部地区改革起步晚“官本位”思想相较其他地区更浓，思想比较禁锢保守，不容易接受改革。因此，这部分地区的行政决策责任追究机制的建立和完善就更加困难。东部沿海地区经常被作为改革的试点，这些地区由于地理位置和历史因素更加开放，善于变通，其在政治和行政领域的改革也经常走在全国的前列，因此这部分地区的决策责任追究开始更早，机制的建立和发展更快，相对中西部地区也更加成熟。

七、结论

通过对统计数字的总体分析和比较分析，可以总结出目前我国行政决策责任追究机制在各地区已初步形成，但还很不成熟。究其原因，可以归结为思想文化上、制度上和官员自身素质三个层面的原因。

在思想文化上，“官本位”思想的渗透使行政决策责任追究机制的运行受到阻碍。从东部沿海地区、中部地区、西部地区和东北地区的公务员对追究机制的评价的比较可以看出，越是“官本位”思想浓厚的地区，就越难转变思想，权责统一意识的培养难度就更大，行政责任追究机制的运行受到的阻力就越大。行政责任追究制度要逐步确定和完善起来，首要条件就要从根本上转变观念。此外，中国有着几千年的“人治”历史，要想从思想深处树立“法治”观念还需要相当长的时间。在对不同年龄阶段的公务员进行调查的过程中，发现越是年龄长、资历老的公务员对目前行政决策责任追究机制作出负面评价的比例越大，原因在于在政府机构工作的时间越长，对政府系统内部运作的潜规则就有更深刻的体会和认识，“人情”大于“法律”的思想观念就更深入。许多本应该因为决策失误而受到追究的领导人员都与上级政府官员有千丝万缕的联系，因此责任追究得不到切实贯彻和落实。

在制度层面上，法治进程滞后、发展缓慢以及监督机制不健全是造成我国目前行政决策责任追究机制信息透明度不够、追究措施难以得到落实，以及法律法规建设不完善的重要原因。1997 年党的十五大提出“依法治国是党领导人民治理国家的基本方略”，1999 年 3 月九届人大二次会议通过《宪法》修正案，以根本大法的形式确立“中华人民共和国实行依法治国，建设社会主义法治国家”。我国的法治进程总体趋势是向前的，但是具体到有关国家、社会、公民各方面的法律法规，还存在许多缺失和漏洞。前进的过程是一个发现问题、思考问题、解决问题的过程，这个过程不是一蹴而就的，而是要经过反复思考论证、修改完善。目前我国宪法和法律对行政决策责任追究方面的规定均有提及，但过于笼统模糊，不利于实际操作。各地方也陆续出台有关的法规、办法，但是法治的步伐还相对缓慢，许多地方仍未把对行政及决策责任的追究提上法治日程，法律法规建设还有待进一步加强。

在公务员自身素质的层面上，公务员的文化修养和业务素质不高、行政能力不强也是造成行政决策责任追究机制难以有效运行的原因之一。尽管国家已经将报考公务员的资格条件的门槛抬高，公务员队伍的整体素质较以前有所提高，但公务员的道德水平和业务能力还不如人意。再加上高校扩招，本科学历人员的素质也参差不齐。特别是在基层政府，行政人员的素质偏低，思想保守落后，信息闭塞，对于法律的贯彻“令不行、禁不止”，行政责任追究机制在基层政府的建立尤为困难，由此造成行政决策责任不明确，即使明确了也不追究的现象。

建立和完善行政决策责任监督机制具体应该从以下几个方面努力。

（一）树立“权责”统一观念，培养行政决策责任意识

一方面，要摒弃“官本位”思想，明确公务人员和社会公众之间是一种委托和被委托的关系。社会成员让渡个人权利，委托国家管理社会公共事务，个人权利的让渡集合成国家的公共权力，这种公权力来自公民权，而不是天然就有的。因此，应切实转变“官本”思想，变“官本”为“民本”。只有深刻认识到公权力的这一来源，才能切实树立权责统一的观念。权责统一，就是要将权力和责任对等起来，有什么样的权力就应该承担什么样的责任，有多大的权力就应该担负起多大的责任。具体到行政决策上，就是要按照“谁决策，谁负责”的原则，将每个行使决策权的行政官员在决策过程中的具体作为都记录下来，以便决策出现问题后有案可查，切实实现决策权和决策责任的统一。另一方面，要变“人治”观念为“法治”观念，凡事依法而办，而不是依情而办。对违反行政决策责任追究办法的行政官员，上级政府或部门、纪检监察机关等机构要严格按照法律规范进行处理，不容许隐瞒、包庇。

（二）加快行政决策责任追究机制的立法进程，推进决策责任追究机制的制度化和法制化

制度化、法制化是规范行政决策责任追究机制的基础。要防止行政决策权的滥用，不仅要依靠决策主体个人的道德水平、政治觉悟，更重要的是要依靠法律和制度从硬性指标上进行规范。目前我国有关行政决策责任追究机制的立法不够完善，《宪法》和法律中的相关规定零星化，而且不易于操作，各地方的相关法规、办法还没有全部颁布并实施起来。因此，有关方面应把决策责任追究机制的法制化建设提上重要日程。在具体法律、法规的架构中，要具体明确细化提起审查和追究行政决策责任的资格、审查和追究的程序，以及审查和追究的结果等问题，只有将责任追究机制细化，才能使其具有较强的可操作性，在具体实施的过程中才能够严格按照法律法规条文进行，而不至于随意理解和变通。总之，只有从法律上明确了行政决策责任追究机制，才能从根本上解决行政决策不科学、决策失误后规避责任、追究措施难以落实的问题，改变目前法律对作出失误决策的政府部门领导监督和处罚不力的现状，推进决策责任追究机制的进一步加强和完善。

（三）建立健全监督机制，努力实现全方位监督

建立和完善行政决策责任追究机制，树立行政决策责任意识是前提，完善法律法规建设是根本，建立健全监督机制是保障。为此，应着力建立全方位的监督机制，特别是建立和完善外部监督机制。首先，应将一些法定外部监督机构独立出政府之外，如纪检监察机构、审计机构应该摆脱政府的管理和约束，建立独立的财政体系和管理体系，这样才能保证其执法的公正性；其次要充分发挥公民、社会团体、新闻舆论的监督作用。尤其要解决的就是政府的政务公开问题。只有将可以而且应当公开的政府事务进行公开，进一步提高政府行政行为的透明度，外部力量才能介入，才能切实地发挥监督作用。同时，由于行政决策被置于阳光之下，行政决策者对决策行为就会更加慎重，从而促进行政决策的科学性和合法性。总之，为促进行政决策责任追究机制的建立和完善，应规范内部监督，同时在法律上和制度上为外部监督提供更多的途径和保障，建立健全监督机制。

由上述分析可见，建立和完善行政决策责任追究机制是依法行政的要求，是增强行政决策的科学性和合法性、提高行政效能的必要条件，也是保护公民权利、维护社会公共利益的重要保障。目前我国行政决策责任追究机制已经初步形成，但还相对不成熟，有待进一步发展和完善，为此，应从思想文化、法律制度等层面全面推进。

第五节　规范性文件监督方式的数据分析

充分、有效的监督是公权力依法行使、高效行使的重要保障。规范性文件是政府行政活动的直接依据，制定规范性文件本身也越来越成为一项重要的政府行政活动。为保障公权力依法行使、高效行使，实现依法行政、科学决策的目标，加强对政府规范性文件的监督尤为重要。

长期以来，由于法律对规范性文件制定程序的规范不够完备，以及一些政府依法行政意识和能力的欠缺，出现了很多规范性文件“不规范”的情况。如，“红头文件”多、乱、杂，有的内容相互冲突，有的“暂行规定”“暂行”了几十年，有的甚至公然违反法律规定，诸如此类，不一而足。[①]“红头文件”的不规范，同建设法治政府的目标背道而驰，既损害社会公众的切身利益，也严重削弱政府自身的公信力。

对规范性文件的监督，无疑是政府法制监督的重要环节之一。加强对规范性文件的监督，构建一个既合法正当又相互协调的规范性文件体系，是推进依法行政、建设法治政府的必然要求。为切实考察规范性文件（主要是红头文件）的监督方式，课题组有针对性地设计了相关问题，进行了问卷调查。

一、调查问卷及相关说明

具体调查问题是：

您单位对规范性文件（主要是红头文件）如何进行监督？（多选）

［1］领导审批即可，不用监督

［2］出台前，法制部门要对文件是否合法进行审查

［3］出台后，要到法制部门进行备案

［4］受理行政复议过程中，对当事人提出质疑的红头文件进行审查

［5］设置合理的途径，允许公众提出不同意见

［6］其他途径（请写出）

调查问题说明：

一是关于规范性文件的界定。规范性文件可以分成广义和狭义两种。广义上，规范性文件包括有权机关依法制定的法律、行政法规、部门规章、地方规章和其他规范性文件。狭义的规范性文件仅指法律、行政法规、部门规章、地方规章以外的其他规范性文件。此次研究中，规范性文件是狭义上

① 问题红头文件大全：“投资 5 000 万开车违法不罚”“文件下达喝酒任务”“投资 1 000 万元以上享受副县级待遇”，等等；[2010-08-30]. 人民网 http：//npc. people. com. cn/GB/5833335. html.

的，即行政机关依法制定的、针对不特定对象、具有普遍约束力的规章以下（不含规章）的规范性文件。规范性文件是政府行政活动的直接依据，制定规范性文件本身也逐渐成为一项重要的行政活动。相比一般的政府行政管理行为，规范性文件涉及的人、财、事更多，范围更广，时间跨度也更长，而且通常由有权政府部门的办公会议制定、通过，包含重大行政决策，对政府的行政活动和社会公众影响比较深远。

二是关于问题选项。除了选项［6］，按照监督主体的不同，“其他”选项可分为内部监督和有公众参与的监督两大类。内部监督方式有选项［1］“领导审批”、选项［2］“出台前，法制部门要对文件是否合法进行审查”和选项［3］“出台后，要到法制部门进行备案”；有公众参与的监督方式有选项［4］“受理行政复议过程中，对当事人提出质疑的红头文件进行审查”和选项［5］“设置合理的途径，允许公众提出不同意见”。按照监督的时间，“其他”选项也可分为事前监督和事后监督两类：事前监督选项［1］［2］，事后监督选项［3］［4］和［5］。

三是调查采集的基本信息，制成表4-26。

表4-26　　您单位对规范性文件（主要是红头文件）如何进行监督？

选　项	选择计数	百分比（%）
［1］领导审批即可，不用监督	652	33.1
［2］出台前，法制部门要对文件是否合法进行审查	1 361	69.2
［3］出台后，要到法制部门进行备案	1 031	52.4
［4］受理行政复议过程中，对当事人提出质疑的红头文件进行审查	713	36.2
［5］设置合理的途径，允许公众提出不同意见	872	44.3
［6］其他途径（请写出）	30	1.5
总计	1 967	100.0

“其他”选项的填写情况：（1）本单位的红头文件多是贯彻落实上级红头文件精神；（2）专业部门如办公室监控；（3）无监督；（4）主要审查其合法性，但不是由法制部门审查，而是在制定时保证与法律相符；（5）按照上级规定的要求执行；（6）涉及人事、财务等，先由主要部门审核；（7）不清楚如何监督；（8）广泛征求基层和相互部门意见；（9）机要审查，起草部门审查；（10）领导班子审议；（11）领导传阅；（12）设计相关法律问题的文

件，会咨询法律人员或法律部门。

二、总体分析

将表 4－26 按公务员选择本单位规范性文件监督方式的选择计数或百分比重新排序，可得出表 4－27。

表 4－27　　各单位规范性文件（主要是红头文件）监督方式的总体分析

新序号	选　项	选择计数	百分比（%）
1	［2］出台前，法制部门要对文件是否合法进行审查	1 361	69.2
2	［3］出台后，要到法制部门进行备案	1 031	52.4
3	［5］设置合理的途径，允许公众提出不同意见	872	44.3
4	［4］受理行政复议过程中，对当事人提出质疑的红头文件进行审查	713	36.2
5	［1］领导审批即可，不用监督	652	33.1
6	［6］其他途径（请写出）	30	1.5
	总计	1 967	100.0

表 4－27 显示，规范性文件的监督方式调查选择计数或百分比从高到低依次为：选项［2］［3］［5］［4］［1］［6］；地方政府最多采用的前两位的监督方式是事前合法性审查和事后备案。

其中，事前合法性审查占据首位，69.2%的被调查者认为事前审查是其所在单位监督规范性文件的重要方式。选项［2］“出台前，法制部门要对文件是否合法进行审查”，即事前合法性审查，这一监督方式受到推崇可能是因为：一是事前监督时效性强，相比一般的行政决策，规范性文件的影响范围更广、时间更长，包含违法内容的文件付诸实行后将造成巨大的损失，有些损失甚至是事后无法挽回的，单纯的事后监督，社会风险和社会成本很高。因此，牺牲一部分直观上的行政效率，在规范性文件制定后、实行前由法制部门先进行合法性审查是值得的，后者对规范性文件是否符合法律法规和其他上级规范性文件进行审查，及时发现违法文件，能最大限度地减少可能造成的社会损失。二是法制部门监督的专业性强，相比规范性文件的制定机关与人员，各级政府的法制部门在法律专业人员和专业知识方面具有优势，更能够从整个法律规范体系的角度把握规范性文件的合法性。

事前合法性监督也有不足之处，如，限于合法性审查，无法对规范性文件内容的科学性、合理性作全面审查。又如，法制部门的监督权限难以清晰界定，发现规范性文件包含违法内容后，法制部门是否适宜以及是否有权直接予以修改纠正？还是仅可以向制定机关提出修改建议？具体制度的缺失将会影响法制部门监督的具体操作和实际效果。

调查显示，地方政府监督规范性文件采用的方式排在第二位的是事后备案，52.4％的被调查者持有这一观点。事后备案这一监督方式看似“形式”、不切要害，实则对规范政府行政活动、预防如下三种现象十分必要：一是朝令夕改，对规范性文件进行统一备案后，法制部门可以给予政府决策部门以一定约束，让政府也遵守自己制定的合法有效的规范性文件，降低决策的随意性，提高决策的前瞻性，从而促使政府稳定、连贯地决策；二是统一备案便于法制部门对不同时期、不同领域和不同部门的规范性文件作整体考察分析，有效发现因为政出多门而导致可能出现的内容冲突、决策欠妥当等问题，并及时反馈给决策部门，从而提高政府行政决策的系统性；三是规范性文件制定后由法制部门进行统一备案，一方面有“固定法律”的作用，即政府行政活动的依据限于相应法制部门有备案的规范性文件，从而有效防止“无依据”和“假依据”行政的现象，另一方面又有利于避免暗箱操作。规范性文件的公开，社会公众可以在相应法制部门查询到所有合法有效的规范性文件，从而为随后的社会监督提供便利。

值得注意的是，上述最常为地方政府采用的两种监督方式有一个突出的共同点——都涉及法制部门。无论事前合法性审查还是事后备案，都是由政府的法制部门作为监督主体的。其主要原因可能是，相对制定规范性文件的政府职能部门，法制部门是一个相对独立的监督主体，自身利益考虑较少，监督更为客观而有力，同时又具有法律上的专业性优势。

地方政府监督规范性文件排在第三位的方式是公众监督。44.3％的受调查者持有这一观点。其可能原因是，随着交通通信技术的发展和相关软硬件设施的普及，尤其是网络技术的大规模普及，大范围的公众参与的门槛大幅减低；同时，随着社会改革的深入，众多涉及民权民生的政策越来越多地影响到社会公众的切身利益，公众参与的需求大增，公众参与的意识和能力也在一次次同政府的交互活动中得到锻炼，这其中，新闻媒体发挥了巨大的作用。

地方政府监督规范性文件排在第四位和第五位的方式分别是行政复议附带审查、领导审批，赞成率分别为 36.2%和 33.1%。其中，行政复议附带审查是监督政府规范性文件的一个重要途径，现行《行政复议法》规定，行政复议机构在行政复议程序中可以对规章以下的行政规范性文件进行附带审查，审查的内容既包括但不限于规范性文件的合法性，也包括对其合理性等作全面审查。行政复议审查受到重视，同其审查的全面性这一优势是分不开的，不同地区对其重视程度不同，可能是因为行政复议审查的有效性还取决于行政复议机构的独立性与公正性等因素。

如前所述，表 3－14 中的选项可分为内部监督（选项［1］［2］［3］）和有公众参与的监督（选项［4］［5］）两大类。据统计可知，二者的选择计数分别是，内部监督：1 361＋1 031＋652＝3 044 人次，有公众参与的监督：872＋713＝1 585 人次；前者的选择计数是后者的 1.92 倍。可见，相比公众参与等监督方式，地方政府更多采用内部监督的方式监督规范性文件。这固然有时效性、专门性等合理考虑，但两类监督方式运用度差异如此巨大，反映出我国地方行政体制中存在的一些问题：行政系统仍然呈现较高的封闭性；行政首长负责制之下缺乏适当的职权分立与制衡，行政权力高度集中；过于严密的层级结构和尚欠民主的选任方式滋生了“唯领导马首是瞻”“对上级负责而不是对社会对民众负责”的心态。

三、基于不同地区的分类数据分析

由于地理环境、发展程度的差异，我们的抽样分别在东部沿海、中部、西部和东北地区四个区域进行，统计结果见表 4－28。

表 4－28　　不同地区公务员对规范性文件的监督方式的判断

选　项	统　计	东部沿海	中部地区	西部地区	东北地区
［1］领导审批即可，不用监督	选择计数	251	180	99	122
	百分比（%）	37.1	26.6	31.6	40.4
［2］出台前，法制部门要对文件是否合法进行审查	选择计数	454	464	229	214
	百分比（%）	67.2	68.6	73.2	70.9
［3］出台后，要到法制部门进行备案	选择计数	344	379	139	169
	百分比（%）	50.9	56.1	44.4	56.0

续前表

选　项	统　计	东部沿海	中部地区	西部地区	东北地区
[4] 受理行政复议过程中，对当事人提出质疑的红头文件进行审查	选择计数	254	254	107	98
	百分比（%）	37.6	37.6	34.2	32.5
[5] 设置合理的途径，允许公众提出不同意见	选择计数	282	332	145	113
	百分比（%）	41.7	49.1	46.3	37.4
[6] 其他途径（请写出）	选择计数	9	13	4	4
	百分比（%）	1.3	1.9	1.3	1.3
总计	参选人数	676	676	313	302
	百分比（%）	100.0	100.0	100.0	100.0

将表 4-28 用柱状图表示出来，得到图 4-19 和 4-20。其中纵坐标为选择的百分比，横坐标四个地区、六种不同颜色的柱图分别代表四个地区的各个选项。

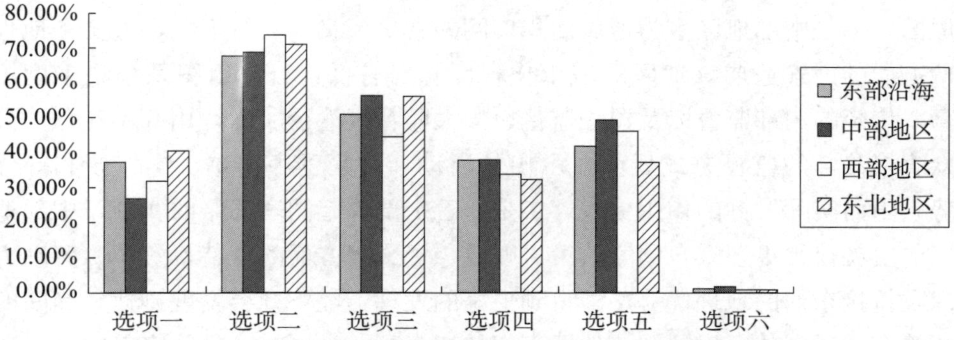

图 4-19　不同地区公务员对规范性文件的监督方式的判断之一

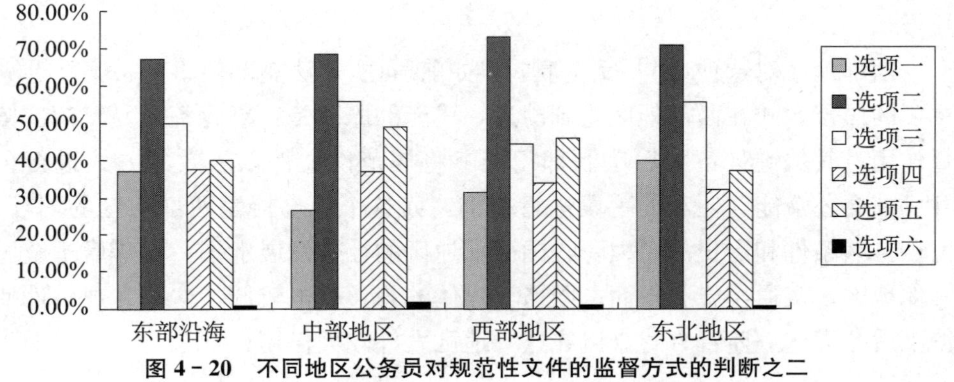

图 4-20　不同地区公务员对规范性文件的监督方式的判断之二

从表4-28和图4-19、图4-20可以看出，选项［2］［3］［5］在四个区域都是选择率最高的前三个选项，不同地区对规范性文件的监督方式的认知大体一致，但又各有特色。

调查数据表明，东部沿海地区反应最弱的选项是选项［1］“领导审批即可，不用监督”。东部沿海地区在经济社会发展和思想观念更新等方面总体上领先全国，对五种监督方式中的“领导审批”反应最弱，可能是因为经济的快速发展一定程度上带来了该地区行政观念的革新，随之在精简办公机构、减少审批程序等行政改革方面步伐较快。同时，东部沿海地区又以37.6%选择率成为对选项［1］选择率最高的两个地区之一，可见，行政体制改革并不是随着经济的繁荣发展就自然而然、水到渠成的，而是需要人们特别专注地思考与推动，其中有关行政法律体系的完善和发展尤为关键。

中部地区是四个区域中对选项［4］［5］的反应最强烈的地区，这两个选项对应的都是有公众参与的监督方式。公众参与的提升，可能有两个主要原因，一是中部地区多为地域面积广阔的省份，又以农村为主，人文和地理两方面的因素造成该地区的城市化程度相对较低，行政组织系统集聚度不高，传统的内部监督以及司法监督、人大监督等途径实际运用并不充分，公众直接参与的监督方式反而显示出易启动、交互程序简单、操作便利等优势，因而实际发挥的作用更大。二是随着中部崛起国家战略的实施，中部地区的发展获得更多来自国家政策、财政、资金等方面的支持，资源、劳动力以及桥接东西的地理优势逐渐得到更好的发挥，经济社会发展迅速，其间的政策变动越来越多地涉及该地区人们的切身利益，同时，日益完善的交通通信设施也为公众参与提供了更易掌握的工具和平台，社会公众的参与需求日益增长。

西部地区对选项［3］反应最弱，如前所述，“法制部门事后备案”这一重要的监督方式在西部地区遭到冷遇，可能的原因是：事后备案要发挥出监督作用，其关键是备案后法制部门能够将规范性文件以有效的方式进行公开、社会公众能经便利的手段进行查询，而这个条件恰是西部地区的弱项。由于自然条件和历史的原因，我国西部地区的社会发展水平一直落后于全国其他地区，交通设施和平面、网络等媒体的普及率也较低，这些客观条件使得事后备案这一监督方式难以在这一地区发挥较大作用。

东北地区是对选项［1］反应最为强烈的地区，选择率为40.4%，东北地区对选项［4］的反应是四个区域中最弱的，并且东北地区还是唯一对选项［1］的选择率高于选项［4］的地区。可见在东北地区，在规范性文件监督方面，领导审批比行政复议审查更受青睐。可能的原因是，东北地区行政体制中传统因素仍较强，层级节制之外的监督方式机制不健全以致尚未充分发挥作用：有审查权的行政复议机构一般也由制定规范性文件的上级机关组成，从组织和权限上与其领导有很大重合，如此一来，行政复议机构事后能发现的问题，在事前领导审批中一般也能被发现，而且领导审批还在规范性文件发布前，既可及时发现问题，又能直接纠正不足，操作起来更显便捷。

四、基于直辖市和普通省份的分类数据分析

在我国，中央直辖北京、上海、天津和重庆四个市，其他地方为省级单位。直辖市通常为国家或某一区域的政治、经济和文化中心，虽然直辖市也由地方自己治理，但更受中央政府的直接管理和监控。与省级单位相比，直辖市的城市化程度高，人均受教育的程度高，改革开放也很有特色，其思想观念、制度建设等方面也比较开放和完善。为更好地了解直辖市和普通省份规范性文件的监督方式，分别统计，制作成表4-29。

表4-29　　直辖市和普通省份的规范性文件的监督方式

选　项	统　计	北京市专项调研	其他省份调研
［1］领导审批即可，不用监督	选择计数	491	652
	百分比（%）	33.2	33.1
［2］出台前，法制部门要对文件是否合法进行审查	选择计数	919	1 361
	百分比（%）	62.1	69.2
［3］出台后，要到法制部门进行备案	选择计数	728	1 031
	百分比（%）	49.2	52.4
［4］受理行政复议过程中，对当事人提出质疑的红头文件进行审查	选择计数	431	713
	百分比（%）	29.1	36.2
［5］设置合理的途径，允许公众提出不同意见	选择计数	532	872
	百分比（%）	35.9	44.3
［6］其他途径（请写出）	选择计数	25	30
	百分比（%）	1.7	1.5

续前表

选　项	统　计	北京市专项调研	其他省份调研
总计	参选人数	1 481	1 967
	百分比（%）	100.0	100.0

由表 4－29 转化，可得到图 4－21。

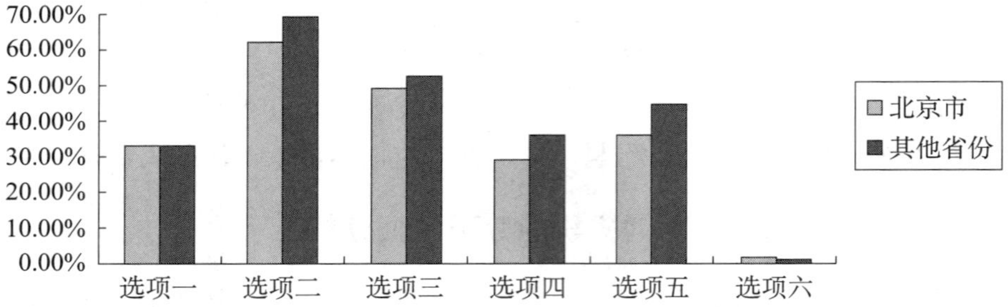

图 4－21　直辖市和普通省份的规范性文件的监督方式

以上调查数据显示，无论是直辖市还是其他省级单位，监督规范性文件的主要方式相同，但又有一些差别。

北京市对选项［1］的选择率同其他省份几近持平，北京市略高出约 0.1%，表明直辖市和普通省份对领导审批这一监督方式有着相似的认知，领导审批虽然不是最主要的监督方式，但高达 1/3 的选择率说明，领导审批仍是监督规范性文件不可忽视的一个环节。其他四个选项的选择率，其他省份分别高出北京 7.1%、3.2%、7.1%和 8.2%，而北京市选项［1］的选择率高于选项［4］，其他省份选项［4］的选择率高于选项［1］。说明相比直辖市，普通省份对这四种“非领导审批”监督方式的运用要高出“领导审批”更多，这也从侧面说明领导审批的监督方式在直辖市具有相对更高的地位。这可能是因为直辖市的制度建设相对比较完善、政策科学性相对比较高，规范性文件执行环节的问题相对较少，这使其制定环节的监督和控制反而更为有效，也更为重要；此外，由于其重要的政治经济地位，直辖市会受到中央政府更多的监督和控制，这种从上至下的影响有相当部分表现为领导审批。

五、基于不同府级的分类数据分析

由于在中央政令的执行上，各级地方人民政府面临的问题不同，因而也需要比较分析。统计数据见表 4-30。

表 4-30　不同府级的规范性文件的监督方式

选　项	统　计	省级政府	地市级政府	县级政府
[1] 领导审批即可，不用监督	选择计数	123	294	235
	百分比（%）	24.3	33.1	40.9
[2] 出台前，法制部门要对文件是否合法进行审查	选择计数	409	590	362
	百分比（%）	80.8	66.5	63.1
[3] 出台后，要到法制部门进行备案	选择计数	297	463	271
	百分比（%）	58.7	52.2	47.2
[4] 受理行政复议过程中，对当事人提出质疑的红头文件进行审查	选择计数	184	323	206
	百分比（%）	36.4	36.4	35.9
[5] 设置合理的途径，允许公众提出不同意见	选择计数	222	393	257
	百分比（%）	43.9	44.3	44.8
[6] 其他途径（请写出）	选择计数	8	16	6
	百分比（%）	1.6	1.8	1.0
总计	参选人数	506	887	574
	百分比（%）	100.0	100.0	100.0

由表 4-30 转化得到图 4-22。

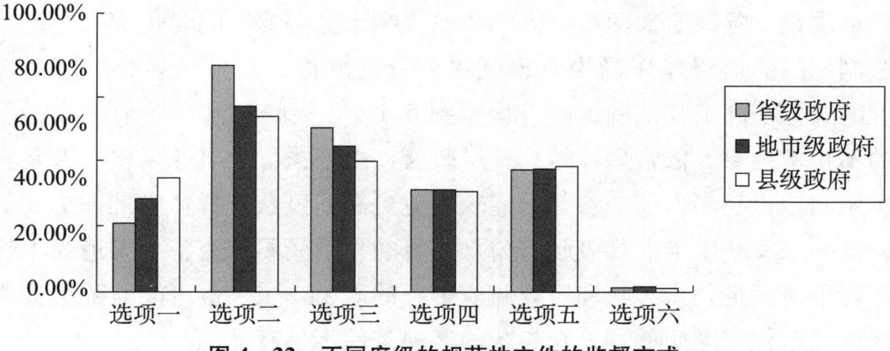

图 4-22　不同府级的规范性文件的监督方式

从表 4-30 和图 4-22 可看出，不同层级地方政府的规范性文件的监督方式有许多共性，如都认为前三位的监督方式是事前合法性审查、事后备案和公众监督。但从统计数据看，各级地方政府在选项上又各有侧重。

省级政府对选项［2］和选项［3］的选择率显著高于其他两级政府，分别高出地市级政府4.3%、6.5%和7.7%、11.5%。可见，地方政府层级越高，越重视法制部门的监督作用，特别是法制部门事前对规范性文件的合法性进行审查以及事后对规范性文件进行备案。这首先可能与备案审查权主要集中于中高层级政府有关，如我国《立法法》规定，“设区的市、自治州的人民政府制定的规章应当同时报省、自治区的人民代表大会常务委员会和人民政府备案”。而且，如前所述，备案制度监督作用的有效发挥需要配套主客观条件，就备案制度监督效果而言，由于低层级政府法制部门的财政和人力资源较为薄弱，其监督实效往往远不如高层级政府。

地市级政府选项［4］［5］的选择率与其他两级政府基本持平，对选项［1］［2］［3］的选择率也都处于其他两级政府之间的水平。这与目前我国多数地区省、市、县三级政府体制的现状基本吻合，地市级政府承担的地区经济职能居多，决策职能一般较弱，具体程度则取决于各地的经济发展情况和城市化程度。

县级政府对选项［1］的选择率高达40.9%，大幅高于其他两级政府，高出地市级政府7.8%，高出省级政府16.6%。可见，地方政府层级越低，领导审批的实际作用越大。这反映出基层政府更多承担政策执行职能，具体事务性和操作性工作量大，也面临更多或繁杂或突发的具体问题，需要快速高效地决策，各政府部门负责人的快速决断十分必要；同时也表明，基层政府法制部门的监督作用尚没有得到更充分的发挥。此外，县级政府对选项［5］的选择率高出其他两级政府均不到0.1%，反映出基层政府公众参与偏低的不正常现象。依常理，越到基层政府，由于执行性事务越多、涉及具体的民生问题也越多，公众参与的需求理应更高，公众监督理应发挥更大的作用。这一来反映出当前县级政府公众监督的平台尚不够完备、渠道尚不够畅通，还不能满足公众参与和监督政府事务的需要，二来也可能与我国县级行政区域城市化程度尚低、公众参与的客观条件不足有关。

六、基于不同学历的分类数据分析

公务员受教育的程度直接影响到其对中央政令的执行态度。为方便比较，按公务员受教育程度统计，得出表 4－31。

表 4－31　不同学历公务员对规范性文件的监督方式的认知

选项	统计	高中及以下	大专	本科	硕士研究生	博士研究生
[1] 领导审批即可，不用监督	选择计数	31	155	340	70	9
	百分比（%）	41.9	44.2	29.9	25.4	29.0
[2] 出台前，法制部门要对文件是否合法进行审查	选择计数	46	221	793	218	19
	百分比（%）	62.2	63.0	69.7	79.0	61.3
[3] 出台后，要到法制部门进行备案	选择计数	35	168	613	150	17
	百分比（%）	47.3	47.9	53.9	54.3	54.8
[4] 受理行政复议过程中，对当事人提出质疑的红头文件进行审查	选择计数	23	114	422	104	10
	百分比（%）	31.1	32.5	37.1	37.7	32.3
[5] 设置合理的途径，允许公众提出不同意见	选择计数	23	162	502	132	12
	百分比（%）	31.1	46.2	44.2	47.8	38.7
[6] 其他途径（请写出）	选择计数	0	4	21	3	1
	百分比（%）	0.0	1.1	1.8	1.1	3.2
总计	参选人数	74	351	1 137	276	31
	百分比（%）	100.0	100.0	100.0	100.0	100.0

调查显示，不同学历的公务员在规范性文件监督方式的认识上分歧很大。除了都将事前合法性审查和事后备案分别列在第一位和第二位的监督方式外，在其他方面的认识很不统一。如在领导审批的选项中，总体上是学历越低的选择越多；学历越高的选择越少。而在事后备案、公众监督选项中，原则上是学历越高，选择越多；学历越低，选择越少。可见，学历低的公务员倾向于认为领导审批是规范性文件监督的重要方式之一，而学历高的公务员则认为法制部门的事后备案和公众参与对规范性文件的监督意义更大。虽然由此不宜作出过多的确定性判断，但至少反映了教育背景对规范性文件监督认知的不同影响，高学历者更倾向于多主体、全方位的监督。

七、结论

（一）调查结论

上述规范性文件的监督方式并不孤立，而是相互关联的。

调查中选择率最高的是行政监督，主要有事前合法性审查和事后备案两种具体方式。其中，事前合法性审查这一监督方式最受推崇。在规范性文件制定后、实行前由法制部门先对其进行合法性审查，以便及时发现违法文件，能最大限度地避免或减少包含违法内容的文件付诸实行后可能造成的社会损失。事前合法性审查主要是对规范性文件是否符合法律法规和其他上级规范性文件进行审查。法制部门监督的专业性强，相比规范性文件的制定机关与人员，各级政府的法制部门在法律专业人员和专业知识方面更具有优势，更能够从整个法律规范体系的角度把握规范性文件的合法性。事后备案，即规范性文件制定并发布后，报由政府法制部门统一进行备案。统一备案首先能够对政府职能部门产生一定的约束，使其制定的规范性文件得以确定和公开，非有法定或合理事由、并经法定或公正程序不得随意变动或废止。同时，政府也受到其自己制定的合法有效的规范性文件的约束，从而降低政府决策的随意性，避免朝令夕改的现象。此外，统一备案还便于法制部门对不同时期、不同领域和不同部门的规范性文件作整体考察分析，有效发现可能出现的内容冲突、决策欠妥当等问题，并及时反馈给决策部门，从而提高政府行政决策的系统性。统一备案还有“固定法律”的作用，即凡是规范性文件均须备案，已经备案的规范性文件即合法有效，从而有效防止超越职权、滥用职权等行政违法现象；有利于规范性文件的公开，社会公众可以在相应法制部门查询到所有合法有效的规范性文件，从而为公众、媒体等对政府行政活动进行监督提供便利。

尽管法制部门的事前合法性审查和事后备案监督均有一定的不足之处，如，事前合法性审查无法对规范性文件内容的科学性、合理性作全面审查；法制部门的监督权限难以清晰界定，发现规范性文件包含违法内容后的具体处理制度欠完善等。但政府法制部门作为监督主体，仍具有突出的优势。一方面，政府法制部门一般不直接承担行政管理职能，与制定规范性文件的政府职能部门相对独立，从根本上减少了部门自身利益等不相关考虑，而得以保持较高的客观性和中立性，使其监督的公正性和权威性得到增强。另一方面，政府法制部门同时又具有法律上的专业性优势。

调查数据表明，领导监督也是一类重要的规范性文件监督方式，表现为调查问卷中“领导审批即可，不用监督”这一选项的高选择率。领导审批等内部监督方式有时效性强、业务熟悉和专门性强等合理考虑，但“领导审批即可，不用监督”这一选项的高达 1/3 的选择率，反映出地方政府可能存在行政系统的封闭性较高、行政首长负责制之下缺乏适当的职权分立与制衡、行政权力高度集中等一些问题，容易滋生政府部门内部“唯领导马首是瞻”“只对上级负责”的心态。其深层次的原因包括：传统行政观念的影响，层级结构过于严密而缺乏足够的灵活性和开放性，行政首长的选任方式民主程度不足等。

此外，社会监督也是监督规范性文件的方式，主要表现为“受理行政复议过程中，对当事人提出质疑的红头文件进行审查”“设置合理的途径，允许公众提出不同意见”这两种形式。交通通信技术的发展和相关软硬件设施的普及，使得大范围公众参与的门槛大幅减低；同时，随着社会改革的深入，众多涉及民权民生的政策越来越多地影响到社会公众的切身利益，公众参与的需求日益增长。行政复议附带审查是一种内部监督与公众参与、行政监督与权利救济的综合体。行政复议制度本属行政程序，侧重内部监督，但同时又是目前公众与政府以个案为契机的、操作规范最完备的互动平台之一。随着行政复议独立性与司法性的逐渐增强，行政复议在公众参与和监督政府事务方面将发挥更大的作用。调查结果显示，公众参与在各级地方政府正受到高度重视，有公众的监督方式已成为监督政府规范性文件的重要方式之一。

（二）完善规范性文件监督方式的建议

首先要完善备案审查监督。完善规范性文件监督的相关立法，在制定程序上规定未履行程序的自始无效；在备案范围上采用“负面清单”模式；在审查内容上兼顾合法性和程序正当性；在法律责任上，将该备案未备案、逾期备案、拒不执行备案监督机关意见纳入行政问责。其次要深化行政复议监督。应当进一步细化《行政复议法》中有关对行政规范性文件审查的内容，提高可操作性，或者加强《行政复议法》的法律解释或者具体应用解释。再次要重视社会监督。应当出台规范性文件异议审查监督的相关立法，明确接受异议审查申请的受理时限、审查方式和程序、审查时限、处理结果以及结果的答复和公开等。最后还需要进一步加强权力机关监督。要建立规范性文件该备案未备案以及不执行人大意见对“不适当文件”进行修改或者废止情况的具体责任追究制度。[①]

① 李富莹．加强行政规范性文件监督的几点建议．行政法学研究，2015（5）．

第五章

政府纵向权力结构现状调查

第一节　中央政府与省级政府关系的数据分析

一、序言

本题着眼于政府纵向权力结构改革的重要关系之一，即中央政府与省级政府的关系问题。关于中央和地方的关系，我国《宪法》第 3 条第 4 款是这样规定的：中央和地方的国家机构职权的划分，遵循在中央的统一领导下，充分发挥地方的主动性、积极性的原则。

我国是单一制国家，从中央与地方的权力划分来看，地方接受中央的统一领导，地方政府的权力由中央政府授予，地方行政区域单位和自治单位没有脱离中央而独立的权力。这从根本上指明和确定了中央和地方的关系，但是中央和地方之间的关系不是简单的命令与服从的关系，而是既有合作又有竞争，既有博弈又有合作的关系，甚至还有一定的“对抗”关系，尤其是中央政府和省级政府之间决策权、执行权的对接出现的问题，比如中央政府的决策、命令和决定可能在省级政府得不到贯彻执行，或者贯彻执行不力，或者理解错误而改头换面，或者故意违抗等。省级政府往往也会“欺上”，出现在决策上阳奉阴违，在执行业绩上夸大其词等问题。因此，我们关注政府纵向权力结构的改革，寻求中央政府和省级政府的合理、高效关系。

（一）本题的设计缘由

中国正处于社会转型时期，改革逐步涉入深水区，政治体制改革亟须进行，以便与经济体制改革相适应。转型中的中国，中央政府和地方政府在各方面展开了博弈，包括对税权的争夺、事权的控制以及地方政府自主权的大小等。从根本上来说，在单一制的体制下，中央政府和地方政府的关系应当遵循以下两点：一是中央政府的权威应当不断加强，以维护国家统一和国家利益；二是尊重地方政府的自主权，调动地方政府的积极性和主动性，既保证中央政府的财政收入，也保障省级政府的财政收入。现实生活中出现的强拆现象，在很大程度上与地方政府的土地财政政策有关。另外，中央政府不断减税减费，而地方政府为了财政需要，在贯彻减税的同时，却仍然乱收费，比如在教育领域、工商领域、交通运输领域等。为切实改变中央政府和省级政府的关系，我们有针对性地提出了改善中央政府和省级政府关系的设计方案，主要是针对领导权、决策权和执行权等方面进行的方案梳理。

（二）调查问卷的相关问题说明

本题设计如下：

如果推进政府纵向权力结构的改革，关于中央政府与省级政府的关系，您认为以下哪种方案较为合理和可行?

本题选项：

[1] 维系目前“上下对口”的现状，中央政府直接领导省级政府，同时决策部门、执行部门分别上下对口

[2] 建立“一级半”的对口体制——中央政府直接领导省级政府，决策部门仍保持上下对口，但执行部门不再实行对口管理

[3] 建立“一级”的对口体制——中央政府直接领导省级政府，除垂直部门外，上级政府部门与下级政府部门不再实行对口管理

[4] 其他

针对题目设计的具体内容，我们需要明晰以下四个方面的内容。

1. 政府纵向权力结构

政府的权力结构可以划分为两种：一种是横向权力结构，一种是纵向权力结构。横向权力结构，是指一级政府不同部门之间的权力配置关系；纵向权力结构是指不同层级的政府之间或者说中央政府与地方政府（地方政府包括省级政府、市级政府、县级政府、乡级政府）之间的权力配置关系。政府纵向权力结构主要包括两个方面：一是中央政府与地方政府之间的财权结

构；二是中央政府与地方政府之间的事权结构。财权结构主要涉及中央与地方之间的财政税收制度，财权结构是各级政府最重要的利益体现，是政府纵向权力结构中最重要的部分，抓财权是每一级政府的头等大事。事权结构的内容则比较复杂，不同发展程度的国家的事权结构相差很大。在民主政治比较成熟、市场经济比较发达的国家，一般倡导有限政府与市场自由，基本上政府不会对企业进行全面干预，实现了政企分开。其中央与地方之间的事权分配主要体现在公共物品与公共服务提供的分配、调整上，比如社会保障、教育、医疗、交通、住房等公共服务的决策和管理权力的重新分配和调整，基本不存在投资管理、外贸管理等方面的事权再调整。

2. 中央政府与省级政府

中央政府是最高国家行政机关，地方政府的对称。中央政府是管理一个国家全国事务的国家机构的总称，在联邦制国家，即称“联邦政府”。中央政府通常的作用是负责全国事务，如组织起草国家宪法和适用于全国的法律，负责国防、外交以及代表本国和其他国家签署条约等。中华人民共和国的中央政府是国务院，是最高国家权力机关的执行机关，是最高国家行政机关，由最高国家权力机关即全国人民代表大会产生，对它负责并报告工作。

我国《宪法》第 85 条规定：中华人民共和国国务院，即中央人民政府，是最高国家权力机关的执行机关，是最高国家行政机关。中央政府负责统一领导全国地方行政工作，集中掌握国家的国防、外交、财政、内政等行政职权。我国《宪法》第 89 条规定了国务院的职权，包括制定行政法规、提出议案、领导全国地方各级国家行政机关的工作等 18 项职权，包括明文列举的 17 项职权以及全国人大及其常委会授予的其他职权。各国对中央政府的称谓多有不同，如国务院、政务院、国务委员会、部长会议、内阁等，其组织形式也不尽相同。在美国，中央政府以民选选举产生的总统为首脑，总统直接组织和领导中央政府，且政府对总统负责而不对议会负责，这体现了美国总统制的特点。在英国，中央政府由议会中占多数席位的政党或政党联盟组成，对议会负责，议会有权监督政府并提出质询，甚至提出不信任案迫使政府成员辞职，这体现了议会至上的英国宪政原则。在法国，由选民直接选举产生的总统为国家元首，总理为政府首长，共同行使行政权，但总统直接干预由内阁总理及各部部长组成的政府，主要表现在总统可直接任命总理、政府成员和其他重要官员，实际上是强总统、弱总理；国民会议也和总统一样由选民选举产生，有权监督、撤换政府，这直接体现了法国半总统制半议会制的特点。

省是国家出于地域管理目的而设置的行政建制。省级政府是地方政府中级别最高的地方行政机关，不仅指省人民政府，还包括自治区、直辖市人民政府。省、自治区、直辖市是中国的第一级行政区，亦是中央与地方权力的交汇点。从我国古代历史来看，我国在元代建行省，当时全国 11 个行省[①]，西藏地区属宣政院辖地。明代省改为承宣布政使司 13 司，清代则有 23 个省。民国在 1928 年以后有 29 个省，西藏、内蒙两个地方，上海、南京、北平、天津、青岛、西安六个直辖市。目前我国有 34 个省级行政区，有 23 个省、5 个自治区、4 个直辖市、2 个特别行政区。省、自治区、直辖市同为地方最高行政建制，拥有地方立法权。自 1979 年开始，省级权力日益扩张且规范化。1979 年，全国人大五届二次会议通过了《中华人民共和国地方各级人民代表大会和地方各级人民政府组织法》，标志着地方政权的规范化、制度化。中国是一个单一制的国家，省制初创时，也是作为中央的分治机关。中国的省除了不承担外交、国防等必须由中央政府承担的职能外，实际上分担了中央政府的各种行政管理职能。

3. 关于上下对口的理解

所谓上下对口，是指不同层级的政府在纵向机构设置上的高度一致。通俗地讲，就是在这种模式下，每一级政府都管理大体相同的事情，在设置上表现为“上下对口，左右对齐”。行政层级依照等级层层细化，上面有某一政府部门，下面有对应的下级部门，这种简单地进行一对一的设置，没有体现出不同层级政府的功能和特点。这种结构产生的原因主要在于计划经济体制下中央既要集中控制社会的资源，又要让地方有自主发展的空间。这种结构模式在当时发挥过非常重要的作用，但在目前的市场经济环境下，类似“全能型”的政府阻碍了国内统一市场的形成，这也是机构改革一直停留在反反复复的“加减运算”的根本原因。[②]

① 元代中央最高行政机关为中书省，中统、至元年间，又设置了河南、江北、江浙、江西、湖广、陕西、四川、辽阳、甘肃、岭北、云南等 11 处行中书省，简称行省。

② 多兰．浅析我国地方政府上下部门对口衔接模式的选择．内蒙古科技与经济，2010（5）．

4. 调查采集的基本信息（见表5-1）

表5-1 如果推进政府纵向权力结构的改革，关于中央政府与省级政府的关系，您认为以下哪种方案较为合理和可行？

选项	选择计数	百分比（%）
[1] 维系目前“上下对口”的现状，中央政府直接领导省级政府，同时决策部门、执行部门分别上下对口	804	34.9
[2] 建立“一级半”的对口体制——中央政府直接领导省级政府，决策部门仍保持上下对口，但执行部门不再实行对口管理	890	38.6
[3] 建立“一级”的对口体制——中央政府直接领导省级政府，除垂直部门外，上级政府部门与下级政府部门不再实行对口管理	574	24.9
[4] 其他	37	1.6
总计	2 305	100.0

二、总体分析

本部分以针对此题的所有调查问卷为分析对象，试图准确分析当前公务人员作出表中选择的原因，并以此为实证基础，来探讨改革的方向和路径。另外，方案的设计主要围绕对口体制进行，对口体制主要涉及领导权、决策权和执行权的对接方面。

对表5-1中的数据按照公务员选择计数的高低进行重新排序，得到（表5-2）。

表5-2 中央政府与省级政府关系方案选择计数高低的排序

新序号	选项	选择计数	百分比（%）
1	[2] 建立“一级半”的对口体制——中央政府直接领导省级政府，决策部门仍保持上下对口，但执行部门不再实行对口管理	890	38.6
2	[1] 维系目前“上下对口”的现状，中央政府直接领导省级政府，同时决策部门、执行部门分别上下对口	804	34.9
3	[3] 建立“一级”的对口体制——中央政府直接领导省级政府，除垂直部门外，上级政府部门与下级政府部门不再实行对口管理	574	24.9
4	[4] 其他	37	1.6
	总计	2 305	100.0

题干设计的是中央政府与省级政府的关系方案，选项主要有四项分别是上下对口体制、一级半对口体制、一级对口体制和其他体制。其中，关于上下对口体制的方案主要是指维持目前我国的纵向权力结构，行政上中央政府直接领导省级政府，决策部门与执行部门分别上下对口。实际上就是省级政府一一对应中央政府。这种上下对口体制可以保证省级政府有完整的命令接收、执行机构，但此种设置比较机械，不利于各省级政府灵活行使职能。关于一级半的对口体制，行政上也是中央政府直接领导省级政府，决策部门仍保持上下对口，但执行部门不再实行对口管理。省级政府可以按照省的实际情况灵活设置执行部门。关于一级对口体制主要是指在行政上中央政府直接领导省级政府，除垂直部门外，上级政府部门与下级政府部门不再实行对口管理。垂直管理就是由上到下，由下到上的管理模式。一个部门的管理需要有机制、有条理地运行，采用垂直管理模式就可以起到上传下达、层层落实、级级把关、提高效益和质量的作用。

从表中显示的数据来看，“一级半”的对口体制成为首选方案，占到选择计数的38.6%；选择维系目前“上下对口”体制紧随其后，占到了选择计数的34.9%；而选择“一级”对口体制方案的只占到24.9%；其他方案则是1.6%。但是无论何种方案，中央政府对省级政府的直接领导是毫无争议的。囿于调查数据规模的限制，我们在此数据的基础上认为，“一级半”的对口体制是目前比较接近公务员队伍的选择方案。

应该来说，“一级半”的对口体制并不是说最为理想的纵向权力结构。但是，“一级半”的对口体制却成了首选方案。我们认为以下原因能够解释这种选择：第一，路径依赖的效应。路径依赖①是指人类社会中的技术演进或制度变迁均有类似于物理学中的惯性，即一旦进入某一路径（无论是“好”还是“坏”），就可能对这种路径产生依赖。一旦人们做了某种选择，就相当于走上了一条无法改变的道路，惯性的力量会使这一选择不断自我强化，并让你轻易走不出去。“一级半”的对口体制维持了决策部门保持上下对口，这显然是原先体制的惯性力量使然。决策部门的决策是权力运作的逻辑起点，尤其是中央政府的决策具有统筹全国的性质，其影响范围之广，影

① 第一个使“路径依赖”理论声名远播的是道格拉斯·诺思，由于用“路径依赖”理论成功地阐释了经济制度的演进，道格拉斯·诺思于1993年获得诺贝尔经济学奖。

响程度之深都是各级地方政府无以企及的。选择维持决策部门保持上下对口，仍然是出于依靠中央政府决策的惯性考虑。第二，地方政府对中央政府决策权威的顺从。中央政府的决策部门的决策在地方政府看来权威性至高；同时，中央政府决策在地方政府的落实程度成为中央政府考核省级政府的重要指标。因此，地方政府非常愿意在决策方面落实中央政府的决策，进而仍然愿意维持决策部门与之对应。第三，“一级半”的对口体制放开了执行部门的上下对口，省级政府可以灵活设置执行部门。这样一来，省级政府可以在充分尊重省、自治区、直辖市的实际情况的前提下，充分发挥自己的主动性和积极性，整合自己所需要的执行部门。既然有了决策部门与中央政府一一对应，那么省级政府就可以按照实际情况执行。这种设置方案的优点在于省级政府的决策部门不但省时省力，而且保证了中央决策的落实；执行部门不仅不必机械按照中央政府的设置进行一一对应，而且能够有一定的自主权进行整合。综上，“一级半”的对口体制就成为首选方案。

选择维系目前“上下对口”体制方案的比例也不在少数，其计数仅仅比选择“一级半”对口体制方案的计数少了 3.7 个百分点。这充分说明了以下两点：一是路径依赖的程度很高。路径依赖在上文中已经阐释，在此不赘。需要说明的是，任何变化、创新都是对原有的一种否定，尤其是对利益的否定。因为背后都有对利益和所能付出的成本的考虑。对组织而言，一种制度形成后，会形成某个既得利益集团，它们对现在的制度有强烈的要求，只有巩固和强化现有制度才能保障它们继续获得利益，哪怕新制度对全局更有效率。对个人而言，一旦人们作出选择以后会不断地投入精力、金钱及各种物资，如果哪天发现自己选择的道路不合适也不会轻易改变，因为这样会使得自己在前期的巨大投入变得一文不值，这在经济学上叫“沉没成本”。沉没成本是路径依赖的主要原因。二是政治体制改革、权力结构改革的难度之大。权力结构改革最简单的后果可能是一部分公务员群体发生职位变动，这切实涉及其自身的利益。我们不能奢望每一个公务人员都是甘愿自我牺牲的圣人，每一个人都是理性人。西方经济学假设的理性人，就是能够合理利用自己的有限资源为自己取得最大的效用、利润或社会效益的个人、企业、社会团体和政府机构。纵向权力结构的改变必然涉及部分人员利益的调整，这势必会造成被改革者心理的反对和不满。因此，维持现状成了理性人最好的选择。这也就解释了为什么有这么多的公务人员选择了维系目前“上下对口”的体制方案。维持现状下，中央政府领导省级政府，省级决策部门和执行部门分别上下对口，不涉及任何利益调整。这在一定程度上就解释了权力结构改革的难度高的原因。

相比较而言，选择“一级”对口体制的为数不多，仅为 574 人，占总计数 2 305 人的 24.9%。建立“一级”的对口体制意味着中央政府直接领导省级政府，除垂直部门外，上级政府部门与下级政府部分不再实行对口管理。为何选择“一级”对口体制方案的计数比较少呢？原因很简单。一方面，“一级”对口体制打破了原有的体制，影响到了部门公务人员的利益。另一方面，“一级”对口体制使得省级政府的决策权相对独立、自由，而省级政府却不愿意因自己决策而承担责任。对于中央政府来说，如此方案施行，可能难以管理地方政府。其实，“一级”对口体制赋予了省级政府较大的自主权。此种方案的优点也是很明显的：第一，省级政府可以根据实际情况精简机构，设置合理的职能部门；第二，可以充分调动省级政府的积极性和主动性；第三，整合职能部门可以解决编制不足问题；第四，整合职能部门可以提高行政效率。如果设置职能部门过于机械，完全按照上下对口体制设置，当地不需要的职能部门在应对考核时就可能出现违法行为，比如乱收费等来突显政绩。但是，绝大多数公务人员还是拒绝这种方案，关于拒绝此方案的具体情况下文会具体分析。

三、基于中央政府与地方政府的分类数据分析（见表 5-3）

表 5-3　如果推进政府纵向权力结构的改革，关于中央政府与省级政府的关系，您认为以下哪种方案较为合理和可行？

选项	统计	地方政府	中央政府
[1] 维系目前“上下对口”的现状，中央政府直接领导省级政府，同时决策部门、执行部门分别上下对口	选择计数	664	140
	百分比（%）	36.0	30.6
[2] 建立“一级半”的对口体制——中央政府直接领导省级政府，决策部门仍保持上下对口，但执行部门不再实行对口管理	选择计数	708	182
	百分比（%）	38.3	39.7
[3] 建立“一级”的对口体制——中央政府直接领导省级政府，除垂直部门外，上级政府部门与下级政府部门不再实行对口管理	选择计数	447	127
	百分比（%）	24.2	27.7

续前表

选项	统计	地方政府	中央政府
[4] 其他	选择计数	28	9
	百分比（%）	1.5	2.0
总计	参选人数	1 847	458
	百分比（%）	100.0	100.0

此表需要说明的是，中央政府的计数主要包括以下单位的计数：国务院法制办、环保部、卫生部、国家计生委、住建部、国家体育总局、国税总局、农业部、人保部、工信部、国家食品药品监督管理局、国家质监局、财政部、国家工商总局、银监会、国家广电总局、国家发改委。地方政府的计数主要有湖南、广西、贵州、河北、江西、西藏、宁夏、四川、内蒙古、山东、新疆、重庆等。其中，中央政府参选人数共计 458 人，地方政府参选人数共计 1 847 人。

从此表的数据来看，选择维持目前“上下对口”现状的人数共计 804 人，其中地方政府 664 人，占地方政府总参选人数 1 847 人的 36%；中央政府 140 人，占中央政府参选人数 458 人的 30.6%。由此可见，地方政府比较愿意选择维持现状，希望中央政府直接领导省级政府，并且对决策部门、执行部门分别上下对口的情形乐于维持。这说明，地方政府有相当一部分人是愿意维持现状的，对权力结构的改革持“稳定”态度；中央政府选择维持上下对口体制的比例也不小，中央政府仍然希望下级建立对口体制以方便自己政令的贯彻落实，从而方便中央对地方的管理和控制。

选择建立“一级半”的对口体制的共计 890 人，其中地方政府共有 708 人，中央政府有 182 人，分别占各自参选计数的 38.3%和 39.7%。从本文第二部分的分析来看，“一级半”的对口体制是首选方案。具体来说，地方政府的参选人员希望中央放权，在保持中央政府对地方政府的领导、决策部门上下对口的前提下，希望能够整合执行部门的权力。中央政府的人员选择这一方案的比例也较大，这也说明中央政府的参选人员对地方政府的执行情况比较了解，希望地方政府不要机械地一一对应执行部门，可以根据自己的实际情况进行设置。

选择建立“一级”对口体制的共计 574 人，其中地方政府共计 447 人，中央政府共计 127 人，分别占各自参选人数的 24.2%和 27.7%。从地方政府来说，有部分人员希望中央政府彻底放权，只进行直接领导，决策部门和执行部门由省级政府自己来设置。但这部分人员的比例较低。从中央政府来说，也有很少的人支持这一方案，这个比例从中央政府的这三个方案的选择比例来看也是最低的。其他方案的选择，地方政府共有28人，中央政府共有9人。

综合来看，地方政府更愿意选择“一级半”的对口体制和维系目前“上下对口”，两者仅仅相差2.3个百分点；其次才是“一级”的对口体制方案。中央政府更愿意选择“一级半”的对口体制，其次是维系目前“上下对口”的方案，最后才是“一级”的对口体制。从此表中仍然可以得到本文第二部分的结论，即“一级半”的对口体制方案是中央政府和地方政府在目前状态下都能够接受的改革方案。需要进一步探究的是，为什么这种方案是中央政府和地方政府都比较愿意选择的方案？或者可以说，这种方案为什么符合公务人员的意愿？这是因为在各级政府职能中，执行与决策权所占权重不同，在设置机构和配置权力时应考虑各级政府实际情况，在保证政府权力结构全局统一性的前提下体现层级性和地方特点。因此，中央政府和地方政府的公务人员都认识到了这一规律，但又不能够激进变革，因而双方都愿意维持中央政府直接领导省级政府、决策部门仍然上下对口的现状，而执行部门则可以不再实行对口管理。如果随着实践的进一步发展，并且发现决策部门也可以不再实行对口管理并且更加符合纵向权力结构改革的规律的话，那么选择一级对口体制方案也许就是个时间问题了。

四、基于不同府级的分类数据分析

府级是府际关系中最为重要的内容之一，也是研究政府层级改革不可或缺的研究视角。不同府级代表了不同的利益，不同的利益则会反映选择方案的倾向性。表5-4就反映了不同府级公务员选择方案的倾向性。

表5-4　如果推进政府纵向权力结构的改革，关于中央政府与省级政府的关系，您认为以下哪种方案较为合理和可行？

选项	统计	国家部委	省级政府	市级政府	县级政府
[1] 维系目前“上下对口”的现状，中央政府直接领导省级政府，同时决策部门、执行部门分别上下对口	选择计数	140	198	234	232
	百分比（%）	30.6	32.9	35.6	39.5

续前表

选项	统计	国家部委	省级政府	市级政府	县级政府
[2] 建立“一级半”的对口体制——中央政府直接领导省级政府，决策部门仍保持上下对口，但执行部门不再实行对口管理	选择计数	182	257	247	204
	百分比（%）	39.7	42.7	37.6	34.7
[3] 建立“一级”的对口体制——中央政府直接领导省级政府，除垂直部门外，上级政府部门与下级政府部门不再实行对口管理	选择计数	127	140	168	139
	百分比（%）	27.7	23.3	25.6	23.6
[4] 其他	选择计数	9	7	8	13
	百分比（%）	2.0	1.2	1.2	2.2
总计	参选人数	458	602	657	588
	百分比（%）	100.0	100.0	100.0	100.0

从总体上说，国家部委的参选人数共计 458 人，地方政府的参选人数共计 1 847 人，其中省级政府人数 602 人，市级政府人数 657 人，县级政府人数 588 人。

从表中可以看出，国家部委参选人数共计 458 人，选择维系目前“上下对口”的现状方案的 140 人，占 30.6%；选择建立“一级半”对口体制的 182 人，占 39.7%；选择建立“一级”对口体制的 127 人，占 27.7%。虽然基数总量不是很大，但是这一统计数据还是说明了一定的倾向性即一级半对口体制在三种方案中占了最大的比例。造成这种倾向性的原因，我们认为，一是中央层级的公务人员能够清醒地认识到省级执行部门设置的机械性和效率的低下性，希望省级政府能够自己整合执行部门以提高效率。二是中央层级的公务人员仍然希望省级政府能够“听从”自己的决策，便于管理。省级政府离中央最近，而市、县级受中央控制较远，本着一级抓一级的管理思维模式，中央层级的公务人员还是比较愿意选择这种模式。

省级政府的公务人员共 602 人，有 42.7%的人选择了建立“一级半”的对口体制，其次是维系目前“上下对口”的现状、建立“一级”的对口体制，分别是 32.9%、23.3%。省级政府的公务人员对自己的决策部门和执行部门有深入了解，其选择应当来说比较接近真实。从他们的选择来看，省级政府的执行部门确实遇到了瓶颈，比如职能交叉、混乱，效率低下，互相推诿、扯皮等。

市级政府的倾向性与省级政府的倾向性比较一致。有37.6%的人选择了“一级半”的对口体制，35.6%的人选择了维持上下对口现状，25.6%的人选择了“一级”对口体制。造成这种与省级政府公务人员选择倾向性比较一致的原因就在于省直接管市，省与市的领导被领导关系密切，很容易对同一事情作出相似的选择。

县级政府对方案的选择有不一样的地方。县级政府的参选人数共计588人，其中39.5%选择了维持上下对口的现状，34.7%的人选择了一级半对口体制方案，23.6%的人选择了一级对口体制方案。县级政府对于中央政府和省级政府之间关系方案的选择出现了与国家部委、省级政府和市级政府不太一致的判断。之所以会出现这种现象，我们认为一是县级政府位于府级的最下层，远离中央政府，受中央和省级政府控制较远，对纵向权力结构的认识不到位。二是县级政府缺少自主权，包括自主决策权、自主执行权。县级政府多听命于市级政府，少数试点县直接听命于省级政府，这种直接受市级政府领导，单纯落实上级政令、服从上级命令的上下级关系的特点，使得县级政府往往愿意维持现状，即决策部门一一对应、执行部门一一对应。

五、基于不同地区的分类数据分析（见表5-5）

表5-5　如果推进政府纵向权力结构的改革，关于中央政府与省级政府的关系，您认为以下哪种方案较为合理和可行？

选项	统计	东部地区	中部地区	西部地区
[1] 维系目前“上下对口”的现状，中央政府直接领导省级政府，同时决策部门、执行部门分别上下对口	选择计数	99	115	450
	百分比（%）	35.2	31.8	37.4
[2] 建立“一级半”的对口体制——中央政府直接领导省级政府，决策部门仍保持上下对口，但执行部门不再实行对口管理	选择计数	85	150	473
	百分比（%）	30.2	41.4	39.3

续前表

选项	统计	东部地区	中部地区	西部地区
[3] 建立“一级”的对口体制——中央政府直接领导省级政府，除垂直部门外，上级政府部门与下级政府部门不再实行对口管理	选择计数	95	95	257
	百分比（%）	33.8	26.2	21.3
[4] 其他	选择计数	2	2	24
	百分比（%）	0.7	0.6	2.0
总计	参选人数	281	362	1 204
	百分比（%）	100.0	100.0	100.0

需要说明的是，在本次调研中，东部地区指河北、山东，中部地区指湖南、江西，西部地区指广西、贵州、西藏、宁夏、四川、内蒙古、新疆、重庆。此表参选人数总计 1 847 人，不包括中央政府公务人员，只包括地方政府参选的公务人员。

调查显示：东部地区参选人数共 281 人，维系目前“上下对口”现状方案成为首选，有 99 人，占 35.2%，其次是选择一级对口体制的人，有 95 人，占 33.8%，最后才是选择一级半对口体制的人，有 85 人，占 30.2%。应该来说，东部地区参选公务人员对上述三种方案的选择差别不是很大，可以说基本持平。这与参选人员基数过少有关。从中国目前来看，东部地区属于经济发达地区，吸引了较高素质的人才①进入公务领域。一方面，这些高素质的公务人员对中央政府的权威有比较高的认同性，无论是决策层面还是执行层面都贯彻得比较好；另一方面，东部地区经济较发达，公务人员的利益意识较强。这就说明了维持目前上下对口体制成为东部地区首选的原因。另外，这些素质相对较高的公务人员也能够认识到目前纵向权力结构的不合理性，也希望中央政府对省级松绑。但是，他们对松绑的程度认识又不一致：有的希望松绑程度大一些，于是选择了一级对口体制；有的希望渐进松绑，于是选择了一级半对口体制。从结果来看，选择一级对口体制的人比选择一级半对口体制的人多了 3.6 个百分点。

中部地区和西部地区对方案的选择倾向性比较一致，一致的原因也比较

① 在这里，主要是指东部地区公务人员受教育程度普遍较高，从进入东部地区公务员队伍的学历程度上就能反映出这一点。

相似，只不过程度不太一样。中部地区经济不发达，西部地区尤甚。以下以中部地区为例，说明相关情况。中部地区经济较东部地区欠发达，但中部地区希望逐渐赶上东部地区的意愿非常强烈。中央也比较重视中部地区的发展，提出了“中部崛起”的战略。如何崛起？在地方政府层面，政府部门应当充分发挥作用，积极带动、引导地方发展经济。那么地方政府部门如何担当这一角色呢？答案是地方政府部门需要有充分的自主权。这种自主权就是地方政府可以按照当地实际情况设置职能部门，该合并的合并，该撤销的撤销。因此，中部地区的参选公务人员有41.4%的人选择了建立“一级半”的对口体制，比选择维持现状的高出了约10个百分点，比选择一级对口体制的高出了15.2个百分点。“一级半”体制下，中部地区的省级政府部门可以在中央政府的领导下，整合权力资源，打造适合地方特色的执行部门；同时，决策部门保持上下对口，积极贯彻落实中央对中部地区的优惠政策，积极争取更多的财政支持等。同样的道理，西部地区公务人员有473人即39.3%的人选择了一级半对口体制。西部地区相对贫困和落后，我们正坚定不移地实施西部大开发战略。建立一级半对口体制后，执行部门可以更加大胆、积极地发挥职能，决策部门可以更好地贯彻中央的优惠政策。但是，西部地区选择维系目前“上下对口”现状的人数也不少，共有450人，占37.4%，仅仅比选择一级半对口体制的少了1.9个百分点。这也从另一方面说明了西部地区公务员队伍的保守性。这种保守性选择就是希望中央完全领导省级政府，省级政府的决策、执行部门一一对应中央政府的。这种倾向性给我们的启示就是要改变西部地区公务员队伍的保守性，人才引进战略应该是不错的选择，要让“春风不度玉门关”变为“春风常绿玉门关”。

六、结论

纵向权力结构是政府结构中非常重要的一个组成部分，在政府运行中发挥着重要的作用。在纵向权力结构改革中，中央政府和省级政府关系的改革是十分重要的一环。

中国是单一制国家，保持中央政府对省级政府的领导是毋庸置疑的。需要探讨的是中央政府与省级政府的决策部门、执行部门的对应关系。在政府权力运行过程中，科学合理的决策是核心，坚强有力的执行是关键，及时到位的监督是保障。决策部门和执行部门的设置科学与否、对应合理与否直接关系我国中央政府与省级政府纵向权力结构，是关系改革成败的关键。从调研数据来看，“一级半”对口体制成为我国渐进改革中央政府与省级政府纵向权力结构关系的目标和方向。这种对口体制保持了改革的稳定性，避免了较大的风险。因为它在行政领导上，依然维持中央权威；在决策部门上，依然保持上下对应。唯一改变的是执行部门可以不再上下对应，赋予了省级政府较大的自主权，这样可以解决多机构重叠，多部门职能交叉、权责脱节的问题。

但是，这种“一级半”的趋势仍然存在问题，即“一放就乱”的问题。破解中央与地方权力关系“收死放乱”困境需要建立协调配合机制。党的十七大报告中已经明确提出：“加大机构整合力度，探索实行职能有机统一的大部门体制，健全部门间协调配合机制。”一方面要加强综合管理，由中央统一管理、统一协调；另一方面要鼓励省级政府进行权力机构的改革创新。只有将这两方面结合，才能有效避免“一放就乱”的问题。在“一级半”对口体制实践成熟的地方，可以试点实行“一级”对口体制，给省级政府更大的自主管理权，从而充分发挥地方的积极性和主动性。

第二节　“省管县”制度改革的数据分析

一、序言

本题的着眼点在于“省管县”的制度改革。这一制度中蕴含了市级政府和县级政府分立与合作的博弈关系。“市管县”是计划经济向市场经济转型中的一种过渡安排，带有浓厚的计划风格。随着经济、社会的快速发展，社会主义市场经济已经成为主流，伴随着计划经济而产生的“市管县”制度不断接受着市场的考验。市侵害县及农村地区利益的情形日益严重，形成所谓“市压县”“市卡县”“市挤县”“市吃县”或“市刮县”的现象，严重影响束缚了县域经济社会的发展。为解决这一矛盾，促进地方经济的快速发展，各地政府纷纷效仿浙江省的改革经验，实行“省管县”的制度改革。党的十九大提出，赋予省级及以下政府更多自主权，在省市县，对职能相近的党政机关探索合并设立或合署办公。多年来，各地围绕省直接管理县财政权、人事权、经济社会管理权进行了积极探索，取得明显成效。[①] 正是以此为背景，我们以中央和地方不同层级、不同地方的公务员为调查对象，通过广泛的调研，寻求在当前背景下，更好地推进“省管县”制度改革的路径。

（一）本题的设计缘由

在中央政府大刀阔斧推行以大部门制为突破口的机构改革之际，新一轮地方政府改革也悄然进入紧张的筹备之中。减少地方政府层级，提高行政管理效率成为主要改革目标。中央政府大力提倡各地政府推行“省管县”制度改革。2005 年 6 月，温家宝总理在全国农村税费改革试点工作会议上指出：“要改革县乡财政的管理方式，具备条件的地方，可以推进‘省管县’的改革试点。”[②] 党的十六届五中全会提出要优化组织结构、减少行政层级，条件成熟的地区可以实行省直管县的财政体制。《国家第十一个五年经济社会发展规划》提出要“理顺省级以下财政管理体制，有条件的地方可实行省级直接对县的管理体制”。《国务院关于推进社会主义新农村建设的若干意见》中也提到“有条件的地方可加快推进‘省直管县’财政管理体制改革”。2009 年 2 月，《中共中央国务院关于 2009 年促进农业稳定发展农民持续增收的若干意见》公布，文件提出要推进省直接管理县（市）财政体制改革，将粮食、油料、棉花和生猪生产大县全部纳入改革范围。财政部于 2009 年 6 月 22 日颁布了《关于推进省直接管理县财政改革的意见》，意见中指出：2012 年年底前力争全国除民族自治地区外全面推进省直接管理县财政改革。2010 年中央一号文件《关于加大统筹城乡发展力度进一步夯实农村发展基础的若干意见》充分肯定了省管县财政改革取得的成果并要求进一步推进。对于“省管县”制度改革，我们有针对性地设计了相关问题。尽管本题的调查时段处于 2012 年全国普遍推行省管县改革之前，但是现有的收集数据仍然具有较大意义，因为其能解释当下省管县改革中遇到的困境与问题。

（二）调查问卷的相关问题说明

本题题目下共设了 5 个选项分支，本题的设计情况如下。

中央要求，在 2012 年年底全国普遍实施“省管县”制度改革。在

① 金世斌，刘为民，邱家林，袁庆锋．省管县改革中的突出问题与破解路径．唯实，2018（4）.

② 温家宝在全国农村税费改革试点工作会议上的讲话．［2012－11－10］. http：//www.gov.cn/zwhd/2006－02/18/content_203789.htm.

当前背景下，您认为改革应该如何推进？（单选）

[1] 应该全面推行

[2] 可以分步走，可先进行财政直管，后全面推行

[3] 根据需要，部分地方不实行“省管县”体制

[4] 改革意义不大

[5] 其他

针对上面题目设计的具体内容，共有以下三方面的内容需要进行明晰。

1. 关于“省管县”的界定

据中国社会科学院财贸所副研究员张斌介绍，“省管县”有两层含义：一是财政意义上的省管县。在财政预算编制上，用集权的办法，通过行政控制的手段，由省直接对县编制预算，在收入划分上，也由省对县直接划分，确保县级财政优先用于县乡工资发放，并用行政控制手段，约束县乡债务失控的问题。二是政府管理体制上的“省管县”，市县平级，不仅是财政体制，且在人事权、审批权等经济社会各方面的管理权都由省直接跟县打交道。省直管县的财政体制的含义在政府的相关文件中既有提到省直管县的财政体制的改革，也有提及在有条件的地区可以扩大县级政府的社会管理权限和经济管理权限。因此，本调查中的“省管县”既包括“强县扩权”，也包括省直管县的财政体制。

2. 关于问题选项

主要有三类：第一类是全面实行“省管县”的制度改革，如第一和第二选项；第二类是部分地方实行改革，如第三选项；第三类是推行改革无意义，如第四选项。

3. 调查采集的基本信息（见表5-6）

表5-6　中央要求，在2012年年底全国普遍实施“省管县”制度改革。在当前背景下，您认为改革应该如何推进？

选项	选择计数	百分比（%）
[1] 应该全面推行	606	26.2
[2] 可以分步走，可先进行财政直管，后全面推行	1 039	44.9
[3] 根据需要，部分地方不实行“省管县”体制	410	17.7
[4] 改革意义不大	233	10.1
[5] 其他	25	1.1
总计	2 313	100.0

"其他"选项的填写情况：（1）分步走，先搞试点，试点地区在下放经济管理权限的同时下放相应的行政管理权限，实现财权事权相匹配，在总结经验的基础上全面推行；（2）建议取消市级政府，实行省直管县区，机构改革应尽量少设立新机构，多合并、裁撤一些机构，减少中间环节，提高行政效率。

二、总体分析

本部分以所有的调查问卷为分析对象，分析当前几种主要的推进"省管县"制度改革的一般性观点，并以此为基础，探寻进一步推进改革的路径。本次调研的总体数据见表5-6。对表5-6中的数据按照公务员对推进"省管县"制度改革方式的支持度重新排序，得到表5-7。

表5-7　　进一步推进"省管县"制度改革方式的支持度排序

新序号	选项	选择计数	百分比（%）
1	[2] 可以分步走，可先进行财政直管，后全面推行	1 039	44.9
2	[1] 应该全面推行	606	26.2
3	[3] 根据需要，部分地方不实行"省管县"体制	410	17.7
4	[4] 改革意义不大	233	10.1
5	[5] 其他	25	1.1

表5-7显示，被调查者认为在当前背景下，前三种"省管县"制度改革的推进方式是"可以分步走，可先进行财政直管，后全面推行""应该全面推行"和"根据需要，部分地方不实行'省管县'体制"。其中认为"可以分步走，可先进行财政直管，后全面推行"的占首位，44.9%的被调查者都认为"分步走，先进行财政直管，后全面推行"是进一步推进"省管县"制度改革的重要方式。"分步走，先进行财政直管，后全面推行"，简单地说就是省管县分两步走，先在财政上实现省直管县，然后逐步扩大地方权力，最终实现社会管理和经济管理全面的省直管县。

调查显示，公务员认为进一步推行"省管县"第二位可行的方法是"应该全面推行"。26.2%的被调查者持有这一观点。"应该全面推行"和"可以分步走，先进行财政直管，后全面推行"在一定程度上是重合的。两者都是对省管县这一制度改革持支持的态度，只不过对这一改革过程的实施步骤稍有不同意见。全面推行是要求一步到位，而"可以分步走，先进行财政直管，后全面推行"则是要求在进行省管县制度改革时，分两步走，实现财政省直管之后，最终实现行政事务和社会管理全方位的“省管县”。

进一步推进省管县制度改革方式中排第三位的是“根据需要，部分地方不实行‘省管县’体制”。17.7%的受调查者持这一态度。这一部分被调查者部分否定了省管县制度改革这一措施。根据需要，部分地方不实行“省管县”体制是对地方自身的经济发展水平、历史文化、地理环境等各方面因素考量后的一种选择。我国国土面积辽阔，南北人文环境差异大，东部、中部和西部地区的经济发展水平明显不同。各地的公务员通过对当地各种因素的考量，认为部分地区可以不实行省管县这一制度改革。

在被调查者中，还有10.1%的公务员认为省管县这一制度改革没有太大意义。这是对省管县这一制度改革持彻底的否定态度。认为“省管县”没有意义的原因很多：一是对于省辖县较多的省份，“省管县”制度需要耗费巨大的财力和人力，实施这项制度并不能改变县级政府的财政危机，反而可能会加重全省的经济负担。二是实施“省管县”制度在一定层面上会削弱市级政府对县级政府的帮扶积极性，将更多的财力集中在市辖区的建设上，不利于区域资源的整合。三是部分地区的县级区域经济发展水平很低，县级政府部门获得过多的社会事务管理权限，容易大搞形象工程。这一切负面因素都可能导致制度改革的失败。

三、基于中央和地方政府公务员的分类数据分析

在我国，“省管县”是对地方政府纵向权力配置制度的一种创新，中央政府公务员作为决策的制定者，地方政府公务员作为决策的执行者，他们在这场改革中扮演着不同的角色，因此，我们针对中央和地方政府公务员分别进行了抽样调查，统计结果见表5-8。

表5-8　中央和地方公务员对“省管县”制度改革推进方式的选择

选项	地方政府		中央政府	
	选择计数	百分比（%）	选择计数	百分比（%）
[1] 应该全面推行	490	26.5	116	25.0
[2] 可以分步走，可先进行财政直管，后全面推行	840	45.4	199	42.9
[3] 根据需要，部分地方不实行“省管县”体制	313	16.9	97	20.9

续前表

选项	地方政府		中央政府	
	选择计数	百分比（%）	选择计数	百分比（%）
[4] 改革意义不大	187	10.1	46	9.9
[5] 其他	19	1.0	6	1.3
总计	1 849	100.0	464	100.0

以上调查数据显示，在如何进一步推进“省管县”制度改革问题上，排在前三位的选择都是“应该全面推行”“可以分步走，可先进行财政直管，后全面推行”和“根据需要，部分地方不实行‘省管县’体制”，而剩余选项的排序也一样，按认可度排列得到表5-9。

表5-9　中央和地方政府公务员对“省管县”制度改革推进方式的认可

序号	选项	地方政府		中央政府	
		选择计数	百分比（%）	选择计数	百分比（%）
1	[2] 可以分步走，可先进行财政直管，后全面推行	840	45.4	199	42.9
2	[1] 应该全面推行	490	26.5	116	25.0
3	[3] 根据需要，部分地方不实行“省管县”体制	313	16.9	97	20.9
4	[4] 改革意义不大	187	10.1	46	9.9
5	[5] 其他	19	1.0	6	1.3

上述表格说明，无论是中央还是地方政府公务员，对进一步推进“省管县”制度改革的看法大体上是一致的，但又略有不同。在地方政府，“可以分步走，可先进行财政直管，后全面推行”比较突出，高出中央政府近3%。相较于中央政府，地方政府是这项改革的主角。“省管县”体制改革的目的是促进地方政府纵向权力的重新配置，减少政府机构层级，提高行政效率，加快发展地区经济。各地方政府都在积极地探寻权力配置制度改革的方法，根据当地经济发展实情，对“省管县”制度改革的进程有更详细的安排。而在中央政府，“根据需要，部分地方不实行‘省管县’体制”的选项要高出地方政府4%。中央政府作为全局的领导者，要综合考虑各地的具体发展情况，因地制宜，对地方各级政府区域划分以及权力的纵向配置改革不能“一刀切”。

四、基于不同府级公务员的分类数据分析

由于“省管县”这一制度改革将直接引起权力在纵向配置上的变化，对各级地方人民政府都会产生各种各样的影响，因而很有必要听取来自不同府级的公务员对这一制度改革的看法。本次调研的统计数据参见表5-10。

表5-10　　不同府级公务员对“省管县”制度改革推进方式的意见

选项	统计	国家部委	省级政府	市级政府	县级政府
[1] 应该全面推行	选择计数	116	168	172	150
	百分比（%）	25.0	27.9	26.2	25.4
[2] 可以分步走，可先进行财政直管，后全面推行	选择计数	199	294	250	296
	百分比（%）	42.9	48.8	38.1	50.2
[3] 根据需要，部分地方不实行“省管县”体制	选择计数	97	99	125	89
	百分比（%）	20.9	16.4	19.1	15.1
[4] 改革意义不大	选择计数	46	35	101	51
	百分比（%）	9.9	5.8	15.4	8.6
[5] 其他	选择计数	6	7	8	4
	百分比（%）	1.3	1.2	1.2	0.7
总计	参选人数	464	603	656	590
	百分比（%）	100.0	100.0	100.0	100.0

将表5-10作成曲线图，得到图5-1。

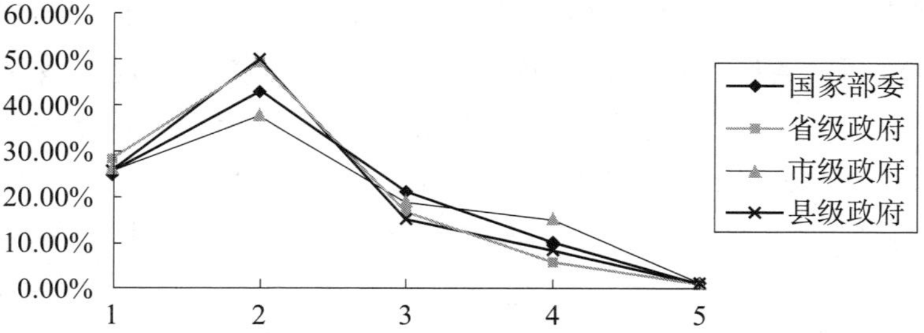

图5-1　不同府级公务员对“省管县”制度改革推进方式的选择（横轴分别表示五个选项）

从表5-10和图5-1中看出，不同府级的地方政府公务员在对“省管县”制度改革推进方式的意见方面有许多共性，如都认为第一选择是“可以分步走，可先进行财政直管，后全面推行”，第二选择都是“应该全面推

进”。但从统计数据可看出，各级地方政府在选项上又各有侧重。国家部委相对突出的选项是“根据需要，部分地方不实行‘省管县’体制”，高于其他各级政府的选择。这可能是因为这次调查的国家部委机关涉及不少的实行垂直管理的行政体系的部门，例如国家工商总局、国税总局、国家质监局、国家食品药品监督管理局，“省管县”这项制度改革无疑会对垂直管理体系造成一系列的挑战，引起管理混乱，因此，国家部委公务人员可能出于自身利益考量，更偏向于选择“根据需要，部分地区不实行‘省管县’体制”。此外，国家部委在“应该全面推行”这一选项的比例低于其他层级的政府，这和选项3“根据需要，部分地方不实行‘省管县’体制”是相对立的。“省管县”体制是地方政府纵向权力的分配改革，国家各部委作为中央行政机构，在这项改革中并不是直接参与者。同时，国务院最初是从保护“三农”利益的角度出发，要求有条件的省份推行财政上的“省管县”，国家部委根据现实需求，对不涉及自己管辖领域方面，认为没有必要推行“省管县”，因此，支持全面推行该项改革的部委相较于其他各级政府所占比例较小。

省级政府最突出的选项是“应该全面推行”，远远高于其他各级政府的选择。这可能是因为省级政府作为“省管县”制度的直接实施者，对“省管县”所需的财力、人力比较清楚，同时又掌握着具体决策的执行权。因此，其对该项制度持大力支持的态度。省级政府官员选择最少的选项是改革意义不大。同样，这一选项与选项1是相对立的，省级政府作为地方一切行政事务的领导者，对地方发展肩负重任。“省管县”制度减少了地方政府层级，在一定程度上来说便于省级政府的领导，省级政府作出的裁决也便于有效地执行，可以提高行政效率。因此，省级政府官员不太支持“改革意义不大”这个选项。

市级政府较其他各级政府更倾向于“省管县”这一制度“改革意义不大”这一选项。这可能是出于对自身权力的维护需要。我们知道，“省管县”这一制度的改革就是放权，扩大县级政府的权力，将县级政府的经济管理和社会管理权限收归省级政府，市级政府只管市辖区的事务和经济发展，逐步将县级政府提升到和市级政府同级的地位甚至取消市一级政府，收归省级政府直接领导。这些放权与收权的博弈将威胁市级政府的存在，此外，很多被调查者认为进行“省管县”制度改革与宪法不符，是违法的，大错特错的。因此，市级政府官员比较不支持这项制度改革。

在县级政府的选项中，其主要的意见和省级政府的类似。作为“省管县”这一制度改革的两大主角，对这一制度都还是充满期待的。被调查的县级政府官员有一半以上选择可以分步走，可先进行财政直管，后全面推行。这可能是因为各县级政府考虑自身的经济和人员实际情况，分步走，先在经济上实现“省管县”，当有一定的经济基础时，再逐步从市级政府的领导下脱离出来，最终实现全面的“省管县”。出于对稳定发展的考虑，因此县级政府官员选择分步走，最终实现全面“省管县”。县级政府官员对其他这一选项的选择远远低于其他层级的政府官员。这可能是因为，县级政府作为该项制度改革的底层行政机构，缺乏对改革决策的发言权，因而它们更多地从实际出发，认同“省管县”制度改革的意义，对“省管县”制度改革基本是持支持的态度。

五、基于不同地区的分类数据分析

由于不同地理环境、发展程度的差异，我们的抽样分别在东部地区、西部地区和中部地区进行，统计结果见表 5－11。

表 5－11　　不同地区公务员对“省管县”制度改革进一步推进的建议

选项	统计	东部地区	中部地区	西部地区
[1] 应该全面推行	选择计数	76	99	315
	百分比（%）	27.1	27.2	26.1
[2] 可以分步走，可先进行财政直管，后全面推行	选择计数	137	163	540
	百分比（%）	48.9	44.8	44.8
[3] 根据需要，部分地方不实行“省管县”体制	选择计数	33	41	239
	百分比（%）	11.8	11.3	19.8
[4] 改革意义不大	选择计数	29	52	106
	百分比（%）	10.4	14.3	8.8
[5] 其他	选择计数	5	9	5
	百分比（%）	1.8	2.5	0.4
总计	参选人数	280	364	1 205
	百分比（%）	100.0	100.0	100.0

将表 5－11 用曲线表达出来，得到图 5－2。

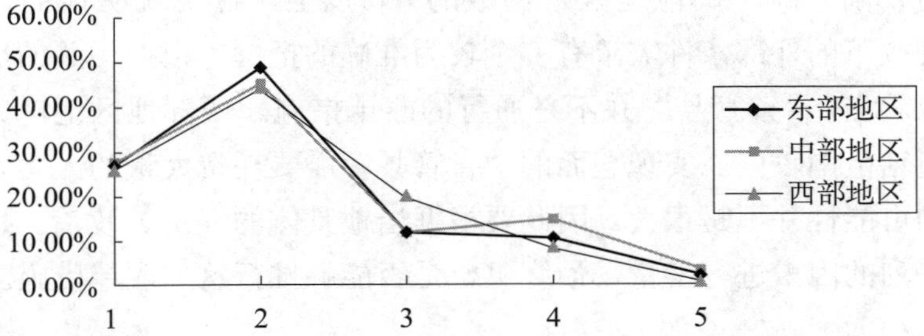

图 5-2　不同地区公务员对“省管县”制度改革进一步推进的建议（横轴分别表示五个选项）

从表 5-11 和图 5-2 中可以看出，不同地区公务员对推进“省管县”制度改革的认知大体一致，但又各有特色。不同地区的被调查者都认为“可以分步走，可先进行财政直管，后全面推行”这一方法最为可行，几乎占到被调查者人数的一半。在三个区域中，东部地区认为选项 2“可以分步走，可先进行财政直管，后全面推行”是推进“省管县”制度的最有效方法。从实践的经验中可以看出，东部地区县级政府经济发达，为“省管县”制度改革提供了有力保障，市级政府摆脱了“小马拉大车”的负担，对自身市辖区的经济发展也起到了促进作用。此外，东部地区公务员对“其他”这一选项的选择远远小于其他地区的公务人员，可能是因为认同了“省管县”制度改革优势，看到了这么多试点城市所取得的成就，看到了“省管县”在政府层级改革、提高行政效率方面的实际价值，因此，其对“省管县”制度的推进没有其他的意见。

在三个区域中，中部地区官员选择改革没有意义的人远远多于其他地区的被调查者。这可能是因为中部地区相对不发达，市级政府能够很好地发挥中心城市在经济社会建设中的聚集效应和辐射作用，有利于区域资源的整合，对地区经济发展发挥着重要的作用。调查数据显示，中部地区的剩余选项结果要么和东部地区的相似，要么和西部地区的相似，没有自己的特色。

西部地区对“省管县”制度改革持积极的态度，认为改革没有意义的比例远远小于东部地区和中部地区。这也和它们急切地希望找寻改革的路径，摆脱较为落后的经济发展水平有很大的联系。另外，从调查的数据中我们可以看出，西部地区官员认为根据需要，部分地方不实行“省管县”体制的比例也相对较高，高于其他地区平均数的8%以上。这也说明他们对“省管县”制度改革的外部条件需求有一个较为准确的把握，根据相关的成功改革经验可以看出，“省管县”并不是通行的改革措施，西部地区地广人稀，省级政府所辖范围较广，实现全面的“省管县”需要耗费大量的人力财力，实行起来的可能性并不是很大，因此要根据当地具体的经济、政治、地理、文化等一系列的因素进行考量，最终决定是否能够推行这一改革措施。

六、结论

应该说，上述调查就如何进一步推进“省管县”制度改革的意见列举的还是比较全面的。通过综合分析，可把如何进一步推进“省管县”制度改革的意见归结成三类，即全面推行、部分推行和推行无意义。

第一种意见是全面推行。选项［1］“应该全面推行（26.2%）”和选项［2］“可以分步走，可先进行财政直管，后全面推行（44.9%）”揭示了这一观点。从统计数据来看，这是对进一步推进“省管县”制度改革的主流观点。调查结果显示，各级政府都把全面推行“省管县”制度改革作为行政区划改革的第一选择。

这是因为“市管县”制度不适应时代发展。一是法律依据不足。根据我国《宪法》相关规定，我国的行政区划是按照中央—省—县（市）—乡四级体制建构，其中较大的市可以分为区、县。但是长期以来，我国绝大部分的地区是按照中央—省—市—县—乡五级行政体制来建立各种相关制度的，因此，我们认为该体制是违背宪法本意的。二是制约经济的发展。中共中央1982年第51号文作出了改革地区体制、实行市领导县体制的决定，以打破市县之间的行政壁垒和城乡分割、工农分离的格局，充分发挥中心城市对农村的拉动作用。随着经济的不断发展，工业化信息化水平的不断提高，市县之间的矛盾日益尖锐。市侵害“县”及农村地区的利益，形成所谓“市压县”“市卡县”“市挤县”“市吃县”或“市刮县”的现象，严重影响、束缚了县域经济社会的发展。三是不利于高效行政的需求。根据宪法规定，我国实行四级行政区域划分，现实中各省均在省、县之间多设立一级政府，这就导致了行政审批层次繁杂，增加了行政成本，降低了行政效率。“市管县”的弊端是显而易见的，在信息化时代，行政区域划分出现扁平化的趋势。因而，无论是从解决实践中经济发展瓶颈的角度出发，还是从跟随社会管理创新大趋势的角度出发，现有的行政区划都应当进行改革。

第二种意见是部分实行。选项［3］“根据需要，部分地方不实行‘省管县’体制（17.7%）”反映了这一观点。根据已经实行该项改革的地区发展状况分析，“省管县”并不是一项放之四海而皆准的制度改革，该项制度对一个地区的经济条件，行政区域划分是有严格的要求的。

第一，我国的国情是人口多、辖区广，很多省份的行政区划里的县级单位有几十个甚至上百个，比如四川省有180个县，河北省有170多个县，实行“省管县”的话会面临很大的挑战。而且我国西部地区还存在交通不便、信息渠道不畅通的问题，省县之间的沟通无法很好地解决，这必将影响到管理的效率。因此，在推进该项制度改革的时候必须考虑经济发展状况、历史文化差异、民族构成各种因素，根据需要，部分地区可以不推行这项制度改革。

第二，要考虑县级政府的自主能力。有很多县级政府在获得较多的自主经营管理权限后会滥用权力，缺少必要的监督后会大搞无实用价值的形象工程，浪费财力，最终与改革的目的相左。针对这种情形，应当对制度改革的效益进行定期的评估，取消对部分不适应“省管县”制度改革的县的直管权，将其交还市级政府。这些没有条件的县级政府可以不推行“省管县”制度改革。

第三种意见是推行无意义。选项［4］“改革意义不大（10.1%）”反映了这个观点。这体现了受访干部对于改革的担忧，在省管县改革的推行过程中，不少问题仍未解决，包括一再反映出来的市县关系、省管理能力不足、通过放权仍然不能促进当地经济社会良好发展、垂直部门与当地发展所需脱节、干部制度等。[①] 从实践来看，省管县改革中面临的突出问题主要是：(1) 管理体制调整不协同，如存在与现行法律法规之间的矛盾和冲突、党委与政府改革不同步、管人管事相脱节。(2) 管理权限下放不彻底，如关键性资源要素管理权限没有下放、涉及权力利益分配的管理权限下放不多、政府部门内部管理事项繁多、权限下放缺乏配套政策制度等。(3) 配套改革跟进

---

① 冯俏彬．迷雾重重“省管县”．新理财（政府理财），2015（5）．

不到位，如适应改革要求的考核体制未建立、县级行政权力监督机制未健全、垂直部门定位模糊、协调机制不完善。（4）干部履职能力不适应，如编制短缺、履职能力不足、积极性不高等。[①]

建议：第一，明晰“省管县”的管理幅度。有专家指出，“省管县”制度实施不能一刀切，需要考虑以下几个因素：一是同一区域内县级单位原有经济水平：理论上是经济发达县越多，管理幅度可以越大，但实际上还必须考虑同一区域内发达县与落后县的比例。二是县级单位的自主权和能力：自主权越大、能力越强，意味着可以减少省级单位的管理工作量，因而管理幅度可以加大。三是同一区域内县级单位的差异性：差异性越大意味着调控难度越大，协调工作量越大，因而管理幅度不宜大。四是地理位置的接近程度和交通发达程度：如果县级单位之间的距离遥远，交通又不发达，理论上是管理幅度越小越有效，但实际上还必须考虑政治意义和省级之间的相对平衡。

第二，厘清省、市、县各级政府职责边界。省、市、县各级政府要避免“职责同构”，要使每级政府都享有与其职能相匹配的权力——如，省级政府主要承担区域宏观政策制定、统筹区域发展规划、监督下级政府等，市、县政府的职能从以直接参与经济管理为主转为以提供公共产品和公共服务为主。此外，从长远来看，还应尽快制定《中央与地方关系法》，从法律上明确省市县定位。[②] 此外，还需从地方组织法上进一步明确省级单位与县级单位各自的权限和关系，推进“省管县”制度改革，各省政府部门要做好法规的准备，避免制度的推行在法律层面上遇到障碍。

第三，加大权力下放力度。一是进一步下放关键性资源要素配置权限。如法律法规规定的由设区市行使诸如工商登记管理的专有权力，可通过适当形式下放。杜绝以备案、规范等名义搞变相审批和权力上收。二是进一步下放或减少内部管理权限。下放或减少部门的内部管理权限，如在项目申报、审核、审批与资源分配等方面，赋予县与设区的市相同的权限。三是进一步下放垂直管理部门的权限。可由省以下垂直管理调整为由试点县直接管理，业务上接受省级主管部门的指导。[③]

① 金世斌，刘为民，邱家林，袁庆锋．省管县改革中的突出问题与破解路径．唯实，2018（4）.

② 同①.

③ 同①.

第四，完善配套制度改革。一要深化干部人事制度改革，一方面创新干部管理方式，确保在现有人事管理制度下试点县干部在晋升、奖励等方面不因改革试点受到影响。另一方面赋予试点县更大的用人自主权。二要完善市县政府绩效考核体系，采用纵向比较考核方式，即以试点县各条线部门改革前后的成效变化来予以衡量判断。①

第三节　市级政府总体架构的数据分析

一、调查问题及其说明

市级政府作为我国一级地方政府，在现行体制下，在省级政府和县级政府之间起着承上启下的重要作用。相对而言，市级政府既是决策者又是执行者。其既要执行省级政府的决策，又要结合本地实际情况进行决策。市级政府的总体架构科学合理与否，不仅会对本地经济社会的发展直接产生影响，而且将会在全省范围内产生一定影响。

伴随着我国市场经济的发展，现行行政管理体制下决策、执行、监督不分，权力过于集中所带来的职能交叉与扯皮、整体效能和公共服务质量低下等诸多弊病越来越明显。现行市级政府的管理体制同样也具有这些弊病。党的十七大、十八大报告都明确指出要建立健全决策权、执行权、监督权既相互制约又相互协调的权力结构和运行机制。党的十九大报告更进一步指出，权力运行机制应当决策科学、执行坚决、监督有力。当前和今后一个时期，积极探索良好的权力运行机制，应是市级政府总体框架改革设计坚持的根本方向。

什么样的具体改革方案，既能充分体现改革精神，实现预期目标，又符合中国国情特别是各地实际情况以确保改革方案的顺利推行？我们设计了关于市级政府总体框架结构设想的调查问卷，提出了市级政府总体框架的三种模式，分别调查了不同层级政府和不同地区公务员的态度。下面是调查采集的基本信息（见表 5-12）。

---

① 金世斌，刘为民，邱家林，袁庆锋．省管县改革中的突出问题与破解路径．唯实，2018（4）.

表 5-12 下图是对市级政府总体框架的一种设想，您对其何种观点？
（实线表示直接管辖，虚线代表相对独立）

选项	选择计数	百分比（%）
[1] 模式一：（下图 [1]）	419	18.3
[2] 模式二：（下图 [2]）	852	37.3
[3] 模式三：（下图 [3]）	980	42.9
[4] 其他	37	1.6
总计	2 287	100.0

[1] 模式一：

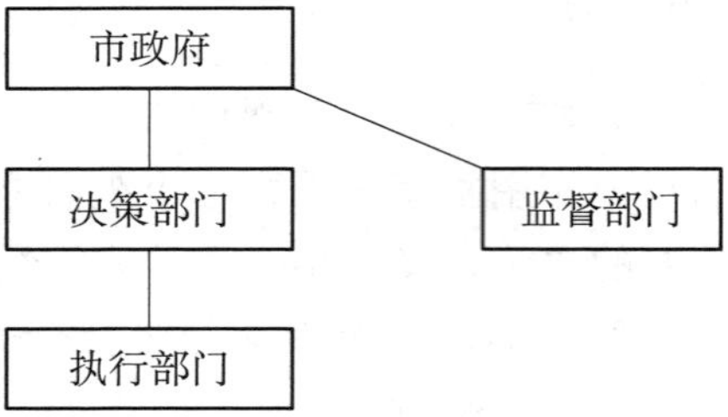

[2] 模式二：

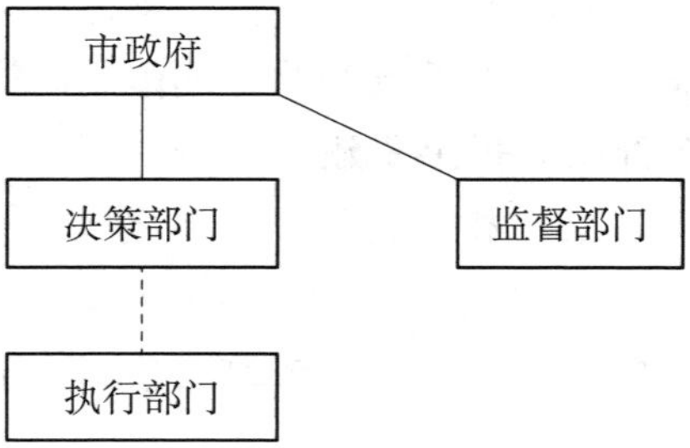

[3] 模式三：

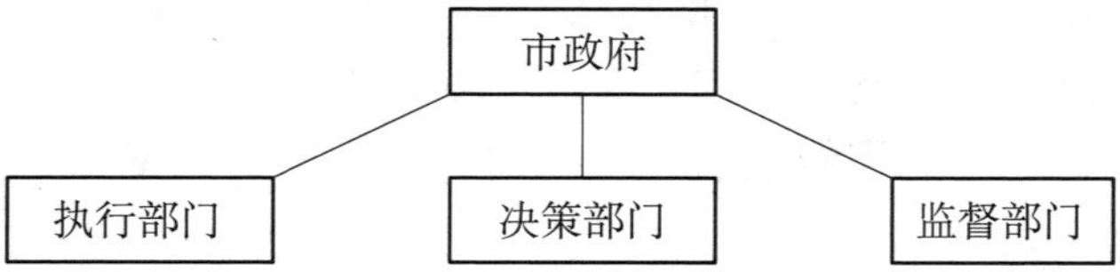

上述三种模式可以表述为：第一种模式：决策部门和监督部门都直属于市政府且平级；执行部门附属于决策部门，受决策部门直接管辖。第二种模式：决策部门和监督部门都直属于市政府且平级，执行部门附属于决策部

门，但执行部门享有很大的自主权。第三种模式：决策部门、执行部门和监督部门都直属于政府且平级，互相之间具有一定的独立性。

二、总体分析

表5-12显示，在三种模式中，被调查者对第一种模式的支持度所占的比例最低，仅占到18.3%；第二种模式的居中，占到37.3%；第三种模式最高，占到42.9%，呈现依次递增趋势。三种模式的根本差别在于执行部门在市级政府总体架构中的地位，即执行部门在市级政府总体架构的独立性或自主权的大小。在三种模式中，第一种模式中执行部门的独立性或自主权最小，第二种模式居中，第三种模式最大。由此看来，被调查者对三种模式的支持度依次呈递增趋势，与执行部门在市级政府总体架构的独立性或自主权的大小相一致。被调查者对第二种模式和第三种模式的支持度所占比例为80.2%。这充分说明被调查者大多数都赞成执行部门在市级政府总体架构中保持一定的独立性或享有一定的自主权。这反映出实行决策与执行的适度分离，构建决策、执行、监督互相配合、相互制约的行政管理发展模式已经获得人们基本认同。

同时，我们也看到，被调查者对第二种模式和第三种模式的支持度所占比例仅相差5.6%，比较接近。尽管被调查者对第三种模式的支持度最高，但也没有达到50%以上。这也在一定程度上反映了被调查者在市级政府总体架构采取何种具体方案问题上存在较大分歧。造成这种状况的原因可能与被调查者自身知识结构和社会阅历或者个人的偏好有关。

三、基于中央和地方公务员分类的数据分析（见表5-13）

表5-13 下图是对市级政府总体框架的一种设想，您对其何种观点？

选项	统计	地方政府	中央政府
[1] 模式一	选择计数	351	67
	百分比（%）	19.2	14.6
[2] 模式二	选择计数	654	198
	百分比（%）	35.8	43.1
[3] 模式三	选择计数	798	182
	百分比（%）	43.7	39.7

续前表

选项	统计	地方政府	中央政府
[4] 其他	选择计数	25	12
	百分比（%）	1.4	2.6
总计	参选人数	1 828	459
	百分比（%）	100	100

表 5-13 显示了地方政府和中央政府的被调查者对市级政府总体框架三种模式态度的异同。

关于共同点。一是地方政府和中央政府的被调查者对第一种模式的支持度在三种模式中所占比例最低，分别是 19.2%和 14.6%。二是地方政府和中央政府的被调查者的绝大部分支持度集中在第二种模式和第三种模式上，分别是 79.5%和 82.8%。这反映了无论是地方政府还是中央政府的被调查者绝大多数还是赞同实行决策和执行的适度分离的总体框架。这也说明地方政府和中央政府的被调查者在这一点已经形成了共识。

关于不同点。第一个不同点：地方政府的调查对第一种模式的支持度高于中央政府对第一种模式的支持度，前者为 19.2%，后者为 14.6%；中央政府的被调查者对第二种模式和第三种模式的支持度之和高于地方政府的被调查者对第二种模式和第三种模式的支持度之和，前者为 82.8%，后者为 79.5%。造成这种差异的原因在于，一是第一种模式与第二种模式、第三种模式相比，执行部门的独立性或自主权最低。二是地方政府的被调查者所处地区不同，其经济社会发展程度也会不同，改革的动力大小也不同。三是第一种模式对现行体制的改革幅度最小，改革也最容易进行。因此，相比而言，经济社会发展相对落后地区的地方政府的被调查者会更多比例选择第一种模式，也就自然会增加地方政府被调查者对第一种模式的选择比例。

第二个不同点是地方政府和中央政府的被调查者关于第二种模式和第三种模式的支持度。地方政府的被调查者对第三种模式的支持度所占比例最高，为 43.7%，对第二种模式的支持度所占比例为 35.8%；中央政府的被调查者对第二种模式的支持度所占比例最高，为 43.1%，对第三种模式的支持度所占比例为 39.7%。也就是说，地方政府的被调查者对第三种模式的支持度高于中央政府的被调查者对第三种模式的支持度。中央政府的被调查者对第二种模式的支持度高于地方政府的被调查者对第二种模式的支持度。造成这种差异的原因可能在于，从市级政府总体架构的三种模式可以看出，执行部门与决策部门的分离程度，或者执行部门的独立性或自主权是呈逐步增大趋势的。省级政府、市级政府、县级政府三级地方政府的被调查者与市级政府关系密切，对现行市级政府的总体框架的决策、执行职能过于集中的弊端了解更多，感受也更为直接，更倾向于选择决策和执行分离最大限度的方案。而中央政府的被调查者因自身所处的特殊地位，决定了其更倾向于从全国的整体情况考虑问题，也就决定了中央政府的被调查者更多地倾向于对市级政府总体架构的改革方案选择一种持中态度，也就是会更倾向于第二种模式这一中间方案。

四、基于不同府级公务员分类的数据分析

表 5－14 反映了国家部委、省级政府、市级政府和县级政府的被调查者对市级政府总体框架三种模式态度的异同。

表 5－14　　下图是对市级政府总体框架的一种设想，您对其何种观点？

选项	统计	国家部委	省级政府	市级政府	县级政府
[1] 模式一	选择计数	67	93	145	113
	百分比（%）	14.6	15.7	22.3	19.3
[2] 模式二	选择计数	198	205	215	234
	百分比（%）	43.1	34.6	33.1	39.9
[3] 模式三	选择计数	182	285	279	234
	百分比（%）	39.7	48.1	42.9	39.9
[4] 其他	选择计数	12	9	11	5
	百分比（%）	2.6	1.5	1.7	0.9
总计	参选人数	459	592	650	586
	百分比（%）	100	100	100	100

国家部委、省级政府，市级政府、县级政府的被调查者对市级政府总体框架的第一种模式支持度均在三种模式中处于最低，绝大部分支持度集中在第二种模式和第三种模式上，这充分证明这四级不同政府的绝大多数被调查者共同对第一种模式持不信任态度。这也是四级层级政府被调查者的共识。在对第一种模式的支持度中，市级政府的被调查者的支持度在四级政府中最高，对第二种模式的支持度最低，对第三种模式的支持度仅次于省级政府。

产生这种情况的原因在于，由于该项问卷调查的问题有关市级政府，而市级政府总体框架如何设计关乎被调查者的切实利益。相比现行体制而言，第一种模式最保守，第三种模式最激进。市级政府的公务员希望改革，又不愿意改革的步子太大，担心失控，也可能会导致权力旁落他人。

五、基于不同地区公务员的分类的数据分析

表 5－15 反映了不同地区的被调查者对市级政府总体框架模式选择上的异同。

表 5－15　　　下图是对市级政府总体框架的一种设想，您对其何种观点？

选项	统计	东部地区	中部地区	西部地区
[1] 模式一	选择计数	48	61	242
	百分比（%）	17.4	16.8	20.4
[2] 模式二	选择计数	95	122	437
	百分比（%）	34.4	33.5	36.8
[3] 模式三	选择计数	127	174	497
	百分比（%）	46	47.8	41.8
[4] 其他	选择计数	6	7	12
	百分比（%）	2.2	1.9	1.0
总计	参选人数	276	364	1 188
	百分比（%）	100	100	100

东部地区、中部地区、西部地区的被调查者对市级政府总体框架的三种模式的选择比例的倾向是一致的，均是第一种模式的支持度比例最低，第二种模式居中，第三种模式最高，呈依次递增趋势。这充分反映了不同地区的绝大多数被调查者在市级政府总体框架选择上已经形成共识，赞同实行决策与执行的分离，尽管程度或许有所不同。

对市级政府总体框架的三种模式的支持度所占比例上，西部地区的被调查者关于第一种模式的支持度明显高于中部地区和东部地区。这种情况与西部地区的经济社会发展程度相比东部地位和中部地位较为落后有很大关系。经济社会发展程度的落后，现有管理体制的弊病相对而言暴露得也就不那么明显，因此，改革的动力相对减小。由于第一种模式对现行体制的改革幅度最小，改革也最容易进行。因此，相比而言，在经济社会发展相对比较落后的地区的地方政府的被调查者会有更多比例

选择第一种模式，也就自然会增加该地区地方政府被调查者对第一种模式的选择比例。

六、调查结论

从上述分析，我们可以得出这样的结论：一是整体而言，无论何种层级、何种地区，被调查者大多数赞成执行部门在市级政府总体架构中保持一定的独立性或享有一定的自主权，既与决策权、监督权适度分离，又能与其相互制约、相互协调。这说明，被调查者关于市级政府总体框架结构改革的根本方向，已经形成共识，但对选择哪一种具体方案还有不小的分歧。不同层级政府、不同地区政府的被调查者因其所处地位不同、考虑因素不同，也影响到具体方案的选择。同时，这也说明，市级政府的总体框架结构的具体方案可以在考察本地区实际情况的基础上设计，没必要所有市级政府的具体方案都整齐划一。

第四节　县级政府权力结构特殊性的调查分析

一、序言

本题的着眼点在于我国县级政府权力结构的特殊之处，我们在中央与地方政府公务员之中进行调研，以寻求县级政府决策模式改革的可行路径。

（一）本题的设计缘由

县级政府是国家行政体系中的一个重要层次，也是直接承担公共服务职能最多、与老百姓充分接触的政府层级。改善县级政府的权力结构，加强其决策能力和执行能力，是提升县级政府执政能力的重要途径，也是推进我国社会主义民主政治建设的重要内容。同时，我国部分地区已建立“省直管县”的体制，县级政府拥有更大的管理权限和决策空间，这也意味着县级政府行政风险与责任的增加，因而改善其权力结构以增强其执政能力势在必行。县级政府与国务院、省级政府、市级政府相比，地位和功能都有其特殊性，权力结构也应当有其特点。县级政府的特殊性决定了县级行政改革的特殊性，政府决策模式改革的内容和重点应区别于中央和省级政府的。县级政府具有上承中央、省市，下连乡、镇的承上启下地位，在行政管理链条中位置非常重要，是中央决策获取基层信息的重要来源，同时承担着地方经济、社会发展的综合管理职能。与中央、省级不同，县级政府的决策更多针对微观性、具体性事项，其需要配置的决策手段不同于上级政府的。政府决策模式改革的路径方向包括从决策执行合一向决策与执行适度分离模式转型、从管理式模式向参与式模式转型、从官僚制决策模式向基于技术分析的理性决策模式转型等。但具体到县级政府，决策与执行的分合程度应当如何科学设置、公众参与与专家咨询论证的比例应当如何合理分配仍然需要结合县级政府本身的特殊性来确定。基于对县级政府的了解，本课题组归纳了县级政府五方面的特点：执行性强、机构设置不严格上下对口、强调直接民主、重视社会化执行、设立专门的纠纷解决机构等，我们在中央与地方 2 311 名公务员中进行调查，以期了解公务员对县级政府权力结构特殊性的认识。

（二）调查问卷的相关问题及说明

本题题干下共设计了 6 个选项分支，本题的设计情况如下。

多选：与国务院、省级政府、市级政府相比，县级政府权力结构应该有哪些特殊之处？

［1］县级政府决策权较少，权力结构应侧重于执行权，部分地方可实行决策权与执行权的合一

［2］县级政府更应该强调当地的特殊因素，不必严格实行上下对口，权力结构和机构设置应该体现地方特色，服务当地经济社会发展的需要

［3］县级政府应该强调市民直接决策、参与决策，建立公民利益诉求机制，体现直接民主

［4］县级政府在行使执行权时更要重视社会化执行，通过购买服务、行政合同来履行管理职能

［5］为有效化解纠纷，县级政府成立专业性的纠纷解决机构（如房屋拆迁裁判所）

［6］其他

1. 关于问题选项

前 5 个选项是目前关于地方政府改革讨论比较热烈的几个方面。第一个选项是关于县级政府决策权与执行权的关系，第二个选项是关于权力结构与

机构设置上的上下对口问题，第三个选项是关于县级政府的决策方式，第四个选项是关于县级政府的执行方式，第五个选项是关于县级政府的专业性纠纷解决机构的设置，最后一个选项是开放性的选项，便于收集其他意见和建议。

2. 调查采集的基本信息

从 2 311 份有效问卷中获取的基本信息如表 5-16。

表 5-16　与国务院、省级政府、市级政府相比，县级政府权力结构应该有哪些特殊之处？

选　项	选择计数	百分比（%）
[1] 县级政府决策权较少，权力结构应侧重于执行权，部分地方可实行决策权与执行权的合一	1 432	62.0
[2] 县级政府更应该强调当地的特殊因素，不必严格实行上下对口，权力结构和机构设置应该体现地方特色，服务当地经济社会发展的需要	1 485	64.3
[3] 县级政府应该强调市民直接决策、参与决策，建立公民利益诉求机制，体现直接民主	1 562	67.6
[4] 县级政府在行使执行权时更要重视社会化执行，通过购买服务、行政合同来履行管理职能	1 102	47.7
[5] 为有效化解纠纷，县级政府成立专业性的纠纷解决机构（如房屋拆迁裁判所）	878	38.0
[6] 其他	49	2.1
总计	2 311	100.0

二、总体分析

本部分以所有的调查问卷为分析对象，分析从整体上公务员对县级政府权力结构特殊性的认识。本次调研的总体数据见表 5-16。对表 5-16 中的数据按照公务员选择比例的高低重新排序，得到表 5-17。

表 5-17　与国务院、省级政府、市级政府相比，县级政府权力结构应该有哪些特殊之处？

新序号	选　项	选择计数	百分比（%）
1	[3] 县级政府应该强调市民直接决策、参与决策，建立公民利益诉求机制，体现直接民主	1 562	67.6

续前表

新序号	选　项	选择计数	百分比（%）
2	[2] 县级政府更应该强调当地的特殊因素，不必严格实行上下对口，权力结构和机构设置应该体现地方特色，服务当地经济社会发展的需要	1 485	64.3
3	[1] 县级政府决策权较少，权力结构应侧重于执行权，部分地方可实行决策权与执行权的合一	1 432	62.0
4	[4] 县级政府在行使执行权时更要重视社会化执行，通过购买服务、行政合同来履行管理职能	1 102	47.7
5	[5] 为有效化解纠纷，县级政府成立专业性的纠纷解决机构（如房屋拆迁裁判所）	878	38.0
6	[6] 其他	49	2.1
	总计	2 311	100.0

从表 5-17 的数据可以看出，“县级政府应该强调市民直接决策、参与决策，建立公民利益诉求机制，体现直接民主”选项的选择比例最高，为 67.6%；第二是“县级政府更应该强调当地的特殊因素，不必严格实行上下对口，权力结构和机构设置应该体现地方特色，服务当地经济社会发展的需要”选项，选择比例为 64.3%；第三是“县级政府决策权较少，权力结构应侧重于执行权，部分地方可实行决策权与执行权的合一”选项，选择比例为 62%；第四是“县级政府在行使执行权时更要重视社会化执行，通过购买服务、行政合同来履行管理职能”选项，选择比例为 47.7%；第五是“为有效化解纠纷，县级政府成立专业性的纠纷解决机构（如房屋拆迁裁判所)”选项，选择比例为 38%；最后是“其他”选项，选择比例为 2.1%。

居于第一位的建议是关于县级政府的决策方式，“市民直接决策、参与决策，建立公民利益诉求机制，体现直接民主”。由此我们可以看出：第一，群众参与民主决策的重要性和必要性。民主的决策程序是提高政府决策质量和执行力的重要前提和基础。人民群众是历史的创造者，是政府决策智慧的源泉，只有充分保证群众参与民主决策才能真正了解民情、集中民智，使决策契合群众心意，保障群众利益。同时，决策的最终执行都要依靠群众，群众充分参与民主决策有助于他们加深对决策的理解，从而自觉推动决策的实施。群众广泛参与政治生活也有利于提高群众的政治热情和素养，有利于社会主义民主政治的建设。第二，群众参与民主决策存在诸多问题亟须解决。

现阶段的民主决策大多是政府内部的“民主”和形式“民主”，决策制度不完善，群众参与决策的渠道不通畅，群众意见得不到重视，“拍脑袋”决策屡见不鲜。因而必须健全民主决策程序，完善群众参与民主决策的机制体制。第三，在群众参与民主决策的方式上，被调查者更倾向于直接参与。我国是一个人口大国，又缺乏民主传统，在民主政治的发展过程中，探索出一条适合中国国情的道路，那就是直接民主与间接民主相结合，在国家层面实行间接民主，群众通过人民代表大会制度实现政治参与，而在基层实行直接民主，县级以下人大代表通过直接选举产生，通过村民委员会和居民委员会实现群众自治。然而群众自治是在执行政府决策基础上的自治，而由于人大代表的兼职性质，人大并不能事无巨细地参与政府决策，因而实际上基层最重要的决策者还是县级政府，群众参与程度不高，很大程度上影响了决策的执行力和政府权威。在多年的群众自治的发展中，群众政治素养和参与热情都有很大提高，完全有能力参与切实关乎自身利益的决策，因而增加群众直接决策和参与决策的渠道尤其具有必要性和可能性。

居于第二位的建议是关于县级政府的权力结构和机构设置，“县级政府更应该强调当地的特殊因素，不必严格实行上下对口，权力结构和机构设置应该体现地方特色，服务当地经济社会发展的需要”。长期以来，我国在行政机构设置上的做法一直是部门对口，上下一致，这种上下对口、自成体制的行政管理体制，能够合理区分部门职能，便于体系的规范管理，便于上情下达和下情上达。但是，硬性要求上下对口，容易造成机构臃肿、增加财政开支，还会因各部门的互相掣肘和扯皮推诿而导致行政效率低下。所以，在县级政府的权力结构和机构设置上，多数被调查者认为必须考虑当地的特殊因素，在没有必要或者条件不具备的情形下，不必与上级建立相应的组织机构。

居于第三位的建议是“县级政府决策权较少，权力结构应侧重于执行权，部分地方可实行决策权与执行权的合一”。决策权与执行权合一的优点是容易达成一致意见，从决策到执行效率较高，缺点是缺乏监督与制约，容易导致极权，破坏民主，也容易使决策产生短期化，缺乏科学性；而决策权与执行权的分离则有利于保障民主和加强监督，保证决策科学化，但容易使决策机构与执行机构产生对立，降低行政效率。党的“十七大”明确指出要

“建立健全政府决策权、执行权、监督权既相互制约又相互协调的权力结构与运行机制”，从决策执行合一向决策与执行适度分离模式转型是我国现有的县级政府决策模式改革的主要方向之一。[①] 选择此选项的被调查者一是看到了县级政府是国家决策的最主要的执行者，决策方面大多是对上级决策的细化，因而更应该加强执行权；二是可能看到了决策执行分离的缺陷，国家决策要落实到基层，必须也要经过县级政府的更加细致的决策，这种决策必须是能够直接执行的，而执行部门才最能了解何时、何地、何种方式执行更加有效，在执行中遇到的问题也要及时地解决，否则会影响到执行的效率，这样，基层决策权执行权分离导致的矛盾可能比县级以上各级政府更加突出，因而，在县级政府，决策执行合一可能更有利于行政管理效率的提高。

居于第四位的建议是关于执行方式的改革，认为“县级政府在行使执行权时更要重视社会化执行，通过购买服务、行政合同来履行管理职能”。随着我国社会主义市场经济的发展，经济体制和政治体制改革的深入，政府职能逐渐从管理型向服务型转化，尤其是基层的县级人民政府承担了更多的政策执行功能，其执行能力也面临着严峻的考验。我国计划体制下的部门分工过细的问题延续至今，职能交叉和管理空白现象并存，导致争夺职权和推诿扯皮的矛盾突出；早期的行政人员的“接班制”，甚少关注接班人员的综合素质，导致执法队伍总体执法水平不高；一些执法领域专业性强，如环境监管、金融证券管理、高新技术管理等，需要专业的人员和技术设施；等等。这些因素都影响着县级政府的政策执行能力，被调查者可能是考虑到这些方面，认为社会化执行可以解决这些问题，专业性强、技术水平要求高的执行事项可以通过购买服务、行政合同等，委托专业的机构和行业协会进行，通过专业委托可以解决行政执法的技术上的难题，同时，可以减少相关机构的设置，因此，行政委托未必会加重政府的财政负担。并且，委托可以跨区域进行以实现人才的跨区域流动。目前，我国也有关于行政委托的法律规定来支撑社会化执行的实现。相对前三项建议而言，选择这个选项的计数比较少，可能是考虑到县级政府的财政负担和因此而闲置的人员的安排等，也可能是认为此项措施所解决的问题没有前三项紧迫。但是我们应该看到，尽管如此，这

① 王霁霞，周淑婷．行政法视角下我国县级政府决策模式改革研究．法学杂志，2012（9）．

个选项的计数百分比依然接近50%，足可见得社会化执行的重要性。

居于第五位的建议是关于县级政府的纠纷解决机构的设置，认为“为有效化解纠纷，县级政府成立专业性的纠纷解决机构（如房屋拆迁裁判所）”。选择此选项的被调查者大概是考虑到了行政机关是解决民事纠纷的重要力量，同时意识到行政机关的纠纷解决功能未完全发挥，需要设置专业的纠纷解决机构。而没有选择此选项的被调查者可能有以下几个方面的考量：一是在某些纠纷中，政府也是重要的利益相关主体，例如房地产开发中，政府获利巨大，在房屋拆迁纠纷中，难免会偏向有共同利益的房地产开发商，而在某些拆迁中，政府就是拆迁者；二是行政机关本身职能众多，尤其是基层政府，既要决策又要执行，既要对上级负责又要对群众负责，不应再给县级政府更大的压力；三是对专业性强的纠纷，县级政府未必有专业能力解决；四是设置专业性的纠纷解决机构所解决的问题不如前四项措施紧迫。

选择“其他”选项的排在第六位，比例不高，表明关于县级政府权力结构的问题，我们设计的选项有很大的合理性，但是除此之外，尚有其他问题需要解决。

三、基于中央与地方的分类数据分析

我们将被访公务员区分为中央与地方政府公务员，则分别得到中央与地方政府公务员对县级政府权力结构特殊性认识的数据，如表5-18。

表5-18　与国务院、省级政府、市级政府相比，县级政府权力结构应该有哪些特殊之处？

选　项	统　计	地方政府	中央政府
[1] 县级政府决策权较少，权力结构应侧重于执行权，部分地方可实行决策权与执行权的合一	选择计数	1 141	291
	百分比（%）	61.8	62.6
[2] 县级政府更应该强调当地的特殊因素，不必严格实行上下对口，权力结构和机构设置应该体现地方特色，服务当地经济社会发展的需要	选择计数	1 177	308
	百分比（%）	63.8	66.2
[3] 县级政府应该强调市民直接决策、参与决策，建立公民利益诉求机制，体现直接民主	选择计数	1 245	317
	百分比（%）	67.4	68.2

续前表

选　项	统　计	地方政府	中央政府
[4] 县级政府在行使执行权时更要重视社会化执行，通过购买服务、行政合同来履行管理职能	选择计数	876	226
	百分比（%）	47.5	48.6
[5] 为有效化解纠纷，县级政府成立专业性的纠纷解决机构（如房屋拆迁裁判所）	选择计数	728	150
	百分比（%）	39.4	32.3
[6] 其他	选择计数	39	10
	百分比（%）	2.1	2.2
总计	参选人数	1 846	465
	百分比（%）	100.0	100.0

从表 5－18 的数据可以看出，无论中央政府还是地方政府公务员，在选择的排序上有很大的一致性，选择比例最大的仍是“县级政府应该强调市民直接决策、参与决策，建立公民利益诉求机制，体现直接民主”选项，中央与地方政府公务员的选择比例分别为 68.2%、67.4%。第二比例的选项仍是“县级政府更应该强调当地的特殊因素，不必严格实行上下对口，权力结构和机构设置应该体现地方特色，服务当地经济社会发展的需要”选项，中央与地方政府公务员的选择比例分别为 66.2%、63.8%。第三是“县级政府决策权较少，权力结构应侧重于执行权，部分地方可实行决策权与执行权的合一”选项，中央与地方政府公务员的选择比例分别为 62.6%、61.8%。第四是“县级政府在行使执行权时更要重视社会化执行，通过购买服务、行政合同来履行管理职能”选项，中央与地方政府公务员的选择比例分别为 48.6%、47.5%。第五是“为有效化解纠纷，县级政府成立专业性的纠纷解决机构（如房屋拆迁裁判所）”选项，中央与地方政府公务员的选择比例分别为 32.3%、39.4%。最后是“其他”选项，中央与地方政府公务员的选择比例分别为 2.2%与 2.1%。

将中央与地方政府公务员的选择数进行比较，得到图 5－3。

从图 5－3 的数据可以看出，中央与地方政府公务员的被调查者在决策执行合一、市民直接民主、社会化执行方面的认同差异较小，而在是否需要上下对口、成立专业纠纷解决机构两个方面存在较大的认同差异。

在县级政府机构设置上，中央的被调查者更赞同改革现有的上下对口的

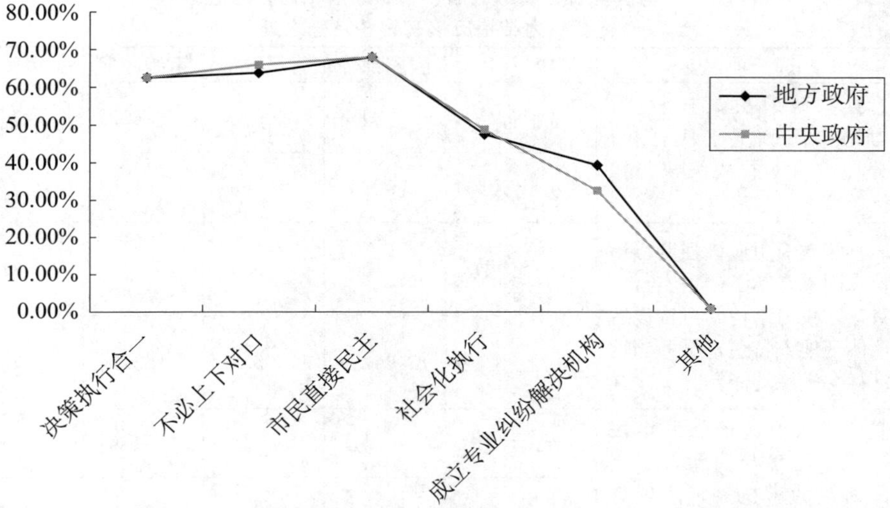

图 5-3　中央与地方政府公务员对于县级政府权力结构特殊性认识比较图

体制，比地方的高 2.4 个百分点，这也许可以用“既得利益”来解释。上下对口造成的冗员在地方政府改革中很可能面临裁撤，政府机构的裁合并减牵涉公务员的个人利益，谁也不知道在改革中自己的利益是增是减，所以有些公务员宁愿维持现状。而对中央政府的公务员来说，地方的机构改革对其影响甚小，更可以理性进行选择。

在成立专业的纠纷解决机构上，地方公务员持更积极的态度，赞成者比中央公务员高 7.3 个百分点。原因可能是地方公务员切实感觉到县级政府不能解决所有类型的纠纷，设立专业的纠纷解决机构可以使行政人员专司其职，提高业务能力，而纠纷的专业化处理有利于更好地化解矛盾，提高效率。而中央的公务员也许从更理性的角度出发，考虑到更多的专业性纠纷解决机构存在的问题。

四、基于不同府级的分类数据分析

通过不同府级的公务员，即国家部委、省级政府、市级政府与县级政府的数据比较，我们得到表 5-19。

表 5-19　与国务院、省级政府、市级政府相比，县级政府权力结构应该有哪些特殊之处？

选　项	统　计	国家部委	省级政府	市级政府	县级政府
[1] 县级政府决策权较少，权力结构应侧重于执行权，部分地方可实行决策权与执行权的合一	选择计数	291	370	403	368
	百分比（%）	62.6	61.6	61.5	62.4
[2] 县级政府更应该强调当地的特殊因素，不必严格实行上下对口，权力结构和机构设置应该体现地方特色，服务当地经济社会发展的需要	选择计数	308	384	414	379
	百分比（%）	66.2	63.9	63.2	64.2
[3] 县级政府应该强调市民直接决策、参与决策，建立公民利益诉求机制，体现直接民主	选择计数	317	418	446	381
	百分比（%）	68.2	69.6	68.1	64.6
[4] 县级政府在行使执行权时更要重视社会化执行，通过购买服务、行政合同来履行管理职能	选择计数	226	302	311	263
	百分比（%）	48.6	50.2	47.5	44.6
[5] 为有效化解纠纷，县级政府成立专业性的纠纷解决机构（如房屋拆迁裁判所）	选择计数	150	191	272	265
	百分比（%）	32.3	31.8	41.5	44.9
[6] 其他	选择计数	10	10	14	15
	百分比（%）	2.2	1.7	2.1	2.5
总计	参选人数	465	601	655	590
	百分比（%）	100.0	100.0	100.0	100.0

从表 5-19 的数据可以看出，在六个选项的高低比例中，国家部委、省级政府和市级政府是完全一致的，整体的排名相同，县级政府在排名第四、第五的顺序上略有差别。在每一个选项的认可度方面，四级政府公务员的选择有些比较一致，有些则体现出了明显的差别。排名前三的选项、四级政府选择一致，选择比例最大的仍是“县级政府应该强调市民直接决策、参与决策，建立公民利益诉求机制，体现直接民主”选项，从中央到地方不同府级公务员的选择比例分别为 68.2%、69.6%、68.1%、64.6%。第二比例的仍是“县级政府更应该强调当地的特殊因素，不必严格实行上下对口，权力结

构和机构设置应该体现地方特色，服务当地经济社会发展的需要”选项，从中央到地方不同府级公务员的选择比例分别为66.2%、63.9%、63.2%、64.2%。第三是“县级政府决策权较少，权力结构应侧重于执行权，部分地方可实行决策权与执行权的合一”选项，从中央到地方四个府级公务员的选择比例分别为：62.6%、61.6%、61.5%、62.4%。国家部委、省级政府和市级政府选择第四的选项是“县级政府在行使执行权时更要重视社会化执行，通过购买服务、行政合同来履行管理职能”，从中央到地方三个府级公务员的选择比例分别为：48.6%、50.2%、47.5%，第五是“为有效化解纠纷，县级政府成立专业性的纠纷解决机构（如房屋拆迁裁判所）”选项，从中央到地方三个府级公务员的选择比例分别为：32.3%、31.8%、41.5%。而县级政府的选择刚好相反，第四是成立专业性的纠纷解决机构，第五是重视社会化执行，两者的计数差距只有2。最后是“其他”选项，从中央到地方四个府级公务员的选择比例分别为：2.2%、1.7%、2.1%、2.5%。

我们将四级政府的数据进行比较，得到图5-4。

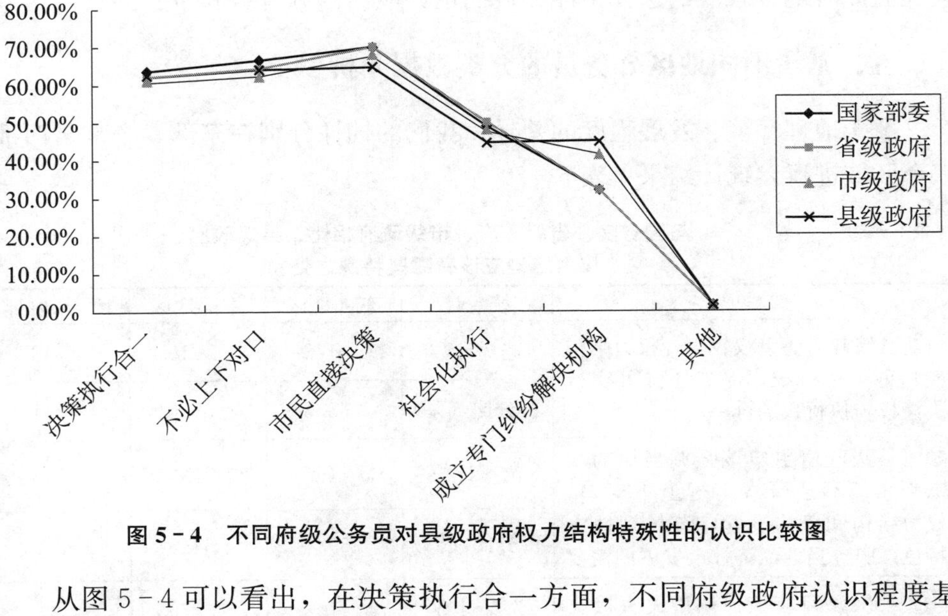

图5-4　不同府级公务员对县级政府权力结构特殊性的认识比较图

从图5-4可以看出，在决策执行合一方面，不同府级政府认识程度基本一致，选项排名相同，选择比例差距不大。

在上下对口的改革方面，国家部委明显比地方各级政府的公务员支持度高，在第四部分已经分析过，在此不赘述。

在市民的直接决策和社会化执行上，县级政府明显比其他府级低，其他府级相对一致，也许是因为事关县级政府的改革，民主决策会减少县级政府的决策权，而群众直接决策的结果可能会与县级政府的利益或公务员的利益相左，所以县级政府会比其他府级更忌惮群众的直接决策。而在社会化执行方面，则是减少了县级政府的执行权，权力的减少意味着可得利益的减少，即使是县级政府的利益，最终也会影响到公务员的个人私利，也许正是因此，县级政府公务员比其他府级的公务员更加排斥社会化执行。

在成立专业性纠纷解决机构方面，县级和市级持更积极的态度，而且这也是差别最大的一个选项。原因可能是市级离基层较近，也承担一部分纠纷解决的职能，因而和县级政府选择一致，省级政府和国家部委离基层较远，因而选择比较一致，具体原因在第四部分已做过分析，在此不赘述。需要注意的是，关于此选项，在第四部分中央和地方的数据分析比较上，中央比地方低 4.4 个百分点，如果去除省级政府的影响，中央与市、县级的差别更大，而此时地方政府的选择不能一概而论，应当区分省级和市、县级。

五、基于不同地区公务员的分类数据分析

由于地理环境、发展程度的差异，我们的抽样分别在东部、中部、西部三个区域进行，统计结果见表 5-20。

表 5-20　与国务院、省级政府、市级政府相比，县级政府权力结构应该有哪些特殊之处？

选　项	统　计	东部地区	中部地区	西部地区
[1] 县级政府决策权较少，权力结构应侧重于执行权，部分地方可实行决策权与执行权的合一	选择计数	178	215	748
	百分比（%）	63.3	59.6	62.1
[2] 县级政府更应该强调当地的特殊因素，不必严格实行上下对口，权力结构和机构设置应该体现地方特色，服务当地经济社会发展的需要	选择计数	195	233	749
	百分比（%）	69.4	64.5	62.2
[3] 县级政府应该强调市民直接决策、参与决策，建立公民利益诉求机制，体现直接民主	选择计数	183	270	792
	百分比（%）	65.1	74.8	65.8

续前表

选　项	统　计	东部地区	中部地区	西部地区
[4] 县级政府在行使执行权时更要重视社会化执行，通过购买服务、行政合同来履行管理职能	选择计数	136	187	553
	百分比（%）	48.4	51.8	45.9
[5] 为有效化解纠纷，县级政府成立专业性的纠纷解决机构（如房屋拆迁裁判所）	选择计数	100	130	498
	百分比（%）	35.6	36.0	41.4
[6] 其他	选择计数	0	8	31
	百分比（%）	0	2.2	2.6
总计	参选人数	281	361	1 204
	百分比（%）	100.0	100.0	100.0

从表 5-20 的数据可以看出，在六个选项所占的比例中，不同地区公务员的选择基本一致，但在每一个选项的认可度方面，不同地区公务员的选择体现出了明显的差别：选择比例整体最大的仍是“县级政府应该强调市民直接决策、参与决策，建立公民利益诉求机制，体现直接民主”选项，东部、中部、西部地区的选择比例分别为 65.1%、74.8%、65.8%。第二比例的仍是“县级政府更应该强调当地的特殊因素，不必严格实行上下对口，权力结构和机构设置应该体现地方特色，服务当地经济社会发展的需要”选项，东部、中部、西部地区的选择比例分别为 69.4%、64.5%、62.2%。第三是“县级政府决策权较少，权力结构应侧重于执行权，部分地方可实行决策权与执行权的合一”选项，东部、中部、西部地区的选择比例分别为：63.3%、59.6%、62.1%。第四是“县级政府在行使执行权时更要重视社会化执行，通过购买服务、行政合同来履行管理职能”选项，东部、中部、西部地区的选择比例分别为：48.4%、51.8%、45.9%。第五是“为有效化解纠纷，县级政府成立专业性的纠纷解决机构（如房屋拆迁裁判所）”选项，东部、中部、西部地区的选择比例分别为：35.6%、36.0%、41.4%。最后是“其他”选项，东部、中部、西部地区的选择比例分别为：0%、2.2%、2.6%。

我们将不同地区公务员的数据进行比较，得到图 5-5。

从图 5-5 的比较可以看出，不同地区公务员在选择的排序上虽不完全一致，但赞同前三项的比例却较高，排名前三的选项的比例却超过 50%。

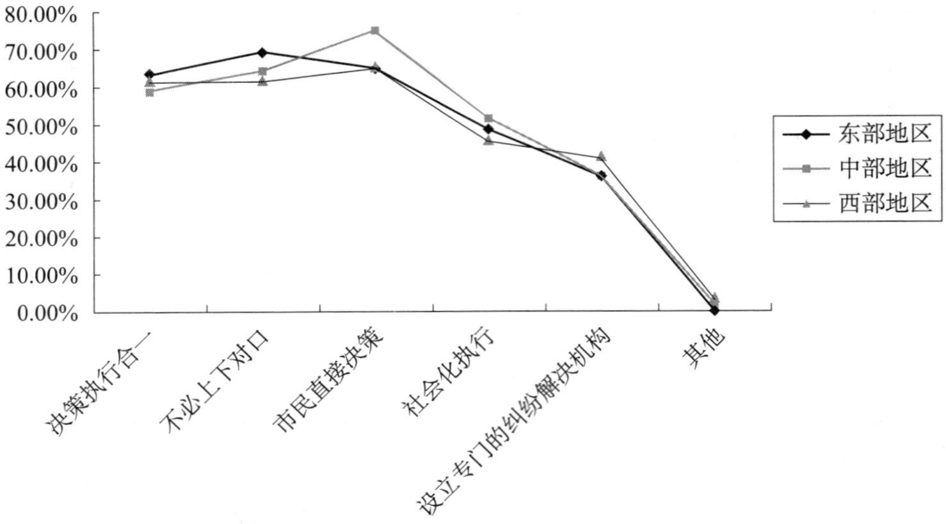

图 5-5 不同地区公务员对县级政府权力结构特殊性认识比较图

相比较而言，他们在县级政府权力结构中决策执行合一、设立专门的纠纷解决机构方面的认识比较一致；在上下对口的改革、市民直接决策和社会化执行方面认识程度相差较大。这体现了，在地方政府权力结构的改革上，东、中、西部地区都有一定的诉求，但基于政治、经济、文化、民族等各方面的原因，各自的诉求并不一致。

在上下对口的改革方面，东部地区更直接根据当地经济社会发展来进行机构设置，这也许可以用经济发展水平来解释，由于东部地区发展水平最高、发展速度最快，因而机构设置与经济发展的矛盾更加突出，而西部地区发展水平最低，这种冲突也最小，因而在有限的选择下，对上下对口的改革诉求也最低，中部地区经济发展水平居中，选择也居中。

在市民的直接决策方面，中部地区诉求最高，而西部和东部地区差别不大。相比较而言，西部地区地广人稀，直接民主更加不易，而东部地区政治、经济、文化发展水平都较高，群众直接参与决策的机会也较多，中部地区在这两个方面都处于中间位置，比东部地区更希望群众参与，比西部地区更有条件实现群众直接决策。虽然原因不同，但最终的结果都是在市民直接决策的诉求方面，西部地区和东部地区比中部地区的明显要低。

但是同时我们也要看到，虽然在上述两个方面，三个地区存在较大差别，但是这两个方面都是最重要的诉求，比例最大，也都超过50%。

最后一个方面的差别是在社会化执行的认同上，中部地区更希望通过购买服务、行政合同来履行管理职能，可能的原因是中部地区在崛起的过程中，行政机关工作人员的知识水平跟不上经济发展的速度，导致在某些职能上力不从心，而且在人才方面，中部地区也比较缺乏，通过跨区域的委托执行则可解决这些问题。而西部大开发进行较早，西部地区的发展速度较平稳，行政机关管理水平与经济发展的矛盾较西部地区的小，而在人才方面，中央支援西部地区的政策已实行多年，因而在人才的诉求上中部地区也不如西部地区，也许正是基于这些原因，西部地区对社会化执行的诉求最低。而东部地区经济发展最快，政府机构设置与经济发展的冲突最明显，而人才又最多，两相中和，在该诉求方面也就居于中间位置。

六、结论

关于县级政府的决策方式，“市民直接决策、参与决策，建立公民利益诉求机制，体现直接民主”广受认可。由此我们可以看出：一方面，群众参与民主决策具有重要性和必要性；另一方面，群众参与民主决策存在诸多问题亟须解决，群众参与决策的渠道不通畅，需要健全民主决策程序，完善群众参与民主决策的机制体制；同时应当重视基层群众直接参与机制的建立。基层实行直接民主，县级以下人大代表通过直接选举产生，通过村民委员会和居民委员会实现群众自治。在多年的群众自治的发展中，群众完全有能力参与切实关乎自身利益的决策，因而增加群众直接决策和参与决策的渠道尤其具有必要性和可能性。

在县级政府的权力结构和机构设置上，多数被调查者认为必须考虑当地的特殊因素，在没有必要或条件不具备的情形下，不必与上级建立相应的组织机构。县级政府决策权较少，权力结构应侧重于执行权，部分地方可实行决策权与执行权的合一。由于基层的县级人民政府承担了更多的政策执行功能，其执行能力也面临着严峻的考验，执法队伍总体执法水平不高，一些执法领域专业性又很强，需要专业的人员和技术设施；等等。这些因素都影响着县级政府的政策执行能力，可以考虑通过购买服务、行政合同等，委托专业的机构和行业协会进行，通过专业委托解决行政执法的技术上的难题，同时，可以减少相关机构的设置，因此，行政委托未必会加重政府的财政负担。

通过中央与地方政府公务员关于县级政府权力结构特殊性的数据调查，可以得出以下几个调查结论：第一，从整体上，公务员认为县级政府权力结构存在特殊性，设置时可以考虑决策执行合一、不必上下对口、可以采用直接决策方式；第二，不同府级公务员对县级政府权力结构的特殊性认识存在一定差别，但中央部委、市级和县级之间差别不大，省级政府的认识程度与其他府级差别较大；第三，不同地区公务员对县级政府权力结构特殊性的认识差异较大，其中中部地区与东部地区、西部地区相比差异最大。

第五节　中央在地方设立办事接待机构支持度的数据分析

一、序言

本题的着眼点在于设计一种全新的处理中央与地方关系的模式——中央政府在地方设立办事接待机构。长期以来，都是地方政府在中央所在地的首都设立办事处，由此也引发了一系列问题。将这种模式反过来运用，改成中央在地方设立办事接待机构，将是一个全新的模式，是对传统的驻京办模式的颠覆。这种方案是否必要、是否可行，我们以中央部委和地方政府公务员为对象，组织调查，以期得到答案。

（一）本题的设计缘由

为了加强与中央各部委的联系，许多地方政府设立了驻京办事机构（简称“驻京办”）。各地驻京办在加强地区间协作、服务本地区经济社会发展、处置突发事件、维护首都稳定方面发挥了积极作用。但与此同时，也存在驻京办机构设置过多过滥、职能定位不准确、公务接待不规范、监督管理机制不健全的种种问题。2010 年 1 月 19 日，国务院办公厅印发了《关于加强和规范各地政府驻北京办事机构管理的意见》。根据该意见，省、自治区、直辖市、计划单列市、副省级市人民政府驻北京办事处，新疆生产建设兵团驻北京办事处，经济特区人民政府驻北京办事处，予以保留。已经设立的地级市、地区、盟、州人民政府驻京联络处，确因工作需要，经所在省、自治区、直辖市人民政府核准后，方可保留。而各地方政府职能部门、各开发区管委会以及其他行使政府管理职能单位以各种名义设立的驻京办，县、县级市、旗、市辖区人民政府以各种名义设立的驻京办必须予以裁撤。

驻京办职能可归纳为以下五点：一是承担派出地党委、政府委托的工作，为本地区经济社会发展服务；二是承办中央和国家机关有关部门交办的事项；三是配合北京市政府做好维护首都稳定的工作；四是实行政企分开，强化公共服务和社会管理，努力为本地区基层组织、社会组织和群众在京活动提供相关服务；五是协助流入地党组织做好本地区在京流动党员的教育管理服务。

但是，即便中央裁撤了一些驻京机构，部分机构也以各种其他名义伪装保存下来，原因就在于地方利益。我国是一个单一制国家，地方权力来自中央；我国有两千多年的封建历史，历史上多数时期处于封建大一统的状态，中央集权的色彩比较突出。中华人民共和国成立后，沿袭了原来的国家结构形式，民主集中制也使得中央的权威一直没有削弱，在计划经济时期尤其如此。那时，中央掌握了社会一切资源的分配权，“靠近”中央，就会有更多的资源和发展机会。于是，各地驻京机构如雨后春笋般地设立开来。改革开放后，尤其是实行社会主义市场经济体制后，这种状况稍微有所改变。但是，中央依然掌握着社会重大资源的分配权，关系到地方经济和社会发展的一些大型工程如果想上马，必须经中央政府有关部委同意，且一些情况下中央政府还会给予一定的资金扶持。“跑部钱近”，就是对这一现象的形象比喻。地方政府的驻京办就主要承担了这一职能。可以预见，在中央与地方利益关系格局不变的情况下，驻京办很难取消。

于是，一种新的思路被提出，即中央在地方设立办事接待机构，统一负责中央部门在地方处理公务期间的生活起居（比如吃饭、住宿、出行）和会务工作，地方政府不再负责接待。该机构顺便也承担起接待群众信访，沟通地方与中央部委关系的责任。但是，这种提议是否必要且可行，众说纷纭，莫衷一是。为全面了解国家各级公务员对此的态度，设置该题。

（二）调查问卷的相关问题说明

本题题干共设计了四个选项，本题的设计情况如下：

为加强中央对地方的监控力度，减轻地方政府的接待压力，我们建议，中央政府在各省级地方以及较大的市，建立专门的办事接待机构，统一负责中央部门在地方处理公务期间的生活起居（比如吃饭、住宿、出行）和会务工作，地方政府不再负责接待。以上意见，您认为是否必要和可行？

[1] 必要，并且可行

[2] 必要，但不可行

[3] 没有必要

[4] 不知道

针对上面题目设计的具体内容，共有以下三方面的内容需要进行明晰。

1. 中央政府在哪些地方政府设立接待机构

这主要涉及行政级别的问题。地方政府设立驻京办，往往是越级设立，如地市级甚至县级政府设立的驻京办。反之，中央政府在地方设立办事机构，不宜跨级设立，只需设立到下一级人民政府即可，即设到省级。此外，考虑到一些“较大的市”与中央政府有着密切的联系，可以考虑设立办事接待机构。这里“较大的市”可考虑为即“省、自治区的人民政府所在地的市，经济特区所在地的市和经国务院批准的较大的市”。至于省、自治区的人民政府所在地的市，由于已经在省级政府设立了办事接待机构，而该机构一般就设在省会市，故没有必要重复设立。

2. 关于中央在地方设立办事接待机构的职能

中央在地方设立的办事接待机构，统一负责中央部门在地方处理公务期间的生活起居（包括吃、住、行各个方面）和会务工作，地方政府不再负责接待。目前，中央部委到地方视察考察工作、召开会议和开展专项工作，地方政府接待压力大是一个不争的事实。由中央政府设在地方的接待机构统一接待，可大大减轻地方政府的接待压力，缓解地方财政紧张的状况。中央接待办事机构统一接待，可以采取自己亲自接待（中央部委官员在地方办事期间在接待中心就餐和住宿，出行亦由接待中心安排车辆）；也可以委托社会单位接待，费用由接待中心支付。总之，该项负担不应由地方承担。

3. 调查采集的基本信息见表 5－21

表 5－21　　对中央在地方设立办事接待机构的意见统计

选项	选择计数	百分比（%）
[1] 必要，并且可行	995	42.8
[2] 必要，但不可行	624	26.9
[3] 没有必要	608	26.2
[4] 不知道	96	4.1
总计	2 323	100.0

二、总体分析

本部分以所有的调查问卷为分析对象，分析被调查人对于中央向地方派设办事接待机构的态度，并以此为基础，判断改革方案的必要性和可行性。

对表 5－21 中的数据按照被调查公务员的选择重新排序后，依然得出与表 5－21 相同的排序结果，见表 5－22。

表 5－22　　被调查公务员对于中央在地方派设办事接待机构的态度排序

新序号	选项	选择计数	百分比（%）
1	[1] 必要，并且可行	995	42.8
2	[2] 必要，但不可行	624	26.9
3	[3] 没有必要	608	26.2
4	[4] 不知道	96	4.1
	总计	2 323	100.0

表 5－22 显示，对于中央在地方派设办事接待机构，42.8%的被调查人认为必要且可行，26.9%的被调查人认为必要但不可行，26.2%的人认为没有必要，只有 4.1%的被调查人不置可否。

（一）首要的意见

由此可见，数量较多的被调查人认为中央在地方派设办事接待机构必要且可行。之所以认为必要，大概是基于以下三方面的原因。

第一，地方设立驻京办成本太高。小规模的驻京办每年开支数十万元，稍大一点的每年需要上百万元，甚至更多。驻京办需要支付工作人员工资，但更多的花销还是在活动经费上，也就是请客送礼，处理人际关系，这部分的花销巨大。2010 年驻京办整改后，总共撤销了 625 家，保留了 296 家。裁撤驻京办四年之后，新华社记者在调查中发现，一些县级驻京办改名为服务中心、联络处、会馆等，仍然私下运行。[①]

第二，驻京办的存在助长了政府官员的腐败风气。十八大后，被查处的领导干部中也有不少是因为“驻京办”经历上的问题而落马的。如河北省民政厅原厅长古怀璞，曾在2003年5月至2008年3月任河北省政府驻京办主任；辽宁省政府驻北京办事处主任刘凤海，已经是2017年第4个落马的原驻京办主任。

第三，地方政府的接待压力过大。国家部委到地方考察视察工作、召开会议或者开展专项工作，地方政府往往都得全程接待，吃住行都得安排，虽然有时部委也会出一部分钱，但部委官员出差到地方都有一定的接待和报销标准，地方政府为了取悦上级领导，往往超规格接待，贴进去的钱往往更多。部委官员临走时，地方政府还会送一些所谓“地方的土特产”，这些都被列为接待费用。沉重的接待负担使得有些地方财政喘不过气来，一些贫困地方更是捉襟见肘。以上三个方面构成了被调查者认为中央在地方派设办事接待机构的必要性因素。

大部分被调查者认为中央在地方派设接待机构，在技术上完全可以做到，中央政府也有这个财力基础，且是顺应民意之事。关键是看中央政府有无此决心。只要下定决心，这项改革措施会立即实施。

（二）其次的意见

处于第二位的意见认为，中央在地方派设办事接待机构有其必要，但现实生活中并非可行。之所以这样认为，可能基于以下担忧：一是在地方派设办事接待机构，增加了中央政府的财政负担，中央政府可能无此意愿；二是中央政府在地方派设办事接待机构，并不会阻止地方政府或明或暗地在首都保留驻京办，因为中央政府在地方设立办事接待机构是代表中央政府以一个窗口对待地方，而地方政府要做的则是根据自身的需求，对相应的国家部委“各个击破”，在一定程度上还需要私底下做有关部委的“工作”，而这些“工作”只可意会，不可言传，更不可能通过中央政府设在地方的接待机构去完成；三是中央政府在地方派设办事接待机构并不一定会减轻地方的财政

① 新浪．今年第四个驻京办主任落马 栽在驻京办上的官员不少．［2018－11－15］．http：//news.sina.com.cn/c/nd/2017－11－19/doc-ifynwxum6019689.shtml.

负担，因为虽然中央政府在地方派设办事接待机构，但由于我国的政治体制和上下级领导关系，许多具体的接待工作往往还是由地方政府来完成的，在这种情况下，地方政府不可能去向中央政府的派驻机构追索有关的费用，特别是在中央与地方联合举办或由中央政府举办、地方政府承办某项活动时，更是如此。基于以上理由，部分被调查者认为中央在地方派设办事接待机构的建议有必要，但并不可行。

（三）再次的意见

在总体的调查人群中，处于第三位的意见认为，中央在地方派设办事接待机构没有必要。持这种观点的人一般认为，我国现有的处理中央与地方关系的模式比较适合中国的国情，中央政府无须在地方设立办事接待机构。

三、基于中央与地方两个层级的分类数据分析

关于中央政府在地方派设办事接待机构的建议，地方政府与中央政府有着不同的立场。（见表 5－23）

表 5－23　中央与地方两个层级对待中央政府在地方派设办事接待机构的意见统计

选项	统计	地方政府	中央政府
[1] 必要，并且可行	选择计数	872	123
	百分比（%）	47.0	26.4
[2] 必要，但不可行	选择计数	465	159
	百分比（%）	25.0	34.1
[3] 没有必要	选择计数	437	171
	百分比（%）	23.5	36.7
[4] 不知道	选择计数	83	13
	百分比（%）	4.5	2.8
总计	参选人数	1 857	466
	百分比（%）	100.0	100.0

由表 5－23 可知，在对待中央政府在地方派设办事接待机构的问题上，地方政府和中央政府的态度是不一致的。除却“不知道”的选项外，在其他三个选项面前，中央政府与地方政府意见正好相反。地方政府的主要意见是认为中央在地方派设办事接待机构必要且可行，其次的意见才是必要但不可行，再次的意见是认为没有必要；而中央政府的主要意见是认为没有必要，

其次是必要但不可行，再次的意见才认为必要且可行。也就是说，地方政府更倾向于支持中央设立该种机构，而中央政府则更倾向于反对设立该种机构。究其原因，地方政府更希望中央政府能够理解它们的难处，能够多承担一些责任而使地方政府从接待的烦冗事务和财政压力下解放出来。而中央政府则更希望维持现有的地方接待模式不变。一来，中央政府可以不必为接待的复杂巨细的事务所困扰，集中精力考虑和解决大事；二来，向地方派设办事接待机构，增加了中央政府的编制和开支，与“精兵简政”的原则相背离；三来，向地方派设办事接待机构，增加了中央政府管理和监督这些机构的成本，也不能保证这些机构不会成为新的腐败行为的发生地，或者成为影响地方自主治理的政治力量的重要一极。

上述情况的发生，实际上也反映了中央与地方关系的博弈：一边积极维护，另一边却竭力反对；一边要求改革创新，另一边却墨守成规。

四、基于不同府级的分类数据分析

不同府级的政府由于各自的利益不同，对中央政府在地方派设办事接待机构的态度是不一样的。本次调研，分别在国家部委、省级政府、市级政府和县级政府四个层次展开，不同层级政府对待中央政府在地方派设办事接待机构态度的统计数据见表5－24。

表5－24　不同层级政府对待中央政府在地方派设办事接待机构的态度

选项	统计	国家部委	省级政府	市级政府	县级政府
[1] 必要，并且可行	选择计数	123	254	310	308
	百分比（%）	26.4	42.1	47.0	51.9
[2] 必要，但不可行	选择计数	159	165	160	140
	百分比（%）	34.1	27.3	24.2	23.6
[3] 没有必要	选择计数	171	164	168	105
	百分比（%）	36.7	27.2	25.5	17.7
[4] 不知道	选择计数	13	21	22	40
	百分比（%）	2.8	3.5	3.3	6.7
总计	参选人数	466	604	660	593
	百分比（%）	100.0	100.0	100.0	100.0

从表5－24可知，对国家部委而言，对待三种意见（必要且可行，必要但不可行，无必要）的态度呈依次递增趋势，即国家部委倾向于反对中央政

府在地方派设办事接待机构；对省级政府和县级政府而言，对待三种意见（必要且可行，必要但不可行，无必要）的态度呈依次递减趋势，这种递减趋势在县级政府层面上表现得尤为明显；而对市级政府而言，对待三种意见（必要且可行，必要但不可行，无必要）的态度基本也呈依次递减趋势。由此说明，各级地方政府均倾向于赞成中央政府在地方派设办事接待机构。

从对每个选项态度的横向对比来看，认为中央政府在地方派设办事接待机构必要且可行的意见，从国家部委到县级政府呈依次递增的趋势；认为“必要，但不可行”和“没有必要”的意见，从国家部委到县级政府呈依次递减的趋势。这从另外一个维度也佐证了以下结论，那就是：国家部委倾向于反对中央政府在地方派设办事接待机构，而各级地方政府则倾向于赞成中央政府在地方派设办事接待机构。

通过对表 5-24 的数据横向和纵向两个维度的分析，得出的结论是一致的。

五、基于不同地区的分类分析

我国地域广大、幅员辽阔，不同地区地理环境和经济发展水平存在差异，对待中央政府在地方派设办事接待机构的态度也可能不同。我们的抽样分别在东部地区、中部地区和西部地区进行，统计结果见表 5-25。

表 5-25　不同地区公务员对中央政府在地方派设办事接待机构的意见

选项	统计	东部地区	中部地区	西部地区
[1] 必要，并且可行	选择计数	97	158	617
	百分比（%）	34.5	43.6	50.8
[2] 必要，但不可行	选择计数	74	93	298
	百分比（%）	26.3	25.7	24.5
[3] 没有必要	选择计数	90	97	250
	百分比（%）	32.0	26.8	20.6
[4] 不知道	选择计数	20	14	49
	百分比（%）	7.1	3.9	4.0
总计	参选人数	281	362	1 214
	百分比（%）	100.0	100.0	100.0

从表 5-25 可知，对东部和中部地区而言，对待三种意见（必要且可行，必要但不可行，无必要）的态度大体呈 U 形态势，主张“必要，并且

可行”和“没有必要”的要多于“必要，但不可行”的意见，但居首位的意见依然是“必要，并且可行”；对西部地区而言，对待三种意见（必要且可行，必要但不可行，无必要）的态度呈依次下降趋势，且主张“必要，并且可行”的意见远远超过其他两种意见。从以上的数据分析可以推知，尽管存在数据上的微妙差异，不同地区的被调查者均倾向于支持中央政府在地方派设办事接待机构。

从对每种意见的横向比较来看，对“必要，并且可行”的意见，从东部地区到中部地区再到西部地区，呈依次递增的趋势；对“必要，但不可行”和“没有必要”的意见，从东部地区到中部地区再到西部地区，均呈依次递减的趋势。从以上数据分析可知，我国西部地区相对东部地区而言，更希望中央政府在地方派设办事接待机构。这可能与不同地区的经济发展水平有关。我国东部地区，多处沿海经济带，开放程度高，经济发展水平较高，地方财政充盈，有足够的财力基础去应对对上级机关的接待以及设立驻京办；而我国中西部地区特别是西部地区，地处内陆，开放较晚，开放程度较低，交通及基础设施建设落后，地方经济发展缓慢，地方财政较为匮乏，有的地方财政甚至比较拮据，因此更希望中央政府能够体谅它们的难处，对中央官员的接待最好由中央政府自己解决。

六、结论

综上所述，关于中央政府在地方派设办事接待机构的问题，认为必要且可行的意见占首位，认为必要但不可行的意见占次位，认为没有必要的意见占再次位。

这实际上反映了我国民众对于中央政府在地方派设办事接待机构基本持支持态度。因为这种机构仅是一种办事接待机构，职能也非常明确，就是负责中央官员在地方公差期间的吃、住、行，安排会务等，目的是减轻地方的接待压力和财政负担。未授予该机构的职权，其一概不能行使。该机构不是一个“权力”机关，更不会影响到我国宪法体制所决定的地方治理结构。但也有部分反对声音，尤其是有些人担心该机构的设立可能破坏地方治理的自主性。他们担心，中央政府在地方派设的办事接待机构，是中央的代表机构，由于我国的国家结构形式和政治体制，中央政府在我国享有崇高的权威，其在地方设立的代表机构很有可能成为地方政治力量的重要一极，从而破坏地方现有的治理结构和政治格局。

事实上，中央政府在地方派设办事接待机构在国外和我国已有先例，如英国。英国虽然历史上有地方自治传统，但其国家结构属单一制类型。在处理中央与地方关系的问题上，中央事务由中央部门及派出机构负责执行；地方事务由地方政府自主治理。中央政府在各地区设有综合性的派出机构，由地方和社区事务部具体负责。例如，英国政府将英格兰划分为9个地区，并设立政府事务办公室，负责协调管理12个中央部门在该地区的事务，对地方政府执行中央政策法律进行指导、协调和监督。可见，在英国，中央政府在地方设立的代表机构，属于督办性的垂直管理机构，统一处理中央政府官员在地方出公差的接待工作；同时，它们又是实体性行政机构，负责执行中央政府管辖事务，属于垂直管理机构的一种，但它却是综合性的。前项职能与我国设立该机构的拟定职能相似，后者却是我国设立地方接待机构所没有涉及的。我国有专门的垂直管理机构，如海关、税务、金融机构等，这些垂直管理机构行使中央的管理职能。英国的模式可以带给我们一些借鉴。我国可以先行授予中央政府在地方的代表机构接待职能，待条件成熟时，可以考虑将该机构与中央在地方的垂直管理机构合并，由该机构统一行使中央政府的垂直管理职能。

我国中央政府在港澳地区设立的联络办公室实际上也证明了中央政府在地方设立办事接待机构的可行性。驻两地联络办公室的前身是新华通讯社香港、澳门分社。1999年12月28日，国务院第二十四次常务会议决定，将中央人民政府授权的工作机构新华通讯社香港分社、新华通讯社澳门分社，分别更名为中央人民政府驻香港特别行政区联络办公室、中央人民政府驻澳门特别行政区联络办公室。联络办公室的职责是：联系外交部驻香港、澳门特别行政区特派员公署和中国人民解放军驻香港、澳门部队；联系并协助内地有关部门管理在香港、澳门的中资机构；促进香港、澳门与内地之间的经济、教育、科学、文化、体育等领域的交流与合作，联系香港、澳门社会各界人士，增进内地与香港、澳门之间的交往，反映香港、澳门居民对内地的意见；处理有关涉台事务；承办中央人民政府交办的其他事项。由此可见，中央政府驻港澳地区的联络办公室，实质上是中央政府在当地的代表，承担着沟通特别行政区与中央政府、内地其他地区、台湾地区关系的职能，也承担着中央领导到港澳考察工作的接待任务。联络办正式设置以来，在以上职能方面发挥了重要作用。能否借鉴这一模式，在各地方建立中央政府的办事接待机构，值得探讨。

第六章

政府权力结构与配置实证研究

第一节　政府机构改革进一步推进方向的数据分析

一、序言

本题的着眼点在于我国政府机构改革思路的研究，通过对近年来政府机构改革实施情况的实证调查，总结经验教训，探讨进一步推进改革的措施，以寻求我国政府机构改革的正确道路。

（一）本题的设计缘由

在当下的社会大转型中，不断强调“服务型”政府，对淡化政府行政色彩，加强其服务功能有着极其重要的意义。推进政府机构改革，整合不同部门利益，有利于政府更好地提供服务，所以进一步推进政府机构改革有着必要性和重要性。纵观政府机构改革的漫长历程，我们不难发现其中存在的一些问题。首先，个别地方政府没有真正领会推行政府机构改革的精神实质。政府机构改革实质上是政府机构的重组，是对政府机构合理、科学的重新配置，并非是简单的合并，而实际操作中一些地方政府简单地进行物理性的拆减，导致有些重组后的部门内部职责交叉、关系不顺、人员冗杂，产生1＋1＜2的改革效果，与改革要求提高政府服务效率的目的发生了冗差。再者，任何一次有意义的改革，缺少了监督，也就产生了丧失其正当性的可能，所以如何合理配置决策权和执行权，也是我们进一步推进政府机构改革所面临的重要的问题。最后，政府机构改革中暗含了利益的重新分配，所以我们必须清醒地认识到改革不能一蹴而就，而是一个循序渐进的过程，必须在利益与权力的博弈之中不断探寻进一步推进改革的措施，以寻求我国政府机构改革的正确道路。

（二）调查问卷的相关问题说明

本题题干下共设计了 4 个选项分支，本题的设计情况如下。

如果要进一步推进政府机构改革，您认为应该从哪里着手？

[1] 进一步对政府部门进行职能整合，普遍建立“大部门”

[2] 实行决策与执行分开，大部门只负责决策，将执行职能剥离，交给专门机构

[3] 优化大部门的内部机构设置（如按照信息搜集、调查研究、方案起草、咨询论证、合法性审查等环节设置内部机构）

[4] 其他

针对上面题目设计的具体内容，共有以下两个方面的内容需要予以明晰。

1. 关于政府机构改革的界定

《中共中央关于深化党和国家机构改革的决定》明确指出，“深化党和国家机构改革是推进国家治理体系和治理能力现代化的一场深刻变革”。机构是职能的载体，职能是机构的角色作用。改革政府机构不是简单的合并分拆重组，核心要义是转变职能，提高效能。我国社会主要矛盾已发生变化，面对社会发展提出的新要求，政府机构设置和职能配置还存在不完全适应的地方，如政府职能转变还不到位、机构设置不够科学、职责缺位和效能不高等问题，都需要通过深化政府机构改革来解决。①

从 2008 年至今，我国经历了三轮政府机构改革。2008 年机构改革围绕转变政府职能和理顺职责关系，探索实行职能有机统一的大部门体制，合理配置宏观管理部门职能，整合一些领域的相关职能和机构。2013 年和 2018

① 沈荣华．国家治理变革视角下深化政府机构改革的重点和思路.[2018 - 12 - 08].http://theory.people.com.cn/n1/2018/0418/c40531 - 29934526.html.

年的改革主要以优化协同高效为着力点构建现代政府治理体系。2013 年机构改革以转变职能为核心，稳步推进大部门制改革，同时着力转变政府职能，深化简政放权。2018 年进行的政府机构改革着眼于推进政府机构职能的调整优化，组建了自然资源部、生态环境部、文化和旅游部、退役军人事务部、应急管理部等部门和其他机构，同时一些领域职能相近、联系紧密的党政部门采取了统筹设置。①

2. 关于问题选项

主要有三类：第一类是从整体来把握，如第一项；第二类是以内部具体模式的选择为切入点，从具体措施上调整政府机构改革，如第二和第三项；第三类是开放性选项。

3. 调查采集的基本信息（见表 6 - 1）

表 6 - 1　进一步推进政府机构改革的措施

选　项	选择计数	百分比（%）
[1] 进一步对政府部门进行职能整合，普遍建立“大部门”	460	19.9
[2] 实行决策与执行分开，大部门只负责决策，将执行职能剥离，交给专门机构	1 019	44.0
[3] 优化大部门的内部机构设置（如按照信息搜集、调查研究、方案起草、咨询论证、合法性审查等环节设置内部机构）	810	35.0
[4] 其他	26	1.1
总计	2 315	100.0

二、总体分析

本部分以所有的调查问卷为分析对象，分析进一步推进政府机构改革的具体措施，并以此为基础，探寻我国政府结构改革的道路。本次调研的总体数据见表 6 - 1。对表 6 - 1 中的数据按照公务员选择进一步推进政府机构改革措施的有效性程度重新排序，得到表 6 - 2。

① 沈荣华．我国政府机构改革 40 年的启示和新趋向．[2018 - 12 - 08]．http：//theory. people. com. cn/n1/2018/1024/c40531 - 30360239. html.

表 6-2　进一步推进政府机构改革的有效性排序

新序号	选项	选择计数	百分比（%）
1	[2] 实行决策与执行分开，大部门只负责决策，将执行职能剥离，交给专门机构	1 019	44.0
2	[3] 优化大部门的内部机构设置（如按照信息搜集、调查研究、方案起草、咨询论证、合法性审查等环节设置内部机构）	810	35.0
3	[1] 进一步对政府部门进行职能整合，普遍建立“大部门”	460	19.9
4	[4] 其他	26	1.1
	总计	2 315	100.0

表 6-2 显示，被调查者认为进一步推进政府机构改革的前三位措施是实行决策与执行分开，大部门只负责决策，将执行职能剥离，交给专门机构；优化大部门的内部机构设置和进一步对政府部门进行职能整合，普遍建立“大部门”。其中，“实行决策与执行分开，大部门只负责决策，将执行职能剥离，交给专门机构”占据首位，44.0%的被调查者认为此项措施是进一步推进政府机构改革的重要措施。

政府机构改革的目的是强化政府的服务职能，合理配置决策权、执行权与监督权，使三者相互制约，以相互协调，制约权力的滥用，真正实现服务型政府的转变。因此如何配置决策权、执行权与监督权就成了我们进一步推进政府机构改革不可避免的问题。根据调查反馈的数据显示，79.0%的被调查者认为我国当前实行的政府机构改革需要不断地调整和优化；而只有 19.9%被调查者认为当前的政府机构改革不需要调整，而是要普遍建立“大部门”。不可否认政府机构改革对我们优化政府结构所起的重要作用，但是要想探寻政府机构改革的正确道路，我们在肯定政府机构的同时，更应该关注政府机构改革中存在的问题，找到进一步推进改革的最佳措施，而非简单地普遍建立“大部门”。学者认为：“大部制可以分为两种模式，一是在部与部之间，让有些部门专门行使决策权，有些部门专门行使执行权，有些部门专门行使监督权。二是在一个大部制内部，机构的功能要进行分化，有些机构专门行使决策权，有些机构专门行使执行权，有些机构专门行使监督权。”[①]

在问卷中得到普遍认同的措施实际上就是学者提出的政府机构改革的第一种模式。“将相似或相同事情的决策权交给一个部门，这种决策权体现在规则制定权、规划制定权、标准制定权、政策制定权等方面。决策权统一，是规则统一的充分条件，是决策科学的必要条件，是避免政出多门的前提条件。执行权与决策权的相对分离是可以实现的。首先，具体行政行为的实施者可以与抽象行政行为的制定者区分开来。如，当前地方政府探索的行政综合执法，就是把行政决策、行政规划等宏观的行政管理内容与具体的行政执法内容分开，再将相近的可合并的执法内容综合在一个机构里，形成综合执法体系。地方政府各部门行政审批集中在政务中心办理，也是执行权与决策权相对分离的明证。”[②] 与此同时，有 35.0%的被调查者支持优化政府机构的内部机构设置（如按照信息搜集、调查研究、方案起草、咨询论证、合法性审查的环节设置内部机构）这一措施，显然，这与学者所提出的政府机构改革的第二种模式有相似的地方。合理设置政府部门的内部机构有利于我们建立科学、高效、服务型政府。所以按照信息搜集、调查研究、方案起草、咨询论证、合法性审查的环节设置内部机构，可以让政府的决策更科学、更民主、更符合法律的规定。但这种措施只涉及如何科学合理地行使好决策权，并没有谈及如何正确地处理决策权、执行权与监督权的关系，使其相互协调、相互制约。可见，该措施并不是完全意义上的第二种模式，它无法解决政府机构改革的本质问题。

三、基于中央与地方的分类数据分析

任何一项政策的执行情况都避免不了会出现中央与地方的差异，对一项政策的认识也是如此，因而我们就政府机构改革措施的问题分别在中央和地方展开了调查。根据中央与地方人员所占比例的情况，我们在中央收回了 462 张调查问卷，在地方收回了 1 853 张调查问卷。具体调查数据见表 6-3 和图 6-1。

---

① 蒋剑明．论我国“大部制”改革面临的主要问题及对策．长沙：湖南大学 2008 届硕士学位论文：50，51.

② 宋世明．行政权“三分”有待深化．瞭望新闻周刊，2009（5—6）.

表 6-3　　中央与地方对进一步推进政府机构改革措施的看法

选项	统计	地方政府	中央政府
[1] 进一步对政府部门进行职能整合，普遍建立“大部门”	选择计数	340	120
	百分比（%）	18.3	26.0
[2] 实行决策与执行分开，大部门只负责决策，将执行职能剥离，交给专门机构	选择计数	864	155
	百分比（%）	46.6	33.5
[3] 优化大部门的内部机构设置（如按照信息搜集、调查研究、方案起草、咨询论证、合法性审查等环节设置内部机构）	选择计数	633	177
	百分比（%）	34.2	38.3
[4] 其他	选择计数	16	10
	百分比（%）	0.9	2.2
总计	参选人数	1 853	462
	百分比（%）	100.0	100.0

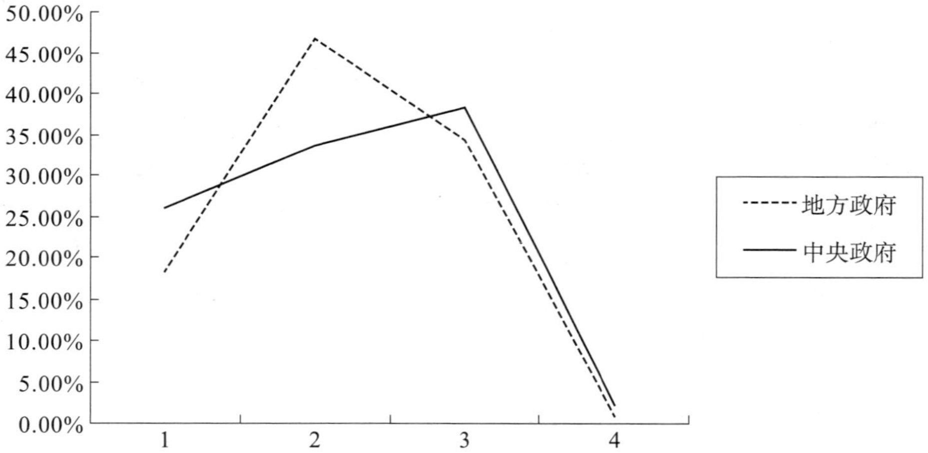

图 6-1　中央与地方对进一步推进政府机构改革措施的看法（横轴分别表示四个选项）

从表 6-3 和图 6-1 可以看出，问卷数据在地方进行统计显示的情况和总体数据统计显示的情况是基本吻合的。我们也不难发现不管是中央还是地方，绝大部分的公务员还是认为我们当下实行的政府机构改革是需要调整和优化的。而只有少部分的公务员认为只需要普遍建立“大部制”。中央和地方对进一步推进政府机构改革的措施看法大体一样，但其中又各有不同。中央政府中有 26.0%的公务员选择了进一步对政府部门进行职能整合，普遍建立“大部制”，而在地方政府这一比例却只有 18.3%。这暗含的原因可能是中央政府部门的公务员的视线往往停留在政策层面上较多，对具体的执行情况了解不够，而地方政府部门的公务员更加了解和关注政策的执行情况。

在我们的调查问卷中，中央政府和地方政府之间也出现了少许的差异。中央政府更偏重于优化大部门的内部机构设置（如按照信息搜集、调查研究、方案起草、咨询论证、合法性审查等环节设置内部机构），而地方政府较偏重于实行决策与执行分开，大部门只负责决策，将执行职能剥离，交给专门机构。如何合理配置权力，如何协调好决策权与执行权之间的关系，以防止权力滥用，将决策执行落实到位已成为政府机构改革道路上的一大障碍。地方与中央在政府机构改革措施上的各有偏重，究其原因，主要是地方在实行改革的过程中，决策权与执行权混杂，出现执行不力的情况较多，所以地方政府更迫切希望将决策权与执行权分离，把执行权交给专门机构；而在中央，由于对权力的监管比较严格，决策权与执行权混杂的情况相对较少；又因为我国一直以来都有下级服从上级的习惯，下级政府喜欢机械性地对应上级政府的机构设置，中央政府机构的优化直接关系到地方政府部门设置的科学性，所以中央政府相比地方政府更加注重部门内部机制的完善。

四、基于不同府级的分类数据分析

我国是一个单一制的国家，一项政策的实行必然会经过中央到地方各级政府。但由于各级政府的权力大小以及职能侧重点的不同，而且在中央政令的执行上，各级地方人民政府面临的问题也不同，所以仍然会出现不同的实施情况。我们通过对部委、省、市、县四层不同府级的公务员进行问卷调查，得到表 6-4 和图 6-2，进一步分析不同府级公务员对推进政府机构改革措施的不同看法。

表 6-4　　不同府级公务员对进一步推进政府机构改革措施的意见

选　项	统　计	国家部委	省级政府	市级政府	县级政府
[1] 进一步对政府部门进行职能整合，普遍建立“大部门”	选择计数	120	107	129	104
	百分比（%）	26.0	17.7	19.6	17.6
[2] 实行决策与执行分开，大部门只负责决策，将执行职能剥离，交给专门机构	选择计数	155	266	314	284
	百分比（%）	33.5	44.0	47.7	48.1

续前表

选　项	统　计	国家部委	省级政府	市级政府	县级政府
[3] 优化大部门的内部机构设置（如按照信息搜集、调查研究、方案起草、咨询论证、合法性审查等环节设置内部机构）	选择计数	177	224	209	200
	百分比（%）	38.3	37.1	31.8	33.8
[4] 其他	选择计数	10	7	6	3
	百分比（%）	2.2	1.2	0.9	0.5
总计	参选人数	462	604	658	591
	百分比（%）	100.0	100.0	100.0	100.0

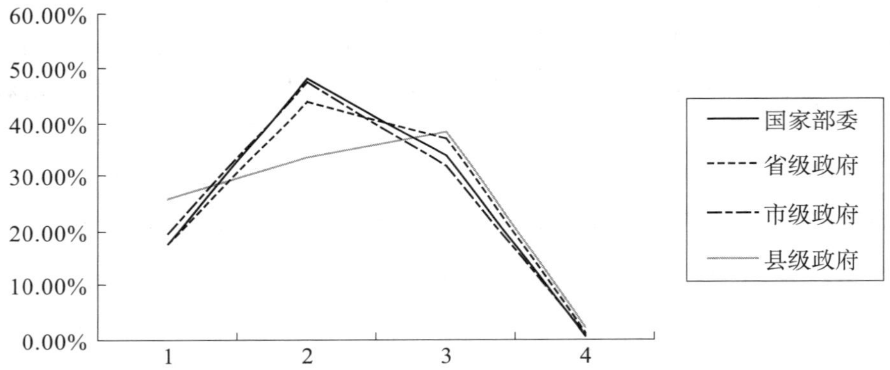

图 6-2　不同府级公务员对进一步推进政府机构改革措施的意见（横轴分别表示四个选项）

根据表 6-4 调查的数据显示，省级政府、市级政府、县级政府对上述四项措施的选择与我们统计数据的总体情况大体上是一致的，但国家部委在措施的选择上和我们统计数据的总体情况发生了偏离。从国家部委的调查数据上看，更多的国家部委公务员认为优化大部门的内部机构设置（如按照信息搜集、调查研究、方案起草、咨询论证、合法性审查等环节设置内部机构）是进一步推进政府机构改革的最有效措施。而省级政府、市级政府、县级政府和我们总体的调查数据都表明实行决策与执行分开，大部门只负责决策，将执行职能剥离，交给专门机构是进一步推进政府机构改革的最有效措施。不同层级的政府在经济调节、市场监管、社会管理、公共服务四项职能的侧重点不同，实行的具体机构设置也不同。“中央政府掌控着宏观调控的各种手段（比如：金融、财政、税收、土地、项目审批等政策的制定和调整），其对经济调节、市场监管职能的履行，既有能力和条件，也是责任和义务。而地方政府，其行为更多的是执行性，尤其是市、县、乡三级政府，其宏观调控的手段和空间都极其有限，其职能更多地体现在社会管理、公共服务。"[①] 所以，对进一步推进政府机构改革的措施也会出现不同的看法。国家部委在具体执行情况上没有地方各级政府了解，不能及时、全面地发现政府机构改革在实施过程中出现的问题，所以选择进一步对政府职能部门进行整合，普遍建立"大部门"作为进一步推进"大部制"改革措施的比例比省、市、县各级政府的比例大。对当政府机构进行改革的两项具体措施中，由于国家部委改革的具体措施与职能侧重点的不同，认为优化大部制内部机构设置是推进改革的最有效措施，这与地方各级政府比较关注决策权与执行权的分离，防止权力的集中，权力的滥用是有所不同的。通过表 6－4 的统计数据，我们还可以发现在省、市、县三级政府中，省级部门的公务员选择优化部门内部机构设置作为进一步推进改革的措施的比例最大；而府级越往下，选择实行决策与执行分开，大部门只负责决策，将执行职能剥离，交给专门机构作为进一步推进改革的有效措施的比例越大。这反映了以下两个问题：一是越往基层，受中央的监督控制越远，越容易出现决策权与执行权混杂，权力滥用的情况；二是越往基层，对政策执行的实际利益感受越明显，人们的眼光往往越关注实际的执行情况。而在上级政府方面往往比较关注一项政策制度本身的完善与内部结构的优化。

五、基于不同地区的分类数据分析

由于地理环境、发展程度的差异，我们的抽样分别在东部、中部、西部三个区域进行，统计结果见表 6－5。

表 6－5　　不同地区公务员对进一步推进政府机构改革措施的判断

选　项	统　计	东部地区	中部地区	西部地区
[1] 进一步对政府部门进行职能整合，普遍建立"大部门"	选择计数	49	63	228
	百分比（%）	17.4	17.3	18.9

① 蒋剑明．论我国"大部制"改革面临的主要问题及对策．长沙：湖南大学硕士学位论文，2008：35.

续前表

选　项	统　计	东部地区	中部地区	西部地区
[2] 实行决策与执行分开，大部门只负责决策，将执行职能剥离，交给专门机构	选择计数	133	187	544
	百分比（%）	47.2	51.2	45.1
[3] 优化大部门的内部机构设置（如按照信息搜集、调查研究、方案起草、咨询论证、合法性审查等环节设置内部机构）	选择计数	97	110	426
	百分比（%）	34.4	30.1	35.3
[4] 其他	选择计数	3	5	8
	百分比（%）	1.1	1.4	0.7
总计	参选人数	282	365	1 206
	百分比（%）	100.0	100.0	100.0

表 6－5 中的统计数据是分别在东部地区的河北、山东，中部地区的湖南、江西，西部地区的广西、贵州、西藏、宁夏、四川、内蒙古、新疆、重庆等 12 个省、直辖市、自治区进行问卷调查所得到的。通过图 6－3 可以发现，不同地区对进一步推进政府机构改革的措施认知大体一致，但又各有特色。三个地区都认为实行决策与执行分开，大部门只负责决策，将执行职能剥离，交给专门机构是进一步推进改革的最有效措施。但选择计数的百分比又略有不同。

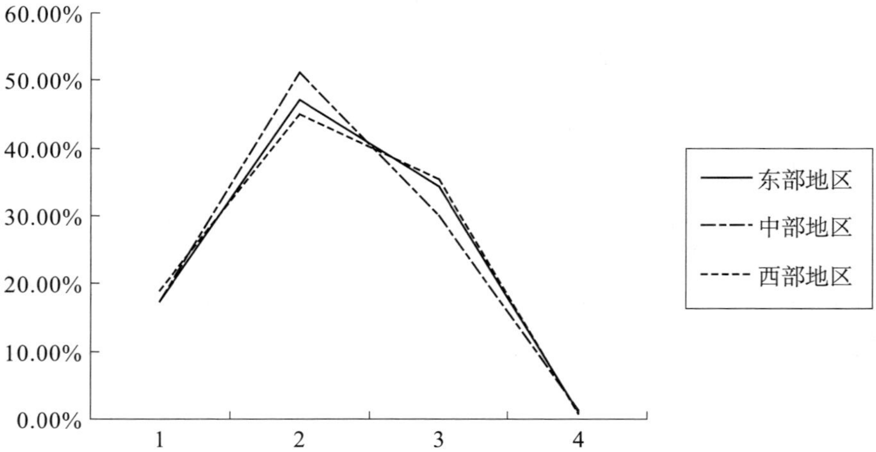

图 6－3　不同地区公务员对进一步推进政府机构改革措施的判断（横轴分别表示四个选项）

中部地区超过一半的公务员选择了第二种方案，高于其他地区平均数的5%左右。其原因可能是中部地区经济相对发达，但法治又相对较不完善，在推行政府机构改革过程由于各种利益的博弈，在执行政府政令上的偏差，易出现决策权与执行权混杂、权力滥用的现象。所以中部地区大多数的公务员对决策权与执行权的分离配置比较敏感。对于优化部门内部机构设置这个措施，中部地区的选择计数百分比相对于其他地区较低。这表明中部地区在实践政府机构改革的过程中出现的主要问题在决策权、执行权、监督权的协调上。当然，还有一种可能就是中部地区在部门内部机构的设置和优化上已经进行了比较有益的探索。

在三个区域中，西部地区对优化大部门的内部机构设置这个措施的认同度比较高，居三个地区的首位。西部地区相对不发达，政府机构里法律方面的高素质人才相对较少，所以在法制的完善、机构的优化方面相对落后。西部地区有35.3%的公务员认为优化大部门的内部机构设置是进一步推进政府机构改革的有效措施。而对于第二项实行决策与执行分离这个措施，西部地区由于政府机构改革的实施进度和人们对问题分析的深度不同，相对东部和中部地区选择计数的比例而言是偏低的。对于第一个选项“进一步对政府部门进行职能整合，普遍建立‘大部制’”，西部地区的选择计数比是最高的，原因可能在于西部地区实施政府机构改革的步伐相对缓慢，对改革过程中出现的问题还有待发现。

东部地区在上述几个措施中的选择计数百分比都处于中间位置。这与东部地区的经济情况和社会的法治状况有关。东部地区由于各方面都相对较发达，所以在实施政府机构改革过程中遇到决策权与执行权混杂、滥用权力的问题相对中部地区较少，又由于政府法制水平相对较高，对机构的优化和完善相对西部地区要好。

六、结论

通过一系列的调查分析得出结论，选项［2］“实行决策与执行分开，大部门只负责决策，将执行职能剥离，交给专门机构”（44.0%）是进一步推进政府机构改革的最有效措施。而且，府级越低，越接近实际执行情况，对该项措施就越强调。决策权、执行权、监督权之间的协调一直是困扰政府机构改革的关键问题。探索行政决策权、执行权、监督权相对分离的权力运行机制必须首先解决好决策与执行的相对分离。大部门体制下，部门所辖的公共事务增加，决策和执行负担更重，为使部门实行高效有序运转，有必要设置专门的决策机构和执行机构，其中，决策机构专司决策，执行机构主要负责政策执行和提供公共服务，这种做法在西方国家的行政改革中普遍流行。"政策执行应该与政治和政策保持一定的距离，以使政府执行部门能够不受内阁的干涉，专心致志于自己的精心工作，即供给公共物品和公共服务，从而便于提高质量和效率。"① 以英国为例进行分析。1988 年，时任英国首相的撒切尔夫人批准了《改进政府管理：下一步计划》，在中央各部门设立了执行司和政策核心司，开始实行政策制定与执行职能相分离，政策核心司同执行局职责分明。执行局专门负责政策执行，政策核心司则帮助部长负责决策事务，部长不再对日常执行事务承担责任，执行局实行相对灵活的管理体制，部长不干涉其具体运作过程，只注重于政策目标是否实现。执行局可以决定自己内部机制设置、资金使用等事项。更具特色的是执行局的首席执行官不是在公务员队伍中产生，而是向社会公开招聘，择优上岗。英国实行的执行自主化改革取得了成功，公共服务质量有了较大的提高，政府官员更加注意成本效益问题，亦更富有创新精神。我们学习英国推行决策与执行分离的经验，并不是为了全盘照搬其改革成果，是否实行西方发达国家式的完全分离，还要取决于我国的国情。探索决策与执行相对分离，至少能收到公共服务效能提高的效果。因为执行和决策机构相对分离后，公共服务可以以多种形式、灵活地提供，并能引入竞争机制，打破政府垄断公共服务供给的局面，让一些非营利组织通过合同、出租、承包等方式参与公共服务的供给，不断满足公众日益增长的、不断变化的公共服务需求。②

进一步推进政府机构改革的第二个有效措施是选项 3 中的优化大部门的内部机构设置（35.0%）。虽然调查问卷对该选项的回应比较分散，但总括起来反应还是比较强烈的。非常有意思的是，中央政府相比地方政府

① 宋世明．西方国家行政改革述评．北京：国家行政学院出版社，1998：138.

② 蒋剑明．论我国"大部制"改革面临的主要问题及对策．长沙：湖南大学硕士学位论文，2008：51.

对此项措施更加关注，而在地方政府中，西部地区的政府对此项措施的支持度相对较高。中央对政府机构内部的设置相对比较关注是因为中国传统的政府机构设置注重上下对口，所以中央政府大部门内部机构设置的科学性直接影响到地方政府设置的科学性。而在西部地区由于条件的限制，机构的设置相对不科学，所以对此项措施也比较关注。在政府机构的改革过程中不可避免地会遇到机构重组的困境和改革配套的困境。因为政府机构改革并非简单的机构重组，而是整合政府职能部门，更好地履行职能，更好地服务，“但是在重组过程中不仅会涉及官员观念转变、财政经济状况问题，还会涉及政府的领导层级、组织结构、协调机制、管理机制、运行机制和监督机制等方面的问题。这些问题的解决都不离开相关配套措施的完善”①。

因此，改革需要向着构建以功能为中心的政府权力结构而进发。② 以往我们采用的是以事权为中心的政府权力结构。依照事权划分配置政府权力，部门往往集决策、执行、监督等功能于一身，这种政府权力结构具有以下特点：一是事权划分过细，条块分割；二是部门的决策与执行功能合一；三是信息系统、设备平台等支撑决策、执行功能的要素部门化、碎片化；四是部门之间、部门内部机构之间需要大量协调。其问题主要在于：一是忽视决策综合性的要求，导致政出多门、法出多门；二是决策与执行不分，造成决策和执行功能较弱；三是造成各行政子系统的重复建设，增加了行政成本；四是导致形成部门利益。

政府权力结构从以事权为中心转向以功能为中心，要求把政府的决策、执行、监督等功能发挥作为权力配置的出发点。

第一，在事权分类基础上，将职能相同和相近的部门进行整合，建立大部门，使事权相对集中，以利于综合决策。以往的改革在这一方面进行了积极探索，但由于只涉及部分领域，在事权集中和部门整合上不够彻底。

第二，强化决策、执行、监督等功能。一是决策综合协调，避免碎片化。为保证决策科学性，要考虑决策的整体性、综合性和复杂性，妥善解决

① 李威．地方政府“大部制”改革的困境及其对策分析．南方论刊，2010（4）.

② 以下建议为课题组阶段性成果《推进大部门制改革 构建以功能为中心的政府权力结构》，作者为薛刚凌、陈晓勤，发表于：中国机构改革与管理，2011（5）.

决策涉及的各方利益，为此需要建立系统性的决策体制，将那些职能、业务范围相近的事项相对集中，统一决策，实现决策的“大部门制”。二是决策与执行相对分离。与决策强调宏观性、整体性以及利益的综合考量不同，执行强调的是专业性和效率。决策与执行相对分离，就是把决策与执行这两种不同性质的职能分别交给不同的主体承担，从而使决策者和执行者各司其职，各负其责。三是决策和执行的相对分离，不仅要建立在事权分类集中的基础上，同时也要从部门自身特点出发。并不是所有部门都采取决策、执行相对分离的权力配置方式，而是要根据部门特点确定什么机构适宜于决策与执行分开，什么机构只能采取传统的科层制管理模式。

第三，重视对信息系统、设备平台、研究机构等支撑决策、执行功能要素的建设。一是对于受众面广、涉及多个部门共同完成的事项，将现有信息系统、设备平台等要素从单个部门中抽出，进行统一设计和整合，避免部门各自为政，促进共享和协调。二是加强研究咨询机构，尤其是综合性研究咨询机构的建设。要整合各部门的研究、咨询力量，设置综合性的研究咨询委员会，同时注重发展和培育体制外的社会决策咨询机构，为政府决策提供不同的视角和观点。三是完善执行的监控机制。发现执行偏离决策目标，随时予以纠正，保障决策目标的实现。

第四，增强部门之间、部门内部之间协调性。以功能为中心的政府权力结构强调事权的相对集中，在决策上进行综合统筹。因此，决策主体数量相对较少，协调成本也相对较低。可以根据不同部门的特性和部门之间的关系，建立部门之间利益分享、责任共担的利益协调机制以及跨部门、跨组织的协调性机构，增强了部门间和部门内部的协调性。

第五，需要法律的支持和保障。以事权为中心的政府权力结构，由于决策、执行等功能合一，部门内形成了较为封闭的系统，权力结构在运行机制上对人（领导意志）的依赖性较强。以功能为中心的政府权力结构则打破了以往较为封闭的体系，强调决策、执行等功能，要求明晰职能，清晰边界，对法律的依赖性较强，需要法律的支持、保障。①

① 以上建议为课题组阶段性成果《推进大部门制改革 构建以功能为中心的政府权力结构》，作者为薛刚凌、陈晓勤，发表于：中国机构改革与管理，2011（5）.

第二节 政府机构改革“功能划分”思路的数据分析

一、序言

本题的着眼点在于：对以“功能划分”为主的政府机构改革思路与路径进行调查分析。我国的政府机构设置，长期以来采用的是以事权划分为主的方式，也就是说，按照政府管理的事权的不同，划分政府部门。比如，中央一级，涉及卫生医疗事项的，由卫生部管理；涉及教育领域事项的，由教育部管理。地方省市县政府采用的是与中央政府基本同构的组织方式。比如，卫生部对应省级的卫生厅、市县级的卫生局，教育部对应省级的教育厅、市县级的教育局。以事项划分为主的政府组织方式，有其好处，那就是涉及这些事项的，由一个部门统一管理，这个部门集决策、执行甚至监督职能于一体，管理效率较高，执行力较强。但这种以事权划分的政府横向权力结构，也有其弊端，那就是，政府部门集决策、执行、监督权力于一身，权力过于集中，不便于权力之间的相互制约；政府部门凭借决策权，为自己的部门攫取利益；同时，又利用手中掌握的执行权，去实现这种利益。这样就容易产生公共权力部门化、部门权力利益化的问题，背离了权力的公共属性，也不利于对民众利益的保护。

（一）本题的设计缘由

近些年关于政府机构改革的呼声此起彼伏，特别是关于是否对政府机构权力配置进行深入改革的讨论如火如荼。一些专家学者提出废除现有的以事权为标准划分政府机构的做法，仿效一些西方国家的样式，代之以功能为标准进行政府机构的权力配置，也就是按照决策、执行、监督这三种不同的功能来重新配置政府机关。但是这种政府内部的权力重构，实现了决策、执行与监督的分离和制约，看上去似乎与西方国家三权分立有些相似，但实际上并非一回事。三权分立，立法、行政、司法三权分开，是在国家主权层面对权力进行的分配；而功能划分，只是在行政系统内部，按照功能不同对权力进行的再分配。但是，这种思路是否可行？当一种制度设计运行一段时间后，当人们已经习惯于这种制度安排时，往往会形成一种“路径依赖”。以功能为划分标准配置政府机构的方案是否仅仅是学者们的一厢情愿，还是具有较高的民意基础和社会认同度？是不具现实可行性的“空中楼阁”，还是因应现实需求、地基坚实的建设工程？是一剂良药，还是一瓶鸩酒？另外，如要实施，是全面推进还是逐步推进？如采取逐步推进的办法，省市县三级政府哪一级政府作为试点较为合适？这些问题，都要进行广泛的调查研究。本题就是对“功能划分”政府机构改革思路与路径进行调查和分析。

（二）调查问卷的相关问题说明

针对本题，设计了两道调查题目。题一是对以“功能划分”为主的政府机构改革思路进行调查研究，而题二是对以“功能划分”为主的政府机构改革路径进行调查研究。

题一，是一道单选题，共设计了4个选项分支，设计情况如下：

为改变目前以事权划分为主的政府横向权力结构，我们设计了以“功能划分”为主的改革思路，即将决策与执行分开，分别由不同的部门承担，强化决策功能和执行监控职能。对于这一思路，您是否赞同？

[1] 赞同，可以全面推行

[2] 赞同，但改革难度很大，可以先搞试点

[3] 不赞同，尽管思路合理，但目前不具有可行性

[4] 不赞同，思路不合理

题二，也是一道单选题，四个内容给定的选项，外加一个可自由填写的选项，设计情况如下：

如果进行改革，最合适的改革路径是（　　）

[1] 整体推进

[2] 逐步推进，可先选择省级政府试点

[3] 逐步推进，可先选择市级政府改革

[4] 逐步推进，可先选择县级政府改革

[5] 其他

针对以上两个题目设计的具体内容，有以下三个问题需要进行明晰。

1. 什么是“事权划分”

所谓事权划分，就是根据政府所管辖事务性质或领域的不同来配置政府机关的公共权力。简言之，不同的事务由不同的政府机关来管理。新中国成

立以来，我国政府机构配置一直采用的是这种方式。虽然大规模的政府机构改革进行了几次，但大多是围绕着“事”大、“事”小来进行的。也就是说，每一次政府机构改革，所谓“精兵简政”，无非是裁撤和合并一些部委，裁减一些冗员而已，其本身并没有改变以事权配置政府机构的基本模式。

新中国成立初期，我国部委设置过细，比如机械行业就分成了八个部门，称为第一机械工业部、第二机械工业部……第八机械工业部。这种过细的划分，使得每一个部门管辖的事务都非常细小，容易造成各自为政的结果，增加了中央政府协调管理的难度，也妨碍了机械行业的整体协调发展。后来国务院进行的每次机构改革，基本上都是在不断地合并调整一些机构，再根据社会发展和管理的需要，增设一些机构。但是一个毋庸置疑的事实是，每次政府机构改革都跳不出“膨胀—精简—再膨胀—再精简”的怪圈。且每次政府机构改革，往往只局限在中央层级上，到了省级就很难再推行下去，更不用说市县级了。2008 年的“大部制”改革，将国务院组成部门压缩调整至 27 个，国家部委重新组合，产生了像工业和信息化部、人力资源和社会保障部、住房和城乡建设部等规模较大的部。但实际上还是沿袭了原来的老路子，即还是采用以合并为主的方式，将原来的两个部或几个部合并成一个部。大部管辖的事务相对增多了，但各部依然以事权为标准进行权力配置，部内的权力运行模式并未发生任何实质性的改变。这种改革有其积极意义，便于公共权力在更大范围内进行统筹协调；但是其问题也不言而喻，那就是其并未触及实行大部制最本质的意义，也就是内部权力的重新配置问题。如果不对权力运行过程按照相对分离和制约的原则重新设计，这种改革的作用是有限的。形象地说，就是只采用了西方国家“大部制”的形，而并未引入西方国家实行“大部制”的质；或言之，只发生了“物理反应”，未发生“化学反应”。

而为我们所一再效仿的、西方国家普遍采用的“大部制”，不仅把业务性质相近、职能类似的部门整合在一起，组建大部（大多数西方国家将政府部门的总量控制在 20 个以内），加强宏观管理；更为重要的是，这些国家在实行大部制的同时，实行行政系统内决策、执行与监督权的适度分离。可以说，西方国家实行的“大部制”，已内含了“行政三分制”的要求。大部制不仅是机构的整合和重组，更是内部运行机制的调整与转变。而这正是实行

“大部制”最本质的意义和要求。

实际上，我们一直实行的以事权为标准的权力配置方式，是一种以执行为中心的结构模式，突出执行的地位。为了执行赋予行政机构以决策权，决策是执行的前置必要环节，决策为执行服务。而以功能为标准进行权力配置，实际上是一种以决策为中心的结构模式，强化决策的超脱地位，首先确保决策的民主性、科学性和规范性；执行权是决策权的派生权力，为决策服务。此外，执行部门的相对独立也确保了执行的专业与快捷。

2. 什么是“功能划分”

所谓功能划分，就是按照权力运行过程的三个不同的阶段或功能，对政府机构进行配置，决策、执行和监督分别由不同的机构负责。这种功能划分又被称为“行政三分制”。这种体制已为世界上多数民主法治国家和地区所接受和实施。英国是世界上最早提出“行政三分制”的国家，也是世界上最早设立执行局的国家，它从 20 世纪 80 年代后期就开始在政府部门内大量设立专门的执行机构，实行决策与执行的相对分开。英国政府内阁部门主要负责研究和制订政策规划，大臣及助手们不负责管理和执行事务，决策部门与执行机构之间建立合同关系，通过绩效考核保证政策的执行。在美国亦是如此，政府行政部门行使行政决策权，负责制定和出台政策。但其没有行政执行权，政策的执行是由独立的政府机构和公司来完成的。这些政府机构和公司独立设置，有 60 多个。其与行政部门没有隶属关系，不受行政部门的监管，但受总统和法院监督。我国香港特区政府亦实行决策与执行分离的体制，三司（政务司、财政司、律政司）均为决策机构，而下属 68 个局和署则全部为执行机构。

“行政三分制”作为行政体制改革的方向，已为许多国家所采用。近些年，一些西方国家纷纷进行行政改革，其通常做法是实行大部门制。大部门领导机关主要负责决策，推动立法，制定政策，设计标准，把握方向；大部门下属司局机构主要负责执行，按照有关法律法规和公共政策具体开展管理活动。也就是说，西方国家的大部门制是建构在“行政三分制”基础上的。

“行政三分制”的产生有深刻的历史背景。从国外来看，瑞典从 17 世纪时就有类似的做法，它的政府管理体制的基本特征就是决策和执行的分离。从我国来看，隋唐时期在中央实行的“三省六部”的官僚体制，实际上也有

“行政三分制”的影子。三省之中的中书省负责草拟和颁发皇帝的诏令；门下省负责审核政令，并根据情况退回给中书省；尚书省负责执行国家的重要政令。三省之中的中书省与门下省共同组成了最高决策机构，只是分工不同而已，两者之间有一定的制约关系。尚书省则是完全的执行机构。尚书省下设六部，分别为吏部、户部、礼部、兵部、刑部和工部，每部又下设四司，总计二十四司。尚书省下设的六部二十四司，其职能都是执行政令。三省之外还设有御史台，执掌监督弹劾权。这样，决策、执行、监督三权均有，构成了我国古代“行政三分制”的雏形。

“行政三分制”在我国地方的行政体制改革中，也早已有了探索。如党的十六大后深圳推行的行政体制改革，改革的基本思路就是“行政三分制”，即将行政管理职能分为决策、执行、监督三部分，在相对分离的基础上，三者相辅相成、相互制约、相互协调。决策局、执行局与监督机构相互独立，但都是在政府领导下，对政府负责。在具体操作上，深圳市“三分制”是由政府按照大的行业、大系统设立若干个决策局，就每个关联的部门设立执行局。决策局拥有决策权，执行局行使单一的执行权而没有决策权。决策局和执行局通过绩效合同形式建立契约关系，执行局依照决策局制定的方案、方法和设定的目标、标准予以实施。对决策和执行的监督是通过对市长负责的监督局和专家委员会、听证会制度来实现的。这种安排是对我国地方行政体制改革的一种重大突破，其意义不可小觑。但在实践中，也暴露出一些缺点，那就是，决策者未必了解实际情况，由于智识和经验的问题，其很难预见决策执行中会出现什么问题；执行机构没有决策权，只能对决策进行“机械式”的执行，不能根据执行中出现的问题及时对决策方案进行调整。这种决策与执行的脱节，或者说沟通上的体制性障碍，很有可能导致决策在执行中遭遇困难。

实际上，问题远不止这些。有的地方在搞“大部制”和“行政三分制”改革时，遇到了这样的尴尬和困惑：上下机构不能对应。我国现在的各级政府的部门采用的是上下基本同构的方式，即上级机关设立一个部门，下级机关会设立一个相应的部门。这便于实现归口管理，加强上级对下级的领导和指导，便于上级政策的落实。但在国家整体的行政机构改革不推进的情况下，仅仅一个层级的政府机构改革在推行，就必然会出现上下级政府机构不对应的问题。比如一些改革试点地方设立了行使决策权的某某委员会，它可能对应上级的两三个甚至四五个部门，上级的这些部门都会把文件发到该委员会落实，上级的这些部门组织召开的会议，该委员会都得参加；上级的这些部门检查某方面的工作，该委员会必须都得接待。这样，该委员会就会疲于应付。另外，由一个承担决策职能的委员会去负责接待上级机关的检查，从职能上来说，似乎也不合适。所以，行政体制改革，必须各级政府统一推动，共同实施，方见它的“规模效应”，才能避免它在体制中处于尴尬地位。另外，目前我国政府各部门上下级领导制度也必须进行改革，以适应实行“大部制”和“行政三分制”后的实际情况。

此外，一些地方在搞“大部制”和“行政三分制”时，由于我国干部“能上不能下”的干部任用制度，造成虽然机构合并，但副职扎堆的现象。有的地方为了安置机构合并之前的各单位的领导，设置了诸如“局务委员”的职务，对内仍称某局长，保留原有待遇。通过这种“软着陆”的方式，满足官员的虚荣心和“面子”，减少官员对改革的抵触。但这些措施终究只是权宜之计。“大部制”和“行政三分制”的改革，必然最终触及领导干部任用制度的改革。

3. 调查采集的基本信息（见表 6－6 和表 6－7）

表 6－6　　对于实行“功能划分”为主的政府机构改革思路的意见统计

选　项	选择计数	百分比（%）
[1] 赞同，可以全面推行	519	22.3
[2] 赞同，但改革难度很大，可以先搞试点	1 443	62.0
[3] 不赞同，尽管思路合理，但目前不具有可行性	271	11.6
[4] 不赞同，思路不合理	94	4.0
总计	2 327	100.0

表 6－7　　对于实行“功能划分”为主的政府机构改革路径的意见统计

选　项	选择计数	百分比（%）
[1] 整体推进	296	12.8
[2] 逐步推进，可先选择省级政府试点	891	38.5
[3] 逐步推进，可先选择市级政府改革	689	29.8
[4] 逐步推进，可先选择县级政府改革	413	17.8
[5] 其他	25	1.1
总计	2 314	100.0

二、总体分析

本部分以所有的调查问卷为分析对象，分析被调查人对于实行“功能划分”为主的政府机构改革思路和路径的态度，并以此为基础，判断改革方案的必要性、可行性和具体方向。本次调研的总体数据见表 6-6 和表 6-7。对表 6-8 和表 6-9 中的数据按照被调查人的选择比例重新排序后，得出以下结果，见表 6-8 和表 6-9。

表 6-8　对于实行“功能划分”为主的政府机构改革思路的态度排序

新序号	选　项	选择计数	百分比（%）
1	[2] 赞同，但改革难度很大，可以先搞试点	1 443	62.0
2	[1] 赞同，可以全面推行	519	22.3
3	[3] 不赞同，尽管思路合理，但目前不具有可行性	271	11.6
4	[4] 不赞同，思路不合理	94	4.0
	总计	2 327	100.0

表 6-9　对于实行“功能划分”为主的政府机构改革路径的态度排序

新序号	选　项	选择计数	百分比（%）
1	[2] 逐步推进，可先选择省级政府试点	891	38.5
2	[3] 逐步推进，可先选择市级政府改革	689	29.8
3	[4] 逐步推进，可先选择县级政府改革	413	17.8
4	[1] 整体推进	296	12.8
5	[5] 其他	25	1.1
	总计	2 314	100.0

表 6-8 显示，对于实行“功能划分”为主的政府机构改革思路，62%的被调查人持赞同态度，但认为改革难度很大，可以先搞试点；22.3%的被调查人赞同，认为可以全面推行；11.6%的人不赞同，认为尽管思路合理，但目前不具有可行性；而只有 4%的被调查人不赞同这种思路，认为思路不合理。

表 6-9 显示，对于“功能划分”为主的政府机构改革具体的实现方案，38.5%的被调查者认为“逐步推进，可先选择省级政府试点”；29.8%的被调查者认为“逐步推进，可先选择市级政府改革”；17.8%的被调查者认为

"逐步推进，可先选择县级政府改革"；只有 12.8%的被调查者认为可以"整体推进"；另有 1.1%的被调查者选择自主填写了选项内容。这些自主填写的意见包括：四川省被调查者提出，逐步推进，选取部分省做试点，以试点省份的省市县三级政府行政体制为改革试点对象；贵州省被调查者提出，选择省市县同时试点，比较改革效果；贵阳市被调查者提出，由上至下实施；江西市级被调查者提出，逐步推进，省市县同时试点。

（一）关于实行"功能划分"为主的政府机构改革思路的总体意见分析

1. 首要的意见

由表 6－8 可见，六成以上的被调查人赞同以功能划分政府机构，同时认为改革会遇到较大的难度，可以通过先行试点的方式进行，等时机成熟，再在全国范围内推开。被调查者之所以赞同"功能划分"的政府机构改革方向，可能是基于以下几个方面的考虑：一是，政府机构以功能进行划分是西方先进国家的通行做法。许多国家在实行大部制的同时，都将决策与执行分开，实践证明是可行且有效的。二是，我国政府机构改革现在已经进入"深水区"，如果仅仅是做一些简单的合并，则对解决当前的困境无多大意义，实践呼唤对政府机构改革做深层次的思考和设计。三是，实行"功能划分"为主的政府机构改革模式，适应了我国的需要。由于我国日益严重的公共利益部门化倾向，我国迫切需要引入一种新的权力配置机制，使权力得到应有的制约。而"功能划分"为主的政府机构改革模式适应了这种要求，它将行政权力一分为三，决策、执行与监督相对分离，分别由不同的机构去执行，最大限度地避免了权力过于集中导致的部门谋私情况。因为负责决策的机构不实际执行这个决策，就不可能从决策中为自己去寻求好处；而负责执行的机构，只是机械地将这些行政决策贯彻执行，因其不参与决策故而无法为自己设定好处。

被调查者之所以同时认为，改革会遇到较大的难度，可以通过先行试点的方式进行，是因为任何一种制度、体制或机制都有它的惯性力量，也就是我们平时所说的"路径依赖"。当人们习惯于一种制度安排时，就不愿意寻求变革，因为有的人会认为："改了以后，还不见得就一定比现在好，说不定还不如现在。"正是在这种思想的作用下，许多人宁愿抱残守缺，也不愿意冒险改革，尽管改革可能会带来实实在在的好处，但那只是一种预期，能否真正实现只能靠实践去检验。还有的人认为目前这种以事权为标准对公共权力进行配置的方式是非常适合中国现实国情的，不用改变。以上两种思想都需要转变，这就要求必须通过先行试点的方式，使广大官员和老百姓看到实行“功能划分”为主的政府机构改革模式所带来的积极成效。当大家感觉到，进行改革虽有风险，但利远远大于弊时，改革所必需的思想舆论氛围逐渐形成，改革的时机也就逐渐成熟了。

2. 其次的意见

处于第二位的意见是，赞同“功能划分”为主的政府机构改革思路，认为“可以全面推行”。有 22.3%的被调查者持有这种观点，相对第一种观点 62%的支持率来讲，差距着实太大。这足以说明一个问题，那就是，完全认同这种改革思路，认为其既必要且可行的人尚属少数，接受这种观点还需时日。笔者分析，赞同“功能划分”为主的政府机构改革思路，认为“可以全面推行”，可能基于以下方面的考虑：一是，行政与政治不同，政治因人而异，因“朝”而变，但行政管理有其自身的规律，这种规律具有普遍适用性。既然“功能划分”为主的政府机构改革模式为许多国家所采用，且行之有效，就应该能够为我们国家所采用。二是，我国的行政管理体制改革已进行过多次，人民群众有接受改革新模式的思想准备。三是，2008 年中央政府推行的大部制改革并不彻底，或者说，它只完成了改革的一半任务，那就是只完成了政府机构的合并。对于大部制改革的另一半更核心的任务，则需要进一步推进。机构的合并已经为“功能划分”的机构改革奠定了基础，创造了条件，一切“水到渠成”。

3. 再次的意见

在总体的调查人群中，处于第三位的意见不赞同“功能划分”为主的政府机构改革思路，他们认为“尽管思路合理，但目前不具有可行性”。持这种观点的人一般认为，“功能划分”为主的政府机构改革思路，因其实行了“行政三分”，实现了行政权内部的相互制约，防止了由于权力过于集中带来的以公谋私的现象，因此具有一定的合理性；但是，由于其彻底改变了我国目前的政府机构权力配置模式，不仅在观念上，而且在实际运行中，都会有相当大的障碍。观念上因循守旧，不愿冒险。实际运行中，“行政三权”的分立，可能导致本应将效率作为首要价值追求的行政机关，由于分权的存在，有执行力下降的可能；行政机关的决策部门只负责决策，而其决策又需要大量的执行机构去落实，故也存在机构膨胀的可能性。

4. 最后一种意见

最后一种意见，也是在被调查者中响应率最低的一种意见，不赞同“功能划分”为主的政府机构改革思路，认为“思路不合理”。只有 4%的被调查者持有这种观点。这足以说明，大部分被调查者还是认可“功能划分”为主的政府机构改革思路的，只是在现实可行性上存在一些不同意见罢了。

（二）关于实行“功能划分”为主的政府机构改革路径的总体意见分析

首先，由表 6－9 可知，有 38.5%的被调查者认为，对于“功能划分”为主的政府机构改革，可以采取逐步推进的方式去实现，可先选择省级政府试点。之所以会选择由省级政府进行试点，可能是由于省级政府是我国地方最高一级政府，在我国的国家结构中，它是联系中央政府与低级别地方政府的纽带与桥梁。如果改革试点单位如果级别太低，不具有代表性。

其次，有 29.8%的被调查者认为，对于“功能划分”为主的政府机构改革，应逐步推开，先在市级政府中进行试点。他们之所以选择市级政府作为试点单位，大概是因为市级政府在我国的国家结构中处于中间位置，承上启下。它既不像县级政府那样处于微观层次，也不像省级政府那样基本处于宏观位置，中观位置使其具有了更多的代表性和可接受性。

再次，有 17.8%的被调查者认为，对于“功能划分”为主的政府机构改革，应逐步推开，先在县级政府中进行试点。他们之所以选择县级政府作为试点单位，可能是因为县级政府在我国政府体系中层次较低，试点成功，可以为在更高层次上实施这种改革累积经验；试点不成功，又不会造成太大的负面影响。

又次，有 12.8%的被调查者认为，实施“功能划分”为主的政府机构改革，可以在我国各级政府中整体推进。持有这种观点的人一般认为，以“功能划分”为主的政府机构改革，在西方国家的实践证明是行之有效和切实可行的，故我们国家在推进政府机构改革时，完全可以采取“拿来主义”，直接在政府的各个层次推行，无须进行试点。他们对这种制度安排在我国顺利实施充满信心。

最后，有1.1%的被调查者选择了自填选项。综合这些自主提出的意见，主要是选取个别省份，三级政府可以同时进行试点。持有这种观点的被调查者一般认为，改革是一项系统工程，必须在各个层面上同时推进，才能显现出它的效果。如果只选择在某个层次的政府机关进行试点，由于上下两个层次的政府机构设置还是维持原来的体制，上下关系很难理顺，将很难看出改革的成效。

三、基于中央与地方两个层级的分类数据分析

(一) 中央与地方两个层级对于"功能划分"为主的政府机构改革思路意见的数据分析

关于"功能划分"为主的政府机构改革思路，中央政府与地方政府持有不尽相同的立场。

由表6-10的统计结果可知，中央政府与地方政府都赞同"功能划分"为主的政府机构改革思路，并且认为"改革难度很大，可以先搞试点"。这种意见不管在中央政府还是地方政府，都成为主流观点，拥有六成以上的支持率。这说明中央政府与地方政府都看到了"功能划分"为主的政府机构改革思路的价值和意义，但同时都认识到改革对旧格局的冲击所必然遇到的巨大的障碍，因此都认为应该采取一种审慎的办法来实现这种新的政府组织方式，也就是要先行试点。除了对这种意见中央政府与地方政府保持了少有的默契之外，对其他意见两者开始分道扬镳。地方政府中对"功能划分"为主的政府机构改革思路持赞同意见并且认为"可以全面推行"的被调查者占到25.9%，远高于中央政府7.9%的支持率；地方政府再其次的意见是"不赞同，尽管思路合理，但目前不具有可行性"和"不赞同，思路不合理"，分别占10.6%和2.5%的比率。而中央政府的意见中，排在第二位的是"不赞同，尽管思路合理，但目前不具有可行性"，排在第三位的是"不赞同，思路不合理"，排在最后一位的则是"赞同，可以全面推行"。这说明，中央政府虽认同改革的价值，但更倾向于认为这种改革方案不具有现实可行性；而地方政府不仅认同改革的价值，而且倾向于认为该项改革可以顺利实施。

表 6-10　　中央和地方两个层级的公务员对待“功能划分”为主的政府机构改革思路的意见统计

选　项	统　计	地方政府	中央政府
[1] 赞同，可以全面推行	选择计数	482	37
	百分比（%）	25.9	7.9
[2] 赞同，但改革难度很大，可以先搞试点	选择计数	1 136	307
	百分比（%）	61.0	65.9
[3] 不赞同，尽管思路合理，但目前不具有可行性	选择计数	197	74
	百分比（%）	10.6	15.9
[4] 不赞同，思路不合理	选择计数	46	48
	百分比（%）	2.5	10.3
总计	参选人数	1 861	466
	百分比（%）	100.0	100.0

（二）中央与地方两个层级对于“功能划分”为主的政府机构改革路径意见的数据分析（见表 6-11）

表 6-11　　中央和地方两个层级的公务员对待“功能划分”为主的政府机构改革路径的意见统计

选　项	统　计	地方政府	中央政府
[1] 整体推进	选择计数	245	51
	百分比（%）	13.3	11.0
[2] 逐步推进，可先选择省级政府试点	选择计数	717	174
	百分比（%）	38.8	37.4
[3] 逐步推进，可先选择市级政府改革	选择计数	520	169
	百分比（%）	28.1	36.3
[4] 逐步推进，可先选择县级政府改革	选择计数	351	62
	百分比（%）	19.0	13.3
[5] 其他	选择计数	16	9
	百分比（%）	0.9	1.9
总计	参选人数	1 849	465
	百分比（%）	100.0	100.0

由表 6-11 可知，在对待“功能划分”为主的政府机构改革路径问题上，中央和地方两个层级的公务员抱有基本相同的态度，那就是，都首先支持“逐步推进，可先选择省级政府试点”的意见，其次支持“逐步推进，可先选择市级政府改革”的意见，再次支持“逐步推进，可先选择县级政府改

革”的意见，又次支持不搞试点、在政府的各个层面“整体推进”的意见，最后才支持在省市县三个层次同时进行试点的意见。这说明，不管是中央政府还是地方政府，在“功能划分”为主的政府机构改革路径问题上，立场是基本一致的。

四、基于不同府级的分类数据分析

（一）不同府级对于“功能划分”为主的政府机构改革思路意见的数据分析

不同府级的政府，由于其所处地位、看问题的视角与高度以及各自利益的不同，在对待“功能划分”为主的政府机构改革思路问题上，有不同的态度。本课题选取了国家部委、省级政府、市级政府、县级政府四个层次的公务员进行调查，具体的调查结果见表 6－12。

表 6－12　不同府级公务员对待“功能划分”为主的政府机构改革思路的意见统计

选　项	统　计	国家部委	省级政府	市级政府	县级政府
[1] 赞同，可以全面推行	选择计数	37	123	172	187
	百分比（%）	7.9	20.3	26.1	31.4
[2] 赞同，但改革难度很大，可以先搞试点	选择计数	307	387	391	358
	百分比（%）	65.9	63.9	59.2	60.2
[3] 不赞同，尽管思路合理，但目前不具有可行性	选择计数	74	83	69	45
	百分比（%）	15.9	13.7	10.5	7.6
[4] 不赞同，思路不合理	选择计数	48	13	28	5
	百分比（%）	10.3	2.1	4.2	0.8
总计	参选人数	466	606	660	595
	百分比（%）	100.0	100.0	100.0	100.0

由表 6－12 可以看出，赞成“功能划分”为主的政府机构改革思路，并且认为“可以全面推行”的意见，从国家部委到省市县政府，呈递增的趋势。也就是说，越是基层政府，越倾向于认为这项改革既合理又现实，也就越支持该项改革；越是高级别的政府，对此越是持一种谨慎的欢迎态度，既认可它的价值，又对它的现实可行性心存忧虑。这种推断在对第二、三、四种意见的统计数据中得到了印证：对于第二种意见“赞同，但改革难度很大，可以先搞试点”，第三种意见“不赞同，尽管思路合理，但目前不具有可行性”，第四种意见“不赞同，思路不合理”，三者从国家部委到省市县政

府，都基本呈逐渐下降的趋势。综合以上的统计数据可知，不同府级之间，对待“功能划分”为主的政府机构改革思路，态度是不同的，地方尤其是基层政府，更倾向于支持这种改革，而中央则更多的是持一种审慎或者说是犹豫的态度。

（二）不同府级对于“功能划分”为主的政府机构改革路径意见的数据分析

由表 6－13 可以看出，不同府级在对待以“功能划分”为主的政府机构改革路径问题上，态度是基本一致的。即不管是国家部委，还是省市县三级政府，都优先支持省级政府试点方案，其次支持市级政府试点方案，再次支持县级政府试点方案，又次支持不搞试点在政府各个层次整体推进的方案，最后才是其他补充方案。这说明，不同府级在对待以“功能划分”为主的政府机构改革路径问题上，基本能够达成共识。

表 6－13　不同府级对于“功能划分”为主的政府机构改革路径的意见统计

选　项	统　计	国家部委	省级政府	市级政府	县级政府
[1] 整体推进	选择计数	51	71	106	68
	百分比（%）	11.0	11.8	16.1	11.6
[2] 逐步推进，可先选择省级政府试点	选择计数	174	243	244	230
	百分比（%）	37.4	40.3	37.1	39.1
[3] 逐步推进，可先选择市级政府改革	选择计数	169	180	195	145
	百分比（%）	36.3	29.9	29.6	24.7
[4] 逐步推进，可先选择县级政府改革	选择计数	62	105	105	141
	百分比（%）	13.3	17.4	16.0	24.0
[5] 其他	选择计数	9	4	8	4
	百分比（%）	1.9	0.7	1.2	0.7
总计	参选人数	465	603	658	588
	百分比（%）	100.0	100.0	100.0	100.0

五、基于不同地区的分类分析

（一）不同地区对待“功能划分”为主的政府机构改革思路意见的数据分析

不同地区的公务员，在对待“功能划分”为主的政府机构改革思路方面，对四种意见的排序完全一致，但对每种具体意见，其支持率又不尽一致，大同中又有小异。统计数字见表 6-14。

表 6-14 不同地区公务员对待"功能划分"为主的政府机构改革思路的意见统计

选 项	统 计	东部地区	中部地区	西部地区
[1] 赞同，可以全面推行	选择计数	80	96	306
	百分比（%）	28.4	26.2	25.2
[2] 赞同，但改革难度很大，可以先搞试点	选择计数	165	214	757
	百分比（%）	58.5	58.5	62.4
[3] 不赞同，尽管思路合理，但目前不具有可行性	选择计数	30	45	122
	百分比（%）	10.6	12.3	10.1
[4] 不赞同，思路不合理	选择计数	7	11	28
	百分比（%）	2.5	3.0	2.3
总计	参选人数	282	366	1 213
	百分比（%）	100.0	100.0	100.0

由表 6-14 可知，对于第一种意见"赞同，可以全面推行"，全国地域从东向西，支持率基本呈下降趋势；对第二种意见"赞同，但改革难度很大，可以先搞试点"，全国地域从东向西，支持率基本呈上升趋势；而对第三种意见"不赞同，尽管思路合理，但目前不具有可行性"和第四种意见"不赞同，思路不合理"，全国地域从东向西，支持率大概相当，未有显著差异。这说明，对待"功能划分"为主的政府机构改革方案，东部地区更倾向于支持立竿见影的改革，希望改革立即推行；而西部地区更倾向于采取一种谨慎的态度，在一些地区先行试点累积经验。这可能是由于东部地区经济较为发达，人们对现有的政府权力配置方式的弊端看得更为清楚和真切，而对建立适应市场经济条件和要求的政府管理体制愿望更为迫切的缘故；也可能是由于东部地区受深入改革与扩大开放的影响，思想较为解放，接受新事物的能力强，而西部地区思想较为保守，接受新事物往往更需要外在的强有力的推动。

（二）不同地区对待"功能划分"为主的政府机构改革路径意见的数据分析

由表 6-15 可知，不同地区公务员在对待"功能划分"为主的政府机构改革路径问题上，态度是不尽相同的。东部地区的优先选择顺序是：市级政府试点方案→省级政府试点方案→整体推进方案→县级政府试点方案→其他方案。而中部地区和西部地区的优先选择顺序为：省级政府试点方案→市级政府试点方案→县级政府试点方案→整体推进方案→其他方案。也就是说，中部地区和西部地区的选择在对不同方案的优先排序上，与本次调查的总体结果是一致的。

表 6-15 不同地区公务员对待“功能划分”为主的政府机构改革路径的意见统计

选 项	统 计	东部地区	中部地区	西部地区
[1] 整体推进	选择计数	55	43	147
	百分比（%）	19.6	11.8	12.2
[2] 逐步推进，可先选择省级政府试点	选择计数	84	139	494
	百分比（%）	29.9	38.3	41.0
[3] 逐步推进，可先选择市级政府改革	选择计数	89	90	341
	百分比（%）	31.7	24.8	28.3
[4] 逐步推进，可先选择县级政府改革	选择计数	50	87	214
	百分比（%）	17.8	24.0	17.8
[5] 其他	选择计数	3	4	9
	百分比（%）	1.1	1.1	0.7
总计	参选人数	281	363	1 205
	百分比（%）	100.0	100.0	100.0

六、结论

从上面的统计数据中可知，对于“功能划分”为主的政府机构改革思路，不管是中央一级的国家部委，还是作为省市县级的地方政府，不管是东部经济发达省份，还是西部欠发达地区，大多对其积极价值持肯定态度，认为其对于解决我国目前的政府机构改革的深层次矛盾具有积极的意义。所不同的是，对该种思路是否具有现实可行性，以及能否立即全面实施，具有不同的意见。从纵向上来说，从下到上，我国各级政府对待“功能划分”为主的政府机构改革思路，态度渐趋保守；而从横向上来说，我国不同地域的地方政府，从东往西，态度也渐趋保守。这说明，我国目前情况下，在推动政府机构权力配置的问题上，如能采取一种审慎的先行试点的方式，是较能被接受的方案。政府管理体制方面的改革，牵一发而动全身，必须谨慎推行。操之过急，在人们的主观思想还没有接受，客观条件尚不成熟的情况下强行推进，结果往往不令人乐观；而否定它的价值和意义，因循守旧，故步自封，也是没有出路的。敢于面对现实问题，谨慎考虑，循序渐进推进，在实施中根据实际情况不断调整和优化，可能是最理想的选择。

从上面的统计数据中亦可知，对于“功能划分”为主的政府机构改革路径，从纵向上来看，不管是国家部委、还是省市县政府，在试点单位的优先选择上，基本上都同意省级政府试点方案优先，市级政府试点方案居其次，县级政府试点方案再次，整体推进方案再其次的排列顺序；横向上，中部地区和西部地区的优先选择顺序与纵向调查的结果是一致的，只有东部地区的优先选择顺序是：市级政府试点方案→省级政府试点方案→整体推进方案→县级政府试点方案。从总体上来说，逐步推进（也就是先行试点）方案被各级各地政府绝对拥护，只是在确定试点单位级别方面，有稍许不同。这也同时印证了关于第一个问题的调查结果，也就是，对于“功能划分”为主的政府机构改革，必须采取先行试点再逐步推开的审慎的办法，唯有如此，方更容易被接受。

第三节　决策执行分离现实状况的数据分析

一、关于决策和执行分离的思考

决策和执行分离始于西方国家，源于新公共行政的改革和发展大潮。建立健全决策权、执行权、监督权既相互制约又相互协调的权力结构和运行机制是党的十七大、十八大、十九大报告中都一再强调的重要内容。关于决策和执行的关系，国内学者也有诸多的研究，主要观点如下。

观点一：决策和执行合一观。该观点认为，决策和执行不能硬性分离，决策者应该亲自参与执行工作，确保政策的执行力度，而执行者也应该参与政策的制定，这样有利于政策本身的科学合理。有学者提出“参与共享式执行”，即“充分调动组织内部各项资源特别是人力资源，使其积极参与决策执行过程、共享执行成果，从而有效提高执行效果的一种理念和方式”[①]，认为这种决策执行方式有利于调动执行者的积极性、发现执行问题和纠正执行偏差、形成和谐的人际关系及形成整体合力以及合理调配人力资源。倡导决策和执行合一观的学者质疑，失去决策权的执行只能机械地执行政策，缺

① 陈瑞祥．参与共享式执行——破解决策执行难的有效方法．领导科学，2009（7）．

乏创造性和灵活性，无法应对现实的变化；决策权和执行权分离不利于政府间权责关系的明确化，容易造成执行部门和决策部门之间互相的推诿，而且决策和执行分离反而增加了行政组织的规模。①

观点二：决策和执行分离观。该观点认为，应当将决策权和执行权赋予不同的行政部门分别行使，行使决策权的部门不再负责政策的执行，而行使执行权的部门也不再进行政策决策。如我国香港特区政府的架构是在特首之下设司、局、署（处）三级体制。政府总部为决策中心，包括 3 司 12 局，局下设有 60 多个署（处）。在行政管理中，3 司和 12 局具有决策功能，署（处）则是执行机构，决策部门和执行部门是分开的。② 其必要性在于：首先，“创新政府结构，重塑政府职能”③。在西方，决策与执行分离不仅是指在政府内部分权（决策机构与执行机构分设），还包括政府的一部分职责转移给企业或非政府组织支配。因此，决策和执行的分离有利于公共服务的市场化和公共管理的社会化。其次，“创新决策机制 提高决策品质”④。决策和执行的分离有利于决策者集中精力决策，避免决策行为的“私心”，同时也有利于明确决策者的责任。再者，“创新执行机制，提高执行绩效”⑤。决策和执行的分离，同样有利于执行部门集中精力于执行工作，提高执行的专业化水平，也有利于行政资源的合理配置。决策和执行分离在国外的政府改革实践中也较为常见。在西方国家，很多政策的执行被分离给独立的执行部门，如独立署（英国的部外公共组织、法国的独立行政当局、新西兰的独立皇家实体等）、执行署（英国的执行署、法国的中央服务机构等）以及公法人（公法社团、公务机构和公法财团等）等。⑥ 这些机构都是基于独立的执行目的而设立的，其基本功能就是执行决策部门制定的政策。西方国家在 20 世纪 70、80 年代进行的改革，“决策与执行的分离，在当代体现为政府职能的转移。也就是说，决策与执行的分离是通过将政府的非核心、非基础

① 曹红军．对深圳“行政三分”法改革的进一步思考．行政与法，2003（11）.

② 香港特区政府网站．http：//www. gov. hk/tc/residents/.

③ 卞苏徽．决策执行分开的思考与践行．特区实践与理论，2009（6）.

④ 同③.

⑤ 同③.

⑥ 李洪雷．其他承担行政任务的主体//应松年．当代中国行政法：上卷．北京：中国方正出版社，2005：375－432.

性职能转移出去而实现的，只有做好政府职能的转移，才能有真正意义上的决策与执行二分”[①]。而政府职能的转移主要为三个方向：一是政府内部的分权，即决策部门和执行部门之间的分权；二是政府和企业之间的分权，实施公共服务市场化的公共管理模式；三是政府和社会之间的分权，实施公共管理社会化改革，将部分政府职能转移给社会组织。可见，不管是从公共管理理论上，还是从国内外的公共管理实践上，决策和执行分离具有很大的可行性。

观点三：决策和执行适当分离。在西方国家的决策和执行二分改革中，也并不是在决策和执行之间完全地一刀切。行政组织结构是非常复杂的，有些决策的过程包含着执行的要素，如政策制定者对政策实施的部署和政策执行的监督等，而有些执行的过程也包含着决策的要素，政策本身往往不能完全反映现实的状况，政策本身也往往滞后于现实的发展，因此，灵活地、创造性地开展执行工作是必不可少的，这就要求执行者在政策的框架内根据现实状况进行“二次决策”，此外，有些部门同时具备决策和执行的双重属性。因此，即便是在实行决策和执行二分改革的国家，其决策部门也不是纯粹的决策组织。考察决策和执行如何分离，分离到什么程度，我们还应该回到西方国家的实践，通过分析这些实践研究决策和执行分离的可行性和方法。英国主要采用的是决策部门和执行局制定“框架文件”的方法，“框架文件”具有明晰的任务内容、任务描述，无法完成“框架文件”或者有其他越轨行为，执行局的相关负责人将受到处罚，因此“框架文件”是决策部门和执行部门之间的关键性媒介。美国采用的方法与英国不同，主要采取上级部门制定任务目标和标准，放权给下级部门自主执行。英美还有一个共同之处在于通过合同承包的市场化方式将行政任务交由企业完成。可见，无论是制定“框架文件”，还是制定任务目标和标准，抑或是订立合同，都有一个共同的特点，即该行政任务是可以量化的，或者是可以制定相关标准的。否则，决策部门的决策对执行部门的执行缺乏必要的约束力。事实上，并非所有的行政任务都可以量化交由执行部门来执行，很多决策是概括性的意见、指导性的建议、宏观性的规定，这些决策往往需要执行部门进行“二次决策”，具体部署政策的实施细则和标准。

---

① 时磊，许艳．英美“决策—执行”二分改革比较研究．中国海洋大学学报（社会科学版），2006（4）．

笔者比较赞同第二种观点：决策和执行分离观。决策和执行适当分离，即决策部门并不是纯粹的决策部门，执行部门也不是纯粹的执行部门，决策部门和执行部门之间的衔接也需要一定的媒介（“框架文件”、合同等）。但笔者认为，执行部门的“二次决策”并不能改变决策部门的“一次决策”，因此，该“二次决策”也仅仅是执行的内容之一，并不能作为决策和执行适当分离的论据。而决策部门和执行部门之间的“框架文件”、合同等并非所有政策落实中所必需的，有些裁量权较大的决策完全可以交由执行部门自由发挥，而决策部门只需要提供概括性、指导性、宏观性的意见，这一点并不能改变决策部门的决策属性和执行部门的执行属性。

笔者认为，决策和执行分离具有以下的优势。首先，决策和执行分离有利于决策的专业化和执行的专业化，有利于行政机关更好地配置行政资源，有利于增强决策的科学性。其次，决策和执行分离实际上是将决策权交给中央或者地方的核心部门。也就是说决策权相对集中，不是任何一个部门都有决策权，决策权的集中比决策权的分散更加有利于决策的连贯性和统一性，避免“多头政策”“矛盾政策”和政策的频繁更迭等。最后，决策权的相对集中有利于决策部门之间、决策部门和执行部门之间的协调。在现有的体制中，决策权分散于各个部门，单个部门的决策工作往往非常困难，因为有些政策的推出往往需要协调众多部门的意见，而不同的部门有不同的利益要求和价值取向，沟通难、协调难造成决策的低效和低劣。

二、调查设计

问卷中，关于决策和执行关系的问题如下：

您单位制定政策的部门与执行政策的部门通常是一个部门吗？

[1] 通常是一个部门，谁制定政策谁去执行

[2] 通常不是一个部门，有专门执行政策的部门

[3] 通常不是一个部门，执行政策的部门根据具体情况确定

[4] 不好说，看情况

[5] 其他（请填写）

该题主要从决策和执行合一、决策和执行分离、决策和执行适当分离三个角度来考察决策和执行的关系。

三、总体分析

本题调查数据见表 6－16。

表 6－16　　您单位制定政策与执行政策通常是一个部门吗？

选　项	选择计数	百分比（%）
[1] 通常是一个部门，谁制定政策谁去执行	623	31.2
[2] 通常不是一个部门，有专门执行政策的部门	542	27.1
[3] 通常不是一个部门，执行政策的部门根据具体情况确定	558	27.9
[4] 不好说，看情况	264	13.2
[5] 其他（请填写）	12	0.6
总计	1 999	100.0

“其他”选项填写情况：（1）所在单位无制定政策的权限；（2）上面制定下面执行，上面执行与否不清楚；（3）通常是系统执行，也有相关部门执行；（4）上级部门制定政策，我们只是执行上级政策；（5）一般执行国家法律、法规。

从表 6－16 的数据可以看出，被调查者选择决策和执行合一（选项[1]）的比例为 31.2%，选择决策和执行分离（选项[2]）的比例为 27.1%，而选择决策和执行适当分离（选项[3]）的比例为 27.9%，其中，无法判断或者其他情况合计占 13.8%。可见，我国政府工作中真正实现决策和执行分离的比例不足三成。由于决策权的分散，政府的决策面临重复决策、矛盾决策、多头决策、低效决策等弊端。因此，2009 年国家推进大部制改革，希望通过“大交通”“大文化”“大农业”等的管理体制解决职权分散、政出多门等弊端。而实际上，“大交通”“大文化”“大农业”并不是真正解决职权分散、政出多门的根本方法。大部制的更深层含义在于决策权和执行权的分离，实现决策权的相对集中，这才是解决职权分散、政出多门的根本方法。从“群龙治水”到“一龙治水”，这都是在描述职权从分散到集中的一个过程，而更重要的是，“一龙治水”中的“治水”应当指的是决策，而不是执行。

近年来，我国政府也发现这种政出多门、多头执法的弊端，在一些领域也开始了决策和执行分离的实践。如城市综合执法局、城管大队等，将部分执法权力和管理权力交由一个特定的部门统一实施，该部门主要承担执行职能，而不承担决策职能。这些做法在实践中得到了良好的反响，也从侧面反映了决策和执行分离的可行性。

四、基于不同府级的分类数据分析

从表 6-17 的数据可见，对决策和执行合一状况的认同上，省级、地市级、县级政府依次递减，分别为 36.6%、30.2%和 27.8%。对决策和执行分离的状况的认同上，县级政府最高，达到 31%，高出省级政府和地市级政府 5 个百分点以上。对于决策和执行适当分离的认同上，地市级政府相对较高，而省级政府和县级政府较低，但差异并不明显。可见，在对待决策和执行关系的态度上，省级政府倾向于决策和执行的合一，市级政府相对倾向于中立——适当分离，而县级政府则更加注重决策和执行的分离。

表 6-17　　您单位制定政策与执行政策通常是一个部门吗？

选　项	统　计	省级政府	地市级政府	县级政府
[1] 通常是一个部门，谁制定政策谁去执行	选择计数	189	274	160
	百分比（%）	36.6	30.2	27.8
[2] 通常不是一个部门，有专门执行政策的部门	选择计数	136	228	178
	百分比（%）	26.4	25.1	31.0
[3] 通常不是一个部门，执行政策的部门根据具体情况确定	选择计数	128	272	158
	百分比（%）	24.8	30.0	27.5
[4] 不好说，看情况	选择计数	60	127	77
	百分比（%）	11.6	14.0	13.4
[5] 其他（请填写）	选择计数	3	7	2
	百分比（%）	0.6	0.8	0.3
总计	参选人数	516	908	575
	百分比（%）	100.0	100.0	100.0

在行政管理体系中，越高级别的政府越重视宏观管理，越低级别的政府越注重微观事务。从政府本身看，注重微观事务的政府往往是一线政府，一线政府往往处于决策和执行的混合区域，既了解决策的重要性，同时又对执行工作有切身的体会，执行中的多头政策、矛盾政策等对执行部门有深刻的影响。因此，一线政府对于政策的科学性抱有强烈的愿望，这与“高高在上”的省级政府和市级政府是有很大区别的。省级政府和市级政府缺乏对执

行的切身体会，因此并不能深刻地体会多头决策、矛盾决策等对执行部门的影响。一项政策是否科学，需要实践的检验，而身处实践第一线的县级政府往往能够最直接地体会政策的科学性程度，因而也更能够理解决策和执行分离的必要性。所以，从县级政府的实践可以看出，决策和执行分离具有很深厚的现实基础。

从省级政府的角度看，由于决策权分散到政府的各个部门，各个部门更多地担当一个决策者的角色。如此众多的决策行为，汇集到基层单位，基层单位承受的压力可想而知。而作为决策角色的省级政府，由于其并不直接承担执行任务，并不能真正地了解基层的苦衷，其决策的科学性和合理性无法得到切实的保障。因此，在省级政府实施决策和执行分离，将决策权集中到核心部门，而把零散的执行权交由独立的执行部门，提高决策的科学性，这应该是省级政府改革的可行途径。

五、基于不同学历的分类数据分析

我们分成高中及以下、大专、本科、硕士研究生和博士研究生五种类型对调查数据进行了分析（见表6-18）。选择学历变量作为考察要素的原因在于：决策和执行分离是一个比较有深度的问题，不同学历层次的人在判断上会产生差异，而这种差异又自然会影响到其今后行政管理体制改革中角色的担当。

表6-18　　您单位制定政策与执行政策通常是一个部门吗？

选　项	统　计	高中及以下	大专	本科	硕士研究生	博士研究生
[1] 通常是一个部门，谁制定政策谁去执行	选择计数	20	97	360	88	13
	百分比（%）	27.4	27.3	31.0	31.8	41.9
[2] 通常不是一个部门，有专门执行政策的部门	选择计数	28	118	290	70	7
	百分比（%）	38.4	33.2	24.9	25.3	22.6
[3] 通常不是一个部门，执行政策的部门根据具体情况确定	选择计数	21	91	348	72	9
	百分比（%）	28.8	25.6	29.9	26.0	29.0
[4] 不好说，看情况	选择计数	4	48	159	44	2
	百分比（%）	5.5	13.5	13.7	15.9	6.5

续前表

选　项	统　计	高中及以下	大专	本科	硕士研究生	博士研究生
[5] 其他（请填写）	选择计数	0	1	6	3	0
	百分比（%）	0.0	0.3	0.5	1.1	0.0
总计	参选人数	73	355	1 163	277	31
	百分比（%）	100.0	100.0	100.0	100.0	100.0

从表 6－18 的数据可以看出：在被调查者选择决策和执行合一（选项[1]）的比例中，学历越高，选择比例越高，其中最高的为博士研究生学历公务员，选择比例为 41.9%；在选择决策和执行分离（选项［2］）的比例中，学历越高，选择比例基本越低，其中最低的也为博士研究生学历公务员，选择比例仅为 22.6%；而在选择决策和执行适当分离（选项［3］）的比例中，各学历人群的选择比例并没有很大的差异。如果我们假定学历越高，对专业性问题的判断能力越强，那么，结论是现行的行政管理体制中，决策和执行合一的现象较为普遍，而决策和执行分离的现象较为稀少。

六、基于不同职务的分类数据分析

为了了解领导职务公务员和非领导职务公务员对决策和执行分离的认识，我们依照职务类型进行了统计，统计结果见表 6－19。

表 6－19　　　　您单位制定政策与执行政策通常是一个部门吗？

选　项	统　计	领导职务	非领导职务
[1] 通常是一个部门，谁制定政策谁去执行	选择计数	186	215
	百分比（%）	35.3	27.3
[2] 通常不是一个部门，有专门执行政策的部门	选择计数	137	209
	百分比（%）	26.0	26.5
[3] 通常不是一个部门，执行政策的部门根据具体情况确定	选择计数	135	241
	百分比（%）	25.6	30.6
[4] 不好说，看情况	选择计数	64	119
	百分比（%）	12.1	15.1
[5] 其他（请填写）	选择计数	5	4
	百分比（%）	0.9	0.5
总计	参选人数	527	788
	百分比（%）	100.0	100.0

从表 6－19 的数据可以看出，在被调查者选择决策和执行合一（选项

[1]）的比例中，领导职务公务员的认同比例比非领导职务公务员的认同比例高，分别为 35.3％和 27.3％。在选择决策和执行分离（选项［2］）的比例中，领导职务公务员和非领导职务公务员的选择比例基本相当。而在选择决策和执行适当分离（选项［3］）的比例中，非领导职务公务员比领导职务公务员高，分别为 30.6％和 25.6％。一般而言，领导职务公务员对现实状况的了解程度和理解程度高于非领导职务公务员，因此，领导职务公务员对决策和执行分离现状的判断具有更高的客观性，其选择决策和执行合一的比例高达 35.3％，比平均值 31.2％高出近 4 个百分点。

七、结论

从上述分析可见，首先，我国政府工作中真正实现决策和执行分离的比例不足三成。由于决策权的分散，政府的决策出现重复决策、矛盾决策、多头决策、低效决策等弊端。从近些年我国行政管理实践看，建立相对统一的执行机构成为一个趋势，如行政执法大队、城管大队等。这些做法对促进决策和执行分离具有一定的作用，引发了学界和实务界对决策和执行分离的思考，但并不能改变我国决策和执行合一的主体状况。

其次，不同类型的公务员对决策和执行分离的态度不一。简要地说，级别越低的政府组织，越能体会决策和执行分离的必要性；学历越高的公务员和领导职务的公务员，更倾向于认同决策和执行合一的现实状况。

决策和执行分离应当解决以下几个问题。

（一）精简机构，集中决策权

决策权和执行权分离的第一个问题就是决策权集中问题。决策权的分散有两种表现形式：第一种是在决策权和执行权合一的情况下，决策权分散于各个行政部门；第二种情况是在决策权和执行权分离的情况下，决策部门虽然“垄断”决策权，但决策部门本身数量众多。从目前我国的行政管理体制现状看，几乎所有部门都具有决策权。依据《立法法》第 80 条的规定，“国务院各部、委员会、中国人民银行、审计署和具有行政管理职能的直属机构，可以根据法律和国务院的行政法规、决定、命令，在本部门的权限范围内，制定规章。部门规章规定的事项应当属于执行法律或者国务院的行政法规、决定、命令的事项”。制定规章或规范性文件的行为就是决策行为之一。

这与国外仅有少数几个或是十几个核心部门具有决策权具有很大的差别。可见，我国目前的行政管理体制的情况是在决策权和执行权合一的情况下的决策权分散体系。颁布规章或者规范性文件的部门越多，规章或者规范性文件之间的重合或冲突必然越大，决策本身的科学性就越容易受到损伤。因此，精简机构的根本含义不是所有部门数量的缩减，而是指决策部门数量的缩减，使决策权集中在较为少数的几个部门。

（二）明确职能，落实决策权

决策部门数量的缩减可以避免决策权在决策机构本身分散。但也应该注意到，决策权和执行权的分离实际上关键意义就是：决策权和执行权在不同的行政机构分配，决策部门以决策任务为主，执行部门以执行任务为主。如香港特区政府的架构中也有多达 70 个部门，但只有 3 司 12 局为主要的决策部门。在我国目前的行政体制中，并没有明确地界定“部”“委”“办”“局”的功能属性，这在一定程度上也限制了决策和执行的分离，使决策权分散在众多的“部”“委”“办”“局”中。因此，应当明确行政机构的职能定位，哪些部门具有决策权，哪些部门仅仅具有执行权。否则，即使部门实现精简，决策权仍然分散在所有部门，不利于决策权的集中。

（三）创新机制，加强决策权

决策权与执行权之间的分离并不是完全切断决策权和执行权之间的关系，如英国政府采用的决策部门和执行局制定“框架文件”的方法，“框架文件”完成了从决策到执行发展的基本步骤。决策部门和执行部门之间的衔接非常重要，决策部门如果为执行部门界定政策的目标、内容和要求，执行部门该如何理解决策的目标、内容和要求，这在总体上考验着决策和执行分离制度实际效能的发挥。采取“框架文件”应当是可行的办法，但是应当注意到，决策部门应当建立与执行部门之间的“沟通回馈机制”，决策的过程应当互相沟通，执行的过程应当彼此回馈，以形成决策与执行之间的良性循环。

第四节　决策与执行分离可行性的数据分析

“决策权、执行权、监督权既相互制约又相互协调”是政府机构改革的重要内容之一。在这三者关系中，决策与执行的协调与制约远较决策与监督或执行与监督的关系复杂而艰难。首先，这种协调和制约须以决策与执行的适度分离为前提，学界已从多角度论述了现行体制决策与执行不分的弊端。① 若拟将决策部门与执行部门完全分离，理论上即使可行，实际运作中也必须将事务重新分配及定位，技术上非常困难。从深圳等地的实践看，决策与执行的分离殊非易事。② 至于决策与执行分离的制度障碍，有诸多分析，如有学者认为我国已有的决策与执行分离仅是理性行政，存在新的分离主义和专权倾向，应从分权的思路重构决策与执行的分离。③ 为探索决策与执行的模式，了解公务员对决策中心与执行局模式的认同程度，课题组有针对性地设计了相关问题，对地方公务员进行了问卷调查。

一、调查问卷及相关说明

具体调查问题是：

有学者建议借鉴西方发达国家的做法，在市一级政府内将“决策与执行适度分离”，成立若干核心决策中心和专门的执行局，您认为该做法目前是否可行？（限选一项）

[1] 可行

[2] 不太可行

[3] 不太清楚

[4] 其他（请填写）

关于本调查问题做如下说明。

一是决策中心的界定。决策中心是决策与执行分离后，专门从事决策的机构，是政府的核心部门。从国外的实践看，决策中心的领导人一般为大臣或部长，下设众多辅助性机构。决策中心在我国尚是一个试验性概念，从深圳的探索看，每个决策中心可考虑设立两类咨询机构：一类是服务于决策中心的咨询机构，设在政府内部，其主要职责是为决策者的科学决策提供信息

① 李军鹏．政府职能转变的新视角：决策与执行分开．新视野，2001（1）．

② 深圳三分制不了了之，替代方案正在酝酿．(2013－01－08)[2013－01－08]．http：//news. sina. com. cn/c/2003－11－03/21331049576s. shtml.

③ 刘圣中．决策与执行的分合限度——行政三分制分析．中国行政管理，2003（6）．

服务；另一类是制约决策权力的咨询机构，它可以劝告、修改甚至否决决策中心的决定。①

二是执行局的界定。执行局的实践源自上世纪70年代末的英国。在英国，其被称为“下一步”（the Next Step）机构。1980年代，英国中央政府为配合财政改革，着手进行组织改革。其中最重要者为在中央机关内部导入市场竞争原理以提升行政效率。其具体的产物即为，撒切尔政权设置的效率促进小组（efficiency unit）于1988年公布的“改善政府营运报告书”（Improving Management in Government：The Next Step）。报告认为，应该更加优先考虑政府的组织结构，以促进高效提供服务，为此目的，报告建议应设立“下一步”机构，在各部设定的政策和资源框架内，履行政府的执行职责。② 1988年2月，财政部和首相办公室达成一份“冗长的书面协定”，决定在可以操作的最大限度内，政府的执行职责，也就是区别于政策建议的那些职责，应该由“大体处于文职服务范围”的各种机构来履行。③ 至此，执行机构正式创设。执行机构取得的成功被OECD国家广泛仿效，但名称不一，在英国、新西兰、澳大利亚、丹麦、瑞典等国，执行机构被称为执行局。就我国来说，“局”的称呼符合我国行政机构设置的实际，国家直属执行性机构就被称为国务院直属的国家局。④ 在我国执行局可界定为专门从事执行性事务的国家机构，它既包括综合性的行政服务中心，也包括专门性的养老金发放机构等。

三是关于问题选项。本题的目的在于了解不同类型的公务员对设置决策中心与执行局的认同度。针对调研问题，设计了三类选择：第一类是针对了解决策中心与执行局分类的地方公务员，请其在可行［1］与不太可行［2］之间作出选择；第二类是针对不了解决策中心与执行局的地方公务员，设计选择为“不太清楚”［3］；第三类是针对了解决策中心与执行局，但对于其设置在可行［1］与不太可行［2］之间另有建议的地方公务员，其可在选项［4］之后所设的空白处提出自己的建议。

---

① 蔡小慎，潘加军．中英“行政三分制”改革的比较与借鉴．行政论坛，2004（5）.

② Efficiency Unit（1988），*Improving Management in Government*：*The Next Steps*，*A Report to the Prime Minister*，London：Hmso.

③ 丹提斯，佩兹．宪制中的行政机关．北京：高等教育出版社，2006：39-40.

④ 执行局的相关论述参见上文第二章第三节。

二、总体分析

行政认同度是关乎公共行政改革成败的重要因素。为了解公务员队伍对决策与执行分离方案——设立决策中心和执行局——模式的认同度，本调研对相关数据进行了统计，形成表 6-20。

表 6-20　公务员对决策与执行适度分离的总体态度

选　项	选择计数	百分比（%）
[1] 可行	1 028	51.1
[2] 不太可行	701	34.8
[3] 不太清楚	255	12.7
[4] 其他（请填写）	29	1.4
总计	2 013	100.0

“其他”选择的填写情况包括：已具备一定条件，可以“决策与执行适度分离”；请不要照搬西方的东西，要有中国特色；决策、执行、监察三权分立，相互制约、相互督促、相互协调；可以试验，如可行推行；是否和我国国情、未来努力的方向相符，但是目前的条件尚不成熟，需稳定推行，兼顾我国国情；这很有必要，也是创新之举，试想决策者领导着执行者，能不影响执行走形变样吗；无法判断，因为至少规模多大的城市适用决策与执行分离“体制”这一问题尚无说明；各国国情不同，需根据具体情况而定；可以搞试点；有一定可行性，但避免外行人干内行事；不可行，体制不同，无法借鉴，更应成立的是监督局；没到时候，决策脱离执行部门易与现实脱节，形成无法抵达预期效果的“真空层”。

从表 6-20 可以看出，就总体而言，公务员队伍对于学者主张的“实现决策与执行的适度分离，在市级机构设立决策中心与执行中心”的主张有较高的认同度。其表现为认为设立决策中心与执行局方案可行的比率超过50%，认为不太可行的占到 34.8%。此外，有 12.7%的公务员是因为不清楚而未作选择，这是一个可以争取的比例，可以通过国外经验介绍、国内改革试点等方式，增加其对决策与执行适度分离优势的了解，使其在认知的基础上做出判断。

行政认同度对于公共改革的作用近年来得到越来越多学者的肯定。西蒙将之称为“认同的权威”。我国台湾地区学者吴挽澜将之作为“行政领导权力”的五个基本来源之一。① 我国行政改革的实践已证实，如果一项改革有较高的行政认同度，则改革方案更易推行，更易得到真正落实，反之，如果一项改革缺乏基本面的认同，则改革方案的推行将面临巨大困难和阻力，有时甚至不了了之。因此，在改革方案确定之前，了解作为具体执行者的公务员对改革方案的意见，了解改革方案的认同程度，是改革推行的前提性步骤。表 6－21 的初步结论表明，地方公务员设立决策中心与执行局的方案有过半数的认同，另有可以争取的比例。这个数据对于我国决策与执行分离方案——设立决策中心与执行局——模式来说，具有正面意义。

三、基于不同府级的分类数据分析

从纵向考察，我国行政系统呈现自上而下的领导与服从关系。体现在政府级别上，可分为中央政府、省级政府、地级市政府、县市级政府和乡政府，“层次越高，责任和权力越大，工作方式也相应不同”②。工作职责与方式的不同可能导致不同政府层级的公务员对决策与执行分离模式的不同认知。基于此种预设，本项调查统计了不同政府层级的公务员对设立决策中心和执行局的看法。统计数据可见表 6－21。

表 6－21　　不同府级公务员对设立决策中心和执行局的认知

选　项	统　计	省级政府	地市级政府	县级政府
[1] 可行	选择计数	247	451	330
	百分比（%）	47.7	49.3	56.9
[2] 不太可行	选择计数	216	333	152
	百分比（%）	41.7	36.4	26.2
[3] 不太清楚	选择计数	49	114	92
	百分比（%）	9.5	12.5	15.9
[4] 其他（请填写）	选择计数	6	17	6
	百分比（%）	1.2	1.9	1.0
总计	参选人数	518	915	580
	百分比（%）	100.0	100.0	100.0

① 丁东铭，魏永艳．认同的权威推动公共行政现代化．吉林工商学院学报，2008（2）．

② 陈振明．公共管理学——一种不同于传统行政学的研究途径．北京：中国人民大学出版社，2005：54．

从表6-21可以看出，不同层级的地方政府对设立决策中心和执行局的认知并不一致。在“可行”性的选项方面，一个明显的结果是：随着行政层级的下降，对设立决策中心和执行局的认同度渐次提高，即三个层级的地方政府中，省级政府对决策与执行的分离的认同度最低，县级政府的最高。对“不太可行”的选项与“可行”的选项保持了对称的一致，即省级政府认为不可行的选项人数最高，其次是市级政府，县级政府最低。

这里的原因或许可以从我国不同级别的地方政府的职责特征加以解释，分为三个层次。

首先，就省级政府来说，它是地方最高国家行政机关，与中央部委分享对地方事务的决策权。在法治国家，这种分享突出的表现是立法权的配置：省级政府制定的地方规章与部委规章具有同等法律效力，二者的冲突由国务院专属裁决。省级政府拥有的立法权使其有权在法律保留和行政法规保留范围之外，自主决定省内行政事务。省级政府是地方政府中最为主要的行政决策主体。

其次，在决策权之外，省级政府还拥有大量的执行权。我国行政立法所采取的概括授权的路径，使得我国地方政府在执行权方面表现出高度的“职责同构”[①]。这种“职责同构”使得省级政府对其有权决策的事项，基本都有权加以执行。并且，由于省级政府拥有决策权，对自身利益的追求，使其有能力将具有实质性权力的项目的审批或执行保留在自己手中，如对省内投资项目的审批权、重要行政许可的审批权等。省级政府对具有重大利益的权力的决策与执行的合一，其结果是省级政府有机会实现“利益省级化”。决策与执行的分离将直接影响到省级政府的执行利益，执行权的剥离，将迫使省级政府成为中立的决策者，丧失其在执行中的利益份额，这是省级政府对设立决策中心与执行局模式认同度较低的原因。

再次，县级政府的职能分析。县级政府的行政决策权范围狭窄，除了规范性文件的制定外，既无权制定行政法规，也无权制定行政规章，主要权力是执行。但即使是作为主要职能的执行权，自上世纪90年代以来，也不断遭受蚕食。重要部门的中央垂直管理与省内垂直管理大大缩减了县级政府行

① 朱光磊，等.“职责同构”批判.北京大学学报（哲社版），2005（1）.

政执行权的行使空间，失去了多项重要职能执行权，如税收、金融、工商、质检、土地管理等。与此同时，我国地方政府职能配置上的“职责同构”也使县政府的执行权受制于上级地方政府，上级政府可以通过法律或政策文件调整县级政府的职责范围。县级政府的前述特征使得其相对于省级政府，更容易对决策与执行的分离产生认同。因为，其一，县级政府没有法制意义上的决策权[①]，分离之于县级政府，并不会产生利益损失；其二，决策与执行的分离可能使县级政府的执行权更为明确，更有保障，从而具有更多的自主权。

在调研数据中，有一个值得注意的现象，那就是省级政府公务员对设立决策中心与执行局的了解程度要超过市级和县级公务员，这说明随着行政管理体制改革的推进，省级政府公务员对国际公共行政改革的趋势及特点的认知机会、认知程度均要超过市级和县级公务员。

四、基于不同地域的分类数据分析

出于对地理环境、发展程度等方面差异的考虑，我们的抽样分别在东部沿海、中部、西部和东北地区四个区域进行，统计结果形成表 6－22。

表 6－22　　不同地区公务员对设立决策中心与执行局的认知

选　项	统　计	东部沿海	中部地区	西部地区	东北地区
[1] 可行	选择计数	375	323	149	181
	百分比（%）	53.8	47.7	45.7	57.8
[2] 不太可行	选择计数	206	254	147	94
	百分比（%）	29.6	37.5	45.1	30.0
[3] 不太清楚	选择计数	102	86	29	38
	百分比（%）	14.6	12.7	8.9	12.1
[4] 其他（请填写）	选择计数	14	14	1	0
	百分比（%）	2.0	2.1	0.3	0.0
总计	参选人数	697	677	326	313
	百分比（%）	100.0	100.0	100.0	100.0

① 决策权可以在两个层次上理解，一是法制意义上的决策权，体现为立法权的归属；二是管理意义上的决策权，在此种意义上，县政府也是决策主体，例如，其有权决定本县发展的方向，如以工业为主还是以旅游为主等。

从表 6－22 可以看出，不同地区对设立决策中心与执行局的认同度徘徊在 40%至 60%的区间。其中，东北地区的认同度最高，达到 57.8%，其次是东部沿海，达到 53.8%。这两个地区，特别是东北地区，高出最低的西北地区 12%以上。这其中的原因可能有三：一是东北地区作为老工业基地，近年来，振兴东北老工业基地等中央改革措施的出台，使东北地区受益。这增加了其对中央改革方案的认同度，这种认同度可能延伸至中央提出的“决策与执行既相互制约又相互协调”的改革目标。二是东部沿海地区，作为国内经济最为发达的区域，有着较强的接受新事物的能力。我国最早的“行政三分制”改革就是从深圳试点，为中央改革方案的提出提供了现实的经验。浦东新区自 2005 年以来进行的小政府改革试验，也为我国专门的执行机构的设置提供了思路。前述改革，已在很大程度上增加了所在地区公务员对决策与执行分离模式的理解与接受程度。

在四个区域中，西部地区公务员对设置决策中心与执行局的认同程度最低，其次是中部地区。在这两个地区中，西部地区是我国经济较不发达的区域，这个区域长期以来对中央财政有较深的依赖，改革自主性较弱，行政管理手段相对传统，这些因素可能共同构成了影响其接受改革新事物的程度。其次是中部地区，作为我国经济次不发达的区域，中部地区的观念上相对中和，变革意识相对较弱。但从发展的趋向看，随着新一轮中部崛起规划的实施，其对改革新观点的接受程度可能会有大的突破。

除前述分析外，区域调研结果还说明了这样一个事实，那就是，各区域公务员对设立决策中心与执行局的认知度均刚刚过半，最高的数字仅仅是 57.8%，这提示决策者要在公务员中加强对决策与执行分离模式的宣传，使公务员了解决策与执行分离的必要性与可能模式，提高公务员对设立决策中心与执行局方案的认同度。

五、基于直辖市和普通省份的分类数据分析

北京是我国首都，也是我国政治、经济、文化中心。与其他省级单位相比，北京市公务员无论在受教育程度，还是在对公共改革资讯的接触上，都更具优势。因此，本调研比较了北京市公务员与其他省级政府公务员之间对设立决策中心和执行局的认同，制作成表 6－23。

表 6-23 北京市与其他省份公务员对设立决策中心和执行局的认知

选　项	统　计	北京市专项调研	其他省份调研
[1] 可行	选择计数	641	1 028
	百分比（%）	41.5	51.1
[2] 不太可行	选择计数	579	701
	百分比（%）	37.5	34.8
[3] 不太清楚	选择计数	314	255
	百分比（%）	20.3	12.7
[4] 其他（请填写）	选择计数	12	29
	百分比（%）	0.8	1.4
总计	参选人数	1 546	2 013
	百分比（%）	100.0	100.0

表 6-23 的比较结果显示，北京市公务员并不比其他省市的公务员对决策与执行的适度分离有更高的认同度，甚至更低。北京市对设立决策中心和执行局的认同度只有 41.5%，而其他省份公务员对设立决策中心和执行局的认同达到 51.1%。究其原因：一是北京市作为省级政府，与其他省级政府一样，决策与执行的分离可能触动其在执行环节拥有的利益。二是北京市作为中央政府所在地城市，在一些改革方式的选择倾向上更为慎重，这也可能影响北京市公务员对决策新事物的认同度。

六、基于不同职务的分类数据分析

基于公共选择理论的假设，领导职务公务员和非领导职务公务员在履职中可以存在不同的利益取向，因此，本调查设计了领导职务与非领导职务的指标，并对这两类不同的公务员的观点进行了统计，得出表 6-24。

表 6-24 不同职务公务员对设立决策中心和执行局的认同

选　项	统　计	领导职务	非领导职务
[1] 可行	选择计数	259	392
	百分比（%）	48.9	49.4
[2] 不太可行	选择计数	211	281
	百分比（%）	39.8	35.4
[3] 不太清楚	选择计数	52	107
	百分比（%）	9.8	13.5

续前表

选　项	统　计	领导职务	非领导职务
[4] 其他（请填写）	选择计数	8	13
	百分比（%）	1.5	1.6
总计	参选人数	530	793
	百分比（%）	100.0	100.0

调查显示，前文的假设证明结果并不明显，领导职公务员与非领导职公务员对决策与执行适度分离的认同度大体相同，后者仅比前者高了 0.5 个百分点。但在“不清楚”学者提出的设立决策中心和执行局的建议的选项上，领导职公务员的认知程度要高于非领导职公务员，前者的比率是 9.8%，后者的比率为 13.5%。这种现象的可能原因之一是经过 20 余年的干部年轻化、知识化培养，我国领导职公务员的整体素质有明显提高，加之我国近年来实行的干部培训和轮训制度，领导职公务员对新事物的认知和接受在整体上要高于非领导职公务员。

七、基于不同学历的分类数据分析

教育程度可能直接影响公务员对新事物的认知和接受。为方便比较，本调查设计了教育程度的指标，对公务员按受教育的程度进行统计，得出表 6 - 25。

表 6 - 25　　不同学历公务员对设立决策中心和执行局的认同

选　项	统　计	高中及以下	大专	本科	硕士研究生	博士研究生
[1] 可行	选择计数	39	182	597	143	10
	百分比（%）	52.0	51.1	50.9	51.6	32.3
[2] 不太可行	选择计数	21	113	416	100	19
	百分比（%）	28.0	31.7	35.5	36.1	61.3
[3] 不太清楚	选择计数	15	59	141	28	2
	百分比（%）	20.0	16.6	12.0	10.1	6.5
[4] 其他（请填写）	选择计数	0	2	19	6	0
	百分比（%）	0.0	0.6	1.6	2.2	0.0
总计	参选人数	75	356	1 173	277	31
	百分比（%）	100.0	100.0	100.0	100.0	100.0

从表 6 - 25 可见，不同学历的公务员对设立决策中心和执行局的认同度

上差异较大，这种差别主要表现在博士学位公务员与其他学历层次的公务员之间。一个出乎调查者意料之外的事实是，博士学位的公务员对在市级政府设立决策中心和执行局的认同度只有32.3%，而其他学历（包括大专、本科、硕士）的公务员对在市级政府设立决策中心和执行局的认同度保持在50.9%与52%之间。其中的因素并不能直接推定为博士学位的公务员不赞同决策与执行的分离，可能其对实际操作的学术性思考使其在认同时保持了谨慎。尽管详细原因还有待于进一步分析，但初步的调研确实反映了教育程度会影响对改革路径的认同，高学历者对改革新事务的态度更趋慎重。

八、基于不同性别、年龄的分类数据分析

性别与年龄是公务员的自然属性，为了解这两个主要的自然属性与行政改革认同度的关联。本调研在相关数据统计的基础上，形成表6-26与表6-27,并在此基础上统计了工龄对公务员选择的相关性，形成表6-28。

表6-26　　不同性别公务员对设立决策中心和执行局的认同

选　项	统　计	男性	女性
[1] 可行	选择计数	687	302
	百分比（%）	53.6	45.6
[2] 不太可行	选择计数	443	235
	百分比（%）	34.6	35.4
[3] 不太清楚	选择计数	134	116
	百分比（%）	10.5	17.5
[4] 其他（请填写）	选择计数	18	10
	百分比（%）	1.4	1.5
总计	参选人数	1 282	663
	百分比（%）	100.0	100.0

表6-27　　不同年龄群体公务员对设立决策中心和执行局的认同

选　项	统　计	30周岁以下	31～40周岁	41～50周岁	51～60周岁	61周岁以上
[1] 可行	选择计数	240	419	236	93	1
	百分比（%）	49.5	53.9	47.5	48.7	50.0
[2] 不太可行	选择计数	171	261	185	68	1
	百分比（%）	35.3	33.5	37.2	35.6	50.0

续前表

选　项	统　计	30周岁以下	31～40周岁	41～50周岁	51～60周岁	61周岁以上
[3] 不太清楚	选择计数	64	91	69	27	0
	百分比（%）	13.2	11.7	13.9	14.1	0.0
[4] 其他（请填写）	选择计数	10	7	7	3	0
	百分比（%）	2.1	0.9	1.4	1.6	0.0
总计	参选人数	485	778	497	191	2
	百分比（%）	100.0	100.0	100.0	100.0	100.0

表 6-28　　不同工龄公务员对设立决策中心和执行局的认同

选　项	统　计	10年以下	11～20年	21～30年	30年以上
[1] 可行	选择计数	505	263	132	33
	百分比（%）	49.3	54.9	53.2	44.0
[2] 不太可行	选择计数	368	154	86	29
	百分比（%）	35.9	32.2	34.7	38.7
[3] 不太清楚	选择计数	132	57	27	12
	百分比（%）	12.9	11.9	10.9	16.0
[4] 其他（请填写）	选择计数	19	5	3	1
	百分比（%）	1.9	1.0	1.2	1.3
总计	参选人数	1 024	479	248	75
	百分比（%）	100.0	100.0	100.0	100.0

从表 6-26 的结果看，男性对设立决策中心与执行局的改革模式主张有更高的赞同度，超过女性 8%。但从第二个选择项“不太可行”的选择率上看，这种差别似乎又被消除了，在该项上男女选择比列的差别不超过 1%。对第三个选择项“不太清楚”的统计解释了前述差别，女性对“不太清楚”项的选择超出男性 7%。这部分女性有可能随着对决策与执行分离的了解而转变立场，就此点而言，性别因素不成为影响公务员选择的关键性因素。

从表 6-27 的结果看，年龄因素对公务员选择的影响并不明显，对决策与执行适度分离认同度最高的群体为 31～40 岁之间，最低的为 41～50 岁之间，二者的相差在 6%左右。这种差别符合人的生理特征，并不构成影响统计结果的关键变量。

从表 6-28 的结果看，10～30 年之间的公务员因经验的积累，加之年轻等因素，对改革方案有着较高的认同度，比率保持在 54%左右。工龄在 30

年以上的公务员对设立决策中心与执行局的认同度较低，在44％左右。与表4－8的统计合并解释，其原因可能是随着年龄的渐老（30年工龄的公务员年纪多在50岁以上）以及对挫折的足够认知，影响了其对改革的热情，毕竟这是个守成之龄。

九、结论

（一）调查结论

就总体而言，地方政府的公务员对学者提出的决策与执行适度分离的方案有较高的认同度，公务员队伍的这种较高认同度将为未来的决策与执行方案的具体设计提供良好的执行基础。在对总体认同度认知的基础上，本调查从不同的角度，分析影响公务员认同度的因素。在综合比较的基础上，将影响公务员对决策与执行分离的认同度的最为主要和最为明显的因素归结于政府层级。基本的结论是省级政府公务员对决策与执行分离的认同度最低，而县级政府公务员对决策与执行分离的认同度最高。这说明，在决策与执行分离的改革方案的设计中，部门利益将是改革可能遭遇的最大阻力。

（二）对策建议

1. 加强对决策与执行分离必要性的研究与宣传

调查数据表明，超过10％的公务员不清楚什么是设立决策中心与执行局。这说明，对于决策与执行的分离，我国尚缺乏大规模的探讨与研究。对于什么是决策中心、什么是执行局，决策中心与执行局依靠何种方式建立连接？执行局的法律地位如何？人员的性质等基本问题，目前尚无共识。研究的薄弱直接影响了宣传的力度，其结果是许多公务员无从了解这一改革方案的内涵与可能模式。课题组认为，加强“决策与执行分离”模式的研究，了解国外主要国家决策与执行分离的模式选择以及相关的法律配套。在此基础上，对公务员做必要的宣传与动员，获得广大公务员对改革认同，增强改革权威，应是我国决策与执行分离改革的基础步骤。

2. 以改革实验提供实证经验

决策与执行分离对于我国是新事物。从我国已有的改革经验看，对于新事物，较优的方案的是选择特定区域，进行改革实验。通过改革实验，认识问题，总结经验。无论是建立“社会主义市场经济”的大方略，还是近年推行的“省直管县”，采取的都是这种路径，这是已证明的对我国有效的改革路径。就设立决策中心与执行局而言，目前这个方案的核心概念都来自英国等西方国家的改革，我国仅有的“深圳实验”因论证得不充分等原因最后没有得以实际执行。此种情况导致我国目前无法提出较为详尽的有实证支持的改革方案。因此，对于决策与执行的分离而言，我国目前有必要选择特定区域，或特定中央部委进行改革实验。在实验中，探索决策与执行分离的中国模式，提出需要解决的法律问题。改革实验的推行亦将能增进公务员对决策与执行分离模式的了解，通过了解以及相应的问题解决，增强地方各级政府公务员对改革方案的认同度。

3. 破题“省级利益”，保障改革方案的顺利推进

从国家立法及决策的权力分配来看，省级政府是省内决策部门，其有权决定省的发展趋向，省内重大事项的立法，省内行政裁量权的适用规则等。[①] 在目前决策与执行不分的情势下，省级政府的决策权使其有机会享有执行中的利益，从而使决策难以保持中立。决策与执行的分离，将触动省级政府的执行性利益。调研数据显示，省级政府对“设立决策中心与执行局”的决策与执行分离模式的认同度最低，不到50%。由于省级政府是我国最高级别的地方政府，在我国现行层级节制的行政框架下，省级政府的态度将直接影响改革方案在省内的推行程度。事实上，不论是地级市政府，还是县政府，其执行权的范围与稳定程度，在很大程度上取决于省级政府。中央政府应考虑拿出切实可行的方案，约束省级政府对执行方案的执行，有效剥夺其与决策相联结的执行利益。通过省级政府决策与执行的分离，推进改革方案在省内的顺利进行。

第五节　决策部门和执行部门分离后关系的数据分析

一、调查问题及其说明

伴随着我国市场经济的日益深入发展和人民群众民主法治意识的不断增强，作为社会管理者和公共服务提供者的我国各级政府的现有权力结构将处

① 中国将统一规制行政裁量权适用规则权收归省部级．法制日报，2009-10-20.

于深刻的历史变革之中。尽管自改革开放以来，为适应经济转型的需要，我国政府权力结构进行了多轮改革，然而政府权力结构的存在的问题仍然比较严重，突出表现是管理分散和权力集中并存。一是管理分散，行政机构设置过细，职能交叉、权责不清；二是政府部门的权力过于集中。在很多政府部门，集决策、执行和监督于一体[①]，产生职能交叉与扯皮、部门分割、资源分散与浪费、整体效能和公共服务质量低下等诸多问题。为顺应历史发展的潮流，更好地满足经济和社会的需要，我国的政府权力机构需要进一步的改革创新，以提高决策的科学性和执行的效率。

在实践中，如何提高政府决策的科学性和执行的效率，西方国家的成功经验给我们提供了参考资源。西方国家普遍实行决策、执行与监督的适度分离。例如，英国政府内阁部门主要负责研究和制定政策规划，大臣及助手们不负责管理和执行事务，政策执行和提供服务由专门的执行机构负责，决策部门与执行机构之间建立合同关系，并通过绩效考核保证政策的执行。[②]

在借鉴西方成功经验的基础上，为改变目前以事权划分为主的政府横向权力结构，我们设计了以“功能划分”为主的改革思路，即将决策与执行分开，分别由不同的部门承担，强化决策功能和执行监控职能。当然，我国政府权力结构的创新必须立足于我国的国情。为论证决策与执行分离后，决策部门与执行部门之间应为何种关系更为可行，我们设计了此题目。

具体调查问题：

如果实行决策与执行分离，关于决策部门与执行部门之间的关系，您认为哪种方案比较可行?

［1］两者都直属于政府，执行部门与决策部门平级，保持一定的独立性

［2］决策部门直属于政府，执行部门附属于决策部门，受决策部门直接管辖

［3］决策部门直属于政府，执行部门附属于决策部门，但决策部门对执行机构实行绩效合同管理，执行机构享有很大的自主权

［4］其他

调查问题说明：

---

① 薛刚凌．政府权力结构的回顾与前瞻．河北学刊，2008（4）.

② 同①.

1. 关于问题选项

如果实行决策与执行分离，关于决策部门与执行部门之间的关系，哪种方案比较可行？这一问题的选项主要分为两类：第一类是执行部门和决策部门都直属于政府，执行部门与决策部门平级，保持一定的独立性；第二类是决策部门直属于政府，执行部门附属决策部门。其中，第二类可以继续细分为两小类：一类是执行部门受决策部门直接管辖，另一类是执行部门虽附属与决策部门，但仍享有很大的自主权。

2. 调查采集的基本信息（见表 6－29）

表 6－29　如果实行决策与执行分离，关于决策部门与执行部门之间的关系，您认为哪种方案比较可行？

选项	选择计数	百分比（%）
[1] 两者都直属于政府，执行部门与决策部门平级，保持一定的独立性（见图 6－4）	1 086	46.9
[2] 决策部门直属于政府，执行部门附属于决策部门，受决策部门直接管辖（见图 6－5）	520	22.5
[3] 决策部门直属于政府，执行部门附属于决策部门，但决策部门对执行机构采取实行绩效合同管理，执行机构享有很大的自主权（见图 6－6）	666	28.7
[4] 其他	45	1.9
总计	2 316	100.0

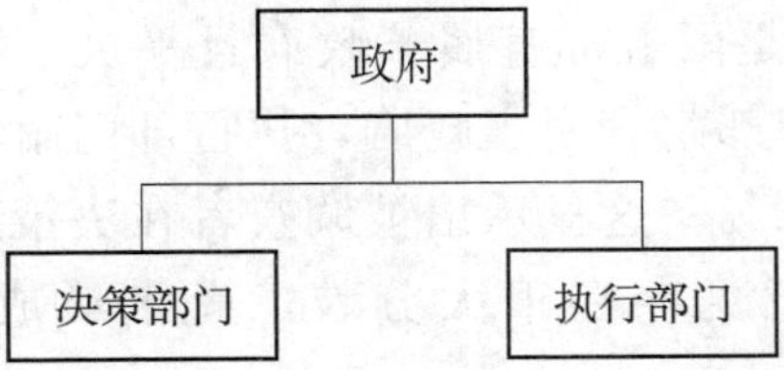

图 6－4

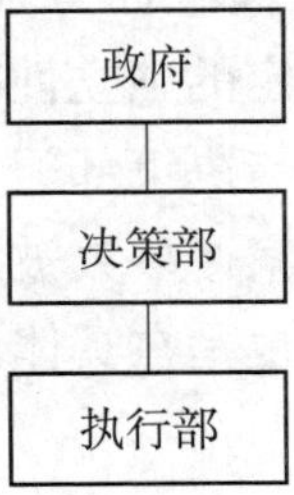

图 6－5

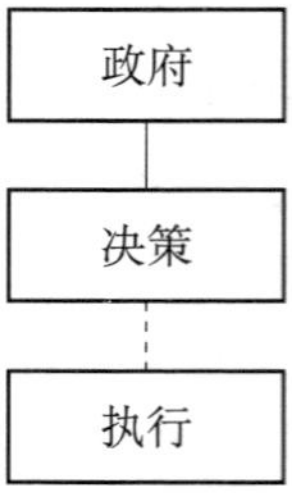

图 6－6　(虚线代表相对独立)

二、总体分析

从上述表 6－29 可以看出，被调查者对决策部门与执行部门实行分离后之间的关系应采取何种方案意见相对比较分散，分歧较大。其中，46.9％的被调查者赞同两者都直属政府，执行部门与决策部门平级，保持一定的独立性；22.5％的被调查者赞同决策部门直属于政府，执行部门附属于决策部门，受决策部门直接管辖；28.7％的被调查者赞同决策部门直属于政府，执行部门附属与决策部门，但决策部门对执行机构实行绩效合同管理，执行机构享有很大的自主权。还有 1.9％的被调查者选择了其他。

从决策部门与执行部门两者和政府的关系上来看，被调查者的意见基本分为两大类：一是两者都直属于政府且平级，赞同的调查者占总数的 46.9％；二是决策部门直属于政府，执行部门附属于决策部门，赞同的调查者占总数 51.2％。这显示出被调查者在决策部门与执行部门两者和政府的关系上的意见存在很大分歧，尚未形成占明显优势的多数意见。

从执行部门保持一定的独立性或拥有很大的自主权上来看，有 75.6％的被调查者赞同执行部门保持一定的独立性或享有很大的自主权。因此，从上述的分析来看，无论执行部门与决策部门分别直属于政府的方案，还是采用执行部门附属于决策部门的方案，多数被调查者赞同执行部门保持一定的独立性或享有很大的自主权。这也是在具体设计执行部门与决策部门的关系时应该考虑的。

三、基于中央和地方公务员分类的数据分析（见表 6－30）

表 6－30　如果实行决策与执行分离，关于决策部门与执行部门之间的关系，您认为哪种方案比较可行？

选项	统计	地方政府	中央政府
[1] 两者都直属于政府，执行部门与决策部门平级，保持一定的独立性	选择计数	917	169
	百分比（%）	49.5	36.6
[2] 决策部门直属于政府，执行部门附属于决策部门，受决策部门直接管辖	选择计数	427	93
	百分比（%）	23.0	20.1
[3] 决策部门直属于政府，执行部门附属于决策部门，但决策部门对执行机构采取实行绩效合同管理，执行机构享有很大的自主权	选择计数	481	184
	百分比（%）	25.9	39.8
[4] 其他	选择计数	29	16
	百分比（%）	1.6	3.5
总计	参选人数	1 854	462
	百分比（%）	100.0	100.0

上述表 6－30 表明，中央政府和地方政府的公务员在实行决策与执行分离后决策部门与执行部门之间的关系的态度上既有明显的差异也有相似之处。

两者的差异主要有两个方面：一是赞同第一种方案的地方政府公务员所占比例是 49.5%，而中央政府公务员所占比例是 36.6%，两者相差 12.9%。这反映出地方政府的公务员与中央政府的公务员相比，更明显地倾向于支持决策部门和执行部门之间保持一定的独立性来实现决策职能和执行职能的分离。二是赞同第三种方案的地方政府公务员所占比例是 25.9%，而中央政府公务员所占比例是 39.8%。两者相差 13.9%。这反映出中央政府的公务员与地方政府的公务员相比，有更多比例的公务员倾向于在坚持执行部门附属于决策部门同时，通过绩效合同管理的方式保证执行机构享有很大的自主权这一方式实现决策职能和执行职能的分离。在我们看来，造成这两种差异的主要原因在于中央政府更多地承担了决策职能，而地方政府更多地承担了执行职能。这种分工上的不同侧重在一定程度上影响了中央政府和地方政府公务员的选择，导致更多的中央政府公务员倾向于通过决策部门对执行部门的控制来保证决策得以执行，而地方政府公务员更倾向于扩大执行部门的独立性或自主权。

然而，两者也存在相似之处。一是地方政府和中央政府的公务员在实行决策与执行分离后决策部门与执行部门之间的关系的态度上一样，都没有形成明显多数意见。二是地方政府和中央政府的公务员在执行部门保持一定的独立性或享有很大的自主权上的态度基本一致。地方政府的公务员中，赞成的意见占到75.4%，中央政府的公务员中的赞成意见占到76.4%。三是地方政府和中央政府的公务员对表中的第二种方案的支持率非常接近，且在三种方案的支持率中都是最低的。上述分析的三点相近之处，一是反映出无论是中央政府的公务员还是地方政府的公务员在实现决策与执行职能分离时，决策部门和执行部门之间的关系具体采取哪种方案都没有明显的多数倾向意见，意见分歧还很大。二是反映出无论是中央政府的公务员还是地方政府的公务员都整体表现出对第二种方案即执行部门在受决策部门直接管辖的情况下能否实现决策与执行职能分离的明显不信任的态度。

四、基于不同府级公务员分类的数据分析（见表6-31）

表6-31　如果实行决策与执行分离，关于决策部门与执行部门之间的关系，您认为哪种方案比较可行？

选项	统计	国家部委	省级政府	市级政府	县级政府
[1] 两者都直属于政府，执行部门与决策部门平级，保持一定的独立性	选择计数	169	301	325	291
	百分比（%）	36.6	49.8	49.2	49.3
[2] 决策部门直属于政府，执行部门附属于决策部门，受决策部门直接管辖	选择计数	93	125	175	127
	百分比（%）	20.1	20.7	26.5	21.5
[3] 决策部门直属于政府，执行部门附属于决策部门，但决策部门对执行机构采取实行绩效合同管理，执行机构享有很大的自主权	选择计数	184	168	147	166
	百分比（%）	39.8	27.8	22.3	28.1
[4] 其他	选择计数	16	10	13	6
	百分比（%）	3.5	1.7	2.0	1.0
总计	参选人数	462	604	660	590
	百分比（%）	100	100	100	100

从上述表6-31可以看出：属于地方政府之列的省级政府、市级政府和县级政府的公务员对第一种方案的支持度基本一致，明显高于国家部委公务员对第一种方案的支持度。国家部委公务员明显高于地方三级政府公务员对第三种方案的支持度。造成这两种差异的主要原因在于中央政府与地方政府相比而言，中央政府更多地承担了决策职能，而地方政府更多地承担了执行职能。这种分工上的不同侧重在一定程度上影响了中央政府和地方政府公务员的选择，导致更多的中央政府公务员倾向于通过决策部门对执行部门的控制来保证决策得以执行。而地方政府公务员更倾向于扩大执行部门的独立性或自主权。

五、基于不同地区公务员的分类的数据分析（见表6-32）

表6-32 如果实行决策与执行分离，关于决策部门与执行部门之间的关系，您认为哪种方案比较可行？

选项	统计	东部地区	中部地区	西部地区
[1] 两者都直属于政府，执行部门与决策部门平级，保持一定的独立性	选择计数	148	188	581
	百分比（%）	52.7	51.5	48.1
[2] 决策部门直属于政府，执行部门附属于决策部门，受决策部门直接管辖	选择计数	60	71	296
	百分比（%）	21.4	19.5	24.5
[3] 决策部门直属于政府，执行部门附属于决策部门，但决策部门对执行机构采取实行绩效合同管理，执行机构享有很大的自主权	选择计数	68	92	321
	百分比（%）	24.2	25.2	26.6
[4] 其他	选择计数	5	14	10
	百分比（%）	1.8	3.8	0.8
总计	参选人数	281	365	1 208
	百分比（%）	100	100	100

从图6-6可以看出：一是东部地区和中部地区在实行决策与执行分离，决策部门与执行部门的关系采取何种方案问题上形成了超过50%的多数意见，且意见一致，都认为第一种方案比较可行。二是东部地区、中部地区和西部地区对第一种方案的支持度依次递减，对第三种方案的支持度依次递增，尽管差别很小。三是西部地区比东部地区、中部地区相比有更多比例支

持第二种方案。通常而言，东部地区、中部地区和西部地区的经济发达程度依次递减。如上述所言，东部地区、中部地区和西部地区对第一种方案的支持度依次递减，而对第三种方案的支持度依次递增，这反映了不同地区的公务员在关于决策部门与执行部门之间的关系方案的选择上在很大程度上受本地区经济发展水平的制约和影响。也就是说，经济越发达的地区，越倾向于执行部门与决策部门之间保持一定的独立性；经济越落后的地区，越倾向于加强决策部门对执行部门的管辖。

六、调查结论

英美等国行政决策、执行关系的经验给我们以启示，但是我国政府权力结构的创新与完善必须立足于本国国情。中国是一个单一制国家，地方分权程度不高，中央政府承担着繁重的行政决策和监督任务，而决策的执行则分别由中央、地方、社会等多方主体承担。这都影响到政府权力结构的设置。另外，中国的市场经济体系建设仍在推进的过程中，市场不成熟、社会自治不发达，尤其是地方政府肩负着培育市场、管理国有资产、促进社会发展等职能，这与成熟的市场经济国家不能比拟，这也决定了中国的政府权力结构的历史特殊性。另外，从传统治理模式看，伦理文化造成了中国比较擅长于纵向的控制而不是横向的制衡，因此，在学习和借鉴西方经验时，首先要考虑条件是否成熟，以防生搬硬套而无法有效运行。

从上述分析，我们可以得出这样的结论：一是整体而言，无论是何种层级的政府，还是何种地区的政府的被调查者大多数赞成执行部门应该保持一定的独立性或享有一定的自主权。二是执行部门独立性或自主权的大小，与政府的不同层级地位有关，与经济社会发展水平呈正比。同时，也证明执行部门与决策部门关系具体设计方案应该因地制宜，不宜整齐划一。

第六节　政府决策权配置模式与路径选择的实证分析

一、序言

本题的着眼点在于探讨政府决策权配置的具体模式与路径选择。政府决策权，是政府行政权力的重要内容，是政府履行行政职能的必要手段。从功能上而言，政府行政权力可分为决策、执行、监督三种不同功能。虽然三者各司其职，但从重要性、影响面来加以考虑的话，决策功能在政府行政权力中最为重要。因此，从这一角度而言，政府决策权实质上是将政府行政权力按功能再分解后的下位权力，其从属于政府行政权，但在政府行政权力体系中居于首要位置。从政府层级角度而言，政府层级越高，其决策事项的重要程度、覆盖面、考虑因素即越多，决策的难度即越大。而决策权的科学配置，从组织法角度而言，是政府决策的源头，只有有了科学配置的决策权，决策权的具体行使才有科学的可能。因而，政府决策权配置模式与路径选择，在很大程度上影响着决策权行使的实际效果，继而影响着政府权力运行的效果。作为体制内的政府公务员，本身以各种形式参与政府决策，对政府决策权配置模式与路径选择的体验远较其他人群有更深切的体会，其对该问题的理解以及对后续配置模式与路径选择的认同与否将在很大程度上影响着政府决策权运作效果。因此，各级公务员对我们所列举的影响政府决策权配置模式与路径选择的因素的理解，对于革新我国政府决策权配置模式与路径选择，具有重大意义。为此，我们以中央与地方公务员作为调查对象，通过广泛调研，验证理论中政府决策权配置模式与路径选择的现实支持度，以期为政府决策权配置模式与路径选择提供建设性意见。

（一）本题的设计缘由

从当前我国政府权配置模式与路径来看，以事权为中心配置决策权是行政管理体制的核心模式，其基本路径选择是采取“条块分割”的管理体制，按照事权来配置整体的行政权力，其中当然也包括政府决策权。在这种模式与路径下，政府决策权本身的功能属性没有被独立出来，某种程度上使得决策、执行、监督三种权力的功能混同，另一方面，由于政府决策权依附于（混同）整体行政权力，在政府行政权力体系内部，无法构建对政府决策的有效监督，决策、执行、监督三种功能集中于一身的事权配置模式已经越来越不适应社会发展与行政管理的现实需要。

具体来说，首先，以事权为中心配置政府决策权（政府行政权）无法满足社会现实需要。从理论上而言，事权为中心配置政府决策（政府行政权）具有与社会事务一一对应的关系。事权理论上可以穷尽社会上的各项事务。

然而，从现实来看，社会事务的复杂多变是不争的社会现实，而当代社会的多变性远超以往，复杂的社会事务使得与之对应的“事权”在现实中无法实现一一对应，为缓解此类矛盾，“事权模糊化”成为政府决策权配置中的一个无法回避的事实。而“事权模糊化”的必然后果则是在导致决策事项的“模糊化”，原本以“事权”为中心配置的权力与主体相对应，一事一权力，一事一主体的目的也被“模糊化”，客观上产生了“九龙治水”以及“无龙治水”的现象。“选择性决策”、继而在此基础上的“选择性执法”也就理所当然。其次，事权为中心配置决策权（政府行政权），无法满足政府决策权本身对决策功能的明确性。从功能上而言，政府行政权可分为决策、执行、监督三种不同功能，各自功能对权力配置的要求本质上有明显的不同。从政府决策权功能上来看，其对权力配置的要求主要集中于“科学、明确、高效”上。科学强调决策的科学性，明确强调决策事项的明确性，而高效则强调决策的迅速性。在这三种权力配置的要求中，科学是居于首位的，这是决策权行使的必然要求。而执行、监督虽然也强调权力配置的科学性，但其同决策权配置所要求的科学性相比是截然不同的。另外，现有的事权配置政府行政权，客观上将决策、执行、监督三种功能集中于一身，模糊了三种功能各自对权力配置的要求，无法体现政府决策权实现决策功能的必然要求。

从世界范围内来看，强化政府决策权已成为政府权力结构改革的方向与重点，政府作为本行政区域内综合性管理与服务机关，其通过政府决策来施行管理与服务，将具体执行从本机关分离出去，不仅符合政府权力分工制约的理念，也符合专门机构执行较之政府本身执行更具有专业性与迅速性的要求。因此，对政府决策权配置模式与路径选择需要进行重构，而这种重构必须在既有以事权为中心配置政府决策权的配置模式与路径选择深入分析对比的基础上进行，必须在明确影响政府决策权配置模式与路径选择的诸因素的基础上进行。为此，我们有针对性地设计了影响政府决策权配置模式与路径选择的诸因素，被调查者涵盖了东部、中部、西部地区以及国家部委、省、市、县级政府公务员，以期得到全面而准确的数据，在此基础上寻求政府决策权配置模式与路径选择的具体方案。

（二）调查问卷的相关问题说明

本题题干下设 7 个分支选项，本题的设计情况如下：

以下关于政府权力结构在决策权配置方面的建议，您认为哪些比较合理？（多项选择题）

[1] 将职能相近的部门整合一起

[2] 将负责制定决策目标的部门和掌握人、财、物等决策手段的部门整合在一起

[3] 加强决策的信息搜集和咨询论证，并设置相应的机构

[4] 加强决策的研究，设置专门的研究机构

[5] 加强决策的互动系统，通过听证等方式充分听取公众的意见

[6] 提高决策人员的决策能力和综合素质

[7] 其他

针对以上选项，共有以下三个方面的问题需要加以说明。

1. 关于政府决策权及其配置

决策一词，从语义学角度而言，具有“决断”“策略”的意思，从此意义而言，决策实质上为实现某一目标而对相关策略进行决断的过程。20 世纪 40 年代，决策科学作为一门新兴学科开始兴起。[①] 从决策的目标，到决策的过程，再到决策的模式，都成为决策科学的研究内容。而政府决策，指政府在其职权范围内，为实现政府职能所进行的决策过程。由于政府决策，涉及政府权力的运用，关联到政府职能的实现，涉及社会公共利益与秩序的维护，因而，政府决策日益成为各种相关学科研究的对象。而在政府决策的诸环节中，政府决策权及其配置成为政府决策研究的首要环节。

政府决策权，简单而言，是用于决策的政府权力的简称。从政府权力的属性上来看，行政权是政府权力的必然属性，而行政权从功能上来加以区分的话，又可将其分为决策、执行、监督三种不同功能。因而，政府决策权，实质是政府行政权力体系中，用于决策的权力体系，是政府权力的有机组成部分。从政府决策的过程来看，政府决策权是政府决策的源头，只有明确政府决策权的范围、主体及行使规则，政府决策才能顺利进行，因此。政府决策权及其配置，是政府决策体系的首要环节。

英国著名行政法学者威廉·韦德指出，“权力的配置以及对权力的限制

① 贺善侃，黄德良．现代行政决策．上海：上海大学出版社，2001：1.

构成了行政法中的主题”[①]。而权力的配置总是要由一定的主体来承担，因而，如何将一定的主体“有机”的组织起来，将是权力配置、权力行使的前提条件。从此意义上来说，政府决策权的配置必然要与政府决策权行使主体的组织机构紧密结合，如果政府决策权是政府决策的核心，则承载决策权的行使主体的组织机构将是政府决策的基本架构，政府决策权的配置实质上是在该组织机构中进行权力的分配与组织，通过政府决策权这一核心将该组织机构的各要素有机聚合，使其能够有效承载政府决策权，继而实现政府决策权的有效运作。

2. 关于问题选项

本题的选项共涉及 7 个选项，从选项所涉及的事项来看，可将选项归入三大类，即部门整合类选项、决策辅助系统类选项及其他选项。首先，从部门整合类选项来看，强调以功能为中心，将职能相近的部门以及与其相关联的部门整合在一起。此类选项中共包含两个，分别是“将职能相近的部门整合一起”以及“将负责制定决策目标的部门和掌握人、财、物等决策手段的部门整合在一起”。前者是单纯地从部门职能的角度出发，并未考虑决策本身的过程与特点，将职能相近的部门整合于一体；而后者则是从决策本身的过程与特点出发，将制定决策目标的部门与保障决策进行的部门整合在一起。两个选项的关系实质上是“横向”与“纵向”的关系。从决策的专业化来看，“纵向”的整合更有利于决策的顺利进行。其次，从决策辅助系统类选项来看，强调强化决策辅助系统的建设，以期为决策提供有利的支撑是此类选项的共同特点。此类选项共包含四个选项，分别是“加强决策的信息搜集和咨询论证，并设置相应的机构”；“加强决策的研究，设置专门的研究机构”；“加强决策的互动系统，通过听证等方式充分听取公众的意见”；“提高决策人员的决策能力和综合素质”。分别涉及决策信息系统、决策研究系统、决策互动系统及决策人员自身建设四个方面。从决策的实际过程来看，决策信息系统及决策研究系统解决的是决策“科学化”的问题，而决策互动系统解决的是决策“民主化”问题，而决策人员自身建设则解决决策的组织化问题。对上述选项的不同选择，可折射出当前决策辅助系统存在的问题及改进路径。

---

① WADE. Administrative law Oxford：Oxford University Press，1988：4-5.

3. 调查采集的基本信息（见表 6－33）

表 6－33　政府决策权配置模式与路径选择影响因素总体数据：以下关于政府权力结构在决策权配置方面的建议，您认为哪些比较合理？

选　项	选择计数	百分比（%）
［1］将职能相近的部门整合一起	1 631	70.2
［2］将负责制定决策目标的部门和掌握人、财、物等决策手段的部门整合在一起	794	34.2
［3］加强决策的信息搜集和咨询论证，并设置相应的机构	1 263	54.4
［4］加强决策的研究，设置专门的研究机构	1 069	46.0
［5］加强决策的互动系统，通过听证等方式充分听取公众的意见	1 619	69.7
［6］提高决策人员的决策能力和综合素质	1 484	63.9
［7］其他	26	1.1
总计	2 322	100.0

二、总体分析

本部分以所有的调查问卷为分析对象，分析当前影响政府决策权配置方面的影响因素，并以此为基础，探寻政府决策权配置模式与路径选择。

对表 6－33 中的数据按照公务员选择比例大小进行重新排序，得到表 6－34。

表 6－34　政府决策权配置模式与路径选择影响因素影响力排序：以下关于政府权力结构在决策权配置方面的建议，您认为哪些比较合理？

新序号	选　项	选择计数	百分比（%）
1	［1］将职能相近的部门整合一起	1 631	70.2
2	［5］加强决策的互动系统，通过听证等方式充分听取公众的意见	1 619	69.7
3	［6］提高决策人员的决策能力和综合素质	1 484	63.9
4	［3］加强决策的信息搜集和咨询论证，并设置相应的机构	1 263	54.4
5	［4］加强决策的研究，设置专门的研究机构	1 069	46.0
6	［2］将负责制定决策目标的部门和掌握人、财、物等决策手段的部门整合在一起	794	34.2
7	［7］其他	26	1.1
	总计	2 322	100.0

表格显示，被调查者认为影响政府决策权配置与路径选择的建议中的前三位因素是将职能相近的部门整合一起；加强决策的互动系统，通过听证等方式充分听取公众意见；提高决策人员的决策能力和综合素质。其中，将“职能相近的部门整合在一起”占据首位，70.2%的被调查者认为将职能相近的部门整合在一起是决策权配置方面最合理的建议。将职能相近的部门整合在一起，其实质的要求是对我国目前的权力配置模式所进行的根本性变革。

由于我国目前在权力配置模式上采取的是以“事权”为中心，根据管辖事项来进行权力的配置，客观上产生很多弊端。首先，“事权”为中心配置权力，不能适应社会管理的现实需要。由于社会事务的复杂多样，现实中很难说某一事项与其他事项不密切相关，基于此，很多事项均天然地与其他事项相关联。因此在权力配置上就会出现多个部门对同一事项均具有职能（权），出现“九龙治水”“职权交叉”的局面。虽然从实践上来看，职权完全不产生交叉基本上不太可能，但可以肯定的是，职权交叉不仅能降低行政效能，而且容易产生“选择性决策”“选择性执法”。对于该部门履行职能以及所涉及的行政管理事项而言，极为不利。其次，以“事权”为中心配置权力，不能适应政府机构改革对政府机构设置的要求。虽然政府机构日益膨胀已成为世界各国难以解决的痼疾，但世界各国均在试图通过各种方法实现政府机构的精简、高效运转。而以“事权”为中心配置权力，客观上使得政府机构设置被“事项”所绑架，政府机构设置被行政管理事项倒逼，由于行政管理事项随社会的发展而不断变化，新的事项也日渐增多，以此模式发展，势必会导致政府机构的无限膨胀，与政府机构改革的大方向完全背道而驰。由此来看，将职能相近的部门整合在一起，表面上实现的是职能重新“洗牌”，政府机构的精简、高效，其实质是对既有的权力配置模式提出根本性变革的要求，即对当前以“事权”为中心配置权力的模式进行革新，以适应权力运作、政府机构设置以及行政管理现实的需要。

加强决策的互动系统，通过听证等方式充分听取公众意见选项成为影响决策权力配置模式与路径选择等建议中位居第二的选项。有69.7%的被调查者认为该选项对于政府决策权力配置模式与路径选择意义重大。这表明，决策互动系统作为决策辅助系统的组成部分，在决策中日益发挥着重大作用。政府决策权配置的目的，既要体现决策权行使的价值目标，也要实现决策权行使的直接目的。首先，决策民主日益成为决策的价值追求。传统的政治学理论强调“精英政治”，认同社会的治理主要依赖的是少数的精英。但从唯物论的视角来看，社会公众才是推动社会进步的核心力量。“精英政治”在信息化社会中更失去了其存在的社会基础，在海量信息共享的情况下，每一个社会主体均有可能成为决策的“精英”。社会的发展决定了必须对相关的治理理论进行发展与变革。从现代社会“治理理论”来看，多元治理已成为利益多元化社会不可逆转的潮流。在决策中强调决策民主，加强决策的互动系统，通过听证等方式充分听取公众意见，不仅能体现决策民主，赋予决策实质意义上的合法性，更有助于决策的实施。其次，参与式决策，从某种意义上有助于决策的科学。如果说决策的民主体现了决策的价值目标的话，那么决策科学则是决策的最直接目的。现代社会事务的复杂性，使得决策的难度较之以往更大。如何能够确保决策科学，除了有专业的决策辅助、研究系统支持以外，充分理解既有的利益诉求，在各种利益间进行平衡也是决策科学必须考虑的因素。从某种意义上来讲，决策实质上是对该决策所涉及主体利益的分配，因此，充分理解决策所涉及主体的利益诉求，是决策科学的前提条件。现代公共行政事项，不能脱离公众利益的分配。参与式决策，以听证等方式充分听取公众的利益诉求，在此基础上予以充分考虑进行决策，可有效实现决策科学。

提高决策人员的决策能力和综合素质，在政府决策权配置模式与路径选择建议选项中位居第三位，有 63.9%的被调查者认为此建议在政府决策权配置方面比较合理。这既反映出决策人员的决策能力与综合素质在政府决策权配置方面的重要性，也从反面反映出当前决策人员的决策能力与综合素质并不能尽如人意，或者至少与政府决策权配置方面不能尽如人意。首先，决策人员的决策能力与综合素质是影响决策权行使效果的重要因素。从根本上来说，决策权的行使最终仍需要依靠决策人员在综合考量各方面因素，在决策辅助系统的支撑下独立做出。虽然决策民主，参与式决策都强调公众与决策人员互动的重要性，但公众始终无法取代决策人员的作用。因而，决策人员的决策能力和综合素质，尤其是对各方利益的平衡协调能力，以及对决策可能会造成的社会影响等各方面的综合统筹能力是影响决策权行使效果的重要因素。其次，当前决策人员的决策能力与综合素质存在着无法适应决策需求的实际状况。虽然没有进一步的数据支持这一论断，但对决策人员决策能力与综合素质的关注度如此之高，本身就能说明现在的状况不容乐观。传统的决策权配置模式下，由于以“事权”为中心，因此，决策人员惯于“单一性”思维，仅就该“事项”进行决策，统筹全局、平衡各方利益的决策能力并未受到足够重视，从而使得决策本身缺乏与其他配套制度、其他决策的平衡与协调，从而导致决策本身的生命力、持久性、社会性乃至合法性均受到严重质疑。这虽然是许多因素共同作用的结果，但决策人员决策能力与综合素质无法与现代社会行政管理事项对决策人员提出的能力与素质要求适应却也是导致上述结果发生的重要因素。

“加强决策的信息搜集和咨询论证，并设置相应的机构”；“加强决策的研究，设置专门的研究机构”；“将负责制定决策目标的部门和掌握人、财、物等决策手段的部门整合在一起”，上述三个选项在合理性建议排序中分别位于第四、第五与第六位，其支持数据分别为 54.4%、46.0%与 34.2%。加强决策的信息搜集和咨询论证，并设置相应的机构；加强决策的研究，设置专门的研究机构，这两个选项表明决策辅助系统对决策权配置模式与路径选择的重要意义，前者强调决策信息收集与整理对决策权配置的重要性，这主要由于，只有在充分的信息了解的基础上，决策才有可能科学、有效。而后者则强调专门的决策研究机构对决策权配置的特殊意义，专门的研究机构能够提供给决策人员专业的分析，有助于决策的科学、有效。值得注意的是位于第六位的“将负责制定决策目标的部门和掌握人、财、物等决策手段的部门整合在一起”，该选项的核心目的也是进行部门整合，不过其整合的方向与位于第一位的“职能整合”选项的方向不同，其整合的方向是以决策权运作发展方向为依据，从“纵向”上强调部门整合，从利于决策运作的角度上来看，这种“纵向”整合更能体现决策的专业性，但其数据显示对该选项仅有 34.2%的被调查者认为是合理的。这固然与很多人对于决策运作的方向未能深入了解有一定关系，但更可能的原因则是此种整合虽有利于实现决策权的运作，但却不利于对决策权、决策人员决策行为的监督与制约。

三、基于中央与地方公务员的分类数据分析

由于中央与地方公务员在决策权运作、决策辅助系统构成及发挥作用方

面有较大区别，因而，我们选取中央与地方公务员进行抽样调查，统计结果见表 6－35。

表 6－35　中央及地方公务员对政府决策权配置模式与路径选择的合理性建议因素数据：以下关于政府权力结构在决策权配置方面的建议，您认为哪些比较合理？

选　项	统　计	地方政府	中央政府
[1] 将职能相近的部门整合一起	选择计数	1 303	328
	百分比（%）	70.2	70.5
[2] 将负责制定决策目标的部门和掌握人、财、物等决策手段的部门整合在一起	选择计数	627	167
	百分比（%）	33.8	35.9
[3] 加强决策的信息搜集和咨询论证，并设置相应的机构	选择计数	1 006	257
	百分比（%）	54.2	55.3
[4] 加强决策的研究，设置专门的研究机构	选择计数	856	213
	百分比（%）	46.1	45.8
[5] 加强决策的互动系统，通过听证等方式充分听取公众的意见	选择计数	1 290	329
	百分比（%）	69.5	70.8
[6] 提高决策人员的决策能力和综合素质	选择计数	1 199	285
	百分比（%）	64.6	61.3
[7] 其他	选择计数	18	8
	百分比（%）	1.0	1.7
总计	参选人数	1 857	465
	百分比（%）	100.0	100.0

将表 6－35 用曲线图表达出来，可得图 6－7。

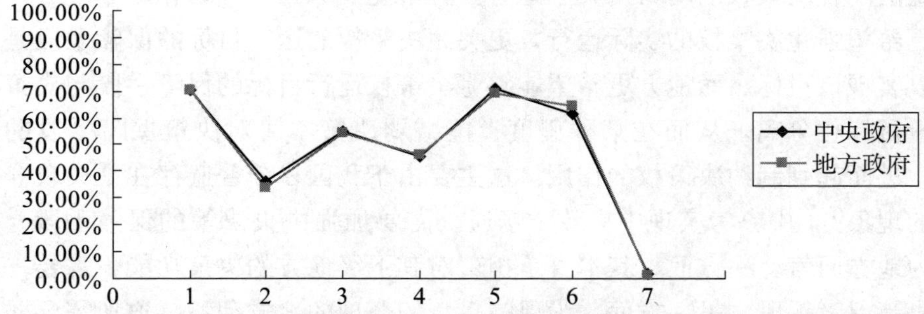

图 6－7　中央及地方公务员对政府决策权配置模式与路径选择的合理性建议因素数据

从表 6－35 及图 6－7 中可以看到，中央及地方公务员在政府决策权配置模式与路径选择的合理性建议因素选择上呈现出高度的一致性。认为最合理的选项分别是“将职能相近的部门整合一起”；“加强决策的互动系统，通过听证等方式充分听取公众的意见”；“提高决策人员的决策能力和综合素质”，其中，前两个选项的数据地方及中央分别为70.2%、70.5%；69.5%、70.8%；分别相差0.3个百分点及1.3个百分点，数据基本一致。而在排序为第三的选项“提高决策人员的决策能力和综合素质”中，地方及中央的数据分别为64.6%、61.3%，地方认同此选项合理的人数比中央认同的高出3.3个百分点，其可能的原因在于相较于中央，地方公务员在决策时的统筹能力、利益平衡协调能力较弱。这主要由于中央许多决策不可避免要涉及政策的配套性，各地利益的协调性，而地方此类事项较之于中央要少，因而地方公务员较中央公务员缺乏此类能力。当然，也不排除中央决策时较少考虑地方合理利益，对地方的统筹力度不够，因而地方公务员更希望能提升中央决策人员的决策能力及综合素质的可能。

在所有选项中，除“其他”选项之外，“将负责制定决策目标的部门和掌握人、财、物等决策手段的部门整合在一起”选项的数据排在最后，地方及中央的数据分别为33.8%、35.9%，地方认同此选项合理的人数比中央认同的低2.1个百分点，相较于整体大致相同的数据来看，2.1个百分点已经属于一个相对偏离整体数据的特殊数据了。这表明虽然从总体上无论是中央还是地方均不太认同在决策权配置模式与路径选择上，将负责制定决策目标的部门和掌握人、财、物等决策手段的部门整合在一起，但中央对采纳此种做法配置决策权的动力仍大于地方。其可能的原因在于，相对于地方，中央更希望强化决策权的实际运行，更关注决策权的运行目标的保障手段是否足以实现该目标。而地方更希望能够将决策权运行目标的保障手段与决策权运行目标相分离，从而在某种程度上能减弱决策本身对决策保障手段的影响，进而起到制约决策权的作用。这主要由于我国目前普遍存在中央政令不畅的现象①，中央为实现中央政令畅通，需要加强中央决策的保障手段。而作为地方而言，一方面，其本身承担着对其下级地方的决策功能，需要一定的决策保障手段，另一方面，为保障自身的合理的地方利益，迫切需要弱化中央决策的保障手段，因此，才会出现地方公务员一方面认同“将负责制定

① 薛刚凌．中央政令不畅的原因与对策——基于对地方公务员的数据调查．国家行政学院学报，2010（2）．

决策目标的部门和掌握人、财、物等决策手段的部门整合在一起”，另一方面在认同度上又较其他选项明显低于中央公务员的现象。

四、基于不同府级公务员的分类数据分析

在我国，行政层级多样，最为常见的是五级政府，即中央——省——地级市——县（县级市）——乡、镇。由于基层政府在行政管理体制改革的基本方向是强化执行功能，弱化决策功能。加之中央——省——地级市——县（县级市）的决策本身呈现出很大的不同性。因此，本调查数据主要选取中央（以国家部委为样本）、省、市、县四级政府公务员为样本进行调查，统计结果见表6－36。

表6－36 不同府级公务员对政府决策权配置模式及路径选择的合理性建议因素数据：以下关于政府权力结构在决策权配置方面的建议，您认为哪些比较合理？

选 项	统 计	国家部委	省级政府	市级政府	县级政府
[1] 将职能相近的部门整合一起	选择计数	328	435	474	394
	百分比（%）	70.5	71.8	71.9	66.6
[2] 将负责制定决策目标的部门和掌握人、财、物等决策手段的部门整合在一起	选择计数	167	221	197	209
	百分比（%）	35.9	36.5	29.9	35.3
[3] 加强决策的信息搜集和咨询论证，并设置相应的机构	选择计数	257	338	368	300
	百分比（%）	55.3	55.8	55.8	50.7
[4] 加强决策的研究，设置专门的研究机构	选择计数	213	288	314	254
	百分比（%）	45.8	47.5	47.6	42.9
[5] 加强决策的互动系统，通过听证等方式充分听取公众的意见	选择计数	329	450	446	394
	百分比（%）	70.8	74.3	67.7	66.6
[6] 提高决策人员的决策能力和综合素质	选择计数	285	401	420	378
	百分比（%）	61.3	66.2	63.7	63.9
[7] 其他	选择计数	8	6	5	7
	百分比（%）	1.7	1.0	0.8	1.2
总计	参选人数	465	606	659	592
	百分比（%）	100.0	100.0	100.0	100.0

根据表6－36的数据做成曲线图，可得图6－8。

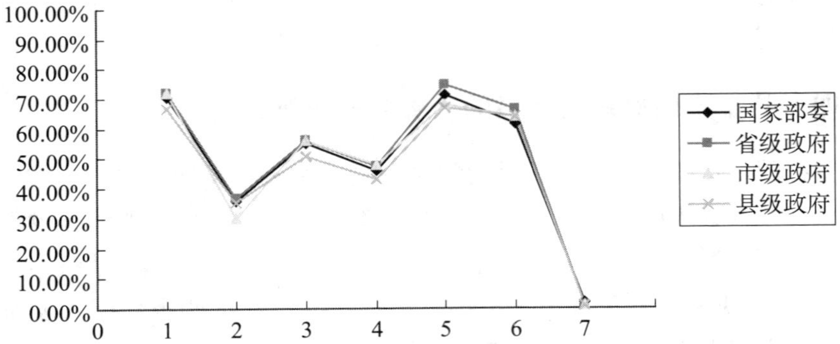

图 6-8 不同府级公务员对政府决策权配置模式及路径选择的合理性建议因素数据

根据表 6-36 及图 6-8 可以看到，不同府级公务员对于政府决策权配置模式及路径选择的合理性建议因素的选项整体呈现趋同的态势，在 7 个选项中，认为最具合理性的分别是“将职能相近的部门整合一起”；“加强决策的互动系统，通过听证等方式充分听取公众的意见”；“提高决策人员的决策能力和综合素质”，在国家部委及省级政府公务员选择项上，位于第一位的是“加强决策的互动系统，通过听证等方式充分听取公众的意见”，而市、县级政府公务员则认为“将职能相近的部门整合一起”选项最为合理。选项次序的差异表明，较高层级的政府更关注决策权行使的民主化、实质合法化以及对公众意见的回应，而较低层级的政府则更关注如何避免决策的“政出多门”。

在“将职能相近的部门整合一起”选项中，除县级政府公务员数据为 66.6%以外，从国家部委、省级政府再到市级政府，数据分别为 70.5%、71.8%、71.9%，县级政府公务员数据明显低于其他府级公务员。其可能的原因是就县级政府而言，日常生活中更多的是面临如何进行决策的执行，而决策过程中经常出现的“部门利益”“地方利益”之争虽然也存在，但较之于其他层级政府而言，要明显偏少，从此意义上而言，其对职能相近的部门整合一起的动力要弱于其他府级政府。另外，从另一角度而言，相对于其他层级政府，县级政府更注重于决策的执行，决策权配置中，将职能相近的部门整合一起可缓解“令出多门”，一定程度上，能缓解因“政出多门”导致的执行时的无所适从。但对执行体制而言，是否应随决策权配置模式与路径选择而进行相应的变动，则有可能是县级政府对“将职能相近的部门整合一起”选项的潜在担忧。这两方面因素结合，导致县级政府在此选项上的数据明显低于其他层级政府。

在“加强决策的互动系统，通过听证等方式充分听取公众的意见”选项中，不同层级政府公务员则呈现出相对的较大差异。从国家部委、省级政府、市级政府到县级政府，数据分别为70.8%、74.3%、67.7%、66.6%，其中以省级政府的认同度最高，而县级政府的认同度最低，两者相差7.7个百分点。从各级政府决策事项及其与所涉及公众的距离上来看，理应县级政府更注重与公众的沟通，但数据却并不支持此一论断。其可能的原因在于，就省级政府而言，在我国政府层级中，中央与地方的关系，实质上更多的指的是中央与省级政府的关系。省级政府承担着本省公众在中央决策的利益代言人的角色，而省级政府自身决策的事项通常是将中央决策涉及本省的部分进行进一步的指标分解，是在中央决策基础上的“再决策”，是体现本省实际情况的决策过程；或者是就本省的具体情况进行决策的事项，这实质上是基于本省上实际情况的“自主决策”。两者的基础均是在了解本省实际情况的条件下进行的，而前者则增加了对中央政令决策的贯彻的条件。从此意义上来说，如何将中央政令决策对本省公众解释清楚，以实现中央政令在本省领域内的“再决策”得到本省公众的支持或实现“自主决策”的民主化是省级政府决策权配置模式和路径选择时不得不面对的首要问题。因此，省级政府公务员在决策的互动系统建设，以听证等方式听取公众意见的压力要明显大于其他层级政府，对此选项的重视程度与认同程度要明显高于其他层级政府。而省级政府之下的市级政府、县级政府决策而言，其地位虽然也与省级政府在中央决策所属的地位大体相同，但在省、市、县政府之间并不存在省政府与中央政府之间明显的“央地关系”属性，因而其决策权配置模式与路径选择的基础性条件与省级政府并不完全相同，而且就市级政府与县级政府而言，其决策权配置在很大程度上受到制约，相较于决策权配置而言，其更关注执行权配置的问题，因此，在此选项上，市级政府、县级政府的认同度较之省政府为低。

在“提高决策人员的决策能力和综合素质”选项中，从国家部委、省级政府、市级政府再到县级政府，数据相差不大，分别为61.3%、66.2%、63.7%、63.9%。其中省级政府公务员对此数据认同度最高，可能的原因在于省级政府决策本身的特殊性。如前所述，省级政府决策通常可分为执行中央决策的“再决策”以及“自主决策”两种不同类型，前者需要面对中央决策，后者需要面对市级政府、县级政府决策，从此意义上而言，省级政府起到承前启后的作用，一方面是中央决策在地方具体化的关键环节，另一方面是市级、县级政府决策的基础性条件，因而，相比于其他层级政府，省级政府对决策科学性、民主化、合法化等决策权运行时的要求更高，其在决策权配置方面对于决策人员决策能力和综合素质的要求要高于其他层级政府公务员。

五、基于不同地区公务员的分类数据分析

由于地理环境、发展程度、公众意识等方面的差异，在决策权配置模式与路径选择中，不同地区的公务员会有较大差异，因此，我们分别选取东、中、西部地区进行抽样调查，统计结果见表 6－37。

表 6－37　不同地区公务员对政府决策权配置模式及路径选择的合理性建议因素数据：以下关于政府权力结构在决策权配置方面的建议，您认为哪些比较合理？

选　项	统　计	东部地区	中部地区	西部地区
[1] 将职能相近的部门整合一起	选择计数	190	285	828
	百分比（%）	67.6	77.9	68.4
[2] 将负责制定决策目标的部门和掌握人、财、物等决策手段的部门整合在一起	选择计数	93	115	419
	百分比（%）	33.1	31.4	34.6
[3] 加强决策的信息搜集和咨询论证，并设置相应的机构	选择计数	155	214	637
	百分比（%）	55.2	58.5	52.6
[4] 加强决策的研究，设置专门的研究机构	选择计数	131	165	560
	百分比（%）	46.6	45.1	46.3
[5] 加强决策的互动系统，通过听证等方式充分听取公众的意见	选择计数	201	274	815
	百分比（%）	71.5	74.9	67.4
[6] 提高决策人员的决策能力和综合素质	选择计数	190	248	761
	百分比（%）	67.6	67.8	62.9
[7] 其他	选择计数	2	2	14
	百分比（%）	0.7	0.5	1.2
总计	参选人数	281	366	1 210
	百分比（%）	100.0	100.0	100.0

将表 6-37 的数据作成曲线图，可得图 6-9。

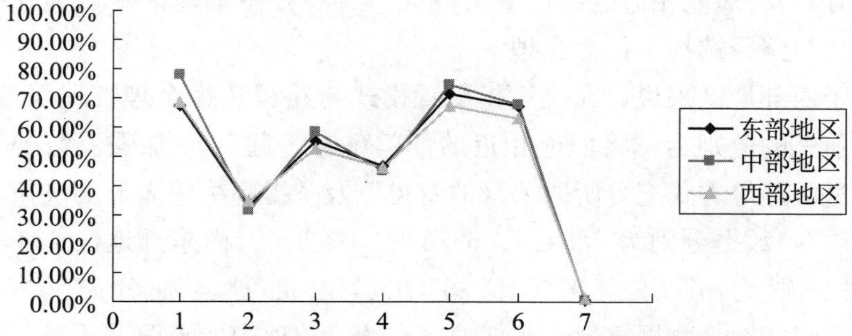

图 6-9　不同地区公务员对政府决策权配置模式及路径选择的合理性建议因素数据

从表 6-37 及图 6-9 可以看出，不同地区公务员对政府决策权配置模式及路径选择的合理性建议因素选择总体上呈现出一致的趋势，但各地区又有各自特点。对于东部地区而言，最具合理性的选项是“加强决策的互动系统，通过听证等方式充分听取公众的意见”，数据为 71.5%。而中部及西部地区认为最具合理性的选项为“将职能相近的部门整合一起”，数据分别为 77.9%、68.4%，分别高出东部地区 67.6%的认同度 10.3、0.8 个百分点。其可能的原因在于，就东部地区而言，区域间协调合作机制相对比较成熟，长三角、珠三角、环渤海城市群在协同决策中积累了较为成熟的经验，因此在决策权配置模式与路径选择上，事实上已经开始进行“职能整合”，而且，在目前未完成“职能整合”的大背景下，通过区域协调、联席会议制度等探索，对因职能交叉导致的“令出多门”起到了一定程度的缓解。而另一方面，东部地区因改革开放力度较大，公众权利意识较为发达，对决策民主、参与式决策的要求较高。因此，东部地区认为决策权配置模式与路径选择中“加强决策的互动系统，通过听证等方式充分听取公众的意见”选项最为合理。

中部地区，区域间协调合作等相关制度仍处于初创时期，决策间的“令出多门”无法得到有效缓解，加之国家发展政策上一直缺乏专门针对中部地区的倾斜性政策，从而使得中央决策对于中部地区而言始终缺乏统一的总体性方针及政策，这客观上加剧了因职能交叉导致的“令出多门”，对中部地区进一步决策构成了极大困扰，虽然决策民主、参与式民主是决策权配置的发展方向，但对于当前中部地区决策权配置而言，首要解决的却是“令出多门”，因而“将职能相近的部门整合一起”选项在中部地区被认为在决策权配置模式与路径选择中最为合理。

对于西部地区来说，在决策权配置模式与路径选择合理性建议选项中，排序为前三的分别为“将职能相近的部门整合一起”，“加强决策的互动系统，通过听证等方式充分听取公众的意见”及“提高决策人员的决策能力和综合素质”，数据分别为68.4%、67.4%、62.9%。而东部地区，此三项选项数据分别为67.6%、71.5%、67.6%，中部地区则分别为77.9%、74.9%、67.8%。数据显示，西部地区在此三选项中的差距并不算太大，但整体来说低于东部地区，与中部地区相比则更低。这表明，在东、中、西部地区，中部地区对重构决策权配置模式与路径选择的动力最强，其次是东部地区，而西部地区最弱。其可能的原因在于，就西部地区而言，由于特殊的地理环境及历史原因，在经济发展相对滞后的同时，思想的开放程度也相对落后，对人才的吸引力也明显弱于东部、中部地区，因此其数据在与其他地区大体一致的基础上，与东、中部地区相比，呈现出一定程度上的对决策权配置模式与路径选择的信心缺乏。

而对于中部地区来说，在此三项选择中均呈现出比其他两个地区更高的认同度，从另一侧面反映出中部地区现有的决策权配置，在此三方面既存问题远比其他两个地区更为严重。可能的原因在于，国家既有决策导致的“中部塌陷”，使得中部地区决策权运作时不得不面对缺乏统一指向的“多头管理”的中央“政令”，而为了实现在此基础上的“再决策”，必须解决公众对与某些中央“政令”有所矛盾的中部地区“再决策”的质疑。因而，关于“职能整合”及强化“决策互动”成为中部地区配置决策权最优先考虑的因素。而上述问题的妥善解决，无法摆脱对决策人员决策能力及综合素质的更高要求，因此，在优先考虑前两个选项的基础上，对“决策人员的决策能力及综合素质的提高”也成为中部地区决策权配置模式及路径选择必须面对的问题。

六、结论

总起来说，政府权力结构视角下的决策权配置，对于决策权运作、决策目标的实现，乃至执行权、监督权的良好运转，意义重大。影响决策权配置的诸多因素，相互间实质是相互关联，具体而言，可将其影响因素归纳为体制因素、决策价值因素。

位于第一位的影响因素是体制因素。选项1“将职能相近的部门整合一起”与选项2“将负责制定决策目标的部门和掌握人、财、物等决策手段的部门整合在一起”反映了此问题，从数据来看，政府决策权配置的首要因素即是体制因素。传统体制是关于政府权力配置体制是以“事权”为中心，不区分权力的功能，统归于某一部门行使决策、执行与监督。在这种配置体制下所形成的“条块分割”的行政管理体制构成了我国政府运转的整体体制。但随着公共行政事务的日益复杂化，社会多元利益格局的逐渐形成，“事权”为中心所要求的事项明确、界限清楚的社会基础已不复存在，在此种社会背景下，以“事权”为中心的政府权力配置体制必然会导致职能交叉、政出多门的弊端，进而出现“选择性决策”，这极大地削弱了政府决策权运作的效果，对决策目标而言，是极为不利的。为此，必须切实转变政府权力配置体制，从权力的功能出发，以政府权力结构为视角，将政府权力进行决策、执行、监督功能的划分。以“功能”为中心进行权力配置体制的革新，这必然要求进行职能整合，“将职能相近的部门整合一起”与“将负责制定决策目标的部门和掌握人、财、物等决策手段的部门整合在一起”均体现了这一要求。而从权力制约的角度来看，决策权分成决策权行使与决策权保障两大功能，更能满足以“功能”为中心配置政府权力，配置政府决策权的要求。因此，选项1成为首选的合理性建议因素。

排在第二位的因素是决策价值因素。现代意义上的政府决策，其所追求的价值多元，但从根本上来说，主要集中在决策民主、决策科学、决策公开等因素上。从决策民主实现的途径来看，决策公开是决策民主实现的前提条件。因此决策权所追求的价值因素，主要体现在决策民主、决策科学上。而从数据上来看，选项5“加强决策的互动系统，通过听证等方式充分听取公众的意见”成为所有数据中排序第二的选项。这表明，当前决策价值因素中，最欠缺的是决策民主。从我国传统决策权运作过程来看，社会公众基本上被排除于决策过程之外，决策权及决策的过程被少数体制内“精英”及一部分专家所掌握，社会公众被视为决策权运作的客体而非主体，这实质上与现代社会“治理理论”背道而驰，容易使决策价值被“少数人”所绑架，形成“少数人统治”。另外，决策科学性也是困扰我国决策权运转的一大难题。影响决策科学的选项众多，除选项 6“提高决策人员的决策能力和综合素质”以外，本题中还列举了选项 3“加强决策的信息搜集和咨询论证，并设置相应的机构”，选项 4“加强决策的研究，设置专门的研究机构”。从总体上来说，确保决策的科学需要有充分的信息系统，强大的专门研究机构，广泛的民主参与过程，但更为重要的是，高素质的决策人员才是决策科学价值得以实现的关键因素。这是因为，上述的种种因素均无法代替决策人员做出决策，因此，从此种意义上来说，决策人员本身的决策能力与综合素质是决策科学的决定性因素。这一点从选项 6“提高决策人员的决策能力和综合素质”成为所有数据中排序第三的结果即可得以证明，这一数据，明显高于选项 3 及选项 4，比较此三个选项，选项 6 相比于选项 3、4 而言，具有更强烈的主观性及不确定性。这也从另一侧面上反应，被调查者更期望于借助“决策人员”，而非决策制度建构来实现决策的科学性这一价值目标，决策权配置模式与路径选择中“人治”色彩浓厚。

第七节　成立行政决策专门研究机构的数据分析

一、序言

本题的着眼点在于探讨为加强行政决策科学性，成立专门研究机构在各级公务员群体中的支持度。行政决策的科学性，在行政决策所追求的价值目标中具有重要地位，而随着社会事务的日益复杂、利益日趋多元，行政决策实现科学性的难度也在日益加大。通过制度构建，保障行政决策的科学性，降低行政决策失误所造成的损失也日益提上日程。在此背景下，公众参与、专家建议等措施都成为加强决策科学性的有效举措。而作为体制内的公务员，由于掌握了较一般社会主体更多的决策信息，参与整个决策运作过程，因此，其对行政决策的理解与体会要比一般社会主体更加深刻，其对相关制度构建的支持度大小在很大程度上体现了相关制度与现行行政决策制度的契合度，而作为后续效果，此种契合还会延伸到行政决策的执行阶段。因此，各级公务员群体对相关制度的支持度对决策科学性保障制度的构建意义重大。在此背景下，我们选择成立专门研究机构作为加强决策科学性的制度保障，并以中央与地方各级公务员为调查对象，通过广泛调研，来验证此制度在公务员群体中的支持度。

（一）本题的设计缘由

行政决策，因其对社会事务的影响而格外引人注目。其价值目标，一是要确保行政决策的科学性，在有效解决社会事务的同时，使决策具有相对持久的生命力，二是要保持适度的效率，以满足行政管理对社会事务回应的迅速性。行政决策的科学性与效率性，在一定程度上是存在着矛盾的。决策的科学性，内在地要求决策要慎重，要进行各种制度建构以防范决策失误。而这些要求与决策效率性和迅速性要求存在着矛盾。但如果从另一层面来看的话，二者又存在兼容性。行政决策系统构建的科学性，可以减少决策过程中的不必要的纠结，不仅能保障行政决策的科学性，也能保障行政决策的效率性。因此，行政决策科学性保障制度的构建，对行政决策而言，意义重大。

实践中，行政决策失误对社会所造成的影响与损失巨大。如 2011 年日本福岛第一核电站事件发生后，日本前首相菅直人说，福岛第一核电站选址错误，没有充分考虑大海啸威胁，辐射泄漏是“人祸”。菅直人接受专访时告诉美联社记者：“3·11（地震和海啸）前，我们完全没有准备，无论硬件还是我们的体系和组织，都没有准备。这是最大问题。”[①] 福岛核泄漏，不仅对日本影响重大，甚至波及全球，在短期内其负面效应仍无法消除。

从世界范围来看，不论是发达国家还是发展中国家，在其行政决策体制中，专门研究机构已成为行政决策保障性制度不可或缺的组成部分。为保障我国行政决策的科学性，有必要在我国行政决策体制中引入专门研究机构作为行政决策保障性制度。为切实掌握专门研究机构在公务员群体中的支持度，我们有针对性地设计了相关问题，被调查者涵盖了东部、中部、西部地区以及国家部委、省、市、县级政府公务员，以期得到全面而准确的数据。

（二）调查问卷的相关问题说明

本题题干下设 4 个选项分支。本题的设计情况如下：

---

① 日本前首相承认福岛核电站事故选址错误．（2012 年 2 月 19 日）［2012－11－10］．http：//news.qq.com/a/20120219/000327.htm.

单选题：

为加强决策的科学性，我们建议成立专门研究机构，对政府管理中的重大问题，进行专题研究。这种研究机构因事而设，依法律或政府授权成立，面向社会进行公开招聘学术界和实务界的专业人士，并赋予研究机构调查权和相应的调查手段，提供专门的经费保障，其研究结果向社会公开。对于以上成立研究机构的建议，您认为是否必要和可行？

［1］必要，并且可行

［2］必要，但不可行

［3］没有必要

［4］不知道

针对上面题目设计的具体内容，共有以下三个方面的内容需要加以明晰。

1. 关于专门研究机构的界定

专门研究机构，在国外也称之为智囊机构、脑库或思想库。通常认为是一种相对稳定的且独立运作的政策研究和咨询机构。通过对社会事务进行调查了解，进而对公共政策进行分析论断，以其独立性与专业性来影响最终的行政决策。其通常分为两类，一类由政府或企业资助的非营利的独立研究机构，另一类则是以公开交易方式提供社会咨询服务。

本题题干所提及的专门研究机构与一般意义上的思想库有本质意义上的区别，其区别主要集中于以下几方面：第一，此处所提及的专门研究机构在产生方式上是依法或政府授权设立的，其产生是法律或权力因特定事项运作的结果。而一般意义上的思想库的产生多为权力行使之后果；第二，此处所提及的专门研究机构设立的目的是为政府管理中所涉及的重大事项提供科学的决策依据，以加强决策的科学性。而一般意义上的思想库所涉及的问题范围要远大于此；第三，此处提及的专门研究机构拥有调查权与相应的调查手段，此种调查权与调查手段是以法律规定或政府授权为保障的，被调查主体有义务配合调查，而一般意义上的思想库虽可以进行调查，但被调查者是否配合调查，则通常取决于其意愿；第四，此处提及的专门研究机构有专门的经费保障，此种保障完全是由政府予以提供的，从而有别于一般意义上的思想库资金来源渠道多样；第五，专门研究机构的研究结果要向社会公开，其研究结果属于公共产品，一般意义的思想库特别是以公开交易方式提供社会咨询服务的思想库，大多仅向特定主体公开。

基于以上不同，此处所提及的专门研究机构虽然在具体从事的事项上与国外的思想库大体相同，但其组织构建、运转均有很大不同。简而言之，此处所提及的专门机构实质上是以加强决策科学性为目的，由政府依法或授权设立的，以政府提供经费为保障，由专家及实务部门等人员组成，依法律或依政府授权就政府管理重大事项行使调查权，进行相关研究，为行政决策中所涉及重大事项提供科学的决策依据，并将研究结果向社会公开，为政府决策提供依据的特定机构。

2. 关于问题选项

本题共四个选项，分别调研不同地区、不同府级公务员群体对成立专门研究机构，以加强决策科学性的必要性、可行性的支持度。本题选项在必要性与可行性的设计上，并未将两者完全割裂，而是在确立必要性的基础上，将可行性与必要性相连。这是由于，在必要与可行两者的关系上，存在着内在的逻辑先后性，只有在肯定成立专门研究机构的必要性的基础上，探讨可行性才有其实践中的意义。因此，必要性是可行性的前提与基础，而一旦认为没有必要成立专门研究机构，则可行性问题根本可以不予考虑。另外，由于考虑到现实中有些被调研者对此问题缺乏相对清晰的认识，因此设计了“不知道”选项，但此一选项在特定条件明晰的情况下，却有可能转化成其余选项，这需要进一步的调查论证，以得到更准确的数据。

3. 调查采集的基本信息表（表 6-38）

表 6-38　成立专门研究机构，加强决策科学性必要性、可行性的支持度

选　项	选择计数	百分比（%）
[1] 必要，并且可行	1 490	64.3
[2] 必要，但不可行	438	18.9
[3] 没有必要	310	13.4
[4] 不知道	79	3.4
总计	2 317	100.0

二、总体分析

本部分以所有的调查问卷为分析对象，从整体上分析成立专门研究机构，以加强决策科学性的必要性与可行性的支持度。根据必要性支持度大小进行排序（选项不知道列入最后），本次调研的总体数据见表 6－39。

表 6－39　成立专门研究机构，加强决策科学性必要性支持度排序

新序号	选　项	选择计数	百分比（%）
1	[1] 必要，并且可行	1 490	64.3
2	[2] 必要，但不可行	438	18.9
3	[3] 没有必要	310	13.4
4	[4] 不知道	79	3.4
	总计	2 317	100.0

表格显示，2 317 名被调查者中认为有必要成立专门研究机构，加强决策科学性的有 1 928 人，占总人数的 83.2%。其中，认为不仅必要，而且可行的有 1 490 人，占总人数的 64.3%，占认同必要性人数的 77.3%，认为必要，但不可行的有 438 人，占总人数的 18.9%，占认同必要性人数的 22.7%；认为没有必要的有 310 人，占总人数的 13.4%；不知道的有 3.4%。

上述数据表明，82.2%被调查者认为有必要成立专门研究机构，以加强决策科学性。这表明作为体制内的公务员，他们绝大多数人认为在行政决策中引入专门研究机构，以加强决策科学性是必要的。

行政决策，因所涉及事项重大，除决策系统本身外，往往需要健全的决策保障系统，这通常包括真实、可靠、齐全的信息系统，专业、科学的决策研究、分析系统以及为决策研究服务的方法系统等。其中，专业、科学的决策研究、分析系统因其对最终的行政决策的影响力，而为被决策者及社会所广泛接受。随着行政决策的开放性及民主性日益增强，在行政决策中引入社会智囊机构及专家加入行政决策保障系统，已逐步成为科学决策与民主决策的重要表现。当代西方发达国家在决策咨询方面甚至形成了一种制度，即一个企业、一个地区、一个国家的领导，没有通过“思想库”的咨询工作，就不会轻易对重大问题做出决策。① 专门研究机构在加强决策科学性这一问题上之所以在行政决策系统中得到如此高的认同度，主要是因其制度设计上有利于为决策者提供科学的决策依据，因而有其必要性。

首先，专门研究机构的组成人员具有高度的专业性以及丰富的实践经验，足以满足对行政决策相关事项进行专业、科学的分析与论证。专门研究

① 王英津．论智囊机构的现代角色及其在我国的发展．理论探讨，2003 (6).

机构组成人员采取面向社会公开招聘学术界和实务界的专业人士，“专业”二字表明设置了较高的门槛，以满足决策分析、论证的需要，而组成人员兼顾理论与实务，则表明在进行研究时既注重研究理论，又注重该理论在现实的可行性，避免了理论与现实的脱节，防止了“空想式决策分析”的产生。最后，专门研究机构依法或依授权行使调查权以及相应的调查手段，能够在信息支持系统的基础上，对决策相关重大事项信息进行亲自收集，掌握第一手资料，可有效避免因信息传递过程产生的信息失真。真实、可靠、齐全的信息是决策分析科学的前提，从既有情况来看，因信息掌握不完全导致决策失误并不在少数。再次，专门研究机构的产生、组成与运作方式决定了其在进行决策分析时的相对较强独立性，为独立、公正进行决策分析提供了可能性。专门研究机构因特定事项，依法或依政府授权设立，意味着其在拥有法律或政府所授予权力（利）的同时，要负担该权力（利）所承载的义务，从此意义上，该研究机构具有准国家机关的属性，所作之论证、分析应以社会公众利益为基点，而独立的经费保障使其与社会上众多的利益集团保持相对的分离，可有效避免其成为特定利益集团的代言人；面向社会招聘学术界和实务界的专业人士，又使其与政府保持相对的“断裂性”，与体制内的研究机构如政策研究室相比，具有更多独立性，可有效排除分析论证过程中的行政干预；专门研究机构研究结果的公开，使其不仅要面临设立该机构政府的检验与监督，还要接受公众的检验与监督，从而可使专门机构进行决策分析时秉持公正，只依据所涉事项本身进行相应的分析与论证，有效保障结论的公正性。

虽然与认为必要的比例相比，对成立专门研究机构的可行性的支持度有所下降，但在被调查者中仍有 64.3%的人认为成立专门研究机构，以加强决策科学性不仅必要而且可行，此一比例在所有认为此举措必要的人群中则上升为 77.3%。上述数据的变化，显示了在认为必要的比例人群中，有一部分人质疑成立专门研究机构举措的可行性。

产生变化的主要原因在于：首先，就现有的决策体系来说，存在体制内的研究机构，如政策研究室，如果在体制外再单独设立一个专门研究机构，则不仅会造成机构的重叠，而且会造成人员的浪费，虽然专门研究机构因事而设，专业人士由招聘产生，具有一定流动性，但毕竟在特定事项结束后，该机构继续存在的可能性很大，在未能有效解决体制内的研究机构与专门研究机构两者之间关系的前提下，专门研究机构虽有优于现有研究机构的诸多优点，但仍缺乏可行性。其次，就现有的决策体系而言，体制外专家参与行政决策的途径也是畅通的，行政决策的科学性也是有保证的。《湖南省行政程序规定》第 34 条第 4 款规定："决策承办单位可以委托专家、专业服务机构或者其他有相应能力的组织完成专业性工作。"第 36 条规定："决策承办单位应当组织 3 名以上专家或者研究咨询机构对重大行政决策方案草案进行必要性、可行性、科学性论证。决策承办单位应当从与重大行政决策相关的专家中随机确定或者选定参加论证的专家，保证参加论证的专家具有代表性和均衡性。专家进行论证后，应当出具书面论证意见，由专家签名确认。专家对论证意见的科学性负责。决策承办单位应当对专家论证意见归类整理，对合理意见应当予以采纳；未予采纳的，应当说明理由。专家论证意见及采纳情况应当向社会公布。"《重庆市政府重大决策程序规定》第 10 条第 2 款规定："决策承办单位可以委托专家、专业服务机构或者其他有相应能力的组织完成专业性工作"。第 11 条第 2 款规定："政府法制、政府政策研究与发展改革研究等机构，政府参事室、政府决策咨询专家委员会及政府法律顾问应当为政府重大决策提供法律、政策、专业咨询等有关服务"。第 15 条规定："决策承办单位应当组织专家评审组对决策备选方案进行评审，形成综合评审意见"。第 16 条规定："专家评审组应当由 3 名以上在本专业领域具有代表性和权威性的专家随机组成。参加评审的专家享有知情权、独立表达意见权、取得服务报酬权和其他权利。参加评审的专家应当遵守工作规则，作出严谨的评审结论，并对确认的评审意见负责。"《徐州市人民政府重大决策程序规定》第 8 条规定："重大行政决策专业性、技术性较强的，承办单位应当邀请相关领域三名以上专家或者委托专业研究机构就必要性、可行性、科学性等问题进行论证。"全国范围内各省、市、县陆续出台重大决策程序规定中均涉及专家咨询，专家论证的相关规定。因此，在既有体制下，体制外专家参与行政决策的途径是畅通的。如何协调处理上述规定与专门研究机构的关系也是制约专门研究机构举措可行性的因素之一。

另外，根据调查得来的数据，有 13.4％的被调查者认为成立专门研究机构，以加强行政决策科学性的举措没有必要。之所以作如下选择，合理的解释只能是上述调查者认为在现有体制下，行政决策科学性保障制度已足以发挥其保障行政决策科学性的功能。另有3.4%的人对此问题选择了“不知道”，具体原因则相对复杂，对现有体制下的研究机构与成立专门研究机构的功能区分认识不足则是其主要原因。

三、基于中央与地方公务员的分类数据分析

由于中央与地方在决策信息以及人力资源占有方面的不同，因此，我们选取中央与地方公务员进行抽样调查，统计结果见表6-40。

表6-40　中央与地方公务员对成立专门研究机构、加强决策科学性的必要性与可行性判断

选　项	统　计	地方政府	中央政府
[1] 必要，并且可行	选择计数	1 228	262
	百分比（%）	66.3	56.5
[2] 必要，但不可行	选择计数	348	90
	百分比（%）	18.8	19.4
[3] 没有必要	选择计数	217	93
	百分比（%）	11.7	20.0
[4] 不知道	选择计数	60	19
	百分比（%）	3.2	4.1
总计	参选人数	1 853	464
	百分比（%）	100.0	100.0

将表6-40作成曲线图，可得图6-10。

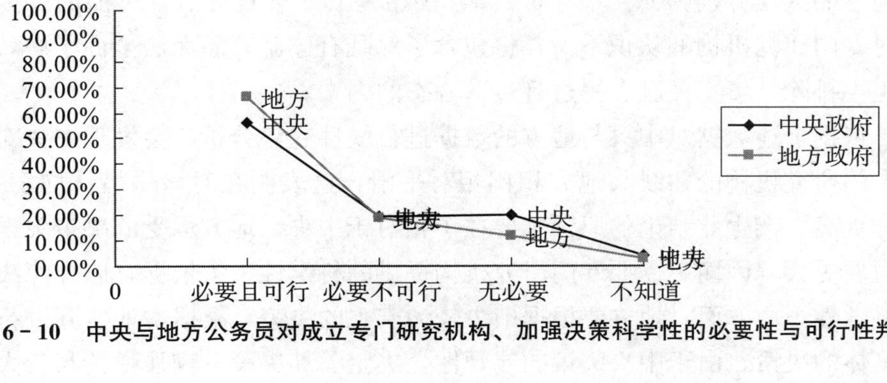

图6-10　中央与地方公务员对成立专门研究机构、加强决策科学性的必要性与可行性判断

从表 6－40 与图 6－10 可以看出，中央与地方关于成立专门研究机构，以加强决策科学性的必要性与可行性的判断大体保持一致。在 4 个选项中，地方关于成立专门研究机构“必要且可行”的选项上，高于中央近 10 个百分点，达到 66.3%，中央则为 56.5%。其原因可能与以下两方面有关：首先，相较于中央，地方现有的体制内研究机构以及所吸引的体制外专家在数量与素质上相对较弱，因而，就既有的行政决策科学性保障制度的运作效果而言，弱于中央。因而，相较于中央，对专门研究机构有更高的需求。其次，相较于中央决策，地方决策呈现出具体化、迅速化的要求。因而，对专门研究机构需求更为迫切。在“必要但不可行”选项上，地方与中央基本持平，地方仅比中央低 0.6 个百分点，达到 18.8%，中央则达到 19.4%。数据显示，无论在中央还是在地方，都有近两成公务员对该举措的可行性持否定态度。由此可见，虽然原有体制中的决策性科学保障制度有诸如研究人员知识更新不足，研究机构独立性不强、体制不畅，对其领导方式不科学等诸多弊病，虽有必要通过设置专门研究机构，以解决上述弊病，但如不能很好地设计专门研究机构的运行机制，实现与原有机构的明确区分与衔接，则该举措的可行性仍会遭到质疑。在“没有必要”的选项中，中央的数据为 20.0%，地方则为 11.7%，两者相差了近 10 个百分点，正好与第一选项“必要且可行”的数据相反。这两组数据上的相反趋势，从另一侧面验证了在中央有更多人基于中央占据较多的决策信息、决策辅助系统中的较高素质与数量的专家的理由，从而认为既有的体制下仍能满足其决策科学性的保障要求，因而认为没有设置专门研究机构的必要。在“不知道”选项中，中央与地方的数据分别为 4.1%与 3.2%，仅相差 0.9 个百分点。可能的原因既有对专门研究机构的认识不清，也包含了对既有体制弊病无法全面了解，当然也不排除“事不关己、得过且过”心态的因素。

依据上述数据对中央与地方的数据进行线性趋势分析，会发现中央对设立专门研究机构的曲线与地方相比相对平滑，这表明在对该举措认同度上，地方更高。产生此结论的原因主要在于相对于中央，地方承受的决策失误的压力要更大，因而更需要专门研究机构提供的科学性决策依据，以保障决策的科学性。一方面，地方要根据中央较为宏观的决策，根据本地实际进行更为具体的决策。由于中央决策的宏观性，决定了其决策有较强弹性与较大空间，这可称为中央决策的“溢出效应”，而正是此效应，使得地方决策有了相对自主性，相应地，地方必须为此相对自主性承担决策失误的相应责任。另一方面，地方就中央无法或无力涉及的具体事项进行决策，此类事项往往与地方自治有关联。虽然我国除民族区域自治以外，法律上尚未认可地方自治，但地方事务的治理却是无可否认的客观存在。此类事务，中央通常并不过多干涉，而由地方自主决策。在地方行使此类事项决策权时，不仅要注重与中央类似事项对接，对中央负责，也要注重与其他地方相似事项横向比较，不仅要注重与过往决策的衔接，更要接受本地方民众对最终决策效果的评估与监督。因此，此类事项决策时面临了来自上、下、左、右、过去立体全方位的压力，对决策科学性的要求更高。为此，对于地方而言，在既有体制发挥作用的前提下，仍急需专门研究机构提供科学性决策依据来加以提升行政决策科学性的概率。另外，从我国中央与地方的关系来看，地方对中央政令通常无条件执行，这种中央与地方的关系模式，使得地方形成了执行型思维模式。此种思维方式与决策所需要的思维模式并不完全吻合，而体制内的研究机构由于独立性有限，通常无法超脱执行型思维模式，在提供决策依据时是以执行型思维来进行决策分析论证，这一因素也使得地方对设立专门研究机构的需求度提升。

四、基于不同府级公务员的分类数据分析

在我国，行政层级多样，最为常见的是五级政府，即中央—省—地级市—县（县级市）——乡、镇。由于行政决策所要求的政府级别相对较高，因此，本调查数据主要选取中央（以国家部委为样本）、省、市、县四级政府公务员为样本进行调查，统计结果见表 6－41。

表 6－41　不同府级公务员对设立专门研究机构，以加强决策科学性的必要性与可行性判断

选　项	统　计	国家部委	省级政府	市级政府	县级政府
[1] 必要，并且可行	选择计数	262	382	426	420
	百分比（%）	56.5	63.5	64.6	70.9
[2] 必要，但不可行	选择计数	90	124	125	99
	百分比（%）	19.4	20.6	19.0	16.7
[3] 没有必要	选择计数	93	78	82	57
	百分比（%）	20.0	13.0	12.4	9.6

续前表

选　项	统　计	国家部委	省级政府	市级政府	县级政府
[4] 不知道	选择计数	19	18	26	16
	百分比（%）	4.1	3.0	3.9	2.7
总计	参选人数	464	602	659	592
	百分比（%）	100.0	100.0	100.0	100.0

将表 6－41 作成曲线图，可得图 6－11。

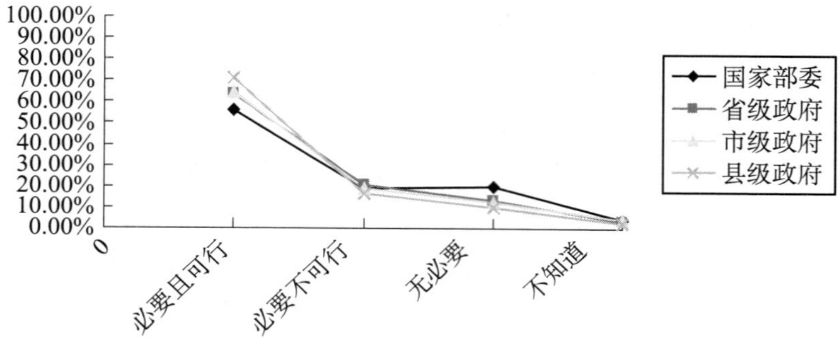

图 6－11　不同府级公务员对设立专门研究机构，以加强决策科学性的必要性与可行性判断

从表 6－41 与图 6－11 可以看到，国家部委、省级、市级、县级政府被调查公务员对设立专门研究机构，以加强决策科学性的必要性与可行性的判断上总体大体一致，其中省级政府与市级政府公务员的吻合度最高，而国家部委与县级政府公务员在某些选项上的判断与省、市两级政府公务员偏差相对较大。

具体来说：在“必要，并且可行”选项上，国家部委、省级政府、市级政府、县级政府公务员的判断呈递增趋势，分别为 56.5%、63.5%、64.6%、70.9%，国家部委与县级政府公务员之间相差近 15 个百分点，呈现出较大的差异性。这充分证明了从中央到地方，在决策信息资源与可利用的专家等人力资源上，地方政府要弱于中央，因而决策科学性保障上，地方政府也弱于中央，县级政府在这一点上表现尤为突出。因而更迫切需要以专门研究机构来缓解决策科学性保障不足的弱点。而省级、市级政府之间仅相差约 1 个百分点，其原因可能在于就省市两级政府在决策的特点上呈现出相同的特点，即都处于中央到地方的中间环节，所作决策既有落实上级政府决策的特点，也有地方治理的目标，更有为下级决策提供相差依据的要求，因此，在对专门研究机构的需求度上，两者呈现出较一致的相似度。

在“必要，但不可行”选项上，国家部委、省级政府、市级政府、县级政府公务员的判断基本呈下降趋势，数据分别为19.4%、20.6%、19.0%、16.7%。从省、市、县级政府公务员数据来看，呈明显的依次递减的趋势，数据表明随被调查者所处政府层级的降低，认为该举措不可行的人也随之减少，也即政府层级越低的公务员，越认同该举措可行，这与“必要，并且可行”的数据从中央公务员到省、市、县政府公务员的变化趋势保持高度一致。对于认同“必要，但不可行”的公务员，其原因可能在于第一，对该举措所涉及的相关制度的改革缺乏必要的信心；第二，由于地域的局限，对该举措实施能否吸引到足够的理论界与实务界专业人士并不确定；第三，由于政府层级降低，在未能给予层级较低政府以足够治理权限之时，专业的研究机构对决策科学所起到的保障性作用极其有限。而从国家部委公务员到省级政府公务员的判断上，被调查者中省级政府公务员认为该举措“必要，但不可行”的人数要多于国家部委公务员，数据上高出国家部委公务员1.2个百分点。之所以在此选项上呈现出与地方政府间数据变化的不同特点，其原因可能在于省级政府公务员处于地方政府的最高层级，相较于其他层级政府公务员，贯彻实施中央决策的压力更大，在中央决策既定的情况下，该决策的科学性与否与本级政府关联度不大。因此，虽然有必要设置专门研究机构论证中央决策科学性，但无论此种论证结果为何，改变中央决策的概率不大。这也侧面反映了我国目前的府级关系中，地方活力不足，自治权较小，主动性有待加强。

在“没有必要”选项上，国家部委、省级政府、市级政府、县级政府公务员的判断呈现明显的下降趋势，分别为20.0%、13.0%、12.4%、9.6%。该变化趋势表明，随着政府层级的降低，对该举措不认同的公务员人数随之减少，国家部委中认为“没有必要”的人比县级政府的高出10.4个百分点。这种相对较大的差距进一步证明政府层级越低，越需要设立专门研究机构论证决策科学性，解决政府决策能力不足的弱点。

在“不知道”选项上，除了省、市级政府数据相比呈上升趋势外，其余的均呈下降趋势，从中央到县级政府，其数据分别为4.1%、3.0%、

3.9%、2.7%。造成下降的原因主要在于政府层级低，其所决策事项相对简单，因此，对所设立专门研究机构运行效果而言，其确定性越大，反之，则不确定性越大。

通过对不同府级公务员针对设立专门机构、加强决策科学性数据的分析，随政府层级降低，对设立专门机构的认同度是呈上升趋势的。产生这种结果的原因一方面与地方决策能力不足有关，另一方面与地方自主治理欲望日益上涨也不无关系。长期以来，我国体制设计奉行的是自上而下的设计模式，对地方的话语权以及正当的地方利益重视不足。但随着社会事务的复杂多样，以及中央控制力的降低，地方对于体制设计的正当要求不得不被中央重视，而地方基于本地特殊情况所要求的自主决策的权力也得到尊重。因此，设立专门研究机构以改善地方决策能力不足，合理分流决策相关资源的举措自然得到地方的较高认同。

五、基于不同地区公务员的分类数据分析

由于我国地区间发展极不平稳，不同地区面临的问题各有不同。因而本调查数据分别选取东、中、西部地区公务员作为样本，进行调查，具体数据见表6-42。

表6-42　不同地区公务员对设立专门研究机构，以加强决策科学性的必要性与可行性判断

选　项	统　计	东部地区	中部地区	西部地区
[1] 必要，并且可行	选择计数	160	248	820
	百分比（%）	56.7	68.1	67.9
[2] 必要，但不可行	选择计数	63	67	218
	百分比（%）	22.3	18.4	18.1
[3] 没有必要	选择计数	53	41	123
	百分比（%）	18.8	11.3	10.2
[4] 不知道	选择计数	6	8	46
	百分比（%）	2.1	2.2	3.8
总计	参选人数	282	364	1 207
	百分比（%）	100.0	100.0	100.0

根据表6-42的数据作出曲线图，可得图6-12。

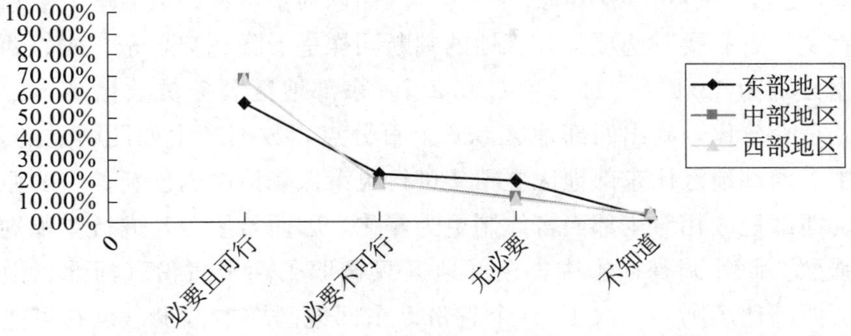

图 6-12　不同地区公务员对设立专门研究机构，以加强决策科学性的必要性与可行性判断

表 6-42 与图 6-12 的数据表明，东、中、西部地区公务员对设立专门研究机构，以加强决策科学性的必要性与可行性判断大体保持一致，其中，中部、西部地区判断保持高度一致，而东部地区相对来说则有较大偏差。

具体来说，在“必要，并且可行”选项上，东、中、西部地区公务员的数据分别为 56.7%、68.1%、67.9%，数据显示，中部与西部地区在此一问题的判断高度一致，而东部地区则明显低于中部、西部地区。主要原因可能在于，在多数调查者认同设立专门研究机构必要且可行的前提下，东部地区保障决策科学性的制度与能力要优于中部、西部地区。这是由于一方面东部地区社会、经济、文化等方面相较中、西部地区而言更为发达，所吸引到的专业人士一般要多于中、西部地区。另外，改革开放以来，东部地区改革开放力度较大，享受国家优惠政策最早最多，因而对行政决策科学性保障的体制创新较早且较多。上述原因叠加，削弱了另行成立专门研究机构对东部地区公务员的吸引力。而中、西部地区公务员判断保持高度一致，也表明中、西部地区加强决策科学性问题上，所面临的问题基本相同。

在“必要，但不可行”选项上，东、中、西部地区公务员判断呈递减趋势，分别为 22.3%、18.4%、18.1%，东部较中、西部地区高出约 4 个百分点，表明在东部地区，认为该举措“必要，但不可行”的公务员要较中、西部为多。其原因可能在于该举措关键点是对专业人士专业知识的利用，虽然成立专门研究机构更能集中上述人员，产生合力效应，但就东部目前所占据的专业人士数量与质量而言，成立专门研究机构未必能够对决策科学性的改善有太多变化。而中、西部地区由于成立专门研究机构所带来的政策效应，吸引专业人士方面有可能产生较多变化，因而认为不可行的数据呈下降趋势。

在“没有必要”选项上，三地的判断同样呈下降趋势，东、中、西部地区数据分别为 18.8%、11.3%、10.2%。东部地区公务员数据高出中部地区 7.5 个百分比，高出西部地区 8.6 个百分点，数据产生如此明显的差距，反映中、西部地区比东部地区更希望进行决策保障体制的创新。主要原因在于中、西部地区相对东部而言体制更为僵化，因而希望对其进行变革的愿望也更强烈。此外调查样本中，东部地区只选取了两个省份（河北、山东），而中、西部地区则共选取了 10 个省份，东部地区样本偏少，也有可能产生放大数据的效果。

在“不知道”选项上，三地数据相差不大，基本呈上升趋势。东、中、西部地区的数据分别为 2.1%、2.2%、3.8%。其原因可能在于当前各地对本地区决策科学性问题总体上都有自己较清晰的判断，西部地区较另两地偏高则可能由于地理位置与人员素质有一定关系。

从不同地区对于该举措的判断进行分析，东部地区由于体制创新较多，加之地理优位、经济发达，人力资源丰富等因素共同作用，对该举措的需求度相对要弱于中、西部地区。中、西部地区的数据反面验证了当前两地区对于科学决策需求迫切。但三地区数据也说明该举措在现实的效果如何，约有四成左右的人是持怀疑态度的。其原因可能在于第一，该举措的明确度相对欠缺，由于问卷所限，有关设立专门研究机构的举措相对简略，这影响了被调查对本举措的认同度；第二，该举措是否契合本地区实际效果不明，东、中、西部地区，发展状况不同，面临决策科学性问题也有所差别，采用同一举措能否解决三地不同问题，部分人员信心不足。

六、结论

从上述分析可以看到，各地区、各级政府公务员对设立专门研究机构、以加强决策科学性的必要性与可行性的支持度均超过半数，最高数据为县级政府，达到 70.9%。公务员群体作为决策体制内的人员，虽然被调查者本人并不一定能参与到决策过程去，但对决策的相关信息的掌握以及运作，却比一般群体更为了解。其所作的这种判断表明，当前行政决策科学性保障体制存在很多弊病，无论是在中央，还是地方各级政府，抑或是东、中、西部地区均有半数以上公务员认为当前行政决策科学性保障体制运行效果有所欠缺，从而设立专门研究机构不仅必要，而且可行。这种判断随着政府层级下降、地区发达程度下降而呈上升态势。

产生上述现象的原因主要在于：第一，当前决策科学性保障体制中专业人士相对集中于中央以及经济发达地区，而中、西部地区以及基层政府却缺乏此种专业人士，这固然与区位优势有关，但现有决策科学性保障体制中的专业人士流动性不足，体制僵化也是不容忽视的原因。第二，随着政府层级的下降，其自主决策的空间越来越小，更多的是对上级政府决策事项的再决策，其决策科学性不仅受制于自身保障系统运作的效果，另一方面则取决于上级政府决策科学性。因此，下级政府比上级政府更关注决策的科学性，或者说对上级政府利用体制内的决策保障制度来维持决策的科学性要比上级政府更缺乏信心，更需要对现有的决策保障体制进行再设计。这也从侧面反映了上级政府在进行决策时，对地方利益、地方实际等因素有忽视现象。第三，地方政府，相对落后地区对体制创新的期待较高也是产生此结果的原因之一。中国传统以来都是一个中央威权的集权制国家，中央政府令出要求地方政府必行，占据体制内的高点，这种长期的高位使其创新动力不足（相对于地方而言），而发达地区由于享受了更多的宽松政策，政策所带来的正向效应也使其期望政策效应继续维持，而怠于创新。而地方政府、相对落后地区则基于公平发展、缩小地区差距的压力，迫切需要破除原有的僵化体制，因而，对新举措的认同度明显高于中央以及发达地区。第四，决策事项的复杂，使得跨省、跨地区决策日益普遍，必须设置超越现有以行政区划来设置决策保障制度的体制，以适应决策的发展。

应该说，当前决策科学保障制度不健全或运转效果不佳，以及决策压力日益增大是导致被调查者普遍认同设立专门研究机构，以加强决策科学性的主要原因。造成当前决策科学保障制度不健全或运转效果不佳的原因很多：

首先，就当前决策科学保障制度自身而言，其独立性欠佳，论证的决策带有较强的利益倾向，科学性很难保障；决策保障机构[①]论证结果并不公开，其对最终决策的影响力不确定；决策保障论证机构只对决策者负责，对

① 此处所指的决策保障机构主要指各级政府所设立的政策研究室，但也包括决策咨询中引入专家组成的临时组织。

社会并不承担任何责任；决策保障机构人员知识结构相对陈旧、落后，无法适应社会的发展。其次，决策信息不对称。出于种种目的与原因，决策论证机构有时并不能得到决策所需要的全部信息，在信息不对称的情况下，运转效果可想而知。再次，在上级政府决策时，缺乏下级政府充分参与的决策科学保障制度。现有决策，通常是自上而下进行，下级决策要参照上级决策进行，而上级决策，则并无下级充分参与的制度保障。但从上级政府决策所涉及的事项而言，涉及下级政府的事项并不在少数，在没有下级政府充分参与的前提下，想得到适应下级政府发展的决策难度很大。最后，缺乏决策科学保障沟通协调机制。各级政府，以及政府各部门之间各有自己的决策论证保障机构，通常在自己权限及管辖范围内进行论证，缺乏沟通协调机制，缺乏全局观，无法跳出地方保护及部门保护的利益怪圈，决策科学性无法得到保障。

因此，在普遍认同设立专门研究机构，以加强决策科学性的必要性和可行性的基础上，对专门研究机构的具体制度设计及运作实施，将是今后决策保障体制创新的重要内容。

第八节　中央决策部门组织结构选择的实证分析

一、序言

本题的着眼点在于探讨中央决策部门的不同组织结构在各级公务员中的认同度。中央决策，通常涉及国家的重大事项，其决策的科学性与否，将会对国家与社会的发展产生重大影响。中央决策的复杂性决定了其科学与否涉及诸多因素，而决策部门的组织结构的科学性则是其中较为重要的一个因素。这是因为，科学的组织结构能够有效降低决策的随意性与专断性，增强决策的理性程度。因此，决策部门的组织结构是否科学，在很大程度上与决策的科学性有着相当程度的正相关。而作为各级公务员对中央决策部门的不同组织结构的认同度状况，势必会对决策过程乃至决策的产生起到一定程度的影响。因此，该认同度状况反过来可以影响决策部门组织结构的科学性。因此，公务员对中央决策部门的不同组织结构的认同度，某种意义上可用于验证中央决策部门的组织结构的科学性与否。在此背景下，我们选取各级、各地区公务员为调查对象，进行广泛调研，对于实践中常见的几种组织结构予以列举，重点比较首长负责制及委员会制这两种组织结构。通过数据分析，用以作为科学构建中央决策部门组织结构的基础依据之一。

（一）本题的设计缘由

行政首长负责制是1982年宪法确定的一项基本的决策组织结构，在该种决策组织结构之下，行政首长对自己主管的工作有完全决定权并负全部责任，权力相对集中并享有较大的自由裁量权，指挥灵敏，行动迅速，因此有利于提高行政效率和加强行政管理。而委员会制则是与行政首长负责制相对应的另一种决策组织结构，与行政首长负责制不同，委员会制中各委员职位平等，一人一票，集体决策，能最大限度地发挥民主与集中集体智慧，从现代政治学组织学原理看，这种组织形式具有追求平等、民主价值的内在机制，委员会制在处理事务时，有较多的自主与自由，合乎民主精神。[①] 两种组织结构互为补充，互有利弊。

虽然行政首长负责制发挥了很多积极作用，但其弊病也是显而易见的，诸如行政首长一人独大，以首长意志取代法律等主观因素造成的负面效应比比皆是，而行政首长专业知识有限，难以适应现代决策的综合性、复杂性要求等客观因素所导致的决策失误也不在少数。在此情况下，委员会制的优越性就益发显得重要。但正如行政首长负责制有难以克服的弊病一样，委员会制也有诸如决策效率低下，无法适应转型期中国特定情形的需要等缺陷。所以，由行政首长负责制单纯地向委员会制转变，很有可能是由一个极端走向另一个极端。有鉴于此，有必要对中央决策部门的组织结构进行重新设计，在充分了解现有行政首长负责制的支持度的基础上，对原有的组织结构进行修正，提出新的组织结构以保障中央决策的科学性。虽然是对中央决策部门的组织结构进行重新设计，但也面临着向地方推广的客观现实。因此，取得参与中央及各级决策部门组织结构运作的中央及各级公务员的认同与支持，则是科学重构决策部门组织结构的前提。为切实摸清各级、各地区公务员对中央决策部门不同组织结构的认同度，我们有针对性地设计了相关问题，涵盖了行政首长负责制；委员会制；两者结合，集体表决，但在说明理由情况下保留行政首长否决权；特定情形下（突发状况），采行政首长负责制几种

① 张金鉴．行政学．台北：三民书局，1970：228.

不同组织结构。

（二）调查问卷的相关问题说明

本题题干下设 5 个选项分支。本题的设计情况如下：

对于中央决策部门的组织结构，您认为哪种最合适？（单选题）

[1] 采取首长负责制，行政首长决定（行政首长负责制）

[2] 采取委员会模式，少数服从多数（委员会制）

[3] 首长负责制和委员会制相结合，集体表决，但行政首长有否决权（需说明理由）（折中制）

[4] 应急突发事件等特殊事项，采取行政首长负责制

[5] 其他

针对上面题目设计的具体内容，共有以下四个方面的内容需要加以明晰。

1. 关于行政首长负责制的界定

如前所述，行政首长负责制是 1982 年宪法所确定的一项重要制度。《宪法》第 86 条规定，国务院实行总理负责制，国务院各部委员会实行部长主任负责制；第 105 条规定，地方各级人民政府实行省长、市长、县长、区长、乡长、镇长负责制。从宪法文本来加以分析，行政首长负责制仅适用于国务院、国务院各部、委员会及地方各级人民政府，但从实际运作来看，其适用范围实质已经延伸到所有行政机关（甚至行政机构）之内。因此，行政首长负责制，其实质是在行政系统实施行政首长负总责的一项制度，但责与权从来都是相伴相生的，负总责其内在的含义则是赋予行政首长以决策权。因此，从领导制度的角度来理解行政首长负责制，实质是指国家行政机关的首长全面领导本机关的工作，对本机关的事务依法享有最高决定权，并对本机关的全部工作向权力机关或人民承担政治等方面责任的行政领导制度。[①] 其最大特点是在赋予首长最终决定权的同时，要求他最终承担责任，包括对一般事项行使决策权失误时应承担的责任和对重大事项经讨论后，行使决策权失误时应承担的责任，体现了权力与责任的统一。从上述界定可以看到，行政首长负责制在决策层面的重大意义在于决策权统归于行政首长一人行

① 肖萍，黎晓武．行政首长负责制的更新与发展．南昌大学学报（人社版），2002（2）：49.

使，与此相对应的决策所产生的责任，无论是政治责任、法律责任还是个人责任也统归于其个人。这种决策权统归于某一特定主体（行政首长）的组织结构，能够有效满足行政决策事项所要求的效率性，符合行政权运作的内在要求。

2. 关于委员会制的界定

委员会制是与首长制相对应的一个概念，也被称为“合议制”，指国家最高行政权在一个合议机构手里的一种政权组织形式，现在以瑞士最为典型。[①] 与行政首长负责制不同，委员会作为最高行政权力机关，各委员权力均等，而且都不能兼任议会的议员。除非委员自己辞职，否则任何机关均无权对其罢免或将其免职。委员会制从本质上说是代议制民主政体，它具有人民直接民主的特点，既不同于总统制，也不同于议会制。以瑞士联邦为例，委员们之间在职位上是平等的，一切重要政务均由委员会集体决议；同总统制不同，委员会必须服从议会通过的法律，其实质上是议会的一个执行机构；同议会制不同，议会无权通过不信任投票推翻委员会。

作为决策部门组织结构的委员会制，其优点是能集思广益，对问题能有较周全的考虑。同时，各方面的利益和需求可在委员会内反映出来。更加重要的是，权力在委员会内受到制约而至平衡，在内部分工协作下可以减轻主要领导者压力的同时，还能够防止个人专政、滥用职权等现象出现。但另一方面，委员会制缺乏一位号召的领袖，因此容易引致行政领导的权责不清晰，甚至可能会出现委员之间互相推卸责任，使得委员会在决策上及行动上变得缓慢，导致行政效率失当。比较而言，凡属政策、设计、立法、调节等方面的问题的决定，一般采用委员会制。从这一意义上来说，对于中央决策部门的组织结构选择而言，委员会制也是较科学的组织结构之一。

3. 关于问题选项三、四、五的说明

选项三实质是折中制，即行政首长负责制与委员会制的结合，在决策过程中采取委员会制的集体表决机制，但仍保留行政首长的部分最高决策权。之所以称其为最高决策权，原因在于选项三中的折中制下，行政首长最高决策权只表现为对集体表决结果的否决权，且需说明否决理由。即对于集体表

① 张广辉，杨扬．委员会制与首长负责制权力运行机制的比较分析．党政干部论坛，2009（3）：6.

决结果，行政首长只能在说明理由的前提下，予以否决，以阻止集体表决结果决策的通过，而无权以自己意志另行通过一个未经集体表决的决策。而在单纯的行政首长负责制下，尽管在现代社会中一般有集体讨论的程序限制，以防止决策中的不理性，但由于行政首长有最高决策权，理论上并不排除行政首长经过集体讨论程序后，利用最高决策权强行通过一个多数人不赞成的决策的可能性。而在折中制下，行政首长的最高决策权被大大缩减，仅具有消极意义的最高决策权，即对集体表决结果在说明理由的前提下，可予以否决。选项四，其实质是对委员会制及折中制的修正，之所以做如上结论，原因主要在于，在选项一中，无论是否有应急突发等事件，均采行政首长负责制，所以选项一天然地包含选项四。而在选项二中，采委员会制，并不排除特定情形下行政首长负责制的适用，由于行政首长负责制在委员会制组织结构的大框架下运行，其空间被严格限制在应急突发等特定事件，因此这种适用不仅并不破坏委员会制的优势，反而能弥补委员会制效率低下，利益协调相对较难的不足。同样的道理，在折中制下，在特定情形下，恢复行政首长负责制下行政首长的最高决策权以应对突发应急等事项，也是对折中制的进一步修正与完善。至于选项五，则是属于除外情形，主要适用于上述选项以外的其他情形。

4. 调查采集的基本信息（见表 6－43）

表 6－43　　中央决策部门的不同组织结构在各级公务员中的认同度

选　项	选择计数	百分比（%）
[1] 采取首长负责制，行政首长决定	202	8.7
[2] 采取委员会模式，少数服从多数	627	27.1
[3] 首长负责制和委员会制相结合，集体表决，但行政首长有否决权（需说明理由）	1 225	53.0
[4] 应急突发事件等特殊事项，采取行政首长负责制	239	10.3
[5] 其他	17	0.7
总计	2 310	100.0

二、总体分析

本部分以所有的调查问卷为分析对象，从整体上分析对中央决策部门的各种组织结构在各级公务员中的认同度。根据认同度大小进行排序（选项不知道列入最后），本次调研的总体数据见表 6－44。

表 6-44　　中央决策部门的不同组织结构在各级公务员中的认同度排序

新序号	选　项	选择计数	百分比（%）
1	[3] 首长负责制和委员会制相结合，集体表决，但行政首长有否决权（需说明理由）	1 225	53.0
2	[2] 采取委员会模式，少数服从多数	627	27.1
3	[4] 应急突发事件等特殊事项，采取行政首长负责制	239	10.3
4	[1] 采取首长负责制，行政首长决定	202	8.7
5	[5] 其他	17	0.7
	总计	2 310	100.0

表格显示，2 310 名被调查者中，认同中央决策部门的组织结构为“首长负责制和委员会制相结合，在集体表决的基础上，保留行政首长在说明理由前提下的否决权”的公务员有 1 225 人，占总人数的 53%；而认同“采委员会制，少数服从多数”的公务员有 627 人，占总人数的 27.1%；认同“应急突发事件等特殊事项，采行政首长负责制”的公务员有 2 39 人，占总人数的 10.3%；认同“采取首长负责制，行政首长决定”的公务员有 202 人，占总人数的 8.7%；选择其他的有 17 人，占总人数的 0.7%。

在上述数据中，认同“采取首长负责制，行政首长决定”的公务员占总数的 8.7%，这一数据表明，被调查者中仅有不到一成对单纯采取行政首长负责制作为中央决策部门的组织结构认同。绝大部分被调查者认为不应单纯采取行政首长负责制来作为中央决策部门的组织结构。而认同“采取委员会模式，少数服从多数”的公务员占总数的 27.1%，虽较选择首长负责制的比例高，但仍不到三成。这也表明多数人对于单纯采取委员会制持保留态度。这两项数据表明，虽然对行政首长负责制的认同度较低，但并不代表与之相对的委员会制在中央决策部门组织结构选择认同度上能占据主导地位，多数人对于单纯采取上述两种制度作为中央决策部门组织结构的认同度均不高。

而在折中制选项上，有超过半数的公务员倾向于选择折中制，即“首长负责制和委员会制相结合，在集体表决的基础上，保留行政首长在说明理由前提下的否决权”，另外，考虑到“应急突发事件等特殊事项，采行政首长负责制”这一选项，并不必然排斥折中制。[①] 因此，事实上的结论应该是，

---

① 该选项本身与该选项与委员会制以及折中制的选项关系并不完全排斥，某种意义上来说，可以看做是对委员会制与折中制的修正选项。只是由于本题为单项选择题，且从题目设计本身而言，有可能在理解三者关系时产生一定程度的偏差。

至少有53%的公务员倾向于选择折中制，而有10.3%的人并不排斥折中制。结合起来，约有6成人倾向支持在中央决策部门组织结构上采取折中制。由于折中制选项与委员会制及首长负责制密切相关，因此，必须将之结合起来分析。之所以产生上述结果，其原因可从正反两面加以考察。

一方面，行政首长负责制运行三十余年来，产生了很多弊病，在行政决策中“拍脑门决策”“拍胸脯保证”“拍屁股走人”事实上是行政决策弊病的最生动写照。首先，由于行政首长负责制缺乏规范化、法治化约束，导致行政首长负责制运作中首长个人意志导致的决策非理性化无法避免。除82宪法中确立的行政首长负责制条款以外，规范行政首长负责制的法律层面的规范，仅有《国务院组织法》《地方各级人民代表大会和地方各级人民政府组织法》中有所规定，除增加了“重大事项需经常务会议或全体会议讨论决定”的规定以外，对于行政首长负责制如何运作均无法律上的规范，法治化程度很弱。这就给了行政首长在决策问题上的极大的自由度，造成了很多地方现实中的行政首长决定一切，出现一言堂、家长制、个人专断独行的现象。其次，现有的“两会制度”（常务会议与全体会议）并未真正起到发挥行政民主，制约行政首长非理性决策的作用。从制度设计上而言，“两会制度”本身是集思广益的过程，从决策系统论的角度来看，是行政首长决策的辅助机构，虽有行政民主色彩，但无法制约行政首长非理性决策，制度本身就不承载着这一功能。加之行政首长负责制中行政首长的最高决策权使得既有的“两会制度”事实上流于形式，根本无法起到对行政首长决策权的有效制约，难以避免行政首长负责制下的非理性决策。自82宪法确立在行政系统内实施行政首长负责制以来，行政首长负责制因行政首长拥有最高决策权从而在决策迅速、高效等方面发挥了积极作用，适应了行政决策、行政权回应社会急剧变化需求的客观要求。然而，凡事有利必有弊，三十年来的行政首长负责制也带来了前述很多难以克服的弊病，并随社会发展而日益显现，不容忽视。

另一方面，委员会制下的平等协商与投票，集体表决，少数服从多数的行政民主的内在要求，不仅在某种程度上回应了社会对于参与式治理，多元治理的呼声，更能有效制约行政首长的非理性决策。具体而言，首先，委员会制下，行政首长与其他委员的权利一样，并不具有最高决策权，有效防止了行政首长独断专行现象的出现。其次，在委员会制下，各方利益能够得到全面展示，各方利益博弈的过程，其实质也是一个利益妥协的过程，一般而言，能够达致相对平衡的最终结果，在博弈与妥协的过程中，很多事关决策的非理性因素被这一过程所过滤，从而保证了决策的理性程度。再次，委员会制下的集体表决制，赋予了该种组织结构最接近于代议制民主的特征，有效适应了共同治理的要求。最后，从既有委员会制的运作模式看，一般而言，委员会是相对独立的决策机构，决策后，由其他机构负责执行，能够保证决策与执行的相对分离，能够防止既是“运动员”，又是“裁判员”现象的发生，最大限度地防止“自我保护”的出现。然而，正如行政首长负责制有利有弊一样，委员会制虽然能克服行政首长负责制的弊病，但其自身也不是完美无缺的。诸如决策效率缓慢，为达成决策无原则妥协，缺少明晰的责任承担机制等，也许是委员会制难以避免的弊端。正是由于以上原因，大多数被调查者倾向于二者的结合——折中制。

在折中制下，通过委员会制的基本模式进行运作，在特定情况下，说明理由的前提下，赋予行政首长以否决权。也即，行政首长只能否决，但不能自己提出一项主张，并独立使之成为决策，其个人意志被有效地限制在集体表决的范围之内，同理，集体表决的范围也受制于行政首长的否决权，可有效防范“多数人暴政”。

比较有意思的是“应急突发事件等特定事件，应采行政首长负责制”选项，选择这一选项的公务员占总数的10.3%，如前所述，这一选项与首长负责制、委员会制及折中制有着内在关联，受制于单项选择的要求，选择此选项的人对于前述三种组织结构的真实意愿并不能确切得知，只能从此一选项隐含的对委员会制与折中制的修正来看，这一选项的人更倾向于采折中制或委员会制。[①] 在此一前提下，有一成的人赞同在特定情况下应由行政首长负责决策，以追求决策的效率。单纯从数据来看，并不能说，选择委员会制或折中制的公务员对此选项就不赞同，只能说相较于这种特殊情况，他们更着眼于一般情况，毕竟“突发事件等特殊事项”是极为特殊的事情。但从中央决策部门的组织结构来看，不能因为情况的特殊而不予考虑，反而恰恰需

① 之所以做如上结论，原因在于，行政首长负责制选项中，无一例外地均采首长负责制，由首长决策，这当然也包含了“应急突发事件等特定事件”这一情况，但由于调研时间有限，被调研者能否认真思考该选项与行政首长负责制的关系，是存在疑问的。因此，此一数据有进一步调研并进行修正的必要。

要更注重对于特殊情况的考虑，这样，才能保障决策组织结构的科学性。“突发事件等特殊事项”的特点，需要迅速决策，迅速应对。这时决策的科学性受制于特殊情况，科学性可能会成为行政决策的第二选择。如“汶川”地震中，决策负责侦察的解放军某部从远超日常训练高度的高空跳伞，以求迅速得知地震情况。这种决策的科学性事实上是值得争论的，但从救灾的特殊情况考虑，必须以迅速应对为第一选择，为此作出此种决策。因此，在“突发事件等特殊事项”上，委员会制及折中制的集体表决机制是无法适宜效率的要求的，只有行政首长负责制才能满足这一要求。这一点在将来的中央决策部门的组织结构选择上，必须予以考虑。至于选择“其他”选项的公务员，这一部分人员占总数的0.7%，其选择的具体原因恐怕很难得知，加之此一选项占总数的百分比过小。因此，此处不予具体分析。

三、基于中央与地方公务员的分类数据分析

虽然中央与地方在决策部门组织结构上在现有法律框架下均是采取首长负责制，但在具体运作上，由于没有统一的法律规范，所以，中央与地方的决策部门组织结构还是有所差异的。因此，我们选取中央与地方公务员进行抽样调查，统计结果见表6-45。

表6-45　中央与地方公务员对中央决策部门的不同组织结构的认同度

选　项	统　计	地方政府	中央政府
[1] 采取首长负责制，行政首长决定	选择计数	152	50
	百分比（%）	8.2	10.8
[2] 采取委员会模式，少数服从多数	选择计数	536	91
	百分比（%）	29.0	19.7
[3] 首长负责制和委员会制相结合，集体表决，但行政首长有否决权（需说明理由）	选择计数	956	269
	百分比（%）	51.7	58.2
[4] 应急突发事件等特殊事项，采取行政首长负责制	选择计数	190	49
	百分比（%）	10.3	10.6
[5] 其他	选择计数	14	3
	百分比（%）	0.8	0.6
总计	参选人数	1 848	462
	百分比（%）	100.0	100.0

将表 6－45 做成曲线图，可得图 6－13。

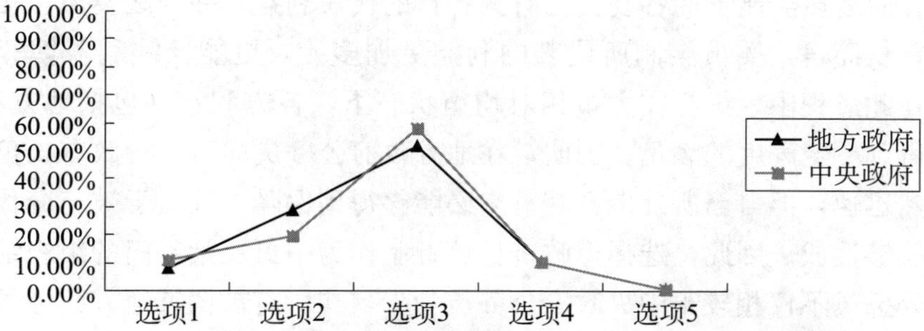

图 6－13　中央与地方公务员对中央决策部门的不同组织结构的认同度

从表 6－45 与图 6－13 中可以看出，中央与地方公务员对中央决策部门的不同组织结构的认同度大体相似。在选项 1 中，中央政府公务员中选择行政首长负责制在被调查的中央政府公务员所占比重为 10.8%，高于地方政府公务员此一选项 2.6 个百分点，说明在中央政府公务员中，有比地方政府公务员更高比例的人支持采取传统的行政首长负责制。对于这一结果的原因，可分别从中央与地方角度加以解释。从中央角度而言，中央决策的事项一般是全国范围内较重大的事项，所涉及利益多元，复杂性程度要较地方事务更多，相互妥协的难度较大，如果采委员会制，一般来说会造成较采首长负责制而言相对的决策延迟。而且，从中央决策与地方决策的关系而言，一般来说，通常的做法是中央定基调，地方在中央定调的基础上进行决策。因此，中央决策对地方决策而言有一定程度的先决性。在这个意义上来说，中央决策的延迟，将会产生一系列的不良连锁反应。所以，迅速性在中央决策中的目标较为重要。因而，从中央政府公务员角度而言，如何能够迅速决策，应对社会需求，在某种程度上成为中央决策部门组织结构的选择因素，而行政首长负责制则是适应这种选择因素的组织结构。正是基于此原因，相当一部分中央政府公务员选择了行政首长负责制作为中央决策部门的组织结构。

从地方角度而言，虽然采行政首长负责制能够适应决策迅速，给地方决策带来先决性基调的有利因素，但由于首长负责制下较委员会制而言，对各方利益，尤其是地方利益的考量未必充分。因为行政首长更多地考虑的全国利益，其决策所代表利益有限，而且其拥有最高决策权，在某种程度上而言，其甚至可以根本不用考虑地方利益，而只考虑自己的决策目标是否能够达成。而委员会制下的各委员均有其各自的代表利益，并为之发声，相较于行政首长而言，委员会制所代表的利益更加多元，更能反映利益博弈的过程。在此过程中，最终在力量相对均衡状态下，各方利益（包括地方利益）均能得到一定程度的满足。因此，在地方政府公务员而言，行政首长负责制下虽然迅速，但自己所处地方利益未必能够得到保障，甚至于被充分代表也未必能够达成。因此，选择行政首长负责制作为中央决策部门的组织结构的地方公务员不仅相较于中央政府公务员为少，在所有被调查地方公务员中所占比例也较低。

从上述分析，反向推论可以得出，正是主要由于在委员会制下，地方利益被广泛代表，并在决策中有所体现的原因，在选择委员会制作为中央决策部门组织结构这一选项中（选项 2），地方政府公务员在所有被调查的地方公务员中有 29.0%的比例，这一数据高于中央政府公务员近 10 个百分点（中央政府公务员为 19.7%）。数据的差异性，还反映了在相当一部分中央政府公务员潜意识中，地方利益在中央决策中并未得到其应有的地位，因而未选择更能体现地方利益的委员会制。

而在选项 3 中（折中制），地方的比重为 51.7%，低于中央的 58.2%近 7 个百分点，数据表明，中央与地方在采取折中制作为中央决策部门的组织结构问题上倾向性一致。这一方面说明单纯的行政首长负责制无论是在中央还是在地方，都已经失去了其存在的合理性基础（至少在被调查者中可以得出这一结论），必须加以改进；另一方面也说明了对与之相对应的委员会制，大部分人也是心存疑虑。因此，更倾向于二者结合的折中制。而在地方与中央相差的近 7 个百分点这一问题上，数据表明，相较于地方，中央更倾向于保留行政首长特定情况下否决权的折中制，而地方更倾向于集体表决。这一数据也于中央与地方在纯粹委员会制（选项 2）的数据保持一致。这表明，在中央决策中，中央比地方更期望行政首长在决策组织结构中有更强大的权力，以适应决策迅速的要求。而地方则期望弱化行政首长的决策影响力，强化委员会制以更好地实现地方利益在决策中的正当化。这种差异，事实上是由中央公务员对中央决策的需求以及地方公务员对中央决策的需求的不同所导致的。前者更要求迅速，后者更要求合理的利益分配。

在选项 4 中，地方与中央的比重分别为 10.3%与 10.6%，仅相差 0.3 个百分点，数据基本保持一致。这表明，在地方与中央中，有相当一部分公务员考虑到了应急突发等特定事项对决策迅速的要求，在此种情况下，应实施行政首长负责制。而中央的数据高出的 0.3 个百分点，进一步印证了中央决策对于“决策迅速”这一目标在整个决策目标体系中的地位处于较靠前的地位。而选项 5 中，地方与中央的数据分别为 0.8%与 0.6%，数据上的差异基本可以忽略，但也可以看出，相较于地方公务员，中央公务员对于中央决策部门的组织结构选择更加明晰。

四、基于不同府级公务员的分类数据分析

在我国，行政层级多样，最为常见的是五级政府，即中央——省——地级市——县（县级市）——乡、镇。各级政府对于中央决策部门的决策需求各有特点，这势必会影响各级政府公务员对于中央决策部门组织结构的选择。本调查数据主要选取中央（以国家部委为样本）、省、市、县四级政府公务员为样本进行调查，统计结果见表 6-46。

表 6-46　不同府级公务员对中央决策部门的不同组织结构的认同度

选　项	统　计	国家部委	省级政府	市级政府	县级政府
[1] 采取首长负责制，行政首长决定	选择计数	50	48	63	41
	百分比（%）	10.8	8.0	9.6	6.9
[2] 采取委员会模式，少数服从多数	选择计数	91	161	193	182
	百分比（%）	19.7	26.7	29.5	30.8
[3] 首长负责制和委员会制相结合，集体表决，但行政首长有否决权（需说明理由）	选择计数	269	332	328	296
	百分比（%）	58.2	55.1	50.1	50.2
[4] 应急突发事件等特殊事项，采取行政首长负责制	选择计数	49	58	68	64
	百分比（%）	10.6	9.6	10.4	10.8
[5] 其他	选择计数	3	4	3	7
	百分比（%）	0.6	0.7	0.5	1.2
总计	参选人数	462	603	655	590
	百分比（%）	100.0	100.0	100.0	100.0

将表 6-46 做成曲线图，可得图 6-14。

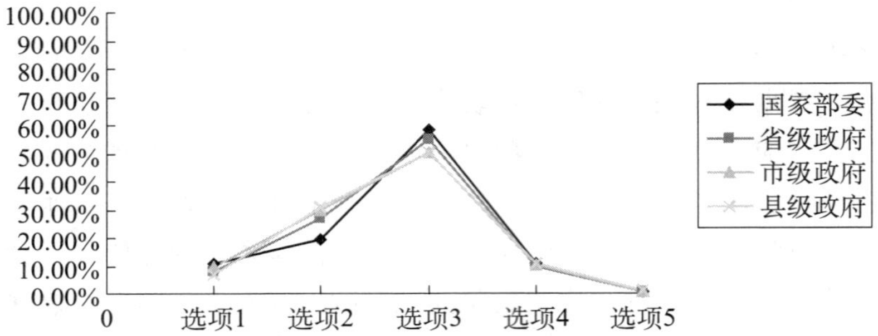

图 6－14　不同府级公务员对中央决策部门的不同组织结构的认同度

从表 6－46 与图 6－14 中可以看出，国家部委、省级政府、市级政府及县级政府公务员对五个选项的认同度基本保持一致，其中，市级政府、市级政府公务员在认同度上较国家部委、省级政府公务员认同度的趋同性更高，曲线趋势高度重合。而在选项 2 上，国家部委公务员与其他府级公务员的认同，有相对较明显的偏差。

具体来说：认同选项 1 的公务员占比，从国家到地方大体上依次降低，分别是国家部委 10.8%，省级政府 8.0%，市级政府 9.6%，县级政府 6.9%。从整体趋势变动上来说，符合中央与地方公务员在该选项上的总体认同（具体分析见本文第三部分），由于国家部委公务员，更为关心中央决策的迅速性，地方利益目标往往被置于迅速性目标之下，因而在支持行政首长负责制的公务员中，国家部委所占比重要高于省级、市级、县级政府。而对于县级政府，更期望于地方合理利益通过委员会制得到实现，因而，支持选项 1 所占比重最小。而在地方政府公务员中，市级政府公务员支持行政首长负责制的数据达到了 9.6%，不仅高出县级政府近 3 个百分点，也高出省级政府 1.6 个百分点。这一不同于选项 1 整体变动趋势的数据，明确揭示了市级政府在整个中国政府层级中的尴尬地位。一方面，市级政府要执行中央及省级政府的决策，在这一问题上，市级政府期望中央及省级政府更多考虑本市合理的地方利益，但另一方面，市级政府本身也承担着决策功能，其对县级政府的关系正如中央对地方的关系一样，在自身决策中，期望决策迅速，而不期望在决策过程中有太多的博弈，过多的博弈不仅不利于决策迅速目标的实现，而且会破坏决策的“和谐”。因此，基于以上两个方面的原因，市级政府公务员支持选项 1 的人数及比重高于县级政府、省级政府。这两方面原因，对于省级政府同样存在。只不过，相较于市级政府直接面对基层的县级政府，迫切面临决策的迅速而言，此方面的压力要远较于市级政府要小。而与之相反的，如何能为本省在国家层面的决策争取更多的利益的压力更大，只有在中央决策层面为本省争取到压力，才会涉及如何在本省范围内分配利益的问题。因此，从此意义上来看，省级政府公务员更倾向于可能会为本省利益带来更多可能性的委员会制或折中制，而不倾向于首长负责制。因此，省级政府公务员在选项 1 中的比重明显低于市政府。

认同选项 2 的公务员占比，从国家部委、省级政府、市级政府、县级政府公务员，数据分别为 19.7%、26.7%、29.5%、30.8%，依次呈升高的趋势。产生这一结果的原因可能在于，从国家部委到省市政府，再到县级政府公务员，随行政层级的降低，对于中央决策部门组织结构中正视地方合法、正当利益的需求越大，而委员会制相较于行政首长负责制而言，其利益平衡的特点，能够使地方利益得到相应保证。

而在选项 3 的选择中，如果忽略市级政府与县级政府公务员之间相差的 0.1 个百分点，则对折中制的认同度，从中央到地方，不同府级公务员是依次下降的，具体占比分别为国家部委 58.2%、省级政府 55.1%、市级政府 50.1%、县级政府 50.2%。结合选项 2、选项 1 的数据，可以看到，虽然行政首长负责制作为中央决策部门组织结构必须修正的观点，在各级公务员中基本达成共识，但在各级公务员中对于行政首长负责制的积极作用的认同度上还是有所差异的。从中央到地方，认同其积极作用的数据是依次下降的。因此，才会出现中央对首长负责制的认同度高于地方，中央对委员会制的认同度低于地方的结果。综合分析，中央更关注折中制中保留行政首长的有条件否决权以强化决策的效率，地方更关注折中制中的集体表决以实现地方利益。由于行政首长在说明理由的前提下可否决集体表决的结果，从这一意义上而言，在折中制中，行政首长意志仍占据一定优势。因此，折中制不是不分主次的折中，而是以行政首长一定条件下否决权行使为主导的折中制。据此，必然产生国家部委、省级政府、市级政府及县级政府对此选项支持度呈下降趋势的结果。

在选项 4 中，国家部委、省级政府、市级政府及县级政府公务员数据基本持平，分别是10.6%、9.6%、10.4%、10.8%。从数据的趋平性上来看，表明在不同府级公务员中，均意识到对应急等突发事项上，行政首长负责制更能有效应对“决策迅速”目标的要求。而省级政府公务员相对变化的数据（9.6%）表明，相较于其他府级公务员，省级政府要求实现地方利益的诉求更高，这一要求通常是市、县政府地方利益的基础。因而在这一点上，省级政府公务员压力更大，更希望减少行政首长负责制的适用范围。至于选项5，国家部委、省级政府、市级政府及县级政府公务员的数据分别为0.6%、0.7%、0.5%、1.2%。基本持平，而县级政府公务员相对明显变化的数据（1.2%），唯一合理的解释是基层政府的公务员相较于其他府级公务员而言，对中央决策部门的组织结构更加难以把握，无从选择。

五、基于不同地区公务员的分类数据分析

由于我国地区间发展极不平稳，不同地区面临的问题各有不同，不同地区对于中央决策部门组织结构的需求也有所不同，这种需求，必然有所体现。因而本调查数据分别选取东、中、西部地区公务员作为样本，进行调查，具体数据见表6-47。

表6-47　　不同地区公务员对中央决策部门的不同组织结构的认同度

选　项	统　计	东部地区	中部地区	西部地区
[1] 采取首长负责制，行政首长决定	选择计数	23	21	108
	百分比（%）	8.2	5.8	8.9
[2] 采取委员会模式，少数服从多数	选择计数	79	93	364
	百分比（%）	28.3	25.8	30.1
[3] 首长负责制和委员会制相结合，集体表决，但行政首长有否决权（需说明理由）	选择计数	152	203	601
	百分比（%）	54.5	56.2	49.8
[4] 应急突发事件等特殊事项，采取行政首长负责制	选择计数	22	44	124
	百分比（%）	7.9	12.2	10.3
[5] 其他	选择计数	3	0	11
	百分比（%）	1.1	0.0	0.9
总计	参选人数	279	361	1 208
	百分比（%）	100.0	100.0	100.0

将表6-47做成曲线图，可得图6-15：

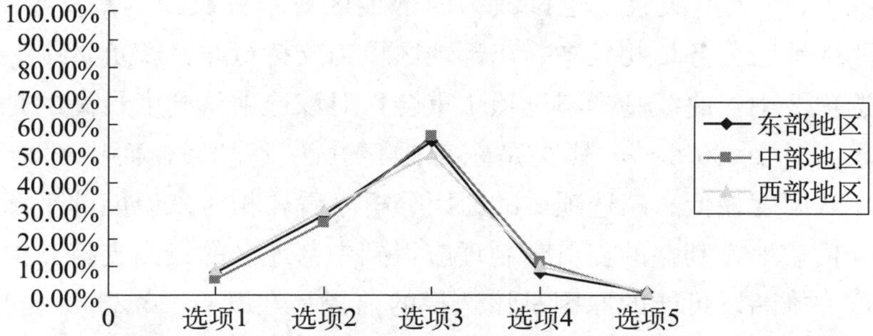

图 6-15　不同地区公务员对中央决策部门的不同组织结构的认同度

从表 6-47 与图 6-15 中可以看出，东部、中部及西部公务员对五个选项的认同度总体上看基本保持一致。其中，在选项 1 与选项 2 上，东部地区与西部地区基本重合；而在选项 3 中，东部地区与中部地区曲线基本重合；对于选项 5，三个地区的公务员数据基本一致。

具体来说：在选项 1 中，认同首长负责制最高的是西部地区公务员，达到 8.9%，其次是东部地区，为 8.2%，而中部地区只有 5.8%，认同度最低。从我国地区发展的发达度来看，依次应为东部、中部、西部，按照这种发展规律而言，数据应呈现相似的规律。然而，中部地区的认同度却最低，这一方面表明就中部地区自身而言，最能体会行政首长负责制的弊病，另一方面也说明在中央部门决策中，对中部地区的正当利益的重视度，相对于西部与东部而言为低。事实上，早在 20 世纪 90 年代末期，安徽省政府发展研究中心发起“十五”中部地区发展战略研讨会，来自中部地区的政府官员与专家学者们在分析中部地区的战略地位时，认为中部地区论市场发展和经济发达程度不如东部，论贫困和地缘政治上的敏感度不如西部，因而中部地区往往会成为国家宏观调控的盲点，容易成为被中央倾斜政策遗忘的角落。①在“东部大发展”“西部大开发”的政策夹击下，中部地区合法的正当利益得不到应有的重视，成为“政策洼地”，极易形成“中部塌陷”的局面。在这种情况下，中部地区对行政首长负责制的认同度最低也就可以理解了。而受“西部大开发”政策影响，西部地区在很多地方都得到相对更多的优惠与照顾，其地方利益，甚至财政转移支付的力度都远较其他地方更有保障，在

① 胡平．湖南战略．江南都市报，2002-12-16.

这种情况下，“迅速决策”也许成为西部地区对中央决策的最重要的期待。所以，西部地区公务员相较中、东部地区更为支持行政首长负责制。

在选项 2 中，曲线基本与选项 1 重合，对该选项认同度最高的是西部地区公务员，达到 30.1%，其次是东部地区，为 28.3%，而中部地区只有 25.8%，认同度最低。从选项 1 的原因分析来看，相对来说能够平衡各方利益，充分代表地方利益的委员会制理应得到中部地区的最高支持，但数据并未支持这一推断。可能的原因是该选择的前提是在既有“东部大发展”“西部大开发”政策背景下，委员会制虽然能让地方利益得到较首长负责制下较大的认同，但由于中部地区缺乏足够的政策支持，在中央决策中其所得到的利益分配有可能仍居于东部及西部之下。因而，对委员会制的认同度，在三个地区中，中部最低。而相反，西部、东部的地方合法、正当利益却是比之首长负责制下有可能有较大程度的改善，因而，认同度大大高于选项 1 的数据。尤其是西部地区，本身在行政首长负责制下，其所得到的地方利益在“西部大开发”政策导向下，较中、东部为多，而在强化地方利益的委员会制下，这一效应更会得到增强。所以，其在选项 2 数据中最高。

在选项 3 中，曲线与选项 1、2 完全相反，认同度最高的是中部地区，数据为 56.2%，其次为东部地区，数据为 54.5%，西部地区认同度最低，为 49.8%。产生此种情况的原因主要在于：无论是在行政首长负责制下，还是在委员会制下，在中部地区没有政策支持的前提下，任何决策中，中部地区合法、正当利益本身是“先天不足”的，而根据决策模式的惯性，委员会制会继续延续既有的“西部大开发”“东部大发展”的政策影响，中部地区在中央决策领域继续“塌陷”的局面改变的可能性不大，然而，折中制下的行政首长说明理由的否决权，却是给了改变政策惯性的可能。因此，中部地区对此种组织结构的认同度最高，相反，在待分配利益既定的情况下，中东部地区分配多，西部地区必然少。而折中制下行政首长说明理由的否决权有可能打破“西部大开发”政策带来的利益分配优先的模式，因而西部地区在选项上，有比其他两地更多的抵触感，认同度在三地最低。而东部地区，本身的天然的经济发达，使其在利益分配上既没有类似于西部地区延续既有政策，进行决策带来的“利益分配红利”的迫切性，也没有中部地区改变原有政策，进行决策带来“利益分配纠正”的急迫性，因而在此选项中居于中间位置。

在选项 4 中，中部地区认同度最高，数据为 12.2%，其次是西部地区，数据为 10.3%，东部地区认同度最低，仅有 7.9%。总体数据表明，在东、中、西部地区公务员中，均有人意识到对应急突发事件等特殊事项上，应采行政首长负责制以响应决策的特殊要求。在实践中，由于东部地区法治环境普遍好于中部、西部地区，基本已形成了相对完善的应急突发事件等特殊事项应对体制，且该体制运转效果良好。因而，对于行政首长负责制所带来的决策迅速的正效应被该体制所吸纳，形成了对行政首长负责制较低的支持度。而从此一思路上来看，中部、西部地区在应急突发事件应对体制上，相对较弱，不得不借助于传统的行政首长负责制以应对特殊情况。至于中部、西部地区在此选项上的差异，仍需要进一步的调研来加以分析。至于选项 5，虽然三地在数据上有一定区别，（东、中、西部分别为 1.1%、0.0%、0.9%），但由于其他涉及因素过多，无法一一分析，在此不作讨论。

六、结论

从上述分析可以看到，对于中央决策部门组织结构的选择，中央、地方，不同府级、不同地区公务员的基本判断趋于一致。在所有选项中，认同度最高的是选项 3，即"首长负责制和委员会制相结合，集体表决，但行政首长有否决权（需说明理由）"，此一选项最高为国家部委公务员，数据为 58.2%，最低为西部地区公务员，数据为 49.8%，从数据上可以看到，在所调查的对象中，至少有半数（忽略西部地区公务员相差的 0.2 个百分点）认同选项 3，尤以中央公务员支持度最高。就这一选项的整体数据来分析，从中央到地方，随府级的降低认同度依次降低。

对于同选项 3 密切相关的选项 1（首长负责制）与选项 2（委员会制）的数据变化趋势，则呈现出并不完全相同的态势。就选项 1 而言，整体认同度不高，数据最高的为国家部委，为 10.8%，数据最低的为中部地区的 5.8%。整体呈现出随府级降低认同度依次降低的态势。与选项 3 的变化趋势整体相同。就选项 2 而言，则呈现出完全相反的态势。整体呈现出随府级降低，认同度依次升高的态势。选项 2 中，认同度最高的是县级政府，数据为 30.8%，最低的为国家部委公务员，数据为 19.7%。

对于选项 4，数据变化趋势上来看，除东、中、西因“东部大发展”“西部大开发”等政策的延续惯性原因造成的数据变化较大，其余的数据基本相差不大。由于受制于单项选择的限制，而且要求被调查者在极短时间内理清选项 4 与前三个选项的关系，恐怕有些难度，因而仍需要进一步调研，才能更科学的分析。以现有的数据来看，有相当一部分公务员出于应急等突发事件对决策迅速的客观要求，对此一选项较为认同。

从上述数据可以看到，选项 1 与选项 3 的变化趋势基本相同，而选项 2 则与之截然相反。其实质是认同首长负责制与折中制，某种程度上有相同的因素发生作用，导致趋势相同，而此种因素对于委员会制的影响则与前两者完全相反。

这一因素就是行政首长在决策中的权限。在首长负责制下，行政首长在决策中的权力几乎不受制约，而在折中制下虽受一定限制，但仍保留说明理由情况下对集体表决结果的否决权，在委员会制下，行政首长在决策中的权力与其他成员并无区别。基于此，可以解释上述数据变化的趋势，即对行政首长在决策中特殊权力需求相对较大的，往往倾向赞同选项 1 与选项 3，而主张取消行政首长在决策中特殊权力的，则倾向于赞同选项 2。

长期以来，行政首长负责制在行政决策中发挥了积极作用，但由于行政首长负责制在具体运作、法律规范、相关责任追究等方面的法治化程度不高，使得行政首长在行政决策中的随意性，非理性，甚至于寻租性几乎不可避免，加之现行公务员考核指标“德、能、勤、绩、廉”中，以注重工作实绩为最核心指标。从“经济人”角度出发，任何一个行政首长在决策时均会选择有利于出“实绩”的事项进行决策，而且为了保证“实绩”出现在自己任期，以获得升迁的资本，决策的“迅速”也就成为必然选择。在“实绩”与“迅速”的综合作用下，行政首长在决策时的理性被压制，合法、正当的地方利益要求如果不能满足“实绩”与“迅速”的要求，在决策中被忽略也就顺理成章，决策的随意性、专断性难以避免。正是在这种原因下，行政首长负责制受到了较大诟病。在整体被调查对象中认同度最低（排除选项 5 的数据）。然而，委员会制虽然能克服行政首长负责制的弊端，但其自身天然的“利益博弈与平衡过程”，始终需要一个过程，而这一过程未必能够适应决策的迅速性的客观需要，另外，委员会制采集体票决，在决策责任承担上面临难以追究决策失误的责任问题。在被调查者中整体认同度也并不算高。对于折中制而言，一方面吸纳了委员会制科学、理性的因素，另一方面保留了行政首长在说明理由的前提下可否决集体表决结果的权力，能够适应决策责任与决策迅速的要求。

事实上，从三个选项的关联度来看，折中制中，行政首长对集体表决结果的否决权本身就反映了何者为主，其实质上是以行政首长负责制为主的折中制。这固然与委员会制本身的弊病有关，但更重要的是，所谓的行政民主、集体决策已被压制的空间甚小，“惟行政首长意志为至上”“不敢发声”的行政文化，已成为我国行政决策体制中的一个最大弊病。组织结构设计得再科学，在行政决策过程中，如果仍没有人愿意发声，则所有的决策仍将演化为行政首长一人的“独角戏”。为此，为充分发挥组织结构本身的正功能，还必须切实改善行政文化，营造利于实现行政民主的配套制度与环境。

第九节　中央决策部门内设机构需求度的数据分析

一、序言

本题的着眼点在于对我国中央决策部门内部机构设置的科学性研究，即通过在公务员中展开对中央决策部门内设机构的需求程度的调查，通过分析数据总结规律，探究实现中央决策部门内部机构科学、合理的设置路径。

（一）本题的设计缘由

中央决策因其涉及事项重大，关乎国家和整个社会的发展而显得尤为重要。影响中央决策科学性的因素很多，中央决策部门内部机构设置是其中较为重要的因素之一。这是因为，科学、合理的内部机构设置能够保障中央决策部门及时地作出科学决策，在保证决策科学性的同时保证效率。因此，有必要对中央决策部门内设机构的科学性、合理性作出严密的调研，由此明确机构设置的合理调整方向，以确保机构的设置满足当前的需要。较之一般公众，在行政体制内的公务人员因其工作内容而更为了解中央决策部门内设机构的运行机制，也有更多机会参与到与中央决策部门内设机构工作的互动中。在此前提下，我们从整体、层级和地域三个维度就公务员对中央决策部门内设机构的需求度展开调查，数据进行梳理以期得出中央决策部门内部机构设置的合理方式。

(二) 调查问卷相关问题的说明

本题题干下共设计了 7 个选项分支，本题的设计情况如下。

对于以下中央决策部门的内设机构，您认为最应该加强的机构是：

[1] 核心决策机构

[2] 信息部门

[3] 咨询论证部门

[4] 方案起草（包括项目规划）部门

[5] 研究部门

[6] 决策听证等互动部门

[7] 其他

针对上面题目设计的具体内容，共有以下七个方面的内容需要加以明晰。

1. 关于核心决策机构的界定

核心决策机构不同于其他内设机构只处于中央决策的某一环节，它作为中央决策部门的核心机构，作用于决策的全过程，发挥着决定性作用。“它是全部行政活动的主导力量，对组织协调行政体系中信息、咨询、研究、执行、监控等系统进行有机的相互配合活动，实现决策优化。”①

2. 关于信息部门的界定

信息部门是指由专业信息处理人员组成的，以为决策部门提供信息支持为目的的，专门处理复杂信息获取有效相关数据的职能部门。在信息化时代，基数大、范围广、变化快的信息为科学决策提供了可能，也为科学决策带来困难。要把握这一机遇与挑战，关键在于充分发挥信息部门的作用。

3. 关于咨询论证部门的界定

“咨询业在西方被称为智力服务业，以从业人员运用知识、经验和智力所产生的咨询报告为成果。”② 咨询论证机构一般存在两种形式——政府内

① 郭蕾．论我国行政决策权制约机制的构建．法治研究，2010 (1).

② 李群，王巧云．国内外专家咨询论证制度的经验与做法．中国科技论坛，2008 (11).

部的咨询机构和社会决策咨询机构，我们在此讨论的咨询论证机构特指政府内部机构，它是指由各方面的专家组成的知识结构完整的咨询论证团队，以集思广益确保政府决策的科学性。“发达国家为协助政府首脑进行决策大都建立了专门的决策研究咨询机构，如美国总统的办事机构、英国内阁办公厅下的秘书处和各种专门小组，都具有重要的决策研究、咨询功能。与之相比，我国政府设立的决策咨询机构在数量和质量上都存在一定差距，需要加强。”①

4. 关于方案起草部门的界定

需要注意的是，方案起草部门不同于核心决策机构，并不具有决定权。它的主要作用是根据核心决策机构的决定，参考其他部门提供的充分信息，依据本部门的工作职能科学、合理地草拟决策方案。

5. 关于研究部门的界定

“目前，西方国家的政策研究机构有官方、半官方和民间三种。官方的研究机构直接隶属于政府部门，有的由最高行政长官领导，有的由议会领导，有的则独立于政府之外。”② 我国的研究机构类型也大抵如是。此处讨论的范围限定在政府内部的研究部门，它是指由专门的研究人员组成的根据核心决策机构的指示，依托信息部门提供的信息进行对策研究的专门机构。需要注意的是，研究部门不同于咨询论证部门，两者的显著区别在于研究部门的工作是提供对策，而咨询论证部门的工作是对政府提出的既有对策进行论证。

6. 关于决策听证等互动部门的界定

这里不是单指听证部门，而是指以听证部门为典型代表的一系列互动部门，因为问卷设计内容限制而不一一列出。

7. 调查采集的基本信息（见表 6-48）

表 6-48　对于以下中央决策部门的内设机构，您认为最应该加强的机构是：

选　项	选择计数	百分比（%）
[1] 核心决策机构	622	27.1
[2] 信息部门	226	9.8

① 王万华．科学设置决策机关建立健全行政决策运行机制．中国机构改革与管理，2011 (5).

② 卢向国．西方的政策研究机构：历史、现状及其对中国的启示．云南行政学院学报，2003 (5).

续前表

选　项	选择计数	百分比（%）
[3] 咨询论证部门	431	18.8
[4] 方案起草（包括项目规划）部门	194	8.4
[5] 研究部门	203	8.8
[6] 决策听证等互动部门	595	25.9
[7] 其他	26	1.1
总计	2 297	99.9

二、总体分析

本部分以所有的调查问卷为分析对象，从整体、层级和地域三个维度分析公务员对不同中央决策部门内设机构的需求度。本次调研的总体数据表格见表 6－49（表 6－49 根据选择人数的多少已对选项进行重新排序）。

表 6－49　对于以下中央决策部门的内设机构，您认为最应该加强的机构是：

新序号	选项	选择计数	百分比（%）
1	[1] 核心决策机构	622	27.1
2	[6] 决策听证等互动部门	595	25.9
3	[3] 咨询论证部门	431	18.8
4	[2] 信息部门	226	9.8
5	[5] 研究部门	203	8.8
6	[4] 方案起草（包括项目规划）部门	194	8.4
7	[7] 其他	26	1.1
	总计	2 297	99.9

数据显示，在 2 297 名被调研者中有 622 人认为最应该加强的机构是核心决策机构，占总人数的 27.1%。这一选项排名在首位体现了核心决策机构在保障科学决策方面至关重要的地位。有近三分之一的人认为核心决策机构是解决中央决策问题的重中之重，这可能主要是因为当前中央政府决策权有分散之嫌。现状是，各个部门基于本部门利益进行部门内决策，缺乏统筹规划的权力和共同的利益出发点。在决策过程中，部门之间的信息壁垒和部门利益的争夺造成决策有失科学、合理。基于这样的认识，多数公务员认为在中央决策部门内部仍应当存在一个核心机构，对其他机构起到统筹协调的作用，以打破部门之间的壁垒，在保障决策的科学性的前提下提高办事效

率。这一问题也得到了理论界的关注，有学者提出："重大决策具有整体性、综合性和复杂性，妥善解决决策涉及的各方利益，在各方之间达到一种平衡。要实现这一要求，需要建立系统性的决策体制，将那些职能相近、业务范围趋同的事项相对集中，统一决策，实现决策的'大部制'。"因此，通过核心决策机构建设的加强推动中央综合决策不失为一计良策。[①]

最应该加强的机构中排在第二位的是决策听证等互动部门，对此的投票人数占总人数的25.9%，仅比对排在第一位的核心决策机构的投票人数少1.2%。这一选项排名靠前体现了公众对决策民主性的需求。分析原因，主要是"随着公众利益表达能力、政策判断能力和行动能力的增强，公众对政策的可接受性提出了更高的要求"[②]。具体而言，随着信息化时代的到来，尤其是随着互联网的发展，公众获得信息的渠道拓宽、速度提高、成本降低，使公众判断决策的能力有所提高。另外，市民社会逐步崛起，"随着公民结社权利的扩大和继而带来的社团数量的增多"[③]，公众的利益表达能力和行动能力获得提高。决策听证等互动部门的加强在公务员中显示出如此高的需求，证明两点：一是公务员群体深刻认识到时代发展的趋势，行政决策甚至中央决策都迫切需要在制度上保障公众能够参与进来，以保障决策的科学性，并提高决策的可接受性；二是尽管在实践中公务员群体已经意识到开设渠道使公众参与进来的必要性，但目前制度仍未有效回应这一需求。

排在第三位的是咨询论证部门，在2 297名被调研者中有431人选此项，占总人数的18.8%，低于排名前两位选项的投票人数7～8个百分点，但却高于后三位选项的投票人数10个左右百分点。这说明，在公务员群体的认识中，对中央决策部门的整体效能发挥而言，咨询论证部门是一个很重要且仍需逐步加强的机构。具体分析，近些年来，政府和社会对于专家咨询论证有助于保障决策科学、降低决策风险有了普遍的认识，咨询论证部门也有所

---

① 薛刚凌，陈晓勤．进大部制改革——构建以功能为中心的政府权力结构．中国机构改革与管理，2011（5）．

② 王锡锌，章永乐．我国行政决策模式之转型——从管理主义模式到参与治理模式．法商研究，2010（5）．

③ 王绍光，何建宇．中国的社团革命——中国人的结社版图．浙江学刊，2004（6）．

发展，部分省份出台了实施办法，如四川省出台了《关于实施重大决策专家咨询论证的实施办法》。但是，咨询论证部门的设置在细节上仍有很多尚待完善，比如，“如何保证专家的广泛性和代表性，如何促使论证过程公开化，如何加强专家意见的约束力”①，等等。若这些问题不能及时得到解决，咨询论证部门将难以真正发挥实效。

排在第四位的选项是信息部门，在2 297名被调研者中有226人选此项，占总人数的9.8%。这说明，在公务员群体的认识中信息部门起着较为重要的作用，就目前机构设置来看，信息部门尚有很大提升之处。信息的收集和分析的科学性对于保障决策科学起着基础性的作用。信息失真极有可能从源头上导致决策失误，给社会带来重大损失。在信息爆炸的当今社会，如何在范围广、基数大、更新快的信息中搜集整理出有效的数据、找出规律是必要而艰巨的工作。中央政府已经充分意识到信息的重要性，中央政府各部门也已广泛设立了信息机构，但仍存在着基于部门之间的部门利益或没有有效的统筹机构牵头而信息库彼此孤立、信息数据投入重复浪费的问题。对于这一问题，薛刚凌教授提出：“对于受众面广、涉及多个政府部门共同完成的项目，将现有的信息系统、设备平台等要素从单个部门中抽出，进行统一设计和整合，最大限度地避免部门各自为政，促进共享和协调，保障决策的综合性和执行的高效。”② 笔者认为，这样的做法能够在对现有机构设置仅作微调的前提下，高效便捷地实现信息部门的职能。

排在第五位的选项是研究部门，在2 297名被调研者中有203人选此项，占总人数的8.8%。这说明，在公务员群体看来，相较其他部门而言，研究部门对于提高中央决策科学性的作用不甚显著。分析原因，一则可能是研究部门虽然也暴露出一定问题，如调研形式化、空泛化等，但较其他部门相对健全，二则是备受重视的咨询论证部门通过聘请专家辅助决策在作用上与研究部门有一定重合。但研究部门作为中央决策部门的内设机构是必不可少的，因为它在整个决策过程中起着承上启下的作用——接收信息部门的信息，通过针对性的分析研究得出相关结论为方案起草部门起草方案做好准

① 张国平．法治视野下行政决策问题研究．武陵学刊，2010（3）.

② 薛刚凌，陈晓勤．推进大部制改革——构建以功能为中心的政府权力结构．中国机构改革与管理，2011（5）.

备。另外，相较于咨询论证部门而言，研究部门有其独特性——它是人员固定的部门，职能是为草案的完成做好前提准备。而咨询论证部门中负责论证的专家是流动的，且专家咨询论证多在草案出台后进行。

排在第六位的选项是方案起草部门，在2 297名被调研者中有194人选此项，占总人数的8.4%。这是选择率最低的一个部门。分析原因，主要是该部门是较为常规性的部门，设立已久且作用为人们所熟知，没有随着社会的变化暴露出明显且亟待解决的问题。但仍有近十分之一的被调研者选择此项，亦说明它是中央决策过程中非常重要的一环。方案起草是否科学、专业关乎能否将核心决策机构的意志真实体现，能否将信息部门和研究部门的前期成果充分、有效利用。因此，这一部门被选率虽然最低但绝对值并不低。

综合分析此数据，排在前三位的选项分别是核心决策机构、决策听证等互动部门、咨询论证部门，被选率分别高达27.1%、25.9%和18.8%。这说明被调研者整体对于最应该加强的内设机构认识相对统一。对这三个部门加强的需求也表明了当今时代对于以功能为中心建构决策权力机构和社会力量参与中央决策的呼唤。排在第四、第五和第六选项的被选率分别在9.8%、8.8%和8.4%，虽然较前三者低，但是仍均有近十分之一的选择率。这说明，这些内设机构设置的必要性都很大，任何一环不可或缺，同时任一机构都尚未完善，都还有待加强。

三、基于中央与地方公务员的分类数据分析

尽管同在公务员体制内，对中央决策部门内部机构的设置都有所了解，但是不同层级的公务员，与中央决策部门内设机构的接触和对它的认识仍然存在诸多差异。因此，我们选取中央与地方公务员进行抽样调查，统计结果见表6-50。

表6-50　对于以下中央决策部门的内设机构，您认为最应该加强的机构是：

选　项	统　计	地方政府	中央政府
[1] 核心决策机构	选择计数	530	92
	百分比（%）	28.9	20.0
[2] 信息部门	选择计数	188	38
	百分比（%）	10.2	8.2

续前表

选　项	统　计	地方政府	中央政府
[3] 咨询论证部门	选择计数	324	107
	百分比（%）	17.6	23.2
[4] 方案起草（包括项目规划）部门	选择计数	153	41
	百分比（%）	8.3	8.9
[5] 研究部门	选择计数	145	58
	百分比（%）	7.9	12.6
[6] 决策听证等互动部门	选择计数	476	119
	百分比（%）	25.9	25.8
[7] 其他	选择计数	20	6
	百分比（%）	1.1	1.3
总计	参选人数	1 836	461
	百分比（%）	100.0	100.0

将表 6－50 制成曲线图，可得图 6－16。

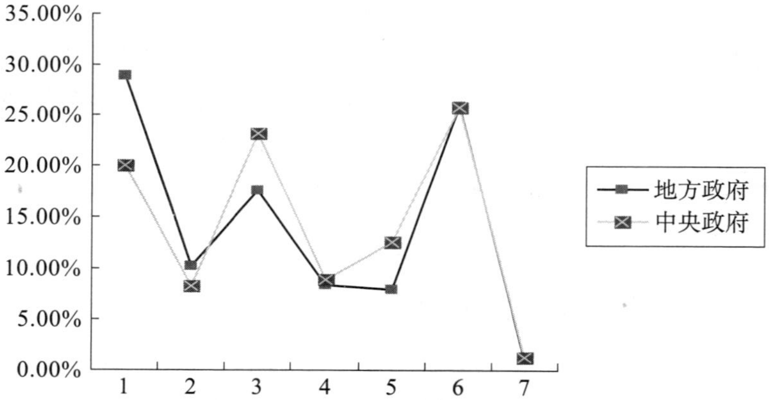

图 6－16　中央与地方公务员对中央决策部门内设机构的需求度

首先进行整体分析。从表 6－50 和图 6－16 可以看出，中央与地方公务员对不同中央决策部门内设机构的需求度大致相似。中央和地方公务员在选项 1、3、5 上差异明显，在其他选项上差异较小。

具体分析，选项 1 中对核心决策机构的需求度上，地方公务员选择率占绝对多数（28.9%），同比高出中央公务员选择率近 9 个百分点，且作为同层级内选择率最高的选项高出次高选择率选项 3 个百分点。这样的高选择率说明地方公务员认为迫切需要加强核心决策机构。究其原因，可能是我国地方公务员的决策权较少，通常是由中央决策后将命令层层下达，地方公务员主要负责执行上级的决策和命令。而现实中，地方公务员在行政工作中因缺乏强有力的核心决策机构而往往面对上级发布决策、命令但政出多门、互不协调，难以高效执行甚至难以落实的窘境。因此，他们迫切需要加强核心决策机构来化解上述困境。与之相对，中央公务员相较地方公务员来说，处于权力的中心，所在部门往往有一定的决策权。他们除了执行中央统一的决策，更多的是负责研究发布本部门的决策，因而在由于核心决策机构不够完善而执行难方面体会不如地方公务员的深刻。但是从 20%的选择率来看，中央公务员群体也因为自身发布的决策向下难以执行以及横向上配合不协调而意识到了加强核心决策机构的必要性。

选项 2 中对信息部门的需求度上，中央和地方公务员的选择率分别为 8.2%和 10.2%。地方公务员的选择率高出 2 个百分点。造成这一结果的原因主要有二：一是地方公务员基于既往的经验，认为中央决策部门在作出决策时没有能够充分地调研地方的信息。而中央公务员由多数时候身处中央，且在对地方调研时，由于我国地域广的特性只能选取部分代表进行调研，然而我国不仅地域广而且地区之间发展差异很大，这就不可避免地使调研结果与真实情况存在一定误差。二是各部门之间信息系统分立，缺乏信息的综合与分析，所以中央根据所得信息制定出的政策，有时在地方存在执行难的问题。因此，中央和地方公务员对于信息部门是否需加强这一问题的态度有所差异，中央公务员可能认为工作效果尚可，而地方公务员会认为欠佳。

选项 3 中对咨询论证部门的需求度上，中央公务员和地方公务员的选择率分别为 23.2%和 17.6%，中央公务员的选择率高出近 6 个百分点。造成这种差异的原因可能有二：一是中央公务员因其教育背景整体偏高和既往工作经验积累更多而较地方公务员更能体会到专家咨询论证对于保障决策科学的重要性；二是地方公务员的工作内容中执行远多于决策，地方公务员与咨询论证部门接触较少，因而缺乏对咨询论证部门的准确认识。

选项 4 中对方案起草部门的需求度上，中央和地方公务员的选择率分别为 8.9%和 8.3%，差异不大。这可能是因为对地方公务员和中央公务员而言，这个部门是较为常规性的部门，设立已久且作用为人们熟知，建设相对健全，存在的问题并不显著。但地方和中央公务员中都有近十分之一的被调研者选择此项，亦说明它是中央决策过程中非常重要的一环。方案起草是否科学、专业关乎能否将核心决策机构的意志真实体现，能否将信息部门和研究部门的前期成果充分、有效利用。

选项 5 中对研究部门的需求度上，中央和地方公务员的选择率分别为 12.6%和 7.9%，中央公务员的选择率高出约 5 个百分点。这种明显的差异与关于选项 3 的情形近似，造成这种差异的可能原因也与选项 3 的情形近似。因此对选项 5 不赘述。

选项 6 中对决策听证等互动部门的需求度上，中央和地方公务员的选择率基本相同，分别为 25.8%和 25.9%。有所差异的是对决策听证等互动部门的需求在地方公务员的选择中排位第二，而在中央公务员的选择中排位第一。从不论是地方公务员还是中央公务员的高选择率可以看出，公务员群体在公众参与必须进入中央决策过程中这一问题上形成共识。至于造成差异的原因可以从如下两个角度进行分析：从地方公务员角度分析，其工作中多执行少决策导致多数选择了加强核心决策机构，从而造成了对此选项的选择率分流；从中央公务员角度分析，中央公务员因其掌握着国家的整体性信息，对社会发展的整体趋势的认识较地方公务员更为深刻，充分认识到公众参与中央决策对于保障决策科学性、民主性的重要性，且在其既往部门决策经验中，也对于加强互动部门职能的重要性深有体会。

选项 7 为“其他”，中央和地方公务员的选择率分别为 1.3%和 1.1%。因无从知道“其他”的具体内容，且投票人数所占比例很小，意义不大，故对选项 7 不作分析。

四、基于不同府级公务员的分类数据分析

我国行政层级为中央、省、地级市、县级市、乡镇五级。各级政府因在层级中所处位置不同、权能职责不同，对中央部门决策的需求不同，因而对中央决策部门内设机构的需求也必然不同。本调查数据即以此为前提在中央、省、市、县四级政府中对公务员进行抽样调查，统计结果见表 6－51。

表 6-51 对于以下中央决策部门的内设机构，您认为最应该加强的机构是：

选项	统计	国家部委	省级政府	市级政府	县级政府
[1] 核心决策机构	选择计数	92	153	213	164
	百分比（%）	20.0	25.6	32.6	28.1
[2] 信息部门	选择计数	38	49	73	66
	百分比（%）	8.2	8.2	11.2	11.3
[3] 咨询论证部门	选择计数	107	116	110	98
	百分比（%）	23.2	19.4	16.8	16.8
[4] 方案起草（包括项目规划）部门	选择计数	41	52	49	52
	百分比（%）	8.9	8.7	7.5	8.9
[5] 研究部门	选择计数	58	60	38	47
	百分比（%）	12.6	10.0	5.8	8.0
[6] 决策听证等互动部门	选择计数	119	160	165	151
	百分比（%）	25.8	26.8	25.2	25.9
[7] 其他	选择计数	6	8	6	6
	百分比（%）	1.3	1.3	0.9	1.0
总计	参选人数	461	598	654	584
	百分比（%）	100.0	100.0	100.0	100.0

将表 6-51 转换成曲线图，可得图 6-17。

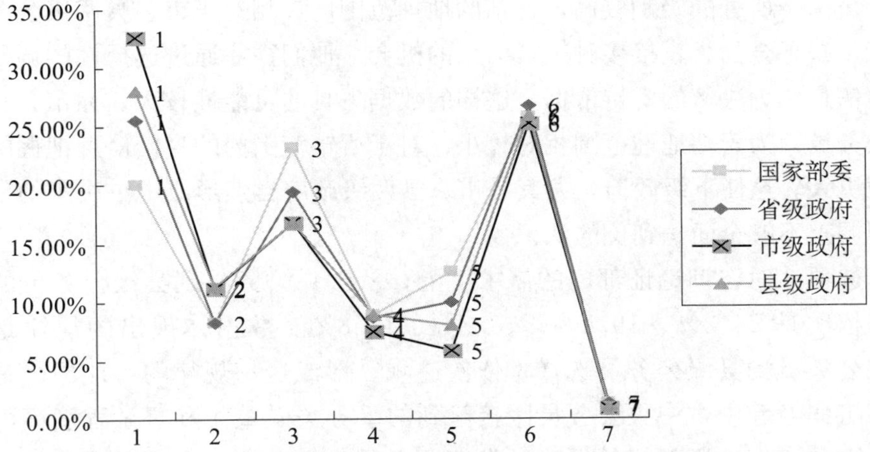

图 6-17 不同府级公务员对中央决策部门内设机构的需求度

整体而言，从表 6-51 和图 6-17 可以看出，中央公务员，省级公务员、市级公务员和县级公务员对不同内设机构的需求度基本保持一致。

具体分析，选项1中对核心决策机构的需求度上，从中央公务员到县级公务员的选择率依次是20%、25.6%、32.6%和28.1%。市级公务员的选择率最高，其次是县级公务员的，再次是省级公务员的，最后是中央公务员的。中央公务员的选择率最低的原因在前面已有详述，而省级公务员的选择率低于市级公务员的、县级公务员的，主要原因可能是面对中央的决策需要作出的回应大多是将任务布置给下级，监督其执行，而非真正执行，故对于执行困境不如下级公务员感受深切。而市级公务员的选择率最高，究其原因可能是：一方面，市政府是某些中央决策的直接执行机构；另一方面，市政府还是某些中央决策的监督机构，将执行任务布置给下级政府。如此，市政府一方面会因为中央政策直接执行的困难而饱受压力，另一方也会因为监督中央政策执行失利而承担责任。这种双重困境导致市级政府格外重视核心决策机构的加强，以使其摆脱工作困境。

选项2对信息部门的需求度上，从中央公务员到县级公务员依次是8.2%、8.2%、11.2%、11.3%。数据所体现出的规律是中央、省级公务员的选择率趋同，市、县两级公务员的选择率趋同，上两级公务员的选择率低于下两级公务员的选择率超3个百分点。这主要是因为：中央公务员和省级公务员由于所处的级别较高，管辖的地理范围广，相对于市、县两级公务员而言，缺乏全面、直接接触决策信息的机会。他们往往通过选择性的调研来搜集信息作为决策的支持依据，这样的数据失真的可能性较大。而市、县两级公务员因为管辖地理范围相对较小，对于所辖范围内的直接信息把握的准确度更大。这使下级政府，尤其是市、县两级政府自然形成中央决策的信息部门调查不够全面、到位的认识。

选项3对咨询论证部门的需求度上，从中央公务员到县级公务员的选择率依次是23.2%、19.4%、16.8%、16.8%。数据体现出的规律是从中央公务员到县级公务员选择率依次递减。形成这一规律的可能原因是在已有工作经验中，中央公务员因接触到的事务关系重大和复杂程度高而较多地需要咨询论证部门的保障，省级公务员次之，市、县两级公务员再次之，因而根据经验多少而获得认识程度高低不同，作出的重要性程度判断也不同。

选项4对方案起草部门的需求度上，从中央公务员到县级公务员的选择率依次是8.9%、8.7%、7.5%、8.9%。这组数据围绕着8.8%的整体调查数值上下波动，唯有市级公务员的选择率偏低。对此，很难从市级公务员的层级特点上找到理由，可能是抽样基数不够大而带来的一个偶然。

选项5对研究部门的需求度上，从中央公务员到县级公务员选择率依次是12.6%、10%、5.8%、8%。由数据可以看到的整体趋势是从中央到县级政府对研究部门的需求度依次递减。这是因为研究部门处于决策过程的中间环节，机构是否能够得到加强较之其他部门对地方政府的影响不那么明显。具体分析，如前所述，像核心决策机构是否能够加强对市级政府影响最大，对县级政府的影响次之，对省级政府的影响再次之；像信息部门是否能够加强对市、县两级政府影响最大，对省级政府的影响次之。而处在中间环节且主要职责是根据其他部门获得的一手资料进行深加工的研究部门，自然对各级政府的影响是从中央向地方依次递减的。

选项6对决策听证等互动部门的需求度上，从中央公务员到县级公务员选择率依次是25.8%、26.8%、25.2%、25.9%。四级公务员对决策听证等互动部门的选择率都偏高，这说明各级公务员都充分认识到公众参与对于保障科学决策、民主决策的必要性，也反映了当前中央决策中机构设置对公众参与保障的明显不足。

选项7为"其他"，从中央公务员到县级公务员选择率依次分别为1.3%、1.3%、0.9%、1%。因无从知道"其他"的具体内容，且所占比例很小，意义不大，故而对该选项不作分析。

五、基于不同地区公务员的分类数据分析

我国地域广且地域间差异较大，各地区发展情况差异化明显，因此各地区存在的问题也不尽相同。针对不同的问题，各地区对中央决策部门内部机构的设置也表现出不同的需求。因此，我们将地区划分为东、中、西三部分，对各地区公务员进行抽样调查，调查结果见表6-52。

表6-52　对于以下中央决策部门的内设机构，您认为最应该加强的机构是：

选　项	统　计	东部地区	中部地区	西部地区
[1] 核心决策机构	选择计数	73	96	361
	百分比（%）	26.3	26.4	30.2

续前表

选　项	统　计	东部地区	中部地区	西部地区
[2] 信息部门	选择计数	34	20	134
	百分比（%）	12.2	5.5	11.2
[3] 咨询论证部门	选择计数	51	76	197
	百分比（%）	18.3	20.9	16.5
[4] 方案起草（包括项目规划）部门	选择计数	19	36	98
	百分比（%）	6.8	9.9	8.2
[5] 研究部门	选择计数	21	21	103
	百分比（%）	7.6	5.8	8.6
[6] 决策听证等互动部门	选择计数	75	112	289
	百分比（%）	27.0	30.9	24.2
[7] 其他	选择计数	5	2	13
	百分比（%）	1.8	0.6	1.1
总计	参选人数	278	363	1 195
	百分比（%）	100.0	100.0	100.0

将表 6－52 转换成曲线图，可得图 6－18。

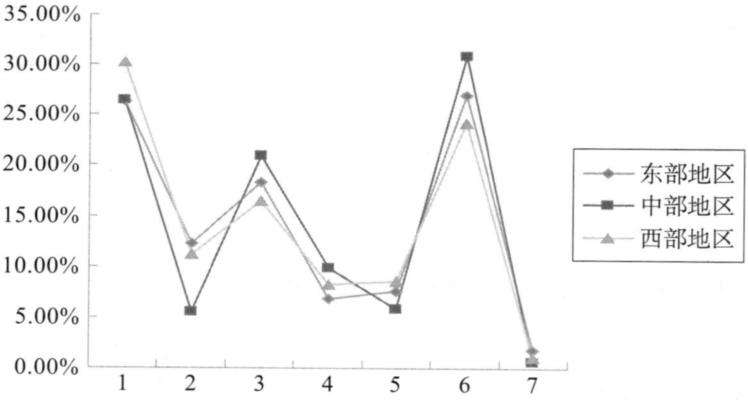

图 6－18　不同地区公务员对中央决策部门内设机构的需求度

从表 6－52 和图 6－18 可以看出，东、中、西部公务员对所有内设机构的需求度整体上基本保持一致。

具体分析，选项 1 对核心决策机构的需求度上，东、中、西部地区公务员的选择率依次为 26.3%、26.4%、30.2%。从数据可以看出，东、中部地区公务员对核心决策机构的需求度基本一致，而西部地区公务员的选择率明显高于东部和中部公务员的。这主要是因为：西部地区较和东、中部地区发展落后，政府中缺乏高素质人才，因此西部地区的政府内部存在机构尚待优化、决策能力较差等问题。因此，西部地区更需要中央决策部门中有核心决策机构以作出统一、协调的决策。

选项2对信息部门的需求度上，东、中、西部地区公务员的选择率依次为12.2%、5.5%、11.2%。数据显示，东、西部地区公务员的选择率近似，而中部地区公务员的选择率明显最低。造成这一结果的原因可能是：长久以来，中央决策部门每每在信息调研的基础上作出推动地区发展的倾斜性政策时，忽略了中部地区的正当利益。近几十年来，中部地区在“西部大开发”和“东部大发展”的政策裹挟下发展困难，这极有可能导致中部地区认为中央决策部门信息部门的信息搜集、整理过程是带有先验目的的，在搜集、整理信息过程中倾向于突出西部和东部地区需要政策的扶持，继而对信息部门产生不信任。

选项3对咨询论证部门的需求度上，东、中、西部地区公务员的选择率依次为18.3%、20.9%、16.5%。从数据可以看出与选项2的结果恰恰相反，对咨询论证部门中部地区公务员的选择率最高。这可能是因为：中部地区认为虽然咨询论证部门和信息部门都为政府部门的内设机构，但差别是咨询论证机构的人员多由外聘的学者、专家组成，他们较信息部门工作人员有更宏观的视角和独立的声音，在认识到中部地区的正当利益被中央忽视而导致决策不科学时可能为中部地区发展出谋划策。因此咨询论证部门的加强有助于中部地区改变一直以来不受中央重视的被动局面。

选项4对方案起草部门的需求度上，东、中、西部地区公务员的选择率依次为6.8%、9.9%、8.2%。东部地区最低，西部地区次之，中部地区最高。这个排序与这三个地区对中央决策方案的满意度有一定关系。具体分析，在既往的中央决策方案中，中部地区的利益往往受到忽视，长久地影响了中部地区的发展，西部地区虽较中部地区而言获得了诸多政策倾斜，但是其各方面的先天条件远不如东、中部地区，因此仍然需要通过中央给予更多且持久的倾向性政策来促进本地区的发展。而东部地区，在经济、政治、地理、人文等多方面条件得天独厚，又获得中央政策的诸多扶持，因此对决策方案的不满度最低。如此分析，不满度越高，越需要被质疑的部门有所转变有所加强，故而出现上述数据排序。

选项 5 对研究部门的需求度上，东、中、西部地区公务员的选择率依次为 7.6%、5.8%、8.6%。选项 6 对决策听证等互动部门的需求度上，东、中、西部地区公务员的选择率依次为 27%、30.9%、24.2%。选项 5、6 中造成如上数据结果的原因应该与选项 2 的原因有着近似之处，与选项 3 的原因相反。在此不再作重复分析。

选项 7 为“其他”，从东、中、西部地区公务员的选择率依次分别为 1.8%、0.6%、1.1%。因无从知道“其他”的具体内容，且所占比例很小、意义不大，故而对选项 7 不作分析。

六、结论

综上所述，公务员群体在对最需加强的中央决策部门内设机构的选择上，尽管因层级不同、地域不同而有所差异，但从整体上看，他们的选择倾向在较大程度上保持一致。尤其是在对选项 1“中央决策机构”、选项 3“咨询论证部门”和选项 6“决策听证等互动部门”的选择上，尽管在选择的优先顺序上有所差异，但总体上不论是中央公务员还是地方公务员，不论是四级政府中的哪一层级的政府的公务员还是东、中、西三个地区中哪一地区的公务员，都将这三个选项作为主要选择。分析原因，主要是当前的整个公务员群体对于保障中央决策的科学性和民主性的关键要素有较为明确的认识。首先是对我国当前决策权配置过于分散的问题有明确的认识。“现代决策往往是综合决策，涉及多方事务，强调宏观性、整体性。决策机关的设置需要打破事权分割体制，推行综合决策。而我国当前中央决策权难以集中导致政出多门，无法回应综合决策的要求，无法打破部门之间的信息壁垒，无法消除因决策、执行不分离而带来的腐败风险。”① 中央决策存在的关键问题影响至整个公务员体系，所以整个公务员群体对此深有感受，从而迫切需要在这个问题上作出改变。其次是对于公众参与在保障中央决策的科学和民主方面起到至关重要的作用有明确的认识。这两个部门的加强代表着公众参与中央决策能力的增强。咨询论证部门中聘请的专家是民间智库的代表，终归代

① 王万华．科学设置决策机关建立健全行政决策运行机制．中国机构改革与管理，2011（5）.

表着社会的集体力量，而互动部门为普通公众开辟渠道参与到决策中来，给公众表达利益、影响决策的机会。因此，加强核心决策机构、咨询论证部门和决策听证等互动部门的建设势在必行。

而中央与地方公务员对中央决策部门内设机构需求度的差异，以及四级公务员在需求度上的差异，反应的主要是中央与地方的立场不同。中央公务员将通过加强机构建设促进公众参与中央决策摆在首要位置，是因为其所在权力位置导致其对核心决策机构不完善导致工作困难的体验相对较少，而在现实工作中遇到较多的是缺少公众参与而导致决策欠科学、社会接受程度不高等问题。地方公务员普遍最为重视核心决策机构的建设，这是我国的决策权力分配体制所致。我国决策权力多在中央，地方政府的决策权有限，主要是负责层层下达中央决策和执行中央决策，因此地方政府对于中央决策权分散而导致决策执行困难感受颇深。由此看来，在加强核心决策机构、咨询论证部门和决策听证等互动部门的建设的同时，如何正视地方政府的正当利益，赋予其更广泛的决策权力也是我们应当考虑的问题。

最后在梳理东、中、西部三个地区的需求度差异时可以发现，这三个地区对不同内设机构的需求度存在差异主要是由于既往的中央决策对它们有着非常不同的影响。对某一机构有强烈需求可能是因为基于既往经验认为该机构可以帮助本地区争得更多的倾斜性政策，或者唯有该机构加强才能从根本上扭转本地区的被动发展局面。对某一机构的需求度较低可能是因为认为该机构并不能够起到应有作用，带来科学、公正的决策。如此看来，不同地区的选择倾向反映出的并非全然是中央决策部门内设机构的真正需求度，而主要是既往中央决策部门各内设机构作用发挥的不足。比如中部地区公务员对信息部门、研究部门的选择率非常低，这并非代表着这两个部门对于中部地区而言不需要加强，恰恰相反，较其他两地区而言这两个部门对中部地区更需要加强。从东、中、西部地区公务员的选择率的特点看，既往的欠缺充分信息搜索、科学研究、严密论证、公众广泛参与的中央决策，有着较强的随意、专断性，导致部分地区的正当利益被忽视，部分地区获得了过多的发展利益。这种不协调的地区发展局面造成了地区之间对中央政策的不正当竞争。这种不利于长远发展的局面亟待通过中央决策部门内部机构设置的科学、合理化得到扭转。

完善中央决策部门内部机构设置有以下相关对策。

第一，为回应社会的强烈需求，应优先加强核心决策机构、决策听证等互动部门、咨询论证部门这三个部门的建设。为强化核心决策机构的职能，有必要将分散于各部委的决策权相对集中起来，具体方式可以是将“各个部门现有的信息系统和设备平台等要素抽出，进行统一整合和设计”[①]。至于决策听证等互动部门的完善，关键在于要使机构设置有助于保证公众参与的实效性，即要使决策听证等互动部门真正发挥作用，而不流于形式。在公众参与决策互动的热情持久的前提下，公众参与决策的能力和决策听证等互动部门的职能发挥才能在互动中得到共同提升。至于咨询论证部门的完善，针对当前存在的问题，应当主要从以下三方面着手：一是从人员上，应当保障参与咨询论证的专家的广泛性和代表性。这就需要咨询论证部门在设计专家遴选制度时既考虑保障科学，又要兼顾高效与经济。二是从论证过程上，应逐步实现咨询论证过程公开化，做到不仅结果公开而且过程公开。咨询论证透明度的提高有助于增强咨询专家的责任感，谨慎地提出意见，同时也有助于提高决策结果的社会认可度。三是从论证结果上，应当加强专家意见的约束力。目前仍没有明确的法律法规规定专家咨询论证意见对决策的约束力，只有通过法律作出明文规定才能从结果上防止咨询论证制度流于形式。

第二，为避免地区政府之间对中央优惠政策的不正当竞争，应主动加强信息部门、研究部门、方案起草部门的中立性。这三个部门不同于决策听证、咨询论证这两个有较多的机会与社会互动的部门，它们是中央决策部门中相对封闭的内设机构。但是，它们并非只是按照既定的结论，进行信息收集、整理，论证、起草方案，而是应当有效履行本部门的独立职能、实现部门的独立价值。它们在履行职能时应当抛弃先验的目的，实事求是地对待问题，根据实际给出本部门的研究结论，为最终决策的出台提供最真实可靠的阶段性成果。

总之，完善中央决策部门内部机构的设置应当是一个系统而复杂的工作。本文通过对调研数据的梳理，发现了对不同内设机构的需求度差异，由此相关部门可以有针对性地对不同机构进行职能补强。这种根据需要着重施力于某点的方法有助于科学、高效地解决当前中央决策部门内部机构设置的种种问题。当然，在调研中我们也发现，有些暴露出的问题并不是通过完善

---

① 薛刚凌，陈晓勤．推进大部制改革——构建以功能为中心的政府权力结构．中国机构改革与管理，2011（5）．

中央决策部门内部机构设置就能够解决的，如中央忽视地方政府正当利益，不能实现决策分权的问题，也是影响上述调研结果的一个关键问题。因与本节关系较远，在此不作详述。

第十节 省级政府决策、执行、监督机构设置的数据分析

一、序言

本题主要关注的是省级政府组织机构的设置问题，确切地说是决策、执行、监督三个层面的组织机构的设置问题。随着我国经济体制改革的不断完善，对政治体制改革的呼声越来越高。政治体制改革的一个重要组成部分就是政府机构的改革完善，比如大部制改革：通过大部门体制进一步理顺机构职责关系，尽量做到“一件事情一个部门负责”。各省级政府机构的设置也应当遵循“大部制改革”的精神，积极探索影响省级政府组织机构设置的因素，从而为省级政府组织机构改革完善提供思路。为此，我们以公务员为调查对象，通过全国范围内的调查研究，探究影响省级政府设置决策、执行、监督层面组织机构的因素。

（一）本题的设计缘由

按照《宪法》第30条的规定，中华人民共和国的行政区域划分主要是省级、县级、乡级三级，但是实际上是省级、市级、县级、乡级。无论如何划分，省级政府的作用是毋庸置疑的。省级政府作为中央政府和市级政府、县级政府的第一桥梁，不仅仅对接上级中央政府、回应下级政府，而且还需要做好中央政府和下级政府之间的桥梁角色，使中央政府的路线、方针、政策、决策能够很好地结合省级实际传达到下级政府，并且也要把下级政府的实际情况及时、真实地上传到中央政府。可见，省级政府的作用不容小觑，因而，省级政府在决策、执行、监督层面设置相应的组织机构就需要遵循审慎的原则。

实践当中，省级政府决策、执行、监督层面的组织机构设置一般都遵循与上级一一对应的关系，即中央政府设置什么样的部门，省级政府即设置什么样的机构。其基本思路就是：上级设置的部门下面一定要相应的配置。从2009年的政府机构改革开始，中央为地方因地制宜改革预留了广阔的探索

空间。对地方政府机构设置的具体形式、名称、排序等，不统一要求上下对口。因为中国各地情况比较复杂，越到下级、基层政府，越要适应当地的特殊性，其机构设置的差异可能就越大。地方机构改革要立足本地特点，把共性和个性结合，考虑地方政府机构改革在整体上会与中央政府机构改革保持一致，但不意味着地方要完全照搬中央政府机构模式。[①] 2018 年开始的新一轮政府机构改革也体现了这一点。

另外，《地方各级人民政府机构设置和编制管理条例》也有类似的规定。该条例第 7 条规定："县级以上各级人民政府行政机构不得干预下级人民政府行政机构的设置和编制管理工作，不得要求下级人民政府设立与其业务对口的行政机构。"由此可见，省级政府组织机构的设置需要转变思路，在中央赋予省级政府较大的自主权时，省级政府应当把握机会，勇于改革，推进省级政府组织机构的优化设置。

（二）调查问卷的相关问题

本题设计情况如下。

省级政府在决策、执行、监督三个层面设置相应的组织机构，应主要考虑哪些因素？

［1］与上级政府的对接

［2］地方发展的特殊情况

［3］对省级以下政府的回应

［4］与其他省份协调发展的需求

［5］中央政府的任务安排

［6］其他

本题设计的是多选，参选人员可以选择一个以上的选项。

针对题目设计的具体内容，共有以下三个方面的内容需要进行明晰。

1. 行政管理体制改革

自我国"入世"以来，我国行政管理体制改革加快了步伐。政府职能开始向纵深转变，逐步从管理型政府向服务型政府转变。这一职能的转变并不

① 宋功德教授也同意这一看法：地方政府机构改革，应当从各地实际情况出发，尊重个性化差异，反映其地方特色，在设立机构时各有侧重。

是一蹴而就的，而是逐渐推进的。我国的政府职能逐渐发生转变，逐渐从对市场领域的微观干预中退出；政府组织机构也不断优化，精简改革不断加强；公务员队伍结构也有了明显改善，《公务员法》的实施为公务员队伍的建设提供了有力保障；科学、民主决策水平不断提高，特别是各地出台了重大行政决策程序规范等规定，使决策被纳入法治轨道。通过不断推进改革，我国行政管理体制逐步完善，为经济社会发展提供了有力保障。但是，问题仍然存在。这些问题中有的是老生常谈，有的则是新问题。老问题比如政府职能转变还不到位，政府机构设置还不尽合理，部门职责交叉、权责脱节和效率不高等。新问题比如决策权、执行权和监督权之间的关系需要优化；政府面对紧急状态时如何行使决策权和执行权等。新老问题交织在一起，使我们不得不对行政管理体制作进一步的改革。以前的行政管理体制改革主要目的是"瘦身"，现在的行政管理体制改革要把重点放在"健美"上，即不再单纯地关注撤销、合并政府机构，而是要充分转变政府职能，实现"从瘦身到健美"。政府职能转变是深化行政管理体制改革的核心。实现政府职能根本转变，必须把不该由政府管理的事项转移出去，把该由政府管理的事项切实管好，从制度上更好地发挥市场在资源配置中的基础性作用，更好地发挥公民和社会组织在社会公共事务管理中的作用，更加有效地提供公共产品。

2. 决策权、执行权、监督权的关系

为何要强调这三者之间的关系，应当是既相互制约又相互协调。三者之间相互制约和协调？我们出现了决策失误，很大一部分原因在于政府机构自身。我国政府机构主要存在的问题有党政不分、机构设置不稳定、职能不明确（权威政府、经济政府、全能政府）、机构的规范化程度不高等。这些政府机构存在的问题往往导致政府决策的随意性、盲目性、不连续性、非理性以及责任难以认定等问题。因此，我们要探索行政管理体制改革，建立决策权、执行权、监督权既相互制约又相互协调机制，提高决策质量，提升执行效率，完善监督体系。

当然，关于决策权、执行权、监督权既相互制约又相互协调机制的具体组织和运行形式，需要在实践中逐步探索和完善。在探索具体组织和运行形式之前了解省级政府在决策、执行、监督三个层面设置相应的组织机构应考虑的因素是非常必要的。

3. 调查采集的基本信息（见表 6－53）

表 6－53 省级政府在决策、执行、监督三个层面设置相应的组织机构，应主要考虑哪些因素？

选项	选择计数	百分比（%）
[1] 与上级政府的对接	1 612	69.7
[2] 地方发展的特殊情况	1 839	79.5
[3] 对省级以下政府的回应	1 385	59.9
[4] 与其他省份协调发展的需求	1 009	43.6
[5] 中央政府的任务安排	1 095	47.4
[6] 其他	48	2.1
总计	2 312	100.0

二、总体分析

本部分以所有调查问卷为分析对象，分析在省级政府的决策、执行、监督三个层面设置相应的组织机构应考虑的因素，进而为省级政府组织机构的设置提供思路。（见表 6－54、表 6－55）

表 6－54 省级政府在决策、执行、监督三个层面设置相应的组织机构，应主要考虑哪些因素？

选项	选择计数	百分比（%）
[1] 与上级政府的对接	1 612	69.7
[2] 地方发展的特殊情况	1 839	79.5
[3] 对省级以下政府的回应	1 385	59.9
[4] 与其他省份协调发展的需求	1 009	43.6
[5] 中央政府的任务安排	1 095	47.4
[6] 其他	48	2.1
总计	2 312	100.0

对上表中的数据按照选择计数的高低重新排列后，得到表 6－55。

表 6－55 省级政府在决策、执行、监督三个层面设置相应的组织机构，应主要考虑哪些因素？

新序号	选项	选择计数	百分比（%）
1	[2] 地方发展的特殊情况	1 839	79.5
2	[1] 与上级政府的对接	1 612	69.7
3	[3] 对省级以下政府的回应	1 385	59.9

续前表

新序号	选项	选择计数	百分比（%）
4	[5] 中央政府的任务安排	1 095	47.4
5	[4] 与其他省份协调发展的需求	1 009	43.6
6	[6] 其他	48	2.1
	总计	2 312	100.0

表 6－55 显示，被调查者认为影响省级政府在决策、执行、监督三个层面设置相应的组织机构应考虑的因素中占第一位的是“地方发展的特殊情况”，其次是“与上级政府的对接”，再次是“对省级以下政府的回应”，接下来依次是“中央政府的任务安排”“与其他省份协调发展的需求”“其他”。占第一位的是“地方发展的特殊情况”，共有 1 839 人选择了这一因素，占到了参选总人数 2 312 人的 79.5%。应该来说，这一因素成为第一选择说明了公务员素质的普遍提升，不再把“与上级政府对接”作为第一考虑因素。

应该说，把“地方发展的特殊情况”作为第一选择是理性的。所谓的地方发展的特殊情况是指当地的特殊的地理环境状况、政治发展状况、经济发展状况、文化发展状况以及其他特殊的发展状况等。各地有各地的特殊情况，有的适宜发展工业，有的适宜发展旅游业，有的适宜发展文化产业，等等。必须充分尊重地方发展的特殊情况。比如在新一轮的机构改革中，海南省为适应全面深化改革开放试验区的建设要求，组建省委全面深化改革委员会办公室，同时挂省委自由贸易试验区（自由贸易港）工作委员会办公室的牌子，加强对重点领域改革与对外开放工作的统筹协调。同时，该省为适应国际旅游消费中心的建设要求，还整合旅游、文化、体育职能，组建省旅游和文化广电体育厅，服务全域旅游发展。此外，福建和山东在此次机构改革中都瞄准了“大数据”，例如，福建省设置了数字福建建设领导小组办公室（省大数据管理局），山东省也组建了省大数据局。①

调查之所以会出现这样的选择情况，原因在于：一是中央政府大力推行依法治国的方针政策，法治国家的思想观念不断深化，使公务员的法治意识有了很大提高。这种提高的表现之一就是对政府组织机构的设置有了全面的

① 地方机构改革陆续启动新设特色机构亮相．[2018－10－20]．http：//k.sina.com.cn/article_1784473157_6a5ce64502000tn47.html.

考虑。并且，公务员队伍结构发生了重大变化，越来越多的政府工作人员开始学法用法，越来越多的法学出身的人才进入公务员队伍，这些变化充分体现了国家对法治的重视。二是政府大力推行行政体制改革。国务院不断推进政府行政体制改革，赋予地方政府更大的自主权，对地方政府机构设置的具体形式、名称、排序等，不统一要求上下对口。这种充分尊重地方实际情况的做法使受访人员的心态发生了一定的变化，他们不再局限于与上级政府的一一对应而是切实作出了自己的理性选择。

影响因素中排在第二的是“与上级政府的对接”。应该来说，这一因素没有排在第一位已经充分说明了我国公务员素质的提升。在以前，省级政府设置组织机构对接上计划中央政府是必须要遵循的一个“方针”。这一“方针”的影响是十分深远的：这次选择“与上级政府的对接”的人数共有1 612 人，占受访总人数的 69.7%。这一数据显示了公务员对这一因素仍然十分看重。在进行政府机构改革的今天，我们认为，这一因素的比重不应当如此高。无论是从政府职能的转变的角度还是从中央改革政府机构的精神的角度来看，“与上级政府对接”都不再是一个非常重要的问题了。政府职能的转变要求各级政府针对各地实际情况，优化设置组织机构，以提高行政效率、转向服务型政府为目标；中央在新一轮政府机构改中赋予地方政府更大的自主权，并明确提出对地方政府机构设置的具体形式、名称、排序等，不统一要求上下对口。我们认为，“与上级政府的对接”这一因素是比较重要的，但是，不是如此重要。这种对接不能被理解为与中央政府一一对应，而是针对需要统一设置的机构采取上下对口机制，至于其他机构则可根据当地需要，因地制宜设置。

调查显示，“对省级以下政府的回应”成为影响省级政府在决策、执行、监督三个层面设置相应的组织机构的第三位因素。选择此因素的共有 1 385 人，占到了总人数的 59.9%。省级政府作为中央政府和省级以下政府的桥梁的作用是非常重要的，并且，省级政府对市级政府有直接的行政管理权。因此，“对省级政府以下政府的回应”成为第三选择在情理之中。“中央政府的任务安排”“与其他省份协调发展的需求”成为影响省级政府在决策、执行、监督三个层面设置相应的组织机构的第四、五位因素，选择人数分别是 1 095 和 1 009，分别占到了参选人总数的 47.4%和 43.6%。“中央政府的任务安排”的确会在一定程度上影响省级政府机构的设置，尤其是在改革试点的任务安排、突发性事件的处理等方面。“与其他省份协调发展的需求”也会影响省级政府机构的设置，比如对口支援、兄弟省份互助、重大活动、问题处理的联动机制等。

三、基于中央和地方的数据分析（见表 6-56）

表 6-56　省级政府在决策、执行、监督三个层面设置相应的组织机构，应主要考虑哪些因素？

选　项	统　计	地方政府	中央政府
［1］与上级政府的对接	选择计数	1 299	313
	百分比（%）	70.2	67.7
［2］地方发展的特殊情况	选择计数	1 469	370
	百分比（%）	79.4	80.1
［3］对省级以下政府的回应	选择计数	1 094	291
	百分比（%）	59.1	63.0
［4］与其他省份协调发展的需求	选择计数	845	164
	百分比（%）	45.7	35.5
［5］中央政府的任务安排	选择计数	863	232
	百分比（%）	46.6	50.2
［6］其他	选择计数	37	11
	百分比（%）	2.0	2.4
总计	参选人数	1 850	462
	百分比（%）	100.0	100.0

从中央公务员来看，共有 462 人参选，对于影响省级政府在决策、执行、监督三个层面设置相应的组织机构的因素于选择倾向性是：第一位是“地方发展的特殊情况”，接下来依次是“与上级政府的对接”“对省级以下政府的回应”“中央政府的任务安排”“与其他省份协调发展的需求”“其他”。其中，选择“地方发展的特殊情况”这一因素的共有 370 人，比例高达 80.1%。

从地方公务员来看，参选的地方公务员共计 1 850 人，选择顺序依次是：“地方发展的特殊情况”“与上级政府的对接”“对省级以下政府的回应”“中央政府的任务安排”“与其他省份协调发展的需求”“其他”。参选的地方公务员有省级政府、市级政府和县级政府的公务员，他们的选择倾向显示“地方发展的特殊情况”这一因素是影响省级政府在决策、执行、监督三个层面设置相应的组织机构的首要因素。

对比中央公务员和地方公务员的选择数据来看，两者在选择倾向上有着惊人的一致，不同之处则在于所占比例的差异。在“地方发展的特殊情况”这一因素上，二者比例都非常高，中央公务员中选此项者占其参选人数的80.1%，地方公务员中选此项者占其参选人数的79.4%；“其他”因素方面相差也不是很大；相差最大的也只有十个百分点，即在对“与其他省份协调发展的需求”这一影响因素的选择上。原因很简单，地方公务员更多地会考虑到省级政府与其他省份协调发展的实际情况，而中央公务员在这一方面的意识没有如此强烈。

四、基于不同府级的数据分析（见表6－57）

表6－57　　省级政府在决策、执行、监督三个层面设置相应的组织机构，应主要考虑哪些因素?

选项	统计	国家部委	省级政府	市级政府	县级政府
[1] 与上级政府的对接	选择计数	313	429	461	409
	百分比（%）	67.7	71.0	70.1	69.6
[2] 地方发展的特殊情况	选择计数	370	486	517	466
	百分比（%）	80.1	80.5	78.6	79.3
[3] 对省级以下政府的回应	选择计数	291	369	396	329
	百分比（%）	63.0	61.1%	60.2	56.0
[4] 与其他省份协调发展的需求	选择计数	164	259	297	289
	百分比（%）	35.5	42.9	45.1	49.1
[5] 中央政府的任务安排	选择计数	232	296	309	258
	百分比（%）	50.2	49.0	47.0	43.9
[6] 其他	选择计数	11	14	11	12
	百分比（%）	2.4	2.3	1.7	2.0
总计	参选人数	462	604	658	588
	百分比（%）	100.0	100.0	100.0	100.0

通过表格，我们可以看出省级公务员和市级公务员在影响因素上的选择倾向性是一致的，按照选择比例的高低来看，即：“地方发展的特殊情况”“与上级政府的对接”“对省级以下政府的回应”“中央政府的任务安排”“与其他省份协调发展的需求”“其他”。市级公务员的选择与省级公务员的选择保持了基本一致，但是县级公务员的选择没有与省级公务员、市级公务员的选择保持一致。县级公务员对影响省级政府在决策、执行、监督三个层面设

置组织机构的因素的选择是按照下列顺序排列的："地方发展的特殊情况""与上级政府的对接""对省级以下政府的回应""与其他省份协调发展的需求""中央政府的任务安排""其他"。也就是说，县级公务员在第四、五位因素的选择上正好与省级公务员、市级公务员的选择相反。

县级公务员为什么认为"与其他省份协调发展"比"中央政府的任务安排"更为影响省级政府在决策、执行、监督三个层面设置相应的组织机构？原因就在于县级公务员认为其所在的省经济比较落后，希望多与其他省份接触、交流，最好做到协调发展。因为根据调研情况，参选的县级公务员来自西藏自治区堆龙德庆区政府、宁夏回族自治区平罗县政府、四川省成都市溢江区人民政府、内蒙古自治区四子王旗政府、新疆伊宁县政府等、重庆市巴南区政府、重庆市九龙坡区政府。这些地区一般地处边陲，经济不甚发达，人们的发展经济的意识比较强烈，需要协助的意愿比较明显。这些参选的公务员当然希望省级政府在设置组织机构时多考虑与其他身份的协调发展，比如设立一些对口支援的机构等。省级公务员和市级公务员为什么认为"中央政府的任务安排"比"与其他省份协调发展"更为影响省级政府在决策、执行、监督三个层面设置相应的组织机构？省级政府和市级政府距离中央政府较近，大部分财政也是来源于中央政府，尤其是省级政府直接受中央政府领导，因此，中央政府的任务安排就成了省级、市级政府着重考虑的因素。

五、基于不同地区的数据分析（见表 6－58）

表 6－58　省级政府在决策、执行、监督三个层面设置相应的组织机构，应主要考虑哪些因素？

选项	统计	东部地区	中部地区	西部地区
[1] 与上级政府的对接	选择计数	188	269	842
	百分比（%）	67.1	73.5	69.9
[2] 地方发展的特殊情况	选择计数	240	306	923
	百分比（%）	85.7	83.6	76.7
[3] 对省级以下政府的回应	选择计数	169	220	705
	百分比（%）	60.4	60.1	58.6
[4] 与其他省份协调发展的需求	选择计数	142	142	561
	百分比（%）	50.7	38.8	46.6

续前表

选项	统计	东部地区	中部地区	西部地区
［5］中央政府的任务安排	选择计数	135	156	572
	百分比（%）	48.2	42.6	47.5
［6］其他	选择计数	5	9	23
	百分比（%）	1.8	2.5	1.9
总计	参选人数	280	366	1 204
	百分比（%）	100.0	100.0	100.0

从表中可以看出，东部地区、中部地区、西部地区公务员在影响省级政府在决策、执行、监督三个层面设置相应的组织机构的因素上，第一都选择了“地方发展的特殊情况”，并且比例都很高，分别占各自参选人数的85.7%、83.6%、76.7%；第二都选择了“与上级政府对接”，分别占各自参选人数的67.1%、73.5%、69.9%。第三都选择了“对省级以下政府的回应”，分别占各自参选人数的60.4%、60.1%、58.6%。

东部地区公务员的选择顺序是：“地方发展的特殊情况”“与上级政府的对接”“对省级以下政府的回应”“与其他省份协调发展的需求”“中央政府的任务安排”“其他”。而中部地区和西部地区公务员的选择顺序是：地方发展的特殊情况、与上级政府的对接、对省级以下政府的回应、中央政府的任务安排、与其他省份协调发展的需求、其他。由此可见，东部地区公务员在第四、五位的影响因素的选择上正好与中部地区、西部地区公务员的选择相反。

为什么东部地区公务员认为“与其他省份协调发展”比“中央政府的任务安排”更为影响省级政府在决策、执行、监督三个层面设置相应的组织机构？造成这一选择结果的原因可能在于：第一，东部地区内部要协调发展。虽然东部地区整体上经济比较发达，但是局部地区仍然落后，比如山东省的沂蒙山区。区域内部要协调发展，不能导致过大的贫富差距。第二，东部地区要与中部地区和西部地区协调发展，逐渐缩小区域发展不平衡的差距。国家确立了“中部崛起”和“西部大开发”战略之后，又出台了一项新的政策即“对口帮扶政策”。对口帮扶政府是国家一项新兴政策，是贯彻先富带动贫困区域逐步发展，从而稳定社会并达到全体和谐的措施，例如，新兴的工业城市在一定年限内针对另外一个有同样资源的城市在技术、经济、设备等方面作无偿投入。与之类似的措施还有“对口支援”措施，比如“汶川”大地震后，经济发达省市对其进行灾难援助、重建援助等，如山东青岛市对口支援北川灾后恢复重建工作。实际上，对口支援是指经济发达或实力较强的一方对经济不发达或实力较弱的一方实施援助的一种政策性行为，主要类型有：灾难援助、经济援助、医疗援助、教育援助。虽然中部地区和西部地区的公务员认为“中央政府的任务安排”比“与其他省份协调发展”更为影响省级政府在决策、执行、监督三个层面设置相应的组织机构，但是这两个地区的公务员对这两个因素的选择率相差不大。中部地区公务员中选择“中央政府的任务安排”者比选“与其他省份协调发展”者高 3.8%，而西部地区公务员的选择仅相差 0.9%。如果硬要分析中部地区和西部地区的公务员认为“中央政府的任务安排”比“与其他省份协调发展”更为影响省级政府在决策、执行、监督三个层面设置相应的组织机构，那我们认为，中部地区和西部地区经济相对较为落后，需要中央政府的政策支持比较多，需要的政府优惠政策比较多，因而对中央政府的任务安排比较在意。

需要注意的是，在调查过程中，西部地区的西藏自治区公务员认为设置机构时应当坚持不增设机构的原则。关于这一点我们认为非常重要，精简机构是我们的原则，在省级政府组织机构设置时应当严格遵守这一原则。中部地区的湖南省公务员认为省级政府组织机构的改革应当尊重当地民俗习惯，便于群众表达诉求，并切实尊重和把握地方经济、社会发展状况等。这些建议对本次调查颇有帮助。

六、结论

省级政府的组织机构的设置实际上涉及的是行政体制改革的问题。现行的行政管理体制仍然存在一些问题，比如政府职能转变还不到位，政府机构设置还不尽合理，部门职责交叉、权责脱节和效率不高等；有的方面权力仍然过于集中，且缺乏有效制约和监督等。因此，必须深化行政管理体制改革。

深化行政管理体制改革的核心是政府职能转变，要从全能管理型政府、审批型政府向服务型政府转变。“服务性职能与管理性职能的区别是：管理有管就要有被管，不受管、不服管就要违法或违纪。管理具有权威性，被管理的单位和个人必须服从。服务则在服务方和接受方之间是平等的。人们可以接受某种服务，也可以不接受，不接受也不会产生违法、违纪问题。”[①]政府职能转变的具体要求主要有三个方面：一是要全面履行政府职能，在改善经济调节、严格市场监管的同时，更加注重社会管理和公共服务。二是中央和地方政府要按照职能转变的要求，突出各自的管理和服务重点。三是要进一步理顺部门职责关系，合理界定政府部门的职责，做到权力与责任对等，避免职能交叉重叠。第三个方面实际上都涉及政府组织机构的设置问题。

回到本题中来，省级政府这一层面的权力主要是决策权、执行权和监督权。要围绕决策权、执行权和监督权来设置相应的组织机构，但前提是要优化这三者间的关系，建立这三者间合理的结构。政府机构改革是深化行政管理体制改革的重要组成部分。深化政府机构改革，要按照精简、统一、效能的原则和决策权、执行权、监督权既相互制约又相互协调的要求，来设置组织机构。从现状来看，执行权的规范化、法制化程度最高，比如《行政处罚法》《行政许可法》《治安管理处罚法》《行政强制法》等对行政执行程序作了细致的规定，又比如湖南、山东等省份出台了《行政程序规定》，对行政执行程序作出严格的规定，而决策权与监督权的规范化、法制化程度比较低。决策权方面，从全国各地的立法来看，一些省市，比如湖南、山东、重庆、天津、江西、青海等省市有关于重大行政决策的程序规定；监督权包括对决策的监督和对决策者的监督，这两方面做得都不到位：对决策的监督往往流于形式，至于对决策者的监督往往决策失误的追究不够严格，甚至以集体决策为由不予追究。上述这些问题都说明了，决策权、执行权、监督权之间的关系是不够合理的、不够规范的。鉴于此，本题为省级政府在决策、执行、监督层面组织机构的设置的影响因素进行了调查研究，调查研究显示了不同府级、不同地区对相关影响因素的选择。我们欣喜地看到，“地方发展的特殊情况”取代“与上级政府对接”成为首要的因素。这不得不说明了我国推行依法治国和行政管理体制改革取得了良好的效果。我们认为，本题设计的几个选项基本囊括了影响省级政府在决策、执行、监督三个层面设置相应的组织机构的因素：地方发展的特殊情况、上级政府对接、对省级以下

① 杨百揆．政府机构设置的依据．政治学研究，1986（3）．

政府的回应、与其他省份协调发展的需求、中央政府的任务安排、其他因素。并且由于此题是多选题，统计的结果还是比较能够说明问题的。

与此同时，我们也建议深化行政管理体制改革应当审慎进行，不宜追求速度，应当在遵循行政体制改革规律的前提下循序渐进，正确处理好行政管理体制改革与经济发展之间的关系，正确处理好行政管理体制改革与社会稳定之间的关系。坚持按照精简、统一、效能的原则和决策权、执行权、监督权既相互制约又相互协调的要求，紧紧围绕转变职能和理顺职责关系，探索实行职能有机统一的大部门体制，进一步规范机构设置，优化组织结构，完善行政运行机制。从全国范围来看，行政体制改革主要有四方面的任务：一是深化国务院机构改革，二是推进地方政府机构改革，三是精简和规范各类议事协调机构及其办事机构，四是加快事业单位分类改革。此外，在深化机构改革的同时，必须严格机构编制管理，加快推进机构编制管理的法制化进程。① 需要注意的是，行政管理体制改革本身就是国家的一个重大行政决策，因此，中央政府在推进行政管理体制改革时应当依法决策、科学决策、民主决策，把行政管理体制改革纳入法治轨道上来；同时，积极推进政府职能转变，努力把政府建设成为真正的服务型政府。

第十一节　地级市“一级决策、两级执行”管理模式的数据分析

一、序言

本题的着眼点在地级市的决策权和执行权的分配，尤其经济发达、城市化程度较高的地级市的决策权和执行权的分配。在此类城市进行这样的设置，是为了提高行政管理的效率。影响行政效率的因素有很多，包括层级设置过多、人员素质较低、一级权力配置不合理等。而权力配置，尤其是决策权与执行权的配置是严重影响效率的一环。为此，我们设计方案，以中央和

---

① 合理配置和运用决策权执行权监督权．(2011－12－18)[2012－11－10]．http：//news.sina.com.cn/c/2008－03－12/072313559114s.shtml.

地方公务员为调查对象，通过广泛调研，试图从必要性和可行性两方面探析方案的合理程度。

（一）本题的设计缘由

中国目前的行政体制下，行政效率一直是一个困扰中央和地方的难题。我们在调研过程中发现，中央往往困扰自己的政令为何得不到有效的执行，地方则往往困扰政令的执行怎么如此不切合地方实际。有的地方，或者推诿执行，或者变样执行，或者执行力度大大降低，甚至不予理睬上级的政令。这些现象充分说明了行政效率确实有待提高。“以一个省的办事层次为例，政府下设委、办、厅、局，厅局下有二、三级单位，有些行业系统的主管委、办内，又设立与一些厅、局职责相对应的处、室，处室以下又对口设科到人。莫说是基层办事要‘过五关、斩六将’，就是省级厅、局办一件事，往往也要经过七、八个环节。”[①]

我们认为，效率是行政机关必须具备的一个素质，研究行政管理，实质上就是研究行政管理活动的效率问题。行政机构改革的最终目的就是理顺关系、提高效率。所谓行政管理效率是指行政主体从事公共行政管理工作所投入的各种资源与所取得的成果和效益之间的比例关系。行政管理活动必须首先进行投入，包括各种资源的投入。各种资源是指人力、财力、物力和时间以及各种有形无形的资源。取得的成果是指管理成果，包括有形的物质成果和无形的精神成果。取得的效益包括政治效益、经济效益、社会效益、文化效益和生态效益等。行政管理活动必须作一定的成本—效益分析，只有这样才能以尽可能小的经济耗费获取最大的社会和经济效益。

一般来说，行政效率的基本制约因素主要是行政行为的速度、行政行为的成本和行政行为的正确度。上述三个方面，归结到一点就是行政管理系统是否合理。而行政管理系统中，决策权和执行权的分配又是最重要的。决策权和执行权如果搭配不当，会严重影响行政行为作出的速度、执行的速度，也可能造成行政行为成本的大增。如果决策权过于下放，基层政府可能基于保护地方利益的考虑而作出错误的行政行为的概率大大增加。因此，我们主张，在一些经济发达、城市化程度较高的地级市，推行“一级决策、两级执

① 朱坚强．论行政管理效率观——兼谈我国行政管理效率的现状及其改观对策．[2011-12-16]．中国选举与治理网．http：//www.chinaelections.org/PrintNews.asp？NewsID=113420.

行”的管理模式，即分别由市级政府执行部门和区、县政府负责决策的执行，区县政府不再承担决策任务。

（二）调查问卷的相关问题说明

本题设计情况如下。

为提高管理效率，我们主张，在经济发达、城市化程度较高的地级市，推行“一级决策、两级执行”的管理模式，即分别由市级政府执行部门和区、县政府负责决策的执行，区县政府不再承担决策任务。

对于上述建议，您认为是否可行？

［1］必要，并且可行

［2］必要，但不可行

［3］没有必要

［4］不知道

针对题干和选项，共有以下几方面的内容需要明晰。

1．地级市

在我国，地级市是指行政地位相当于地区或自治州一级的建制市。1983年我国正式将市分为地级市和县级市。地级市一般都设区。截至2018年12月，中国大陆省辖334个地级行政区中，其中有294个地级市、30个自治州、7个地区、3个盟，地级市数量约占地级行政区总数的88%。[①] 加上台湾省的台北市、新北市、台中市、台南市和高雄市，全国共有省辖地级行政单位339个。地级市为省辖市的一种，接受省、自治区政府的直接领导和管辖，包括较大的市、省会城市、副省级城市（含计划单列市）；辖域（一级行政区域）为县级行政区，包括市辖区、县（自治县）、旗（自治旗）、代管县级市。

---

① 全国行政区划信息查询平台．［2018-12-10］http：//202.108.98.30/advancedDataQueryDefaut? shengji=-1&diji=-1&xianji=-1&tp=2&leiXing=%C3%CB&fangfa1=&shuliang1=&fangfa2=&shuliang2=&fangfa3=&shuliang3=&fangfa4=&shuliang4=&fangfa5=&shuliang5=&fangfa6=&shuliang6=&fangfa7=&shuliang7=&fangfa8=&shuliang8=&fangfa9=&shuliang9=&fangfa10=&shuliang10=&fangfa11=&shuliang11=&fangfa12=&shuliang12=&fangfa13=&shuliang13=&fangfa14=&shuliang14=&fangfa15=&shuliang15=&fangfa16=&shuliang16=&fangfa17=&shuliang17=&fangfa18=&shuliang18=&fangfa19=&shuliang19=.

省辖地级市（以下简称地级市）有以下四种情况：一是既设市辖区，又管辖县、自治县、旗、自治旗，又代管县级市，如湖南省永州市、江西省景德镇市、黑龙江省齐齐哈尔市、安徽省黄山市、广西壮族自治区崇左市、贵州省六盘水市等。此类情形目前占多数。二是只设市辖区，不管辖县、自治县、旗、自治旗，不代管县级市，如湖北省鄂州市、内蒙古自治区乌海市、山东省莱芜市、福建省泉州市、广东省佛山市、海南省海口市、新疆维吾尔自治区克拉玛依市等。三是既不设市辖区，不管辖县、自治县、旗、自治旗，也不代管县级市，如广东省东莞市、中山市，海南省三亚市三个地级市下面直接辖乡（镇、街道），俗称“直筒子市”。四是只设市辖区，不设街道办事处，仅有安徽省铜陵市。由此可见，地级市和设区的市有一定区别。设区的市是法律上的用语，基本等同于地级市，但是地级市也有少数并没有设区。因地级市是行政级别，宪法上的较大的市是行政区域，地级市是否是宪法上的较大的市，有争议。如较大的市的行政区划分为区和县，但是地级市中有少数并没有划分为区和县，因此有地级市管县不合宪的争议。地级市的改革是必然趋势，改革的方向是按照“缩省并县，省县直辖”，即地级市要逐步取消对县的管辖，形成地级市和县都直辖于省、自治区。

需要强调的是，本题涉及的题干中对地级市是有限定的。这种限定体现在以下两个方面：一是经济发展水平和城市化水平。二是辖区上需有区、县政府。关于经济发展水平和城市化水平方面，我们设计的方向主要是经济发达、城市化程度较高的地级市。进行此种方案必须具备这样的条件，因为经济基础决定上层建筑，经济体制的不断发展、完善也要求行政管理体制的改革。另外，这些经济发达城市的行政管理经验相当丰富，并且行政管理中的各种问题暴露得比较充分，在这些地级市进行试点可以很好地推行方案。至于辖区上需有区县是因为此类方案需要由市级政府决策，市级政府执行部门和区县政府负责执行。如果没有区县，则此方案无施行的必要。

2. 决策权、执行权与“一级决策、两级执行”

不可否认的是，行政国家时代已经来临。“所谓行政国家，是指资本主义社会发展到一定阶段以后，由于科技的进步和生产关系的调整导致了社会经济的迅猛发展，而社会经济的发展又同时导致了大量的社会矛盾和社会问题的产生……为解决这些……社会问题和社会矛盾，资本主义国家不得不增设大量的行政机构和行政工作人员，对国家的经济生活和社会生活进行干预。与此相适应，政府的行政权力大为膨胀，行政职能大为增加。”[①] 行政职能的扩展表现为行政立法权、行政司法权等方面。行政立法权有行政法规、规章（国务院规章和地方性规章）等，行政司法权有行政复议、行政裁决等。现代政府进行公共管理的方式不仅包括行政立法、行政司法、行政执法，还包括行政决策。行政决策是随着行政国家的不断发展而凸显的。“在规则的制定、执行与裁决之间，有些事项需要政府及时作出政策回应，但制定规则又不适宜，个案裁决（如行政处罚、行政许可等具体行政行为）又不具有普遍影响，所以行政决策成为一种有用的行政工具，在这一阶段的行政扩权运动中发展起来。”[②]

行政执行活动指的是国家行政机关及其工作人员根据宪法、法律、法规以及规章等，充分调动政府资源，通过一定运作机制，逐级贯彻国家权力机关和上级的政策、决策，推行国家政务和执行行政决定，以落实公共事务管理和公共服务诸任务的全部活动过程。严格意义上讲，行政决策仅仅是行政执行的一部分内容，而不是其全部内容，因为，落实人大的决定、贯彻国家的政策等等都是行政执行的内容。这一点是需要注意的。

3. 关于本题的“一级决策、两级执行”

本题中涉及的“一级决策、两级执行”是指，在经济发达、城市化程度较高的地级市，把区、县政府的决策权收归市级政府，即变市级政府、区县政府“两级决策”模式为市级政府“一级决策”模式；同时，区县政府承担执行职能，与市级政府执行部门共同执行市级政府的决策。具体模式见图 6－19。

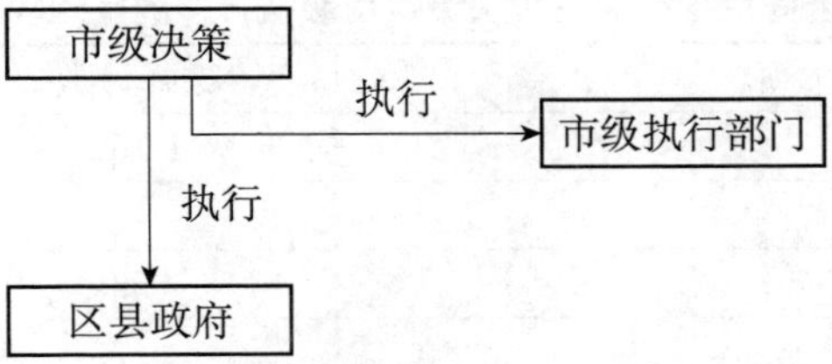

图 6－19

① 姜明安．行政法与行政诉讼法．3 版．北京：北京大学出版社，高等教育出版社，2007：5.

② 北京大学公众参与研究与支持中心课题研究组．北京市重大行政决策机制研究项目总报告．2010 年 1 月：10.

目前我国行政管理体制存在的问题主要有政府职能转变还不到位，政府机构设置不尽合理，部门职责交叉、权责脱节和效率不高，有些方面权力仍然过于集中，且缺乏有效制约和监督，等等。上述管理模式是对经济发达、城市化程度较高的地级市决策权和执行权模式的有益探索与尝试，希望借此能够理顺市级政府与区县政府的权力关系，从而提高行政效率。

4. 调查采集的基本信息（见表 6－59）

表 6－59　　是否同意推行"一级决策、两级执行"的管理模式？

选项	选择计数	百分比（%）
[1] 必要，并且可行	1 167	50.3
[2] 必要，但不可行	452	19.5
[3] 没有必要	525	22.6
[4] 不知道	176	7.6
总计	2 320	100.0

二、总体分析

本部分内容是以所有的调查问卷为分析对象，分析"一级决策、两级执行"的管理模式的必要性和可行性。本次调研的总体数据见表 6－60。

为提高管理效率，我们主张，在经济发达、城市化程度较高的地级市，推行"一级决策、两级执行"的管理模式，即分别由市级政府执行部门和区、县政府负责决策的执行，区县政府不再承担决策任务。对于上述建议，您认为是否可行？

表 6－60　　是否同意推行"一级决策、两级执行"的管理模式？

选项	选择计数	百分比（%）
[1] 必要，并且可行	1 167	50.3
[2] 必要，但不可行	452	19.5
[3] 没有必要	525	22.6
[4] 不知道	176	7.6
总计	2 320	100.0

以表 6－60 数据为基础，按照选择计数的高低进行排列，得到表 6－61。

表 6-61　　是否同意推行“一级决策、两级执行”的管理模式？

选项	选择计数	百分比（%）
[1] 必要，并且可行	1 167	50.3
[3] 没有必要	525	22.6
[2] 必要，但不可行	452	19.5
[4] 不知道	176	7.6
总计	2 320	100

从总体上看，参选人数共计 2 320 人，包括国家部委和地方政府的公务人员。其中，选择“必要，并且可行”的共计 1 167 人，占参选人总数的 50.3%；其次是选择“没有必要”的共计 525 人，占参选人总数的 22.6%；再次是选择“必要，但不可行”的共计 452 人，占 19.5%；最后是选择“不知道”的，共计 176 人，占参选人总数的 7.6%。

表 6-61 显示，被调查者中有一半以上的人认为在经济发达、城市化程度较高的地级市推行“一级决策、两级执行”管理模式是必要的，也是可行的。在目前的行政管理体制下，设有区县的地级市的区县政府享有决策权，仍然有权对其辖区范围内的事项进行决策，甚至乡镇人民政府也享有决策权。2008 年 10 月 1 日起施行的《湖南省行政程序规定》第三章规定了行政决策程序，包括重大行政决策和制定规范性文件两节内容。其中，在重大行政决策一节中，就规定了县级政府的决策权。其第 29 条第 1～3 款规定：“县级以上人民政府作出重大行政决策，适用本节规定。”“县级以上人民政府工作部门和乡镇人民政府的重大行政决策程序参照本节规定执行。”“重要紧急情况必须由政府立即决策的，可以由政府行政首长或者分管副职按职权临机决定，并及时在政府常务会议上通报或者向行政首长报告。”此条不仅规定县级人民政府享有重大行政决策权，而且规定县级政府工作部门、乡镇人民政府都享有重大行政决策权。这种规定不是个案。大多数省、直辖市都对此有类似规定。比如，《山东省行政程序规定》第三章规定了“重大行政决策程序”。其第 24 条规定：“本规定所称重大行政决策，是指县级以上人民政府依照法定职权，对关系本地区经济社会发展全局、社会涉及面广、与公民、法人和其他组织利益密切相关的下列事项作出的决定……”第 25 条规定：“县级以上人民政府工作部门、派出机关和乡镇人民政府的行政决策程序参照本章规定执行。”《江西省县级以上人民政府重大行政决策程序规

定》第2条第1款规定："县级以上人民政府重大行政决策的作出、执行、监督等活动，适用本规定。"第28条规定："乡镇人民政府、县级以上人民政府所属工作部门重大行政决策的作出、执行、监督等活动，参照本规定执行。"《重庆市政府重大决策程序规定》第2条第1、3款规定："重庆市人民政府及区县（自治县、市）人民政府作出重大行政事项决策（以下简称政府重大决策），适用本规定。""市人民政府的组成部门、直属机构、办事机构、派出机构、市级法律法规授权行使行政管理职能的机构及其他有关单位的重大决策参照本规定执行。"

由此可见，区县政府的决策权是很普遍的。这种决策权的行使范围当然包括一般的行政决策事项和重大的行政决策事项，只不过因为重大行政决策非常重要，所以很多省、自治区对此作了专门的规定。问题是：既然地级市的区、县政府具有普遍的决策权，为何表格中反映的被调查者大多数选择"一级决策，两级执行"的管理模式呢？原因主要在于以下两个方面：第一，现行体制下，重复决策现象严重。区、县政府决策大都是对市级政府决策的贯彻实施，鲜有对新的事项的决策。一般情况下，市级政府与区县政府距离较近，比较了解区县的实际情况，对于区县的地理环境、经济发展情况、生态状况等都非常熟悉，且市级政府在决策时都是全盘考虑、统筹兼顾，因此，一般情况下市级政府是基于对整个地级市的了解作出决策的，而区县政府的决策一般无法逃出市级政府的决策的范围，主要是进行细化和落实工作。在一定意义上，区县政府的决策是对市级政府决策的重复、细化。第二，现行体制下，重复决策导致了行政效率低下，导致了行政执行速度的降低。市级政府作出的决策并没有立即在区县政府得到贯彻落实，而是被区县政府"再决策"。这种再决策可能会导致市级政府决策的拖延、搁置。第三，现行体制下，市级政府决策的贯彻落实可能遭到区县政府基于地方利益考虑的阻拦。市级政府的某些决策往往涉及地方政府利益的调整，区县政府可能因为自己利益受损而不愿意贯彻落实市级政府的决策。区县政府会通过自己的决策权的行使变相抵制市级政府的决策。这种情况往往会导致整个地级市的长远发展、全面发展，不利于行政管理体制的改革。综上三种因素，我们认为，被调查者对"一级决策，两级执行"的管理模式有了比较深刻的认知，因此，他们中有一半以上的人员选择了这种模式。

三、基于中央和地方数据的分析（见表6-62）

表6-62　　是否同意推行“一级决策、两级执行”的管理模式？

选项	统计	地方政府	中央政府
[1] 必要，并且可行	选择计数	985	182
	百分比（%）	53.1	39.1
[2] 必要，但不可行	选择计数	355	97
	百分比（%）	19.1	20.9
[3] 没有必要	选择计数	383	142
	百分比（%）	20.6	30.5
[4] 不知道	选择计数	132	44
	百分比（%）	7.1	9.5
总计	参选人数	1 855	465
	百分比（%）	100.0	100.0

从地方政府中来看，地方政府被调查者共计1 855人。从选择倾向性的高低顺序来看，选择“必要，并且可行”的为985人，占到了53.1%；选择“没有必要”的位居其后，共383人，占到了20.6%；再次是选择“必要，但不可行”的共355人，占到了19.1%；最后是选择“不知道”的共有132人，占到了7.1%。由此可见，在被调查者中，地方政府的参选公务人员当中有一半以上的愿意选择“必要，并且可行”，并且，选择“必要，并且可行”的比例远远超过选择其他选项的比例。这充分显示了地方政府公务人员对“一级决策、两级执行”的管理模式的认可。

从中央政府来看，中央政府参选人员共计465人。从选择倾向性的高低顺序来看，选择“必要，并且可行”的共有182人，占到了39.1%；其次是选择“没有必要”的共计142人，占30.5%；再次是选择“必要，但不可行”的共有97人，占20.9%，最后是选择“不知道”的共有44人，占9.5%。从选择的倾向性的走向来看，中央政府公务员的选择与地方政府参选人员的选择是一致的。但是，在中央政府公务员的选择中，选择相对保守：选择“必要，并且可行”的人数没有超过一半，选择“必要，并且可行”的人数并没有远远大于选择其他选项的人数，这是与地方政府参选人员的选择最大的不同。这说明，中央政府的参选人员对于在经济发达、城市化程度较高的地级市推行“一级决策、两级执行”的管理模式有不一样的认知。产生这种不一样的认知的原因，我们认为，可能有两种：第一种是中央政府参选公务人员由于自身的局限性，比如远离地方政府尤其是区县政府，没有在区县政府工作过等，不能切实体会到此模式带来的好处。第二种是中央政府参选公务人员对此模式有比较深刻的认识，认为这样可能会架空区县政府的权力，会导致区县政府的积极性和主动性的降低。我们认为，这两种可能都能够解释中央政府参选人员作出相对保守选择的原因。但是，我们需要看到，中央政府参选人员的选择中选择“必要，并且可行”的比例最高，这也说明这一模式总体上也是得到中央政府公务员的支持的。

四、基于不同府级的数据分析（见表6－63）

表6－63　　　是否同意推行“一级决策、两级执行”的管理模式？

选项	统计	国家部委	省级政府	市级政府	县级政府
[1] 必要，并且可行	选择计数	182	305	357	323
	百分比（%）	39.1	50.5	54.1	54.7
[2] 必要，但不可行	选择计数	97	113	134	108
	百分比（%）	20.9	18.7	20.3	18.3
[3] 没有必要	选择计数	142	147	130	106
	百分比（%）	30.5	24.3	19.7	17.9
[4] 不知道	选择计数	44	39	39	54
	百分比（%）	9.5	6.5	5.9	9.1
总计	参选人数	465	604	660	591
	百分比（%）	100.0	100.0	100.0	100.0

此次调研数据中，中央政府的参选人数实际上就是指国家部委的参选人数，因此，对国家部委的数据分析在此不赘述，具体请参看本文第三部分关于中央政府数据的分析。

从省级政府的数据来看，参选人数共计604人。从选择倾向性的高低顺序来看，选择“必要，并且可行”的为305人，占到了50.5%；选择“没有必要”的位居其后，共147人，占到了24.3%；再次是选择“必要，但不可行”的共113人，占到了18.7%；最后是选择“不知道”的共有39人，占到了6.5%。

从市级政府和县级政府的数据来看，二者的选择倾向性比较一致：首先的选择是“必要，并且可行”，其次是“必要，但不可行”，再次是“没有必要”，最后是“不知道”。市级政府的参选人数为 660 人，县级政府的参选人数为 591 人。市级政府和县级政府的参选人数中，都有超过一半的参选人员选择了“必要，并且可行”，分别占各自参选人数的 54.1%和 54.7%。这充分说明市级政府和县级政府的参选人员对于在经济发达、城市化程度较高的地级市推行“一级决策、两级执行”的管理模式这一方案是支持的。

省级政府和市级政府、县级政府的参选人员对问题的选择的倾向性有不一致的地方，即省级政府的第二、三选择与市级政府、县级政府的第二、三选择正好选相反：省级政府的第二选择是“没有必要”，市级政府和县级政府的第二选择是“必要，但不可行”。出现这一差异，我们认为主要原因在于省级政府与中央政府保持密切联系，市县级政府远离中央政府，双方在考虑问题的思维方式上有较大差异。省级政府的一部分公务人员倾向于现有体制是合理的，设置“一级决策、两级执行”可能是多此一举。但是，我们还应当注意，省级政府参选人员的第一选择是“必要，并且可行”。但是一定要注意不同的声音，以及不同的声音背后的原因。唯有探究背后的原因，才能找到具有针对性的解决措施。

五、基于不同地区的数据分析（见表 6-64）

表 6-64　　是否同意推行“一级决策、二级执行”的管理模式?

选项	统计	东部地区	中部地区	西部地区
[1] 必要，并且可行	选择计数	158	176	651
	百分比（%）	56.0	48.5	53.8
[2] 必要，但不可行	选择计数	53	74	228
	百分比（%）	18.8	20.4	18.8
[3] 没有必要	选择计数	56	95	232
	百分比（%）	19.9	26.2	19.2
[4] 不知道	选择计数	15	18	99
	百分比（%）	5.3	5.0	8.2
总计	参选人数	282	363	1 210
	百分比（%）	100.0	100.0	100.0

综合来看，东部地区、中部地区和西部地区的参选人在对地级市实行“一级决策、两级执行”管理模式的选择上基本上保持了一致：第一选择都

是“必要，并且可行”，其次选择了“没有必要”，再次是“必要，但不可行”，最后是选择了“不知道”。

细微的差别在于各个地区对选项的重视程度有所不一致。东部地区中选择“必要，并且可行”的共有158人，占参选人数282人的56%。中部地区在这一选择上的比例只占到了参选人数的48.5%。由此可见，经济发达地区的公务人员在权力体制改革问题上具有较高的主动接受性，对新东西的接受程度较为容易。虽然西部地区在选择“必要，并且可行”的比例上也超过了自己参选人数的一半，但是西部地区参选人员更多的是从自身实际出发考虑的：西部地区经济较为落后，经济上的发展仰赖中央的支持较多，其自身的自主创造性相对较低，故更希望的是对中央政策、省级政府政策的贯彻落实，借助选择“一级决策，两级执行”来发挥自己的执行力。

从总体上看，不同地区的参选公务人员都能够接受在经济发达、城市化程度较高的地级市推行“一级决策、两级执行”的管理模式，这在很大程度上为地级市的权力配置改革——决策权和执行权的配置改革提供了一定的实证参考数据，也将为试点地级市铺定坚实的基础。

六、结论

传统政府与现代政府的一个重要区别就在于消极行政与积极行政。从世界上各个国家的演变来看，“消极行政”正向“积极行政”转变。当然，“积极行政”并不是无限扩张、无限积极，而是在法治的框架内进行。德国行政法学家哈雷穆特·毛雷尔的著作《行政法学总论》一书就阐明了德国从绝对国家时期到自由国家时期，再到社会法治国家时期的变迁；英国行政法学者韦德的巨著《行政法学》一书也表明了英国的行政疆域已经扩大到公民“从摇篮到坟墓”的整个地带；美国的行政管理也经历了“守夜人式国家”到“行政国家”的变迁。行政职能从最简单的行政执行不断扩展，先是行政立法、行政司法，然后是行政决策。无论古典自由主义①、自由主义②、新自

① 古典自由主义（classical liberalism）认为政府的干预会阻碍经济的增长，主张将政府排除出经济领域，让经济生活自行其是，让追求自身利益的无数个体的理性计算来引导经济生活的调整，“管得最少的政府是最好的政府”。古典自由主义的代表人物是亚当·斯密。

② 自由主义（new liberalism）主张政府介入经济，并应确保每个人在贸易时的平等权利。

由主义[①]如何争论，国家的行政干预已经是既成事实，行政决策权的规范化发展即证明。

权力的合理化要求行政决策权与行政执行权的配置必须合理、高效。但是，我国现行行政决策权和行政执行权的配置出现了种种问题，比如行政决策过程的不透明、程序的不科学、事后追究责任的缺失，行政执行决策不力、脱节以及行政执行效率低下等。有学者指出，行政决策与行政执行中的问题有：机构林立、人浮于事、程序冗长、批文拖拉和会海难填五个方面。[②] 上述种种问题中，行政决策过程不规范和行政决策程序不规范是最为严重的。行政决策由是一系列活动构成的，包括情报活动阶段——发现问题、确定目标；抉择活动阶段——选定最佳方案；决策过程反馈阶段。行政决策程序是一个决策最为重要的一部分，如果决策程序不够科学，那么决策质量难以保证。另外，行政执行与行政决策之间并不是一个正比例关系，也就是说，行政决策作出后并不一定能够得到很好的执行。原因是多方面的，可能是决策不符合地方实际，或者是执行人员素质低，也可能是基于政府对地方利益保护的考虑。

因此，我们建议在地级市推行改革，建议在经济发达、城市化程度较高的地级市推行“一级决策、两级执行”的管理模式，即分别由市级政府执行部门和区县政府负责决策的执行，区县政府不再承担决策任务。这一管理模式能够在一定程度上解决决策部门过多、重复决策、执行效率低下的问题。对调查研究的数据进行分析，参选人数共有 2 320 人，有 1 167 人认为这一方案是“必要，并且可行”的，占到了 50.3%，超过了一半。坚持依法科学民主决策，推进行政决策过程、依据和结果公开，是打造阳光政府、法治政府和服务型政府的重要举措。在依法治国的大背景下，地级市需要观察落实中央政府和省级政府的政策、决策，并需要针对地级市范围进行决策，做

---

① 在 1970 年代随着“福利国家”政策的破产，新自由主义（new liberalism）的影响渐趋衰微。此时以哈耶克为首的朝圣山学社逐渐兴起，提出以回复古典自由主义为主要内容的新古典自由主义（neo-liberalism），后被简称为新自由主义，而之前的 new liberalism 被直接称为自由主义以示区别。自由主义的发展路径是：古典自由主义、主张国家干预的自由主义、主张回复古典自由主义的新自由主义。

② 朱坚强．论行政管理效率观——兼谈我国行政管理效率的现状及其改观对策．(2011-12-16)[2012-11-10]．中国选举与治理网．http：//www.chinaelections.org/PrintNews.asp? NewsID=113420.

好地级市的决策可以从全局上把握该市的发展。市级政府执行部门和区县政府主要做好执行工作，既可以避免重复决策，也可以很好地将工作重点放在如何执行上，做好、做细、做扎实执行工作。这种管理模式需要先进行试点，比如经国务院批准可在几个大型地级市先行试点 5 年，然后总结经验教训，不断完善这一管理模式，从而为地级市的决策权、行政权的配置改革提供坚实的基础，从而为全国范围内的权力配置改革积累经验。

第十二节　下级政府参与上级决策及利益表达机制的数据分析

我国地方政府之间存在着基于层级关系的决策权与执行权的划分。上级地方政府，特别是省级政府，是主要决策机构（当然其也有部分执行权）。下级地方政府，特别是县级地方政府，是主要执行机构。行政决策涉及多重利益，下级政府对上级政府决策的参与将有利于消减执行压力，增强决策方案的公信力。但由于认识及制度上的原因，我国目前行政决策在一种近似“内输入”的模式下运行[①]，下级地方政府在其中只有“有限的隐性参与”。这种决策参与不足由于发生在行政系统内部，长久以来未能得到社会和学界的足够重视。行政内部决策民主化的不足使上级政府有时未能对下级政府的利益及执行条件予以充分考虑，使部分决策在地方面临执行不能的困境，例如，2006 年以前我国的义务教育就曾遭遇此种情形：2006 年以前，中国义务教育经费的 78％由乡镇财政负担，9％左右由县财政负担，省财政负担 11％，中央财政负担很少，不足 2％。中央政府和省级政府的教育事业经费大部分用于高等教育，对义务教育只承担补助贫困和少数民族地区的责任。如此就形成一个扭曲的现象：中央政府和省级政府掌握了主要财力，但基本摆脱了负担义务教育的责任；县乡政府财力薄弱，却承担了绝大部分义务教

① “内输入”一词最初来自伊斯顿的《政治生活的系统分析》。伊斯顿声明用“内输入”这样一个不甚成熟的术语来描述严格意义上的由政治角色的经验和活动，而不是由社会非政治领域中的人们的经验所形成的要求。我国学者胡伟在《政府过程》一书中采用伊斯顿的政治系统分析方法，认为：“内输入”是指在社会没有利益多元的条件下，由政府精英代替人们进行利益的综合与表达，其特征表现为权力精英之间的政治折中，而不是多元决策下的互动。陈振明．公共政策分析．4 版．北京：中国人民大学出版社，2007：209.

育经费。[①] 这是县乡两级义务教育执行不力的重要原因，也是农村乱收费屡禁不止的重要原因。[②] 近年来，我国行政管理体制改革已逐步触及决策层面，对下级意见的征求开始得到重视。为了解改革推进情况，摸清下级地方政府对上级政府行政决策的主要参与路径，课题组有针对性地设计了相关问题。

一、调查问卷及相关说明

具体调查问题是：

您单位主要通过以下哪种方式，参与上级部门的决策?（可选择多项）

[1] 上级部门主动征求意见时积极回应

[2] 受上级部门委托进行立法或牵头制定规范性文件

[3] 通过分管领导反映意见

[4] 政策文件会签时表达观点

[5] 进行政策调研，并将调研报告提交上级部门决策层

[6] 其他（请填写）

调查问题说明如下。

一是关于政策文件会签的含义。政策文件会签，是指撰拟公文的过程中，决策单位主动与有关单位协商并核签的一种办公程序。一般当政策文件的内容涉及本单位的多个部门或与其他单位有关时，需要进行会签。会签根据对象的不同分为内部会签和外部会签。内部会签用于与本单位内部的各有关部门进行协商并核签；外部会签用于与外单位的有关部门进行协商并核签。二者的性质相同，但处理形式不同。我国一些地方政府已专门制定政策文件会签管理办法，如《河南省法律、法规、规章、规范性文件、有关政策草案会签管理办法》。随着地方政府对会签制度立法的推进，政策文件会签已成为一个法律术语。

二是关于问题的说明。本调查问卷设计的问题主要有三类：第一类是自上而下的决策参与路径，如第一项、第二项、第四项；第二类是自下而上的决策参与路径，如第三项、第五项；第三类是开放性的选项。

① 谢自强．政府干预理论与政府经济职能．长沙：湖南大学出版社，2004：162.

② 孙舟．分税制十年．中国社会科学，2006（6）.

三是调查采集的基本信息形成表 6－65。

表 6－65　　您单位主要通过以下哪种方式，参与上级部门的决策？

选　项	选择计数	百分比（%）
[1] 上级部门主动征求意见时积极回应	1 562	77.7
[2] 受上级部门委托进行立法或牵头制定规范性文件	1 153	57.4
[3] 通过分管领导反映意见	1 030	51.2
[4] 政策文件会签时表达观点	789	39.3
[5] 进行政策调研，并将调研报告提交上级部门决策层	1 034	51.4
[6] 其他（请填写）	16	0.8
总计	2 010	100.0

二、总体分析

把表 6－65 的顺序按下级地方政府或公务员对参与上级行政决策的主要方式的支持度重新排序，可得出表 6－66。

表 6－66　　地方政府或公务员参与上级政府行政决策的主要方式

新序号	选　项	选择计数	百分比（%）
1	[1] 上级部门主动征求意见时积极回应	1 562	77.7
2	[2] 受上级部门委托进行立法或牵头制定规范性文件	1 153	57.4
3	[5] 进行政策调研，并将调研报告提交上级部门决策层	1 034	51.4
4	[3] 通过分管领导反映意见	1 030	51.2
5	[4] 政策文件会签时表达观点	789	39.3
6	[6] 其他（请填写）	16	0.8
	总计	2 010	100.0

表 6－66 显示，地方政府或公务员参与上级政府行政决策的最主要方式是“上级部门主动征求意见时积极回应”，选此项者占受调查人数的 77.7%，高出第二位 20.3%。除了这种最主要的方式，地方政府或公务员参与上级行政决策的方式依次为：“受上级部门委托进行立法或牵头制定规范性文件”，占 57.4%；进行政策调研并将调研报告提交上级政府决策层，占 51.4%；“通过分管领导反映意见”，占 51.2%。这三项的选择率不存在明显差异。这说明，我国目前的地方行政决策中下级部门的参与主要依赖上级机关的主动征求意见。从已有的地方公共政策制定的法律规定来看，向下级部门征求意见并不是上级地方政府的法定义务。并且，无论是上级政府征求意

见的程序，还是上级政府对意见的反馈，都没有法定的强制性规定予以约束。

调查显示，下级政府对上级政府行政决策参与的最常用路径是“上级部门主动征求意见时积极回应”，这说明了下级地方政府在上级政府的行政决策中法定的利益或意见表达机制并没有建立起来。下级地方政府在上级政府的行政决策中参与的不确定，可能使某些直接涉及其利益的决策，由于上级政府未向其征求意见，或者上级政府未对其意见进行认真考虑，损害其利益。这种常用参与路径的另一个结果是下级政府往往通过非正式的讨价还价或“关系”等方式在上级政府的行政决策中表达其意见。如果下级政府缺乏在非正式机制中表达的力量，则其意见可能被忽略，这样的后果是下级政府可能对上级政府的行政决策缺乏行政认同，而行政认同的缺失可能导致下级政府对上级政府政策的变通执行。[①]

调查显示，地方政府或公务员参与上级政府行政决策的第二个主要方式是“受上级部门委托进行立法或牵头制定规范性文件”。这种方式与第一种方式的相同之处在于二者均取决于上级政府的意志，地方政府对于这种参与方式既没有基于法律的请求权，也没有基于行政层级的请求权，因此，这依然是一种不确定的方式，无法形成下级政府表达意见和利益的经常性机制。

排名第三位的参与方式是“进行政策调研，并将调研报告提交上级部门决策层”。与前两种方式不同，这种方式是地方政府主动参与和影响上级政府的行政决策，但从目前的法律规定看，对于地方政府的这种主动参与，法律没有规定上级政府的反馈义务，地方政府在这种方式中的参与依然是不确定的。

排名第四位的参与方式是“通过分管领导反映意见”。这种方式与排名第三位的方式在百分比上差异不大，但二者有着重要的性质上的区别。这种方式是一种更加非法制化的方式，如何向分管领导反映意见、分管领导能否听取其意见，在很大程度上依赖下级政府的“活动能力”等非正式机制，从效果看，这种机制的作用可能要超过其他机制的作用，其表现从大小林立的“驻京办”“驻省办”可见一斑。

三、基于不同府级的分类数据分析

不同层级的地方政府，因其所具有的权力结构以及职责的不同，对上级

① 任进，等．论中央与地方权限争议法律解决机制．国家行政学院学报，2005（2）．

政府的行政决策可能有着不同程度的参与。为了解此点，本调查在相关数据统计的基础上，制作成表 6－67。

表 6－67　　不同府级公务员参与上级政府行政决策的方式

选　项	统　计	省级政府	地市级政府	县级政府
[1] 上级部门主动征求意见时积极回应	选择计数	409	723	430
	百分比（%）	79.3	79.1	74.1
[2] 受上级部门委托进行立法或牵头制定规范性文件	选择计数	331	511	311
	百分比（%）	64.1	55.9	53.6
[3] 通过分管领导反映意见	选择计数	242	474	314
	百分比（%）	46.9	51.9	54.1
[4] 政策文件会签时表达观点	选择计数	250	352	187
	百分比（%）	48.4	38.5	32.2
[5] 进行政策调研，并将调研报告提交上级部门决策层	选择计数	295	469	270
	百分比（%）	57.2	51.3	46.6
[6] 其他（请填写）	选择计数	4	8	4
	百分比（%）	0.8	0.9	0.7
总计	参选人数	516	914	580
	百分比（%）	100.0	100.0	100.0

表 6－67 显示，不同府级的公务员在参与上级政府行政决策的方式上，与总体性统计大体相同，但其中仍有一些值得注意的差异。这种差异主要体现在省级政府方面。在对三类参与方式的选择上，省级政府与县、市级政府存在较大的差异，其统计值数远远超过或者低于总体统计值数。

第一类差异较大的项是第二项“受上级部门委托进行立法或牵头制定规范性文件”。在这项上，省级政府的选择率达到 64.1%，高出地市级政府近 10%。这说明国务院关于省内典型事件的立法有时会委托特定省来完成。而省级政府所享有的立法权以及相应的决策机制的配置，也使其有能力完成立法上的委托。通过委托立法，省级政府可以较好地表达自己的意见。这种参与既具有自上而下的性质，同时也兼具自下而上的特征。

第二类差异较大的项是第三项“通过分管领导反映意见”。省级政府对此参与方式的选择低于地市级政府和县级政府。其中原因可能在于国务院并不设有专门的地方政府部，国务院副总理中也没有专门分管不同省份者，这使省级政府难以找到直接对口的主管者。至于地市级政府和县级政府，其在某事项上很容易找到分管领导，通过分管领导反映意见，也因此成为其参与决策的重要方式。

第三类差异较大的项是第四项“政策文件会签时表达观点”，省级政府的选择率高出地市级政府的选择率近 10%，其中原因可能是许多省政府已制定了有关文件会签的规章或规范性文件，政策文件会签已经制度化。而在某些市县，政策文件会签的制度化尚处于建设之中。

表 6－67 中值得注意的另一组数据是第五项“进行政策调研，并将调研报告提交上级部门决策层”。在这项中，县级政府的选择率远远低于省级政府和地市级政府的选择率。这里可能有两种原因：一种原因是县级政府进行政策调研，并将调研报告提交上级部门决策层的路径不畅通；另一种原因是县级政府主要以执行为主，其决策机制并不发达，无论是公务员的学历程度还是技术手段，都使其并不习惯于以这种方式在上级政府的行政决策中表达意见。

四、基于不同区域的分类数据分析

我国实行的“倾斜发展”政策，可能使不同地域的公务员对上级政府的行政决策有着不同的参与方式。为了解此点，根据地理环境、发展程度的差异，课题组分别在东部沿海、中部、西部和东北地区四个地域取样，根据结果，制作了表 6－68。

表 6－68　　　不同地域公务员参与上级政府行政决策的方式

选　项	统　计	东部沿海	中部地区	西部地区	东北地区
[1] 上级部门主动征求意见时积极回应	选择计数	505	563	253	241
	百分比（%）	73.9	82.2	76.9	77.0
[2] 受上级部门委托进行立法或牵头制定规范性文件	选择计数	374	392	198	189
	百分比（%）	54.8	57.2	60.2	60.4
[3] 通过分管领导反映意见	选择计数	338	359	178	155
	百分比（%）	49.5	52.4	54.1	49.5
[4] 政策文件会签时表达观点	选择计数	271	282	126	110
	百分比（%）	39.7	41.2	38.3	35.1
[5] 进行政策调研，并将调研报告提交上级部门决策层	选择计数	326	404	167	137
	百分比（%）	47.7	59.0	50.8	43.8
[6] 其他（请填写）	选择计数	5	6	5	0
	百分比（%）	0.7	0.9	1.5	0.0
总计	参选人数	683	685	329	313
	百分比（%）	100.0	100.0	100.0	100.0

表 6－68 显示，“上级部门主动征求意见时积极回应”仍是不同地域公务员参与上级政府行政决策的最主要方式，各地域公务员的选择率均超过 70%，其中，中部地区公务员的选择率高达 82.2%。对于“受上级部门委托进行立法或牵头制定规范性文件”，超过 60%的西部和东北地区公务员选择了此项。这两个选择均与总体分析重合。中部地区公务员选择的排名第二的选项是“进行政策调研，并将调研报告提交上级部门决策层”，59.0%的中部地区公务员选择了此项。这种选择反映出中部地区在“优先发展东部沿海”“西部大开发”“振兴东北老工业基地”等倾向性决策作出之后，基于自身在政策上被忽略的处境，而作出的积极回应。近年来，中央对中部地区的逐步重视，与中部地区在上级政府决策中的主动姿态不无关系。对西部地区公务员而言，支持度位列第三的选项是“通过分管领导反映意见”。这对西部地区来说是个传统且有效的路径，“西部大开发”等战略已反映出此种路径在西部地区的效用。对于不同地域公务员而言，“政策文件会签时表达观点”都只是补充性选择，在各地域公务员中均是选择率最低的选项。

五、基于直辖市与普通省份的分类数据分析

北京为我国首都，其特殊的政治地位决定了其参与上级政府决策的方式可能与其他省份有所不同。为了解这一点，本调查在相关数据统计的基础上，制作成表 6－69。

表 6－69　　北京与其他省份的公务员参与上级政府行政决策的方式

选　项	统　计	北京专项调研	其他省份调研
[1] 上级部门主动征求意见时积极回应	选择计数	1 108	1 562
	百分比（%）	73.2	77.7
[2] 受上级部门委托进行立法或牵头制定规范性文件	选择计数	657	1 153
	百分比（%）	43.4	57.4
[3] 通过分管领导反映意见	选择计数	771	1 030
	百分比（%）	51.0	51.2
[4] 政策文件会签时表达观点	选择计数	390	789
	百分比（%）	25.8	39.3
[5] 进行政策调研，并将调研报告提交上级部门决策层	选择计数	601	1 034
	百分比（%）	39.7	51.4

续前表

选　项	统　计	北京专项调研	其他省份调研
[6] 其他（请填写）	选择计数	15	16
	百分比（%）	1.0	0.8
总计	参选人数	1 513	2 010
	百分比（%）	100.0	100.0

表 6－69 显示，北京市公务员与其他省份公务员参与上级政府行政决策的方式总体上相差不大，如都以“上级部门主动征求意见时积极回应”为最主要参与方式，分别占 73.2%与 77.7%，但在个别项目上仍存在较大差异，如其他省份公务员的认同度位于第二位的参与方式是“受上级部门委托进行立法或牵头制定规范性文件”，占 57.4%，而这种方式在北京市公务员眼中仅为第三位的参与方式，占 43.4%。另一项形成鲜明对比的是第五项通过政策调研反映意见，北京市公务员的选择率仅为 39.7，而其他省份公务员的选择率为 51.4%。在其他三项参与方式上，北京市公务员的选择率也低于其他省份公务员的选择率。

其中原因可能是北京市的上级政府是国务院，而其他省份调研的对象一般是地级市公务员，其针对的对象是省级政府，这种上级政府对应的不同，影响了地方公务员在上级政府行政决策中的意见表达。

六、基于不同职务的分类数据分析

公务员因行政职务的不同，参与上级政府行政决策的方式可能会有所不同。为了解此点，本调查在对相关数据统计的基础上，制作成表 6－70。

表 6－70　　不同职务公务员参与上级政府行政决策的方式

选　项	统　计	领导职务	非领导职务
[1] 上级部门主动征求意见时积极回应	选择计数	431	644
	百分比（%）	81.2	80.9
[2] 受上级部门委托进行立法或牵头制定规范性文件	选择计数	296	464
	百分比（%）	55.7	58.3
[3] 通过分管领导反映意见	选择计数	249	419
	百分比（%）	46.9	52.6
[4] 政策文件会签时表达观点	选择计数	219	323
	百分比（%）	41.2	40.6

续前表

选　项	统　计	领导职务	非领导职务
[5] 进行政策调研，并将调研报告提交上级部门决策层	选择计数	307	448
	百分比（%）	57.8	56.3
[6] 其他（请填写）	选择计数	4	10
	百分比（%）	0.8	1.3
总计	参选人数	531	796
	百分比（%）	100.0	100.0

表 6 - 70 显示，领导职公务员与非领导职公务员参与上级政府行政决策的方式并无明显差异，二者首选的参与方式都是“上级部门主动征求意见时积极回应”，其次是“受上级部门委托进行立法或牵头制定规范性文件”，再次是“进行政策调研，并将调研报告提交上级部门决策层”，第四位是“通过分管领导反映意见”，最后是“政策文件会签时表达观点”。这与前文的分析一致，即下级政府或公务员参与上级政府行政决策尚无法定途径，同时说明职务对地方公务员参与上级政府行政决策的方式并无明显影响。

七、基于不同学历的分类数据分析

教育背景可能影响地方政府公务员参与上级政府行政决策的方式。为了解不同学历公务员参与上级政府行政决策的主要路径，本调研在对相关数据统计的基础上，制成表 6 - 71。

表 6 - 71　　不同学历公务员参与上级行政决策的方式

选　项	统　计	高中及以下	大专	本科	硕士	博士
[1] 上级部门主动征求意见时积极回应	选择计数	47	259	935	222	26
	百分比（%）	61.8	72.1	80.3	79.6	83.9
[2] 受上级部门委托进行立法或牵头制定规范性文件	选择计数	42	186	687	168	14
	百分比（%）	55.3	51.8	59.0	60.2	45.2
[3] 通过分管领导反映意见	选择计数	37	187	596	142	19
	百分比（%）	48.7	52.1	51.2	50.9	61.3
[4] 政策文件会签时表达观点	选择计数	31	113	480	119	11
	百分比（%）	40.8	31.5	41.2	42.7	35.5

续前表

选　项	统　计	高中及以下	大专	本科	硕士	博士
[5] 进行政策调研，并将调研报告提交上级部门决策层	选择计数	27	172	622	163	18
	百分比（%）	35.5	47.9	53.4	58.4	58.1
[6] 其他（请填写）	选择计数	0	2	11	3	0
	百分比（%）	0.0	0.6	0.9	1.1	0.0
总计	参选人数	76	359	1 165	279	31
	百分比（%）	100.0	100.0	100.0	100.0	100.0

表 6－71 显示，不同学历公务员参与上级政府行政决策的方式有较大差异，这种差异在高中以下学历公务员和博士研究生学历公务员之间表现得最为明显。高中及以下学历公务员参与上级政府行政决策的方式依次为：上级部门征求意见时主动回应；受上级部门委托立法或牵头制定规范性文件；通过分管领导反映意见；政策文件会签时表达观点；进行政策调研，并将调研报告提交上级部门决策层。博士研究生学历公务员参与上级政府行政决策的方式依次为：上级部门征求意见时主动回应；通过分管领导反映意见；进行政策调研，并将调研报告提交上级部门决策层。受上级部门委托立法或牵头制定规范性文件；政策文件会签时表达观点。从二者的比较可以看出，博士研究生学历公务员对上级政府行政决策的参与更为主动，对政策调研等主动参与方式有更高的热情。而高中及以下学历公务员的参与方式更为传统，更接近对调研结果的总体分析。

统计数据显示的另一个突出特点是硕士研究生学历公务员更多地参与了上级部门的委托立法工作。选择此种参与方式的硕士学历公务员比率高达 60.2%。这个数字也说明了在我国随着公务员整体教育水平的提高，硕士研究生学历公务员正逐步成为地方决策立法的主力。

八、结论

（一）调查结论

客观而言，地方公务员参与上级政府行政决策的方式是多样的，是一个相互关联、互为补充的体系。这种参与方式可以在总体上分为两类：一类是上级主动型，另一类是下级主动型。其中，上级主动型是占主导地位的参与方式。

调研结果显示，上级政府主动给予机会使下级政府公务员得以参与行政决策是目前地方公务员参与上级政府行政决策的主要路径。上级主动型的参与有两种主要方式：决策时征求下级政府意见和委托立法。在这两种方式中，上级政府享有很大的自由裁量权，有权决定下级政府参与的程度、方式。由于这两种方式均是基于层级节制而建立，下级政府的意见能否被上级政府采纳，几乎均取决于上级政府的裁量权。在上级政府主动型的参与模式中，下级地方政府并没有稳定的利益表达机制。

调研显示的另一个结论是，在上级政府主动提供的参与机会之外，地方政府也主动地参与到上级政府的行政决策之中，通过各种方式表达自己的意见，如撰写调研报告、通过主管领导反映意见等。对这两种参与方式选择率均达到50%以上，这说明，地方政府作为行政决策的执行者，对于涉及其所在区域的公共利益以及涉及其自身利益的事项，均表现出主动性和参与热情。这种自下而上的参与可以丰富上级政府的决策信息，有利于上级政府的决策的科学化。

值得注意的是，从目前的发展看，除政策文件会签有规范性文件依据外，其他的参与方式，都具有较大的随意性和非法定性。这意味着下级政府对上级政府行政决策的参与仍然以非正式机制为主体，地方政府参与的力度在很大程度上依赖其博弈力量。

（二）完善下级地方政府意见表达的相关对策

1. 正确认识地方政府的利益性

公共选择理论认为，官僚机构中的个人实际上并非其政治主人的无私仆人，他并不是完全中立和客观地履行自己的职责。现实正好相反：公共行政人员履行职责时往往是自私的，他们把机构的公共目标当作实现个人根本目标比如金钱上的报酬、个人权力、声望以及工作的稳定等的手段。① 官员的个人趋利性不仅使政府具有自利倾向，也使政府的各个组成部门具有自利倾向。

地方政府作为一级公共组织，其利益具有复合性，既代表公共利益，又

① Kan-Erik Lane. 公共部门——概念、模式和方法. 北京：国家行政学院出版社，2003：5.

有着自身基于上级考核等产生的自身利益。地方政府利益意识的勃发有着其积极的一面，例如，在GDP的考核指标下，地方政府开始主动、积极地谋求经济发展，而随着经济实力的增强，地方居民可以享受的服务种类与服务质量相应地有了明显的提高。如上海市实行的“老有所养”政策、北京市实行的“一老一小入医保”都有赖地方财政的雄厚支持。因此，对地方政府的利益特性及其逐利性进行识别，目的并不在否定地方政府，亦不在于否定地方利益，而意在通过制度的建构，引导地方政府行为，用制度调整利益。

2. 为下级地方政府提供法治化的行政决策参与路径

如果行政决策涉及地方政府的利益，应给予其相应的表达机会，使其利益经过博弈后，融入公共利益体系。如果忽视地方利益，其直接后果将是导致上级政府的行政决策在执行过程中的走形。因此，上级政府应在行政决策中给予下级政府参与和表达机会，这在我国单一制的国家结构形式下尤为重要。

虽然目前下级政府可通过多种途径参与上级政府的行政决策。然而，正如前文分析的，现有的诸多途径中除政府文件会签外，多为非正式途径，下级政府参与的程度取决于上级政府的意志。在我国地方政府之间的法律分权尚未实现的情况下，下级地方政府的许多重大事项多由上级政府决定，因此，建立下级政府对上级政府的行政决策的经常性参与机制，通过制定规章或规范性文件等方式将下级政府的参与手段法定化，有利于下级政府在上级政府的行政决策中表达意见，而这种表达有助于上级政府全面汇集决策信息，推动决策的民主化与科学化。同时，下级政府的这种参与，也可以促进其对上级政府行政决策的认同，这种认同将有利于上级政府行政决策的落实。

第十三节　政府权力结构中执行权配置的数据分析

一、序言

本题的着眼点在于政府横向权力结构方面，主要探讨政府权力结构在执行权方面的配置。“行政三分制”的改革，即将行政管理职能划分为决策、执行和监督三部分，是近年来社会各界对政府权力结构配置问题作出的最有力的探索。随着现代经济的高速发展，政府在社会生活中扮演的角色也日益重要。与此同时，如何提高政府的办事效率，使各项决策能够得到真正的贯彻执行，也引起了各方面的广泛关注。正是以此为背景，我们以中央和地方公务员为调查对象，通过广泛调研，寻求政府权力结构在执行权配置方面的有效路径。

（一）本题的设计缘由

政府权力结构改革历来为社会各界所重视。2002 年中国共产党的十六大报告就曾提出，“按照精简、统一、效能的原则和决策、执行、监督相协调的要求，继续推进政府机构改革”。随之中央就将深圳作为“行政三分制”的试点城市，但改革的方案因为实践中机构难以撤并、人事安排困难等原因而中途夭折。2007 年中国共产党的十七大报告继续提出，要“着力转变职能、理顺关系、优化结构、提高效能，形成权责一致、分工合理、决策科学、执行顺畅、监督有力的行政管理体制”，“建立健全决策权、执行权、监督权既相互制约又相互协调的权力结构和运行机制”。2012 年中国共产党的十八大报告在此基础上明确要“健全权力运行制约和监督体系。……要确保决策权、执行权、监督权既相互制约又相互协调，确保国家机关按照法定权限和程序行使权力”。而后 2017 年中国共产党的十九大报告更进一步指出权力运行机制应当决策科学、执行坚决、监督有力。为了进一步探索政府权力结构改革的有效路径，针对政府权力结构在执行权方面的配置，我们设计了相关问题，涵盖了增强执行配置的专业性、多样化执行实施的方式、将执行划分为执行实施与执行监控、对执行实施机构采取绩效合同管理以及设立专门的执行监控机构等五个方面。

（二）调查问卷的相关问题说明

本题题干下共设计了 6 个选项分支，选项的设计情况如下。

以下关于政府权力结构在执行权配置方面的建议，您认为哪些比较合理？（限选三项）

［1］执行权的配置应体现专业性的特点，保证执行快捷高效

［2］执行划分为执行的实施和执行的监控，分别由不同的部门承担

［3］执行实施的方式可以多样化，比如设立专门的执行机构、委托社会组织执行、执行外包等

［4］决策部门对执行实施机构实行绩效合同管理，执行实施机构主

要就执行结果对决策部门负责，在人事、经费、执行方式等方面享有很大的自主权

[5] 建立执行监控机构，确保决策目标的实现

[6] 其他（请填写在空格上）

针对上面题目设计的具体内容，共有以下三个方面的内容需要进行明晰。

1. 关于执行权的界定

政府的执行权是政府最主要的职权，在“三权分立”的体制中，政府所对应的权力是行政权。行政权，就其本质而言，是执行法律、执行权力机关意志的权力，所以用执行权来概括政府的所有职权也是可以的。但是，本调查设置在调查的第二节“横向权力结构之一：决策、执行和监督”之下，在上一调查已经就“政府权力机构在决策权配置方面的合理建议”进行调研的情况下，本题所使用的行政权是一个狭义上的概念。

2. 关于问题选项

本调查的问题选项主要可以分为两大类：第一类是从优化执行权本身来说的，包括第一、第二和第三选项；第二类是从外部机制的设置方面来说的，如第四和第五选项。

3. 调查采集的基本信息（见表6-72）

表6-72　关于政府权力结构在执行权配置方面的比较合理的建议

选项	选择计数	百分比（%）
[1] 执行权的配置应体现专业性的特点，保证执行快捷高效	1 629	70.1
[2] 执行划分为执行的实施和执行的监控，分别由不同的部门承担	1 413	60.8
[3] 执行实施的方式可以多样化，比如设立专门的执行机构、委托社会组织执行、执行外包等	1 060	45.6
[4] 决策部门对执行实施机构实行绩效合同管理，执行实施机构主要就执行结果对决策部门负责，在人事、经费、执行方式等方面享有很大的自主权	1 160	49.9
[5] 建立执行监控机构，确保决策目标的实现	1 430	61.5
[6] 其他	42	1.8
总计	2 324	100.0

“其他”选项的填写情况：最重要的是增加公务员编制，才能增强执行

力度（西藏）；群众、舆论监督（新疆）。

二、总体分析

本部分以所有的调查问卷为分析对象，分析对政府权力结构在执行权配置方面的主要合理建议，并以此为基础，探寻政府权力结构在执行权配置方面的合理措施。本次调研的总体数据见表6－73。

对表6－72中的数据按照公务员认为建议的合理性的程度重新进行排序，得到表6－73。

表6－73　关于政府权力结构在执行权配置方面的建议的合理性

新序号	选项	选择计数	百分比（%）
1	[1] 执行权的配置应体现专业性的特点，保证执行快捷高效	1 629	70.1
2	[5] 建立执行监控机构，确保决策目标的实现	1 430	61.5
3	[2] 执行划分为执行的实施和执行的监控，分别由不同的部门承担	1 413	60.8
4	[4] 决策部门对执行实施机构实行绩效合同管理，执行实施机构主要就执行结果对决策部门负责，在人事、经费、执行方式等方面享有很大的自主权	1 160	49.9
5	[3] 执行实施的方式可以多样化，比如设立专门的执行机构、委托社会组织执行、执行外包等	1 060	45.6
6	[6] 其他	42	1.8
	总计	2 324	100.0

表6－73显示，被调查者认为所列关于政府权力结构在执行权配置方面的建议中，最合理的前三项是：执行权的配置应体现专业性的特点，保证执行快捷高效；建立执行监控机构，确保决策目标的实现；执行划分为执行的实施和执行的监控，分别由不同的部门承担。其中，“执行权的配置应体现专业性的特点”居首位，70.1%的被调查者支持这一选项。目前，我国政府面临的最大问题就是执行效率低下的问题，民众对政府的不满也多源于此。各种新闻资料中屡次出现如“四顶‘大盖帽’管不了一顶‘小草帽’”① “治

① 浦江：四顶“大盖帽”管不了一顶“小草帽”．[2012－11－10]．http：//news.0579.cn/news/news_bd_1/2007－6/2007688322449137.shtml.

馒头，用'拳头'"①这样的新闻标题，凸显目前我国行政执法领域存在着严重的执法不力现象。而学者也普遍认为：我国现行行政体制从政府职能部门的整体上看，存在职能分工过细的问题。现有政府职能部门基本上按照行政事务的性质划分为公安、税务、工商、教育、科技、文化、卫生、体育、交通、环境、城建、民政、民族、司法行政、监察、审计等，这种职能分工必然会导致机构臃肿。加之我国现行立法在职能配置上往往将对某一社会经济事务的管理权限同时授予几个职能部门，这必然又会导致权限重叠交叉、政出多门、重复执法，既增加管理成本，又降低行政效率。②

在这种背景下，"专业化执行权的配置，保证执行快捷高效"的确是一项非常合理的建议。"执行权的配置要体现专业性的特点"，简单地说就是使执行的实施机构和执行的实施人员呈现出专业性的特点。一般说来，"专"和"精"是联系在一起的。要想使执行的实施机构呈现出专业性的特点，就要设立专门的执行实施机构，只负责执行的实施。实际上，将政府权力横向划分为决策、执行和监督三部分，已经体现出了这种理念。本调查的选项［3］"执行实施的方式可以多样化，比如设立专门的执行机构、委托社会组织执行、执行外包等"也蕴含了这种理念。另外，要使执行的实施人员呈现出专业性的特点，就要做到专职专人，并且要进行相应的执行技能培训。这一点虽然在调查的问题选项中没有明确地体现出来，但它是蕴含在选项［1］"执行权的配置应体现专业性的特点"之中的。

调查显示，被调查者认为所列关于政府权力结构在执行权配置方面的比较合理的建议中，居于第二位的是建立执行监控机构。61.5%的被调查者认同这一建议。这一选项主要从外部机制方面着手，为执行权的配置寻找合理路径。任何权力的运行如果缺少外部机制的有效监控，都必将走向膨胀。执行权也不例外。只有良好的、优化的内部配置远远不够，为了使执行权按照已配置好的内部机制去运行，建立执行监控机构是必不可少的。这里所说的

---

① 央视［新闻1+1］：治馒头，用"拳头"．［2012-11-10］．http：//www.wenming.cn/wmpl_pd/shzt/201104/t20110419_152921.shtml.

② 叶必丰，等．"行政三分制"勾勒政府改革新方向．理论参考，2003（4）．

执行监控机构属于“行政三分制”中所说的“决策、执行、监督”中监督部分的专门机构，通过对执行权的监控，确保决策目标的实现。

居于第三位的建议是“将执行划分为执行的实施和执行的监控，分别由不同的部门承担”。60.8%的被调查者持这一观点。这一选项与上述建立执行监控机构的选项有异曲同工之妙，只是该选项侧重的是从执行权的内部进行监控，直接将执行划分为执行的实施和执行的监控。这种内部监控的做法，相对于外部监控，有着便捷快速的优点，但如何确保监控部门的独立性与中立性则是需要进一步探讨的问题，估计这也是大多数被调查者更倾向于外部监控的原因。

居于第四位和第五位的建议分别是“决策部门对执行实施机构实行绩效合同管理，执行实施机构主要就执行结果对决策部门负责，在人事、经费、执行方式等方面享有很大的自主权”和“执行实施的方式可以多样化，比如设立专门的执行机构、委托社会组织执行、执行外包等”，其支持率分别为49.9%和45.6%。这两个选项都重在发挥执行机构的主动性、创造性，前者是在执行结果的评估方面实施绩效合同管理，后者是在执行方式的实施方面鼓励多样化。其中，选项［4］“决策部门对执行实施机构实行绩效合同管理，执行实施机构主要就执行结果对决策部门负责”中蕴含了决策部门和执行部门之间存在着“管理与被管理”的关系，执行部门要对决策部门负责的意思。

三、基于中央与地方的分类数据分析

根据我国宪法的规定，国务院是最高国家行政机关，统一领导全国地方各级国家行政机关的工作；地方各级人民政府是地方各级国家行政机关，依照法律规定的权限管理本行政区域内的经济、教育、科学、文化、卫生体育事业、城乡建设事业和财政、民政、公安、民族事务、司法行政、监察等行政工作。中央公务员和地方公务员在所处地位以及管辖事务的范围方面都有很大的不同。为了更好地了解中央公务员和地方公务员对政府权力结构在执行权配置方面的建议，分别统计，制成表6－74。

表 6-74 中央公务员与地方公务员对政府权力结构在执行权配置方面的建议

选 项	统 计	地方政府	中央政府
[1] 执行权的配置应体现专业性的特点，保证执行快捷高效	选择计数	1 301	328
	百分比（%）	70.0	70.4
[2] 执行划分为执行的实施和执行的监控，分别由不同的部门承担	选择计数	1 148	265
	百分比（%）	61.8	56.9
[3] 执行实施的方式可以多样化，比如设立专门的执行机构、委托社会组织执行、执行外包等	选择计数	826	234
	百分比（%）	44.5	50.2
[4] 决策部门对执行实施机构采取实行绩效合同管理，执行实施机构主要就执行结果对决策部门负责，在人事、经费、执行方式等方面享有很大的自主权	选择计数	933	227
	百分比（%）	50.2	48.7
[5] 建立执行监控机构，确保决策目标的实现	选择计数	1 146	284
	百分比（%）	61.7	60.9
[6] 其他	选择计数	33	9
	百分比（%）	1.8	1.9
总计	参选人数	1 858	466
	百分比（%）	100.0	100.0

以上调查数据显示，关于政府权力结构在执行权配置方面的建议，居于前三位的是：执行权的配置应体现专业性的特点，保证执行快捷高效；建立执行监控机构，确保决策目标的实现；执行划分为执行的实施和执行的监控，分别由不同的部门承担。按百分比排序得到表 6-75。

表 6-75 中央公务员与地方公务员对政府权力结构在执行权配置方面的建议

新序号	选 项	统 计	地方政府	中央政府
1	[1] 执行权的配置应体现专业性的特点，保证执行快捷高效	选择计数	1 301	328
		百分比（%）	70.0	70.4
2	[5] 建立执行监控机构，确保决策目标的实现	选择计数	1 146	284
		百分比（%）	61.7	60.9
3	[2] 执行划分为执行的实施和执行的监控，分别由不同的部门承担	选择计数	1 148	265
		百分比（%）	61.8	56.9
4	[4] 决策部门对执行实施机构采取实行绩效合同管理，执行实施机构主要就执行结果对决策部门负责，在人事、经费、执行方式等方面享有很大的自主权	选择计数	933	227
		百分比（%）	50.2	48.7

续前表

新序号	选　项	统　计	地方政府	中央政府
5	[3] 执行实施的方式可以多样化，比如设立专门的执行机构、委托社会组织执行、执行外包等	选择计数	826	234
		百分比（%）	44.5	50.2
6	[6] 其他	选择计数	33	6
		百分比（%）	1.8	1.9
	总计	选择计数	1 858	466
		百分比（%）	100.0	100.0

上述表格说明，无论是地方公务员还是中央公务员，关于政府权力结构在执行权配置方面的主要建议是相同的，但也存在一些差别。在中央公务员，关于执行实施的方式可以多样化的建议比较突出，高出地方公务员5.7%；对“执行权的配置应体现专业性的特点，保证执行快捷高效”选项的选择率也高出地方公务员的选择率。相比于地方公务员，中央公务员掌管事项的范围更加广泛，在执行权方面的划分也就比较笼统，这是他们在行使执行权时遇到的最大问题，所以他们对于多样化执行实施的方式，特别是对于设立专门的执行机构和执行权的配置要体现专业性的特点尤为渴望。而地方公务员对选项“执行划分为执行的实施和执行的监控，分别由不同的部门承担”的选择率要高出中央公务员4.9%，说明地方公务员中执行权滥用的情况比较严重，故他们更希望建立一个便利高效的监控机构，对执行权的实施进行监控。地方公务员对选项“建立执行监控机构，确保决策目标的实现”的选择率上高出中央公务员近1%也体现了这一点。同时，地方公务员对选项“决策部门对执行实施机构采取实行绩效合同管理，执行实施机构主要就执行结果对决策部门负责，在人事、经费、执行方式等方面享有很大的自主权”的选择率高出中央公务员1.5%。这可能和地方公务员的实践经验有关：有些地方政府已经在实践中相对划分出决策部门和执行实施机构。[①] 在处理决策部门和执行实施机构的关系方面，根据他们实践中的经验，实行绩效合同管理方式、赋予执行实施机构更多的自主权更有利于执行

① 上海机构改革正式启动，调整政府部门组织结构．[2012－11－10]．http：//www.hsw.cn/news/2008－10/21/content_10349151.htm.

权的优化配置。

四、基于不同府级的分类数据分析

由于国家部委、省级政府、市级政府、县级政府在所处的地位、面临的问题以及实践经验方面都存在很大的不同，因而也需要对它们进行比较分析。本次调研的统计数据参见表 6-76。

表 6-76　不同府级公务员对政府权力结构在执行权配置方面的建议

选　项	统　计	国家部委	省级政府	市级政府	县级政府
[1] 执行权的配置应体现专业性的特点，保证执行快捷高效	选择计数	328	446	442	413
	百分比（%）	70.4	73.7	67.1	69.5
[2] 执行划分为执行的实施和执行的监控，分别由不同的部门承担	选择计数	265	383	382	383
	百分比（%）	56.9	63.3	58.0	64.5
[3] 执行实施的方式可以多样化，比如设立专门的执行机构、委托社会组织执行、执行外包等	选择计数	234	261	324	241
	百分比（%）	50.2	43.1	49.2	40.6
[4] 决策部门对执行实施机构采取实行绩效合同管理，执行实施机构主要就执行结果对决策部门负责，在人事、经费、执行方式等方面享有很大的自主权	选择计数	227	305	314	314
	百分比（%）	48.7	50.4	47.6	52.9
[5] 建立执行监控机构，确保决策目标的实现	选择计数	284	382	422	342
	百分比（%）	60.9	63.1	64.0	57.6
[6] 其他	选择计数	9	5	9	19
	百分比（%）	1.9	0.8	1.4	3.2
总计	参选人数	466	605	659	594
	百分比（%）	100.0	100.0	100.0	100.0

将表 6-76 制成曲线图，得到图 6-20。

从表 6-76 和图 6-20 看出，不同府级的公务员关于政府权力结构在执行权配置方面的建议有许多共性，如都将选项 [1]“执行权的配置应体现专业性的特点，保证执行快捷高效”放在首位，将选项 [5]“建立执行监控机构，确保决策目标的实现”放在第二位。但从统计数据来看，各级公务员在选项上又各有侧重。中央公务员最突出的是选项［3］“执行实施的方式可以多样化，比如设立专门的执行机构、委托社会组织执行、执行外包等”。这可能是因为国家部委作为中央一级的行政机关，主管事务的范围比较广泛，职权比较笼统，执行机构的职权也比较庞杂，不具有专一性。同时，国家部委更多决策，比较缺乏在执行方面的实践经验，执行实施的方式比较传统、单一，因而对执行权配置的专业性及多样化执行实施的方式比较敏感。横向比较而言，中央公务员对选项［2］的选择率最低，“执行划分为执行的实施和执行的监控，分别由不同的部门承担”。这说明中央公务员对监控执行权，特别是从执行权内部对其进行监控的需求不是很迫切，相关的问题在他们的实践中并不突出。

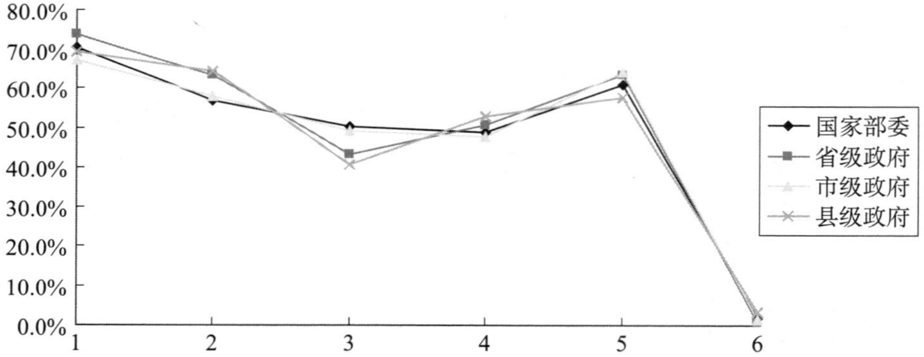

图 6－20 不同府级公务员对政府权力结构在执行权配置方面的建议

（横轴分别表示 6 个选项）

省级公务员在对选项［1］“执行权的配置应体现专业性的特点，保证执行快捷高效”的选择上远远高于其他各级公务员。这主要是因为省级政府作为连接中央与地方的纽带，既要执行中央的政令，又要决策本行政区域内的经济、文化、社会等各项事务，而在人员配置方面又比较有限。这就导致省级政府的执行机构和决策机构容易混杂，执行人员也很难做到专人专职。所以，省级政府对专业化执行权的配置以保证执行快捷高效比较敏感。

市级公务员较其他各级公务员选择选项［5］的比例最高，“建立执行监控机构，确保决策目标的实现”。这里可能的原因有：第一，市级政府相对省级政府而言，远离中央的控制，对执行权的行使享有较大的恣意性；第二，这种执行时的恣意性，必然会引起执行权的滥用，影响决策目标的实现。所以，市级公务员更为渴望在执行权的配置中建立执行监控部门，以确保决策目标的实现。

横向比较，县级公务员选择选项［4］的最多，“决策部门对执行实施机构采取实行绩效合同管理，执行实施机构主要就执行结果对决策部门负责，在人事、经费、执行方式等方面享有很大的自主权”。造成这一现象的原因主要有：第一，县级政府作为我国最低层级的政府，其主要职能就是执行上级政府的政令，要对上级决策部门负责，接受上级决策部门的管理；第二，县级政府在人、财、物方面的资源有限，影响了其自主性的发挥。因而，县级公务员对选项［4］的反应最为强烈。

五、基于不同地区的分类数据分析

由于地理环境、发展程度的差异，我们的抽样分别在东部地区（河北、山东）、中部地区（湖南、江西）和西部地区（广西、贵州、西藏、宁夏、四川、内蒙古、新疆、重庆）三个区域进行，统计结果见表6－77。

表6－77　不同地区公务员对政府权力结构在执行权配置方面的建议

选　项	统　计	东部地区	中部地区	西部地区
［1］执行权的配置应体现专业性的特点，保证执行快捷高效	选择计数	190	274	837
	百分比（%）	67.6	75.1	69.1
［2］执行划分为执行的实施和执行的监控，分别由不同的部门承担	选择计数	185	245	718
	百分比（%）	65.8	67.1	59.2
［3］执行实施的方式可以多样化，比如设立专门的执行机构、委托社会组织执行、执行外包等	选择计数	126	158	542
	百分比（%）	44.8	43.3	44.7
［4］决策部门对执行实施机构采取实行绩效合同管理，执行实施机构主要就执行结果对决策部门负责，在人事、经费、执行方式等方面享有很大的自主权	选择计数	133	179	621
	百分比（%）	47.3	49.0	51.2

续前表

选　项	统　计	东部地区	中部地区	西部地区
[5] 建立执行监控机构，确保决策目标的实现	选择计数	171	252	723
	百分比（%）	60.9	69.0	59.7
[6] 其他	选择计数	2	6	25
	百分比（%）	0.7	1.6	2.1
总计	参选人数	281	365	1 212
	百分比（%）	100.0	100.0	100.0

将表 6－77 用曲线表达出来，得到图 6－21。

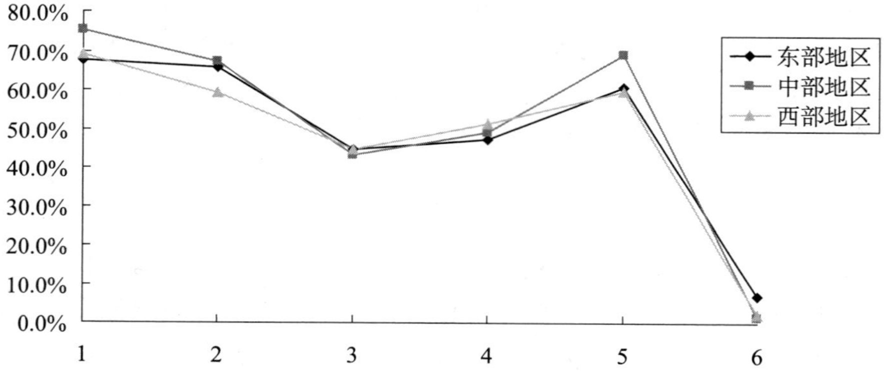

图 6－21　不同地区公务员对政府权力结构在执行权配置方面的建议
（横轴分别表示 6 个选项）

从表 6－77 和图 6－21 可以看出，不同地区公务员对政府权力结构在执行权配置方面的建议大体相似，但又各有特色。在三个区域中，东部地区公务员在执行方式可以多样化方面比较敏感，44.8%的被调查者支持这一建议，居于三个地区公务员对同一选项的选择率的第一位。其原因可能与东部地区经济相对比较发达、执行中遇到的问题比较多样化有关。还有一个原因就是东部地区在执行方式多样化的实践创新方面也走在前列，如山东省审计厅已设立专职执行机构①，所以他们对这方面格外重视。另外，相对于中部和西部而言东部地区公务员对选项［1］和选项［4］选择率较低，即相对较

① 专司结论落实强化整改工作山东审计厅设立专职执行机构．［2012－11－10］．http：//www.audit.gov.cn/n1992130/n1992150/n1992379/2820679.html.

少的东部地区公务员认为在执行权的配置方面应当专业化执行权配置或者由决策部门对执行实施机构采取实行绩效合同管理的方式。这说明东部地区的被调查者相对于中、西部地区被调查者更满意本区域执行权专业化程度和对执行结果的考核方式。

在三个区域中，中部地区公务员对选项［1］、选项［2］和选项［5］的选择率都居于第一位。中部地区的被调查者认为最为合理的建议是专业化执行权的配置，超过3/4的公务员支持这一建议，高出其他地区被调查者选择率的平均数6.8%。中部地区经济相对不发达，执行所需的人、财、物相对匮乏，而所面临的执行事务又比较多，难免会出现混用、共用的情况。所以中部地区相较另外两个地区更希望专业化执行权的配置。另外，分别有69.0%和67.1%的中部地区被调查者支持选项［5］和选项［2］，分别高出其他地区被调查选择率的平均数8.7%和4.6%。这反映出中部地区的公务员对于建立执行监控机构的渴望最为迫切，而且更为希望建立外部的监控部门。这可能与中部地区目前对执行权的实施缺乏监控有关。

与其他区域比较，西部地区被调查者对政府权力结构在执行权的配置方面选择较多的是选项［4］：决策部门对执行实施机构实行绩效合同管理，执行实施机构主要就执行结果对决策部门负责，在人事、经费、执行方式等方面享有很大的自主权。这主要与西部地区经济落后、行政管理方式呆板有关。西部地区因为地理交通、自然环境等一系列因素，在经济发展方面始终相对滞后。由于经济活动不够活跃，社会上出现新情况、新事物比较少，导致政府的行政管理方式也比较呆板，在实践中已形成一套相对固定的执行方式，下级的执行实施机构缺乏相对的自主性。而现在国家大力支持企业到西部去投资，新的资本、新的企业要求行政机关能够在人事、经费、执行方式等方面享有很大的自主权，因此西部地区渴望在执行权的配置方面实现“决策部门对执行实施机构采取实行绩效合同管理，执行实施机构主要就执行结果对决策部门负责，在人事、经费、执行方式等方面享有很大的自主权”是再自然不过了。

六、结论

从上述分析可以看出，改革政府权力结构在执行权方面的配置，并不是从一个方面改进就可以完成的，而是要从不同的方面，进行相互联系、相互配套的改革。综合分析，可以把政府权力结构在执行权配置方面的改革分为两个方面，即内部改革和外部改革。

遵循着“内外因的关系原理”，各级政府更倾向于从内部对执行权的配置进行改革。选项［1］“执行权的配置应体现专业性的特点，保证执行快捷高效”（70.1%）、选项［2］“执行划分为执行的实施和执行的监控，分别由不同的部门承担”（60.8%）和选项［3］“执行实施的方式可以多样化，比如设立专门的执行机构、委托社会组织执行、执行外包等”（45.6%），都反映了这一点。这三个选项又分别从不同的角度就怎样从内部改革执行权配置提出了建议，分别是：专业性、监督性和多样化。调查结果显示，不论中央还是地方，各个层级的公务员都将专业化执行权的配置以保证执行快捷高效放在首位。可见，绝大多数的被调查者都认为一项权力实施的快捷高效与专业化的配置是密不可分的。这是因为：首先，一个人的时间和精力是有限的，如果他在某一方面投入了大量的时间和精力，就意味着他没有足够的时间和精力去投入其他方面；或者说如果他想在一个方面投入较多的时间和精力，就不能在其他的方面分散太多的时间和精力。一个政府机构也是类似的。所以，只有在执行权配置方面体现出专业性，才能保证执行机构及其工作人员有足够的时间和精力投入到执行实施中去。其次，专于某事才能精于某事。如果在执行权的配置方面实现了专业化，执行机构的工作人员长年累月处理的都是执行案件，必定会总结出丰富的执行经验和实用的执行技巧，从而实现执行的快捷高效。

监督性在内部改革中主要体现为将“执行划分为执行的实施和执行的监控，并分别由不同的部门承担”。这是一种内部的监督。实际上最为理想的状态是建立一种专门的外部监控机制，这在下文将详细探讨。内部监督主要存在以下两个弊端：第一，无法确保监督者的中立性与独立性。在这种划分下，执行实施机构与执行监督机构还是同属于一个行政机关，监督机构无法站在一个真正中立的立场。第二，无法保证监督过程中民意的参与。在这种划分下，从执行到监督，只是在行政机关内部进行循环，无法让民意有效地参与其中。但在目前外部监督部门，如人大、检察机关等不能有效发挥监督作用的情况下，建立内部监控部门进行监督也是有其合理意义的。并且内部监督相对于外部监督来说，有着便捷快速的特点。所以，将执行划分为执行的实施和执行的监控，分别由不同的部门承担也不失为一种可以尝试的模式。

多样化主要是指执行实施方式的多样化。所谓“条条大路通罗马”，达成目标的手段往往也是多种多样的。如果规定所有的人都必须用同一种方式来达成目标，姑且不论这种方式的科学性怎么样，必定会损害人们的积极性、主动性与创造性，最终会影响目标的达成。执行的实施也是这样：完成执行任务是目标，执行实施的方式则可以多样化，如设立专门的执行机构、委托社会组织执行、执行外包等，这些创新的方式相较于传统的由行政机关自己执行的方式有很多进步之处，如可以节约行政执法成本、提高执行效率等等。当然，创新的执行实施方式不能侵犯相对人的合法权益，这有赖于执行人员的自律以及监控机构的有效监督。

从外部对执行权的配置进行改革是与内部改革相辅相成的另外一种有效路径。选项［4］“决策部门对执行实施机构采取实行绩效合同管理，执行实施机构主要就执行结果对决策部门负责，在人事、经费、执行方式等方面享有很大的自主权”（49.9%）和选项［5］“建立执行监控机构，确保决策目标的实现”（61.5%）都体现了这一点。选项［4］和选项［5］是分别从管理和监督两个方面对政府权力结构在执行权配置方面提出的建议。在上文也曾提及过，选项［4］实际蕴含了一个前提在其中，即在行政管理体制中实行决策权与执行权相分离的模式且决策部门对执行部门享有管理权。在确定了决策部门与执行部门之间是“管理与被管理”的关系之后，管理方式就显得尤为重要。传统的政府管理方式是建立在韦伯式科层制之上的上级命令和下级执行，执行的过程中，由于缺少竞争环境、利润刺激以及市场交易和价格信号，所以普遍存在绩效低下的现象。绩效合同管理将管理人员的业绩与效果联系起来，财力和物力可以实现根据效果控制，从而能打破原有体制下政府独家垄断、预算“软约束”以及公务人员缺乏工作积极性的状况，能够提高执行的效率和质量。作为将决策权与执行权分开实施较为成功的国家之一，英国政府建立了一系列的执行机构，执行机构的四大运行方式中就包括“主管部长对执行机构实行准契约性质的合同管理”① 这一项。而且，英国

① 王路．从政行二分法到行政三分制．前沿，2006（4）．

的实践也证明，这一管理模式提高了执行的质量和效率。所以，从外部管理方式上对执行权的配置作出改革的绩效合同管理方式，也是改革政府权力结构在执行权配置方面的有益探索。

“一切有权力的人都容易滥用权力，这是顽固不易的一条经验”[①]，所以要对权力进行监督也成为一条不变的法则。根据相关法律法规的规定，我国目前的监督体系按性质可以划分为以下三个部分：权力监督即人大的监督、法律监督即检察机关的监督和社会监督即公民的监督。虽然外部监督的部门很多，但监管不力还是诱发实践中执行权滥用的重要因素之一。这里的原因主要有：第一，虽然宪法确立了人大代表的质询权，但在实践中，这一重要的监督权却因人大代表的兼职性以及对政府的配合性而长期处于“闲置”状态；第二，检察机关长期专注对审判权的监督，对行政机关的执行权监督关注较少，与行政机关之间缺少执法信息共享机制。虽然近年来检察机关在实践中已对行政执法检察监督进行了积极探索，但立法上的规定过于原则化，导致实践中无可操作的具体法律依据。第三，监督权虽然是宪法赋予公民的一项基本权利，但是因为公民监督意识不强、监督渠道不畅、保障机制不完善等原因而发挥不出应有的作用。在已有的监督机制不能有效地发挥其对执行权的监控作用的情况下，建立专门的执行监控部门以确保决策目标的实现的确是一条有效路径。

政府权力结构在执行权的配置方面还有很多问题需要解决，上述所列各种建议也都是针对目前实践中所存在的问题而提出的，是对政府权力结构在执行权配置方面的有益探索。理论源于实践，也要靠实践来检验。各地在政府权力结构方面的实践，如深圳的“行政三分制”改革，为我们的理论研究提供了宝贵的经验。深圳“行政三分制”改革中所遇到的“机构难以撤并、人事安排困难”等问题也是在执行权的配置改革中难以避免的。这背后涉及许多利益的博弈：首先，国家体制环境存在诸多掣肘。政府机构改革需要上级授权，地方政府作为空间不大，如何配置执行权的实施机构、人员，都不是地方政府可以自行决定的。其次，改革还面临合法性的问题。怎样做到依法改革，在法律上对政府的职权范围作出界定和划分，不让改革因人而异、

① 孟德斯鸠．论法的精神：上．张雁深，译．北京：商务印书馆，1961：154.

因地方而异，是必须要解决的问题。再次，改革面临部门利益的纠葛。进行执行权配置的改革势必导致众多政府机构被调整、撤并，而对哪一些部门进行合并、撤销，这些被合并、撤销部门的公务员该如何安置，也都是不得不考虑的问题。最后，按照选项［3］，很多政府执行部门的职能应该被剥离，交给企业、社会组织和社区，但是社会组织发展滞后，社区自治能力不强，故很多公共事务的管理职能无法剥离。希望我们的理论研究能为各地改革的进行提供一些有益的参考，最终实现政府权力结构在执行权方面的合理配置，解决目前实践中的“不执行”“乱执行”等问题。

第十四节　成立专门执行监控机构的数据分析

一、序言

当前，一些部门、一些地方存在各自为政、各行其是、“不服从”政策的现象，存在地方利益、部门利益扭曲中央政策的情况。比如中央政策在一些地方得不到很好的落实，造成安全生产事故频发、农民工工资清欠后又新增拖欠、住房保障推进不力，等等。这些都在一定程度上表明中央政令在执行过程中被打了折扣。中医讲“通则不痛，痛则不通”，是说人体若经脉、气血通畅，则身体无恙，否则，就会感到浑身不适，甚至引发疾病。“流水不腐，户枢不蠹”。小到江河沟渠，大到国家政策法规的贯彻，不能想象其长期淤塞、“卡壳”会是怎样。基于这样的背景，我们面向全国东、中、西部地区的公务员，在中央和地方不同层级进行了调研，寻求改变“有令不行，有禁不止”状况的有效途径。

（一）本调查问题的基本情况

在本次调研发出的 2 335 份问卷中，本题回答有效的问卷共计 2 320 份，题目的基本设计如下：

为改变有令不行、有禁不止的状况，我们建议成立专门的执行监控机构。以下关于设立执行监控机构的建议，您认为哪种比较可行？

［1］不设新的机构，由监察部门具体负责政策执行的监控

［2］在决策部门下设立执行监控部门，执行监控部门隶属于决策部门

[3] 由政府设立统一的执行监控部门，负责执行监控

[4] 其他

调查采集的基本信息如图 6-22 所示。

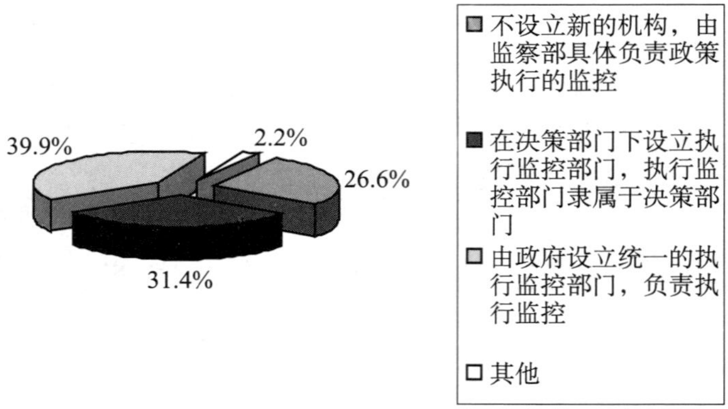

图 6-22

“其他”选项的填写情况为：执行难不在于机构，关键是体制，绝不能让同级领导下的机构监督同级；充分发挥舆论监督和人民群众监督的作用；保证原有监察部门能够独立；设立独立于政府外、隶属人大的监控机构，降低内部控制的难度；可以培育、发展并借助非政府组织、媒体、非官方专门机构来加强监控，采取政府购买服务的方式；根本还是应建立权力制衡、制约机制；政府设立统一的执行监控部门，由学界权威、群众代表、社会贤达等组成监控理事；执行监督不能监督自己；整合现有监督机构；监察部门从纪委分离，专门负责执行监控，直属于行政首长等。

（二）需要说明的几个问题

1. 监察部门的政策执行监控职能

选项 [1] 中提出“不设新的机构，由监察部门具体负责执行的监控”。选项 [1] 只是对于由谁作为执行监控的职能部门提出了设想。那么，是否需要赋予监察部门执行监控职权？法律是否对此有所规定？已被废止的《行政监察法》第 18 条曾经赋予了监察机关行使执行监控的权力，即对国家行政机关遵守和执行法律、法规、人民政府决定和命令进行检查。而 2018 年 3

月 20 日通过的《监察法》第 11 条规定，监察委员会履行监督、调查、处置职责："（一）对公职人员开展廉政教育，对其依法履职、秉公用权、廉洁从政从业以及道德操守情况进行监督检查；（二）对涉嫌贪污贿赂、滥用职权、玩忽职守、权力寻租、利益输送、徇私舞弊以及浪费国家资财等职务违法和职务犯罪进行调查；（三）对违法的公职人员依法作出政务处分决定；对履行职责不力、失职失责的领导人员进行问责；对涉嫌职务犯罪的，将调查结果移送人民检察院依法审查、提起公诉；向监察对象所在单位提出监察建议。"在此，涉及执行监控的主要是公职人员的依法履职情况和对履职不力的领导人员问责。

2. 决策部门的界定

选项［2］提出"在决策部门下设立执行监控部门，执行监控部门隶属于决策部门"。对本选项的理解需要首先明确"决策部门"的范畴，也需要明确决策部门与执行部门的边界。就目前的实际情况而言，国务院的各组成部门主要扮演了决策部门的决策；省级政府既是中央政策的执行者又是省级行政区内的决策者；市级政府是中央和省级政策的执行者，同时又是市级行政区内的决策者；县级政府需要执行中央、省级和市级的政策，同时是县级行政区域内的决策者。选项［2］中"在决策部门下设立执行监控部门"，在中央层面就可以是在各部委设立隶属于该部委的执行监控部门，负责监控本部门制定的政策在全国范围内的执行情况。在省、市和县三级，执行监控部门则既隶属于决策部门也隶属于执行部门，因为省、市和县三级政府本身既是执行者又是决策者。

3. 统一执行监控部门的界定

选项［3］提出"由政府设立统一的执行监控部门，负责执行监控"，说明这是相对于分散的执行监控部门而言的，同样也不同于选项［1］中的监察部门。选项［3］可以理解为由政府设立一个全新的机构，也可以理解为政府通过对分散的执行监控职能的整合成立一个新的机构。

二、总体分析

本部分以所有调查问卷为分析对象，主要分析当前主要的关于设立执行监控机构的观点，同时以可行性讨论为基础，尝试解释不同设立方式的原因。就本题而言，有一个前置性的条件，即应当有一个机构来行使执行监控的职能。本题关注的是，行使执行监控职能的主体应当怎样确定的问题。本次调研的总体数据见表 6－78。

表 6－78　　关于设立执行监控机构的建议，您认为哪种比较可行

选　项	选择计数	百分比（%）
[1] 不设新的机构，由监察部门具体负责政策执行的监控	616	26.6
[2] 在决策部门下设立执行监控部门，执行监控部门隶属于决策部门	729	31.4
[3] 由政府设立统一的执行监控部门，负责执行监控	925	39.9
[4] 其他	50	2.2
总计	2 320	100.0

对表 6－78 中的数据按照支持度从高到低重新排序，得到表 6－79。

表 6－79　　关于设立执行监控机构的建议，您认为哪种比较可行

新序号	选　项	选择计数	百分比（%）
1	[3] 由政府设立统一的执行监控部门，负责执行监控	925	39.9
2	[2] 在决策部门下设立执行监控部门，执行监控部门隶属于决策部门	729	31.4
3	[1] 不设新的机构，由监察部门具体负责政策执行的监控	616	26.6
4	[4] 其他	50	2.2
	总计	2 320	100.0

从表 6－79 我们可以看出，有 39.9%的被调查者认为由政府设立统一的执行监控部门负责执行监控最为可行；31.4%的被调查者倾向于将执行监控部门作为隶属于决策部门的下设部门；而 26.6%的被调查者认为不需要设立新的机构，由已有的监察部门作为执行监控部门即可。

原有的《行政监察法》第 18 条赋予监察部门执行监控的权力，但监察部没有专门设部门行使执行监控职能，仅由执法监察室和绩效管理监察室行使相关职能。2018 年国家监察体制改革后，通过了《监察法》，《行政监察法》被废止。取代行政监察部门的监察委员会的工作着眼点在于治理腐败，对于执行监控少有涉及。从调查结果来看，对“由监察部门具体负责政策执行的监控”这一建议的支持率是最低的。这在一定程度上也印证了被调查者在日常工作中对于监察机关行使执行监督权的直观感受，至少有 71.3%的被调查者对监察部门行使政策执行监督权的可行性或效果表示怀疑。

有 26.6%的被调查者认为可以不设立新机构，与此相对，有 71.3%的被调查者认为有必要设立新的执行监控机构。关于这个新机构应当怎样设立，主要有两种意见。一种意见认为可以在决策部门下设立执行监控部门，持这种意见的占 31.4%；另一种意见认为应当设立专门行使执行监控职能的部门，持此意见者占 39.9%，高出前一种意见 8.5 个百分点。选项 [3] 有一个潜在的前提，即政府目前没有统一的执行监控部门，需要新设立这样一个部门。或者说，目前虽然有行使执行监控权力的部门，但由于各种原因，监控效果并不令人满意，监控职权较为分散，需要重新整合现有的监控职能，并由一个专门的机构统一行使整合后的监控职权。

应当说选择选项 [3] 的被调查者对执行监控部门的独立性的关注程度要高于选择选项 [2] 的被调查者。当监控部门隶属于决策部门时，为了能够让本部门的政策在下一级得到良好的落实，在监控的力度上应当是有保证的。但是，当真正发现政策执行中存在的问题时，能否及时将问题反映出来？当政策执行不力的问题出自政策制定本身时，决策部门能否承担因监控而产生的法律责任？此外，对于不同决策部门之间的政策存在冲突而导致的执行不力问题，隶属于各个决策部门的监督部门是否有能力解决？出于对这些问题的考虑，39.9%的被调查者选择了选项 [3]。

三、基于中央和地方公务员的分类数据分析

就政策的制定与执行而言，中央主要是制定政策，地方则主要是执行政策。不同的决策对于政策执行监控的态度应当是有所差异的。前文中也已经提及，从中央、省级、市级和县级四个层级来看，中央是较为纯粹的决策者，而后三者既是决策者又是执行者。此外，随着行政级别的降低，政策制定的空间呈正比例下降，而执行政策的负担呈反比例上升。因此，对中央和地方政府进行区分考察，将有助于我们发现在执行监控职能的行使主体设置上中央与地方之间的细微差别。本题的调查结果如表 6 - 80 所示。

表 6 - 80　　中央和地方公务员对于执行监控部门设立方式的选择

选　项	统　计	地方政府	中央政府
[1] 不设新的机构，由监察部门具体负责政策执行的监控	选择计数	483	133
	百分比（%）	26.0	28.6
[2] 在决策部门下设立执行监控部门，执行监控部门隶属于决策部门	选择计数	591	138
	百分比（%）	31.9	29.7

续前表

选　项	统　计	地方政府	中央政府
[3] 由政府设立统一的执行监控部门，负责执行监控	选择计数	746	179
	百分比（%）	40.2	38.5
[4] 其他	选择计数	35	15
	百分比（%）	1.9	3.2
总计	参选人数	1 855	465
	百分比（%）	100.0	100.0

根据表 6－80，我们可以得出图 6－23。

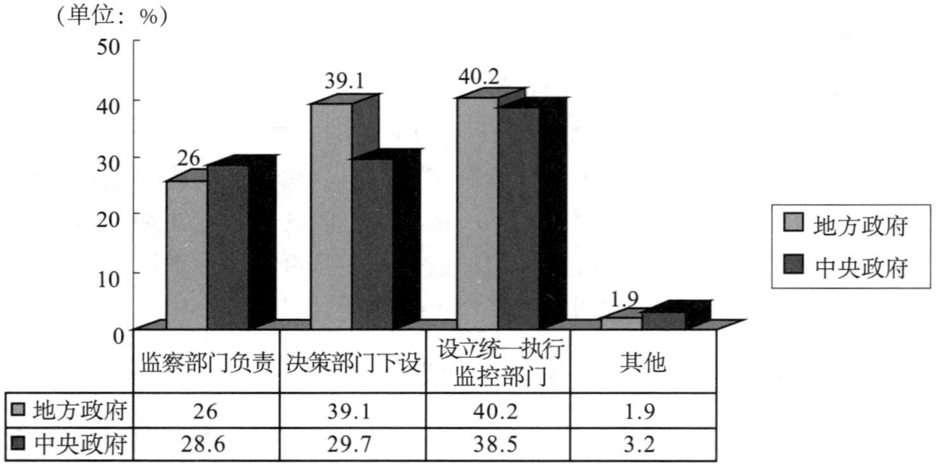

图 6－23

在对中央公务员与地方公务员分别进行调查后，我们可以发现，对选项的选择占比总趋势与总表是一致的，但是在每一个具体的选项上，中央公务员与地方公务员的敏感度还是有区别的。

在是否设立新机构方面，中央公务员与地方公务员的观点是相对的。选项 [1] 与选项 [3] 具有内在联系，选项 [1] 是不设立新机构，选项 [3] 是设立新机构，即选项 [1] 与 [3] 是对立的。地方公务员与中央公务员在这两个选项上的态度是一致的，即地方公务员认为应当设立新机构的态度强于中央公务员的态度。地方公务员对选项 [1] 的选择占 26.0%，中央公务员的选择率为 28.6%；地方公务员对选项 [3] 的选择占 40.2%，中央公务员的选择率为 38.5%。也即在是否设立新机构的态度上，地方公务员比中央公务员平均强两个百分点。

选项［2］中，中央公务员的选择比重也比地方公务员的要弱 2 个百分点。结合本题的 3 个选项，可以说中央政府对改革的需求要略弱于地方政府。就执行监控的需求来看，中央政府对政令不通应当更为敏感。但是，数据的显示是相反的。中央政府对稳定性的需要要强于地方政府，在不对现有状况进行大的改变的情况下所采取的行动，为中央政府的谨慎性所认可。此外，监察部门在中央一级对执行监控职能的行使可能较地方而言会好一些，毕竟中央的权威对于在地方进行监控时是较为有效的。但是，在省级以及省级以下，监察部门的执行监控可能相对会弱一些。

四、基于不同府级的分类数据分析

上文从中央和地方两个层面对数据进行了分析，而地方层级又可以分为省级、市级和县级三个层级。这里通过对地方层级的进一步解剖，得出地方三级政府关于设立执行监控部门的不同观点，对于未来在各层级的执行监控部门的设置具有重要的参考意义。

调查结果的基本信息如表 6－81 所示，通过表 6－81 我们可以得出图 6－24。

表 6－81　　关于设立执行监控机构的建议，您认为哪种比较可行？

选　项	统　计	国家部委	省级政府	市级政府	县级政府
［1］不设新的机构，由监察部门具体负责政策执行的监控	选择计数	133	166	170	147
	百分比（%）	28.6	27.4	25.8	25.0
［2］在决策部门下设立执行监控部门，执行监控部门隶属于决策部门	选择计数	138	189	214	188
	百分比（%）	29.7	31.2	32.4	31.9
［3］由政府设立统一的执行监控部门，负责执行监控	选择计数	179	243	261	242
	百分比（%）	38.5	40.1	39.5	41.1
［4］其他	选择计数	15	8	15	12
	百分比（%）	3.2	1.3	2.3	2.0
总计	参选人数	465	606	660	589
	百分比（%）	100.0	100.0	100.0	100.0

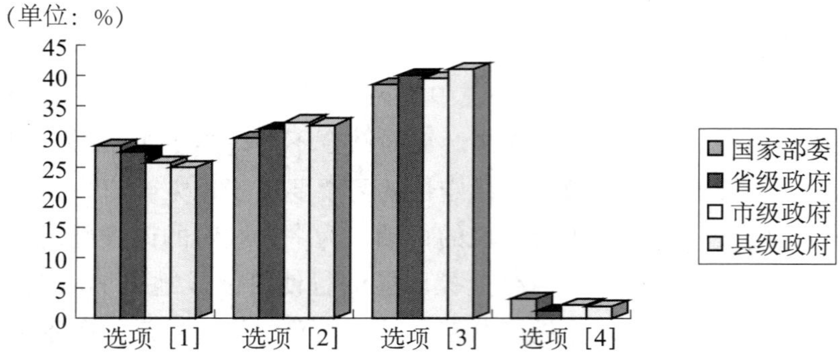

图 6-24

就选项［1］而言，对不设立新机构的态度，从中央到省级公务员，到地市级公务员，再到县级公务员，是逐步递减的。这非常有趣。越是上一层级的公务员，对设立新的机构的谨慎程度越高。

就选项［2］而言，对“在决策部门下设立执行监控部门，执行监控部门隶属于决策部门”支持程度最高的是市级公务员，达到 32.4%；其次是县级公务员，为 31.9%；再次是省级公务员，为 31.2%；支持程度最低的依然是中央公务员，只有 29.7%。市级公务员出于怎样的考虑最倾向于在决策部门下设立执行监控部门是值得探讨的。

就选项［3］而言，对“由政府设立统一的执行监控部门，负责执行监控”支持程度最高的是县级公务员，这与县级公务员对不设立新机构选项的态度是一致的。需要研究，为什么在县级政府这一层级对设立执行监控部门的需求最强烈。县级政府在我国的行政层级中，是负担最重的一级。中央、省级政府以及市级政府的决策，很多最终都需要县级政府来落实。县级政府对上三级政令的执行情况怎样？是否存在一种情形，即中央制定的政策，是有利于县级政府的，县级政府也希望能够按照中央政策进行落实，但是中央的政策在经过省级和市级政府之后，放在县级政府面前时已经相较于中央最初作出的政策发生了较大的改变，而县级政府又无力对省级或市级政府的政策进行改变，只能执行。

此外，有一点是需要明确的。县级公务员对选项［3］的选择，并不仅仅是指希望在县级设立执行监控部门，也应当包括了县级公务员希望在其上三级政府层级设立执行监控部门。

在选项［3］中，对“由政府设立统一的执行监控部门，负责执行监控”支持强度位列第二的是省级公务员，但省级公务员对于是否设立新机构即选项［1］的支持度是位列第二的，即在选项［1］和选项［3］中，省级公务员的态度存在不一致。由此也可以看出，省级公务员在是否设立新的执行监控部门上存在某种分歧，省级公务员在选项［1］与选项［2］中的态度，是一致的。类似省级公务员对选项［1］和选项［3］态度不一致，市级公务员也有相似的分歧。对于省、市两级公务员存在的这种游移不定，需要进一步分析其背后的原因。

五、基于不同地区的分类数据分析

由于地理环境、发展程度的差异，我们的抽样分别在东部、中部、西部三个区域进行，可以说主要是针对地方政府的，即省、市、县三级。统计结果见表6－82。根据表6－82，我们可以得出图6－25。

表6－82　关于设立执行监控机构的建议，您认为哪种比较可行？

选　项	统　计	东部地区	中部地区	西部地区
［1］不设新的机构，由监察部门具体负责政策执行的监控	选择计数	77	112	294
	百分比（%）	27.4	30.9	24.3
［2］在决策部门下设立执行监控部门，执行监控部门隶属于决策部门	选择计数	69	103	419
	百分比（%）	24.6	28.5	34.6
［3］由政府设立统一的执行监控部门，负责执行监控	选择计数	135	140	471
	百分比（%）	48.0	38.7	38.9
［4］其他	选择计数	0	7	28
	百分比（%）	0.0	1.9	2.3
总计	参选人数	281	362	1 212
	百分比（%）	100.0	100.0	100.0

在选项［1］中，最赞成不设立新机构的是中部地区公务员，最赞成设立新机构的是西部地区公务员，而东部地区公务员处于中间位置。这里存在一个假设：为什么西部地区公务员最赞成成立新的机构进行执行监控？对于以中央的“西部大开发”政策为代表的政策，照理来说，西部是最为受益的

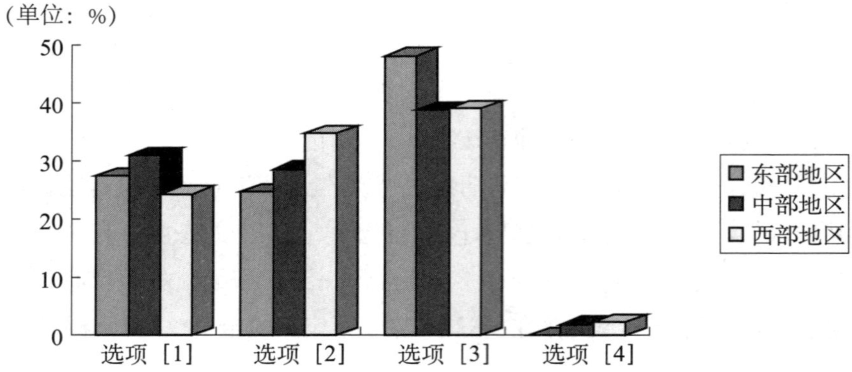

图 6－25

地区。但是，有可能一系列优惠和帮助西部发展的政策在具体的落实和执行中存在各种不到位，造成有政策但是没有实惠的情况。基于以上这一理由的假设，可能造成西部地区对于加强执行监控力度的需求最为强烈。

同样，我们将选项［1］中体现出的态度与选项［3］中体现的态度进行对比，看态度的一致性。在选项［3］中，最支持设立新机构的是东部地区公务员，其次是西部地区公务员，最后是中部地区公务员。可以看出，在不设立新机构的态度上，中部地区公务员的态度是一致并且确定的。但是，在设立新机构方面，东部地区公务员比西部地区公务员支持率高了近 10 个百分点。与之相对应的是，在选项［2］中，对于“在决策部门下设立执行监控部门，执行监控部门隶属于决策部门”，西部地区公务员支持程度最高，且比东部地区公务员支持率高了 10 个百分点。中部地区公务员在选项［2］中位于中间位置。

如果说选项［2］也是设立新机构的一种选择的话，那么选项［2］比同是设立新机构的选项［3］要显得相对保守一些。从这一点可以看出，西部地区公务员希望有所改变，但在对改变方式的选取上，他们明显要比东部地区公务员显得保守。东部地区公务员的激进也可以从选项［3］中他们高出西部地区公务员约 10 个百分点的支持率看出。

东部地区公务员如此强烈地要求设立新机构进行执行监控的原因何在？东部地区公务员的选择贡献中，东部省、市、县三级公务员的贡献率分别又是多少？对此应当进行深入分析。令一个值得注意的信息是，在“其他”这一选项中，东部地区公务员的选择比例是零。

六、结论

(一) 关注基于不同类别的数据分析中选项间的差异

通过对执行监控部门设立方式进行问卷调查，基于问卷给出的三种主要的设立方式建议，总体情况显示“由政府设立统一的执行监控部门，负责执行监控”（选项［3］）是支持程度最高的方式。该结果具有一定的代表性。但是在按类别分析的过程中，虽然选项［3］的支持度均为最高，选项［3］与选项［2］之间的百分比差却随类别的不同而存在差异。例如，在基于中央和地方的分类数据分析中，地方公务员中选择选项［3］的比选择选项［2］的要多出8.3%，中央公务员中选择选项［3］的比选择选项［2］多出8.8%；在基于不同府级的分类数据分析中，按照国家部委公务员、省级政府公务员、市级政府公务员和县级政府公务员的顺序，选择选项［3］的比选择选项［2］的依次多出8.8%、8.9%、7.1%和9.2%；在基于不同地区的分类数据分析中，按照东部地区公务员、中部地区公务员和西部地区公务员的顺序，选择选项［3］的比选择选项［2］的分别多出23.4%、10.2%和4.3%。下面用三张图（见图6－26、图6－27、图6－28）依次来表现上述三种分类的差异。

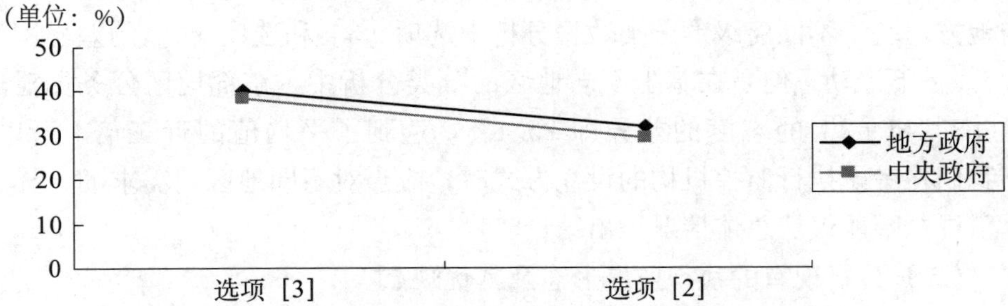

图6－26

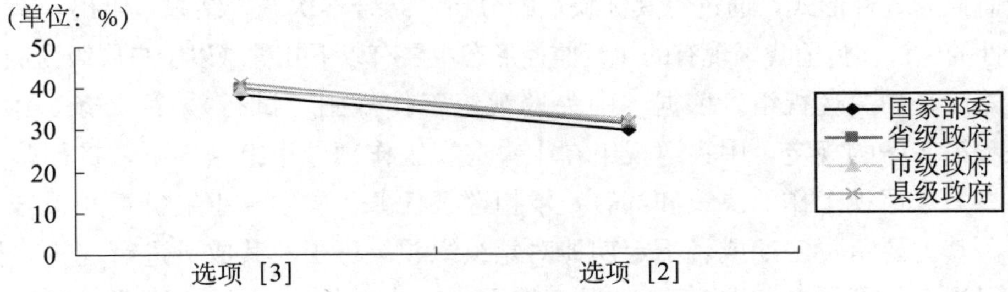

图6－27

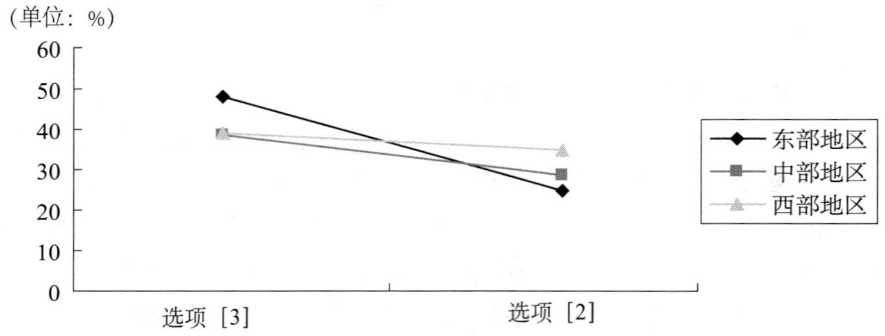

图 6－28

从图 6－26、图 6－27 和图 6－28 我们可以清楚发现，选项［3］与选项［2］之间的差异程度，在图 6－26 和图 6－27 是相对平缓的，即在基于中央与地方，基于不同府级的分类数据分析中，对于“由政府设立统一的执行监控部门，负责执行监控”和“在决策部门下设立执行监控部门”的支持度差异不大，但是图 6－28 中东部地区公务员态度的差异程度明显大于中部和西部地区公务员态度，而西部地区公务员态度的差异最为平缓。如果将总体情况中选项［3］与［2］间的差异 8.5%作为一个平均值来看的话，基于中央与地方，基于不同府级的分类数据分析中选项［3］和选项［2］的差异围绕 8.5%上下浮动，但是在基于不同地区的分类分析中，东部地区公务员对选项［3］和［2］的态度的差异即 23.4%，达到了平均值的近三倍。所以，当我们在考虑执行监控机构的设立方式时，应当对不同地区间需求的差异予以重视，不能仅从总体情况得出结论。

（二）分析现有的执行监控形态及其优缺点

在分析调查结果的基础上，我们应当充分考虑当前实践中已经存在的执行监控的各种形式，通过对其优缺点的分析，结合本次调查结果，给出具有可行性的建议。目前我国现有的执行监控形态主要有以下几种（以中央层级为例）。

（1）中央巡视组。依据《中央巡视组工作规则（试行）》第 2 条、第 4 条和第 6 条的规定，中央巡视组在中央巡视工作领导小组领导下，贯彻落实中央关于巡视工作的决策和部署，承担巡视任务，向领导小组负责并报告工作。其主要负责定期或者不定期地对党组织领导班子及其成员进行巡视，根据巡视工作部署和计划确定巡视工作重点。十九届中央第二轮巡视时，对

13个省区市、11个中央和国家机关、2家中管金融企业党组织进行脱贫攻坚专项巡视。此轮巡视是脱贫攻坚专项巡视，也是中央巡视组首次围绕一个主题、集中在一个领域开展专项巡视。其目的就是集中一段时间、聚焦一个专题，着力发现和推动解决人民群众反映强烈的突出问题。

（2）各中央部门进行的专项检查、专项治理，主要包括对生态环境保护、食品药品质量、安全生产、征地拆迁等方面群众反映强烈的问题进行的专项检查治理。以环保部为例，其将各地方政府污染减排“十二五”（十三五新规定）规划编制和落实目标责任制、完善污染减排政策措施、完成污染减排目标、执行环境影响评价制度等情况作为检查的重点，重点坚决纠正有令不行、有禁不止或上有政策、下有对策的行为。再如，国土资源部将耕地保护和节约用地政策措施落实情况作为监督检查的重点，对于是否严格依照法定权限和程序审批土地，是否严格执行国家关于占用耕地的补偿制度进行监督监察。

（3）监察委员会的监督。根据《监察法》，监察委员会对公职人员依法履职、秉公用权、廉洁从政从业以及道德操守情况进行监督检查，对履行职责不力、失职失责的领导人员进行问责。这其中也涉及执行方面的监督。

（4）审计署的执行监督。根据审计署的职责范围，凡是有中央自己配套的政策，均在审计署审计监督的范畴之内。对中央资金使用情况的监督，必然以中央各项政策作为监督的基本依据，并通过对资金使用情况的检查，最终反映对各项中央政策的执行情况。例如，每年的中央转移支付资金审计中，审计署对上一年中央转移支付给各地的资金的使用情况进行检查，在审计过程中最重要的依据就是下达中央资金的各类文件，这些文件明确规定了资金的目的、用途、使用范围等。对中央资金是否正确使用的检查，本身就是对中央政策是否良好执行的检查，对资金的良好使用也直接关系到与资金相关联的中央政策的实现。

上述四种形态中，中央巡视组的优点是权威性高，但因为它并非一个独立的部门，具有一定的不稳定性，且监控的方式主要是通过谈话获取资料，主观因素较多；专项治理的优点是力度大、方向明确，但是属于短期的、非长效的监控，通常以突出问题为导向，没有突出问题一般不会主动进行监控；监察委员会的优点在于，由于其与纪委合署办公，具有较高的权威性，且监控手段有保证，但其监控的重点仍然是官员个人的腐败问题，对执行的监控可以说是反腐败的衍生品；至于审计署的执行监督，从其法定职能来看，审计署是较为适合进行长效执行监控的部门，但其权威性不如纪委，且监控手段也受到目前立法的限制。

第十五节　设置绩效评估机构的数据分析

一、序言

在现代社会运转的过程中，尤其是随着市场经济的发展，从经济管理、社会服务到国家安全和安全战略，现代国家政府都会以某种方式介入，承担广泛的公共管理职能。这样，政府能力就成为衡量政府绩效的一个核心指标。如何提高政府制定政策和执行公共政策的能力，如何提高政府管理的效率以推动社会服务的高效率、高质量，这些问题在当今已成为世界各国政府改革的中心，是现代政治学和经济学领域普遍关注的问题，也是现代公共管理走向以政府管理效率和政府能力为核心的现实依据。在英国行政改革过程中，撒切尔夫人提出了“经济行政”的指导思想和“成本—效益”的指导原则，认为“行政管理应该从经济的角度规定目标值，努力实现完成值，并客观根据完成值与目标值之比算出达成值”①。随着新公共管理运动的兴起，政府绩效评价作为一种改革工具在西方世界大行其道。它在世界范围的政府管理中得到极大重视和推广，并逐渐盛行起来。然而，绩效评价的执行者关系到政府绩效评估工作的公平性、公正性、公开性，所以由“谁”来担当政府绩效评价的执行者是一个重要而必须关注的问题。本题正是基于对绩效评价主体的关注，就如何设置绩效评估机构展开了调查。

（一）本调查问题的基本情况

在本次调研发出的 2 335 份问卷中，本题回答有效的问卷共计 2 318 份，题目的基本设计如下。

以下关于设置绩效评估机构的建议，您认为哪种方案比较可行？

[1] 不成立新的机构，由监察、人事、法制、编办等相关部门，按照各自职能分工，分别进行绩效评估

[2] 不成立新的机构，由监察、人事、法制、编办等相关部门组成

① 诺曼弗林．公共部门管理．曾锡环，等译．北京：中国青年出版社，2004：10.

综合性的议事协调机构，下设常设办公机构，统一进行绩效评估

[3] 政府组建专门的绩效评估委员会，负责对所属政府部门履职情况进行绩效评估

[4] 政府组建专门的绩效评估委员会，并聘请民间人士担任监督员，共同进行绩效评估

[5] 其他

调查采集的基本信息如图 6-29 所示。

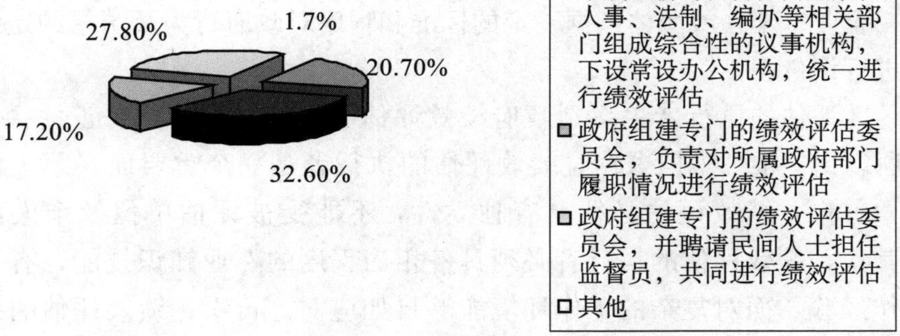

图 6-29

本题的主观部分的填写情况有积极的，也有消极的，具体为：有的认为上述各种方案均不可行，过于理想化，机关的绩效是无法评估的，设置也可能流于形式；也有的认为应当由中介机构来进行评估，并将结果向社会公开；还有的认为不需要设立评估机构，老百姓的口碑就是标准；也有的认为应当综合选项 [2] 和选项 [4]。

(二) 需要说明的几个问题

1. 关于绩效评估及绩效评估机构的界定

政府绩效评估作为一种有效的管理工具，在公共行政中受到广泛关注。[①] 20 世纪 70 年代后，由于凯恩斯主义的影响，世界各国政府长期扩大财

① 藏乃康．政府绩效评估价值及其实现．武汉大学学报（哲学社会科学版），2005（6）.

政支出，最终导致政府财政收支严重失衡，并且政府效率日益低下。在这种情况下，各国政府为了改善财政状况，提高行政效率，兴起了一场政府管理改革的运动，改革中出现了用企业家精神重塑政府的潮流，强调政府行政的效率和效果，而在这一运动中居于核心地位的就是政府绩效评估。

如果单纯从语言学的角度来说，绩效包含成绩和效益的意思。它最早用于投资项目管理方面，后来在人力资源管理方面又有广泛应用。本题中的绩效考评指的是对政府绩效的评价。人们经常在政绩意义上使用政府绩效一词，意指扣除政府成本后的盈余。运用“绩效”概念衡量政府活动的效果，所指的不单纯是政绩，还包括政府成本、政府效率、政治稳定、社会进步、发展预期等含义在内。政府治理能力、政府治理水平也凝结和体现在政府绩效内，例如经济绩效、社会绩效、政治绩效等。对政府绩效的评估，则是指政府、企业、个人或团体依据一定的标准和程序对政府行为及结果的定性与定量进行评价。

绩效评估的执行者关系到政府绩效评估工作的公平性、公正性、公开性，所以由“谁”来担当政府绩效评估的执行者是一个重要而必须关注的问题。首先，绩效评估必须具有独立性，不能受被评估单位及个人的影响。其次，绩效评估的执行者必须具备相当程度的专业知识技能，有一定的工作经验，面对复杂的工作环境能够自如应对。再次，绩效评估的执行者必须具有一定的执行力，即在评估过程中，能够被充分授权对各项评估内容进行充分调查。可见，政府绩效评估主体的选择既是政府绩效评估的重要研究视角，又是政府绩效评估实践过程中的关键问题。“由谁来评估”决定了政府绩效评估标准的选择和评估结果的有效性，引导了评估对象的工作活动和努力方向。所以，本题调查的重点就落在应当由谁来对政府的绩效作出评估上。

2. 对选项的说明

本题共有五个选项。选项［1］为“不成立新的机构，由监察、人事、法制、编办等相关部门，按照各自职能分工，分别进行绩效评估”，这里的“按照各自的职能分工，分别进行绩效评估”指的是上述部门根据自己的工作分工，分别对其他部门例如人事部门、法制部门、监察部门的绩效进行评估，在评估的过程中以本部门主管的工作为界限，不越界评估。对这一选项的设计，主要是考虑到各个部门往往是本部门管理事务规则、标准的制定者，对大部分与本部门事务相关的规定具有解释权，所以由个“专业”部门进行各“专业”的绩效评估，其发表的意见较为权威。

选项［2］为“不成立新的机构，由监察、人事、法制、编办等相关部门组成综合性的议事协调机构，下设常设办公机构，统一进行绩效评估”。设计该选项的初衷主要是：该选项与选项［1］有相同的前提，即不设立新的机构。其言下之意就是，具体的绩效评估仍然由现有的机构具体实施完成。不同的是，在选项［1］的基础之上通过成立“议事协调机构及其常设办公机构”，如 2011 年国务院批复同意建立的政府绩效管理工作部际联席会议，来实现各个部门之间的信息交换和沟通。设立“议事协调机构”的意义在于：绩效评估的视角从政府的单个工作部门上升到整体的政府层面，对各个部门的绩效评估将组成对政府整体的绩效评估；各部门各自的绩效评估标准也将不再割裂和孤立，而将遵循一些确定的、共同的标准，从而使评估的结果更加客观；议事协调机构的常设办公机构也将对绩效评估加以组织和管理，从而使这项工作更加规范和有效。

选项［3］“政府组建专门的绩效评估委员会，负责对所属政府部门履职情况进行绩效评估”与选项［4］“政府组建专门的绩效评估委员会，并聘请民间人士担任监督员，共同进行绩效评估”的共同之处在于，都建议成立一个新的机构来实施绩效评估；不同之处在于选项［4］特别加入了“聘请民间人士担任监督员”这一因素，目的在于测试被调查者对第三方或者说公众参与绩效评估持怎样的态度。

二、总体分析

本题以所有受访者的反馈为分析对象，重点分析每一个选项的选择率占受访总数的比重，从而对各个选项有一个整体的把握。具体的调查数据见表 6-83、图 6-30。

表 6-83　关于设置绩效评估机构的建议，您认为哪种方案比较可行？

选　项	选择计数	百分比（%）
［1］不成立新的机构，由监察、人事、法制、编办等相关部门，按照各自职能分工，分别进行绩效评估	480	20.7

续前表

选　项	选择计数	百分比（%）
［2］不成立新的机构，由监察、人事、法制、编办等相关部门组成综合性的议事协调机构，下设常设办公机构，统一进行绩效评估	756	32.6
［3］政府组建专门的绩效评估委员会，负责对所属政府部门履职情况进行绩效评估	399	17.2
［4］政府组建专门的绩效评估委员会，并聘请民间人士担任监督员，共同进行绩效评估	644	27.8
［5］其他	39	1.7
总计	2 318	100.0

本题的目的是要征询被调查者关于怎样设置绩效评估机构的意见，主要由四个选项构成。其中，选项［1］与选项［2］建议不成立新机构，选项［3］与选项［4］建议成立新的机构即“绩效评估委员会”。当然，题支中的补充性说明成为被调查者进行选择的重要参考，但与被调查者自身的理解并不冲突。

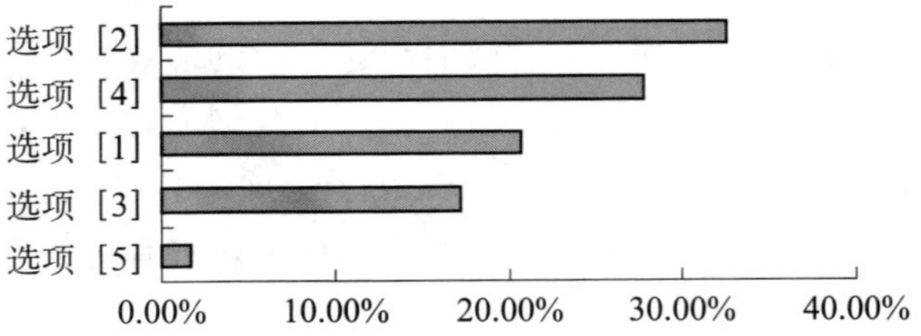

	选项 [5]	选项 [3]	选项 [1]	选项 [4]	选项 [2]
■ 将单个选项的选择比重由低到高排列	1.70%	17.20%	20.70%	27.80%	32.60%

图 6－30

从单个选项的选择比重来看，选项［2］的选择比重最高，达到32.6%，也是五个选项中唯一一个超过30%的选项。选项［4］紧随其后，其选择比重比选项［2］的低了4.8个百分点。上图中不成立新机构选项与成立新机构选项是交替排列的，而不是不成立新机构的两个选项均优于成立新机构的选项。可见，虽然被调查者对于是否成立新的机构这一形式有一定考虑，但真正影响他们作出选择决定的，还是这个机构是怎样运行的这一实质性因素，关于这一点在后面的分析中会具体阐述。

选项［1］与选项［2］均提出不成立新的机构，区别在于，选项［1］建议绩效评估由各部门分别进行，选项［2］则建议由各部门组成综合协调机构并设常设办公机构履行具体的绩效评估职能。对选项［2］的理解在这里可能存在疑问，即：各部门组成的综合性议事协调机构是什么性质的？其下设的常设办公机构是否为一个新设立的机构？我们对此的理解是，议事协调机构（如政府绩效管理部际联席会议）是没有隶属关系但有工作联系的部门，由一方或多方牵头，以召开会议的形式解决法律没有规定或规定不够明确的问题。会议的目的在于就某些问题形成共识，形成具有约束力的规范性意见，用以指导工作、解决问题。其下设的常设办公机构通常挂靠在某一牵头部门，主要由该部门负责其日常工作，因此仍被视为该牵头部门的组成部分，而不被认为是新设立的机构。其与选项［3］、选项［4］中提到的“绩效评估委员会”有性质上的差别，后者被我们视为政府新成立的机构。回到选项［1］和选项［2］，同为不设立新的机构但选择比重的差距高达11.9%。造成差距的原因值得关注。造成这种差距主要有两方面的原因：一方面是被调查者考虑到了目前基于各部门分散评估绩效的局限性与不合理性；另一方面则是选项［2］中的方案对选项［1］中的方案存在的不合理与局限性有一个较好的修正。具体来说，政府各部门目前或多或少均有自己的绩效评估或者类似绩效评估的其他形式的评估，且大多数已经运行了较长的时间，因为这种绩效评估往往与各部门自身的日常管理相结合，例如，各类年终考核中就包含了一部分与绩效有关的评价指标。除了部门自身的考核之外，各部门也会在各自管理的事务范围内对其他部门进行绩效考核，例如，法制办对政府其他部门的普法宣传工作绩效进行考核，人事部门对其他部门的人事工作绩效进行评估等。就被调查者而言，大多数也都接受过或参加过相关的考核，对这种考核的效果自然也有较为直观的感受。当前的政府绩效考核的实际效果并不尽如人意，基于各部门管理事务的绩效评估也存在相互独立、割裂与重复、相似并存的情况。选项［1］较低的选择比重也正是这种情况的印证。

选项［2］与选项［1］间一个实质性的差异就是，选项［2］试图打破政府各部门的界限，从政府整体的视角来考虑绩效评估这一问题。这一实质性的差异，成为更多受访者认同选项［2］的一个重要考量。当然，这种考量其实也反映出被调查者希望能从更高的一个层面，来指导绩效评估的运行，来制定和完善相关的评估规则与机制，因为单个部门是没有能力与其他部门之间充分协调的。

排在第二位的选项［4］与第四位的选项［3］均提出成立新的机构，区别在于选项［4］增加了“聘请民间人士担任监督员，共同进行绩效评估”，即与选项［3］在绩效评估委员会的人员构成上存在区别。选项［3］与选项［4］的共同之处有两点：一是均成立新的机构，二是这个新机构的形式均为政府成立的绩效评估委员会。所以，如果不考虑“聘请民间人士担任监督员，共同进行绩效评估”这一因素的话，支持成立新的机构及绩效评估委员会的比重将达到45%，超过选项［2］的选择比重。而以是否成立新机构作为考量因素的话，53.3%的被调查者不赞同新设立机构，可见对于增设机构的谨慎仍然较为明显。

选项［2］与选项［3］也值得我们进一步加以分析。选项［2］的选择比重为32.6%，选项［3］的选择比重为17.2%，两者之间的差距达15.4%，是所有选项之间差距最大的（不包括选项［5］）。选项［2］与选项［3］关于绩效评估的具体操作有相似性，15.4%的差异主要还是体现了被调查者认为联席会议及其常设办公机构能够胜任绩效评估的工作要求，没有必要为此专门设立新的机构。可见，不论是从被调查者的观点还是从已有的实践来看，选项［2］所提出的这项方案的可行性是被认可的。

从选项［3］与选项［4］之间选择比重超过10%的差距，可以看出“聘请民间人士担任监督员，共同进行绩效评估”这一因素被被调查者高度重视，充分说明绩效考核的公正性、有效性以及绩效评估实施主体的独立性是被调查者十分关注的，因为这直接关系到评估是流于形式还是具有实效。

三、基于中央和地方公务员的分类数据分析

虽然绩效评估在中央和地方层面均已有较长一段时间的探索和实践，但是中央和地方政府由于所处层面的不同，在对同一个问题的理解和考量上必然有自身的特点。这在本题的调查中也得到了直观的体现。本题的基础数据

如表 6－84 所示。

表 6－84　　关于设置绩效评估机构的建议，您认为哪种方案比较可行?

选　项	统　计	地方政府	中央政府
[1] 不成立新的机构，由监察、人事、法制、编办等相关部门，按照各自职能分工，分别进行绩效评估	选择计数	407	73
	百分比（%）	22.0	15.7
[2] 不成立新的机构，由监察、人事、法制、编办等相关部门组成综合性的议事协调机构，下设常设办公机构，统一进行绩效评估	选择计数	578	178
	百分比（%）	31.2	38.3
[3] 政府组建专门的绩效评估委员会，负责对所属政府部门履职情况进行绩效评估	选择计数	321	78
	百分比（%）	17.3	16.8
[4] 政府组建专门的绩效评估委员会，并聘请民间人士担任监督员，共同进行绩效评估	选择计数	516	128
	百分比（%）	27.8	27.5
[5] 其他	选择计数	31	8
	百分比（%）	1.7	1.7
总计	参选人数	1 853	465
	百分比（%）	100.0	100.0

为了将地方公务员和中央公务员之间的差异更加直观地体现出来，我们将基础数据进一步处理：一方面，从对同一个问题中央与地方公务员间的差异来进行横向比较；另一方面从中央公务员与地方公务员本身来进行纵向的比较。具体如图 6－31 所示。

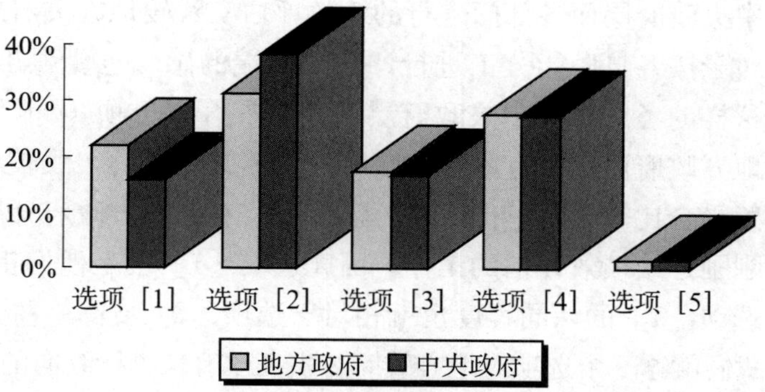

图 6－31

从图 6－31 我们首先可以看出，就选项［3］与选项［4］而言，中央公务员与地方公务员之间的差异并不明显，较为明显的差异体现在选项［1］和选项［2］上。就选项［3］而言，地方公务员的选择比重为 17.3%，高于中央公务员 0.5 个百分点；在选项［4］上，地方公务员的选择比重为 27.8%，高于中央公务员 0.3 个百分点。可以说，地方公务员和中央公务员对选项［3］和选项［4］的意见具有较强的一致性。地方公务员中选择选项［4］者此选择选项［3］者多出约 10 个百分点。中央公务员中情形类似。由此也可以看出，地方公务员与中央公务员对于“聘请民间人士担任监督员，共同进行绩效评估”这一因素的重视程度也是相当的。

我们重点来分析差异较为明显的选项［1］和［2］。在选项［1］上，是地方公务员的选择比重高于中央公务员的，但在选项［2］上结果正好相反，中央公务员的选择比重要高于地方公务员的，具体而言，选项［1］中地方公务员的选择比重为 22%，高于中央公务员的选择比重 6.3 个百分点；选项［2］中中央公务员的选择比重为 38.3%，高于地方公务员的选择比重 7.1 个百分点。可见，在不涉及绝对比重的前提下，从选项［1］与选项［2］上地方公务员和中央公务员截然相反的选择倾向可以看出，选项［1］更受地方政府的青睐，而选项［2］更受中央政府的青睐。当然，现有的政府绩效管理部际联席会议也印证了在选项［2］上中央政府所持的态度。我们也可以对选项［1］的 6.3 个百分点的差距和选项［2］的 7.1 个百分点的差距再进一步分析。选项［1］中中央公务员低于地方公务员的 6.3 个百分点的选择比重，可以理解为在中央政府层面对于各部门各自进行绩效评估的效果更为担忧一些，中央政府层面各部门进行的绩效评估实践较地方政府层面也更为深入一些，对于按各自职能分工进行评估的弊端的感受也要强于地方政府。也正是基于这样的考虑，在中央政府层面率先展开了选项［2］设计的方案的尝试。就地方政府而言，有些地方政府开展绩效评估的实践较早，可能与中央政府的感受会比较接近。但不能否认的是，有些地方政府开展的时间较晚，甚至才刚刚开始绩效评估的工作，因此选项［1］正是他们正在实践的，因此他们对选项［1］的认同程度也就相对于选项［2］要高一些。

下面，我们就这 5 个选项对地方政府与中央政府来进行纵向的比较，我们将地方政府和中央政府各个选项的纵向比较依次显示为图 6－32 和图 6－33。

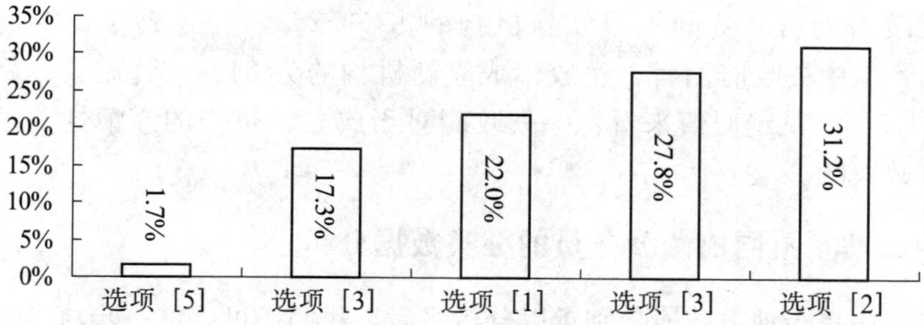

图 6－32　地方政府纵向比较

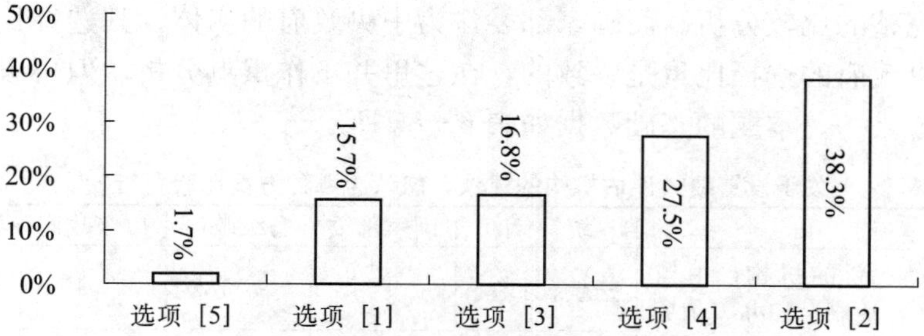

图 6－33　中央政府纵向比较

通过对地方政府和中央政府分别进行纵向比较，我们可以发现，除选项［5］之外，选择比重最低的选项在地方政府与中央政府各选择项的排列中发生了差异。就地方政府而言，选择比重最低的为选项［3］，而中央政府选择比重最低的为选项［1］，即在地方政府看来成立一个没有公众参与的绩效评估委员会的可行性最低，中央公务员认为由各部门按职能分工分别进行绩效评估最缺乏可行性。在中央政府看来，选项［1］与选项［3］的可行性较为相似，其所选比重的差异仅为 0.8%；而地方政府对选项［1］与选项［3］的选择比重的差异达到近 5%，可见地方政府认为，选项［1］较选项［3］而言，还是更具有可行性的。造成这种现象的理由可能是，对于绩效评估而言选项［3］比选项［1］更为高级和成熟一些，换句话说，往往是在经过了选项［1］的实践之后，发现选项［1］的缺陷而选择选项［3］。某些地方政府对选项［1］的实践还在进行之中，甚至尚未开始实践，因此对选项［3］的关注程度自然也就相对低一些。这样的问题在中央政府层面则较少，所以中央政府层面在选项［1］和［3］之间的区分度并不明显。

就是否成立新的机构而言，中央政府与地方政府间的差异也是存在的，就地方政府而言，赞同不成立新机构的占 53.2%，赞成成立新机构的为 45.1%；就中央政府而言，赞成不成立新机构的为 54%，赞成成立新机构的为 44.3%。从绝对值来看，中央政府对于成立新机构的谨慎性要稍稍高于地方政府的。

四、基于不同府级公务员的分类数据分析

在对中央与地方政府分别予以分析之后，我们还可以进一步将地方政府细化为省级政府、市级政府和县级政府三级，从而对三个层级的地方政府进行一个完整的比较分析。而国家部委作为中央政府的实体，其选择比重与上文中中央政府的选择比重是一致的，在这里并不作重点分析，但可以作为比较的对象之一。本题的基础数据如表 6－85 所示。

表 6－85　关于设置绩效评估机构的建议，您认为哪种方案比较可行？

选　项	统　计	国家部委	省级政府	市级政府	县级政府
[1] 不成立新的机构，由监察、人事、法制、编办等相关部门，按照各自职能分工，分别进行绩效评估	选择计数	73	132	154	121
	百分比（%）	15.7	21.8	23.5	20.4
[2] 不成立新的机构，由监察、人事、法制、编办等相关部门组成综合性的议事协调机构，下设常设办公机构，统一进行绩效评估	选择计数	178	208	194	176
	百分比（%）	38.3	34.4	29.6	29.7
[3] 政府组建专门的绩效评估委员会，负责对所属政府部门履职情况进行绩效评估	选择计数	78	85	120	116
	百分比（%）	16.8	14.0	18.3	19.6
[4] 政府组建专门的绩效评估委员会，并聘请民间人士担任监督员，共同进行绩效评估	选择计数	128	170	174	172
	百分比（%）	27.5	28.1	26.5	29.1
[5] 其他	选择计数	8	10	14	7
	百分比（%）	1.7	1.7	2.1	1.2
总计	参选人数	465	605	656	592
	百分比（%）	100.0	100.0	100.0	100.0

当分析对象越细化，对每一个选项的偏向性差异也就显现得越清晰，对我们的研究也就更加具有参考价值。为了将这些差异清晰表现出来，可以将表 6－85 中的数据以折线图（图 6－34）来表示。

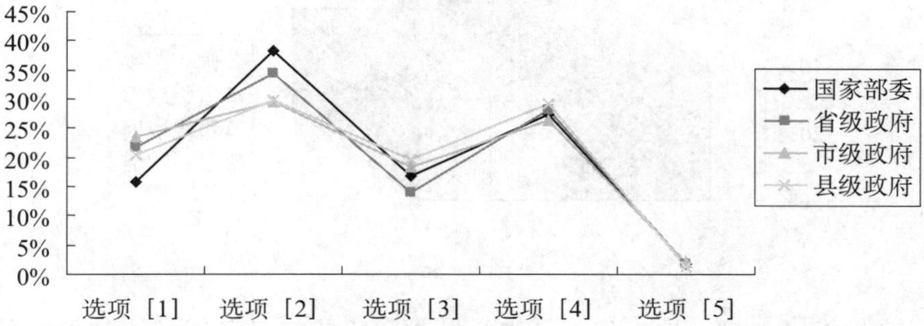

图 6－34

通过上述图 6－34，我们可以发现，每一个选项上四级政府的态度都有不同，而每一级政府对每个选项的态度也都有所不同。就不同选项而言，四级政府在选项［5］上的差异最为微小，数据点几乎重合；在选项［4］上的重合程度其次，国家部委和省级政府在选项［4］上几乎重合，而市、县两级政府的态度略有差异；差别比较明显的在选项［1］、选项［2］和选项［3］上。下面，我们就对这三个选项具体分析。

选项［1］（图 6－35）：

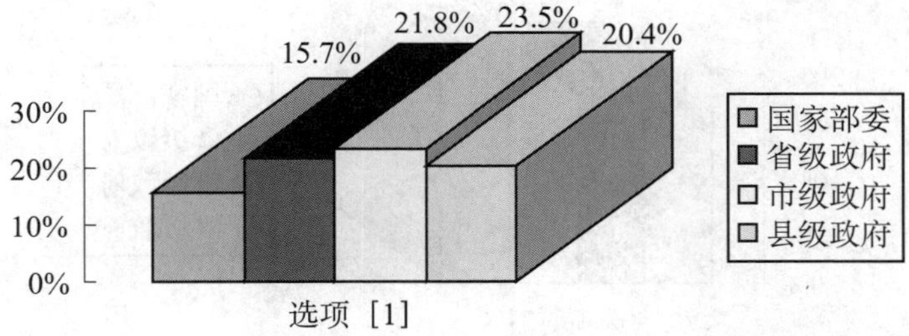

图 6－35

从选项［1］来看，最希望由各部门按职能分别实施绩效评估的府级在市级政府，选择比重达 23.5%；其次是省级政府，比重达 21.8%，排在第三位的是县级政府，比重达 20.4%；最后是国家部委，比重只有 15.7%。从总体上看，三级地方政府对选项［1］的选择比重均高于国家部委的选择比重。

选项［2］（图 6－36）：

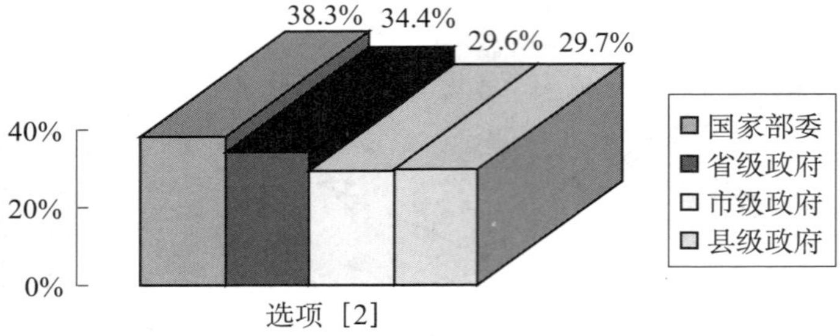

图 6－36

在选项［2］中，地方公务员中，最倾向于成立各部门议事协调机构的府级为省级政府，比重占 34.4%；其次为县级政府，比重为 29.7%；最后是市级政府，比重为 29.6%。市级政府与县级政府之间的比重差仅为 0.1%，可以认为两级政府对选项［2］的态度是一致的。在地方政府层级中，省级政府作为最高一级政府，宏观性也较市级和县级政府更突出一些，其在是否成立各部门组成的议事协调机构执行绩效评估上，与国家部委的倾向性较为接近。

选项［3］（图 6－37）：

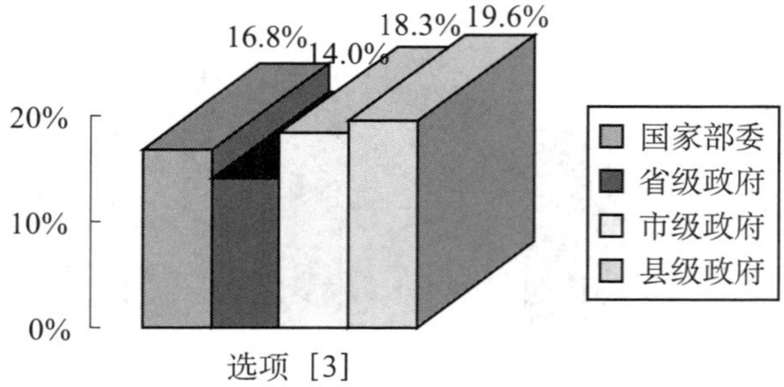

图 6－37

在选项［3］中，对于新设立一个专门负责绩效评估的机构支持度最高的府级在县级政府，比重为 19.6%；其次是市级政府，比重为 18.3%；排第三位的是国家部委，比重为 16.8%；排在最后一位的是省级政府，比重只有 14.0%。这里出现了一个较为特殊的情况，省级政府成立新的绩效评估机构的意愿要低于国家部委的。在是否成立新的执行监控机构的调查中，国家部委的积极性是最低的，而在这里，同样是成立一个新的机构，不同的是机构的职能有些差异，省级政府的积极性低于国家部委的。就市、县两级政府而言，它们在选项［3］上的态度是相近的，它们对于成立一个新机构的压力也显得要比国家部委和省级政府的要低。我们认为，省级政府在成立绩效评估委员会方面选择比重最低是有其合理性的：省级政府在成立一个新机构时往往需要考虑对中央层级部门的对口，同时也要考虑其下的市、县两级政府相应的配套，考虑的因素较县级政府考虑的要复杂一些。同理，若县级政府要成立一个新的机构，其需要考虑的因素是最少的，因此其对此项的选择比重也相对最高。当然，从绝对数值（不考虑选项［5］）上看，选项［3］是地方各级政府均列为最后一位的选择项。

在选项［4］中，按支持强度从高到低排列，最高的仍然是县级政府，达29.1%。这与其对选项［3］的态度是一致的。其次是省级政府，达28.1%。第三位的是国家部委，占27.5%。最后一位的是市级政府，占26.5%。就选项［3］与选项［4］的差异而言，从中央到地方各级政府，其对“聘请民间人士担任监督员，共同进行绩效评估”这一因素的考虑比重分别体现为10.7%、14.1%、8.2%和9.5%。可以发现，市级政府对于吸收公众参与绩效评估的积极性最低，与此相对应的是，对于由各部门自行进行绩效评估支持程度最高的也是市级政府，对于由各部门联合成立的议事协调机构进行绩效评估支持程度最低的也是市级政府。为什么市级政府对于一个独立的、有公众参与的绩效评估机构持最不积极的态度，值得我们予以关注和研究。

此外，在基于不同府级公务员的数据分析中，还有两个数据特点值得我们关注。一是就选项［1］与选项［3］而言，国家部委与县级政府对选项［1］和［3］的选择比重差异均在1%以内，可以视为这两级政府对于选项［1］与选项［3］在各自本级的可行性认可程度趋向一致；二是在所有选项中（不包括选项［5］），对选项［4］的选择比重四级政府最趋向一致。

五、基于不同地区公务员的分类数据分析

由于地理环境、发展程度的差异，我们的抽样分别在东部、中部、西部

三个区域进行，可以说主要是针对地方政府即省、市、县三级政府的。本题的基础数据如表 6－86 所示。

表 6－86　　关于设置绩效评估机构的建议，您认为哪种方案比较可行？

选　项	统　计	东部地区	中部地区	西部地区
［1］不成立新的机构，由监察、人事、法制、编办等相关部门，按照各自职能分工，分别进行绩效评估	选择计数	59	69	279
	百分比（%）	21.2	18.9	23.1
［2］不成立新的机构，由监察、人事、法制、编办等相关部门组成综合性的议事协调机构，下设常设办公机构，统一进行绩效评估	选择计数	99	111	368
	百分比（%）	35.6	30.4	30.4
［3］政府组建专门的绩效评估委员会，负责对所属政府部门履职情况进行绩效评估	选择计数	44	46	231
	百分比（%）	15.8	12.6	19.1
［4］政府组建专门的绩效评估委员会，并聘请民间人士担任监督员，共同进行绩效评估	选择计数	73	129	314
	百分比（%）	26.3	35.3	26.0
［5］其他	选择计数	3	10	18
	百分比（%）	1.1	2.7	1.5
总计	参选人数	278	365	1 210
	百分比（%）	100.0	100.0	100.0

在针对不同地区的调查中，东部、中部和西部地区公务员在各选项上的态度也存在差异，并且还产生了不同于基于中央和地方公务员以及基于不同府级公务员数据分析所显示出的差异，这些差异值得我们予以关注。同样，我们还是通过折线图将基本数据更加直观地表现出来（见图 6－38）。

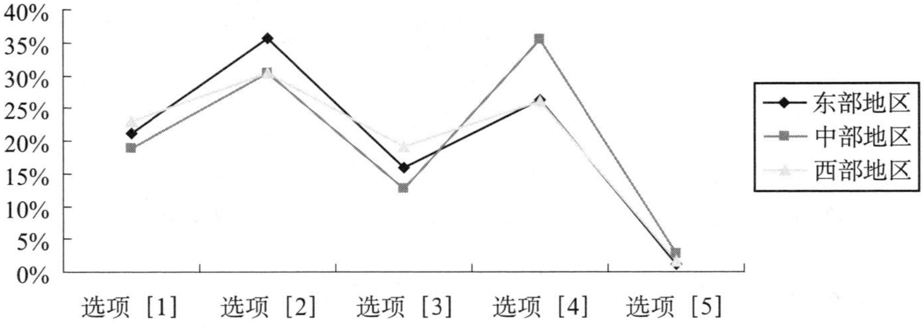

图 6－38

从总体趋势上来看，选项［5］仍然是重合程度最高的。在选项［1］到选项［4］中，于选项［1］和选项［3］东、中、西部地区完全没有重合，而在选项［2］和选项［4］上分别出现了中、西部与东、西部的重合，在选项［2］上中、西部出现了完全重合。此外，我们也可以清晰看到，东部地区对选项［2］的选择比重与中部地区对选项［4］的选择比重几乎一致，两者仅仅相差了0.3%。在这里，第一次出现了与总体分析不一致的地方，即总体分析、基于中央与地方公务员的分析、基于不同府级公务员的分析中，选项［2］在绝对值上均为排列第一位的选择，而在基于不同地区公务员的分析中，选项［4］首次成为第一选择。对于中部地区公务员来说，选项［4］中的方案最被认可，且中部地区公务员对选项［4］的选择比重高出对选项［2］的选择比重近5个百分点，说明这种认可是较为明确的。为什么会出现这样的情形？不妨先通过图6-39来看一下东、中、西部地区公务员对于“聘请民间人士担任监督员，共同进行绩效评估”这一因素考虑比重的差异。

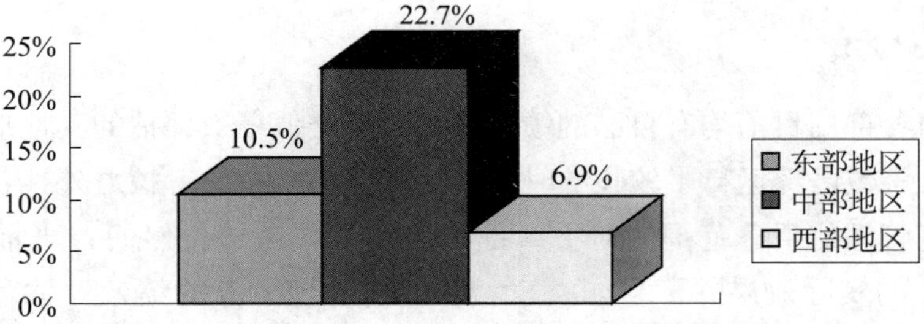

图6-39　对“聘请民间人士担任监督员，共同进行绩效评估”的认同程度

从图6-39中我们可以发现，中部地区公务员对于公众参与绩效评估的认同程度相对较多，达到22.7%，是东部地区公务员的考量比重的一倍多，是西部地区公务员的考量比重的三倍多。这充分说明中部地区在引入公众参与政府绩效评估方面走在最前面。[①] 在不考虑绝对值的情况下，西部地区在本题的调查中表现出了某种矛盾，这种矛盾可以从西部地区公务员对选项［1］和选项［3］的态度中看出。就选项［1］而言，西部地区公务员的选择

① 例如湖南省张家界市成立了张家界市绩效评估委员会，该委员会将社会公认评估作为其评估的重要组成部分。［2012-10-02］. http://jxpg.zjj.gov.cn/.

比重最高，达到了23.1%，这可以理解为在东、中、西部三个地区中，西部地区最倾向于由各部门基于职能分工分别进行绩效评估。而在选项［3］中，仍然是西部地区公务员的选择比重最高，达到了19.1%，高出中部地区公务员的选择比重6.5个百分点，高出东部地区公务员的选择比重3.3个百分点，即最赞成成立新的绩效评估机构的也是西部地区。可以说，选项［1］和选项［3］可以被视为两种截然不同的绩效评估机构设置方式，但对于西部地区而言，这两种不同设置方式间的差异在认知上并不明显，东部和中部地区对此差异的认知均在6%左右。我们认为，数据体现出的西部地区的这种矛盾符合实际情况。2018年的《政府绩效评估蓝皮书：中国地方政府绩效评估报告No.1》中指出，政府行政绩效能力存在由东部地区逐渐向中西部地区扩散、最后覆盖到西部和东北的梯次特征，与其经济发展的水平息息相关。西部地区在绩效评估上的起步要晚于中、东部地区，自然对于成立新机构的利与弊也没有基于实践的了解，因此仅仅从调查问卷的字面上而言，在西部地区被调查者看来的确差不多。

六、结论

政府各部门目前均有自己的绩效评估或者类似绩效评估的其他形式的评估，且大多数已经运行了较长的时间。除了部门自身的考核之外，各部门也会在各自管理的事务范围内对下属部门进行绩效考核。然而，当前的政府绩效考核的实际效果并不尽如人意，各部门管理事务的绩效评估存在相互独立、割裂与重复、相似并存的情况。被调查者考虑到了目前基于各部门分散评估绩效的局限性与不合理性。“聘请民间人士担任监督员，共同进行绩效评估”这一因素被被调查者高度重视，充分说明绩效考核的公正性、有效性以及绩效评估实施主体的独立性是被调查者十分关注的，因为这直接关系到评估是流于形式还是具有实效。2018—2019年，财政部选取天津市、山西省、吉林省、上海市、江苏省、浙江省、河南省、四川省、贵州省、深圳市等10个省、直辖市、计划单列市，开展政府购买服务第三方绩效评估试点。

通过上述对总体数据以及从中央与地方、不同府级政府和不同地区政府三个角度切入的比较与分析，可以看出，对于设置绩效评估机构的认知和所持态度是存在差异的，而造成这种差异的因素有政府行政层级的高低，也有对绩效评估的实践程度不一，也有不同地域间差别，等等。从总体来看，中央与地方、不同府级、不同地区的被调查者对于将选项［2］作为绩效评估机构的最优选择是趋于一致的，仅仅在基于不同地区的分析中出现了中部地区将选项［4］作为最优选择，这一选择也与中央层面正在进行的具体实践相吻合。这一吻合一方面印证了本题调查采集的数据具有较强的可信度，另一方面也可以成为中央进一步将绩效管理联席会议这种方式逐步向省级、市级和县级层面推行的重要决策参考。

第十六节 成立地方重大决策及规范性文件专门监督机构的数据分析

一、序言

本题的着眼点在于研究为加强中央政府对地方政府重大决策和其他规范性文件的监督，在中央政府成立专门监督机构的必要性和可行性。行政主体实施行政行为一般是为了完成特定的行政管理目标，行政决策则是实现该目标的起点，是行政主体为实现预定的行政目标，在掌握大量信息、系统分析的基础上，依职权按法定程序对所要解决的问题或处理的事务所进行的抉择行为。然而，实现特定的行政目标并非一蹴而就的，而需要经历决策—实施—监督—再决策这一完整的过程，行政决策仅是行政管理活动的开端。在传统奉行一元主义的社会结构中，国家大多采用集权模式，以行政权为核心，决策权和执行权与监督权融为一体，分权不发达。而现代多元主义社会，需要兼顾多方主体的不同利益需求。这意味着决策能否得到有效的执行涉及利益的实现，由此便需要完备的监督体系和完善监督权。[①] 而行政决策又通常是以其他规范性文件为载体的，这些数量众多的、具有普遍约束力和反复适用性的其他规范性文件经常被用作行政主体作出行政行为的具体依据，影响到行政相对人的切身利益。因此，有必要完善有关重大行政决策以及其他规范性文件的监督制度，以求通过监督权的有效行使，保证决策主体

---

① 薛刚凌．政府权力结构改革的回顾与前瞻．河北法学，2008（4）．

制定和执行具有合法性、科学性和民主性的行政决策与其他规范性文件，实现既定的行政管理目标。

（一）本题的设计缘由

行政决策的内容广泛，几乎涉及行政管理事务的各个方面，而重大行政决策则对公共利益以及公民的基本权利具有综合性、全面性和长期性影响。因此一旦出现决策失误的问题，将会给公民、国家与社会带来巨大的影响和损失。因此，从 2004 年开始，国务院制定的《全面推进依法行政实施纲要》就明确指出："要加强对决策活动的监督，完善行政决策的监督制度和机制，明确监督主体、监督内容、监督对象、监督程序和监督方式。要按照'谁决策、谁负责'的原则，建立健全决策责任追究制度，实现决策权和决策责任相统一。"此后，国务院又在 2010 年发布的《关于加强法治政府建设的意见》中提出："在重大决策执行过程中，决策机关要跟踪决策的实施情况，通过多种途径了解利益相关方和社会公众对决策实施的意见和建议，全面评估决策执行效果，并根据评估结果决定是否对决策予以调整或者停止执行。"随着社会发展和实践深化，国务院在《法治政府建设实施纲要（2015—2020 年）》进一步要求推进行政决策科学化、民主化、法治化，要使"行政决策制度科学、程序正当、过程公开、责任明确，决策法定程序严格落实，决策质量显著提高，决策效率切实保证，违法决策、不当决策、拖延决策明显减少并得到及时纠正，行政决策公信力和执行力大幅提升"。

实践中，中央政府和地方政府对规范性文件的监督主要存在以下五种做法：在规范性文件出台前，由本级人民政府法制部门事先审查；在规范性文件出台后，由地方政府法制部门予以事后备案审查；根据社会公众的意见，由相关部门承担法制职责的机构予以审查；在行政复议过程中予以附带性审查或者单位领导以审批的方式实现监督。但在中央层面，尚无统一的法律法规对规范性文件的监督予以规范。由于其他规范性文件是否具有合法性、科学性以及民主性与社会公众的切身利益密切相关，因此对其构建起一套完整的监督体系迫在眉睫。

对此，可考虑在中央政府成立专门监督机构，加强对重大行政决策以及其他规范性文件进行监督。原因在于以下三个方面：首先，对行政决策以及其他规范性文件的监督有利于实现决策科学化。制定行政决策和其他规范性文件的过程是对不同群体的利益进行整合的过程，也是进行资源配置的过程。科学的行政决策及其他规范性文件能够保证决策、文件本身得到顺利的实施，以实现既定的行政目标。为了制定出科学的行政决策及其他规范性文件，完善的监督体系是不可或缺的。作为决策权、执行权和监督权中的一个权力分支，监督权的有效运作，不仅可以排除对不适当因素的考虑、减轻狭隘地方或者部门利益的影响，还能够发现影响行政决策、其他规范性文件科学性的隐性因素。经过不断的修正，使行政决策和其他规范性文件更具科学性。其次，专门决策监督机构依法行使监督权能够规范政府决策权力以及制定权力的行使，及时发现问题和预防腐败。绝对的权力会导致绝对的腐败，行政权的健康运作需要监督权的约束。由专门决策监督机构专门行使的监督权，可以使监督权渗透到行政决策权及其他规范性文件制定权运行的各个环节，最大限度地减少“权力寻租”的机会，从源头上抑制腐败问题。最后，中央政府成立的专门决策监督机构能够通过对行政决策和其他规范性文件的审查，消除可能存在的行政决策、其他规范性文件与法律法规之间出现相违背的违法现象，使不同决策主体、规范制定主体制定的行政决策不相矛盾、不相抵触，保证法制的权威与统一。

（二）调查问卷的相关问题说明

本题题干下共设计了 4 个选项分支，本题的设计情况如下。

为加强中央政府对地方政府重大决策的监督，有人建议在中央政府成立专门的监督机构，负责对地方政府出台的重大决策以及其他规范性文件进行审查，利益受损的当事人群体（包括其他地方政府）可以投诉、控告。以上建议，您认为是否必要和可行？

［1］必要，并且可行

［2］必要，但不可行

［3］没有必要

［4］不知道

针对上面题目设计的具体内容，共有以下四个方面的内容需要进行明晰。

1. 专门监督机构

专门监督机构是专设的行使决策监督权的机构，其与通常意义上的监督机构有本质上的区别，如对行政机关实施审计监督的审计机构，以及国家监察机构等。这些不同的专门监督机构都是从某一个侧面行使监督权的。而对行政决策实施专门监督的机构是按照“大部制改革”的思路设置的，具有综合权力的专门决策监督机构。

2. 关于重大决策和其他规范性文件的界定

重大决策是相对于一般行政决策而言的，其经常是以一级政府的名义作出的，具有全局性、战略性和基础性。同时，重大决策还具有涉及面广、影响范围大、涉及职权的统筹与协调等特点。而其他规范性文件，是指行政机关及被授权的组织为实施法律和执行政策，在法定权限范围内制定的除行政法规和规章以外的决定、命令等具有普遍性的行为规范的总称。①

在我国，根据宪法和组织法的规定，具有普遍约束力的决定、命令等都是其他规范性文件的表现形式。这种具有普遍适用性的其他规范性文件，是行政机关或被授权的组织作出的抽象行政行为。由于重大决策可以表现为各类方针、政策、决议等具有普遍约束力的政策措施，也包括在行政管理过程中针对特定对象、特定行为作出的具体决定，因此其他规范性文件也可以成为各级政府作出重大决策的载体。在对重大决策进行监督时，还应当注意对这部分规范性文件进行审查。

3. 关于问题选项

本题共有四个选项，分别是：[1] 必要，并且可行；[2] 必要，但不可行；[3] 没有必要；[4] 不知道。本题选项在必要性和可行性设计方面，并没有把二者割裂开来。而是在确立必要性的基础上，关注可行性和必要性之间的关系。首先，这是基于必要性与可行性之间存在的内在逻辑联系的考虑，即只有认同加强对地方政府重大决策、其他规范性文件进行监督，在中央政府成立专门决策监督机构是必要的，探讨该方案的可行性才具有实践意义。假若成立专门监督机构不具有必要性，那么可行性问题也无从谈起。其次，出于周延性的考虑，针对调研过程中可能会有部分公务员对该问题缺少明确的认识的情况，因此选项中设计了“不知道”选项，以求得到更为准确的数据。最后，就该问题，课题组分别调研了不同地区、不同层级的公务员群体，收集到了其关于“中央政府成立专门监督机构，对地方政府重大决策

① 应松年．当代行政法．北京：中国方正出版社，2005：597.

以及其他规范性文件进行监督的必要性与可行性”的相关认知信息。

4. 调查采集的基本信息见表 6-87

表 6-87 中央政府成立专门监督机构，对地方政府重大决策以及其他规范性文件进行监督的必要性与可行性

选项	选择计数	百分比（%）
[1] 必要，并且可行	1 369	59.0
[2] 必要，但不可行	464	20.0
[3] 没有必要	415	17.9
[4] 不知道	72	3.1
总计	2 320	100.0

二、总体分析

本部分以所有的调查问卷为分析对象，从支持度方面，宏观分析在中央政府成立专门监督机构，对地方政府重大决策以及其他规范性文件进行监督的必要性与可行性。根据必要性支持度大小进行排序，本次调研的总体数据见表 6-88。

表 6-88 中央政府成立专门监督机构，对地方政府重大决策以及其他规范性文件进行监督的支持度排序

新序号	选项	选择计数	百分比（%）
1	[1] 必要，并且可行	1 369	59.0
2	[2] 必要，但不可行	464	20.0
3	[3] 没有必要	415	17.9
4	[4] 不知道	72	3.1
	总计	2 320	100.0

表 6-88 显示，2 320 名被调查者中认为有必要在中央政府内部成立专门监督机构，对地方政府重大决策以及其他规范性文件进行监督的人数为 1 833位，占被调查总人数的 79.0%。其中，认为该措施不仅必要，而且可行的共有 1 369 人，占被调查总人数的 59.0%，同时占认同必要性总人数的 74.7%；认为该措施有必要，但是不可行的共有 464 人，占被调查总人数的 20.0%，同时占认同必要性人数的 25.3%。认为该措施没有必要的人数为 415 位，占被调查总人数的 17.9%。无法作出判断的人数，即选择不知道选

项的被调查者共有72人，占被调查总人数的3.1%。

上述数据表明，79.0%的被调查者希望能够在中央政府成立专门监督机构，对地方政府作出的重大决策以及其他规范性文件是否具备合法性、科学性和民主性进行审查，其原因主要有以下三个方面。

首先，在重大决策和其他规范性文件的制定过程中，决策主体或者规范制定主体需要考虑到受影响利益主体多元化的因素，并运用系统论、博弈论等方法，作出重大决策或者制定其他规范性文件。这对于行使对重大决策及其他规范性文件监督权的机构而言，无疑也是一项系统、繁重的监督工程。为实现对重大决策以及其他规范性文件在合理性、合法性方面的全方位监督和审查，客观上需要成立专门性的监督机构承担起监督的职责。2019年4月20日，《重大行政决策程序暂行条例》通过公布，于2019年9月1日起施行。该条例第25条规定："决策草案提交决策机关讨论前，应当由负责合法性审查的部门进行合法性审查。决策草案未经合法性审查或者经审查不合法的，不得提交决策机关讨论。对国家尚无明确规定的探索性改革决策事项，可以明示法律风险，提交决策机关讨论。"这一规定已在一定程度上加强了重大行政决策的事前监督，但事后监督仍不能少。地方法规、规章一般都规定由本级人民代表大会、人民政协、政府办公厅（室）、政府法制办公室或者监察、审计等机关具体承担监督行政决策及其他规范性文件是否合法适当的责任，社会公众仅起到补充监督的作用。例如作为国内首个地方政府重大决策程序规定[①]的《重庆市政府重大决策程序规定》第30条和第31条明确规定："政府办公厅（室）负责政府重大决策执行的检查、督办、考核等工作，根据决策方案和政府工作部署，采取跟踪检查、督促催办等措施，确保决策方案的正确施行，并及时向政府报告督查情况。""公民、法人或者其他组织认为政府重大决策应当停止执行或修正的，可以向决策机关或决策执行机构提出质疑或建议。人大代表、政协委员依法对政府重大决策及其执行进行监督。"此外，当行政相对人对其他规范性文件有异议时，在法律层面上仅能在行政复议程序中通过提起附带性审查的方式维护自己的权益。而

① 其他明确地方重大行政决策监督主体的规范性文件相关规定如：《甘肃省人民政府重大行政决策程序规定》第33～36条；《北京市人民政府办公厅关于健全市政府重大行政决策和行政规范性文件合法性审查工作机制的通知》；《徐州市人民政府重大行政决策程序规定》第26～27条等。

负责行政复议工作的恰好是政府或政府部门法制机构，因此会出现法制机构既充当规则的制定者，又充当规则的监督者的困境。实现对其他规范性文件的审查、监督，更多的是靠行政主体的自律和自我纠正。值得关注的是，这些监督机构并不是重大行政决策的专门监督机构；其在监督重大行政决策及其他规范性文件的同时，还承担本机关的其他工作。限于人力、物力、财政，这些监督机构很难对行政决策的全过程进行“无缝式”监督，对于行政决策过程中涉及的专业问题更是无从下手。因此，成立由高度专业性以及丰富实践经验的人员组成的专门决策监督机构，才能够有效的从合法性、科学性以及民主性等角度监督重大行政决策及其他规范性文件。

其次，不同于地方政府内部成立的监督机构，中央政府内部成立的专门决策监督机构客观上具备较高的独立判断能力。由于打破了传统部门利益和地区利益的限制，中央专门监督机构能够以较为“超然”的角色审查地方政府的重大行政决策以及其他规范性文件。这既不同于西方国家进行审计监督、监察监督的专门监督机构，也不同于我国以往实行的在同级政府内部设立监察机关的做法。西方国家的审计机关、检察机关一般直接受议会的领导、直接对议会负责[①]，这种专门机构本身就具有独立于行政机关的特点，与三权分立、分权制约的政治理念相一致。但是这种独立于行政机关的监督机构，可能会因为缺乏相应的行政管理经验或者专业知识而不能胜任专门监督工作。而我国原有的行政监察机关则设立在同级人民政府内部，完全是一种内部监督，无法摆脱来自行政系统内部的不当影响。此外，现行首长负责制的行政体制使得行政决策系统内的决策中枢是行政首长，这种由行政首长作出的重大行政决策、审批的其他规范性文件，难免会对监督机构依法行使监督权施加不必要的影响和压力，影响其独立监督、判断的能力。现行的国家监察体制主要着重于治理腐败，涵盖过多的事项容易分散其力量与重点。因此，有必要在中央政府成立专门决策监督机构，这样既能保证工作人员具有高度的专业知识也不至于使其脱离行政实践经验，同时其相对于中央政府部门、地方政府来说，还可以保持自身的相对独立性。

---

① 范逢春．比较行政学．成都：四川人民出版社，2003：397.

最后，中央政府内部成立的专门决策监督机构对重大决策以及其他规范性文件进行监督，能够避免中央部门、不同层级地方政府制定和实施的重大决策以及其他规范性文件之间出现矛盾和相抵触的现象。由中央政府专门决策监督机构统一行使对重大决策以及其他规范性文件的监督权，毫无疑问会减轻部门利益或者是地方利益对重大行政决策的影响，避免决策主体被相关利益群体“绑架”。

然而，在坚持认为中央政府有必要成立专门机构对地方政府重大决策以及其他规范性文件进行监督的公务员中，尚有25.3%的人认为这种做法是不可行的。可能是考虑到即使中央政府成立了专门的监督机构，也难以对全国各个地区作出的重大决策和发布的效力层级不同的规范性文件进行审查的问题。而且如此庞大的工作量，需要花费巨大的人力、物力和财力，可能与“成本—效益”原则相悖。再者，随着经济社会的快速发展，各级政府或政府部门根据因地制宜原则作出的重大行政决策或发布的其他规范性文件体现出不同的利益需求，而中央专门决策监督机构在进行监督时可能会适用同一种判断标准。这也是其认为中央政府成立专门机构“必要，但不可行”时所考量的因素。

根据表6-88中的数据，有17.9%的被调查者认为没有必要在中央政府成立专门监督机构。这种否定的态度揭示出其对专门决策监督机构职能配置方面的怀疑态度。其中，最主要的一点是，各级政府的法制机构具体负责监督本级政府的重大行政决策或其他规范性文件；同时，虽然人民法院只能受理具体行政行为合法性引发的争议，但这并不意味着公民、法人或者其他组织认为其他规范性文件侵害其权益而得不到救济。《行政复议法》第7条规定，行政相对人在对具体行政行为申请行政复议时，可以一并提出对该具体行政行为所依据的有关规定的审查申请。因此，针对重大决策的监督问题和其他规范性文件的审查问题，没有必要再在中央政府重复设立职能相似的专门监督机构。另外有3.1%的被调查者选择了“不知道”的选项，这可能是因为该部分公务员欠缺相关专业知识，不能作出准确判断。

三、基于中央政府与地方政府的分类数据分析

由于中央和地方在信息收集、资源分配以及利益视角等方面的区别，中央政府和地方政府的公务员在中央政府成立专门决策监督机构，对地方政府

重大决策及其他规范性文件进行监督的可行性与必要性认识方面也存在着差异。

从表6-89和图6-40可以看出来，在中央政府成立专门决策监督机构，对地方政府重大决策及其规范性文件进行监督是否具有必要性和可行性这个问题上，地方政府显现出更为积极的态度。地方政府在中央政府成立专门决策监督机构“必要，并且可行”的选项上，高于中央政府15个百分点，达到62%。相比之下中央政府认为在中央政府成立专门决策监督机构“必要，并且可行”的人数仅占被调查人数的47%。其原因可能在于以下两个方面：第一，地方政府、政府部门作为主要的行政政策执行机关，接受来自上级政府和本级政府的领导与指示。在处理行政事务的过程中，其难免会遇到上级政府和本级政府所制定出来的行政政策或者其他规范性文件出现不一致、矛盾或者相抵触的情形。此时，受到诸多方面的压力，地方政府部门作为一级行政决策和其他规范性文件的执行机关往往难以作出独立的判断和正确的取舍。所以，相较于在地方政府内部成立专门决策监督机构的方案或者是盲从既定决策或其他规范性文件的做法而言，其更寄希望于中央政府能够成立专门决策监督机构，从而保证行政决策以及规范性文件的一致性。第二，囿于财政、资源以及现行行政体制等方面的限制，地方政府成立的专门决策监督机构难以全面承担对行政决策，特别是重大行政决策及其他规范性文件的监督和审查工作。由于行政级别上的差距客观存在，地方政府成立的专门机构将很难吸收高水平、高素质的专家参与行政决策及其他规范性文件的监督工作，这就无法保证监督工作能够科学地开展。此外，即使地方政府的专门决策监督机构能够获取足够的专业性人才，同样无法保证能监督该级政府不会因为地方利益而作出和上级政府的决策和规范性文件不相一致的重大决策和规范性文件。

表6-89　　中央政府与地方政府关于“中央政府成立专门监督机构，对地方政府重大决策及其规范性文件进行监督”的认知

选项	统计	地方政府	中央政府
[1] 必要，并且可行	选择计数	1 150	219
	百分比（%）	62.0	47.0
[2] 必要，但不可行	选择计数	375	89
	百分比（%）	20.2	19.1

续前表

选项	统计	地方政府	中央政府
[3] 没有必要	选择计数	273	142
	百分比（%）	14.7	30.5
[4] 不知道	选择计数	56	16
	百分比（%）	3.0	3.4
总计	参选人数	1 854	466
	百分比（%）	100.0	100.0

根据表 6－89 绘制折线图，可以得到图 6－40。

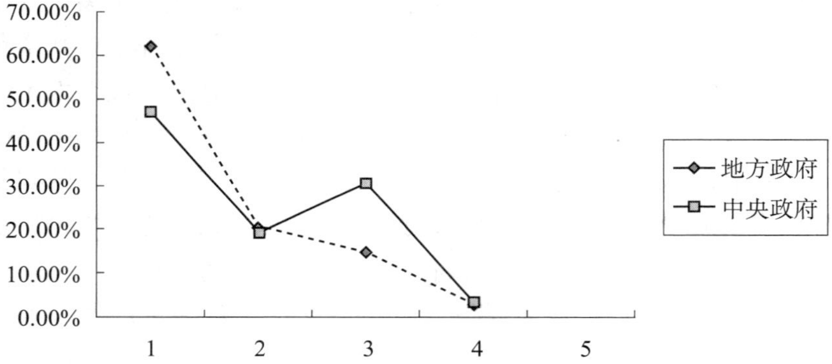

图 6－40　中央政府与地方政府关于“中央政府成立专门监督机构，对地方政府重大决策及其规范性文件进行监督”的认知（横轴分别表示四个选项）

在“必要，但不可行”的选项上，地方政府和中央政府的态度趋同，地方政府的认同人数比例仅比中央政府的高出 1.1 个百分点，为 20.2%，中央政府的则为 19.1%。数据表明，在中央政府和地方政府层面都有约 20%的公务员认为中央政府成立专门决策监督机构，对地方政府的重大决策及其他规范性文件进行监督具有必要性，但是不具有可行性。这从侧面反映出，一方面，其认为现存体制对于地方政府的重大决策及其他规范性文件缺乏相应监督力度，客观上需要改变这种状况。但另一方面，这种专门决策监督机构的设置本身需要具备足够的科学性、合法性，能够承担起审查监督的职能。因为如果不能很好地构建起专门决策监督机构的运行机制，不仅不能发挥期望的作用，还会与“机构精简”的思路相违背。因此，在对中央政府专门决策监督机构进行职能配置时，要慎之又慎，特别是需要明确其与法制机构的职权界限。

关于“没有必要”的选项，中央政府较地方政府而言，体现出明显态度取向，其人数比重高出地方政府的15.8%，为30.5%，而地方政府的则为14.7%。该数据和“必要，并且可行”选项的数据比较恰好相反，这在一定程度上反映出，中央政府很少会遇到政策及其他规范性文件不一致的难题，也体现出部门利益和地方利益的区别。

在选项“不知道”方面，中央政府和地方政府的数据分别是3.4%和3.0%，仅仅有0.4%的差异。这可能是因为该部分被调查的公务员认为自己对被调查问题的把握不清，或者认为还有其他能够更好地监督地方政府重大决策及其他规范性文件的措施。

从以上数据的分析中不难发现，被调查的地方政府公务员有八成以上都认为中央政府成立专门决策监督机构有必要。对于地方政府而言，中央政府成立专门决策监督机构，能够有效缓解地方政府执行决策和其他规范性文件的“合法性危机”。由行政级别较高的专门决策监督机构负责对行政决策的审查工作，一方面消除了地方政府对于决策、其他规范性文件不合理、不合法的担忧，另一方面也与我国传统的“命令服从式”行政体制相符合。在中央政府层面，由于中央政府在行政体制中的层级最高，其作出的决策具有很大的权威性，几乎不受地方政府的影响，因此很少面对决策执行过程中出现的“两难情形”。更为重要的是，相较于地方政府，中央政府在制定重大决策或者其他规范性文件时，注重吸收专家学者参与论证，并且对重大决策实行较为严格的内部审查。同时，中央政府掌握丰富的资源，在公务员知识水平、专家素质等方面比地方政府显胜一筹，其制定出来的决策具有较高程度的科学性和民主性，较少出现不合法的情形。另外，中央政府内部的法制机构具体承担地方性法规、地方政府规章和国务院部门规章的备案审查责任，审查其同宪法、法律、行政法规是否抵触以及它们相互之间是否矛盾，根据不同情况提出处理意见。而且，其还可以通过行政复议等方式对地方政府的规范性文件进行审查。这样，中央政府法制机构就能够承担对中央和地方政府的重大决策及其他规范性文件进行审查的工作。因此，接受调查的中央政府公务员有多出地方政府公务员15.8%的人数，认为在中央政府成立专门决策监督机构是没有必要的。

四、基于不同府级的分类数据分析

我国是一个存在多级政府的单一制国家，行政政策及上级政府制定的其他规范性文件最终需要通过各级地方政府来执行。由于各级人民政府的权力范围和职能界定存在较大差异，因此其对中央政府是否需要成立专门决策监督机构的认知也有很大区别。为此，调查数据选取了国家部委——省级政府——市级政府——县级政府四级政府作为调查对象。统计结果见表 6－90。

表 6－90　不同府级公务员关于“中央政府成立专门监督机构，对地方政府重大决策及其他规范性文件进行监督”的认知

选　项	统　计	国家部委	省级政府	市级政府	县级政府
[1] 必要，并且可行	选择计数	219	345	403	402
	百分比（%）	47.0	57.0	61.3	67.9
[2] 必要，但不可行	选择计数	89	135	134	106
	百分比（%）	19.1	22.3	20.4	17.9
[3] 没有必要	选择计数	142	115	101	57
	百分比（%）	30.5	19.0	15.4	9.6
[4] 不知道	选择计数	16	10	19	27
	百分比（%）	3.4	1.7	2.9	4.6
总计	参选人数	466	605	657	592
	百分比（%）	100.0	100.0	100.0	100.0

根据表 6－90 绘制折线图，可以得到图 6－41。

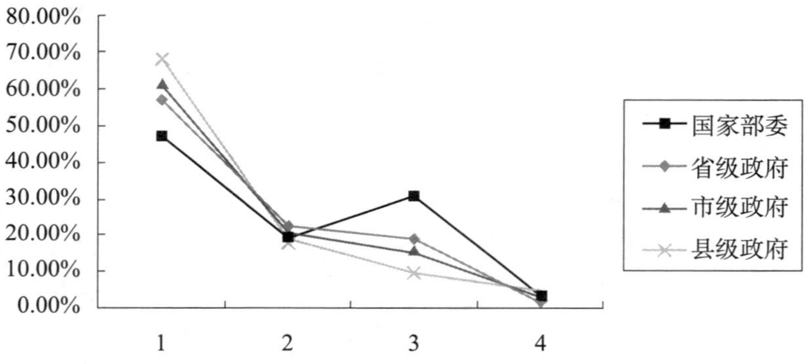

图 6－41　不同府级公务员关于“中央政府成立专门监督机构，对地方政府重大决策及规范性文件进行监督”的认知（横轴分别表示四个选项）

根据表 6－90 和图 6－41 可以总结出，随着政府级次的降低，在中央政府成立专门决策监督机构，对地方政府重大决策及规范性文件进行监督的问题上，选择“必要，并且可行”选项的公务员比例呈上升趋势。截然相反，随着政府级次的降低，选择“没有必要”选项的公务员比例呈下降趋势。而选择“必要，但不可行”以及“不知道”这两个选项的公务员比例趋于一致。总体来看，省级政府和地市级政府对中央政府成立专门决策监督机构的态度趋同，而国家部委和县级政府对中央政府成立专门机构所持观点差异较大。

具体来看，认同“必要，并且可行”选项的公务员占比依次升高，国家部委的为47.0%，省级政府的为57.0%，市级政府的为61.3%，县级政府的为67.9%。以上数据体现出国家部委和地方各级政府不少人认为在中央政府内部成立专门决策监督机构是必要并且可行的，具有现实需要性。但在该选项上，国家部委的比例和县级政府的相差20.9个百分点，也表示出地方政府的尴尬处境。首先，一方面，地方政府需要落实与本地区有关的上级政府制定的重大行政决策和其他规范性文件；另一方面，地方政府也有自身利益需求。对于地方政府部门而言，其遇到的两难情形则更甚。所以，地方政府更希望能由中央政府成立专门决策监督机构，解决自己遇到的难题。其次，由中央政府成立专门决策监督机构，可以减轻地方政府对重大决策的监督责任，而且这也有利于地方政府节省本来就很有限的相关资源。最后，实际上掌握足够决策信息资源和专家人力资源的中央政府专门决策监督机构，能够有效地完成监督地方政府重大决策及其他规范性文件的任务，甚至比地方政府决策监督机构更能有效地完成监督的任务。因此，地方政府在该选项上持乐观的态度。相反，在“没有必要”的选项上，被调查公务员的赞成度随着府级层次的降低而降低，具体数据分别为国家部委的为30.5%，省级政府的为19.0%，市级政府的为15.4%，县级政府的为9.6%。国家部委高于县级政府20.9个百分点，表现出较大的差距，这也从反面验证了“必要，并且可行”数据的准确性。这进一步表明，政府级次越低越希望中央政府设立专门决策监督机构，以加强对地方政府重大决策及其他规范性文件的监督。

在“必要，但不可行”的选项上，赞同该项的公务员的所占比随着地方政府层级的降级而下降，分别是：省级政府的为22.3%，市级政府的为20.4%，县级政府的为17.9%。这表示在地方政府中，政府层级越低，认同在中央政府成立专门决策监督机构的人数越多。而收集到的国家部委公务员的赞同该项的数据则为19.1%，该数字位于市级政府和县级政府之间。这表明，被调查的公务员中约有两成人怀疑该改革措施是否能收到实效，缺乏对改革的信心。当然，若设计出配套的改革方案，可能选择该选项的人数会大幅减少。相比之下，位于中间层级的地方省级政府和市级政府更加认同该措施“必要，但不可行”。因为这两级政府位于行政权力结构体系的中层，不仅承担着对地方事务作出重大决策的责任，肩负着依据法定权限制定地方政府规章、其他规范性文件的任务，而且还需要监督地方政府作出和执行的重大决策、制定及执行的其他规范性文件是否具有合法性、民主性、科学性。省级和市级政府集决策、执行和监督工作于一体，对中央成立专门决策监督部门是否有能力在全国范围内履行如此繁重的监督任务持否定态度。当然，也不能排除出于地方利益的考量，地方政府选择了该选项。作为决策权、执行权和监督权的一极，监督权在决策过程的事前、事中和事后均发挥着重要作用，能够间接修正或者否定制定出来的重大决策，对于地方政府制定的其他规范性文件，则能够依法予以变更或者撤销。特别是伴随着地方政府要求承认话语权和自主治理的呼声日益高涨，中央政府如何能保证中央政令能得到执行的同时不损及地方正当利益是一个难题。关于“不知道”选项，国家部委、省级政府、市级政府和县级政府公务员的认同度分别为：3.4％、1.7％、2.9％、4.6％，所占比重很低。

五、基于不同地区的分类数据分析

基于我国基本国情的考虑，由于区域发展不平衡以及地理环境的差异，我们的抽样分别在东部、中部、西部三个区域进行，统计结果见表6－91。

表6－91　不同地区公务员关于“中央政府成立专门监督机构，对地方政府重大决策及其他规范性文件进行监督”的认知

选　项	统　计	东部地区	中部地区	西部地区
[1] 必要，并且可行	选择计数	152	219	779
	百分比（％）	54.3	60.0	64.4
[2] 必要，但不可行	选择计数	78	60	237
	百分比（％）	27.9	16.4	19.6
[3] 没有必要	选择计数	44	80	149
	百分比（％）	15.7	21.9	12.3
[4] 不知道	选择计数	6	6	44
	百分比（％）	2.1	1.6	3.6
总计	参选人数	280	365	1 209
	百分比（％）	100.0	100.0	100.0

根据表 6－91 绘制折线图，可以得到图 6－42：

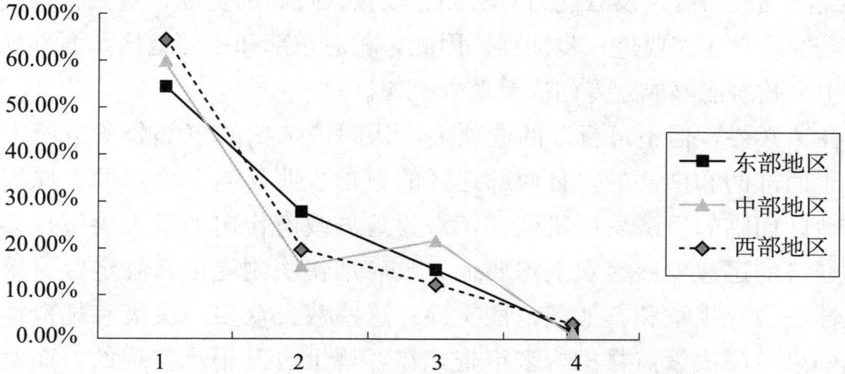

图 6－42　不同地区公务员关于“中央政府成立专门监督机构，对地方政府重大决策及其他规范性文件进行监督”的认知（横轴分别表示四个选项）

根据表 6－91 和图 6－42 的数据可以得出，东部、中部和西部均有绝大多数被调查者认为有必要在中央政府成立专门决策监督机构，统计数据分别为 82.2%、76.4%、84%。而在可行性方面，该比例有所下降。认为“必要，但不可行”的被调查公务员所占比分别为：东部 27.9%、中部 16.4%、西部 19.6%。在“没有必要”这个选项上，东部、中部和西部地区的认同度为 15.7%、21.9%、12.3%。关于“不知道”选项，东部、中部和西部都表现出很低的比例，分别是 2.1%、1.6%、3.6%。

具体分析，在“必要，并且可行”选项上，东部、中部和西部的数据是递增的，分别为：54.3%、60.0%、64.4%。虽然三个区域的被调查者均有过半数认为有必要在中央政府成立专门决策监督机构，然而地区之间的差距也比较大。其原因可能在于，东部的经济发展水平较高且保持着平稳的增长势头，因而投入法制建设的资源较多。所以东部已经建立起成型的重大决策监督体系和其他规范性文件审查制度，并且注重对行政相对人合法权益的保护。[①] 中部的经济则相对发展较快，法制水平较高，大部分省市也都对重大

① 如广东省在省政府规章对重大行政决策作出规定之外，副省级市和地级市的规范性文件都对监督重大行政决策作出了相关规定，有的甚至还规定了重大决策实施评价办法，如《河源市人民政府重大行政决策实施情况后评价制度（试行）》。其他的如北京市、上海市、江苏省、浙江省等东部省、直辖市都有监督重大决策的相应制度规定。

行政决策的监督制度作出了规定。而西部的条件较为艰苦、地处国家边远地区，经济发展滞后，没有能力对法制建设投入过高的资源，重大行政决策监督制度的建立还需要进一步加强。因此，相对东部和中部地区，西部地区更愿意中央政府能够成立专门决策监督机构。

在“必要，但不可行”的选项上，认同该选项的东部公务员所占比显著高于西部的和中部的，且西部地区的数据也明显高于中部的。原因在于东部地区面临的经济发展机遇多，需要地方政府作出的重大决策也多；同时，经济的迅速发展客观上需要地方政府加快法制建设，制定数量繁多的地方性法规、规章和其他规范性文件。这些数目众多的决策和规范性文件若由中央专门决策监督机构来审查，在客观上也是很难实现的。而对于西部来说，受到“西部大开发”战略的影响，其制定的重大决策和其他规范性文件数量逐渐增多。考虑到中央成立的专门机构不一定能完全从本地区利益出发，西部对该方案持一定的怀疑态度。无论是就国内经济发展水平而言，还是就法制建设水平来说，中部总体上处于中间位置，所以态度较为中庸。

在“没有必要”的选项上，中部的数据明显高于东部的和西部的，这意味着中部现有的行政监督体制，完全能够解决对重大决策和其他规范性文件的监督和审查工作，所以没有必要再设置职能重叠的结构。

在“不知道”选项上，三个地区的数据都显示出很低的比例，至于其原因可能是由于该部分公务员不知悉行政监督的专业问题，也可能是其认为还有其他更好的办法能够加强中央政府对地方政府重大决策、其他规范性文件的监督。

六、结论

从上述分析可以看出，对于加强中央政府对地方政府重大决策及其他规范性文件的监督，是否需要在中央政府成立专门决策监督机构，负责对地方政府出台的重大决策以及其他规范性文件进行审查的问题，被调查的公务员群体一致表现出积极的态度，接近80％的人认为该方案具有必要性。在分府级、地区统计的数据中，地方政府——尤其是县级政府、西部地区政府对该措施的支持度最高。总体上，随着政府级别的降低、地区发达程度的下降，认为该措施有必要且可行的人数逐步上升。

产生这种现象的原因在于以下三个方面：首先，在中央政府内部成立专门决策监督机构能够保证其具有相对独立性，不受地方利益、部门利益的影响独立、公正地行使监督权。其次，局限于有限的人财物力，地方政府没有能力对重大决策或者其他规范性文件的制定全过程进行全方面监督。而中央政府成立的专门决策监督机构的职能较为单一，能够取得足够的资源履行监督的职责。最后，中央政府专门决策机构的监督，能够有效消除因重大决策或者其他规范性文件发生的抵触、不一致而带来的地方政府适用上的困难。然而，反对的意见也是多重的，主要是出于以下三个方面考虑：其一，中央专门决策监督机构可能不了解地方发展状况和面临的困难，不能周全地考虑到地方利益。因此，会导致在地方政府层面，一些重大决策和其他规范性文件在执行上会遇到阻碍。其二，中央府专门决策监督机构能否顺利完成对全国范围内的地方政府重大决策和其他规范性文件进行监督的工作也是一个未知数，地方政府可能对此抱有相当大的疑虑。其三，站在地方政府的角度，监督权统一收归中央政府所有，必然意味着地方政府的让权、放权。出于地方利益的考虑，地方政府难免会面露难色。

整体上看，由中央政府专门决策监督机构统一行使对地方政府制定的重大决策和其他规范性文件的监督权，符合大部制改革的思路，也是实现“政府决策权、执行权、监督权相互制约”的题中之义。此外，我国传统上对重大行政决策的监督，重事前规范、轻决策事后效果跟踪反馈和责任追究。① 打破这种困境最直接的手段就是成立专门的监督机构，由相对独立的专门监督机构依法行使监督权。

因此，需要建立健全完善的中央专门决策监督机构，并着重从以下三个方面进行制度设计：首先，按照依法行政的要求，制定有关重大决策的中央立法，结束各级政府决策、执行和监督无法可依的局面。近年来，地方层面关于重大决策的规范性文件如雨后春笋般涌现，但由于中央层面欠缺基本立法的统领，以至于造成不同地区、不同级别的政府规范性文件规定的对重大决策进行监督的机构有较大差异。另外，在内容方面，地方立法效力水平层

---

① 王万华．科学设置决策机关建立健全行政决策运行机制．中国机构改革与管理，2011（5）．

次低、程序不完整、权责不明晰的缺点客观存在。制定专门的重大决策法律法规，有利于以法律法规的形式设立专门监督机构，确定该机构权限、职责，落实机构法定的原则。其次，完善中央专门决策监督机构的自身建设。调查数据表明，地方政府对中央政府成立的专门决策监督机构能否有效承担起监督的职责抱有怀疑态度。优化、合理地设计专门监督机构的职能以及资源配置方案，使其能够有效完成监督的责任，主要可以从保障监督主体独立性、提高监督主体自身素质、明确监督主体职能分工以及建立相对独立的决策评估机构四个方面来着手。[①] 再次，加强对行政相对人合法权益的保护，完善公民参与重大决策及其他规范性文件制定、执行和监督的制度体系，积极回应公民、法人或者其他组织对重大决策或者其他规范性文件提出的异议。最后，落实行政决策主体的责任追究制度。这样，一方面能够使专门决策监督机构的意见得到有效落实，避免其作出的监督决定成为“一纸空文”；另一方面，还能约束和控制决策主体的权力，保证决策权能够依法正当行使。特别是在目前行政首长负责制的行政体制下，落实决策失误的责任追究制度能够保证理性决策。

总之，在普遍认同于中央政府成立专门机构，以加强中央政府对地方政府重大决策和其他规范性文件进行监督的基础上，建立和完善专门监督机构的具体制度设计及运作机制，是地方政府制定的重大决策和其他规范性文件合法、民主和科学的制度保障。

第十七节　设立专业纠纷解决机构可行性的数据分析

一、序言

本题的着眼点在于探讨设立专业纠纷解决机构在各级、各地区公务员中的认同度。目前，随着经济与社会的快速发展，我国在行政管理活动中产生的纠纷呈现出数量繁多、专业性强等突出特点。而单一的法院解决模式存在成本高、效率低、专业性不匹配等缺点，该种情况导致了现实与需求的脱节。因此，设立专业纠纷解决机构，探索多元化纠纷解决方式有着

① 杨寅．行政决策程序、监督与责任制度．北京：中国法制出版社，2011：165.

重要的现实意义。尤其是与老百姓直接接触的基层政府，所面临的民事纠纷与行政纠纷数量更是巨大。本题着重探讨在基层行政系统内部成立专业的纠纷解决机构的可行性，该机构既处理相关领域的民事纠纷，也处理行政纠纷，以满足我国基层行政管理领域纠纷解决的需要。本课题将此设计在中央与地方公务员之中进行可行性和认同度调研，以寻求基层政府结构改革的可行路径。

（一）本题的设计缘由

市级和县级政府是我国直接接触老百姓的基层政府，面临大量的民事纠纷和行政纠纷。虽然我国已建立起以法院审判体系为主的纠纷解决机制，但行政管理活动中仍然存在一些纠纷，其专业性非常强，且涉及政府裁量权与政策考量等因素。此时，法院解决能力薄弱、单一的弱点便凸显出来。且司法途径本身具有成本高昂、诉讼周期冗长、程序复杂、效率低下的缺点。因此，在某些领域建立专门的纠纷解决机构可以为公民提供高效、便民的救济，也有利于纠纷处理的专业性。

设立专业的纠纷处理机构也是域外国家和地区常见的做法。如目前英国大约有近 70 类行政裁判所，数量近 3 000 个，涵盖移民、社会保障、劳动、教育、税收、运输和土地等领域。英国的行政裁判所制度已经有几百年历史，已经发展得相当成熟，吸收了行政管理活动中大量的纠纷。设立行政裁判所，一方面使得纠纷解决非常迅速、高效，另一方面，也为法院过滤掉了90%以上的纠纷，使得进入司法系统的纠纷基本都围绕法律问题，法院能够专注于法律问题的解决，而不必为行政管理领域的专业性问题分散精力。除英国外，美国、德国、我国香港地区等，都建立了专业的纠纷解决机构。如香港地区专门针对土地和房屋问题建立了裁判所，这类涉及土地政策和政府管理的纠纷统一由裁判所先行处理，提高了行政系统内部的纠纷解决能力，减轻了司法负担。

基于这一构想，本课题设计了在我国市级和县级政府建立相对独立的专业性的纠纷解决机构（如房屋拆迁裁判所）的设想，该机构既处理相关领域的民事纠纷，也处理行政纠纷，在中央和地方公务员之间进行必要性与可行性的调查，共有 2 319 名公务员参与了本次调查。同时，被调查者涵盖东部、中部、西部各地区，以期取得准确而全面的数据和信息。

（二）调查问卷的相关问题说明

本题题干下共设计了4个选项分支，本题的设计情况如下。

为有效及时解决社会纠纷，我们建议在市级和县级政府，成立各种相对独立的专业性的纠纷解决机构（如房屋拆迁裁判所）。该机构既处理相关领域的民事纠纷，也处理行政纠纷。以上建议，您认为是否必要和可行？

［1］必要，并且可行

［2］必要，但不可行

［3］没有必要

［4］不知道

针对本题设计的具体内容，共有以下三个方面的内容需要加以明晰。

1. 关于专业纠纷解决机构的界定

题干所指的专业纠纷解决机构（如房屋裁判所）设置于我国的市级或县级所属的基层行政区划内，致力于解决行政管理活动中涉及某些专业性领域的问题，包括相关的行政纠纷，同时也处理相应民事纠纷。之所以设置于市级与县级等基层政府，首先是因为基层行政管理活动面临大量的民事以及行政纠纷。大量的纠纷极大地增加了法院的诉讼压力。其次，基层政府对于某些专业性问题的解决能力较差，专业性不匹配的缺点凸显。因此，在市、县两级政府设置专业性纠纷解决机构能够最有效地弥补现实中存在的不足。

专业纠纷解决机构的性质。在政府主导型的社会，对于专业纠纷解决机构进行定性有着非常重要的现实意义。即使在英国，相当长的一段时间内，对于行政裁判所究竟是政府机器的组成部分还是司法救济机制的组成部分也一直存在持续的争议。我们建议设置的专业纠纷解决机构应该是相对独立的。这种独立性即决定了专业纠纷解决机构的司法化性质。其原因在于：首先，司法权的特征是：独立、依法、居间、争议、被动、有执行力等。而专业纠纷解决机构的运作方式符合司法权的特征。其次，专业纠纷解决机构相对独立于行政机关外。在我国，行政机关承担了大量司法职能，但基本上没有独立性，和一般的行政机关并无差别。这就很难保障其裁决的公正性，也是目前制约行政裁决制度健康发展的关键因素。裁决行政、民事纠纷既然是司法行为，就需要裁决机构具有独立性，以减少干预，保证裁决的公正。[①] 最后，由于某些纠纷专业性非常强，且涉及政府裁量权与政策考量等因素，法院很难代替行政机关来对实体政策问题的是非曲直加以判断，而专业性的纠纷解决机构则以其相对的专业性、非正式性，来判断行政官员是否妥当地作出行政决定，为当事人提供成本低廉、快速有效的救济。由此可以看出专业的纠纷解决机构实则是司法救济机制的组成部分。[②]

专业纠纷解决机构的功能。在基层设置相对独立的专业性纠纷解决机构的功能主要有以下三个。

其一，缓解法院压力，过滤专业纠纷。在目前的设施条件和人员数量下，法院面临着案多人少的严峻局面。而专业纠纷解决机构的设置有助于过滤大量的纠纷，使得进入司法系统的纠纷基本围绕法律问题，法院能够专注于法律问题的解决，而不必为行政管理领域的专业性问题分散精力。

其二，提高纠纷解决效率。司法途径本身具有成本高昂、诉讼周期冗长、程序复杂、效率低下的缺点。专业纠纷解决机构凭借其专业纠纷的配套设施，能够更加迅速、高效地解决相应纠纷，为当事人提供最快速经济有效的救济。

其三，弥补法院专业性不匹配的缺点。行政管理活动中存在一些纠纷专业性非常强，且涉及政府裁量权与政策考量等因素。而法院难以代替行政机关对政策问题加以判断。而专业纠纷解决机构凭借其专业性，能够快速有效地对纠纷作出有效的判断。

专业纠纷解决机构的人员组成。专业纠纷解决机构的“专业”二字就对其人员组成提出了相当高的要求。它要求该人员具有专业的学术知识背景，相当的法律知识以及实践经验。我们可以通过向社会公开招聘或者选拔的方式，配备相关组成人员。专业纠纷解决机构的组成人员一定要保证其具有相当的独立性，这样才有助于排除不相关因素的干扰，有助于更好地实现公平和公正。

---

① 郑磊，沈开举．英国行政裁判所的最新改革及其启示．行政法学研究，2009（3）．

② 宋华琳．英国行政裁判所制度．华东政法学院学报，2004（5）．

基于以上特点，此处所提及的专业纠纷解决机构实质上是以解决各类专业性行政以及民事纠纷为目的，旨在发挥其裁决纠纷快捷、专业、公正、低廉的优势，在市级以及县级政府设立的，由专家及实务部门等专业性人才所组成的，相对独立于行政部门的特定机构。

2. 关于问题选项

本题共用四个选项，分别调研不同府级、不同地区公务员群体对在市级和县级政府成立相对独立的专业纠纷解决机构处理相关领域的民事纠纷以及行政纠纷可行性的支持度。本题选项在必要性与可行性的设计上，并未将两者完全割裂，而是在确立必要性的基础上，将可行性与必要性相连。这是由于，在必要与可行两者的关系上，存在着内在的逻辑先后性，只有在肯定专业纠纷解决机构必要性的基础上，探讨可行性才具有实践的意义。因此，必要性是可行性的前提与基础，而一旦认为没有必要成立专门研究机构，则可行性问题根本不予考虑。另外，由于考虑到现实中有些被调研者对此问题缺乏相对清晰的认识，因此设计了“不知道”选项，但此一选项在特定条件明晰的情况下，确有可能转化为其余选项，这需要进一步的调查论证，以得到更准确的数据。

3. 调查采集的基本信息表（见表6－92）

表6－92　在市级和县级政府，成立相对独立的专业性的纠纷解决机构（处理相关领域的民事纠纷，也处理行政纠纷），您认为是否必要和可行？

选　项	选择计数	百分比（%）
[1] 必要，并且可行	1 044	45.0
[2] 必要，但不可行	458	19.7
[3] 没有必要	750	32.3
[4] 不知道	67	2.9
总计	2 319	100.0

二、总体分析

本部分以所有的调查问卷为分析对象，分析在整体上公务员对在基层设立专业纠纷解决机构的意愿。本次调研的总体数据见表6－92。对表6－92中的数据按照公务员选择比例的高低重新排序，得到表6－93。

表 6-93 在市级和县级政府，成立各种相对独立的专业性的纠纷解决机构（处理相关领域的民事纠纷，也处理行政纠纷），您认为是否必要和可行？

新序号	选项	选择计数	百分比（%）
1	[1] 必要，并且可行	1 044	45.0
2	[3] 没有必要	750	32.3
3	[2] 必要，但不可行	458	19.7
4	[4] 不知道	67	2.9
	总计	2 319	100.0

从表 6-93 的数据可看出，认可在基层设立专业的纠纷解决机构的公务员比例最高，既认为有必要性又认为有可行性，但仍然没有过半数，比例为45%；其次是认为没有必要设立的，占 32.3%；再次是认为设立专业的纠纷解决机构是必要的，但目前条件下并不可行，这部分公务员占 19.7%；最后是不知道的，仅占 2.9%。

这一统计结果说明，中央与地方公务员中，大部分认为有必要在市级和县级建立专业纠纷解决机构，必要性的认同度为 65%左右；而认为既具有必要性又具有可行性的比例为 45%。公务员中认为没有必要建立的比例也较高，为 32%左右。这一比例反映出设立专业纠纷解决机构是个争议较大的改革方案，赞成和反对的人都比较多。

随着行政管理的深入，我国行政管理活动愈发呈现出数量大、专业性强等特点。作为与老百姓接触最密切的市级与县级政府，所面临的民事与行政纠纷更是繁杂。而当前我国已建立的相对单一的法院审判体系已不能满足现实的需要。面对涉及政府裁量权、政策考量等因素，且专业性强的行政及民事纠纷，法院缺乏解决能力。专业纠纷解决机构能够弥补司法途径诉讼周期长、程序复杂、成本高的缺点，为公民提供便民、高效的救济。

同时，域外国家和地区也为我国提供了充足的经验借鉴。如英国的行政裁判所、土地裁判所，我国香港地区的土地和房屋问题裁判所，美国设立的独立监管机构等。专业的纠纷处理机构在国外的许多地区已经发展得相当成熟，这为我国建立相关的专业纠纷处理机构提供了借鉴可能性。

由此，我们可以看出现实的需求与丰富的实践经验促使 45%的被调查人群认可在基层设立专业的纠纷解决机构，认为其既有必要性，也有可行性。而与之相对应的，仍然有 19.7%的被调查公务员认为在目前条件下设立该机构必要但并不可行。

产生变化的主要原因有：首先，我国行政系统庞杂，在原有的行政体制外又设立若干相对独立的专业纠纷解决机构容易造成机构的重叠、人员的浪费，不能真正发挥专业纠纷解决机构快速、便捷、便民的优势。行政复议是我国的行政救济方式之一，而专业纠纷解决机构的设立无疑会造成职能的重叠与交叉。同时也会给公民向何种机构寻求救济造成困扰。其次，专业纠纷的解决机构难以真正实现其独立性。专业纠纷解决机构是具有司法性质的专门机构，若想真正发挥其功能，就必须与政府部门相分离。但是在政府主导型的社会中，想要真正实现其独立性难度颇大。最后，域外国家和地区设立专业纠纷解决机构有其深厚的文化、政治背景。权力分配、司法独立、宪政改革，这都为专业的纠纷解决机构的建立提供了生存与发展的土壤，但是目前我国的国情还无法满足这一要求。

同时，我们应该密切关注到有高达32.3%比例的公务员选择了没有必要这一选项。这说明对于在基层建立专业的纠纷解决机构这一议题有着很大的争议，赞成与反对的人均占有较大比例。

之所以有如此高比例的被调查者选择没有必要这一选项，是因为：首先，我国目前的法院系统虽然不能很好地解决某些专业性较强的行政以及民事纠纷，但是我们可以在原有体制的基础上通过其他手段来解决此类问题。另行设立全新的专业纠纷解决机构势必耗费巨大的人力、财力、物力，而且需要重新设计一套运行体系。高成本的投入与回报的不确定性促使相当比例的公务员作出了此种选择。其次，专业的纠纷解决机构不能实现预期的功能。如前所述，我国行政系统庞杂，建立专业纠纷解决机构极易导致机构职能重叠，反而不利于公民维护自身合法权益。而专业的纠纷解决机构职能单一，其设立的成本与产生的效益也不能形成正比。

另外，有2.9%的人选择了不知道。这类公务员作出选择的原因比较复杂，主要是因为对于专业的纠纷解决机构以及先行的纠纷解决机制缺乏了解。

三、基于中央与地方的分类数据分析

我们将被访公务员区分为中央与地方公务员，则分别得到中央与地方对在市级与县级设立专业纠纷解决机构意愿的数据，如表6-94。

表 6-94　在市级和县级政府成立各种相对独立的专业性的纠纷解决机构（处理相关领域的民事纠纷，也处理行政纠纷），您认为是否必要和可行？

选　项	统　计	地方政府	中央政府
[1] 必要，并且可行	选择计数	889	155
	百分比（%）	48.0	33.2
[2] 必要，但不可行	选择计数	352	106
	百分比（%）	19.0	22.7
[3] 没有必要	选择计数	556	194
	百分比（%）	30.0	41.5
[4] 不知道	选择计数	55	12
	百分比（%）	3.0	2.6
总计	参选人数	1 852	467
	百分比（%）	100.0	100.0

从表 6-94 的数据可以看出，中央与地方公务员在于基层设立专业纠纷解决机构方面的意愿有非常大的差异。地方政府公务员认为必要且可行的比例高达 48%，而中央的只有 33.2%；相反，认为没有必要设立专业纠纷解决机构的意愿，地方政府的只有 30%，中央政府的却高达 41.5%，成为中央政府公务员中选项比例最高的一项。认为必要但不可行的选项比例相差不大，地方政府的为 19%，中央政府的为 22.7%；不知道选项的比例也比较接近，地方政府的为 3%，中央政府的为 2.6%。

将中央与地方公务员的选择数进行比较，得到图 6-43。

从图 6-43 的比较可以看出，地方政府与中央政府在设立专业纠纷解决机构方面意愿存在重大分歧：地方政府与中央政府公务员在必要且可行选项的比例上相差 14.8%，在没有必要选项的比例上相差 11.5%。由此对比可以发现，主流意见是地方政府认为此举必要且可行，中央认为此举没有必要。

造成中央与地方公务员意见完全相反的原因可能是：首先，地方政府直接接触广大老百姓，面临大量复杂的行政与民事纠纷，在实际工作中切身感受到需要建立专业纠纷解决机构。而中央政府公务员不直接接触基层行政管理工作，对专业纠纷解决机构设立的必要性没有充分认识。其次，和中央相比，地方现有体制中专业人员的数量和素养远远不及中央政府的，因此，地方处理相关纠纷的能力肯定弱于中央的。同时，地方对于纠纷的解决往往要求反应迅速，且具有直接性。这就加重了地方政府解决纠纷的压力。而这些因素

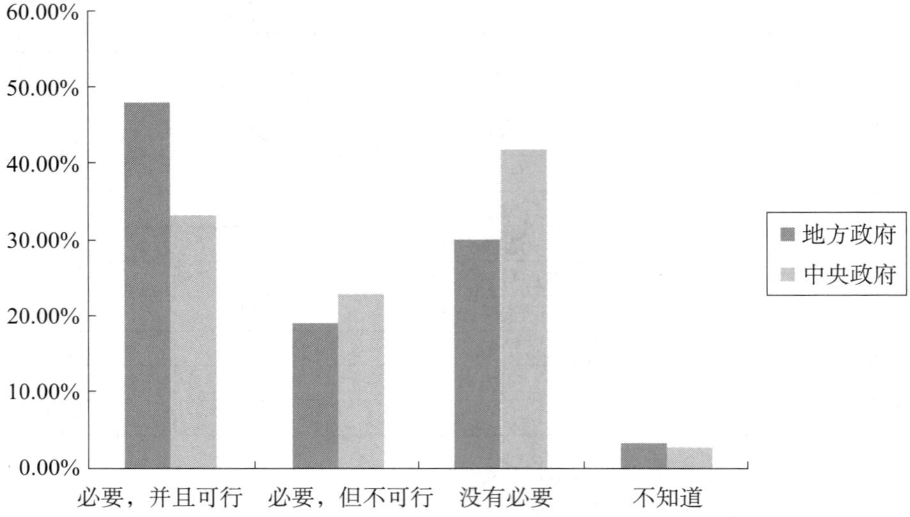

图 6-43 中央与地方公务员对于设立专业纠纷解决机构的意愿比较图

的累加就决定了地方政府对于专业的纠纷解决机构有更为迫切的需求。

在“必要，但不可行”的选项上，地方政府和中央政府的比例相差不大，分别为 19.0%和 22.7%，这就使得在必要性这一选项上地方政府与中央政府的认同比例都分别达到了 67%与 55.9%，即二者对于建立专业的纠纷解决必要性的认同感都比较高。但是不管是中央还是地方，虽然大多认为建立专业的纠纷解决机构有其必要性，但仍有约 1/5 的人质疑其可行性。由此可见，虽然原有体制中存在解决纠纷能力差、形式单一、效率低下等诸多弊病，有必要通过设置专业纠纷解决机构，以解决上述弊病，但如果不能很好地设计该机构的运行制度，实现与原有机构的明确区分和有效对接，其设置只能成为空谈。

另外选择“不知道”的比例也相差不大，仅为 0.4%。这类被调查公务员可能大多对我国纠纷解决机制以及专业纠纷解决机制缺乏系统的了解与认识。同时，也不排除某些“事不关己，高高挂起”的漠然心态。

四、基于不同府级的分类数据分析

通过不同府级的公务员，即国家部委、省级、市级与县级政府的数据比较，我们得到表 6-95。

表 6-95 在市级和县级政府成立各种相对独立的专业性的纠纷解决机构（处理相关领域的民事纠纷，也处理行政纠纷），您认为是否必要和可行？

选 项	统 计	国家部委	省级政府	市级政府	县级政府
［1］必要，并且可行	选择计数	155	265	294	330
	百分比（%）	33.2	43.8	44.6	56.1
［2］必要，但不可行	选择计数	106	112	141	99
	百分比（%）	22.7	18.5	21.4	16.8
［3］没有必要	选择计数	194	217	204	135
	百分比（%）	41.5	35.9	31.0	23.0
［4］不知道	选择计数	12	11	20	24
	百分比（%）	2.6	1.8	3.0	4.1
总计	参选人数	467	605	659	588
	百分比（%）	100.0	100.0	100.0	100.0

从表 6-95 的数据可以看出，从政府层级由高到低，四级政府认可在基层建立专业纠纷解决机构的必要性与可行性的比例为：33.2%、43.8%、44.6%、56.1%；认可必要性但否认可行性的比例为：22.7%、18.5%、21.4%、16.8%；认为没有必要的比例为：41.5%、35.9%、31.0%、23.0%；不知道的比例为：2.6%、1.8%、3.0%、4.1%。

我们将四级政府的数据进行比较，得到图 6-44。

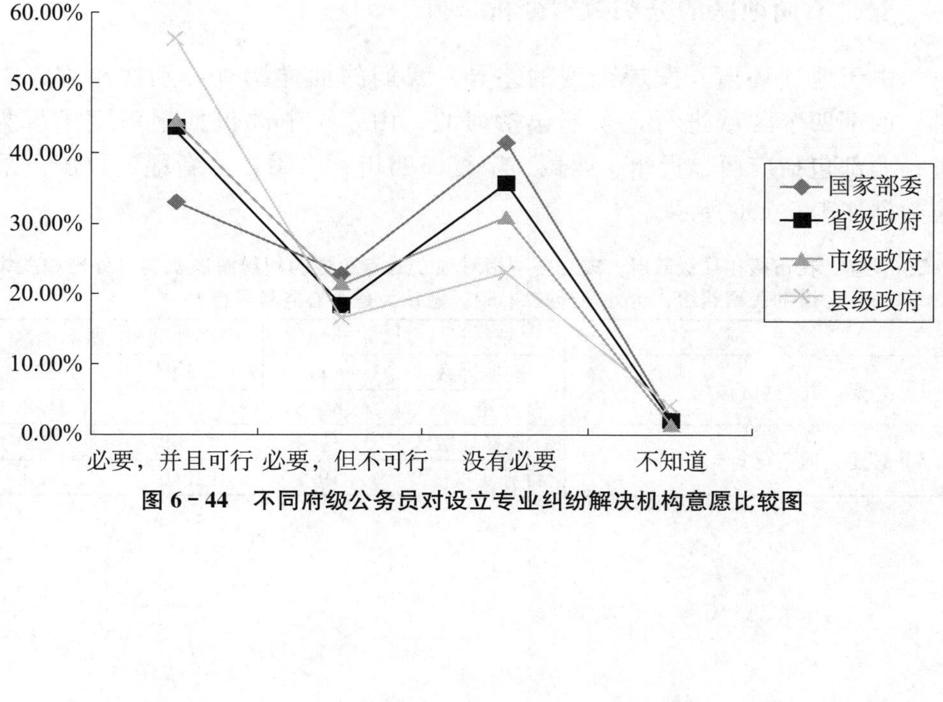

图 6-44 不同府级公务员对设立专业纠纷解决机构意愿比较图

从图 6-44 的比较可以看出，认为在基层设立专业纠纷解决机构必要且可行的比例呈现出了随着政府层级的增加而增加的趋势，即县级政府对该方案的支持度最高、市级政府次之，省级政府再次，国家部委最低。省级政府与市级政府在这一选项上基本呈重合趋势，可能原因是省级政府与市级政府都属于行政级别的中间层，二者的资源获取率以及处理纠纷的状况与能力相近。县级政府与国家部委比例相差悬殊，差距近 23%。认为设立专业纠纷解决机构没有必要的比例则相反，呈现出了随着政府层级的增加而增加的趋势：国家部委认为最没有必要，其次是省级政府，再次是市级政府，最低是县级政府。这两者的对比再次充分说明了距离基层管理工作越接近，政府所面临的解决纠纷的压力越大，人力、物力资源越缺乏。因此，对于设立专业纠纷解决机构的必要性与可行性认同度也就越高。而从地方到中央，距离基层管理工作越来越远，资源配备越充分，解决能力越强，因而此种需求也就越低。

各级政府公务员之间认同必要但不可行与不知道的比例差别不算太大。认为必要但不可行的人主要考虑到该机构是否能够真正运行，发挥其价值。倘若投入与实际效果不能成正比，那么专业纠纷解决机构的设置就没有意义了。不知道的比例均较小，且相差无几，原因与前述雷同。

五、不同地区的分类数据分析

由于地理环境、发展程度的差异，我们的抽样调查分别在东部、中部、西部四个区域进行，东部包括河北、山东；中部包括湖南、江西两省；西部包括广西、贵州、西藏、宁夏、四川、内蒙古、新疆、重庆。采集数据如表 6-96 所示。

表 6-96 在市级和县级政府，成立各种相对独立的专业性的纠纷解决机构（处理相关领域的民事纠纷，也处理行政纠纷），您认为是否必要和可行？

选　项	统　计	东部地区	中部地区	西部地区
[1] 必要，并且可行	选择计数	115	149	625
	百分比（%）	40.8	40.9	51.8
[2] 必要，但不可行	选择计数	54	69	229
	百分比（%）	19.1	19.0	19.0

续前表

选 项	统 计	东部地区	中部地区	西部地区
[3] 没有必要	选择计数	105	139	312
	百分比（%）	37.2	38.2	25.9
[4] 不知道	选择计数	8	7	40
	百分比（%）	2.8	1.9	3.3
总计	参选人数	282	364	1 206
	百分比（%）	100.0	100.0	100.0

从表 6－96 的数据可以看出，东部、中部和西部在设立专业纠纷解决机构方面认可度存在一定差别：认为必要且可行的比例，东部、中部与西部分别为：40.8%、40.9%、51.8%；认为必要但不可行的比例都是 19%左右；认为没有必要的比例，东部、中部与西部分别为：37.2%、38.2%、25.9%；不知道的比例，东部、中部与西部分别为：2.8%、1.9%、3.3%。

我们将不同地区公务员的数据进行比较，得到图 6－45。

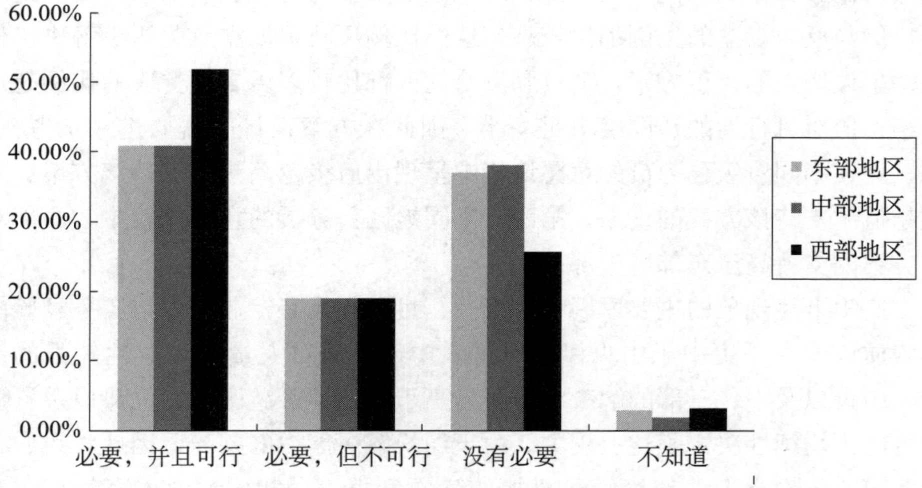

图 6－45 不同地区公务员对设立专业纠纷解决机构意愿的比较

从图 6－45 的比较可以看出，东部的意见与中部的意见比较一致，但西部的意见与东部、中部的有较大差异。这说明西部更认同设立专业纠纷解决机构的必要性与可行性，东部、中部认为没有必要的比例则比西部的更大。

之所以产生上述差异，是因为：首先，东部与中部经济发展水平较高，能够吸引更多的专业性技术人才。无论是经济发展水平，还是专业人员的数量以及素养，西部都处于明显的劣势，这就决定了西部相对较差的纠纷解决能力。因此，西部急需专业的纠纷解决机构去帮助其解决相关具有较高专业性的民事以及行政纠纷。其次，西部人员素质偏低，建立专业性的纠纷解决机制也有助于西部吸纳人才，促进人才流动，促进西部文化与知识的发展。中部以及东部，利用其良好的区位条件以及丰富的资源配置，容易吸引优质资源，因此对于建立专业纠纷解决机构的认同度相对较低。

从图 6－45 中可以看出各地区之间公务员认为必要但不可行以及不知道的比例相差不大。

六、结论

通过中央与地方公务员对于市级与县级政府设立专业纠纷解决机构意愿的数据比例分析，可以得出以下调查结论：第一，选择支持该方案的公务员仍然占据最大比例，说明该方案具有一定的必要与可行性。第二，赞成设立的比例与反对设立的比例都比较高，这一比例反映出设立专业纠纷解决机构是个争议较大的改革方案，赞成和反对的人都比较多。尽管赞成的比例超过一半，但对可行性的认同度不足一半，因此在方案设计时需要进一步考察。第三，在不同府级公务员的意愿比较中呈现出府级越高越不支持该方案、府级越低越支持该方案的现象。第四，不同地区公务员的意愿比较中，西部对该方案的支持高于东部与中部。

产生上述现象的主要原因有：第一，目前，具有专业知识与实务经验的高素质人才主要集中于中央以及东部、中部。面对大量的专业性较强的纠纷，中央以及中、东部的解决能力明显高于其他地区。区位的优势以及资源配置的不均衡性决定了这一现象。由于纠纷解决能力的差异，因此各级、各地政府对于设立专业纠纷解决机构的认同度也不尽相同，中央明显高于地方，中、东部明显高于西部。第二，政府层级越接近群众，其对于建立专业纠纷解决机构的认同度就越高。在地方政府，尤其是县级政府中，对于建立专业纠纷解决机构的迫切性最大。这是因为其面对大量专业性强，涉及行政裁量权及政策因素的民事以及行政纠纷，存在巨大压力，但解决能力弱、处理方式单一、效率低下。而中央政府直面纠纷的机会较少，自然难以形成认同感，无法形成与地方政府一样的诉求。第三，认为基层建立专业纠纷解决机制必要且可行的占大多数主要是因为它符合现实的需求，满足了现实的需求。目前，单一的纠纷解决机制已经不能完全满足现实生活中存在的大量专业纠纷。为了最大限度地减轻法院的压力，全面地审查案情，提高案件的处理效率，建立专业纠纷解决机制有其重要的实践意义。第四，相当一部分人认为必要但不可行也有其自身的理由。制度存在的生命力在于其可行性。倘若不能有效地运作，那么专业性纠纷解决机构的建立势必只会造成资源的极大浪费。

由此，可以看到拓展纠纷解决方式，加强纠纷解决能力将是今后改革的重要关注点。在认可建立专业纠纷解决机构必要性的前提下，完善制度设计与运作实施将是进行体制创新更为重要的课题。

第十八节 改革中央垂直管理部门建议的数据分析

一、序言

本题的着眼点在于对中央垂直管理部门的改革建议进行归纳总结和分析。与世界上大多数国家一样，我国对某些政府部门也实行垂直管理。这种垂直管理体制在我国历史上发挥了重要作用，对强化中央的统一领导、保证政令畅通和国家整体利益功不可没。但是，近些年来，围绕着中央与地方权力的博弈，对中央垂直部门管理应加强还是应削弱的争论一直在进行。现有体制是卓有成效应维持现状，还是弊端重重改革迫在眉睫？

（一）本题的设计缘由

从国家结构形式上来说，我国是单一制国家，任何一个地方都不是独立的主权单位，地方所有权力均来自中央的授予，未经授予的权力由中央保留。与这种国家结构形式相一致，新中国成立后，我国一直强调加强中央的权威与统一领导。我国各级人民政府的机构设置，上下基本对应，也就是上级政府设置了什么工作部门，下级政府也会如法炮制设置一个相应的部门，以便具体落实上级机关的指示，这些部门既受本级政府的领导，属于本级政府的组成部分，也受上级主管部门的领导和业务指导。这就不可避免地形成了双重管理的领导体制与工作格局。新中国成立初期，我国仅有海关、铁路、航运等几个部门实行中央垂直管理，其他部门基本都实行双重管理的领导体制。党的十一届三中全会后，我国实行了改革开放，我们强调在坚持中央统一领导的前提下，发挥地方的积极性与自主性，通过多次的简政放权，把大量的权力下放到地方政府。这些改革措施，大大调动了地方的积极性，为经济发展注入了巨大活力。但问题也伴随而生，那就是地方权力的膨胀和地方保护主义的出现，使得中央的政令在执行中出现了不通畅的情况，中央和国家整体的利益受到冲击和损害。

随着我国行政管理体制改革的深入，对中央垂直部门管理的改革也逐渐浮出水面，受到社会的广泛关注。本题主要对中央垂直管理部门的存废及改革展开调查。

（二）调查问卷的相关问题说明

本题题干共设计了 4 个选项分支，本题的设计情况如下。

当前，中央垂直部门存在诸多争议。以下对于改革中央垂直部门的建议，您认为哪种比较合理？

［1］保留现有的垂直部门不变，加强内部监控制度

［2］取消垂直管理，将垂直部门一律划归地方，同时，加强中央对地方的监控，保证中央的政令畅通

［3］对垂直部门进行分类，除必须由中央统一管理的事项设置垂直部门外，其他事项划归地方

［4］其他

针对上面题目设计的具体内容，共有以下三个方面的内容需要进行明晰。

1. 关于垂直管理的概念

垂直管理一般是指中央政府部门对其在地方设立的分支机构或派出机构实行垂直领导的一种组织形式，又称部门垂直管理、中央垂直管理。垂直管理有如下几个特征：一是机构设置上的中央直属性，垂直管理机构不管驻地在哪里，都直属于中央政府，这些机构虽然驻在地方，但其编制、经费、人事、业务等都由中央部门直接管理，属于中央政府组织的范畴；二是执行事务上的中央专属性，这些垂直管理部门执行的事务都是中央政府管辖的事务，目的是保证中央政策、法律得到有效实施，中央政府和国家的整体利益

得到确保；三是设置形式上的灵活性，中央政府的部门和部门内设机构都可以设立垂直管理机构，这些机构的设置有的与行政区划重合，有的则跨行政区域设立，管理层级可以是一个也可以是多个。

2. 关于问题选项

针对此问题主要有四种建议：第一种建议最为保守，对现有体制持积极态度，支持保留现有的垂直部门不变，只需针对存在的问题加强内部监控制度；第二种建议最为激进，对现有体制持完全否定态度，要求取消垂直管理，将垂直部门一律划归地方，同时，加强中央对地方的监控，保证中央的政令畅通；第三种建议较为温和和中庸，要求对垂直部门进行分类，区别处理，除必须由中央统一管理的事项设置垂直部门外，其他事项划归地方；第四种态度为其他。

3. 调查采集的基本信息（见表 6-97）

表 6-97　　对于改革中央垂直部门的建议

选项	选择计数	百分比（%）
[1] 保留现有的垂直部门不变，加强内部监控制度	373	16.1
[2] 取消垂直管理，将垂直部门一律划归地方，同时，加强中央对地方的监控，保证中央的政令畅通	598	25.8
[3] 对垂直部门进行分类，除必须由中央统一管理的事项设置垂直部门外，其他事项划归地方	1 317	56.9
[4] 其他	28	1.2
总计	2 316	100.0

“其他”选项的填写情况：采取各级人大逐级监督的方式强化地方对垂直的监管，在保证中央集权的同时加强地方执法审查的权力。建议监察部门垂直管理。

二、总体分析

本部分以所有的调查问卷为分析对象，分析对于改革中央垂直部门的总体态度，并以此为基础，探寻改革的方向和路径。本次调研的总体数据见表 6-97。对表 6-97 中的数据按照各种建议在调查人群中所占的支持率重新排序，得到表 6-98。

表 6-98　　对改革中央垂直部门建议的态度

新序号	选项	选择计数	百分比（%）
1	[3] 对垂直部门进行分类，除必须由中央统一管理的事项设置垂直部门外，其他事项划归地方	1 317	56.9
2	[2] 取消垂直管理，将垂直部门一律划归地方，同时，加强中央对地方的监控，保证中央的政令畅通	598	25.8
3	[1] 保留现有的垂直部门不变，加强内部监控制度	373	16.1
4	[4] 其他	28	1.2
	总计	2 316	100.00

表格显示，被调查者对改革中央垂直部门的态度主要有三种：一是对垂直部门进行分类，除必须由中央统一管理的事项设置垂直部门外，其他事项划归地方；二是取消垂直管理，将垂直部门一律划归地方，同时，加强中央对地方的监控，保证中央的政令畅通；三是保留现有的垂直部门不变，加强内部监控制度。其中，主张分类处理的意见占据了意见首位，有56.9%的被调查者认为应该对现有的垂直部门进行分类处理，除必须由中央统一管理的事项设置垂直部门外，其他事项划归地方。

也就是说，主流的意见认为，应该对现有的中央垂直管理事项进行全面审查，按事项的性质区分是否属于必须由中央统一管理的事项，如是，继续由中央统一管理，如不是，则将该事项划归地方管理。

我国自20世纪70年代末实行改革开放政策后，地方利益日渐突出，地方政府成了地方利益的代表者，每个地方都希望自身利益最大化。“上有政策、下有对策”现象普遍，影响了中央政令的统一实施；对同级单位，地方保护主义抬头，为保护本地的工商企业，人为割裂国家统一市场，限制外地商品在本地的销售，或者为外地企业或商品进入本地设置更高的门槛。要建立社会主义市场经济体制，有一个国家整体意义上的统一市场是其前提条件。因此，有必要针对这些存在的问题，重新考虑加强中央的权威，加大中央法律政策的执行力。因此，自20世纪90年代中期起，中央政府以加大垂直管理力度为突破口，使税务金融、市场监管、环保、土地、审计、统计等部门相继采用垂直管理。近年来，省级以下垂直管理的范围进一步扩展，更体现了中央集权的增强趋势。但随着中央政府垂直管理力度的加大，相应的争论也随之产生。那就是中央政府是否管得过于宽泛，以至于影响了地方政府的积极性。有些权力，由于实行垂直管理，地方政府不能行使，这样地方政府的职能被肢解，统筹协调能力有所削弱，一些领域出现了“看得见但无权管”的现象。还有些事务如市场监管、土地管理、环境保护等，中央和地方政府都有权管，属于交叉性事务，但由于管理权限并不清晰，条块之间极易产生矛盾。因此，关于垂直管理体制的改革再次进入我们的视线。中央政府事无巨细都要进行亲自管理，有无必要？中央政府应该管的事情，是否已经管到了，是否能够管好？随着对这些问题探讨的深入，各种方案也浮出水面。其中坚持保留中央垂直管理，但应当对垂直管理事务进行重新梳理，中央政府仅保留必要的垂直管理事务的意见，占了主流。

调查显示，取消垂直管理的呼声占到了第二位。有25.8%的意见认为，应该取消垂直管理，将垂直部门一律划归地方。这种意见认为，中央垂直管理，严重削弱了地方政府统筹经济管理的能力，是家长制作风的表现，影响了地方的积极性和自主性，应予取消。作为对取消中央垂直管理体制的弥补，中央要加强对地方的监控，保证中央的政令畅通。但是这种观点是否有因噎废食的可能，需要探讨。实行中央政府对某些事务的垂直管理，是各个国家的通行做法，就连实行联邦制确保地方充分自治权力的西方国家也概莫能外。足见中央政府对某些事务有直接管理的必要性，这对于维护国家的主权、加强中央政府宏观调控能力、保证中央财政收入、确保中央政府的正常运转都是必需的。取消中央政府垂直管理事项，将使中央政府的上述能力极大削弱。即便中央加强对地方的监控，实际上也加大了中央政府管理的成本，不如由中央政府直接管理更经济些。而且，抓大放小，给地方更多的自主权，是我们经济体制改革和政治体制改革的方向。

调查显示，赞成保留现有垂直管理体制的意见占到了受访者意见的第三位。有16.1%的受访者认为，应保留现有的垂直部门不变，但应加强内部监控制度。持这种观点的，应大多属于思想保守人士。他们认为，我国现行的中央垂直管理体制适应我国的基本国情，在实际运行中也是富有成效的。在这种情况下没有必要废除现有的中央垂直管理体制，垂直管理中出现的问题虽然存在，但都不是什么大问题，完全可以通过加强内部监控的途径来解决。

三、基于中央与地方两个层级的分类数据分析

对待中央垂直管理体制改革，中央政府与地方政府可能会有不同的态

度。对这些数据进行比较分析，可以看出中央政府与地方政府对待这个问题的些许不同。表 6－99 就是对其进行的数据统计。

表 6－99　　中央与地方两个层级对待中央垂直管理机构态度的比较

选项	统计	地方政府	中央政府
[1] 保留现有的垂直部门不变，加强内部监控制度	选择计数	314	59
	百分比（%）	16.9	12.7
[2] 取消垂直管理，将垂直部门一律划归地方，同时，加强中央对地方的监控，保证中央的政令畅通	选择计数	523	75
	百分比（%）	28.2	16.2
[3] 对垂直部门进行分类，除必须由中央统一管理的事项设置垂直部门外，其他事项划归地方	选择计数	995	322
	百分比（%）	53.7	69.5
[4] 其他	选择计数	21	7
	百分比（%）	1.1	1.5
总计	参选人数	1 853	463
	百分比（%）	100.0	100.0

由表 6－99 可见，对待中央垂直管理机构态度，中央政府与地方政府对四种不同建议方案态度的比重大小的先后排序上是一致的，即不管是中央政府还是地方政府，都认为“对垂直部门进行分类，除必须由中央统一管理的事项设置垂直部门外，其他事项划归地方”的建议应当首先考虑；其次才是“取消垂直管理，将垂直部门一律划归地方，同时，加强中央对地方的监控，保证中央的政令畅通”；再次，是“保留现有的垂直部门不变，加强内部监控制度”；最后，“其他”意见数量微乎其微，可以忽略不计。

但是，中央政府与地方政府对各种选项的偏好程度却并不一致。对中央政府而言，取消垂直管理的意见比重要远远低于地方政府的，相差 12 个百分点；而对垂直事项进行清理和分类管理的意见比重，中央政府要高出地方政府近 16 个百分点；保留现有垂直管理体制不变的意见比重，中央政府与地方政府相差不大，地方政府略高于中央政府约 4 个百分点。之所以出现这种情况，可能是因为有以下几个方面：一是地方政府更希望取消中央的垂直管理，将这些事务移交地方政府进行管理。他们认为，中央的垂直管理影响了地方管理权能，使地方政府缺少了一些必要的手段，地方政府在某些事务上“心有余而力不足”。二是中央政府更希望保留自己对某些事务的直接管理权，因为这些权力对于维护国家的整体利益、加强中央的权威是必要的。

但同时，中央政府也意识到，对于目前垂直管理的事项过多过滥的趋势应予检讨，因此有必要对这些事项进行清理，按事项性质区分中央必须保留的权力和可以下放的权力，中央只保留那部分必需的权力，而对那些中央和地方都可行使管辖权的事务，径直交给地方政府管理。应当说，这种观点还是比较理性的，着眼于解决问题但并不偏激。三是完全保留现有的垂直管理体制，只是加强内部的监控制度，对此，中央政府与地方政府似乎都不太认可。

四、基于不同府级的分类数据分析

由于不同府级的政府，和中央垂直管理的紧密程度不同，因而态度也有一些细微差异，有必要进行比较分析。本次调研，分别在国家部委、省级政府、市级政府和县级政府四个层级展开，不同层级政府对待中央垂直管理的态度的统计数据见表 6－100。

表 6－100　　不同府级公务员对中央垂直管理改革的意见

选　项	统　计	国家部委	省级政府	市级政府	县级政府
[1] 保留现有的垂直部门不变，加强内部监控制度	选择计数	59	77	113	124
	百分比（%）	12.7	12.7	17.2	21.0
[2] 取消垂直管理，将垂直部门一律划归地方，同时，加强中央对地方的监控，保证中央的政令畅通	选择计数	75	150	185	188
	百分比（%）	16.2	24.8	28.2	31.9
[3] 对垂直部门进行分类，除必须由中央统一管理的事项设置垂直部门外，其他事项划归地方	选择计数	322	374	348	273
	百分比（%）	69.5	61.7	53.0	46.3
[4] 其他	选择计数	7	5	11	5
	百分比（%）	1.5	0.8	1.7	0.8
总计	参选人数	463	606	657	590
	百分比（%）	100.0	100.0	100.0	100.0

不同府级公务员对待中央垂直管理的态度是有相当大共同点的。他们对不同建议的态度的比重大小先后排序是一样的。保留垂直管理事项，对垂直管理事项进行分类管理，是四级政府共同的首选项。不过，从国家部委到县

级政府，对该建议的认可程度是逐渐降低的，分别是69.5%、61.7%、53.0%和46.3%。这足以说明，中央政府从自身和国家的整体利益出发，更倾向于保留中央对某些事务的垂直管理权，同时对这些事务进行精简，择其要者而留之，其他的划归地方管理。中央政府不能事无巨细、什么都管、统得过死，否则，必然伤害地方政府的积极性；当然也不能放任不管、听之任之，否则，中央政府将失却制约地方的一些必要的、最后的手段。而地方政府更希望中央政府从一些权力领域退出来，把更多的权力给予地方，让地方政府管理经济和社会的权力更完整，更全面。越是下级政府，越是感觉到自己有效施政的权力过少，越希望从根本上改变现状。这种态度倾向从各个不同府级公务员对待“取消垂直管理”的态度上得到了反证。对于取消垂直管理，从中央部委到县级政府，其支持态度是逐渐提升的，分别是16.2%、24.8%、28.2%和31.9%。也就是说，越是上级政府越是反对取消垂直管理，越是基层政府越是支持取消垂直管理。

五、基于不同地区的分类分析

由于地理环境、发展程度的差异，不同地区对待垂直管理的态度也可能有所不同。我们分别在东部、中部和西部三个区域进行抽样调查。统计结果见表6-101。

表6-101　不同地区对待改革中央垂直管理的态度

选　项	统　计	东部地区	中部地区	西部地区
[1] 保留现有的垂直部门不变，加强内部监控制度	选择计数	31	34	249
	百分比（%）	11.0	9.3	20.6
[2] 取消垂直管理，将垂直部门一律划归地方，同时，加强中央对地方的监控，保证中央的政令畅通	选择计数	53	97	373
	百分比（%）	18.9	26.6	30.9
[3] 对垂直部门进行分类，除必须由中央统一管理的事项设置垂直部门外，其他事项划归地方	选择计数	191	232	572
	百分比（%）	68.0	63.7	47.4
[4] 其他	选择计数	6	1	14
	百分比（%）	2.1	0.3	1.2
总计	参选人数	281	364	1 208
	百分比（%）	100.0	100.0	100.0

不同地区对待中央垂直管理体制改革的建议的态度，大体是一致的，按照认同优先顺序进行排序，均为分类管理、取消垂直管理、维持现状。这应当没有悬念。有意思的是，从东部到中部再到西部，对垂直管理事项进行分类处理的态度是逐渐消极的，也就是说，从西到东，越是到东部沿海经济发达地区，其在对待中央垂直管理事务的问题上的态度越倾向于中央政府的立场。与其相对应的是，在对待取消垂直管理的问题上，从东部到西部，支持度逐渐提高。也就是说，越是西部经济欠发达地区，越倾向于取消垂直管理。

六、结论

通过以上的比较分析可知，不管是中央和地方两个层级，还是国省市县不同府级、不同地区，调查结果显示的对待改革中央垂直管理体制的各种建议，态度是基本一致的。居首位的意见认为，应对现有垂直管理事项进行分类处理，中央只保留必须由自己垂直管理的事项，其他事项划归地方；居其次的意见认为，应取消垂直管理，将垂直部门一律划归地方，同时，加强中央对地方的监控，保证中央的政令畅通；再其次的意见认为，应该保留现有的垂直部门不变，加强内部监控制度；最后的意见为其他意见。

（一）关于对垂直管理事项的分类处理的意见

是否实行垂直管理以及垂直管理的力度如何，一般与该国的国家结构有一定关系。在单一制国家，地方政府与中央政府职能相似，机构设置上基本也是上下同构。地方的权力来自中央授予。是否授权以及授权多少都由中央决定，在这种结构下往往建成的是一种中央集权的模式。中央政府主要扮演决策者的角色，而地方政府主要扮演执行者的角色，地方的自主性往往不需要太大，在计划经济体制下尤其如此。既然中央政府已经事无巨细地对各种经济和社会事务实施决策职能了，那么除了一些体现主权的特殊事项外，中央政府已无必要再去对其他事务实施具体管理。实际上，地方政府已经承担了具体实施这些管理的职能了。在这种情况下，中央政府只需要把握好前后两端就行了。前端，要做好科学决策；后端，要加强对地方执行情况的监督检查。因此，在单一制国家结构下，中央大多弱化而不是强化垂直管理。

而在联邦制国家，成员单位权力先于国家权力而存在。联邦权力来源于地方的授予。未授予联邦的权力，由各成员单位保留。在这种国家结构下，联邦政府行使的权力往往仅限于国防和外交等事务，而大量的管理经济和社会事务的权力由联邦成员单位行使。联邦政府与各成员单位政府都有自己独立运作的政府机构，两者没有隶属或领导关系。联邦政府缺少对成员单位有力制约的权力和手段。在这种体制下，联邦政府对于应由自己直接管理的事项，应强化垂直管理。

垂直管理事项，按其职能不同，大体分为实体性和督办性两种。实体性垂直管理，主要针对中央政府的专有职能，如国防外交、宏观经济管理、邮政、航空、铁路等事务，这些事务带有一定的主权色彩，不宜也不能由地方政府负责。督办性的垂直管理事项，一般针对中央和地方政府的共有职能，如教育、就业、环保等事务，这些方面通常是由中央政府进行决策，地方政府具体执行，对其执行情况，中央政府在地方设立垂直领导的派出机构，进行督办。督办，具有协助执行、业务指导、联络协调、执法监督等方面的管理职能。

与西方国家相比，我国督办性垂直管理部门数量少，且仅限于执法监督，垂直管理以实体性垂直管理为主。实体性垂直管理，自成体系，人事、经费等完全独立于地方，运行成本较高；而督办性垂直管理，具体事务由地方执行，中央派出机构只负责督促和协调，运行成本较低。国际经验表明，单一制国家的政府事务大多数属于中央政府与地方政府的共管事务，政府垂直管理应大多属于督办性的。近年来我国环保、土地等部门开始推行督办性垂直管理，就是加强这种督办性垂直管理的有益尝试。

区分中央政府的专有职能和各级政府的共有职能，是实行对垂直管理事务进行分类处理的前提条件。中央政府对其专有职能，实行实体性的垂直管理；对各级政府的共管事务，可以实行督办性的垂直管理。但目前，我国中央政府与地方政府的职权划分并不清晰。政府有时候强调集权，有时候又强调放权，根据客观情势的需要，权力收收放放，缺乏必要的稳定性。解决之道是应将其纳入法治化的轨道，通过制定《中央与地方关系法》的形式明确中央与地方的职权划分，职权划分清楚后，垂直管理采取哪种具体方式也就迎刃而解了。但是考虑到目前我国正处于全面深化改革的阶段，中央与地方也处在不断博弈之中，在这种情况下，制定《中央与地方关系法》应该说还十分困难。但是，我们可以先对垂直管理事项进行全面梳理，确认哪些事项是中央政府基于其地位和职责必须管辖的事项，哪些职权不是中央政府独有而是可以与地方政府分享的，这也可以为《中央与地方关系法》的起草累积经验，做好铺垫。

（二）关于取消垂直管理的建议

主张取消垂直管理的意见认为，我国是单一制国家，地方所有权力来自中央授权，中央有人事、财政等足够多的强有力的手段控制地方。在这种情况下，中央政府又直接对一些事务进行管理，是没有必要的，把这些权力交由地方政府，中央政府只对地方政府加强监控就可以了。这种观点在地方政府中很有市场，反映了地方政府希望扩大自身管理权限的愿望。综观世界各国，凡单一制国家，多有减少和削弱垂直管理的趋势，而联邦制国家却多有增多和加强垂直管理的趋势。我国该何去何从，莫衷一是。必须明确的是，单一制国家减少和削弱垂直管理，并不等于完全取消垂直管理。这些国家对于事关体现国家主权的一些事项，仍“顽固”地坚持垂直管理，只是将一些中央可管可不管的事项交给地方政府进行管理。而联邦制国家由于联邦政府权力受限，成员单位具有较大的自主管理的权力，上下没有领导关系，因此，联邦政府有必要强化这种垂直管理。我国虽为单一制国家，应减少垂直管理，但不能取消垂直管理。

（三）关于保留垂直管理体制不变的意见

有一部分意见认为，应保留现有的垂直管理体制不变，同时加强内部监控。加强内部监控是应该的，但保留现有的垂直体制不变似乎已经不合时宜。我国的垂直管理体制已经表现出一些弊端，是必须要改变的，这些问题也是加强内部监控所不能完全解决的。所以，改革垂直管理体制是必然，关键是如何改的问题。

第十九节 在中央政府设置地方事务部支持度的数据分析

一、序言

本题主要关注地方事务部的设置问题。在中央政府设置地方事务部是否必要、是否可行是本题最为关心的内容之一。新的部门的设置应当是谨慎的，尤其是在建设法治政府、有限政府的时代背景和追求精简机构、提高效率的政治体制改革目标下，设置新的部门应当是审慎的。

历史上，我国曾在中央政府设置过地方事务部——中央人民政府华北事务部。中央人民政府华北事务部是根据1949年9月27日中国人民政治协商会议第一届全体会议通过的《中华人民共和国中央人民政府组织法》第22条的规定，于1950年9月5日在中央人民政府政务院设置的一个部门。1950年9月5日，中央人民政府委员会第九次会议通过《关于增设中央人民政府人事部及中央人民政府华北事务部的决议》，决定成立中央人民政府华北事务部。1952年4月18日，中央人民政府委员会第十四次会议决定撤销中央人民政府华北事务部，设立政务院华北行政委员会。[①] 政务院华北行政委员会实际上仍然是地方事务部，统管华北地区的相关事务。

（一）本题的设计缘由

在转型中的中国，如何理顺中央和地方的关系是一个至关重要的问题。中央如何最大程度上及时获知地方的真意，地方如何真实反映当地的问题和需求给中央？这些问题不解决，中央和地方的关系则难以进一步理顺。党的十七大报告特别指出要“加大机构整合力度，探索实行职能有机统一的大部门体制，健全部门间协调配合机制”。在此背景下，在中央设置地方事务部，尽量把公共服务职能相近、业务范围类似的事项整合到地方事务部门进行统一管理，使其专司其责，最大限度地减少职能交叉、政出多门、多头管理，从而达到提高公共服务效率，降低行政成本的目标。地方事务部的主要工作就是要加强中央与地方的互动，回应地方政府的发展诉求，统筹地方发展事务，争取做到“全国一盘棋”而又区别对待。所谓“全国一盘棋”是指，地方事务部要统筹全国各地的发展，督促和检查地方对中央政府政策方针的落实和贯彻；所谓区别对待是指，地方事务部应当及时反映不同地区的特殊需求和问题给中央，由中央组织相关部门或协调相关部门研究问题、提出解决方案和回应需求。

---

① “中央人民政府华北事务部”维基百科．(2011-12-11)[2012-11-10]. http://zh.wikipedia.org/zh-cn/%E4%B8%AD%E5%A4%AE%E4%BA%BA%E6%B0%91%E6%94%BF%E5%BA%9C%E5%8D%8E%E5%8C%97%E4%BA%8B%E5%8A%A1%E9%83%A8.

（二）调查问卷的相关问题说明

本题题干及选项设计如下。

为加强中央与地方的互动，回应地方政府的发展诉求，统筹地方发展事务，我们建议，在中央政府设置地方事务部。以上建议，您认为是否必要和可行？

［1］必要，并且可行

［2］必要，但不可行

［3］没有必要

［4］不知道

针对上面题目设计的具体内容，共有以下三点内容需要明晰。

1. 关于地方事务部设置的考虑

本题提出在中央设置地方事务部的一个最为重要的背景就是大部制改革。不同的政府职能应当由不同的政府机构来执行，类似的、相关的政府职能应当由同一政府机构来执行。这是大部制改革的基本理念。实际上，大部门体制改革的主要目标就是为了克服行政管理中的部门主义和部门利益，大部制改革的核心内容就是精简、重组原有的行政部门，使其职能得到整合，效率得到提升。我国《宪法》第27条规定，一切国家机关实行精简的原则，实行工作责任制，实行工作人员的培训和考核制度，不断提高工作质量和工作效率，反对官僚主义。“在经济合作与发展组织（OECD）成员国中，从中央政府核心机构设置数量来看，中央政府核心机构设置数量最多的是新西兰，现政府的核心机构有30个（不过内阁部长多兼职几个部的首长，所以内阁部长人数也只有19人），其次是加拿大，有26个，其他国家则都在20个以下，其中，澳大利亚和英国都为19个，美国和法国都为15个，德国为14个，日本为12个，机构设置最少的国家是瑞士，只有8个。这些国家平均的中央政府核心机构设置数量大致为16个。与我国国务院目前有28个组成部门相比较，显然，上述大部分国家的部门数量相对较少。”[①]“在中央政府部门设置上，较充分地实行了大部门体制。比如，上述国家绝大多数都普

① 各国中央政府核心机构设置与实行大部门体制基本情况．(2011-12-11)[2012-11-10]．http：//www.scopsr.gov.cn/jdjcr/xgzl/201001/t20100123_1211.htm.

遍设置了大农业部和大交通部，分别综合管理农、林、牧、渔业政策和陆、海、空交通运输政策。”[①] 日本于2001年在中央政府层面实施了大部制改革。其“重组原则是：1. 依政策课题、施政目标与任务，重新按相同或相近职能组合，并重视部门的统合性与整体性；2. 利益相反与性质不同（如经济发展与环境保护）的业务要尽量放在不同部门；3. 部门之间在规模大小和权限方面要尽量保持均衡”[②]。日本的这一做法值得我们借鉴。

大部制改革的基本思路是“做减法”，而我国设置地方事务部是“做加法”。因此，在中央设置地方事务部这一建议上，本题目没有就怎样设置地方事务部进行提问、设计选项，而是从必要性和可行性的角度进行设计的。这样一来，就能够很好地反映出参选公务人员对是否设置地方事务部的倾向性。

2. 地方事务部的设置目标

第一，地方事务部可大力推进基本公共服务均等化。依法行政的基本要求之一就是要建立服务型政府，逐渐实现从管治型政府向服务型政府的转变；同时，人的全面发展也表现为对基本公共服务的实际需求。“实行基本公共服务均等化也应探索实行职能有机统一的‘大部门’体制，把公共服务职能相近、业务范围雷同的事项交给一个部门统一管理，可通过设立地方事务部，或在财政部下设地方事务司（局），专司在全国范围内推进基本公共服务均等化的责任，最大限度地减少职能交叉、政出多门、多头管理，从而达到提高公共服务效率，降低行政成本的目标。”[③] 第二，地方事务部可解决地方政府债务负担过重的问题。我国自1994年实行分税制以来，中央财政收入有了切实保障，同时“财权层层上收、事权层层下放”的局面，导致地方政府财力与事权不相匹配，地方政府要做的事情很多，但是财力不足，地方负债严重。[④] “从长远讲，要实行‘地方自治’；从当前讲，至少在决策机制上，中央政府应当成立一个专门负责地方事务的地方事务部，其作用主

①② 各国中央政府核心机构设置与实行大部门体制基本情况．(2011-12-11)[2012-11-10]. http://www.scopsr.gov.cn/jdjcr/xgzl/201001/t20100123_1211.htm.

③ 推进基本公共服务均等化重在制度建设．(2011-12-12)[2012-11-10]. http://www.jndpc.gov.cn/E_ReadNews.asp?NewsID=1007.

④ 审计署公布的调查报告显示，截至2010年年底，我国省市县三级地方政府性债务余额为107 174.91亿元。

要有两个，一方面，作为地方政府的代言人，在参与中央决策时替地方政府说话，反映地方财力状况能否实现中央各部委提出的达标任务；另一方面，负责监督地方财政，监督地方政府的债务负担。”[①] 第三，地方事务部可以充分发挥“桥梁”作用，连接中央和地方，使二者的沟通能够比较直接、顺畅。地方事务部一方面可以“上令下达”并督促检查，另一方面则可以“下意上传”并建言献策。这能够很好地协调中央和地方的关系，能够化解二者之间的矛盾，使得问题的反映和解决更加快速、及时。

3. 调查采集的基本信息（见表 6-102）

表 6-102　在中央政府设置地方事务部，统筹解决地方发展事务，您认为是否必要和可行？

选项	选择计数	百分比（%）
[1] 必要，并且可行	984	42.4
[2] 必要，但不可行	332	14.3
[3] 没有必要	911	39.3
[4] 不知道	94	4.0
总计	2 321	100.0

二、总体分析

本部分以所有的调查问卷为分析对象，分析在中央设置地方事务部的必要性和可行性，并试图阐释参选公务人员作出选择的总体原因。

对调查的信息表按照选择计数的多少来重新排序，得到表 6-103。

表 6-103　在中央政府设置地方事务部，统筹解决地方发展事务，您认为是否必要和可行？

新序号	选项	选择计数	百分比（%）
1	[1] 必要，并且可行	984	42.4
2	[3] 没有必要	911	39.3
3	[2] 必要，但不可行	332	14.3
4	[4] 不知道	94	4.0
	总计	2 321	100.0

从表中可以看出，被调查人的选择主要是两大类即有必要性和无必要

① 允许地方发债推动体制改革．(2012-12-12)[2012-11-10]. http://finance.sina.com.cn/roll/20110729/091910228119.shtml.

性。从有必要性来看，主要分为必要可行和必要不可行两大类。

首先，选择必要并且可行的共有 984 人，占参选人数的 42.4%，选择必要且不可行的共有 332 人，占参选人数的 14.3%。也就是说，但从必要性来看，共有 1 316 人支持，占参选人数的 56.7%。这说明，在参选人数当中有一半以上的人认为在中央设置地方事务部是有必要的。出现这种选择的原因也不外乎是认为设置地方事务部有利于理顺中央和地方的关系，有利于优化现有的治理结构，有利于中央及时、真实地了解地方的动态。

其次，从有必要性来看，又分为必要可行和必要不可行两类。选择必要可行的有 984 人，占参选人数的 42.4%，必要不可行的共有 332 人，占 14.3%，选择必要可行的远远高于选择必要不可行的，前者高于后者约 28 个百分点。相对来说，这一比例是比较大的。也就是说，在参选的公务人员队伍中，对本题的建议，大多数不仅认为有必要，而且认为具有可行性。在参选人数当中，有 984 人认为在中央设置地方事务部既是必要的也是可行的，这比较充分地反映了这部分人员的倾向性。但要注意的是，选择必要并且可行的人也不过是 42.4%，不足一半的比例。并且，也有 14.3%的人认为有必要但不可行。这也说明了这部分人对地方事务部的设置方案可能另有看法。比如，有的学者就认为可在财政部下设地方事务部。

最后，在选择没有必要的数据中，选择没有必要的参选人数高达 911 人，比例占参选总数的 39.3%。这一比例与选择必要且可行的比例相差 3.1 个百分点。这充分说明了在中央设置地方事务部的方案遇到了很大的争议。一方面，在建设服务型政府的今天，精简机构、合并执行机构是大趋势。在这样的背景下，在中央设置新的地方事务部的确是有点反趋势的。另一方面，各地在北京都有驻京办、办事处。虽然驻京办被取消，但是变相存在的驻京办、办事处依然存在。这些驻京办、办事处在很大程度上扮演了地方事务部的一部分职能。在中央设置地方事务部很可能打破各地在中央的利益格局，因而部分公务人员认为没有必要设置地方事务部。这两方面的原因应当是造成选择没有必要的人数这么高的主要原因。另外，还有 4%的人选了不知道。在面对在中央设置地方事务部这一问题时，一小部门公务人员选择了不知道，说明这部分公务人员可能在这一具体问题时没有进行深入的思考或者不明白这一问题，并不能说明这部门公务人员素质一定不高。

三、基于中央和地方的数据分析

根据调查的信息，按照中央政府和地方政府的分类数据进行梳理，得到表 6－104。

表 6－104　在中央政府设置地方事务部，统筹解决地方发展事务，您认为是否必要和可行？

选项	统计	地方政府	中央政府
［1］必要，并且可行	选择计数	857	127
	百分比（%）	46.2	27.2
［2］必要，但不可行	选择计数	284	48
	百分比（%）	15.3	10.3
［3］没有必要	选择计数	637	274
	百分比（%）	34.4	58.7
［4］不知道	选择计数	76	18
	百分比（%）	4.1	3.9
总计	参选人数	1 854	467
	百分比（%）	100.0	100.0

首先来分析地方政府。在地方政府公务人员中，选择必要并且可行的共计 857 人，占总人数 1 854 的 46.2%；选择必要但不可行的共 284 人，占总人数 1 854 的 15.3%；选择没有必要的人数共计 637，占总人数 1 854 的 34.4%；选择不知道的，共 76 人，占到了 4.1%。在地方政府的数据中，我们发现，选择必要可行的占第一位，第二位是选择没有必要的，第三位是选择必要但不可行的，第四位是选择不知道的。这说明，地方政府公务人员比较希望在中央设置地方事务部这一方案。在地方公务人员看来，在中央设置事务部后，能够通过地方事务部传达地方的情况，也能够直接通过地方事务部参与到中央的决策中去。当然，选择没有必要的也不在少数。在地方公务人员来看，之所以设置地方事务部没有必要，是因为他们对设置在中央的地方事务部不敢太抱希望，认为地方事务部的职能已经由中央各个部委分别承担，设置地方事务部多此一举。另外，选择必要但不可行的比例较少，这种认知也能充分说明对这一问题思考的慎重性。

其次来分析中央政府。在中央政府公务人员中，有 127 人选择了必要且可行，占参选人数 467 人的 27.2%；有 48 人选择了必要但不可行，占参选人数 467 人的 10.3%；选择没有必要的共有 274 人，占参选人数 467 人的

58.7%，选择不知道的共计18人，占参选人数467人的3.9%。在中央政府公务人员的选择中，选择没有必要的占到了58.7%，超过了一半的比例，成为第一选择；第二选择是必要且可行；第三选择是必要但不可行；第四选择是不知道。这一数据中的第一选择显然与总体分析、地方政府公务人员的选择是不一致的。为何中央政府参选公务人员大多数支持没有必要呢？主要原因就在于中央政府现在各个部委、直属机构及其部管局已经构成了数量庞大的职能机构群，这些职能机构群已经足够多而且职能分工比较细，甚至有所交叉，中央层面也希望推行大部制改革，精简机构，裁撤合并一些部门，因此，中央政府公务人员不希望再建立一个单独的地方事务部门。

最后来对比分析地方政府和中央政府。中央政府参选公务人员的第一选择与地方参选公务人员的第一选择是完全冲突和矛盾的。中央政府公务人员选择了没有必要的比例是最多的，地方政府公务人员选择必要可行的占第一位。双方在这一问题选择上的差异，充分反映了中央和地方关系中难以调和的一面。地方当然希望中央能够切实促进地方的发展，设置地方事务部是地方公务人员认为能够帮助到地方发展的一个事情，因而对此大多数比较支持。从中央层面看来，设置地方事务部可能是多此一举。

四、基于四级政府公务员的数据分析

如何认识府际关系？先来看看什么是府际关系。广义来说，府际关系是指各个政府之间的关系，它包括的层面比较立体，比如中央政府与地方政府之间、地方政府之间、政府部门之间、各地区政府之间的关系。“府际关系的特征除了范围广、动态性、人际性之外，还具有执行性、应付性、协商性。……由单一性走向多样性，由垂直联系为主发展为横向联系为主，由冷变热。由于利益的驱动以及地区之间的差距和发展的不平衡性，地方政府之间、地区政府之间以及政府部门之间的横向联系蓬勃展开，西北集团、西南集团、华南—西南集团、上海经济区以及几个政府之间、企业之间的协商和合作正在加强。理顺政府之间的关系意义重大，它对于缩小地区之间的差距，实现共同发展，以至于加速实现现代化，都有重要的作用。”[①] 在本单

① 谢庆奎．中国政府的府际关系研究．北京大学学报（哲学社会科学版），2000（1）．

元内，我们主要涉及上下政府之间的关系，即府际关系，是一种基于级别上的政府关系。

综合调查的数据，我们得到表 6－105。

表 6－105　在中央政府设置地方事务部，统筹解决地方发展事务，您认为是否必要和可行？

选　项	统　计	国家部委	省级政府	市级政府	县级政府
［1］必要，并且可行	选择计数	127	241	289	327
	百分比（%）	27.2	39.9	43.9	55.2
［2］必要，但不可行	选择计数	48	94	87	103
	百分比（%）	10.3	15.6	13.2	17.4
［3］没有必要	选择计数	274	251	254	132
	百分比（%）	58.7	41.6	38.6	22.3
［4］不知道	选择计数	18	18	28	30
	百分比（%）	3.9	3.0	4.3	5.1
总计	参选人数	467	604	658	592
	百分比（%）	100.0	100.0	100.0	100.0

从国家部委的数据来看，首先是选择没有必要的，一共有 274 人，占到参选人数 467 人的 58.7%，其次是选择必要且可行的占到了 27.2%，再次是选择必要但不可行的，占到了 10.3%，最后是选择不知道的。由此可见，中央层面的公务人员选择没有必要设置地方事务部的比例占到了一半以上。关于原因，本文已经作出分析，在此不赘述。

从省级政府的数据来看，首先是选择没有必要的，共有 251 人，占到参选总数 604 人的 41.6%，其次是选择必要且可行的人数，共计 241 人，占到了 39.9%，再次是必要但不可行的，占到了 15.6%，最后是选择不知道的。在省级政府这里，出现了不相上下的选择数据，即选择没有必要的仅仅比选择必要且可行的高出了 1.7 个百分点。这说明，在省级政府层面，参选的公务人员对是否在中央设置地方事务部是有不同意见的，且争议很大。从现有数据来看，选择没有必要的略占上风。这与国家部委参选公务人员的选择有一致性。为何省级政府公务人员有如此的比例不支持设置地方事务部呢？因为省级政府与中央直接打交道，与中央距离较近，联系较直接，各种事情的贯彻落实和沟通都比较容易，设立地方事务部可能不太有必要。但也有一定比例的省级公务人员认为有必要设置地方事务部，且具有可行性。这可能与西部省级参选公务人员的认知有关。这将在本节第五部分进行阐释。

市级和县级政府在选择上具有高度的一致性。二者的第一选择都为必要且可行，第二选择都是没有必要，第三选择都是必要且不可行，第四选择都是不知道。之所以出现这样的选择，是因为市县政府距离中央权力中心较远，联系不便，市级政府需要经过省级政府才能与中央保持联系，而县级政府需要经过市级政府、省级政府两级才能与中央保持联系。市县级政府希望通过在中央设置地方事务部来多关心其自身的利益需求，从而统筹解决市县级政府的发展问题。从上表中，我们可以清晰地看到政府越是级别低，就越希望在中央设置地方事务部。这充分说明了低级别政府与中央政府在一定程度上出现了脱节。

五、基于不同地区的数据分析

从表 6－106 可以看出，东部和中部对在中央设置地方事务部的认知大体一致，西部有自己的特色。东部和中部在中央设置地方事务部上的选择基本一致：第一选择都是认为没有必要设置，第二选择都是必要并且可行，第三选择都是必要但不可行，第四选择都是不知道。其原因可能在于东部经济已经优先发展，经济较发达，且东部全地区享受优惠政策最早也最多，在中央设置地方事务部对其进一步发展没有更实质的影响，即东部可能不会再得到更多的支持。

表 6－106　为加强中央与地方的互动，回应地方政府的发展诉求，统筹地方发展事务，我们建议，在中央政府设置地方事务部。以上建议，您认为是否必要和可行？

选　项	统　计	东部地区	中部地区	西部地区
[1] 必要，并且可行	选择计数	107	143	607
	百分比（%）	37.9	39.2	50.3
[2] 必要，但不可行	选择计数	36	40	208
	百分比（%）	12.8	11.0	17.2
[3] 没有必要	选择计数	123	171	343
	百分比（%）	43.6	46.8	28.4
[4] 不知道	选择计数	16	11	49
	百分比（%）	5.7	3.0	4.1
总计	参选人数	282	365	1 207
	百分比（%）	100.0	100.0	100.0

中部的发展水平自从“中部崛起”战略实施以来已经得到了进一步的提

高。从中国整体发展的角度考虑，中部就是中国的“腰”和“心腹”，只有“腰板”直了，中国这个巨人才能走得正、走得稳，中国经济才能协调健康发展。2004 年 3 月，温家宝总理在中央政府工作报告中，首次明确提出“促进中部地区崛起”。目前我国已经进入了新十年促进中部崛起规划阶段（2016—2025 年）。中部包括山西、河南、安徽、湖北、湖南、江西六个相邻省份，是中国的人口大区、经济腹地和重要市场，在中国地域分工中扮演着重要角色。从这个意义上来说，加快中部发展是提高中国国家竞争力的重大战略举措，是东西融合、南北对接，推动区域经济发展的客观需要。中部的快速发展，受中央的大力支持，使得中部的部分参选公务人员认为设置地方事务部的必要性不大。

西部的选择显然不同于东部和中部。西部的参选公务人员的第一选择就是必要且可行，共有 607 人选择，占了参选总人数1 207 的50.3%，第二选择是没有必要，比例为 28.4%，第三选择才是必要且不可行，占 17.2%。比较第一选择和第二选择，我们发现，选择必要且可行的要比选择没有必要的整整高出 21.9 个百分点。这充分说明了西部公务人员对设置地方事务部的渴望。为什么西部公务人员如此渴望设置地方事务部？西部也有西部大开发战略的支持，为何不能像中部作出类似选择？这是因为西部的自然环境远比中部恶劣，而且西部的经济落后也不是一天形成的，有很悠久的历史原因。东、西部发展差距的历史存在和过分扩大，已经成为一个长期困扰中国经济和社会健康发展的全局性问题。支持西部开发建设，实现东、西部协调发展，是我们党领导经济工作的一条重要方针，也是我国现代化建设中的一项重要的战略任务。但是，西部大开发不是一时就能够完成的，西部仍然需要中央的大力支持，因而西部参选公务人员十分希望在中央设置地方事务部来帮助西部持续发展。

六、结论

从调研的数据来看，中央层面认为设置地方事务部是没有必要的，省级政府也倾向于不设立地方事务部，而市县级政府却比较认同在中央设置地方事务部；东部、中部倾向于不设立地方事务部，而西部比较渴求设立地方事务部。从整体来看，所有参选人员中，支持设立地方事务部的人员略多于认为没有必要设置的人员：必要可行的有984人，占参选人数的42.4%，选择没有必要的参选人数也高达911人，比例占参选总数的39.3%。二者之间仅相差3.1个百分点。这充分说明了在中央设置地方事务部的方案产生了很大的争议。

我们认为，现在对此下一个肯定性的结论即认为可设或者认为不必要设地方事务部是没有充分依据的。毕竟，这样的调研规模、调研方法等都具有一定的局限性。但是，在调研是否设置地方事务部的问题时，我们同时发现是否中央设置地方事务部涉及众多法律问题和政治体制改革问题。

1. 我国国家机构设置应遵循的原则

设置一个机构先应当遵循法治原则。法治就是要使一切国家机关严格按照宪法和法律的规定行使职权，切实做到有法可依、有法必依、执法必严、违法必究，保证国家各项工作都依法进行。法治作为国家机构的组织和活动原则，其基本要求包括以下几个方面：第一，国家机构的设置由法律规定，保证国家机构的合法性和权威性。第二，一切国家机关必须在法律规定的范围内行使职权，即遵循职权法定原则。第三，国家机构行使职权需要遵循正当法律程序，不得任意行事。

同样，依法行政是对法治原则的贯彻。它强调的是行政主体在行使行政权时必须依据法律、符合法律，不得与法律相抵触。合法不仅指合乎实体法，也指合乎程序法，凡没有法律、法规、规章的规定，行政机关不得作出影响公民、法人和其他组织合法权益或者增加公民、法人和其他组织义务的决定。依法行政的最基本前提是行政主体合法，即行政主体必须是依法设定的，并具备相应的资格，只有具备法定资格要件的行政主体作出的行政行为才是合法的行政行为，任何没有法律依据的职权都是不应存在的。如果要设置地方事务部，一定要严格遵守宪法及相关组织法等的规定，不得任意设立、变相设立类似机构。

2. 大部制改革问题

大部制是指大部门体制，具体来说为推进行政事务综合管理与协调，按职能合并政府部门，组成超级大部的政府组织体制。其特点是扩大一个部所管理的业务范围，把多种内容有联系的事务交由一个部管辖，从而最大限度地避免政府职能交叉、政出多门、多头管理，从而提高行政效率，降低行政成本。近十年的改革方向都趋向于加大机构整合力度，探索实行职能有机统一的大部门体制。这种大部制的整合，不只是简单的机构撤并、人员进出，还应重在转变职能、理顺关系、优化结构、提高效能。其目的在于减少行政层次，降低行政成本，解决机构重叠、职责交叉、政出多门等问题。这样的改革已经从中央政府延伸到地方政府，成为我国政府机构改革的趋势。进行大部制改革，可以提高行政效率，也有利于行政体制改革。问题是，大部制改革将面对种种利益调整，因此面临的困难相当多。如果考虑在中央设置地方事务部，需要认真思考地方事务部与其他相关部门的职能交叉情况，以免重复设置。

第七章

政府权力制约机制实证研究

第一节　政府决策权、执行权、监督权制约现状的数据分析

一、序言

2003年，我国深圳市进行了行政三分制的改革。行政三分制，就是将政府职能分为决策、执行、监督三个部分，在政府职能相对分离的基础上，形成政府决策权、执行权、监督权相互制约又相互协调的政府运作架构。具体讲，政府按照大行业、大系统的原则设立若干决策局，就每个决策部门的相关业务，设置相应的执行局。决策局有决策权但没有监督权，主要负责制定行政规范性文件和政策。执行局行使单一的执行权而没有决策权，执行部门和决策部门之间建立绩效合同关系，执行局按照决策部门制定的行政规范性文件和政策运作，实现决策部门规定的责任、目标和任务。此外，政府还设立相对独立的监察机关，包括监察局和审计局，直接向市长负责。可以说，深圳的改革方案是对我国现有行政组织体系的一个突破，也为全国其他地方的行政体制改革提供了一个可供参考的组织模型。然而，深圳在实际运行中并未发现这种机构设置具有什么优越之处，改革条件不成熟，其改革效果并不十分理想。由于各种各样的原因，这次改革试点最后以遗憾收场。不可否认，希望通过行政三分制改革对我国行政运作模式进行一场革命的初衷

是值得肯定的，但是事实证明，就目前而言，它的可行性是值得考究的，在推行过程中也要处处谨慎。不过，这次不成功的尝试为当前的行政管理体制改革提供了宝贵的经验和教训。

（一）本题的设计缘由

从党的十七大提出建立健全政府决策权、执行权、监督权相互制约和相互协调的权力结构和运行机制开始，权利结构的调整与改革又一次进入人们的视线当中。党的十八大报告再次强调要健全权力运行制约和监督体系，确保决策权、执行权、监督权既相互制约又相互协调，确保国家机关按照法定权限和程序行使权力。党的十九大报告更进一步指出权力运行机制应当决策科学、执行坚决、监督有力。为切实摸清我国目前政府决策权、执行权、监督权相互制约的现状，课题组有针对性地设计了相关问题，对全国12个省级单位的公务员进行了问卷调查。

（二）调查问卷及相关说明

具体调查问题及选项设计如下。

您认为，当前政府决策权、执行权、监督权相互制约中存在哪些问题？（多选题）

［1］决策权、执行权和监督权之间的权力界限不清晰

［2］决策权与执行权不分，常常是一个部门既决策又执行，无法相互制约

［3］监督权乏力，对决策权和执行权的制约起不到应有的作用

［4］决策权、执行权对监督权的制约目前基本不存在

［5］制度不健全，依据不足，缺乏制约的途径和手段

［6］其他（请填写）

针对上面题目设计的具体内容，共有以下两个方面的内容需要进行明晰。

1. 问题及选项主要反映政府决策权、执行权、监督权相互制约的制度在动态运行过程中存在的问题

第一项是综合反映决策权、执行权、监督权在动态运行中的权力界限问题；第二项主要反映决策权与执行权之间在实际运作过程中相互制约的情况；第三项、第四项主要反映决策权、执行权与监督权之间在实际运作过程中相互制约的情况；第五项主要是在制度层面反映决策权、执行权、监督权

相互制约的问题。第六项为开放性的选项。

2. 调查采集的基本信息见表 7－1

表 7－1　　当前政府决策权、执行权、监督权相互制约中存在哪些问题？

选　项	选择计数	百分比（%）
[1] 决策权、执行权和监督权之间的权力界限不清晰	1 324	66.4
[2] 决策权与执行权不分，常常是一个部门既决策又执行，无法相互制约	1 382	69.3
[3] 监督权乏力，对决策权和执行权的制约起不到应有的作用	1 297	65.1
[4] 决策权、执行权对监督权的制约目前基本不存在	464	23.3
[5] 制度不健全，依据不足，缺乏制约的途径和手段	810	40.6
[6] 其他（请填写）	29	1.5
总计	1 993	100.0

“其他”选项填写情况：行政权的权力渊源和基础的认识不深刻；最大的问题是，三权相互制约的动因是什么（存在缺失）；监督权的执行不力。

二、总体分析

把表 7－1 的顺序按照公务员的选择率高低重新排序，可得出表 7－2。

表 7－2　　当前政府决策权、执行权、监督权相互制约中存在问题的总体分析（按程度排列）

新序号	选项	选择计数	百分比（%）
1	[2] 决策权与执行权不分，常常是一个部门既决策又执行，无法相互制约	1 382	69.3
2	[1] 决策权、执行权和监督权之间的权力界限不清晰	1 324	66.4
3	[3] 监督权乏力，对决策权和执行权的制约起不到应有的作用	1 297	65.1
4	[5] 制度不健全，依据不足，缺乏制约的途径和手段	810	40.6
5	[4] 决策权、执行权对监督权的制约目前基本不存在	464	23.3
6	[6] 其他（请填写）	29	1.5
	总计	1 993	100.0

从表 7－2 得知，被调查者认为当前政府决策权、执行权、监督权相互制约存在的问题中，排前三位的因素是决策权与执行权不分；决策权、执行

权、监督权的权力界限不清晰以及监督权乏力。

其中69.3%的被调查者认为决策权与执行权不分是当前政府决策权、执行权、监督权相互制约中存在的最主要问题。决策与执行不分的行政体制就是传统的官僚制行政组织模式，也就是我国目前所采取的行政组织形式。即部—若干司（局）—若干处或厅（局）—若干处—若干科的科层制形式，其基本特征是职能部门化的分工协作模式，它的最主要弊端是行政决策功能与执行功能的划分不清。从理论上讲，部长与司局长是负责决策的，而处长们则主要负责执行；但实际上，部长与司局长们也承担了执行的责任；而反过来，处级单位也承担了部分决策的任务；部长、司局长、处长之间，谁负责决策、谁负责执行，是浑然一体的，决策与执行职能一体化。

由调查结果可以看出，我国目前的行政体制是“决策与执行不分”的行政体制。也就是，政府机关的政策制定职能与政策执行职能混合一起，没有合理分工。这种体制在工业化起步阶段还是符合我国国情的，能达到指挥有效、运转协调、统一畅通的效果。但随着我国工业化水平和国民经济信息化水平的不断提高，“决策与行政不分”的行政体制已经不能适应环境变化，产生了一系列的负面影响。第一，造成了行政决策上的“权力和利益法制化”以及行政执行中职责不清、执法冲突的严重后果。第二，造成了政策本身不公正以及执行不公正的不良影响。决策与执行的一体化使决策者同时是执行者，这样就使决策与执行都失去了监督，容易使政策本身不公正和执行不公正。第三，造成了政策制定随意性与执行随意性的不良影响。政策制定和执行的随意性太大，给予政府官员们自由裁量的空间太大，容易造成政府对私人领域和公众领域的不正当干预。第四，造成了政策效力递减、执行阻力递增的不良影响。在决策与执行不分的体制下，对于公私机构负责执行的范围是不明确的，极易造成有人决策、无人负责执行的局面。①

调查显示，公务员认为造成当前政府决策权、执行权、监督权相互制约存在问题的第二位因素，是决策权、执行权、监督权之间的权力界限不清晰。66.4%的被调查者持有这一观点。事实上，这个因素和第一个因素之间是互为补充的，并在一定程度上重合。决策权与执行权不分恰恰说明了决策

---

① 李军鹏．政府职能转变的新视角：决策与执行分开．新视野，2001（1）．

权、执行权以及监督权之间的权力界限不清晰。在实际运作中，三者常常交织在一起。权力界限不清，就意味着责任界限不明。就行政体制而论，中国政府各个职能部门多同时兼有决策、执行和监督的权力，“异体”监督、制衡的力量明显不足。各部门基于多种原因往往会谋求更大的权力，同时规避相应的责任，不仅可能造成部门利益的扩张，而且可能导致部门协同、整合的困难，阻碍政府整体战略目标和政策意图的实现，从而引出权责平衡的问题。这个问题之所以值得提及，主要是因为决策与执行分开的改革思路本身就有针对两者不清晰的含义。这种不清晰并不会因为双方的分开而使双方各自自然而然就清晰和平衡起来。权力责任不平衡在传统体制中是被改革的对象，在决策与执行分开的新体制条件下也是决策和执行机构矛盾冲突的根源。① 因此，应明晰决策权、执行权、监督权三者的权力边界，这样才能为三者之间的责任划分提供基础。追求三者各自的权责平衡，是改革方案设计上应该也是必须考虑的问题。

导致当前政府决策权、执行权、监督权相互制约中存在问题的因素，是监督权乏力，有 65.1％的被调查者持有这一观点，排在第三位。当前我国政府的监督主要是靠上级对下级、下级对上级和内设部门、工作人员之间的相互监督。监察、审计、财政、人事等部门相对于其他职能部门而言，负有较多、较专业的监督职能。但是它们和一般部门在行政级别上是平行的，监督的能力和权威性不能达到更高水平。总体来说，我国目前监督权存在的主要问题主要体现在两个方面：一是监督主体地位不高，缺乏监督权；二是不同主体之间的异体监督力量弱小，监督功能不全，没有形成监督合力。政府决策权、执行权、监督权相对分离改革的特色是将监督作为一个和决策、执行相对而言更具有整体性的职能独立地显示出来，强化它的功能。无论决策部门和执行部门在性质和构成方式、运行方式上有什么区别，由于它们都履行行政权，所以都要接受监督部门的监督。但要真正发挥监督权的作用，就必须在改变其隶属关系的同时，还要提高其行政级别。唯有如此，才能达到监督的效果。

调查显示，制度不健全是造成当前政府决策权、执行权、监督权相互制约机制存在问题的因素，有 40.6％的被调查者持有这一观点，排在第四位。

---

① 傅小随．行政决策与执行分开：多种可选方式背后的制度约束与价值浮动．中国行政管理，2007 (4).

我国目前处在社会转型期，行政管理体制改革的制度环境还不够完善，配套法律法规的缺失带来了法制水平的落后。深圳试点改革不理想的结果揭示了政府决策权、执行权、监督权相对分离的改革，必须放到整个行政改革的大系统和整体发展中推进，需要相关制度的完善，配套措施的跟进。改革中，相应的改革措施缺乏相应的制度安排，只能使得改革无法推行。制度环境决定我国政府决策权、执行权、监督权相对分离改革不可能一蹴而就，是一项渐进式改革。

对于当前我国政府决策权、执行权、监督权相互制约中存在问题的因素是决策权、执行权对监督权的制约几乎不存在的赞成率为 23.3%，排在第五位。实际上这个因素与第三位因素是互为补充的。监督权乏力，不能对决策权、执行权进行有效的监督和制约，反过来，决策权、执行权对监督权的制约几乎不存在。监督权应当贯穿行政决策和执行的全过程中，但监督的效果如何，无从考证。目前较为普遍的一个观点就是监督权行使不力，这其实已经说明了监督权没有发挥应有的作用，而对监督权没有发挥其应有的作用，决策权和执行权也没有对其形成制约。甚至在实际操作过程中，行使决策权和执行权的人根本就不想受到监督权的制约，更没有人关心监督的效果。长此以往，决策权、执行权与监督权之间就不再形成相互制约关系，导致在现实的监督中，出现了“弱监”“虚监”等现象，严重影响了监督的效果。

三、基于不同区域的分类数据分析

我国地域广阔，各地发展程度存在差异，我们分别在东部沿海、中部、西部和东北地区四个区域进行抽样调查，统计结果见表 7-3。

表 7-3　不同地区公务员对政府决策权、执行权、监督权相互制约中存在问题的判断

选　项	统　计	东部沿海	中部地区	西部地区	东北地区
[1] 决策权、执行权和监督权之间的权力界限不清晰	选择计数	451	449	208	216
	百分比（%）	66.5	65.8	64.0	70.1
[2] 决策权与执行权不分，常常是一个部门既决策又执行，无法相互制约	选择计数	434	509	240	199
	百分比（%）	64.0	74.6	73.8	64.6

续前表

选　项	统　计	东部沿海	中部地区	西部地区	东北地区
[3] 监督权乏力，对决策权和执行权的制约起不到应有的作用	选择计数	399	500	219	179
	百分比（%）	58.8	73.3	67.4	58.1
[4] 决策权、执行权对监督权的制约目前基本不存在	选择计数	174	119	102	69
	百分比（%）	25.7	17.4	31.4	22.4
[5] 制度不健全，依据不足，缺乏制约的途径和手段	选择计数	264	309	146	91
	百分比（%）	38.9	45.3	44.9	29.5
[6] 其他（请填写）	选择计数	12	8	5	4
	百分比（%）	1.8	1.2	1.5	1.3
总计	参选人数	678	682	325	308
	百分比（%）	100.0	100.0	100.0	100.0

将表 7-3 用曲线表达出来，得到图 7-1。其中横坐标 1～6 分别代表各个选项。

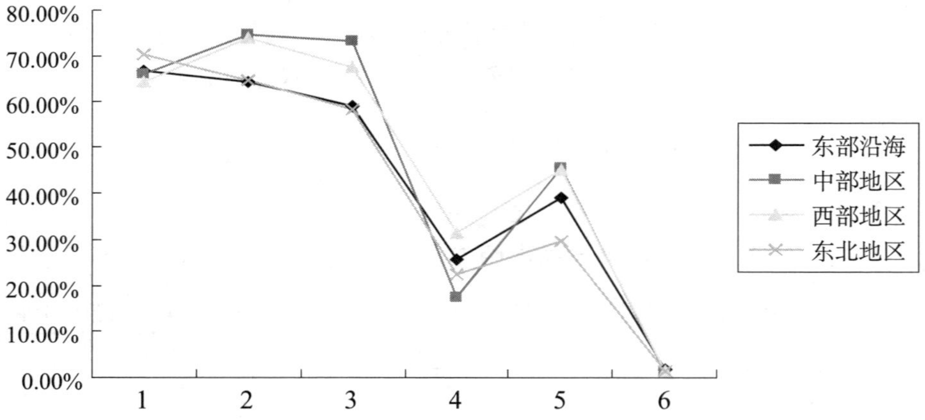

图 7-1　不同地区公务员对政府决策权、执行权、监督权相互制约中存在问题的判断

从表 7-3 和图 7-1 可以看出，不同地区对当前政府决策权、执行权、监督权相互制约中存在问题的认知不尽相同，存在差异，特别是在权力界限不清和决策执行不分这两个问题上，表现尤为明显。在权力界限不清和决策执行不分的问题上，中部和西部认知大体一致，而东部沿海和东北地区表现出一致。其原因可能是由于东部沿海和东北地区相对中、西部地区较为发达，因此对问题的认识存在一致性。在当前政府决策权、执行权、监督权相互制约存在的问题中，中部和西部地区认为，最主要问题是决策权和执行权不分。持有这一观点的被调查人员人数分别高达74.6%和73.8%。而东部沿海和东北地区地区认为，最主要问题是权力界限不清。持有这一观点的分别高达66.5%和70.1%。前面我们论述过，权力界限不清与决策执行不分是相互作用的，权力界限不清势必会导致决策执行不分。无论如何，四个区域都认为这两个因素是当前政府决策权、执行权、监督权相互制约机制中存在的主要问题。

在四个区域中，东部地区除选项［2］与［6］外对其他选项没有都表现出强烈的支持或者反对态度，其选择率均处于中间水平，仅仅对权力界限不清这个因素表现出些许敏感。其原因可能与东部地区改革开放力度较大，市场经济发达，政府行政体制改革走在前列有关。还有一个背景就是东部地区通常作为全国政府体制改革的“试验田”，一个试点可以带动整个地区的改革进程。选项［2］选择率较低，可能是改革较深入，决策权与执行权的制约相对好一些，选项［6］选择率高因为有自己的见解。

中部地区是古代封建社会发展较为完备、影响最深的地区，官僚作风较为严重。加之人口众多，经济不发达，市场发育尚不充分。特别是在国家推行东部大发展、西部大开发和东北振兴政策后，中部地区出现了“中部塌陷”的情况。虽然中央又提出“中部崛起”战略，但是中部地区仍处于后发态势。调查显示，中部地区政府决策权、执行权、监督权相互制约中反映的问题最多，也较严重。中部地区对决策执行不分、监督乏力和制度不健全三个选项均反映强烈，选择率分别为：74.6%、73.3%、45.3%。

西部地区对于决策权、执行权对监督权基本无制约、决策执行不分、制度不健全、监督乏力四个选项反映强烈。尤其是对决策权、执行权对监督权基本无制约选项的选择率居第一位，占31.4%，其他三个选项都居第二位。其中在制度不健全选项上，其选择率与中部地区的只相差0.4个百分点；在决策执行不分选项上，其选择率与中部地区的相差0.8个百分点，分值极为相近。这也与西部地区的不发达和贫困有关。由于特殊的地理交通环境和较为恶劣的气候条件，西部地区发展较为缓慢。即使国家推行了西部大开发政策，西部地区仍然不具有竞争优势。这使得西部地区政府改革过程中出现种种问题。

东北地区的调查数据表明，权力界限不分是其反映最强烈的问题，赞成率70.1%，居第一位，选项［3］和［5］最低，其他选项都较为中庸。东北地区是我国计划经济发展最充分的地区，也是我国老工业基地，拥有一大批重型工业和化工工业，由于计划经济的惯性作用，市场化程度低，经济开放度低，经济发展活力不足。因此，东北地区集权思想较为严重。政府体制主要是政府对企业实行直接领导，政府集决策权、执行权和监督权于一身，造成权力界限不清。而且受惯性思维的影响，被调查人员没有认识到这一问题的严重性，对此不敏感。

四、基于不同职务类型的分类数据分析

不同职务类型对问题的认识不同，特别是领导职务和非领导职务对决策权、执行权、监督权之间相互制约存在问题的理解角度可能不同，因此也需要进行对比分析。（见表7-4）

表7-4　不同职务类型公务员对当前政府决策权、执行权、监督权相互制约中存在问题的认知

选　项	统　计	领导职务	非领导职务
［1］决策权、执行权和监督权之间的权力界限不清晰	选择计数	363	508
	百分比（%）	69.1	64.5
［2］决策权与执行权不分，常常是一个部门既决策又执行，无法相互制约	选择计数	382	563
	百分比（%）	72.8	71.4
［3］监督权乏力，对决策权和执行权的制约起不到应有的作用	选择计数	353	523
	百分比（%）	67.2	66.4
［4］决策权、执行权对监督权的制约目前基本不存在	选择计数	117	160
	百分比（%）	22.3	20.3
［5］制度不健全，依据不足，缺乏制约的途径和手段	选择计数	223	347
	百分比（%）	42.5	44.0
［6］其他（请填写）	选择计数	7	9
	百分比（%）	1.3	1.1
总计	参选人数	525	788
	百分比（%）	100.0	100.0

由表7-4我们可以看出，除了制度不健全这个选项外，其他选项的赞成率都是处于领导职务的公务员的略高于非领导职务的公务员的。究其原因，可能是由于对决策权的运行，非领导职务员的公务员因为不在决策层，不能深入其中，因此不甚了解。领导职务的公务员能够全面地把握决策权、

执行权、监督权相互制约中存在的问题，而非领导职务的公务只能从外围的制度要素中寻找原因。值得注意的是，领导职务公务员与非领导职务公务员对每个选项的认知都非常接近。这说明同在公务员队伍的人员，对目前政府行政体制改革中存在的问题的认识是一致的。

无论是领导职务的公务员还是非领导职务的公务员，对于权力界限不分、决策执行不分、监督乏力的反映都较为强烈，都超出了所调查人员的50%，特别对于决策与执行不分，领导职务和非领导职务公务员的赞成率分别达到了72.8%和71.4%。这说明，在不同类型公务员群体中，决策与执行不分、权力界限不清、监督权乏力仍被认为是当前政府决策权、执行权、监督权相互制约的主要问题。

五、基于不同层级的分类数据分析

对于当前政府决策权、执行权、监督权相互制约中的存在的问题，各级人民政府面临的问题不同，因而也需要比较分析。（见表7－5）

表7－5　不同府级公务员对当前政府决策权、执行权、监督权相互制约中存在问题的认知

选　项	统　计	省级政府	市级政府	县级政府
[1] 决策权、执行权和监督权之间的权力界限不清晰	选择计数	308	627	389
	百分比（%）	60.3	69.4	67.3
[2] 决策权与执行权不分，常常是一个部门既决策又执行，无法相互制约	选择计数	366	637	379
	百分比（%）	71.6	70.5	65.6
[3] 监督权乏力，对决策权和执行权的制约起不到应有的作用	选择计数	351	575	371
	百分比（%）	68.7	63.6	64.2
[4] 决策权、执行权对监督权的制约目前基本不存在	选择计数	119	212	133
	百分比（%）	23.3	23.5	23.0
[5] 制度不健全，依据不足，缺乏制约的途径和手段	选择计数	191	370	249
	百分比（%）	37.4	40.9	43.1
[6] 其他（请填写）	选择计数	9	15	5
	百分比（%）	1.8	1.7	0.9
总计	参选人数	511	904	578
	百分比（%）	100.0	100.0	100.0

把表 7-5 制成曲线图，得到图 7-2。其中横坐标 1～6 分别代表各个选项。

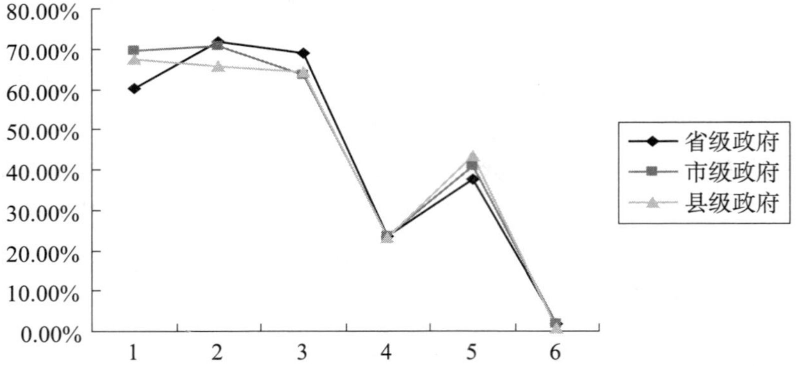

图 7-2 不同府级公务员对当前政府决策权、执行权、监督权相互制约中存在问题的认知

从表 7-5 和图 7-2 可以看出，不同层级的地方政府对当前政府决策权、执行权、监督权相互制约中存在的问题认知既有共性也有特性。共性如对决策权、执行权对监督权基本无制约这个因素，各级政府基本达到一致的认同度。但从统计数据中可以看出，各级地方政府在选项上又各有侧重。省级政府选择率最高的选项是决策执行不分和监督权乏力，这可能是因为省级政府更多地参与政策的制定，对政策制定缺乏监督深有体会。省级政府不仅较多参与中央决策的制定和执行，而且自身也有决策权。该决策作出后，可以由本级政府执行，也可以由下一级市级政府执行。在这一过程中，决策执行不分的问题更能凸显出来。而市级政府和县级政府更多的是执行省级政府的决策，更多行使的是执行权，所以对于决策执行不分以及监督权乏力没有省级政府敏感。市级政府和县级政府主要是对权力界限不清反映强烈，市级政府的赞成率达 69.4%，县级政府的比市级政府的仅低 2.1 个百分点。这可能是由于市级政府和县级政府作为一级政府，在一级政府内部也可以拥有决策权，同时还要执行上级政府的决策。特别是市级政府不仅要执行省级政府的决策，而且还需要监督县级政府的执行情况，同时又要接受省级政府的监督。因此，权力界限不清在市级政府反映最为强烈。一般来说，县级政府参与决策和制定政策的机会较少，大多数是执行上级政府的决策，因而可能对决策权、监督权的运行中的问题感受不深，但对执行过程中出现的各个问题感受深刻，因为上级政府制定的政策有时并不符合当地的情况，或者说没有考虑到在当地是否可行的问题，使得县级政府感到执行难度大，而县级政府往往又是承担责任的最基层组织体，这使得县级政府对相关制度的不完善反映最为强烈。

六、基于不同学历的分类数据分析

公务员受教育的程度直接影响到对当前政府决策权、执行权、监督权相互制约中存在问题的认知程度。按公务员受教育程度统计，得到表7-6。

表7-6 不同学历公务员对当前政府决策权、执行权、监督权相互制约中存在问题的认知

选项	统计	高中及以下	大专	本科	硕士研究生	博士研究生
[1] 决策权、执行权和监督权之间的权力界限不清晰	选择计数	45	226	782	188	19
	百分比（%）	60.0	64.0	67.7	67.4	61.3
[2] 决策权与执行权不分，常常是一个部门既决策又执行，无法相互制约	选择计数	47	226	834	193	19
	百分比（%）	62.7	64.0	72.2	69.2	61.3
[3] 监督权乏力，对决策权和执行权的制约起不到应有的作用	选择计数	42	210	776	187	20
	百分比（%）	56.0	59.5	67.2	67.0	64.5
[4] 决策权、执行权对监督权的制约目前基本不存在	选择计数	18	59	276	73	7
	百分比（%）	24.0	16.7	23.9	26.2	22.6
[5] 制度不健全，依据不足，缺乏制约的途径和手段	选择计数	26	133	472	132	14
	百分比（%）	34.7	37.7	40.9	47.3	45.2
[6] 其他（请填写）	选择计数	2	3	16	4	0
	百分比（%）	2.7	0.8	1.4	1.4	0.0
总计	参选人数	75	353	1 155	279	31
	百分比（%）	100.0	100.0	100.0	100.0	100.0

把表7-6制成柱状图，得图7-3，其中横坐标1～6分别代表各个选项。

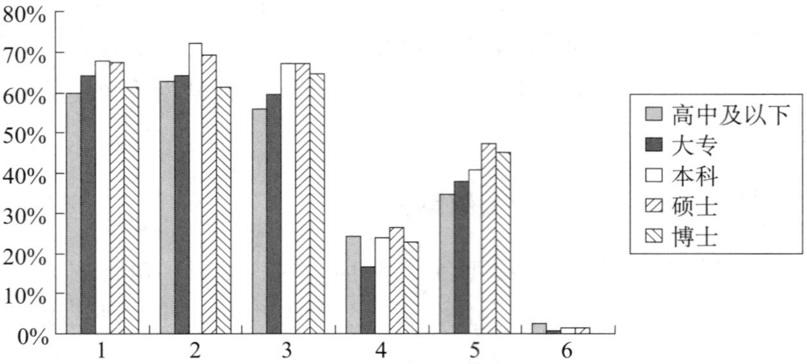

图 7-3 不同学历公务员对当前政府决策权、执行权、监督权相互制约中存在问题的认知

调查显示，不同学历的公务员在当前政府决策权、执行权、监督权相互制约中存在的问题的认识上大体一致，但仍存在分歧。比如，不同学历的公务员都认为权力界限不清、决策执行不分和监督权乏力是主要因素，对其的赞成率远远高于其他因素。在权力界限不清、决策执行不分和监督权乏力三个因素中，不同学历公务员的认知呈现颇为相似的“倒 U”字趋势。即在这三个因素中，本科生比较强烈地认为这三个因素是当前决策权、执行权、监督权相互制约中存在的主要问题，赞成率分别为 67.7%、72.2%和 67.2%，均居第一位。居第二位的是硕士生。在决策执行对监督几乎没有制约、制度不健全两个因素中，硕士反映最为强烈，选择率最高，分别为 26.2%和 47.3%。究其原因，目前我国公务员队伍以本科和硕士生为主要力量，他们在实际工作中能较多接触到权力的运行，因而对权力运行过程中存在的问题有较深刻和清晰的认识。另外一个原因，也有可能是因为本科和硕士大多数正处于思想激进活跃、关注现实、批判弊端的年龄，所以在调查结果中，本科生和硕士生表现出较大的激进性，而高中及以下、大专和博士生则现出较为中庸的路线。目前我国政府机关招收公务员，基本都要求本科及以上学历，那么高中及以下学历和大专学历的公务员，应该是在国家实行公务员招考制度之前就在公务员队伍当中了，目前这部分人的年纪应该不小，甚至已经退休。同样，博士生毕业后进入公务员队伍中的年龄也不小，所以这部分人的思想相对成熟和保守，对权力运行过程中出现的问题表现出相对平和的态度，而且这部分人也是公务员队伍的少数人。这里需要指出的是，博士生对制度不健全因素表现较为敏感，赞成率占 45.2%，居第二位，这可能是因为博士生善于研究，对于深层次的制度建设更为关注。

七、结论

建立健全决策权、执行权、监督权既相互制约又相互协调的权力结构和运行机制是 2008 年党的十七大以来确定的改革方向，党的十九大报告更进一步指出权力运行机制应当决策科学、执行坚决、监督有力。行政三分制是我国行政运作模式改革的有效设计。然而，我国目前政府决策权、执行权、监督权相互制约的现状如何，就目前而言，推行的可行性如何，在推行过程中要注意一些什么问题，这些都是值得认真考量、仔细研究，甚至反复试验的，尤其需要建立在对现状的全面了解、科学认识、准确把握的基础上。通过课题组在公务员中对当前政府决策权、执行权、监督权相互制约中存在问题的调查，我们得出以下结论。

第一，被调查者认为当前政府决策权、执行权、监督权相互制约存在的问题中，排前三位的因素是决策权与执行权不分，决策权、执行权、监督权的权力界限不清晰以及监督权乏力。其实质就是我国目前行政体制的“决策与执行不分”。在实际运作中，决策权、执行权以及监督权之间的权力界限不清晰，常常交织在一起。权力界限不清，就意味着责任界限不明。各部门基于多种原因往往会谋求更大的权力，同时规避相应的责任，不仅可能造成部门利益的扩张，而且可能导致部门协同、整合的困难，阻碍政府整体战略目标和政策意图的实现。

第二，当前我国政府内部的监督主要是靠上级对下级以及监察、审计监督。作为监督的专门机关，审计和监察却存在着监督主体地位不高，甚至隶属于被监督主体，导致监督权行使乏力的问题，实际上没有实现制度设计的初衷。政府决策权、执行权、监督权相对分离改革可以将监督作为一个和决策、执行相对而言更具有整体性的职能独立地显示出来，强化其功能。当然，这一改革需要法律制度加以固定，并且不应该忽视和遗漏决策权、执行权对于监督权制约的制度设计。

第三，除了制度不健全这个选项外，其他选项的赞成率都是处于领导职务的公务员略高于非领导职务的公务员。相对地说，领导职务的公务员对把握决策权、执行权、监督权相互制约中存在的问题更好清楚。当然，领导职务公务员与非领导职务公务员对每个选项的认知都非常接近，这说明同在公务员队伍的人员，对目前政府行政体制改革中存在的问题的认识是一致的，对于决策与执行不分、权力界限不清、监督乏力均认为是当前政府决策权、执行权、监督权相互制约的主要问题。

第四，市级政府和县级政府对权力界限不清反映强烈，是由于市级政府和县级政府作为一级政府，在一级政府内部也可以拥有决策权，同时还要执行上级政府的决策。特别是市级政府不仅要执行省级政府的决策，而且还需要监督县级政府的执行情况，同时又要接受省级政府的监督。因此，权力界限不清在市级政府反映最为强烈。

第五，目前我国公务员队伍以本科和硕士生为主要力量，他们在实际工作中能较多接触到权力的运行，因此，尽管不同学历的公务员都认为权力界限不清、决策执行不分和监督乏力是主要因素，赞成率远远高于其他因素，但在权力界限不清、决策执行不分和监督乏力三个因素中，本科和硕士生对权力运行过程中存在的问题有较深刻和清晰的认识。需要指出的是，博士生对制度不健全因素表现较为敏感，对其的赞成率占 45.2%，居第二位，这可能是由于博士生善于研究，对于深层次的制度建设更为关注。

第二节 落实决策时发现问题处理方式的数据分析

一、序言

（一）本题的设计缘由

20 世纪 70 年代末，西方国家掀起了一股新公共管理改革的热潮，其中最引人注目的就是将决策与执行分开的改革。这种将决策与执行分开的行政改革对我国也产生了深刻影响，政府机构精简、政府职能转变、大部制改革[①]等都可以说是这一改革直接或间接的产物。决策与执行分开，能使决策制定者对决策落实者产生有效的监督。同时，决策落实者相对独立的地

① 2008 年国务院机构改革，新组建工业和信息化部、交通运输部、人力资源和社会保障部、环境保护部、住房和城乡建设部。

位也对决策制定者形成一种直接监督。在落实决策过程中发现问题，向决策制定者反映问题并调整解决方案就是决策落实者直接监督的体现。但是为切实摸清实际落实决策过程中，遇到决策方案有问题时执行部门的处理方式，课题组有针对性地设计了相关问题，对 12 个省级单位的地方公务员进行了抽样调查。

（二）调查问卷及相关说明

具体调查问题及选项设计如下。

在落实某项决策时，如果发现决策方案有问题，您单位可能会怎么处理？（单选题）

[1] 逐级向决策的制定部门反映问题，争取调整决策方案

[2] 不会反映问题，仍按原决策方案落实

[3] 不会反映问题，跳过去落实没有问题的部分

[4] 看情况，有时会反映有时不反映

[5] 其他（请填写）

针对上面题目设计的具体内容，共有以下两个方面的需要进行明晰。

1. 是关于决策的说明

本调查是在法学的视野内使用决策的概念，主要研究重大行政决策问题。

2. 调查采集的基本信息（见表 7 - 7）

表 7 - 7　在落实某项决策时，如果发现决策方案有问题，您单位可能会怎么处理？

选　项	选择计数	百分比（%）
[1] 逐级向决策的制定部门反映问题，争取调整决策方案	1 479	73.8
[2] 不会反映问题，仍按原决策方案落实	162	8.1
[3] 不会反映问题，跳过去落实没有问题的部分	77	3.8
[4] 看情况，有时会反映有时不反映	269	13.4
[5] 其他（请填写）	16	0.8
总计	2 003	100.0

“其他”选项的填写情况：如实反映问题，但执行决策；常有一些政策问题较敏感且又是长期存在而没有解决好的，于是一般在非正式场合向上级部门工作人员反映，了解其处理意见；落实决策不听从不执行，通过适当的方式反映问题。

二、总体分析

把表 7－7 的顺序按公务员的选择比例高低重新排序，可得出表 7－8。

表 7－8　在落实某项决策时，如果发现决策方案有问题，您单位可能会怎么处理？

新序号	选项	选择计数	百分比（%）
1	[1] 逐级向决策的制定部门反映问题，争取调整决策方案	1 479	73.8
2	[4] 看情况，有时会反映有时不反映	269	13.4
3	[2] 不会反映问题，仍按原决策方案落实	162	8.1
4	[3] 不会反映问题，跳过去落实没有问题的部分	77	3.8
5	[5] 其他（请填写）	16	0.8
	总计	2 003	100.0

表 7－8 显示，被调查者认为在落实某项决策时如果发现决策方案有问题，本单位可能会采取的处理方式最多的是逐级向决策的制定部门反映问题，争取调整决策方案，占被调查者的 73.8%。这说明在落实决策时，如果发现决策方案有问题，大部分单位都会逐级向指定决策的部门反映问题，以争取使决策方案符合实际情况进而得以顺利执行。

排在第二位的是看情况，有时会反映有时不会反映，比例为 13.4%，远低于前一种处理方式。从这个选项中我们可以看出，仍有部分公务员认为本单位会根据情况来反映问题，主要考虑到仍有部分反映问题不一定能够得到解决。如果他们认为反映之后问题能够得以解决的话，可能就反映了，如果他们认为反映之后问题可能得不到解决，就不会反映问题。是否反映取决于他们对决策部门的推测。

排在第三位的是不会反映问题，仍按原决策方案落实。8.1%的被调查者认为本单位可能会采取此种方式处理。仍然有一小部分公务员认为本单位不会反映问题而仍按原决策方案落实，说明在实际当中，确实存在一些不管决策是否正确、合理，无视决策执行时的实际情况，死板地落实决策的现象。这不能一味归责于执行单位，可能是决策制定和执行部门脱节，沟通不够，致使相互之间监督约束断裂。

排在第四位的是不会反映问题，跳过落实没有问题的部分。3.8%的被调查者认为本单位可能会采取此种处理方式。在上述几种处理方式中，这种跳过去落实没有问题的部分所占比重最低，但这种处理方式的结果也是有问题的，它会使决策部分得不到处理，执行单位对于决策执行过程中所出现的问题是以消极不履行的方式对待的。既不反映问题，也不落实有问题的决策，会导致决策落实变为决策落空。

认为在落实决策时，如果发现决策方案有问题，本单位可能会采取其他处理的方式所占比重最低，只有0.8%。其他方式处理的包括既反映问题又按照决策执行，在非正式场合向上级部门工作人员反映、了解其处理意见等，从中我们可以看出这一部分人往往都持一种非常谨慎的态度，通过了解上级部门的处理意见等去积极应对落实政策过程中所发现的问题。

三、基于不同地区的分类数据分析

由于地理环境、发展程度的差异，我们的抽样分别在东部沿海、中部、西部和东北地区四个区域进行，统计结果见表7-9。

表7-9　不同地区公务员对本单位在落实决策时发现问题处理方式的认知

选　项	统　计	东部沿海	中部地区	西部地区	东北地区
[1] 逐级向决策的制定部门反映问题，争取调整决策方案	选择计数	514	520	203	242
	百分比（%）	74.9	76.1	62.3	78.6
[2] 不会反映问题，仍按原决策方案落实	选择计数	65	34	37	26
	百分比（%）	9.5	5.0	11.3	8.4
[3] 不会反映问题，跳过去落实没有问题的部分	选择计数	34	21	11	11
	百分比（%）	5.0	3.1	3.4	3.6
[4] 看情况，有时会反映有时不反映	选择计数	64	103	75	27
	百分比（%）	9.3	15.1	23.0	8.8
[5] 其他（请填写）	选择计数	9	5	0	2
	百分比（%）	1.3	0.7	0.0	0.6
总计	参选人数	686	683	326	308
	百分比（%）	100.0	100.0	100.0	100.0

将表7-9用曲线表达出来，得到图7-4。其中横坐标1、2、3等分别代表各个选项。

从表7-9和图7-4中可以看出，不同地区对本单位落实决策时发现问题的处理方式的认知大体一致，但又各有特色。在四个区域中，东部认为本

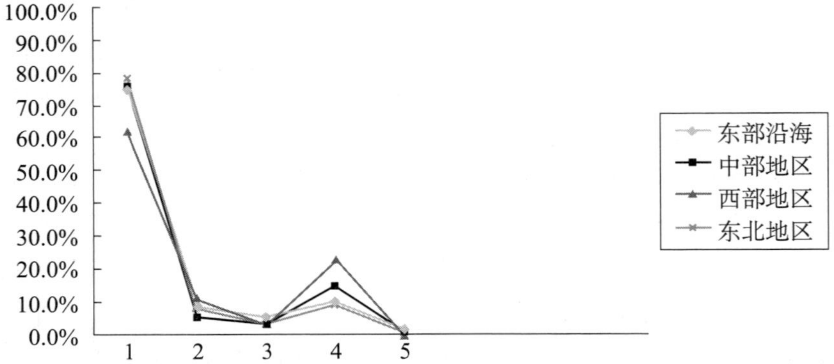

图 7-4　不同地区公务员对本单位在落实决策时发现问题的处理方式的认知

单位会逐级向决策的制定部门反映问题，争取调整决策方案的比例为74.9%，在四个地区中排在第三位，和排在第一位和第二位的相比，分别少了 3.7 和 1.2 个百分点，有细微差距。其原因可能是东部地区大多属于我国经济发展较快地区，在相关决策落实过程中，实际情况和决策有差距的情形较多，因此在发现问题时逐级反映、争取调整法案的积极性可能受到抑制。东部认为本单位不会反映问题，仍按原决策方案落实的比例为 9.5%，在四个地区中排在第二位，分别比排在第三和第四位的高出 1.1 和 4.5 个百分点，而低于排在第一位的 1.8 个百分点。东部认为本单位不会反映问题，跳过去落实没有问题的部分的比例为 5.0%，在四个地区中居于第一位。综合两个选项发现，不管是按照原决策方案落实还是跳过去落实没有问题的部分，东部公务员认为本单位不会反映问题的比例在四个地区中较高。这说明，东部地区向决策制定部门反映问题的积极性不高，规避决策落实过程中发现的问题。同时，填写其他的比较多，说明东部地区在落实决策过程中发现决策有问题的处理方式比较多样，这一定程度上可能与该地区经济社会多元化现象有关系。

中部的第［1］和第［4］选项在四个地区中都处于中间水平，但第［2］和第［3］选项较低这可能与中部在这四个地区中经济等各方面的发展水平居于中游的现象密不可分。遇到问题时会尽量争取上级解决，也有可能是跳过问题。但是，我们对其中的细微差别还是有必要加以认真分析。中部逐级向决策的制定部门反映问题，争取调整决策方案这一选项比例为 76.1%，在四个地区中居于第二位，比排在第一位的低 2.5 个百分点。不会反映问题，仍按原决策方案落实所占比重为5.0%，不会反映问题，跳过去落实没有问题的部分比例为3.1%。不管是按原方案落实还是跳过去落实没有问题的部分，总体来说，中部不会反映问题的比例在四个地区中最低，而且是明显较低。在经济发展水平上，中部低于东部，但是又高于西部，说明在是否向决策部门反映问题与经济水平关联不大。仔细分析之下，可能跟我国近年来政策倾斜有关。“鼓励东部地区率先发展”战略、“西部大开发”战略等进行得如火如荼，中部成了被遗忘的区域。相应地，中部的特殊政策较少，各项政策循着一种既定的模式向前发展，政府落实决策发现问题时把握比较到位，从而抑制了不反映问题或按照原决策方案落实或跳过去落实没有问题的部分这样消极对待问题的处理方式的比例。

西部在四个地区中是明显比较特殊的一个。首先从选择逐级向决策的制定部门反映问题，争取调整解决方案这一选项来看，西部在四个地区中处于最低水平，比排在第一位的东北部的统计数据低了16.3个百分点。其次，在不会反映问题，仍按原决策方案落实这一选项上，西部的比例为11.3%，是这四个地区中唯一一个超过10%的地区。再次，对于看情况，有时会反映有时不反映这一选项的比例。西部地区达到了23.0%，分别比其他三个地区高了13.7、7.9和14.2个百分点。最后，不像其他地区或多或少都有一些选择其他的公务员，西部没有认为本单位会选择其他处理方式的公务员。上述情况表明，虽然有62.3%的西部公务员认为本单位在落实决策时发现问题可能会逐级反映问题，得到及时解决，但消极处理的方式也还是比较多的。西部属于欠发达地区，不管是经济发展水平，还是地理环境，都有诸多不同于中、东部地区的特殊情况。随着西部大开发战略在西部的实施，在落实决策时，各种不同情形、问题都需要执行部门去应对。执行部门疲于奔忙，因而可能影响了其向决策制定部门反映问题的积极性。

东北地区在四个地区当中有两个“最”，一是选择逐级向决策的制定部门反映问题，争取调整决策方案的比例最高；二是选择看情况，有时会反映有时不反映的比例最低。这说明，东北地区在执行决策的过程中，发现问题时，落实部门是以一种相对比较积极的态度去应对的。而且他们的处理方式比较明确，要么反映问题，要么不反映问题，根据情况看是否反映问题的情形较少。

四、基于直辖市和普通省份的分类数据分析

北京地区的政府权力结构与运行机制具有一定的典型性，一方面，北京作为全国的政治和文化中心，具有天然的优势，可以迅速地了解全国政府改革和发展的新思路、新方法、新政策，并汲取和实践这些思路、方法、政策的有益因素；另一方面，北京作为我国的首都，基于首都政治环境稳定性的需求，其政府权力结构与运行机制既力求创新，又保持稳定，体现出中规中矩的特点。因此，首都政府的政府权力结构与运行机制具有代表性，可以作为独立的样本予以考量。为更好地了解北京和全国其他省份公务员对本单位落实决策时发现问题的处理方式的认识，分别统计，制作成表7-10。

表7-10　专项调研和全国调研中公务员对本单位在落实决策时发现问题处理方式的认知

选　项	统　计	北京专项调研	其他省份调研
[1] 逐级向决策的制定部门反映问题，争取调整决策方案	选择计数	1 110	1 479
	百分比（%）	72.8	73.8
[2] 不会反映问题，仍按原决策方案落实	选择计数	141	162
	百分比（%）	9.2	8.1
[3] 不会反映问题，跳过去落实没有问题的部分	选择计数	58	77
	百分比（%）	3.8	3.8
[4] 看情况，有时会反映有时不反映	选择计数	203	269
	百分比（%）	13.3	13.4
[5] 其他（请填写）	选择计数	13	16
	百分比（%）	0.9	0.8
总计	参选人数	1 525	2 003
	百分比（%）	100.0	100.0

以上调查数据显示，排在第一位的都是逐级向决策的制定部门反映问题，争取调整决策方案，而且其比例都是远远高于其他选项的比例。将选项按选择率高低排列得表7-11：

表7-11　专项调研和全国调研中公务员对本单位在落实决策时发现问题处理方式的认知

新序号	选项	统　计	北京专项调研	其他省份调研
1	[1] 逐级向决策的制定部门反映问题，争取调整决策方案	选择计数	1 110	1 479
		百分比（%）	72.8	73.8

续前表

新序号	选项	统　计	北京专项调研	其他省份调研
2	[4] 看情况，有时会反映有时不反映	选择计数	203	269
		百分比（%）	13.3	13.4
3	[2] 不会反映问题，仍按原决策方案落实	选择计数	141	162
		百分比（%）	9.2	8.1
4	[3] 不会反映问题，跳过去落实没有问题的部分	选择计数	58	77
		百分比（%）	3.8	3.8
5	[5] 其他（请填写）	选择计数	13	16
		百分比（%）	0.9	0.8
	总计	参选人数	1 525	2 003
		百分比（%）	100.0	100.0

表 7-11 说明无论是北京还是其他省级单位，公务员对本单位在落实决策时发现问题的处理方式的认知都是类似的，几个选项的排序相同。差别不大的有“看情况，有时会反映有时不会反映”“不会反映问题，跳过去落实没有问题的部分”和“其他”三个选项。有一些差别的两个选项是“逐级向决策的制定部门反映问题，争取调整决策方案”“不会反映问题，仍按原决策方案落实”，在前者上，北京比其他省份低 1 个百分点，而在后者上，北京则比其他省份高出 1.1 个百分点。

五、基于不同府级的分类数据分析

由于在决策的执行上，各级地方人民政府面临的问题不同，因而也需要比较分析。统计数据见表 7-12。

表 7-12　不同府级公务员对本单位在落实决策时发现问题处理方式的认知

选　项	统　计	省级政府	市级政府	县级政府
[1] 逐级向决策的制定部门反映问题，争取调整决策方案	选择计数	346	685	448
	百分比（%）	67.4	75.3	77.2
[2] 不会反映问题，仍按原决策方案落实	选择计数	58	58	46
	百分比（%）	11.3	6.4	7.9
[3] 不会反映问题，跳过去落实没有问题的部分	选择计数	23	34	20
	百分比（%）	4.5	3.7	3.4
[4] 看情况，有时会反映有时不反映	选择计数	77	128	64
	百分比（%）	15.0	14.1	11.0

续前表

选　项	统　计	省级政府	市级政府	县级政府
[5] 其他（请填写）	选择计数	9	5	2
	百分比（%）	1.8	0.5	0.3
总计	参选人数	513	910	580
	百分比（%）	100.0	100.0	100.0

将表 7－12 作成曲线图，得图 7－5。其中横坐标 1、2、3 等分别代表各个选项。

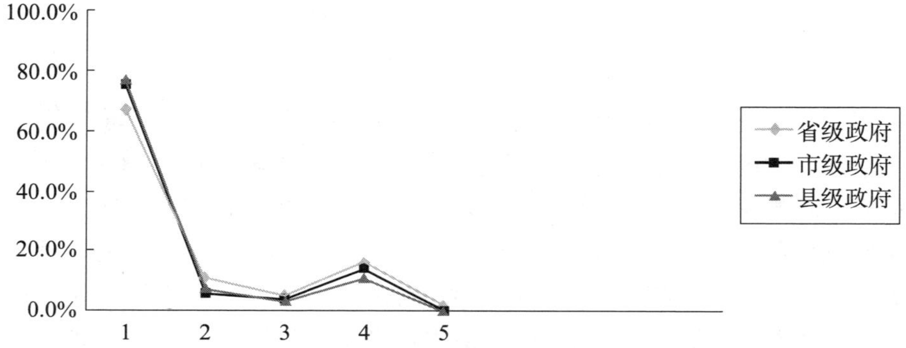

图 7－5　不同府级公务员对本单位在落实决策时发现问题的处理方式的认知

从表 7－12 和图 7－5 看出，不同层级的地方政府在落实决策发现决策方案有问题时的处理方式上是有共性的。排在第一位的处理方式都是逐级向决策的制定部门反映问题，争取调整决策方案，而且这种处理方式都是处在绝对优势的地位。但从统计数据看出，各级地方政府在同一选项上又有差异。省级政府的公务员选择逐级反映问题的比重在地方三级政府中最低，且明显低于市级政府和县级政府的比例，分别低 7.9 和 9.8 个百分点；选择不会反映问题，仍按原决策方案落实的比例为 11.3%，在三级政府中最高，分别高出市级政府和县级政府 4.9 和 3.4 个百分点；同时选择看情况，有时会反映有时不反映的比例在三级政府中也是最高。中国政治体制改革的一个重要表现是地方政府功能的扩大和中央政府功能的缩小。在地方政府中，省级政府作为决策落实的最高层级，权力大，自主性强，因而容易出现无视或忽视决策方案的实际落实的情形。这意味着在中央决策和省级政府落实之间的问题要比其他层级政府之间决策落实的问题严重。

市级政府的选择率在三级地方政府中大多处于中间位置。其在“逐级向决策的制定部门反映问题，争取调整决策方案”“不会反映问题，仍按原决策方案落实”和“不会反映问题，跳过去落实没有问题的部分”三个选项的比例和县级政府比较接近，“看情况，有时会反映有时不反映”的比例和省级政府比较接近。说明省级政府和市级政府之间的约束相对较强，所以市级政府在落实决策发现方案有问题时会积极寻找解决途径。

县级政府是我国基层的政府组织，相对于省级政府和市级政府来说，是大部分决策的执行主体，但是，却是较少或参与决策制定过程的主体。因此，其在政策落实的过程中可能会因为不理解政策的真正意图，或者因为既定的政策不符合地方实际情况，而出现政策难以执行的问题。而且，县级政府作为很多决策的直接落实者，在对基层的问题了解最多、对问题的把握相对比较到位的同时，还要承担决策落实的责任。因此，县级政府在落实决策时会更积极主动去反映问题，争取合理的、适合地方实际情况的决策出台。

总体来说，在落实决策的过程中发现决策方案有问题时，随着政府级别的提高，主动反映问题从而调整决策的积极性呈降低趋势。

六、基于不同学历的分类数据分析

公务员受教育的程度直接影响到对本单位在落实决策时发现问题的态度。为比较方便，按公务员受教育程度统计，得出表 7-13。

表 7-13　不同学历公务员对本单位在落实决策时发现问题处理方式的认知

选　项	统　计	高中及以下	大专	本科	硕士研究生	博士研究生
[1] 逐级向决策的制定部门反映问题，争取调整决策方案	选择计数	59	261	858	214	21
	百分比（%）	80.8	73.3	73.6	76.7	67.7
[2] 不会反映问题，仍按原决策方案落实	选择计数	6	42	81	17	3
	百分比（%）	8.2	11.8	7.0	6.1	9.7
[3] 不会反映问题，跳过去落实没有问题的部分	选择计数	2	14	46	8	0
	百分比（%）	2.7	3.9	3.9	2.9	0.0
[4] 看情况，有时会反映有时不反映	选择计数	6	38	169	36	7
	百分比（%）	8.2	10.7	14.5	12.9	22.6

续前表

选　项	统　计	高中及以下	大专	本科	硕士研究生	博士研究生
[5] 其他（请填写）	选择计数	0	1	11	4	0
	百分比（%）	0.0	0.3	0.9	1.4	0.0
总计	参选人数	73	356	1 165	279	31
	百分比（%）	100.0	100.0	100.0	100.0	100.0

调查显示，不同学历的公务员在对本单位落实决策发现决策有问题时的处理方式的认识上总体是一致的，但是还存在不小的差异。如对逐级向决策的制定部门反映问题，争取调整决策方案来说，虽然五种学历的公务员对这一选项的支持率都有绝对优势，但是我们发现，不同学历的人员的选择比例还是存在很大差异的：比重最高的是高中及以下，占 80.8%，比重最低的是博士研究生，仅占 67.7%，两者相差 13.1 个百分点；同时，在看情况，有时会反映有时不反映这一选项上，选择率最高和最低的分别为博士研究生和高中及以下，又相差 14.4 个百分点。虽然对于大专、本科和硕士研究生来说，对在落实决策方案时发现有问题的处理方式上，不是严格按照学历越高各选项选择率相对越高或者越低；但是，我们可以据上述数据推测，随着学历的升高，对落实决策时发现问题进行处理的积极性随之降低。

七、结论

为了行政权的顺畅运行，提高行政效率，实现行政目标，我们对行政决策落实环节进行问卷调查，期望了解实践中的状况，包括如果发现决策方案有问题，行政机关和公务员通常会如何处理，是逐级向决策的制定部门反映问题，争取调整决策方案，还是不反映，仍按照原来的执行，抑或是跳过去落实没有问题的部分，再或是视情况定。

调查数据显示，在不同地区、不同府级、不同学历和专项调查地区中，落实某项决策时如果发现决策方案有问题，本单位可能会采取的处理方式最多的是逐级向决策的制定部门反映问题，争取调整决策方案，且得到的支持率基本占到被调查者的 70%。这说明在落实决策时，如果发现决策方案有问题，大部分单位都会逐级向制定决策的部门反映问题，以争取使决策方案符合实际情况进而得以顺利执行。这一比例远远高于在不同情形中排在支持率第二位的“看情况，有时会反映有时不会反映”的 20%以下的平均值。

从这个选项中我们可以看出，其一，现实中尽管存在着决策的合理性、正当性甚至合法性，抑或是程序方面的问题，但是大部分的行政机关和公务员还是能够履行行政职责，致力于决策落实的；其二，还有不少公务员选择了单位会根据情况看是否反映问题，是因为他们考虑到了实际的反映问题不一定能够得到解决。如果他们认为反映之后问题能够得以解决的话，可能就反映了，如果他们认为反映之后问题可能得不到解决，就不会反映问题。以上可说明行政机关的执行力总体向好。

至于有一小部分公务员认为本单位不会反映问题而仍按原决策方案落实，或者不会反映问题，跳过落实没有问题的部分，说明在实际当中，确实存在一些不管决策是否正确、合理，无视决策执行时的实际情况，不负责任、不愿担当的现象。这提示我们需要加强决策制定和执行部门的沟通和联系，使有问题的决策得到及时纠正，而正确的决策不至于落空。

第八章

政府权力协调机制实证研究

第一节　我国政府协调机制必要性的数据分析

一、序言

（一）本题的设计缘由

所谓行政事务，指的是与行政有关之事务。行政事务过多，行政包涵各种各样复杂的事务，很难让人认可其内在统一性，以至于在日本有种关于行政的学说叫作控除说，也就是将行政定义为国家活动中剔除立法和司法活动之后的那一部分。盐野宏先生指出力求为行政下一个定义，实不可得，故而采用控除说。①

行政可以进行如下分类，规制行政、给付行政和私经济行政。② 所谓规制行政，是指通过限制私人的权利、自由来实现其目的的行政活动。例如，交通规制、建筑规制、经济规制等。所谓给付行政，指的是设置、管理道路、公园，设置、运营社会福利设施，进行保护，给予个人以及公众便利和利益的行政。其目的在于确保文明的、健康的生活。所谓私经济行政，指的是为了公共目的，而由行政主体进行一些必要的经济活动。这些活动原本属于私法行为，因为进入行政主体和行政目的的领域而成为行政活动的一部

---

①　盐野宏．行政法总论．杨建顺，译．北京：北京大学出版社，2008：1－5.

②　同①6.

分。职责权限交叉，既是行政事务综合性的一种必然推演，也是事实上繁多的行政事务在国家规范和权力配置方面必然表现。

(二) 调查问卷及相关说明

具体调查的问题及选项设计如下。

在您看来，政府工作中需要协调的原因是：

[1] 行政事务的综合性

[2] 职责权限交叉

[3] 部门利益的影响

[4] 行政流程需要衔接

[5] 信息传递不畅通

[6] 其他（请填写）

针对上面题目设计的具体内容，共有以下四个方面的内容需要进行的明晰。

1. 部门利益的影响

公共选择理论试着从研究官僚和政客的角度上探索政府带来的影响，并且假设这些人都是根据自己的私利采取行动的，他们的一举一动都是为了增进自己的经济利益（如他们的个人福利）。公共选择理论利用经济学的分析方式（通常是博弈论和决策论）探索政治上的决策进行过程，以此揭露在政府体制下必然出现的效率低下现象。

在中国，部门利益①往往特指行政部门偏离公共利益导向，追求部门局部利益，变相实现小团体或少数领导个人的利益。

2. 行政流程

通常，行政流程被等同于行政权力的运行次序，因此长期以来不被重视。然而，在法治行政前提下，行政权力的内部运行必须要有规则，包括权力的分配、协同和制衡，以实现事（公共事物）、权（行政权力）、人（公务员）的优化组合和合理配置，确保人、财、物、信息等各种行政资源的充分衔接和合理利用，这种权力运行规则可以统称为“法治化的行政流程”②。

① 中央政府机构中的部门利益问题日益突出当警惕．瞭望，2006－10－10．作者江涌系中国现代国际关系研究院经济安全研究中心主任。

② 胡奇敏．作为权力运行规则的行政流程．[2010－01－03]．商丘政府法制网．http：//www. hnfzw. gov. cn/sq/news/20098/200981292357856. shtml.

内部行政流程和外部行政程序的区别如表 8－1。[①]

表 8－1　　内部行政流程与外部行政程序对比表

	内部行政流程	外部行政程序
主体	行政权力方	行政权力方、行政相对方
事项	行政职能及其划分	社会公共事务
依据	职能、编制依据和岗位责任（可以法定，也可以由行政机关根据需要自己设定）	法定
环节	行政流程的设定与优化	行政程序的执行
时限	责任时限	法定时限
联系	行政权力方的内部联系	与行政相对方的外部联系
标准	可监督考核的管理规范	行政事务的办理规范
救济	权力或立法控制或者行政协调机制	权利救济措施

由上述对比可知，行政流程涉及的是行政权力自身的有效性问题。行政流程是对行政权力内部诸要素的规制和整合，其目的是准确行使行政权力、提高行政效能。其体现的是行政运行的整体性效果，注重的是科学管理问题。外部行政程序是法律对于行政机构办理社会公共事务的规则和路径、步骤的规定，其目的是对于行政主体依法处理行政事务提供法律上的指引，体现行政管理的事务性效果，着重于如何依法行政。内部的行政流程很大程度上不具有可诉性，行政相对人的权益也并非与之直接相关；而外部的行政程序则反之，具有可诉性。行政流程的衔接，就是科学行政的自身要求，有赖于行政权力或者行政立法的设定，或者行政权力的协调。

3. 信息传递

在管理系统中，信息可以定义为关于客观事实的可通讯的知识，数据即是信息的载体。信息看不见也摸不着，它似乎与一切实有的存在都不同。当今世界信息的爆炸，使人类社会加速度地向前迈进，达到了不可思议的程度。人类正在迈入信息化社会的大门，人们每天都从电视、收音机、报纸、图书、杂志、电脑等各种媒体上接收大量的信息，而我们的祖先一生中所获得的信息可能也不如我们在一天当中所获得的多。信息的传播已经不再受到时间、地域的限制，人类的能力因信息的增加而扩大。尤其是电脑、光导纤

① 胡奇敏．作为权力运行规则的行政流程．［2010－01－03］．商丘政府法制网．http：//www. hnfzw. gov. cn/sq/news/20098/200981292357856. shtml. 表格有改动。

维的出现，最终导致一个全球网络化时代的到来。

然而，这些信息化时代的宣言都无法使得人类彻底消灭信息传递不通畅的问题，在信息爆炸的今天，信息的甄别和鉴定成为另一个难题。哈耶克在《知识在社会中的利用》一文中已经把知识分成两类：一类是科学知识，即被组织起来的知识由专家所掌握，在理论和书籍中可以得到的知识；一类是特定时间和地点的知识，为处于当时和当地的人所拥有的知识。在此，哈耶克所讲的知识，实际上就是信息，前一种反应普遍规律的知识性信息可以通过接受教育而获取，而后一种地方性知识信息或者特定时空的信息却永远处于不停的变化之中，需要政府通过一定的信息协调机制，在一定范围内为了公共目的实现共享，而且政府要负责对其传递信息的真伪作出甄别和鉴定。

4. 调查采集的基本信息如表 8-2

表 8-2　在您看来，政府工作中需要协调的原因是（多选）

选　项	选择计数	百分比（%）
[1] 行政事务的综合性	1 381	68.5
[2] 职责权限交叉	1 560	77.3
[3] 部门利益的影响	1 096	54.3
[4] 行政流程需要衔接	1 081	53.6
[5] 信息传递不畅通	640	31.7
[6] 其他（请填写）	16	0.8
总计	2 017	100.0

“其他”选项的填写情况：(1) 重新科学配置职员的需要，根据新的法律法规调整职责划分的需要；(2) 一些政策与实际情况不相符；(3) 最重要的还是责任心不强，缺乏追究机制；(4) 工作效率低下，主动性不强。

二、总体分析

把表 8-2 的顺序按公务员选择的政府工作需要协调原因的赞同度高低重新排序，可得出表 8-3。

表 8-3　政府工作中需要协调原因的总体分析

新序号	选　项	选择计数	百分比（%）
1	[2] 职责权限交叉	1 560	77.3
2	[1] 行政事务的综合性	1 381	68.5

续前表

新序号	选　项	选择计数	百分比（%）
3	[3] 部门利益的影响	1 096	54.3
4	[4] 行政流程需要衔接	1 081	53.6
5	[5] 信息传递不畅通	640	31.7
6	[6] 其他（请填写）	16	0.8
	总计	2 017	100.0

由表 8－3 可知，总体上，调查结果显示，被调查公务员认为造成政府需要协调的原因中前三个分别是职责权限交叉、行政事务的综合性、部门利益的影响。而“行政流程需要衔接”这个原因紧随其后，与排名第三的选项的选择比例相差仅有 0.7 个百分点。也就是说，基本上是并列第三。位列其后的原因就是信息传递不通畅以及其他。

从广义上来说，政府职责[①]是管理社会经济各项事务职权和责任的合一或者说是统称，从狭义上看，政府职责是政府各个组成部门和辅助机构全部职责的集合体。也就是说，政府职责是按照政府的功能与分工，由各个工作机构分别承担的事权以及相对应的义务。目前，我国地方各级政府的职责基本上都是对历史的承接。它的确立、调整包括灭失的沿革过程，是我国不同时期经济社会要求的写照和反映。事实上，我国政府各个部门的行政职责权限交叉现象比较普遍，多次机构改革的目的之一就是改变我国的行政部门的行政职责权限交叉现象。这种行政职责权限交叉，一方面是由行政事务的综合性所决定的；另一方面又是由在我国的政治传统中作为“父母官”的政府官吏一向综合性地负责各种行政事务所决定的。而且机构设置随着历史的偶然和行政长官的主观意志而不断变迁，很多时候职责权限划分只有相对的意义。在这种情况下，职责权限的交叉是不可避免的，而这种职责权限交叉情势下的政府机构之协调工作是必须进行的。77.3%的被调查公务员选择职责权限交叉作为政府协调工作的原因，是可以理解的。

前文已有分析，行政事务的综合性本身就决定了现代行政国家的事务错综复杂，现代社会通过多个部门协调进行办理的事务越来越多，这种时代背景决定了行政事务的综合性是国家行政权力协调的主要原因。68.5%的被调

① 倪超英．政府职责和机构编制法定化刍议．行政与法，2007（5）．

查公务员选择了这一选项。

官本位思想在中国的流传已经几千年，官和福利、利益挂钩之后，行政管理的决策和执行就会面临部门利益的考验。当有些部门为了谋其“私利”，而害及公共利益时，中国不存在有效的诉讼制度去调节这些“内部”事务。当监督比较缺乏弹性时，就需要政府权力去做协调工作，协调各方利益，使中国的政府部门能够符合人民的利益和要求，能够进行合理的分工和配合。部门利益问题是中国几千年官本位思想在社会主义市场经济下的表现形式，其呼唤协调机制的产生和有效进行。对于部门利益的影响这个选项，有54.3%的被调查者选定。

体现管理科学化的流程衔接问题，其实和前述的行政事务的综合性、部门利益的协调、职能权限的划分都密切相关。其本身既是政府权力需要协调的原因，也是政府权力协调的方式。也就是说，行政流程的科学衔接需要政府部门的权力协调机制。同时，究其本身也就是协调的程式。所以，有53.6%的被调查者选择“行政流程需要衔接”这一选项。

信息传递不畅通是由行政管理事务的自身规律决定的，所有的信息传递都是有限的、易于被歪曲的，而且需要鉴别的。当然，在前述各个问题都很突出的当今中国社会，对于这种因为行政管理自身规律性产生的需要协调问题的关注，则是少之甚少。因此，只有不到被调查者三分之一的人选择了该选项。

三、基于不同府级的分类数据分析

由表8-4可见，省级政府、市级政府和县级政府的公务员对于“行政事务的综合性”的选择百分比分别为68.6%、67.1%和70.6%。县级政府公务员的选择百分比较省级政府和市级政府公务员的选择百分比高2个百分点以上。原因可能是，县级政府直面基层纷繁复杂的行政事务，更能接触到行政事务的综合面。

表8-4　不同府级公务员对于我国政府协调工作原因的选择（多选）

选　项	统　计	省级政府	市级政府	县级政府
[1] 行政事务的综合性	选择计数	354	617	410
	百分比（%）	68.6	67.1	70.6

续前表

选　项	统　计	省级政府	市级政府	县级政府
[2] 职责权限交叉	选择计数	402	706	452
	百分比（%）	77.9	76.7	77.8
[3] 部门利益的影响	选择计数	296	500	300
	百分比（%）	57.4	54.3	51.6
[4] 行政流程需要衔接	选择计数	261	517	303
	百分比（%）	50.6	56.2	52.2
[5] 信息传递不畅通	选择计数	176	300	164
	百分比（%）	34.1	32.6	28.2
[6] 其他（请填写）	选择计数	7	7	2
	百分比（%）	1.4	0.8	0.3
总计	参选人数	516	920	581
	百分比（%）	100.0	100.0	100.0

省级政府、市级政府和县级政府的公务员对于“职责权限交叉”的选择百分比分别为77.9%、76.7%和77.8%。省级政府部门直面全省的行政事务、县级政府部门直面最基层最复杂的行政事务，其中的职责权限交叉现象较多，协调困难较大；而市级政府，作为沟通省级政府和县级政府的中间地带，其面对的职责权限交叉现象肯定少于省级政府和县级政府的。所以，其公务员选择“职责权限交叉”选项的比例少于其他府级公务员。

省级政府、市级政府和县级政府的公务员对于“行政流程需要衔接”的选择百分比分别为50.6%、56.2%和52.2%。原因与上面的分析类似，作为省级政府和县级政府沟通桥梁的市级政府，直面的行政事务和权责交叉现象不及省级政府和县级政府的。然而，其作为沟通上下的中间地带，对于行政流程的衔接，包括对于省级政府的衔接、对于县级政府的衔接的考虑，必然多于其他府级政府的。

省级政府、市级政府和县级政府的公务员对于“部门利益的影响”的选择百分比分别为57.4%、54.3%和51.6%。可能的解释是，越高层级的政府，其越有可能参与部门利益之争，其参与部门利益之争的筹码和权威越大。反之，越低层级的政府，其参与部门利益之争的可能性就越小，小到一个单位仅仅可能产生“单位利益”之争，这样的利益纷争其影响远远比不上高级政府的部门之间进行部门利益之争时产生的影响。单位利益之争必须受制于既有的部门利益，而部门利益之争左右着所有相关部门以及其下属单位的利益起点。那么，越高层级的政府的公务员相应地会越倾向于选择“部门利益的影响”这个选项。

省级政府、市级政府和县级政府的公务员对于“信息传递不畅通”的选择百分比分别为34.1%、32.6%和28.2%。其原因在于，一方面，在上述问题严重的现代中国，各级政府对于信息传递不畅通这样的更偏重于行政管理固有缺陷的问题，关注普遍不高；另一方面，越高层级的政府，越是能把握行政管理政策决策取向的政府，越有责任感和动力去倾向于关注这种问题。

四、基于不同性别的分类数据分析

由表8-5可知，男性公务员和女性公务员对政府协调机制的认识差别不大。男性和女性对于“行政事务的综合性”选择百分比分别为69.5%和67.2%。差异的可能原因是，男性公务员中从事的工作可能复杂性、综合性更强一些，如领导岗位。同样的道理，男性对于部门利益的认知更强一些，男性比女性多6.5个百分点。

表8-5　　不同性别公务员对于我国政府协调工作原因的选择（多选）

选　项	统　计	男性	女性
[1] 行政事务的综合性	选择计数	896	444
	百分比（%）	69.5	67.2
[2] 职责权限交叉	选择计数	1002	515
	百分比（%）	77.7	77.9
[3] 部门利益的影响	选择计数	730	331
	百分比（%）	56.6	50.1
[4] 行政流程需要衔接	选择计数	658	382
	百分比（%）	51.0	57.8
[5] 信息传递不畅通	选择计数	411	219
	百分比（%）	31.9	33.1
[6] 其他（请填写）	选择计数	10	6
	百分比（%）	0.8	0.9
总计	参选人数	1 289	661
	百分比（%）	100.0	100.0

女性可能对于技术性工作的处理能力要高于男性的，对于规律性认识，其敏感度要高于男性的，所以在行政协调工作的原因选择上，女性对于“行政流程需要衔接”“信息传递不畅通”的选择比例要高于男性的。

五、基于不同年龄的分类数据分析

由表8-6可知，30周岁以下、31～40周岁、41～50周岁、51～60周岁、61周岁以上公务员对于“行政事务的综合性”选项的选择百分比分别为76.4%、69.7%、63.1%、56.9%、100.0%。由于61周岁以上公务员只有两位，其两位都认同该选项，因而出现100%的特殊情况。这种情形说明，“行政协调工作需要的原因”的总体分析中选择率排名第二的选项，“行政事务的综合性”确实是最为重要的原因之一。而剔除这两名61周岁以上公务员之外，其他年龄段的公务员，对该项的选项呈现年龄越大选择比例越低的现象。其原因可能是，随着年龄的增长、阅历的增加，对于这种事实判断多于价值判断的事实性陈述被选择为某种人类活动——在本文是协调活动——原因的做法，进行更多的反思。

表8-6　不同年龄公务员对于我国政府协调工作原因的选择（多选）

选项	统计	30周岁以下	31～40周岁	41～50周岁	51～60周岁	61周岁以上
[1] 行政事务的综合性	选择计数	373	544	310	111	2
	百分比（%）	76.4	69.7	63.1	56.9	100.0
[2] 职责权限交叉	选择计数	383	619	369	151	1
	百分比（%）	78.5	79.3	75.2	77.4	50.0
[3] 部门利益的影响	选择计数	229	442	266	129	1
	百分比（%）	46.9	56.6	54.2	66.2	50.0
[4] 行政流程需要衔接	选择计数	281	429	249	89	2
	百分比（%）	57.6	54.9	50.7	45.6	100.0
[5] 信息传递不畅通	选择计数	175	261	141	55	0
	百分比（%）	35.9	33.4	28.7	28.2	0.0
[6] 其他（请填写）	选择计数	2	9	4	1	0
	百分比（%）	0.4	1.2	0.8	0.5	0.0
总计	参选人数	488	781	491	195	2
	百分比（%）	100.0	100.0	100.0	100.0	100.0

由于61岁以上公务员只有两个，缺乏相应的分析价值，其选择的选项

往往只能说明该选项在原因分析中的重要性，所以以下论述剔除此年龄段分析。

30 周岁以下、31～40 周岁、41～50 周岁、51～60 周岁公务员对于“职责权限交叉”选项的选择百分比分别为 78.5%、79.3%、75.2%、77.4%。对于这种直观的行政工作需要协调的原因，其作为总体分析中被选择比例最高的选项，是必然的。41 岁之后的公务员对于该选项的选择率有所下降的原因，可能是该群体更彻底地脱离直观判断阶段。

30 周岁以下、31～40 周岁、41～50 周岁、51～60 周岁公务员对于“部门利益的影响”选项的选择百分比分别为 46.9%、56.6%、54.2%、66.2%。与上面的分析一致，随着年龄的增长、阅历的增加，年长的公务员就更倾向于选择体现价值判断较多的原因项。如前所述，部门利益往往特指行政部门偏离公共利益导向，追求部门局部利益，变相实现小团体或少数领导个人的利益，其实质就是“权力衙门化”与“衙门权力利益化”，这本身就是一种价值判断。

对于技术性工作和一些规律性认识，其更接近于客观知识。如上所言，随着公务员年龄的提高，其对此种客观知识作为原因充满了反思，所以对“行政流程需要衔接”“信息传递不畅通”的选择比例，呈现出一种随年龄增长而递减的趋势。

六、基于不同学历的分类数据分析

由表 8-7 可见，高中及以下、大专、本科、硕士研究生、博士研究生学历的公务员对于“行政事务的综合性”选项的选择百分比分别为 61.8%、59.3%、70.7%、71.2%、71.0%。本科、硕士研究生、博士研究生学历的公务员，可能接触的符合性工作较多。而大专以下学历的公务员，从事具体事物性的工作较多。

表 8-7　　不同学历公务员对于我国政府协调工作原因的选择（多选）

选　项	统　计	高中及以下	大专	本科	硕士研究生	博士研究生
[1] 行政事务的综合性	选择计数	47	214	828	198	22
	百分比（%）	61.8	59.3	70.7	71.2	71.0
[2] 职责权限交叉	选择计数	49	262	942	230	19
	百分比（%）	64.5	72.6	80.4	82.7	61.3

续前表

选　项	统　计	高中及以下	大专	本科	硕士研究生	博士研究生
[3] 部门利益的影响	选择计数	33	196	644	164	16
	百分比（%）	43.4	54.3	55.0	59.0	51.6
[4] 行政流程需要衔接	选择计数	40	179	641	141	25
	百分比（%）	52.6	49.6	54.7	50.7	80.6
[5] 信息传递不畅通	选择计数	14	86	406	100	12
	百分比（%）	18.4	23.8	34.7	36.0	38.7
[6] 其他（请填写）	选择计数	0	3	8	5	0
	百分比（%）	0.0	0.8	0.7	1.8	0.0
总计	参选人数	76	361	1 171	278	31
	百分比（%）	100.0	100.0	100.0	100.0	100.0

高中及以下、大专、本科、硕士研究生、博士研究生学历的公务员对于“职责权限交叉”选项的选择百分比分别为64.5%、72.6%、80.4%、82.7%、61.3%。其原因可能是，职责权限交叉这种比较明显的书面化原因，对于反思能力较强、意图挖掘其规律性原因的博士学历公务员而言被选择的比例会小些；对于高中以下学历者还是有些书面化，其依靠经验总结对之选择的比例就比较低；大专学历公务员可能有些欠缺书面化思维、反思能力，其选择比例处于中间水平；本科、研究生学历公务员有较高的书面化思维能力，其又不像博士学历公务员那样总是试图揭示背后更为规律性的东西，所以，其选择该选项的比例最高。

高中及以下、大专、本科、硕士研究生、博士研究生学历的公务员对于“部门利益的影响”选项的选择百分比分别为43.4%、54.3%、55.0%、59.0%、51.6%。高中以下学历公务员对于这种价值判断成分较多的选项，其选择比例最低。这可能与其从事的岗位有关，领导岗位更多考虑经济利益和社会效益。

高中及以下、大专、本科、硕士研究生、博士研究生学历的公务员对于“行政流程需要衔接”选项的选择百分比分别为52.6%、49.6%、54.7%、50.7%、80.6%。之所以有高比例的博士研究生公务员选择该选项，其原因就在于，一方面，博士研究生公务员有强烈的求知欲，希望能够分析到事物背后的原因和规律性因素。另一方面，博士研究生公务员可能对于实证主义的价值中立持赞同态度，在研究问题时不愿意进行过多的价值判断，而坚持进行技术规律方面的判断和选择。同理可知，对于信息传递不畅通，博士研究生公务员的选择比例也是最高的。而高中以下的公务员则较少存在对原因的探知兴趣，而且在现实的困境多起于其他原因之际，其对于信息传递不畅通这样的行政管理规律性缺陷的选择势必不高，在表 8－8 中其选择比例最低。

七、基于不同工龄的分类数据分析（多选）

由表 8－8 可知，随着工龄的递增，对于选项“行政事务的综合性”“职责权限交叉”的选择百分比递减。这里可能的原因是随着工龄的增长，对于复杂综合问题的解决能力较强，不认为一个特别问题需要一套专门的协调机制解决。

表 8－8　不同工龄公务员对于我国政府协调工作原因的选择

选　项	统　计	10 年以下	11～20 年	21～30 年	30 年以上
[1] 行政事务的综合性	选择计数	746	318	151	46
	百分比（%）	72.5	66.8	60.4	59.0
[2] 职责权限交叉	选择计数	823	370	187	58
	百分比（%）	80.0	77.7	74.8	74.4
[3] 部门利益的影响	选择计数	563	260	149	37
	百分比（%）	54.7	54.6	59.6	47.4
[4] 行政流程需要衔接	选择计数	558	263	133	42
	百分比（%）	54.2	55.3	53.2	53.8
[5] 信息传递不畅通	选择计数	351	149	75	19
	百分比（%）	34.1	31.3	30.0	24.4
[6] 其他（请填写）	选择计数	8	5	2	0
	百分比（%）	0.8	1.1	0.8	0.0
总计	参选人数	1 029	476	250	78
	百分比（%）	100.0	100.0	100.0	100.0

对于“部门利益的影响”选项，10 年以下、11～20 年、21～30 年、30 年以上工龄的公务员选择百分比为 54.7%、54.6%、59.6%、47.4%。10 年以下、11～20年工龄的公务员对于该选择有着一般的认知，而 21～30 年工龄的公务员可能本身就介入这种利益关系之中了，有着更深的感触和反思，故而选择该项的比例最高。而 30 年以上的公务员可能已经对于这种现状见怪不怪了，其不仅对于部门利益的影响这种选项选择率最低，而且对于“信息传递不畅通”的这种规律性固有缺陷也较少关注。

八、基于不同职务类型的分类数据分析

由表 8－9 可知，无论是领导职公务员还是非领导职公务员都对职责权限交叉的选择最高，说明这一问题在实践中确实很突出。职责权限交叉一直是我国政府机构改革的主要内容之一，但由于长期处于转轨时期，又由于政府职能范围限定，难以一下子解决。

表 8－9　　不同职务公务员对于我国政府协调工作原因的选择

选　项	统　计	领导职务	非领导职务
[1] 行政事务的综合性	选择计数	355	560
	百分比（%）	67.0	70.4
[2] 职责权限交叉	选择计数	420	633
	百分比（%）	79.2	79.5
[3] 部门利益的影响	选择计数	309	420
	百分比（%）	58.0	52.8
[4] 行政流程需要衔接	选择计数	278	470
	百分比（%）	52.5	59.0
[5] 信息传递不畅通	选择计数	194	251
	百分比（%）	36.6	31.5
[6] 其他（请填写）	选择计数	4	9
	百分比（%）	0.8	1.1
总计	参选人数	530	796
	百分比（%）	100.0	100.0

此外，由于岗位的影响，领导职公务员对复杂问题的解决能力强，关注部门利益，自己能协调，所以在选项上与非领导职公务员有一定的不同。

九、基于不同地区的分类数据分析

对于行政事务的综合性，由表 8－10 可知，东北地区公务员选择比例最高；事实性因素对于东北地区来说是较为重要的原因。

表 8－10　　不同地区公务员对于我国政府协调工作原因的选择（多选）

选　项	统　计	东部沿海	中部地区	西部地区	东北地区
[1] 行政事务的综合性	选择计数	465	467	223	226
	百分比（%）	67.7	68.1	67.2	72.4

续前表

选　项	统　计	东部沿海	中部地区	西部地区	东北地区
[2] 职责权限交叉	选择计数	509	559	262	230
	百分比（%）	74.1	81.5	78.9	73.7
[3] 部门利益的影响	选择计数	328	415	198	155
	百分比（%）	47.7	60.5	59.6	49.7
[4] 行政流程需要衔接	选择计数	372	371	202	136
	百分比（%）	54.1	54.1	60.8	43.6
[5] 信息传递不畅通	选择计数	196	226	138	80
	百分比（%）	28.5	32.9	41.6	25.6
[6] 其他（请填写）	选择计数	4	5	7	0
	百分比（%）	0.6	0.7	2.1	0.0
总计	参选人数	687	686	332	312
	百分比（%）	100.0	100.0	100.0	100.0

职责权限交叉，是我国行政工作协调的重中之重，然而其在东北地区和东部地区，相对而言，没有此在其他地区受重视。组织纪律性强的东北地区即便职责权限划分不是十分明确，也能局部克服；而法治文明水平较高的东部地区，对于职责权限的划分应该也到了一个较高水平，致使职责权限交叉的情况较少。

部门利益的影响，在西部和中部地区尤其突出，这些地区的经济和政治发展水平不高，人际关系和部门关系复杂，能够体现部门利益的影响的地方很多。那种组织纪律性高的地区或者法治文明水平高的地区，部门利益的影响可能更小。

十、基于直辖市和普通省份的分类数据分析

由表 8-11 可见，北京市公务员选择的选项比较少，以至于其所有选项选择的百分比都小于其他地区公务员的总体水平的选择百分比。这或者说明北京公务员在选择被调查问题时候态度较为谨慎。

表 8-11　　北京市和其他地区公务员对于我国政府协调工作原因的选择（多选）

选　项	统　计	北京市专项调研	其他省份调研
[1] 行政事务的综合性	选择计数	970	1 381
	百分比（%）	62.9	68.5
[2] 职责权限交叉	选择计数	1 085	1 560
	百分比（%）	70.3	77.3

续前表

选　项	统　计	北京市专项调研	其他省份调研
[3] 部门利益的影响	选择计数	621	1 096
	百分比（%）	40.2	54.3
[4] 行政流程需要衔接	选择计数	782	1 081
	百分比（%）	50.7	53.6
[5] 信息传递不畅通	选择计数	478	640
	百分比（%）	31.0	31.7
[6] 其他（请填写）	选择计数	8	16
	百分比（%）	0.5	0.8
总计	参选人数	1 543	2 017
	百分比（%）	100.0	100.0

北京市公务员对于技术性的“行政流程需要衔接”选项的选择比例高于其对“部门利益的影响”选项的选择比例；而其他地区公务员对这两者的总体选择比例的高低则是相反的。说明北京市公务员在认定政府协调工作的原因上，偏重于从技术角度探索须协调的原因之规律；而其他地区公务员偏重于从价值分析角度探究须协调的原因。

十一、结论

经过上述分析，结论如下。

（1）行政事务的综合性，是“政府工作需要协调”的事实原因。首先这是行政管理事务的必然；其次，这也是进入行政国家的特定历史现象。从选择比例关系上，各种类别公务员都倾向于将此点作为政府协调工作需要的第二大原因。

（2）行政管理，面对社会生活的方方面面，事实上我国政府各个部门的行政职责、权限交叉现象比较普遍，多次机构改革的目的之一就是改变我国的行政部门的行政职责、权限交叉现象。而这种行政职责、权限交叉现象一方面是由行政事务的综合性所决定，另一方面是由在我国的政治传统中作为“父母官”的政府官吏一向综合性的负责各种行政事务所决定的。而且机构设置随着历史的偶然和行政长官的主观意志而不断变迁，很多时候职责权限划分只有相对的意义。

（3）行政管理的决策和执行会面临部门利益的考验，当有些部门为了其

“私利”而不顾及公共利益时，中国不存在有效的诉讼制度去调节这些“内部”事务。当监督比较缺乏弹性，这时就需要政府权力协调工作。部门利益问题不过是中国几千年官本位思想在社会主义市场经济下的表现形式，其呼唤协调机制的产生和有效进行。“部门利益的影响”是注重反思的博士研究学历公务员和51～60周岁的公务员所更倾向于认可的重要的“政府工作需要协调”的原因。

(4) 作为管理科学化的流程衔接问题，其实和前述的行政事务的综合性、部门利益的协调、职能权限的划分都密切相关，其本身既是政府权力需要协调的原因，也是政府权力协调的方式。总体分析上，“行政流程需要衔接”这一选项与“部门利益的影响”选项的被选择率不相上下。强调对于技术性规律性把握的公务员群体倾向于选择此种原因。

(5) 信息传递不流畅是由行政管理事务的自身规律决定的，所有的信息传递都是有限的、易于被歪曲的，而且需要鉴别的，当然，在前述各个问题均存在的当今中国社会，对于这种因为行政管理自身规律性产生的须协调问题的关注，是不会太多的。在所有明列的选项里，其是“政府工作需要协调”的原因中被选择比例最小的一个。

被选择的比例的高低并不代表原因的最重要或者不重要，而只是被调查者对于各种“政府工作需要协调的原因”的一个主观认同，当然，这种主观认可和选择除了受制于现代行政国家的行政管理规律的客观性，还受制于中国的传统文化和中国的现实国情，甚至受制于某些问题在中国的现实紧迫性。比如历次政府改革都试图改变政府职能职责，改变那种职责权限交叉的现状，这种现状也确实给中国的政府管理工作带来很多不便。这些分析，有助于我们更好的分析政府协调的成因和解决方法。

第二节 我国政府部门间协调机制现状的数据分析

一、序言

分工缜密的现代社会，其效率的获得并非理所当然，而必须通过有效的协调机制整合。政府部门间的协调机制也是一个复杂的工程。各部门有自已的职能定位、工作目标和考核要求，容易导致职能冲突，需要协调。另外各部门考核和掌握信息的不同，也需要相互支持和配合，需要协调。

（一）本题的设计缘由

我国政府职能较多，尤其是转型期政府部门的职能经常变动调整，其部门间的相互协调尤为重要。为此，课题组将政府权力协调机制纳入研究的指标体系。在研究所有的权力协调问题之前，摸清其现状尤为迫切。为切实摸清此现状，课题组有针对性地设计了相关问题，对地方公务员进行了问卷调查。

（二）调查问卷及相关说明

具体调查的问题及选项设计如下：

您如何评价目前政府部门之间的协调机制？

[1] 已经形成较健全的部门间协调机制

[2] 初步形成政府部门间协调机制

[3] 有一定机制，但实际作用不大

[4] 尚未形成政府部门之间的协调机制，部门之间推诿扯皮现象普遍

[5] 其他（请填写）

针对上面题目设计的具体内容，共有以下三个方面的内容需要进行明晰。

1. 题目中若干概念的说明

这里的政府部门指的是国家各级政府部门，这里的协调机制，既包括政府决策权、执行权、监督权自身运行中的协调机制，也包括决策权、执行权、监督权之间的协调机制。

其中，决策权、执行权、监督权自身运行中的协调机制，是由协调主体、协调内容、协调手段、协调程序构成的体系化存在。决策权、执行权、监督权之间的协调机制，则包括执行权与决策权的衔接，监督权与执行权、决策权之间的衔接。

2. 选项是按照对于既定协调机制有效性从大到小的认知可能来设定的

已经形成健全的部门间协调机制，指的是我国已经建立非常有效的政府部门间协调机制，能发挥良好的协调作用。初步形成政府部门间协调机制，指的是我国基本建立有效的协调机制，但需要加强。有一定机制，但实际作用不大，指的是，虽然建立了一定机制，可是实际效果不好。尚未形成政府

部门之间的协调机制，部门之间推诿扯皮现象普遍。说的是不仅机制尚未为建立，而且部门间推诿扯皮，效率低下。

3. 采集的基本调查信息（见表 8－12）

表 8－12　　您如何评价目前政府部门之间的协调机制（单选）

选　项	选择计数	百分比（%）
[1] 已经形成较健全的部门间协调机制	377	18.7
[2] 初步形成政府部门间协调机制	776	38.5
[3] 有一定机制，但实际作用不大	529	26.3
[4] 尚未形成政府部门之间的协调机制，部门之间推诿扯皮现象普遍	323	16.0
[5] 其他（请填写）	10	0.5
总计	2 015	100.0

“其他”选项的填写情况：（1）主要为在两部门主要领导之间的协调；（2）应该说政府之间的协调机制必须适应经济社会发展变化和民众利益实现而探索完善；（3）见利益就争，查责任就推；（4）协调机制遇到特殊事件就会有困难；（5）正式的部门间协调机制尚未形成，但遇事沟通积极；（6）协调机制虽初步形成，但存在相互推诿责任的现象；（7）政府职能不清，导致推诿扯皮，执行无监督导致效率低下；（8）有一定协调机制，部门间推诿扯皮一定程度上存在。

二、总体分析

将表 8－12 按照公务员支持度由高到低的次序重新排列得到表 8－13。

表 8－13　　对目前我国政府部门间协调机制的总体分析

新序号	选　项	选择计数	百分比（%）
1	[2] 初步形成政府部门间协调机制	776	38.5
2	[3] 有一定机制，但实际作用不大	529	26.3
3	[1] 已经形成较健全的部门间协调机制	377	18.7
4	[4] 尚未形成政府部门之间的协调机制，部门之间推诿扯皮现象普遍	323	16.0
5	[5] 其他（请填写）	10	0.5
	总计	2 015	100.0

表8-13显示，对于我国目前政府部门之间的协调机制，选择最多的选项是认为我国初步形成政府部门间协调机制，占被调查问卷的38.5%；次多选择是认为有一定机制，但作用不大，占被调查问卷的26.3%；有18.7%的公务员认为我国已经形成较为健全的部门间协调机制；16.0%的被调查问卷者选择尚未形成政府部门间的协调机制，部门之间推诿扯皮现象普遍。另有0.5%的被调查者选择了其他答案。

这几个选项的设定，只有初步形成政府部门间的协调机制和已经形成较健全的部门间协调机制选项，是比较积极的评价；而后面的几种评价都是比较消极或者消极的。那么，这种调查的评价结果中积极评价占到57.2%，而消极评价占42.8%。总体上看，积极评价多于二分之一，消极评价少于二分之一，其他项的回答消极的居多。应该说，我国政府部门间协调机制的建立和完善仍旧任重道远。

我们在“其他”回答中发现言辞激烈的说法：“（3）见利益就争，查责任就推”，以及消极评价“（7）政府职能不清，导致推诿扯皮，执行无监督导致效率低下”。当然作为上面分析的佐证，我们会发现一些明显中庸的论调既想面对问题，又想保持颜面，比如“（6）协调机制虽初步形成，但存在相互推诿责任的现象”“（8）有一定协调机制，部门间推诿扯皮一定程度上存在”。而且仔细分析，在其他的发言里，这样的论调是大多数，比如“（4）协调机制遇到特殊事件就会有困难”“（5）正式的部门间协调机制尚未形成，但遇事沟通积极”。“其他”的这八种答案里，有两种答案是直面问题的态度，而且觉得选项设定比较温和，不足以代表自己所想，那就是答案3和7；而其他的回答都是温和的折中式。当然，人民公仆者的公务员们需要面对问题。所以，每一种温和的回答都同时反映了一定的问题。本来按照我们的选项的设定，既然存在推诿扯皮现象，那么无疑就是没有机制的，或者说不能算是存在机制的；可是，在答案6中，一方面，被调查者认为存在相互推诿责任的现象；另一方面，他也认为“协调机制初步形成”。对比而言，回答8更温和，就是基本上和回答6的意思一样，但是在“推诿扯皮”这样的消极词语后面，加了一个修辞成分“一定程度上存在”，显示了回答者强调这种现象是局部的、少数的，局面大体上还是好的。

三、基于不同府级的分类数据分析

将被调查公务员分为省级、地市级以及县级不同的府级背景，其对我国目前政府部门间协调机制的评价差异如表8-14。

表8-14　不同府级公务员对于目前我国政府部门间协调机制的评价（单选）

选　项	统　计	省级政府	地市级政府	县级政府
[1] 已经形成较健全的部门间协调机制	选择计数	84	134	159
	百分比（%）	16.3	14.6	27.4
[2] 初步形成政府部门间协调机制	选择计数	203	367	206
	百分比（%）	39.4	39.9	35.5
[3] 有一定机制，但实际作用不大	选择计数	145	251	133
	百分比（%）	28.2	27.3	22.9
[4] 尚未形成政府部门之间的协调机制，部门之间推诿扯皮现象普遍	选择计数	81	161	81
	百分比（%）	15.7	17.5	13.9
[5] 其他（请填写）	选择计数	2	6	2
	百分比（%）	0.4	0.7	0.3
总计	参选人数	515	919	581
	百分比（%）	100.0	100.0	100.0

从表8-14可以看出，在选项“已经形成较健全的部门间协调机制”“初步形成政府部门间协调机制”“有一定机制，但实际作用不大”上，省级公务员和地市级公务员的选择比率比较接近，而与县级公务员选择呈现出明显不同。县级公务员侧重于对于协调机制的建立和健全的肯定；而地市级和省级公务员侧重于认为协调机制的初步建立和实际作用不大。其原因可能是由于县级公务员面对的协调问题较之于地市级和省级公务员面对的来说较简单，按照传统的做法和相关沟通机制就可以较容易地进行协调，而省级和地市级面对的则不行。

在选项“尚未形成政府部门之间的协调机制，部门之间推诿扯皮现象普遍”上，省级公务员选择百分比是15.7%，而地市级公务员选择百分比是17.5%，县级公务员选择百分比是13.9%。这里可能的原因即县级公务员面临的协调问题较为简单之外，还因为地市级公务员面临着更为复杂的协调问题，一方面其要协调与省级政府的关系，另一方面其还要协调与县级政府的关系。这个层面的诸多协调要求的存在，使得地市级公务员更多地感受到部门之间的推诿扯皮问题，并且直接导致了填写“其他”选项的地市级公务员百分比高于省级和县级公务员的。

四、基于不同性别的分类数据分析

如表 8－15 所见，男女公务员其各选项的选择百分比相差不超过 2.5 个百分比，我们认为这表明不同性别对于目前我国政府部门间协调机制的评价差异不大。

表 8－15　不同性别公务员对于目前我国政府部门间协调机制的评价（单选）

选　项	统　计	男性	女性
[1] 已经形成较健全的部门间协调机制	选择计数	241	118
	百分比（%）	18.7	17.8
[2] 初步形成政府部门间协调机制	选择计数	485	263
	百分比（%）	37.7	39.7
[3] 有一定机制，但实际作用不大	选择计数	351	164
	百分比（%）	27.3	24.8
[4] 尚未形成政府部门之间的协调机制，部门之间推诿扯皮现象普遍	选择计数	204	113
	百分比（%）	15.9	17.1
[5] 其他（请填写）	选择计数	6	4
	百分比（%）	0.5	0.6
总计	参选人数	1 287	662
	百分比（%）	100.0	100.0

这说明公务员性别类的趋同性大于性别类的差异性。

五、基于不同年龄阶段的分类数据分析

如表 8－16 所示，在“已经形成较健全的部门间协调机制”选项的选择百分比上，“30 周岁以下”的公务员的，远高于“31～40 周岁”“41～50 周岁”“51～60 周岁”年龄阶段公务员的 8～10 个百分点。如果说人的成熟是从 30 岁开始的话，那么这种百分比差异就能说明，年轻人对现实是乐观的。

31 岁以上的各年龄阶段除了“61 周岁以上”的两人外，其选择该项的百分比基本持平，在 15.1%～16.2%之间。

表 8-16　不同年龄阶段公务员对于目前我国政府部门间协调机制的评价（单选）

选　项	统　计	30 周岁以下	31～40 周岁	41～50 周岁	51～60 周岁	61 周岁以上
[1] 已经形成较健全的部门间协调机制	选择计数	119	121	80	29	1
	百分比（%）	24.4	15.5	16.2	15.1	50.0
[2] 初步形成政府部门间协调机制	选择计数	199	292	196	71	1
	百分比（%）	40.8	37.4	39.8	37.0	50.0
[3] 有一定机制，但实际作用不大	选择计数	112	217	132	57	0
	百分比（%）	23.0	27.8	26.8	29.7	0.0
[4] 尚未形成政府部门之间的协调机制，部门之间推诿扯皮现象普遍	选择计数	57	141	85	35	0
	百分比（%）	11.7	18.1	17.2	18.2	0.0
[5] 其他（请填写）	选择计数	1	9	0	0	0
	百分比（%）	0.2	1.2	0.0	0.0	0.0
总计	参选人数	488	780	493	192	2
	百分比（%）	100.0	100.0	100.0	100.0	100.0

与上述判断相互印证的就是对于“有一定机制，但实际作用不大”和“尚未形成政府部门之间的协调机制，部门之间推诿扯皮现象普遍”这两种消极判断的选择百分比上，30 周岁以下的年轻公务员的要明显低于 31 周岁以上各阶段的公务员的（61 周岁以上的例外）。

在选项“初步形成政府部门间协调机制”上，“30 周岁以下”的公务员的选择率高于其他各年龄层次的公务员的（61 周岁以上的例外）。可能的原因是年轻公务员工作比较简单，需要协调的方面不多，而 61 周岁以上的两个公务员中就有一人选择了此选项。

其原因是参与调查的人员少，数据的代表性不强。但也比较倾向地反映了实践中确有许多时候协调机制不健全。

六、基于不同学历的分类数据分析

受教育程度的不同，可能影响其对政府部门间协调机制现状的思考和认知，因此，课题组对不同学历层次的公务员的问卷数据进行了分类统计，具体数据见表 8－17。

表 8－17　不同学历公务员对于目前我国政府部门间协调机制的评价（单选）

选　项	统　计	高中及以下	大专	本科	硕士研究生	博士研究生
[1] 已经形成较健全的部门间协调机制	选择计数	29	71	196	47	2
	百分比（%）	38.2	19.7	16.8	16.8	6.5
[2] 初步形成政府部门间协调机制	选择计数	28	126	473	105	16
	百分比（%）	36.8	35.0	40.5	37.6	51.6
[3] 有一定机制，但实际作用不大	选择计数	14	97	305	75	11
	百分比（%）	18.4	26.9	26.1	26.9	35.5
[4] 尚未形成政府部门之间的协调机制，部门之间推诿扯皮现象普遍	选择计数	4	65	187	52	2
	百分比（%）	5.3	18.1	16.0	18.6	6.5
[5] 其他（请填写）	选择计数	1	1	8	0	0
	百分比（%）	1.3	0.3	0.7	0.0	0.0
总计	参选人数	76	360	1 169	279	31
	百分比（%）	100.0	100.0	100.0	100.0	100.0

如表 8－17 所见，在“已经形成较健全的部门间协调机制”选项的选择百分比上，选择率的高低原则上与学历程度的高低原则上成反比。博士研究生对于此选项的选择比率只有 6.5%，而“高中及以下”学历对此项的选择百分比高达 38.2%。可能的原因是，随着掌握知识的增多，对现实有更高的要求，评价“健全”的标准，就会相应的提高。此种学历的公务员是唯一的选择百分比和评价的积极色彩成正比的，其对于“已经形成较健全的部门间协调机制”的选择百分比最高。

与此相互印证的是，在消极性选项“有一定机制，但实际作用不大”上，“高中及以下”学历的选择率明显低于其他学历的，为 18.4%。而博士研究生学历选择此选项的百分比，明显高于其他年龄阶段，为 35.5%。

公务员比较追求稳妥的特点，在此表格中也同样有明显表现。而且作为高知识群体的博士研究生，对于选项“初步形成政府部门间协调机制”的选择率高达 51.6%，这里体现的可能是“知识”的高度，也可能是洞明世事的“学问”。在强烈消极色彩的“尚未形成政府部门之间的协调机制，部门之间推诿扯皮现象普遍”的选择百分比里，博士研究生学历的选择百分比仅为6.5%，接近并略高于“高中及以下”学历的选择百分比5.3%，而远远低于大专、本科、硕士研究生的选择百分比。

考虑公务员学历的同时，考虑公务员魄力和改变积极性，对于理解相关数据有所帮助。当然，这里也是主观机制。

七、基于不同工龄阶段的分类数据分析

公务员资历的高低、深浅对于政府间协调状况的认知和体会可能产生一定的影响，因此，课题组对不同工龄阶段的公务员的问卷数据进行了分类统计，见表8-18。

表8-18　不同工龄阶段公务员对于目前我国政府部门间协调机制的评价（单选）

<table>
<tr><th>选　项</th><th>统　计</th><th>10年以下</th><th>11～20年</th><th>21～30年</th><th>30年以上</th></tr>
<tr><td rowspan="2">[1] 已经形成较健全的部门间协调机制</td><td>选择计数</td><td>181</td><td>78</td><td>40</td><td>17</td></tr>
<tr><td>百分比（%）</td><td>17.6</td><td>16.3</td><td>16.2</td><td>23.0</td></tr>
<tr><td rowspan="2">[2] 初步形成政府部门间协调机制</td><td>选择计数</td><td>427</td><td>162</td><td>97</td><td>31</td></tr>
<tr><td>百分比（%）</td><td>41.5</td><td>33.8</td><td>39.3</td><td>41.9</td></tr>
<tr><td rowspan="2">[3] 有一定机制，但实际作用不大</td><td>选择计数</td><td>246</td><td>144</td><td>73</td><td>19</td></tr>
<tr><td>百分比（%）</td><td>23.9</td><td>30.0</td><td>29.6</td><td>25.7</td></tr>
<tr><td rowspan="2">[4] 尚未形成政府部门之间的协调机制，部门之间推诿扯皮现象普遍</td><td>选择计数</td><td>168</td><td>92</td><td>37</td><td>7</td></tr>
<tr><td>百分比（%）</td><td>16.3</td><td>19.2</td><td>15.0</td><td>9.5</td></tr>
<tr><td rowspan="2">[5] 其他（请填写）</td><td>选择计数</td><td>6</td><td>4</td><td>0</td><td>0</td></tr>
<tr><td>百分比（%）</td><td>0.6</td><td>0.8</td><td>0.0</td><td>0.0</td></tr>
<tr><td rowspan="2">总计</td><td>参选人数</td><td>1 028</td><td>480</td><td>247</td><td>74</td></tr>
<tr><td>百分比（%）</td><td>100.0</td><td>100.0</td><td>100.0</td><td>100.0</td></tr>
</table>

由表8-18可知，在选项“已经形成较健全的部门间协调机制”上，30年以上工龄的人有23.0%的选择率，高于其他工龄段的人的5个百分点以上，这种积极的倾向性评价可能源于工作经验，在正式的协调机制之外，还可通过其他手段解决，所以对正式协调机制的渴求会少一些。工龄30年以上的公务员经验更丰富，处理问题更灵活，是其他工龄短的公务员难于做到的。与此相应，在非常具有消极色彩的选项“尚未形成政府部门之间的协调机制，部门之间推诿扯皮现象普遍”上，具有30年以上工的人只有9.5%的选择率，远远低于其他工龄短的公务员的。在消极评价“有一定机制，但实

际作用不大”选项上，其选择百分比也低于11～30年之间工龄的公务员的选择百分比。在积极色彩的“初步形成政府部门间协调机制”的选项上，其选择比例较之其他工龄段的最高；当然，各工龄段中，此选项的选择百分比是各选项的选择百分比之冠。

10年工龄以下的公务员选择比较乐观，其对于消极选择（[3][4]）的选择百分比低于11～30年工龄段的。其对于积极选项的选择百分比，仅仅低于“30年以上”工龄的公务员的，而高于其他工龄段的。

在选项“有一定机制，但实际作用不大”的选择比例上，11～20年工龄段的与21～30年工龄段的分别是30%和29.6%，高于其他两个工龄段约5个百分点。可能的原因是这两个工龄段的公务员处在各项工作的中心位置，对协调机制的作用感受更深，有时候名义上有协调机制，实际运作较难。

八、基于不同职务类型的分类数据分析（见表8-19）

表8-19　不同职务类型公务员对于目前我国政府部门间协调机制的评价（单选）

选　项	统　计	领导职务	非领导职务
[1] 已经形成较健全的部门间协调机制	选择计数	66	137
	百分比（%）	12.5	17.2
[2] 初步形成政府部门间协调机制	选择计数	203	320
	百分比（%）	38.4	40.1
[3] 有一定机制，但实际作用不大	选择计数	158	201
	百分比（%）	29.9	25.2
[4] 尚未形成政府部门之间的协调机制，部门之间推诿扯皮现象普遍	选择计数	98	136
	百分比（%）	18.6	17.0
[5] 其他（请填写）	选择计数	3	4
	百分比（%）	0.6	0.5
总计	参选人数	528	798
	百分比（%）	100.0	100.0

九、基于不同地域的分类数据分析

由表8-20可见，东部和东北地区公务员对于政府部门之间的协调机制评价较高，其原因可能不尽相同。东部地区由于经济相对发达、法治水平较高，其形成的相关协调机制发挥的实效可能确实较强，这样就导致其公务员对本地区的政府间协调机制有更为积极的评价。东北地区制度水平较低、经济欠发达，正因为如此，通过领导和组织进行动员和协调的能力反而较强。所以，该地区公务员对于本地区协调机制有着较正面的评价，其选择积极评价的百分比高于其他的被调查地区的。

表 8-20 不同地域公务员对于目前我国政府部门间协调机制的评价（单选）

选　项	统　计	东部沿海	中部地区	西部地区	东北地区
[1] 已经形成较健全的部门间协调机制	选择计数	167	79	26	105
	百分比（%）	24.2	11.5	8.0	33.5
[2] 初步形成政府部门间协调机制	选择计数	264	288	129	95
	百分比（%）	38.2	42.1	39.4	30.4
[3] 有一定机制，但实际作用不大	选择计数	173	171	106	79
	百分比（%）	25.0	25.0	32.4	25.2
[4] 尚未形成政府部门之间的协调机制，部门之间推诿扯皮现象普遍	选择计数	83	142	64	34
	百分比（%）	12.0	20.8	19.6	10.9
[5] 其他（请填写）	选择计数	4	4	2	0
	百分比（%）	0.6	0.6	0.6	0.0
总计	参选人数	691	684	327	313
	百分比（%）	100.0	100.0	100.0	100.0

西部地区公务员对本地区协调机制的评价最低，在较为积极的选项“已经形成较健全的部门间协调机制”上，其选择百分比仅仅有 8%；在“有一定机制。但实际作用不大”选项的选择百分比上，其远高于其他地区 7 个百分点以上。中部地区的评价略高于西部的。这应该和西部、中部地区的法制欠发展和经济欠发达有关。

十、基于直辖市与普通省份的分类数据分析

从表 8-21 可以看出，首都更为规范和讲求示范作用的心理，都决定了北京市政府协调能力和机制健全水平，以及北京市公务员对此的认可度，要高于全国平均水平。

表 8-21　　专项调研统计及与全国调研数据的比对（单选）

选　项	统　计	北京市专项调研	其他省份调研
[1] 已经形成较健全的部门间协调机制	选择计数	302	377
	百分比（%）	19.6	18.7
[2] 初步形成政府部门间协调机制	选择计数	680	776
	百分比（%）	44.1	38.5
[3] 有一定机制，但实际作用不大	选择计数	377	529
	百分比（%）	24.4	26.3
[4] 尚未形成政府部门之间的协调机制，部门之间推诿扯皮现象普遍	选择计数	178	323
	百分比（%）	11.5	16.0
[5] 其他（请填写）	选择计数	6	10
	百分比（%）	0.4	0.5
总计	参选人数	1 543	2 015
	百分比（%）	100.0	100.0

十一、结论

以上调查数据和具体的比较分析向我们展示了：(1) 地市级政府公务员由于地市级政府的协调关系复杂，而趋向于消极评价；(2) 过于年轻的公务员可能对协调问题认知不足，而导致过于乐观，年纪偏大的公务员，选择时则可能过于顾及情面；(3) 学历过低的公务员，可能对现实过于顺从，且易于受到面子文化的影响，博士研究生学历虽高，却难以免受中庸哲学的影响；(4) 工龄 10 年以下的公务员对协调机制的评价较为乐观，工龄 30 年以上的公务员则深味“面子哲学”的官场文化，其评价更为积极；(5) 从既有数据看，领导职务的公务员相比于非领导职务的公务员，对协调机制情况的反映更为中肯；(6) 经济发达、法治水平较高的东部地区，其政府部门间的协调机制更为完善，受到的评价也更为积极，东北地区由于讲义气、重情义的地域文化，也能进行较好的协调和组织，其评价较之于东部地区更积极，而中部地区和西部地区与东部和东北地区相反；(7) 北京市政府协调能力和机制，以及北京市公务员对此的认可高于其他被调查地区的平均水平。

由此，我们可以发现政府层级、经济和法治发展水平对协调机制的影响；年龄、学历、工龄和职务对公务员的评价选择存在相关影响。而针对此两种影响，一方面需要减少政府层级、进一步发展经济和进行法治建设，从根本上改善政府间的协调机制；另一方面需要任用相应年龄层次、学历背景、工龄阶段甚至领导职务的公务员进行协调机制的调研、实践和改进工作，克服官场文化的影响和进行实事求是的分析、改进工作。

第三节　我国政府内部协调方式的数据分析

一、序言

由于我国政府职能多元系统庞大，其部门间的相互协调尤为重要。实践中，政府部门间的协调除了正式的协调机制外，也存在其他协调方式。

（一）本题设计缘由

设计本题就是为了全面把握实践中政府运用的具体协调方式和公务员对这些协调方式的认可程度。

（二）调查问卷及相关说明

具体调查的问题如下：

关于政府内部的协调问题，您认为应当提倡哪些协调方式？

[1] 主要职能部门发函进行文件协商

[2] 主要职能部门牵头召集会议协调

[3] 专门的协调机构协调

[4] 政府主管领导召集专门会议协调

[5] 党政联席会议进行协调

[6] 通过私人关系进行协调

[7] 其他（请填写）

具体调查问题的说明如下。

一是题目中若干概念的说明。

(1) 这里的政府部门，是指国家各级政府部门；协调机制，既包括政府决策权、执行权、监督权自身运行中的协调机制，也包括决策权、执行权、监督权之间的协调机制。

（2）题目所说的协调方式有以下几种：1）文件协商，比如文件会签制度；2）会议协商，比如邀请相关部门开会协商，其特殊形式是召开党政联席会议进行协调；3）协调机构协调，即协调机构专司协调；4）主管领导协调，主管领导在听取各方意见后，拍板决定；5）通过私人关系协调，这是最原始和缺乏机制的方式，带有传统文化的深刻烙印。

（3）一般会议的协调程序如下：1）提起程序（一般由牵头部门提起，会同成员单位确定议题）；2）讨论程序；3）决定程序（一般需充分讨论、协商一致，特殊情况下由有关领导拍板决定）。可见，同是召开会议，还区分为是否领导拍板或者是否党政联席会议。

二是选项设计的说明。选项［1］主要职能部门发函进行文件协商，书面协调方式比较简单；选项［2］主要职能部门牵头召集会议协调，该协调方式比较正式；选项［3］专门的协调机构协调，该协调方式比较专业；选项［4］政府主管领导召集专门会议协调，这种方式虽是召开会议，可是在决定程序上需要领导拍板；选项［5］党政联席会议进行协调，这种协调方式是中国问题的体现，在会议的提起程序上，是执政党和政府双向沟通。

三是采集的基本调查信息情况（见表 8－22）。

表 8－22　关于政府内部的协调问题，您认为应当提倡哪些协调方式？（多选）

选　项	选择计数	百分比（%）
［1］主要职能部门发函进行文件协商	915	45.4
［2］主要职能部门牵头召集会议协调	1 551	77.0
［3］专门的协调机构协调	855	42.4
［4］政府主管领导召集专门会议协调	1 342	66.6
［5］党政联席会议进行协调	602	29.9
［6］通过私人关系进行协调	84	4.2
［7］其他（请填写）	22	1.1
总计	2 015	100.0

“其他”选项的填写情况：（1）建立协调平台或信息交换平台；（2）明确分工，追究责任，促进有效协商；（3）灵活的非正式协调方式（电话联系、上门沟通洽谈等）；（4）职责清、各司其职，可要做到没那么简单；

(5) 明确全体部门，不应一哄而上；(6) 建立相互间协调机制；(7) 主管领导尤其是副市长要承担协调责任；(8) 协调问题方式应该有法定程序；(9) 大量精简职能部门。

二、总体分析

把表 8-22 的顺序按公务员的选择率由高到低重新排序，可得出表 8-23。

表 8-23　对公务员选择我国政府内部协调方式的总体分析（多选）

新序号	选　项	选择计数	百分比（%）
1	[2] 主要职能部门牵头召集会议协调	1 551	77.0
2	[4] 政府主管领导召集专门会议协调	1 342	66.6
3	[1] 主要职能部门发函进行文件协商	915	45.4
4	[3] 专门的协调机构协调	855	42.4
5	[5] 党政联席会议进行协调	602	29.9
6	[6] 通过私人关系进行协调	84	4.2
7	[7] 其他（请填写）	22	1.1
	总计	2 015	100.0

表 8-23 显示，被调查者认为应当倡导的我国政府内部协调方式前三种分别是主要职能部门牵头召集会议协调、政府主管领导召集专门会议协调和主要职能部门发函进行文件协商。其中，主要职能部门牵头召集会议协调占被选择的首位，77.0%的被调查者认为我国政府内部的协调方式应该采取这种方式。

主要职能部门牵头召集会议协调，体现了分工负责的政府工作理念，也体现了注重多方协商的协调理念。当然在多方协商的政府工作理念中，会议协商是正式且较有效率的方式。在行政管理上，职能制又称分职制或分部制，指行政组织同一层级横向划分为若干个部门，每个部门有自己的业务性质和基本职能，互不隶属、相互分工合作的组织体制。优点是行政组织按职能或业务性质分工管理，选聘专业人才，发挥专业特长的作用；利于业务专精，思考周密，提高管理水平；同类业务划归同一部门，职有专司，责任确定，利于建立有效的工作秩序，防止顾此失彼和互相推诿。这种结构要求行政主管把相应的管理职责和权力交给相关的职能机构，各职能机构就有权在自己业务范围内向下级行政单位发号施令。因此，下级行政负责人除了接受上级行政主管人指挥外，还必须接受上级各职能机构的领导。面对这种职能制的管理体制，组织协调是一种非常重要的活动，也只有良好的组织协调才可以克服职能制带来的无法集中、各自为政的自身缺陷。按照各司其职的理念，对某种职能负责的部门，就其职责范围内的事项，牵头并召集会议协商，以实现其自身职能，确实是分工合作的职能制自身逻辑推演的结果，非常符合现代行政管理的特点。所以，这种协调方式能够被选为首要方式，是有其合理性基础的。

公务员认为排在第二位的内部协调方式，是政府主管领导召集专门会议协调。如果职能部门没有能力，或者精力有限，无法进行组织协调时，由政府主管领导召集专门会议，将是一种协调的有效途径。当然，这种方式不可能成为最主要的协调方式，其原因是显而易见的。作为分工负责的政府职能部门，在自己能够就问题进行协调解决时，大多不愿意惊动主管领导，更不会主动提议主管领导召开专门会议；鉴于领导自身的业务和管理活动繁忙，也不愿意经常召开专门会议，进行各种各样的组织协调。然而，这种协调形式又非常重要。原因在于，职能部门一旦无力进行相关协调或者召开相关会议的权威不够，就更愿意政府主管领导召开专门会议进行协调，进而借助政府主管领导的权威来取得协调的顺利进行。而采取其他形式，通常无法替代政府主管领导召集专门会议的协调效果。

调研中，位列第三的方式是主要职能部门发函进行文件协商。其原因应该是，当职能部门就相关问题认为不适宜进行会议协商，同时，由职能部门解决该问题并不面临权威不够的情势，其就可能选择进行文件协商。这种情况，可能是被协调问题本身并不紧迫，不需要立刻进行解决，可以由主要职能部门发函进行文件协商；也可能是发函协商更有利于说清楚问题所在，因为文件这种书面化的协商形式有利于字斟句酌的文字分析；还有可能被协调问题不足以引发会议协商的这种协调方式，但是又确需协调的，就可以通过发函方式进行文件协商。这些都适用特定、具体的情形。普遍的协调形式应该还是主要职能部门牵头召集会议协调，以及政府主管领导召集专门会议协调。

需要关注的情况是，这三种协调方式都是协商形式，无论是会议协调还是文件协商，都是至少两个以上部门进行的相互沟通协商形式。说明在公务员中，多方的沟通协调机制是被认同的。党政联席会议的协调是这种内部协调方式中的主流方式。专门的协调机构协调，讲求的是“间接的”多方沟通协调；其不是直接地要求被协调各方参与会议，或者进行文件协商，而是通过专门的协调机构进行“斡旋”，从而促成协调的形成。只有被调查者4.2%的人选择了通过私人关系进行协调。这说明，正式的多方协调机制在公务员队伍中更加深入人心。

位列第四位的方式是专门的协调机构协调，占到被调查者的42.4%、第五位的党政联席会议协调占了被调查者的29.9%。结合被选择作为内部协调方式的前三位选项，可以看出正式的协调机制是符合管理规律的协调机制，占主流地位，前四位都体现出这种理念；而有较少的被调查者选择具有中国特色的党政联席会议，可能与这种方式的特殊性有关——其无法和西方的行政管理科学一一对应。所以可能在受过西方管理学科班训练的人[①]的心中，党政联席会议协调无法取得那种符合管理科学的地位；同时，能够进行此种协调方式的场合也非常有限，在我国目前党政在组织上力求区分的管理体制里，不是任何情形都需要党政联席会议进行决断。当然，这里的选择并没有真正反映党的领导在行政机构中的地位。其实在任何场合，即便不举行党政联席会议，党的领导也没有被削弱过。原因是，所有的政府机构内部都有党组织，党的领导完全可以日常化，而不是形式上的会议化。

三、基于不同府级的分类数据分析

不同府级公务员对于政府内部协调方式的选择的调查数据，可参见表8-24。

---

① 目前我国的公务员岗位有一定的学历要求，而这些从事公务员职业的人员所接受的行政管理的教育理论大多是西方的，对于西方的科学有着比中国国情更多的认同。即便他们可以在今后的工作经验中更多地考虑国情的问题，在心理认同层面的根本转变也十分艰难。

表 8-24　不同府级公务员对于政府内部协调方式的选择（多选）

选　项	统　计	省级政府	地市级政府	县级政府
[1] 主要职能部门发函进行文件协商	选择计数	259	395	261
	百分比（%）	50.2	43.0	45.0
[2] 主要职能部门牵头召集会议协调	选择计数	403	708	440
	百分比（%）	78.1	77.0	75.9
[3] 专门的协调机构协调	选择计数	204	383	268
	百分比（%）	39.5	41.7	46.2
[4] 政府主管领导召集专门会议协调	选择计数	361	622	359
	百分比（%）	70.0	67.7	61.9
[5] 党政联席会议进行协调	选择计数	117	322	163
	百分比（%）	22.7	35.0	28.1
[6] 通过私人关系进行协调	选择计数	27	36	21
	百分比（%）	5.2	3.9	3.6
[7] 其他（请填写）	选择计数	7	7	8
	百分比（%）	1.4	0.8	1.4
总计	参选人数	516	919	580
	百分比（%）	100.0	100.0	100.0

省级公务员选择的前三位选项同总体分析一致，分别是主要职能部门牵头召集会议协调、政府主管领导召集专门会议协调和主要职能部门发函进行文件协商。而且这三种选择所占比例为 78.1%、70.0%和 50.2%，都大于平均水平的 77.0%、66.5%和 46.1%。说明省级公务员更倾向于通过正式、正规的途径解决协调问题。

省级职能部门除了像地方政府的职能部门具有召开会议进行协调的能力外，其通过发函的形式进行文件协商的能力要高于地方政府的职能部门。所以，选择通过职能部门发函进行文件协商的省级公务员所占比为 50.2%，而平均水平只有 46.1%。地市级政府公务员为 43.0%，县级政府公务员对此项的选择占 45.0%。当然，另一个省级公务员选择职能部门发函进行文件协商的比例较高的原因是这与省级政府的工作方式相关。由于省级政府处于地方政府之领导地位，地方性的政策、法规、路线、方针都是省级政府总体制定并且引导实施的。面对这种较为抽象的行政行为，发函形式与发文形式是其工作的主要方式。由于需要省级政府协调的部门比较多、层级比较复杂，省级政府也更乐意运用发函的文件协商形式进行协调，这种方式就比较有效率。县级政府比市级政府更倾向于选择发函的文件协商形式，原因在于其面对的复杂局面——省级政府要管理整个省内的行政事务、而县级政府要直接面对最基础的、最复杂的社会生活，因此为了简化程序，县级政府更倾向于发函解决。

需要具体协调的问题的多少可能决定了对于专门协调机构协调的需求。较为具体的行政行为多由地市级以下政府机构进行，所以，就能解释为什么省级政府的公务员对于专门协调机构协调的方式的认可度只有 39.5%，而地市级政府公务员选择的百分比占到 41.7%，最基层的县级政府公务员也有 46.2%的人选择了此选项。以至于面对具体协调问题较多的县级政府的公务员选择的前三项与总体分析不同，分别是主要职能部门牵头召集会议协调、政府主管领导召集专门会议协调和专门协调机构的协调，第四位才是职能部门发函进行文件协商。

根据表 8-24，可以看出越高层级的政府机构，越倾向于选择政府主管领导召集专门会议协调，省级、市级、县级政府公务员对此选项的选择比例分别为 70.0%、67.7%、61.9%，依次递减。其原因可能是采用领导召开会议的工作方式的政府，从省级向县级依次递减。越是面对抽象的协调问题，越可能选择领导召开会议的工作方式。

根据表 8-24，也可以看出省级政府公务员比地市级政府公务员、县级政府公务员更能够通过个人的私人关系进行协调，这和政府层级越高其公务员权威越高的官僚体制是密不可分的。由于省级公务员较之地市级和县级公务员更有权威，协调能力就会更强。其选择通过私人关系协调选项的百分比为 5.2%，高于平均水平的 4.2%，当然也高于地市级的 3.9%和县级的 3.6%。

最后，根据表 8-24，还可以看出地市级公务员比县级公务员、省级公务员更倾向于选择党政联席会议的协调方式，其选择比例分别为 35.0%、28.1%和 22.7%。可能的原因是，省级政府更强调组织的职能化问题解决方式，县级公务员面对具体问题强调专门机构的解决方式和文件协商的效率化协调方式。而地市级公务员作为省级政府和县级政府的中间纽带，既不需要以职能化协调方式为重点，也不需要以效率化协调方式为重点。因此其在面对具有中国国情的党政联席会议协调方式上，有着更多的选择可能。

四、基于不同性别的分类数据分析

不同性别公务员对于政府内部协调方式的选择的调查数据可参见表8－25。

表 8－25　　不同性别公务员对于政府内部协调方式的选择（多选）

选　项	统　计	男性	女性
［1］主要职能部门发函进行文件协商	选择计数	582	296
	百分比（%）	45.4	44.8
［2］主要职能部门牵头召集会议协调	选择计数	984	522
	百分比（%）	76.4	79.1
［3］专门的协调机构协调	选择计数	568	254
	百分比（%）	44.1	38.5
［4］政府主管领导召集专门会议协调	选择计数	844	458
	百分比（%）	65.5	69.4
［5］党政联席会议进行协调	选择计数	401	185
	百分比（%）	31.1	28.0
［6］通过私人关系进行协调	选择计数	64	13
	百分比（%）	5.0	2.0
［7］其他（请填写）	选择计数	14	6
	百分比（%）	1.1	0.9
总计	参选人数	1 288	660
	百分比（%）	100.0	100.0

由表8－25可知，对于我国政府内部协调方式的选择，在前三强的排序上，男女并无不同。只是女性比男性更倾向于主要职能部门牵头召集会议协调以及政府主管领导召集会议协调。可能是由于女性更细致、更倾向于由某个权威或者主要职能部门通过组织化方式解决，因此更希望由领导或者主要职能部门出面召开会议，通过协商的方式，解决需要协调的问题。女性倾向的这些协调方式的特征包括：（1）需要面对面的交流；（2）在某个领导或者职能部门的牵头下进行；（3）需要细致分析和辩证分析；（4）需要领导和职能部门提供倾向性意见。

男性则更倾向于由主要职能部门发函进行文件协商或者专门协调机构协调来轻松解决问题。前者是需要针对不同文体不断进行回复和磋商，通过逻辑分析和理性决断来展开，更适合于男性。后者由专门协调机构自己协调，就可以得出良好的效果。男性应该更能放心地托付于专门协调机构，女性则可能更细致地希望由领导或者主要职能部门来开会解决。

在党政联席会议的协调方式上，由于党政并存的现实国情敏感性和党政潜在冲突的可能，在会议上做出选择是女性更不愿意承担的；而男性的抗压能力和选择自主性似乎更好，也更能面对党政联席会议的协调方式。

另外，中国传统里，女性过多的交际和过广的社交圈是不被倡导的，因此无论是女性的社交范围还是社交能力，都可能被限制了。这就能够解释，为什么女性公务员只有2.0%的人愿意选择通过私人关系进行协调，男性则有5.0%。

五、基于不同年龄的分类数据分析

将不同年龄的公务员对于内部协调方式的选择的调查数据进行统计，得表8-26。

表8-26　　不同年龄公务员对于政府内部协调方式的选择（多选）

选　项	统　计	30周岁以下	31～40周岁	41～50周岁	51～60周岁	61周岁以上
[1] 主要职能部门发函进行文件协商	选择计数	239	347	212	82	0
	百分比（%）	49.2	44.6	42.8	42.3	0.0
[2] 主要职能部门牵头召集会议协调	选择计数	387	588	385	153	2
	百分比（%）	79.6	75.6	77.8	78.9	100.0
[3] 专门的协调机构协调	选择计数	240	334	167	79	0
	百分比（%）	49.4	42.9	33.7	40.7	0.0
[4] 政府主管领导召集专门会议协调	选择计数	327	525	329	128	2
	百分比（%）	67.3	67.5	66.5	66.0	100.0
[5] 党政联席会议进行协调	选择计数	133	252	136	69	1
	百分比（%）	27.4	32.4	27.5	35.6	50.0
[6] 通过私人关系进行协调	选择计数	19	33	21	5	0
	百分比（%）	3.9	4.2	4.2	2.6	0.0
[7] 其他（请填写）	选择计数	3	11	4	1	0
	百分比（%）	0.6	1.4	0.8	0.5	0.0
总计	参选人数	486	778	495	194	2
	百分比（%）	100.0	100.0	100.0	100.0	100.0

通过表8-26可见，在希望主管领导或者主要职能部门进行领导协调或

者组织协调的选项上，仅有的2个61周岁以上的公务员的选择是相同的，100%的两票投给了主要职能部门牵头召集会议协调、政府主管领导召集专门会议协调，另外还有1票投给了党政联席会议。这些说明在老年公务员心目中，除了重视主要职能部门牵头召集会议和政府主管领导召集专门会议协调这两种其他公务员同样重视的选项外，还比较体悟中国的现实国情，认为党政联席会议可以很好地进行政府内部的协调。

除了61岁以上的两位公务员外，其他年龄阶段的公务员的选择次序和总体分析的次序是大体一致的。说明这些选项在其他年龄段公务员的心目中分量比重是相似的。其中，30岁以下的公务员，在主要职能部门牵头召集会议协调、主要职能部门发函进行文件协商，尤其是专门的协调机构协调的选择比例上，要高于其他年龄段公务员。以至于只有30岁以下的公务员选择的前三项次序不同于总体分析的前三项次序，其选择的前三项是主要职能部门牵头召集会议协调（占79.6%）、政府主管领导召集专门会议协调（占67.3%）、专门的协调机构协调（占49.4%）。可能是由于30岁以下的公务员，比较年轻，职务较低，同时对行政管理的效率要求比较高，因此愿意相信专门协调机构的协调效率。该年龄段的选择百分比要比其他年龄段（60岁以下的几个年龄段里）的至少要多6.5%；与此对应的，该年龄段的公务员还较多地相信书面化的发函的文件协商的效率，此选项的选择百分比较其他年龄段（60岁以下的几个年龄段里）至少要多4.6%。

六、基于不同学历的分类数据分析

将不同学历公务员对政府内部协调方式的选择的统计数据进行统计，得表8-27。

表8-27　　不同学历公务员对于政府内部协调方式的选择（多选）

选　项	统　计	高中及以下	大专	本科	硕士研究生	博士研究生
[1] 主要职能部门发函进行文件协商	选择计数	34	150	513	144	14
	百分比（%）	45.3	41.4	43.9	51.8	45.2
[2] 主要职能部门牵头召集会议协调	选择计数	59	270	917	216	25
	百分比（%）	78.7	74.6	78.4	77.7	80.6

续前表

选　项	统　计	高中及以下	大专	本科	硕士研究生	博士研究生
[3] 专门的协调机构协调	选择计数	29	138	513	118	10
	百分比（%）	38.7	38.1	43.9	42.4	32.3
[4] 政府主管领导召集专门会议协调	选择计数	40	232	800	191	22
	百分比（%）	53.3	64.1	68.4	68.7	71.0
[5] 党政联席会议进行协调	选择计数	19	108	374	72	7
	百分比（%）	25.3	29.8	32.0	25.9	22.6
[6] 通过私人关系进行协调	选择计数	1	18	43	13	2
	百分比（%）	1.3	5.0	3.7	4.7	6.5
[7] 其他（请填写）	选择计数	0	2	14	2	0
	百分比（%）	0	0.6	1.2	0.7	0.0
总计	参选人数	75	362	1 169	278	31
	百分比（%）	100.0	100.0	100.0	100.0	100.0

不同学历公务员对于不同选项的选择次序同总体分析基本一致，分别是主要职能部门牵头召集会议协调、政府主管领导召集专门会议协调和主要职能部门发函进行文件协商，以及专门协调机构协调、党政联席会议协调、通过私人关系进行协调和其他。说明这些选项在不同学历的公务员的心目中分量比重是相似的。

在“主要职能部门发函进行文件协商”选项的选择上，硕士研究生学历的公务员的选择比例要高于其他学历的公务员最少6.5%。其原因可能在于：首先，硕士研究生学历的公务员对问题的理解较为书面化，缺乏社会经验，从而在判断上出现对于此选项过高认可的情况。其次，硕士研究生学历的公务员担任的职务可能比较高，其更倾向于选择抽象的发函进行文件协商的形式进行协调。高中及以下学历的公务员，结合我国国情来看，可能年龄偏大，已有一定社会经验，其对此选项的认可，可能来自对效率和便宜方式的考虑。而博士研究生选择书面化反而不是最高的原因可能包括：其一，我国考入大学进行博士学习还是比较困难的，很多博士生都是在职攻读，这样就抵消了博士生原本可能的书面化倾向。其二，博士学历公务员的职务可能偏重研究等方面，更适宜运用发函进行文件协商这种协调方式。这样就出现了在这个选项上，硕士生学历公务员的选择百分比是51.8%，高中及以下学历公务员是45.3%，博士学历公务员是45.2%，大专和本科学历公务员分别是41.4%和43.9%。

由于许多博士学历公务员是在职攻读，如前所述，一方面其对协调方式的认可和选择存在书面化的倾向，另一方面在职博士又有一定的社会经验，因此其一方面强调了主要职能部门牵头召集会议协调（选择比例高达80.6%，居各学历选择比例之首）、政府主管领导召集专门会议协调（选择比例高达71.0%，居各学历选择比例之首）、主要职能部门发函进行文件协商，另一方面对于中国特色的党政联席会议协调方式（选择比例22.6%，居各学历选择比例之末）和专门协调机构的协调（选择比例32.3%，居各学历选择比例之末）较其他学历认可度低。对于党政联席会议认可度低，可能是因为对西方民主法治的认知度和认可度较高，而对于中国特色的政治会议缺乏信任。对于专门协调机构的协调认可度低，其原因可能是博士学历公务员可能多在研究机构，其面对的更多是书面问题，更愿意通过发函进行文件协商，而不倾向于针对具体问题和特殊情境由专门协调机构协调。高学历和相应成熟的年龄，使得博士学历公务员有着不错的交际面和高规格的交友层次。所以在通过私人关系进行协调上，博士生的选择是6.5%。

高中及以下学历的公务员，较之其他学历公务员，对于“政府主管领导召集专门会议协调”选项的选择比例最低，为53.3%，远低于其他学历的选择百分比。而大专学历的选择百分比为64.1%，本科、研究生、博士的选择比例分别为68.4%、68.7%、71.0%，可见本选项的选择百分比和学历高低成正比例关系。这可能是因为经过长期学习的人更为谨慎的关系，也可能是因为高学历的公务员易于接近领导，或者越接近抽象问题的公务员越易于选择依靠主管领导召集专门会议进行协调的工作方式。

七、基于不同工龄的分类数据分析

将不同工龄公务员对政府内部协调方式的选择数据进行统计，得表8-28。

表8-28　不同工龄公务员对于政府内部协调方式的选择（多选）

选　项	统　计	10年以下	11～20年	21～30年	30年以上
[1] 主要职能部门发函进行文件协商	选择计数	473	207	103	35
	百分比（%）	46.1	43.2	41.4	44.9

续前表

选　项	统　计	10年以下	11～20年	21～30年	30年以上
[2] 主要职能部门牵头召集会议协调	选择计数	805	368	197	59
	百分比（%）	78.5	76.8	79.1	75.6
[3] 专门的协调机构协调	选择计数	435	201	101	33
	百分比（%）	42.4	42.0	40.6	42.3
[4] 政府主管领导召集专门会议协调	选择计数	699	322	176	46
	百分比（%）	68.1	67.2	70.7	59.0
[5] 党政联席会议进行协调	选择计数	315	152	68	24
	百分比（%）	30.7	31.7	27.3	30.8
[6] 通过私人关系进行协调	选择计数	40	23	10	3
	百分比（%）	3.9	4.8	4.0	3.8
[7] 其他（请填写）	选择计数	15	4	0	0
	百分比（%）	1.5	0.8	0.0	0.0
总计	参选人数	1 026	479	249	78
	百分比（%）	100.0	100.0	100.0	100.0

由表8－28可见，不同工龄公务员对于不同选项的选择次序同总体分析基本一致，分别是主要职能部门牵头召集会议协调、政府主管领导召集专门会议协调和主要职能部门发函进行文件协商，以及专门协调机构协调、党政联席会议协调、通过私人关系进行协调和其他。说明这些选项在不同工龄公务员的心目中分量比重是相似的，当然也略有差异。

工龄10年以下的公务员，可能因为年纪轻，并且更多的是非领导职务，所以需要协调的更多的是具体的事务性工作，而这种协调较之其他工龄段公务员的协调需求，强调方便和效率，更易于选择主要职能部门发函进行文件协商、专门的协调机构协调这两个选项。

工龄30年以上的公务员，对于“政府主管领导召集专门会议协调”选项的选择百分比明显低于其他工龄段的公务员，仅有59.0%。这可能是因为工龄30年以上的公务员有足够的可选择方式去解决协调问题，相对而言不太愿意去麻烦主管领导召集专门会议；当然30年工龄以上公务员有可能本人就是领导，领导可能更倾向于运用其他方式解决协调问题。

八、基于不同职务的分类数据分析

将不同职务公务员对政府内部协调方式的选择的数据进行统计，得表8－29。

表 8－29　不同职务公务员对于政府内部协调方式的选择（多选）

选　项	统　计	领导职务	非领导职务
[1] 主要职能部门发函进行文件协商	选择计数	258	331
	百分比（%）	48.5	41.6
[2] 主要职能部门牵头召集会议协调	选择计数	422	639
	百分比（%）	79.3	80.4
[3] 专门的协调机构协调	选择计数	213	340
	百分比（%）	40.0	42.8
[4] 政府主管领导召集专门会议协调	选择计数	371	569
	百分比（%）	69.7	71.6
[5] 党政联席会议进行协调	选择计数	172	258
	百分比（%）	32.3	32.5
[6] 通过私人关系进行协调	选择计数	19	35
	百分比（%）	3.6	4.4
[7] 其他（请填写）	选择计数	5	10
	百分比（%）	0.9	1.3
总计	参选人数	532	795
	百分比（%）	100.0	100.0

由表 8－29 可见，领导职务公务员，更倾向于进行抽象性的发函文件协商形式，进行协调；非领导职务公务员，更倾向于专门协调机构进行协调的形式。领导职务公务员更倾向于采用非主管领导召集专门会议的形式进行协调，而非领导职务公务员更倾向于采用政府主管领导召集会议的形式进行协调。

虽然领导职务公务员有着更大的权威和交际面，但是出于领导的谨慎，其较非领导职务公务员更不愿意运用私人关系进行协调。基于同样的原因，领导职务公务员更愿意选择既有选项，而非领导职务公务员更愿意填写“其他”答案。

在其他选项上，领导职务和非领导职务的选择没有明显差异。

九、基于不同地区的分类数据分析

将不同地区公务员对政府内部协调方式的选择数据进行统计，得表8－30。

表 8－30 不同地区公务员对于政府内部协调方式的选择（多选）

选 项	统 计	东部沿海	中部地区	西部地区	东北地区
[1] 主要职能部门发函进行文件协商	选择计数	313	267	162	173
	百分比（%）	45.6	39.0	48.9	55.3
[2] 主要职能部门牵头召集会议协调	选择计数	507	540	284	220
	百分比（%）	73.9	78.8	85.8	70.3
[3] 专门的协调机构协调	选择计数	310	289	114	142
	百分比（%）	45.2	42.2	34.4	45.4
[4] 政府主管领导召集专门会议协调	选择计数	391	514	243	194
	百分比（%）	57.0	75.0	73.4	62.0
[5] 党政联席会议进行协调	选择计数	177	211	114	100
	百分比（%）	25.8	30.8	34.4	31.9
[6] 通过私人关系进行协调	选择计数	27	17	28	12
	百分比（%）	3.9	2.5	8.5	3.8
[7] 其他（请填写）	选择计数	14	4	3	1
	百分比（%）	2.0	0.6	0.9	0.3
总计	参选人数	686	685	331	313
	百分比（%）	100.0	100.0	100.0	100.0

由表 8－30 可见，东北地区对于“主要职能部门发函进行文件协商”选项的选择比例高于其他地区，可能是因为经济文化以及制度文明相对落后的西部地区和东北地区较认可红头文件等书面形式的权威性。东部沿海地区制度文明较内地发达，对于程序的书面形式留证比较重视，对于文件协商的协调形式也比较认可。中部地区相对更讲求人际关系，而不是很认可文件的书面形式，所以选择进行文件协商协调方式的公务员比例最小。

“主要职能部门牵头召集会议协调”选项上选择比例最高的地区是西部地区，最低的是东北地区。组织纪律性较好的东北地区和法治文明较先进的东部地区，其采用“专门的协调机构协调”的协调方式的效果都应该比较好，所以较之其他地区的公务员，这两个地区的公务员都易于选择这个选项。而如果其他方式都能取得不错的协调效果，那么依靠主管领导召集专门会议协调就变得相对不是那么重要了。所以，东北地区和东部沿海地区公务员对“政府主管领导召集专门会议协调”的选项选择百分比都低于其他地区公务员。

制度文明更发达的东部沿海地区，更少通过具有中国特色的党政联席会议的方式进行协调。相对落后的其他地区，则更易于选择通过党政联席会议的方式进行协调。

习惯性和制度的组织纪律性，使得东北地区和东部沿海地区都不需要特别通过私人关系进行沟通和协调。而落后的西部地区尤其易于选择依靠私人关系进行协调。中部地区是一个泛人情化的社会，人际关系在各种会议里和协商里都已经体现了，所以专门选择通过私人关系进行协调的反而最少。

十、基于北京市和其他省份的分类数据分析

将北京市和其他省份公务员对政府内部协调方式的选择数据进行统计，得表 8 - 31。

表 8 - 31　北京市和其他省份公务员对于政府内部协调方式的选择（多选）

选　项	统　计	北京市专项调研	其他省份调研
[1] 主要职能部门发函进行文件协商	选择计数	569	915
	百分比（%）	37.0	45.4
[2] 主要职能部门牵头召集会议协调	选择计数	1 084	1 551
	百分比（%）	70.6	77.0
[3] 专门的协调机构协调	选择计数	627	855
	百分比（%）	40.8	42.4
[4] 政府主管领导召集专门会议协调	选择计数	903	1 342
	百分比（%）	58.8	66.6
[5] 党政联席会议进行协调	选择计数	374	602
	百分比（%）	24.3	29.9
[6] 通过私人关系进行协调	选择计数	63	84
	百分比（%）	4.1	4.2
[7] 其他（请填写）	选择计数	8	22
	百分比（%）	0.5	1.1
总计	参选人数	1 536	2 015
	百分比（%）	100.0	100.0

由表 8 - 31 可知，在北京地区的专项调研中，北京市公务员对于政府内

部协调方式在所有选项上的选择比例都低于全国其他地区公务员的选择比例。这可能是因为北京市公务员对于政府内部协调方式的要求比较高，对于各种协调方式的认可程度都比较低，所以出现了这种现象。

同时，根据表 8－31 可知，北京市公务员对于“专门的协调机制协调”选项的选择百分比要多于对“主要职能部门发函进行文件协商”选项的选择百分比，可能是因为北京市公务员更注重具体协调问题的协调效率。由于北京是中国首都，是政治的核心地带，各种部门对于仅通过发函进行文件协商的认可程度比较低。

十一、结论

根据上文分析，可以得出以下调查结论。

（1）主要职能部门发函进行文件协商的协调形式，适用于讲求效率的基层政府公务员或者以发文发函为重要工作方式的省级政府公务员，也适用于博士等高学历的研究型工作，并且在组织纪律性较高的地域，或者讲求红头文件效力的地域都能发挥较好的协调作用。

（2）主要职能部门牵头召集会议协调。这种协调形式是所有的调查数据都支持的首要的协调形式。在讲求职能制的当今行政管理中，这种方式是职能部门各司其职的最主要表现。主要职能部门牵头召集会议协调较为正式，是解决相关需要协调的问题的最主要形式。当然，这种协调方式不是特别有效率和方便，比较适用于以会议为重要工作方式的公务员群体。

（3）专门协调机构的协调。此种形式往往是针对特别的情境，针对比较具体的问题。基层政府的公务员，尤其是非领导职务者，较愿意采取此种协调方式。此种形式比较适用于解决具体协调问题。

（4）政府主管领导召集专门会议协调。这种协调方式，适用于愿意获得领导拍板，以及当文件协商、职能部门无法负担足够权威的协调情境。在各种调查表中该协调方式都是稳居第二位的重要选项，也是主要职能部门牵头召集会议协调的重要补充。能够获得其他多种协调方式帮助的具有领导职务的公务员，多不倾向于采用此种方式进行协调。这种协调方式比较正式，没有专门协调机构协调和文件协商方式协调更有效率。

（5）党政联席会议的协调方式。对于我国而言，该种方式比较符合国情。由于党的领导在各种党政机关中已经有所体现，决定了专门的党政联席会议不可能是最重要的协调方式。需要党政联席会议协调的情况，应该是那种职能协调机制无法发挥作用的、具有中国特色的、关涉重大需协调问题的或者关涉党政协调的问题的情况。

（6）通过私人关系进行协调。这种方式与公务员自身的权威地位以及交际面有一定关系。一般而言权威地位越高、交际面越宽，通过私人关系进行协调的可能性越大。但是存在两个例外：其一，在人情关系已经涉及行政协调各种方式的方方面面的地域，私人关系被作为专门选项选择的可能性反而不高；其二，担任领导职务的公务员，出于谨慎，比担任非领导职务的公务员更不倾向于通过私人关系解决协调问题。

总之，虽然政府各种内部协调方式的被认可、被选择的比例不同，但应该都构成了一种多元化的协调机制。各种协调方式应该分别适用于不同的情境、不同的公务员群体。不同的协调方式，正式与否、效率与否各不相同，可以在今后的行政协调立法中进行不同的类型化考虑。

第四节　政府部门间协调问题的数据分析

一、序言

加强政府不同部门间的协调机制建设，完善协调方式是提高政府能力，确保行政目标达成的重要手段。但要加强相关的协调机制建设，改进和完善协调方式，需要就目前实践中部门间协调存在的问题进行归纳分析。

（一）本题设计缘由

前面对我国政府的协调机制现状、既有的内部协调方式以及需要协调的原因都已经进行了分析。设计本题是为了更清楚地了解掌握实践中政府部门协调中出现的问题，为将来的制度完善奠定基础。

（二）调查问卷及相关说明

具体调查的问题如下：

就您单位参与协调的情况看，政府协调存在哪些问题？（限选三项）

［1］领导对某些协调事项的裁断个人主观性太强

［2］会议协调过多

［3］协调成本太高

［4］协调解决问题的效果不理想

［5］有的问题完全不必要进行协调

［6］协调的随意性较大

［7］政府协调的制度不健全

［8］其他（请填写）

调查问题说明如下。

一是本节针对的调查对象是公务员本身，故而要求被调查公务员按照问卷要求，反映其自身对于我国政府协调中存在问题的主观感受。

二是选项［1］“领导对某些协调事项的裁断个人主观性太强”中“某些协调事项”只是一个代称，泛指而已；具体选项含义就是说“领导协调的主观性太强”。

三是这里几个选项可以进行如下归类。

（1）协调形式上的问题：“［2］会议协调过多”。前文已有分析，政府内部协调方式里面，会议形式占到主流。被调查者认为应当倡导的我国政府内部协调方式前三种分别是主要职能部门牵头召集会议协调、政府主管领导召集专门会议协调和主要职能部门发函进行文件协商。其中，主要职能部门牵头召集会议协调最被推崇，77.0％的被调查者认为我国政府内部的协调方式应该采取这种方式。当然，在被调查者心目中会议协调是否过多，需要进一步的分析。

当然，不能因为前文对于协调方式的调查，就武断地认为，既然大部分被调查者都认为会议协调方式应该成为我国政府协调的主要方式，那么会议协调过多是应该的，不会成为问题。这有可能是因为被调查者希望的会议形式和会议内容可能在现实中并不能随其心愿。

（2）协调制度上的问题：“［7］政府协调的制度不健全”。前文对我国协调机制现状的调查分析，并不意味着这个问题已经被深入分析过了，这里的选项设置，就是想知道制度问题在我国政府协调问题中的比重。

（3）协调内容上的问题：“［1］领导对某些协调事项的裁断个人主观性

太强”“[5] 有的问题完全不必要进行协调”“[6] 协调的随意性较大”。无论是领导的主观性太强，还是有些问题完全不必要进行协调，都是协调随意性较大的一种表现。协调随意性较大，确实可以构成一种在协调内容上的问题：选择是否协调的内容、如何协调、领导如何裁断，都涉及协调内容的筛选和事实判明后对于协调内容本身的决断。

(4) 协调结果上的问题：“[3] 协调成本太高”“[4] 协调解决问题的效果不理想”。协调结果在效率上体现为“成本问题”，在社会效益上体现为“协调解决问题的效果”。相比较而言，政府工作所追求的协调结果是后者；而前者是一种约束性条件。但在学理上，可以看出二者都是协调结果上的问题。而且，这些协调结果上的考量，势必是在决定如何协调之前进行的。

如此安排调查问题，其缺点是层次复杂，不能集中反映某一类情况，也就是说这几种类别的问题没有办法集中获得更细致的反映；其优点也很明显，就是能够同时反映若干种类问题，提供被调查的公务员对于“政府协调存在的问题”比较全面的观察和感受。

四是调查采集的基本信息情况（见表 8－32）。

表 8－32　就您单位参与协调的情况看，政府协调存在哪些问题？（限选三项）

选　项	选择计数	百分比（%）
[1] 领导对某些协调事项的裁断个人主观性太强	921	46.5
[2] 会议协调过多	976	49.3
[3] 协调成本太高	598	30.2
[4] 协调解决问题的效果不理想	1 020	51.5
[5] 有的问题完全不必要进行协调	332	16.8
[6] 协调的随意性较大	708	35.8
[7] 政府协调的制度不健全	965	48.8
[8] 其他（请填写）	38	1.9
总计	1 979	100.0

“其他”选项的填写情况：(1) 部门利益太重；(2) 协调的效率太低；(3) 对政策的执行力太弱；(4) 协调中存在部门利益问题，存在一些部门不直接面对群众的呼声，因而对协调事项关心不够的问题；(5) 协调前沟通不充分，协调流于形式；(6) 部门利益冲突大，协调结果达不到决策目的；

（7）需时较长，效率低下；（8）群众对公众事业参与的积极性不高；（9）政府部门领导太多，使行政成本太高，影响业务部门职能的发挥；（10）有的问题是协调也解决不了的，如有明确法律规定的学校用人自主权问题，中小学教师招聘权问题不能通过协调解决，而应依法依规裁定；（11）职能部门之间积极配合度不高。

二、总体分析

按照被调查公务员选择的百分比从多到少排序，可以得到图 8－1、表 8－33。

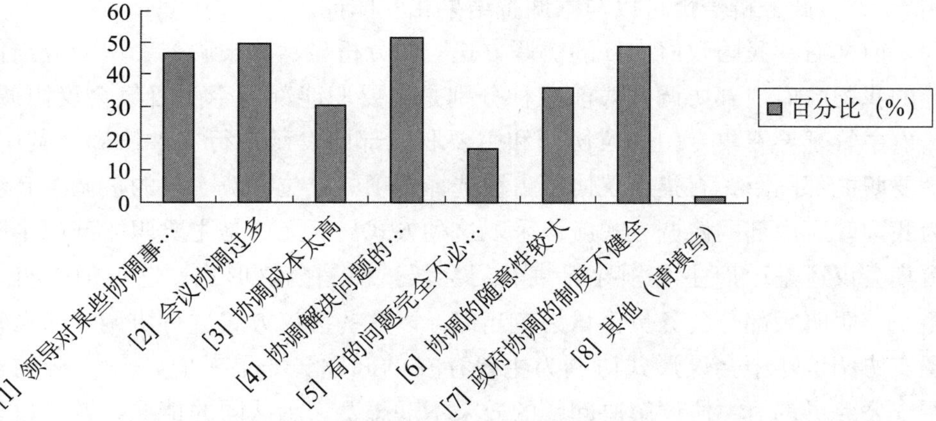

图 8－1　政府协调问题的选择情况图

表 8－33　　政府协调问题的总体分析（限选三项）

新序号	选　项	选择计数	百分比（%）
1	［4］协调解决问题的效果不理想	1 020	51.5
2	［2］会议协调过多	976	49.3
3	［7］政府协调的制度不健全	965	48.8
4	［1］领导对某些协调事项的裁断个人主观性太强	921	46.5
5	［6］协调的随意性较大	708	35.8
6	［3］协调成本太高	598	30.2
7	［5］有的问题完全不必要进行协调	332	16.8
8	［8］其他（请填写）	38	1.9
	总计	1 979	100.0

表8－33显示，被调查者认为政府协调问题的前三位是协调解决问题的效果不理想、会议协调过多、政府协调的制度不健全，其选择百分比是51.5％、49.3％、48.8％。选择百分比仅次于前三位的问题是“领导对某些协调事项的裁断个人主观性太强”，占到46.5％。按前文分析，这四个选项分别属于协调结果问题、协调形式问题、协调制度问题和协调内容问题。

按照公务员的实践思维特点，对于协调结果的重视是必然的。而此种选择说明，我国公务员对于单位参与协调的结果确实不满，视为第一大问题。前文对我国政府部门间协调机制之现状的分析，特别强调作为“中庸之道”的公务员的选择，实则体现了我国政府的协调机制“有一定机制，但实际作用不大”。此分析恰恰可以与本调查结果相互印证。

前文对“我国政府内部的协调方式”的分析显示：被调查者认为应当倡导的我国政府内部协调方式前三种分别是主要职能部门牵头召集会议协调、政府主管领导召集专门会议协调和主要职能部门发函进行文件协商。其中，主要职能部门牵头召集会议协调占被选择选项的首位，77.0％的被调查者认为我国政府内部的协调方式应该采取这种方式。而无论是主要职能部门牵头召集会议还是政府主管领导召集专门会议，都是会议形式。这里似乎有矛盾——明明大部分公务员都认为应当倡导以这些会议方式进行协调，却又视现实协调工作中会议形式协调为主要存在的问题。如果考虑到51.5％的被调查公务员都对“协调解决问题的效果不理想”表示认同的情况，就可以得知：虽然现实中存在很多会议形式，但是即便现实中同是主要职能部门牵头召集会议或政府主管领导召集专门会议，也没有获得被调查公务员认同的“协调结果”。正是出于此种考虑，“会议协调过多”的问题颇受非议。根据此种分析，此种协调形式上的问题其实只是“协调结果不理想”的反映，而不仅仅是对协调形式的非议。

被调查者对协调制度不健全的选择占到第三位。这既有结果不理想的影响，即“通过结果不理想”来反推“协调制度不健全”，也有公务员在改革开放后四十年法治文化熏陶下注重形式理性和制度文明的影响。结合公务员招考制度，公务员考试的学历要求越来越高，其中法学专业学生也非常多，这些人大多向往西方法治文明也比较注重制度设立的健全。面对我国协调机制的作用不大，且制度机制虚设，对于协调制度不健全的选择就可以理解了。

关于政府主管领导召集专门会议协调的形式，一旦职能部门无力进行相关协调或者召开相关会议的权威不够，公务员就更愿意政府主管领导召开专门会议进行协调，进而借助政府主管领导的权威来取得协调的顺利进行。而采取其他形式，通常无法替代政府主管领导召集专门会议的协调方式。此种方式无异于是中国的官僚文化和西方制度文明“中和”的结果，虽有着西方制度文明的外衣，被视为重要的协调方式；实则是领导意志、长官意志在里面起到绝对影响。这样就可以理解，为何第四位的问题就是“领导对某些协调事项的裁断个人主观性太强”。

协调工作的第五位问题被认为是“协调的随意性较大”，此种选项与“领导对某些协调事项的裁断个人主观性太强”有重合部分；随意性大与制度不健全、结果不理想，又有深切关联——因为制度不健全，所以才导致协调随意性较大，而因为随意性较大，所以结果也不会很理想。

从某种程度上，制度的健全程度和成本的高低成正比例关系，不健全的制度，相应要求的程序不会很严格，消耗的成本也不会很高；因此，成本问题未能成为协调工作中存在的主要问题。

“有的问题完全不必要进行协调”和“协调的随意性较大”存在一定的重合，同样是制度不健全的结果，是协调结果不理想的原因。但是由于“有些问题”的指代不明，可能让被调查者无所适从，致使其被选择的比例最低。

在总体分析的最后，捎带提及“部门利益”的问题，在公务员选择填写“其他”选项时，有多处提到部门利益问题，也许这种情况构成对于抽象选项“协调解决问题的效果不理想”选择比例最多的一种诠释。协调效果不理想，不会是因为一种因素，比如制度不健全引起的，其中应该也有部门利益问题，而部门利益牵扯协调工作难度和协调效果是不言自明的。如果不愿意另写原因，又要在既有选项里面选择的话，部门利益问题等其他导致效果不理想的原因都会成为选择“协调解决问题的效果不理想”的动力。

三、基于不同层级的分类数据分析

不同层级公务员对政府部门间协调问题的选择数据进行统计，得表8-34。

表 8－34　　不同层级公务员政府部门间协调问题的选择（限选三项）

选　项	统　计	省级政府	地市级政府	县级政府
[1] 领导对某些协调事项的裁断个人主观性太强	选择计数	208	449	264
	百分比（%）	40.8	50.2	45.9
[2] 会议协调过多	选择计数	270	413	293
	百分比（%）	52.9	46.2	51.0
[3] 协调成本太高	选择计数	189	222	187
	百分比（%）	37.1	24.8	32.5
[4] 协调解决问题的效果不理想	选择计数	269	481	270
	百分比（%）	52.7	53.8	47.0
[5] 有的问题完全不必要进行协调	选择计数	73	134	125
	百分比（%）	14.3	15.0	21.7
[6] 协调的随意性较大	选择计数	167	344	197
	百分比（%）	32.7	38.5	34.3
[7] 政府协调的制度不健全	选择计数	241	453	271
	百分比（%）	47.3	50.7	47.1
[8] 其他（请填写）	选择计数	11	15	12
	百分比（%）	2.2	1.7	2.1
总计	参选人数	510	894	575
	百分比（%）	100.0	100.0	100.0

按表 8－34，可得到图 8－2。

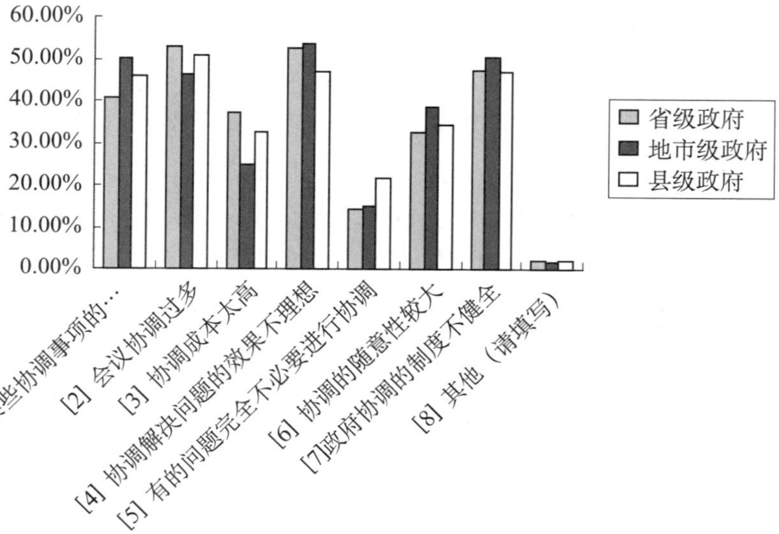

图 8－2　政府协调问题的不同府级公务员选择图

可见，在府级公务员对“会议协调过多”和“协调解决问题的效果不理想”的选项选择上出现分歧：省级政府公务员和县级政府公务员更倾向于选择“会议协调过多”，地市级公务员选择的比例相对较低在省级和县级层面，会议协调过多被视为协调工作中存在的第一大问题。

在总体分析中，笔者强调“会议协调过多”的选项有其特殊性，对比之前的“协调方式”的调查分析，之所以较多公务员选择此选项，是对“会议过多”而“结果不理想”的反映。当然除此之外，“会议过多”的选择，本身隐含着另外一种因素：公务员职业本身的正规协调方式一方面离不开会议，另一方面确实又被会议过多所困扰，尤其是需要协调事务较多的省级和县级政府。在省级政府的层面，既要应对来自其下属各个市级、县级政府需要协调的事务，又要应对省级政府之间和省级与中央政府的协调事务；在县级政府层面，其虽然应对层级较少，但必须面对社会中集中的、眼前的一线事务，需要解决基层行政的方方面面的问题，需要协调的问题同样比较多；只有在地市级政府层面，一方面有县级政府应对基层的行政工作，另一方面由省级政府协调与中央关系等问题，市级政府面对协调事务（相比省、县级政府）较少。因此，虽然三级政府都对“协调结果不理想”比较认可，但是，一旦对“会议协调过多”的“抱怨”上升到一定程度，就可能出现上述表格的各种数据关系：在省级和县级政府这样的协调事务繁重之府，选择“会议协调过多”的比例反而高于选择“协调解决问题的效果不理想”的比例。反之，在协调事务不是很繁重的地市级政府，对于“会议协调过多”的选择则排在问题的第四位，跌出了前三位。

在“协调解决问题的效果不理想”选项上，县级政府公务员的选择比例最小，其原因可能是作为行政执法的基层政府机构，不愿意过多地承认自身政府机关协调结果不力的事实；另外，随着社会的日益多元开放和流动性增强，基层的工作压力很大，协调工作必须做得相对成功，这一点也客观上导致“协调解决问题的效果不理想”选择比例较小。

对于“政府协调的制度不健全”的选择，在三级政府中，地市级政府选择比例最高。其原因可能是，事务性工作越繁重的政府层级，越倾向于选择“会议协调过多”的选项，而越不倾向于工作选择“政府协调的制度不健全”。

同时需要注意的是，由于事务性工作压力相对较小，又缺乏省级政府的规范性运作，地市级政府在协调工作中，更容易出现“领导对某些协调事项的裁断个人主观性太强”的问题；在选择比例上，地市级政府对此选择的比例最高，达到50.2%。

四、基于不同性别的分类数据分析

对不同性别公务员对政府部门间协调问题的选择数据进行统计，得表8-35和图8-3。

表8-35　不同性别公务员政府部门间协调问题的选择（限选三项）

选　项	统　计	男性	女性
[1] 领导对某些协调事项的裁断个人主观性太强	选择计数	608	282
	百分比（%）	47.9	43.7
[2] 会议协调过多	选择计数	632	303
	百分比（%）	49.8	46.9
[3] 协调成本太高	选择计数	395	163
	百分比（%）	31.2	25.2
[4] 协调解决问题的效果不理想	选择计数	637	350
	百分比（%）	50.2	54.2
[5] 有的问题完全不必要进行协调	选择计数	212	105
	百分比（%）	16.7	16.3
[6] 协调的随意性较大	选择计数	421	270
	百分比（%）	33.2	41.8
[7] 政府协调的制度不健全	选择计数	619	332
	百分比（%）	48.8	51.4
[8] 其他（请填写）	选择计数	29	8
	百分比（%）	2.3	1.2
总计	参选人数	1 268	646
	百分比（%）	100.0	100.0

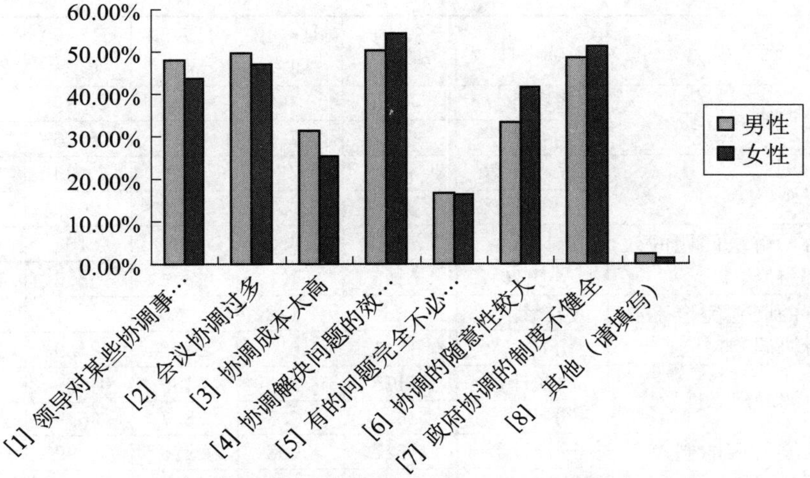

图 8-3 政府协调问题的不同性别公务员选择情况图

通过上述数据，可以看出，有阳刚气质的男性公务员，更具有自主性，更倾向于认为“领导对某些协调事项的裁断个人主观性太强”“会议协调过多”“协调成本太高”，而女性公务员更倾向于认同“服从领导”和“按照组织安排召开协调会议”，以及也不甚顾及“协调成本是否过高”。

同时作为女性公务员，其更倾向于关注协调效果和更加隐晦的抽象选项。这些女性公务员选择的问题都是存在而“无特定所指的”，比如“协调解决问题的效果不理想”“协调的随意性较大”“政府协调的制度不健全”，或者可以说女性公务员更多倾向于间接反映问题。

五、基于不同年龄的分类数据分析

对不同年龄公务员对政府部门间协调问题的选择数据进行统计，得表 8-36 和图 8-4。

表 8-36 不同年龄公务员对政府部门间协调问题的选择（限选三项）

选 项	统 计	30 周岁以下	31～40 周岁	41～50 周岁	51～60 周岁	61 周岁以上
[1] 领导对某些协调事项的裁断个人主观性太强	选择计数	201	368	243	85	1
	百分比（%）	42.0	48.2	49.8	45.5	100.0

续前表

选　项	统　计	30周岁以下	31～40周岁	41～50周岁	51～60周岁	61周岁以上
[2] 会议协调过多	选择计数	245	366	240	89	0
	百分比（%）	51.1	47.9	49.2	47.6	0.0
[3] 协调成本太高	选择计数	180	226	123	39	0
	百分比（%）	37.6	29.6	25.2	20.9	0.0
[4] 协调解决问题的效果不理想	选择计数	253	395	241	104	1
	百分比（%）	52.8	51.7	49.4	55.6	100.0
[5] 有的问题完全不必要进行协调	选择计数	64	122	89	41	1
	百分比（%）	13.4	16.0	18.2	21.9	100.0
[6] 协调的随意性较大	选择计数	175	256	189	69	0
	百分比（%）	36.5	33.5	38.7	36.9	0.0
[7] 政府协调的制度不健全	选择计数	227	398	226	99	0
	百分比（%）	47.4	52.1	46.3	52.9	0.0
[8] 其他（请填写）	选择计数	7	19	6	4	0
	百分比（%）	1.5	2.5	1.2	2.1	0.0
总计	参选人数	479	764	488	187	1
	百分比（%）	100.0	100.0	100.0	100.0	100.0

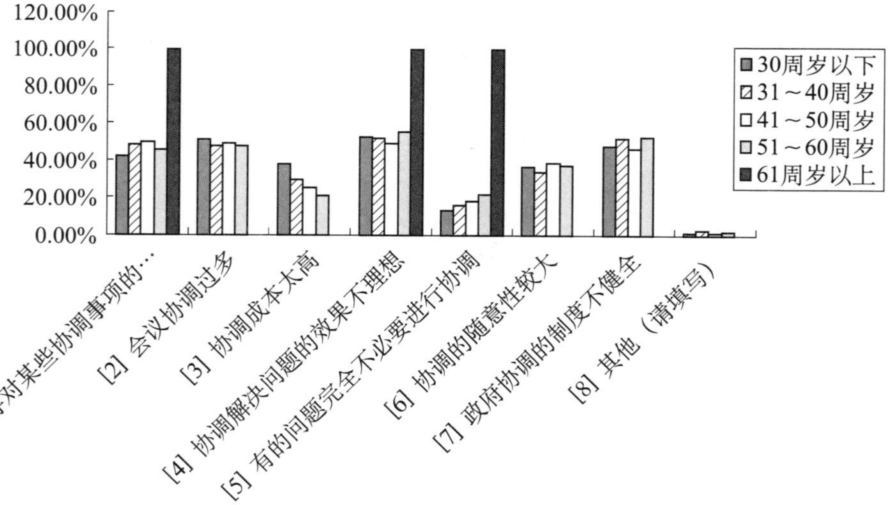

图 8-4　不同年龄公务员对政府部门间协调问题的选择情况图

由于 61 岁以上公务员人数太少，本书对其不做分析。

在“领导对某些协调事项的裁断个人主观性太强”选项上，30岁以下年龄段和51～60岁年龄段选择比例较小，31～40岁、41～50岁年龄段则选择比例较高，其原因可能是：30岁以下年龄段公务员多处于公务员队伍的最底层，倾向于服从领导；51～60岁公务员，自身处于领导岗位的情形多些；而31～50岁公务员，处于公务员的中层，对协调工作的处理有较强的自主意识，对“领导裁判的主观性”有较强的敏感度。

51～60岁公务员对于“协调解决问题的效果不理想”的选择比例较高，原因可能在于自身直接深入协调对象机关的机会不多，而对协调结果又确实不满所致。30岁以下公务员可能深入协调工作一线，可是又无法主导协调工作进程，对协调结果也不甚满意，故而其对于此选项的选择比例仅次于51～60岁公务员。而深入协调工作协调对象机关以及对于协调工作进程有深刻影响的31～50岁公务员，能够对协调难度和现实利益博弈有切身体会，故而对于协调结果的不满程度不会有前述两个年龄段那么高。

针对“会议协调过多”，30岁以下公务员初入公务员队伍，往往在协调工作的一线，同时也要在公务员队伍里面承受较多的烦琐事务，所以对于繁多的会议协调有所不满，有51.1%的30岁以下公务员选择此选项；31～40岁的公务员，已经渐渐习惯了会议协调过多的工作方式，又慢慢摆脱了过多烦琐事务的困扰，对于此选项的选择比例为47.9%；41～50岁公务员虽然已经习惯了会议协调过多的工作方式，然而已经没有了那种刚刚从初级公务员烦琐事务中摆脱出来的喜悦，对于会议过多的抱怨有所增加，同时，由于其只是参加会议发表意见的中坚，不是会议的主导者，因此对于此选项的选择比例为49.2%，较31～40岁公务员略高；51～60岁公务员，早就习惯了会议协调过多的工作方式，也不再对谁主导会议进程抱有什么异议，其选择比例最低，仅仅47.6%。

关于对“政府协调的制度不健全”选项，30岁以下的公务员由于刚刚接触协调工作，还没有把协调效果不理想上升到“制度不健全”这一原因上，其选择此选项的比例较低，仅47.4%；31～40岁公务员，随着对于协调工作认知的不断深入，渐渐将“制度不健全”视为协调工作效果不理想的重要原因，且相信制度建构能够带来实践上的飞跃，其选择比例为52.1%；41～50岁公务员，渐渐摆脱了对于制度建构的神话的迷信，对于制度不健全的选择比例最低，仅仅46.3%；51～60岁公务员，虽然不再相信制度万能的神话，却更能深刻体会尽管存在部门利益、公民参与有障碍等因素，制度构建仍然是所有的改善协调结果的方式中最可行的一种，也是最根本的一种，其对于制度不健全的改变心态更为健康和坚定，故而选择此选项的比例最高，为52.9%。

六、基于不同学历的分类数据分析

对不同学历公务员对政府部门间协调问题的选择数据进行统计，得表8-37和图8-5。

表8-37　不同学历公务员对政府部门间协调问题的选择（限选三项）

选　项	统　计	高中及以下	大专	本科	硕士研究生	博士研究生
[1] 领导对某些协调事项的裁断个人主观性太强	选择计数	30	177	539	122	9
	百分比（%）	40.5	49.4	47.2	44.4	29.0
[2] 会议协调过多	选择计数	42	168	556	136	14
	百分比（%）	56.8	46.9	48.6	49.5	45.2
[3] 协调成本太高	选择计数	18	94	327	101	12
	百分比（%）	24.3	26.3	28.6	36.7	38.7
[4] 协调解决问题的效果不理想	选择计数	35	180	587	158	17
	百分比（%）	47.3	50.3	51.4	57.5	54.8
[5] 有的问题完全不必要进行协调	选择计数	21	74	180	38	2
	百分比（%）	28.4	20.7	15.7	13.8	6.5
[6] 协调的随意性较大	选择计数	28	122	415	90	14
	百分比（%）	37.8	34.1	36.3	32.7	45.2
[7] 政府协调的制度不健全	选择计数	26	171	587	134	21
	百分比（%）	35.1	47.8	51.4	48.7	67.7
[8] 其他（请填写）	选择计数	2	7	16	8	2
	百分比（%）	2.7	2.0	1.4	2.9	6.5
总计	参选人数	74	358	1 143	275	31
	百分比（%）	100.0	100.0	100.0	100.0	100.0

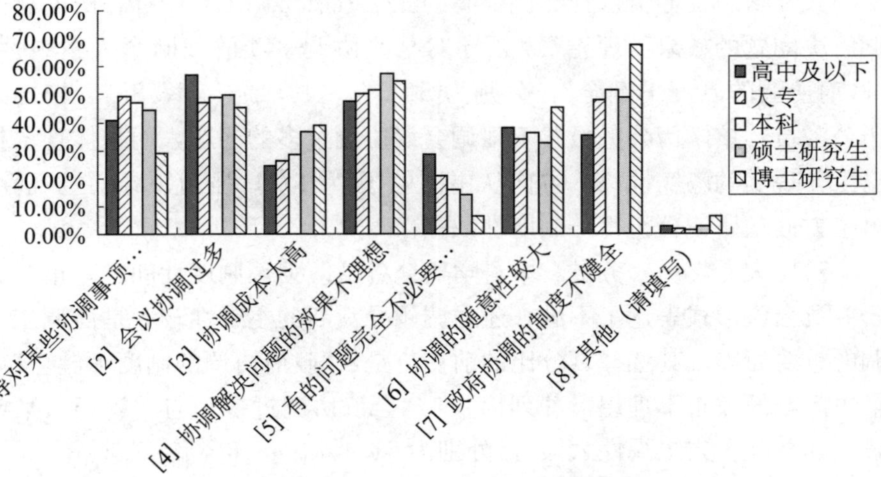

图 8－5　政府协调问题的不同学历公务员选择情况图

按上述图表，可以看出对于高中以下学历的公务员而言，其选择比例最高的三个政府协调工作中存在的问题是“会议协调过多”“协调解决问题的效果不理想”“领导对某些协调事项的裁断个人主观性太强”，分别为56.8%、47.3%和40.5%。这种选择比例可能与低学历公务员从事的事务性工作繁重有关，对于政府的会议协调形式负荷较重；而效果不理想作为一种直观事实感受，是普遍存在于公务员队伍的，只是高中以下学历的公务员可能还未能将协调效果不理想的原因归结为制度性因素，仅仅从直观出发，认为“领导对某些协调事项的裁断个人主观性太强”是一个较为重要的原因。

与此相对应，博士学历公务员选择比例最高的三个政府协调工作中存在的问题是“政府协调的制度不健全”“协调解决问题的效果不理想”，“会议协调过多”与“协调的随意性较大”并列第三。这里可以看到，受教育时间较久的博士研究生，最倾向于从制度性层面看待问题，涉及制度性的选项选择百分比高达67.7%，超过2/3被调查者，并且同样深切感受到目前协调工作的效果不理想，一方面形式上会议过多，另一方面内容上随意性较大。制度性问题是博士学历公务员思考的主要问题，而另外两个选择也都相对较为抽象和间接，回避了领导裁断的主观性这个选项，说明博士学历公务员深味中国国情的人际关系学，同时综合而抽象地反映了相关问题。

大专学历公务员选择比例最高的三个政府协调工作中存在的问题是“协调解决问题的效果不理想”“领导对某些协调事项的裁断个人主观性太强”“政府协调的制度不健全”，分别为 50.3%、49.4%与 47.8%。较之高中学历公务员，该学历公务员并不强调会议协调过多的问题，而是体现了接受自己工作现实的务实性，一方面从中国的国情出发，强调领导的主观性过强，另一方面从研究分析得出制度性缺陷。

对比大专学历公务员，本科学历公务员既强调制度性问题，也对繁忙的公务员会议形式表达了不满，还强调领导裁断的主观性较大是协调工作不协调的重要原因。其选择百分比的前三位是：“政府协调的制度不健全”“协调解决问题的效果不理想”并列第一，“会议协调过多”与“领导对某些协调事项的裁断个人主观性太强”，分别为 51.4%、48.6%和 47.2%。

如果前述分析是正确的，那么，从硕士研究生学历开始，公务员离中国国情的现实存在越来越远，不再重点考虑领导裁断的主观性对于制度性因素的制约和对于协调结果不理想的深刻影响，硕士研究生学历的选择是标准的平均水平选择——“协调解决问题的效果不理想”“会议协调过多”“政府协调的制度不健全”分列前三。当然，其还没有像博士研究生学历公务员那样彻底地抛开涉及领导个人裁断的选项，该选项百分比也有 44.4%。相比较而言，本科学历和大专学历的公务员在书本知识和中国现实的结合上，似乎更有优势。

数据还反映了本科学历以及硕士学历公务员都对于会议协调形式过多且效果不佳的协调机制存在不满，这些公务员对于会议形式繁多本身充满敌意。虽然博士学历公务员在自身选择的排序上，会议协调过多和政府协调的制度不健全并列第三，但是与其他学历公务员比较，其选择所占的百分比是最小的，仅 45.2%。大概与博士生在开会的时候能够体现自己的知识才华有关，而且到博士生层次，对于会议协调的影响力度会加大，这可能抵消了其内心对于会议形式过多的抱怨。

七、基于不同工龄的分类数据分析

对不同工龄公务员选择政府部门间协调问题的数据进行统计，得表 8－38 和图 8－6。

表 8-38　　不同工龄公务员对政府协调问题的选择（限选三项）

选　项	统　计	10 年以下	11～20 年	21～30 年	30 年以上
[1] 领导对某些协调事项的裁断个人主观性太强	选择计数	444	234	123	36
	百分比（%）	44.0	49.5	50.8	46.8
[2] 会议协调过多	选择计数	499	222	127	31
	百分比（%）	49.5	46.9	52.5	40.3
[3] 协调成本太高	选择计数	325	122	57	16
	百分比（%）	32.2	25.8	23.6	20.8
[4] 协调解决问题的效果不理想	选择计数	523	262	115	43
	百分比（%）	51.9	55.4	47.5	55.8
[5] 有的问题完全不必要进行协调	选择计数	141	77	49	23
	百分比（%）	14.0	16.3	20.2	29.9
[6] 协调的随意性较大	选择计数	361	168	95	29
	百分比（%）	35.8	35.5	39.3	37.7
[7] 政府协调的制度不健全	选择计数	519	237	113	41
	百分比（%）	51.5	50.1	46.7	53.2
[8] 其他（请填写）	选择计数	23	10	1	1
	百分比（%）	2.3	2.1	0.4	1.3
总计	参选人数	1 008	473	242	77
	百分比（%）	100.0	100.0	100.0	100.0

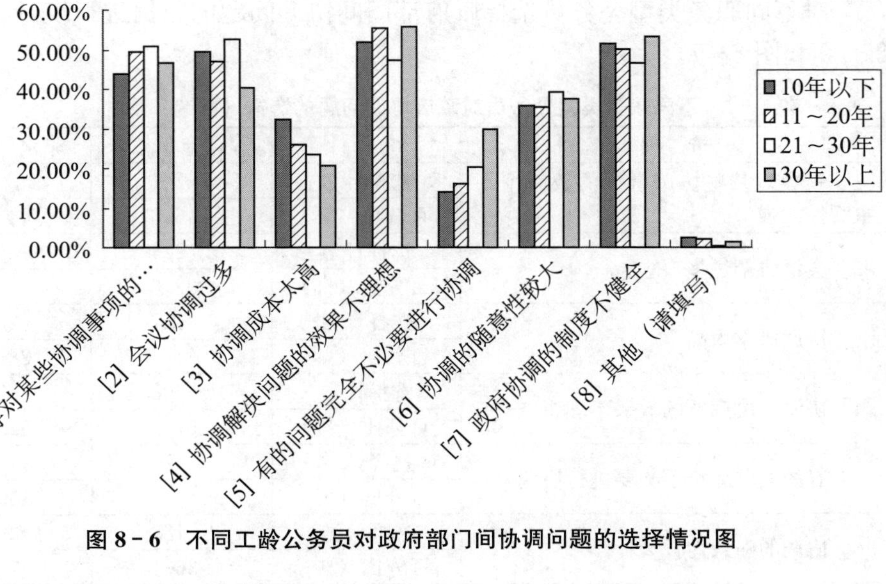

图 8-6　不同工龄公务员对政府部门间协调问题的选择情况图

按上面的图表，各种工龄层次对于涉及协调效果不理想的选项，其选择百分比都是前三位，除了21～30年工龄的公务员选择百分比排第三，其他工龄段都是排第一。这个选择再次说明，该问题是一种共识性问题。

对比图表中各种工龄段公务员选择百分比，可以看出，10年工龄以下公务员，对于繁重的会议协调方式还不习惯，因而除了认识到协调效果不理想，制度性因素占主要地位，还强调会议协调过多也是一个重要问题；相比较而言11～20年工龄公务员已经习惯了烦琐的会议形式，并且归结协调效果不理想除了制度性原因之外，还有领导个人的裁断主观性过强这一中国国情问题；21～30年工龄段公务员对于协调效果不理想的现实已逐渐适应，其选择涉及协调效果不理想的选项百分比最低仅仅47.5%，而强调烦琐的会议协调工作过多，以及领导个人裁断的主观性过强，制度性因素的重要性在二三十年的工作实践中被淡化，其对烦琐的会议形式和领导的个人意志有着深切的体味；30年以上工龄公务员，随着资历的加深和在会议中起到的作用的加大，并且其参与会议角色和影响力不同，对于会议协调形式过多的抱怨减轻，而重新思考并更强调制度性因素在协调工作效果不理想现实中的作用，且对领导个人裁断的主观性过强有进一步体会。

八、基于不同职务的分类数据分析

对不同职务类型公务员选择政府部门间协调问题的数据进行统计，得表8-39和图8-7。

表8-39　　不同职务类型公务员对政府协调问题的选择（限选三项）

选　项	统　计	领导职务	非领导职务
[1] 领导对某些协调事项的裁断个人主观性太强	选择计数	241	351
	百分比（%）	46.3	44.8
[2] 会议协调过多	选择计数	274	357
	百分比（%）	52.6	45.5
[3] 协调成本太高	选择计数	127	225
	百分比（%）	24.4	28.7
[4] 协调解决问题的效果不理想	选择计数	298	404
	百分比（%）	57.2	51.5
[5] 有的问题完全不必要进行协调	选择计数	79	119
	百分比（%）	15.2	15.2
[6] 协调的随意性较大	选择计数	188	295
	百分比（%）	36.1	37.6

续前表

选　项	统　计	领导职务	非领导职务
［7］政府协调的制度不健全	选择计数	263	446
	百分比（%）	50.5	56.9
［8］其他（请填写）	选择计数	8	15
	百分比（%）	1.5	1.9
总计	参选人数	521	784
	百分比（%）	100.0	100.0

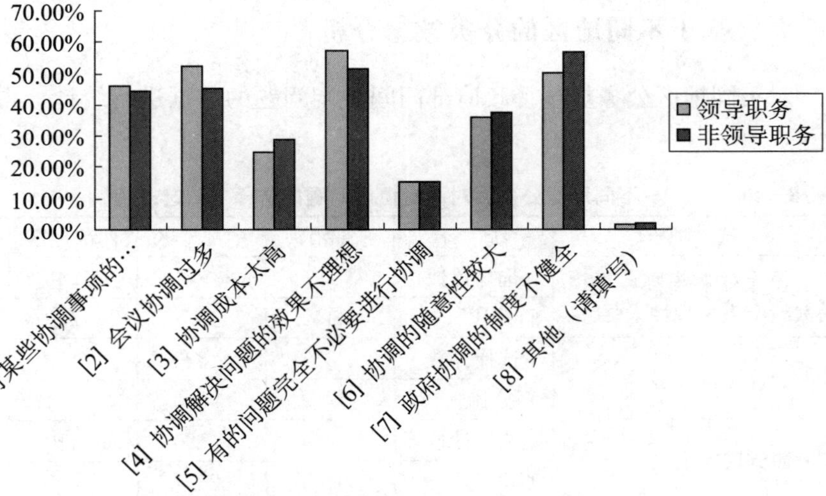

图 8－7　不同职务类型公务员政府协调问题的选择情况图

按上述图表可以看到，一旦类型种类过少，就趋向于平均水平的选择，也就是说选项选择百分比的前三位的次序可能有所变化，但依然是与总体分析相同的那三种选项，即“协调解决问题的效果不理想”“会议协调过多”和“政府协调的制度不健全”；第四位也与总体分析一致，同为“领导对某些协调事项的裁断个人主观性太强”。

领导职务公务员更重视协调工作的结果，对协调工作效果不理想的现状比较不满，这个可能与领导职务公务员追求政绩更相关；非领导职务公务员更愿意总结出制度性要素对于协调工作的影响。

领导职务公务员对“会议协调过多的问题”也非常重视，选择比例比非领导职务公务员高出 7.1 个百分点。这可能与领导参与会议的频率过高，效果期待又不高有关。虽然协调工作无所不在，但是，非领导职务公务员除非是专门协调机构成员，否则并不见得经常出席各种协调会议，领导则不然，会议协调的重要形式就包括“主管领导的会议协调”。所以公务员虽然都对会议过多有心理上的反感，但是领导职务公务员对会议召开负有相应责任，在协调效果不理想的现实下就更加不满；而非领导职务公务员更多只是简单参与协调会议，属于对会议工作方式的迁移式的不满。

九、基于不同地区的分类数据分析

对不同地区公务员选择政府部门间协调问题的数据进行统计，得表 8－40 和图 8－8。

表 8－40　　不同地区公务员对政府协调问题的选择（限选三项）

选　项	统　计	东部沿海	中部地区	西部地区	东北地区
［1］领导对某些协调事项的裁断个人主观性太强	选择计数	298	321	148	154
	百分比（%）	44.2	47.2	45.8	51.0
［2］会议协调过多	选择计数	317	333	179	147
	百分比（%）	47.0	49.0	55.4	48.7
［3］协调成本太高	选择计数	239	150	110	99
	百分比（%）	35.5	22.1	34.1	32.8
［4］协调解决问题的效果不理想	选择计数	330	369	172	149
	百分比（%）	49.0	54.3	53.3	49.3
［5］有的问题完全不必要进行协调	选择计数	135	86	57	54
	百分比（%）	20.0	12.6	17.6	17.9
［6］协调的随意性较大	选择计数	232	239	127	110
	百分比（%）	34.4	35.1	39.3	36.4
［7］政府协调的制度不健全	选择计数	295	424	128	118
	百分比（%）	43.8	62.4	39.6	39.1
［8］其他（请填写）	选择计数	20	12	3	3
	百分比（%）	3.0	1.8	0.9	1.0
总计	参选人数	674	680	323	302
	百分比（%）	100.0	100.0	100.0	100.0

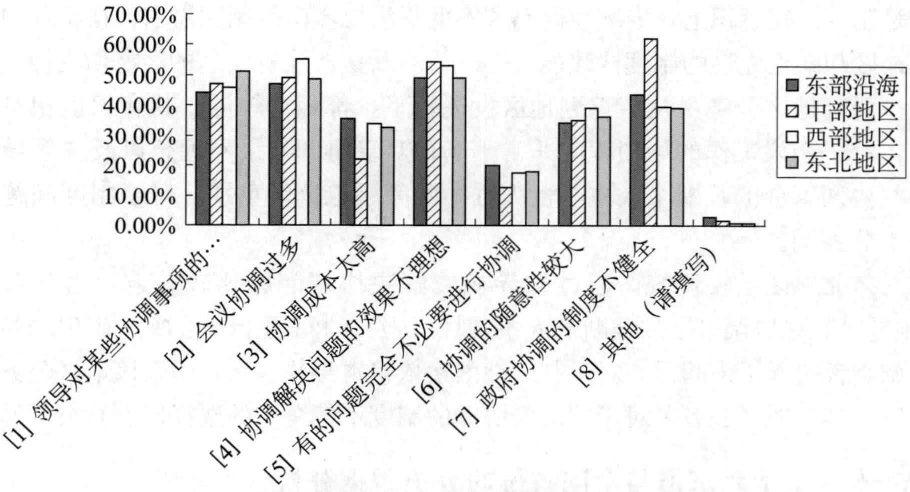

图 8－8　不同地区公务员对政府协调问题的选择情况

按上述图表可知虽然选择百分比不同，选择百分比的排序不同，但是各个地区被调查公务员对于我国政府协调问题的前四位选项的选择是相同的，分别是“协调解决问题的效果不理想”“会议协调过多”“政府协调的制度不健全”“领导对某些协调事项的裁断个人主观性太强”。在这个意义上，这是一种低限度共识。

东部沿海地区公务员的选择排序是“协调解决问题的效果不理想”“会议协调过多”“领导对某些协调事项的裁断个人主观性太强”“政府协调的制度不健全”，但是仅凭排序无法看到其选择的特点，也就是各个问题的选择相对均衡，最高选择的比例也不超过 50%；这可能与沿海地区较为发达以及思维的精细化程度较高有关。其不片面强调什么问题，除了含义较模糊的选项“有的问题完全不必要进行协调”的选择比例普遍较低外，其他都在百分之三四十。商品经济发达，实用主义盛行的另一个特点就是在诸多问题中，较为重视协调效果，对会议协调过多而效果不理想也较为反感，不愿意做无用功。

中部地区公务员相对来说明显重视制度性因素，对于“政府协调的制度不健全”的选择比例高达 62.4%，比其他地区公务员的选择比例高 20 个百分点左右。其缺乏东部沿海城市发达的（在特区甚至是明显先进的）制度文明构建，也不像东北地区和西部地区公务员那样观念相对传统，更重视权威而不是制度。在意识上，中部地区有着不低于沿海城市的制度需求，在实践中中部地区却缺乏先进的制度构建能力——没有特区，没有发达的经济做支撑。

西部地区公务员从待遇到地区发展水平，都相对较低，其意识也相对保守，对于会议工作的烦琐程度非常不满；对于协调效果不理想以及“领导对某些协调事项的裁断个人主观性太强”的问题也比较重视，对于制度问题不是十分强调。

东北地区比较传统，通过领导权威解决协调问题比较普遍，由此对于“领导对某些协调事项的裁断个人主观性太强”的问题十分重视，有51.0%的被调查者选择了该问题。对于制度性因素依赖本身并不高，所以该地区公务员相对于其他地区公务员对于“政府协调的制度不健全”的选择比例是最低的。

十、基于北京市与全国省份的分类数据分析

对北京市及其他省份公务员选择政府部门间协调问题的数据进行统计，得表8-41和图8-9。

表8-41　北京市及其他省份公务员对政府协调问题的选择（限选三项）

选　项	统　计	北京市专项调研	其他省份调研
[1] 领导对某些协调事项的裁断个人主观性太强	选择计数	648	921
	百分比（%）	42.8	46.5
[2] 会议协调过多	选择计数	771	976
	百分比（%）	50.9	49.3
[3] 协调成本太高	选择计数	385	598
	百分比（%）	25.4	30.2
[4] 协调解决问题的效果不理想	选择计数	767	1 020
	百分比（%）	50.6	51.5
[5] 有的问题完全不必要进行协调	选择计数	282	332
	百分比（%）	18.6	16.8
[6] 协调的随意性较大	选择计数	525	708
	百分比（%）	34.7	35.8
[7] 政府协调的制度不健全	选择计数	740	965
	百分比（%）	48.8	48.8
[8] 其他（请填写）	选择计数	15	38
	百分比（%）	1.0	1.9
总计	参选人数	1 515	1 979
	百分比（%）	100.0	100.0

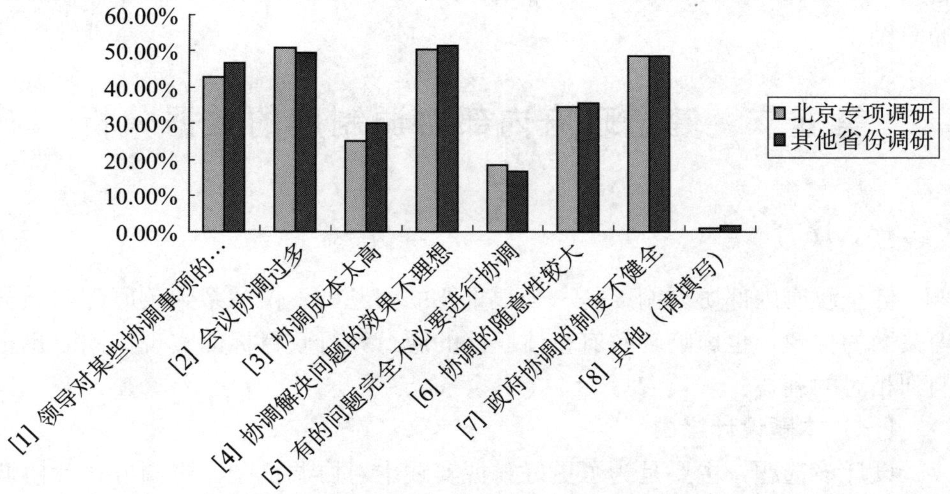

图 8-9　政府协调存在问题的北京市及其他省份公务员选择情况图

由上述图表可见，北京市与其他省份公务员对于我国政府协调存在的问题的认识是比较一致的，选择比例占前四位的选项是相同的，排序也基本一致；差别仅仅是，北京市公务员更强调“会议协调过多”，其他省份公务员则强调“协调效果不理想”，但相差幅度是很小的，不超过 2%。在对于政府协调的制度不健全的认识上，二者更是惊人的一致，均有 48.8%的被调查者选择。可见在全国范围内，制度立国的观念还是比较深入人心的。

十一、结论

虽然出于这样或者那样的原因，根据公务员的分类，被调查结果总有这样或者那样的差异，但是也有着显而易见的共识。对于我国政府协调存在的问题的选择比例最高的前四位是一定的，分别是“协调解决问题的效果不理想”“会议协调过多”“政府协调的制度不健全”“领导对某些协调事项的裁断个人主观性太强”。

虽然该调查问题限选三项，但惊人相似的前四项共识是发人深思的。按前面分析，协调解决问题的效果不理想是一种普遍的事实，各级公务员的选择差异在于，对于这种效果不理想原因的归结，到底是偏重于制度性因素，还是偏重于领导的主观性太强的因素，作为协调形式的“会议协调过多”则是另外一个问题，这个问题更多地来自公务员对于自身工作方式的总结。

第五节　健全政府内部协调制度的数据分析

一、序言

健全政府内部协调制度是一个很重要的问题，不仅关系到政府部门间合理关系的构建，也影响到政府整体职能的履行和行政目标的实现，同时也影响到相对的利益。

（一）本题设计缘由

设计该选题，主要是为了更好掌握实践中对协调机制、协调方式和协调事项等方面的要求，为协调制度的完善提供基础数据。

（二）调查问卷及相关说明

具体调查的问题是：

您认为应该从哪些方面健全政府内部协调制度？（限选三项）

［1］明确规定可以协调的事项

［2］明确主要职能部门的协调责任

［3］规范行政首长在协调中的权力行使

［4］规范协调程序，减少协调随意性

［5］优化协调方式，减少会议协调

［6］其他（请填写）

调查问题说明：

一是调查问题的总体说明。前面已经就我国政府的协调机制现状、既有内部协调方式以及需要协调的原因、协调工作存在的问题都已经进行了分析，本调查题目的目的就是在总结前述研究成果的基础上就我国协调制度的完善进一步提出启发性的思路，因而本节是前述研究报告的总结。

二是调查问题的具体说明。这几个题目是直接针对前文“协调工作存在的问题”而设计的，如：“［1］明确规定可以协调的事项”针对

"有的问题完全不必要进行协调"；"［2］明确主要职能部门的协调责任"以及"［3］规范行政首长[①]在协调中的权力行使"针对"领导对某些协调事项的裁断个人主观性太强"；"［4］规范协调程序，减少协调随意性"针对"协调解决问题的效果不理想""协调的随意性较大"和"政府协调的制度不健全"；"［5］优化协调方式，减少会议协调"针对"会议协调过多"。

当然，这里要注意的是不能简单对应。因为事实和逻辑毕竟不是完全吻合的。调查问卷和逻辑推导本质上的差别就是，前者用事实说话，而不是简单的逻辑推演。当然，如果分析偏离事实过远，那么就需要反省分析的方法和结论，以期改进方法和结论，使之符合事实。此外，不能简单对应的原因还体现在，本节设计的各个选项都可以被视为对于协调制度的完善。如前文分析的，协调工作存在的问题的题目选项设计是针对协调工作中问题的方方面面，并不是在一个平面上，而是一种立体的反映。在这个意义上，二者题目的设计不可能存在简单的一一对应关系。

三是调查采集的基本信息情况（见表8-42）。

表8-42　您认为应该从哪些方面健全政府内部协调制度？(限选三项)

选　项	选择计数	百分比（%）
［1］明确规定可以协调的事项	1 042	52.3
［2］明确主要职能部门的协调责任	1 559	78.3
［3］规范行政首长在协调中的权力行使	915	45.9
［4］规范协调程序，减少协调随意性	1 331	66.8
［5］优化协调方式，减少会议协调	790	39.7
［6］其他（请填写）	20	1.0
总计	1 992	100.0

"其他"选项的填写情况：(1) 精简机构；(2) 明确责任追究，提高协调效率；(3) 规范协调制度；(4) 规定必须协调的事项；(5) 执行情况比较到位；(6) 成立专门协调机构，公开协调内容；(7) 加强协调结果的刚性约束；(8) 健全协调问责制，避免因个人武断造成的不必要损失。

① 这里的行政首长，指的应该就是行政领导。首长用语比较狭窄。

二、总体分析

对表 8－42 按照选择百分比进行重新排序，得到表 8－43。

表 8－43 健全我国政府内部协调制度的总体分析（限选三项）

新序号	选 项	选择计数	百分比（%）
1	[2] 明确主要职能部门的协调责任	1 559	78.3
2	[4] 规范协调程序，减少协调随意性	1 331	66.8
3	[1] 明确规定可以协调的事项	1 042	52.3
4	[3] 规范行政首长在协调中的权力行使	915	45.9
5	[5] 优化协调方式，减少会议协调	790	39.7
6	[6] 其他（请填写）	20	1.0
	总计	1 992	100.0

按照表 8－43 可知，被调查的公务员认为健全我国政府内部协调制度，最重要的是“明确主要职能部门的协调责任”“规范协调程序，减少协调随意性”“明确规定可以协调的事项”，这三种选项的选择百分比分别为 78.3%、66.8%和 52.3%。

“明确主要职能部门的协调责任”，针对的是“协调解决问题的效果不理想”“政府协调的制度不健全”的问题。只有明确并加强主要职能部门的责任，才能实现良好的协调效果；同时，明确责任和权限，也是制度化管理的应有之义，有助于实现协调制度的改善和健全。通过这一方式健全政府内部协调制度，在经济学上就是将以往那种协调效果不理想的损失内部化。有责可咎是建立责任政府和法治政府的应有之义。

“规范协调程序，减少协调随意性”针对的是“协调解决问题的效果不理想”“协调的随意性较大”和“政府协调的制度不健全”诸多问题。随意的协调、程序不规范的协调，就是效果无法保障的协调。建立有效而规范的协调程序，减少协调的随意性，确实是健全政府协调制度的重要保障。至于“明确规定可以协调的事项”则本身属于对协调程序启动的事实条件。想要建立有效的程序，就必须明确程序的启动机制，明确针对怎样的事项才能启动协调程序。

排序靠后的“规范行政首长在协调中的权力行使”则缺乏明确的内容和针对性，缺乏具体如何规范行政首长权力的方式方法，自然不能被实效主义的公务员群体认同。作为操作性优先的制度文明构建，还是明确方法方式为好。同时，“明确主要职能部门的协调责任”“规范协调程序，减少协调随意性”“明确规定可以协调的事项”本身就是对于首长权力的限制和规范。

只要注意前面的调查报告中对于协调会议形式的分析就不难发现，公务员并不是不愿意采用会议协调方式，只是其作为一种公务员固有的且繁重的工作方法，被公务员本能地排斥。当协调效果不佳时，繁多的协调会议就一同作为被抱怨的对象。可是，同样是公务员填写的调查问卷显示，他们仍然倾向于以会议协调方式为主要协调方式。只要能够将协调会议规范化——明确责任归属、明确会议启动条件和会议协调程序——就没有太多必要去反对会议协调方式。所以，没有悬念的，在所有的方法中，这种武断的方式没有能获得太多的认可，仅仅有 39.7%的公务员恐怕是在一种要求会议更有效的程度上谨慎地选择了“优化协调方式，减少会议协调”，事实上“优化协调方式”本身可能还更吸引人。

同样是此次调查，被调查者认为应当倡导的我国政府内部协调方式前三种分别是主要职能部门牵头召集会议协调、政府主管领导召集专门会议协调和主要职能部门发函进行文件协商。其中，主要职能部门牵头召集会议协调居于被选择的首位，77.0%的被调查者认为我国政府内部的协调方式应该采取这种方式。那么，就更可以理解为什么有 78.3%的被调查者支持通过“明确主要职能部门的协调责任”来提升协调效果；也更能理解“优化协调方式”事实上只是主要采用“主要职能部门牵头召集会议”的协调形式，而“减少会议协调”只能是在那些会议并非必要的场合。

三、基于不同府级的分类数据分析

对不同府级公务员选择如何健全政府内部协调机制的数据进行统计，得表 8-44。

表 8-44 不同府级公务员对如何健全政府内部协调制度的选择（限选三项）

选 项	统 计	省级政府	地市级政府	县级政府
[1] 明确规定可以协调的事项	选择计数	235	497	310
	百分比（%）	45.7	54.9	54.1
[2] 明确主要职能部门的协调责任	选择计数	420	704	435
	百分比（%）	81.7	77.8	75.9

续前表

选　项	统　计	省级政府	地市级政府	县级政府
[3] 规范行政首长在协调中的权力行使	选择计数	239	404	272
	百分比（%）	46.5	44.6	47.5
[4] 规范协调程序，减少协调随意性	选择计数	379	599	353
	百分比（%）	73.7	66.2	61.6
[5] 优化协调方式，减少会议协调	选择计数	192	357	241
	百分比（%）	37.4	39.4	42.1
[6] 其他（请填写）	选择计数	7	8	5
	百分比（%）	1.4	0.9	0.9
总计	参选人数	514	905	573
	百分比（%）	100.0	100.0	100.0

按照表 8-44 可知，对于健全政府内部协调制度的选择百分比最多的前两个选项分别是“明确主要职能部门的协调责任”“规范协调程序，减少协调随意性”，各级政府公务员对此都没有异议；仅仅在选择百分比第三位的选项上，省级政府和地市级政府、县级政府产生分歧，地市级政府和县级政府公务员侧重于选择“明确规定可以协调的事项”，而省级政府侧重于选择“规范行政首长在协调中的权力行使”。省级政府公务员在这里更倾向于选择抽象的“规范行政首长在协调中的权力行使”，而不是具体明确的选项“明确规定可以协调的事项”，其原因可能是省级政府的公务员在解决问题的偏好上更倾向于“一揽子”问题的解决。虽然在省级政府公务员的调查问卷中选择“规范行政首长在协调中的权力行使”占到第三位，可是与地市级、县级政府公务员比较，其选择百分比上下浮动不超过 2%，并无明显的差异。

对于“明确规定可以协调的事项”，省级公务员的选择百分比最小，与地市级和县级公务员相差 9 个百分点左右，可能是作为规则制定者的省政府公务员更能够体会“明确规定可以协调事项”本身也比较困难，毕竟行政法立法面对的是纷繁的社会生活。在这个转型的时代，各种各样的新鲜事物不断涌现，如果非要确定一个“协调事项”标准，恐怕比较困难。而地市级和县级公务员在逻辑上反而更容易认可这一选项。

对于选项“明确主要职能部门的协调责任”，省级公务员的选择百分比要比地市级和县级公务员多 3.9%以上。如果说对于地市级和县级公务员，明确主要职能部门的责任仅仅是对法治社会的憧憬的话，那么省级政府就可以马上进行实践，并进而在一个省内推行，使其成为省级政府规范下级政府公务员协调工作的得力武器。

对于选项“规范协调程序，减少协调随意性”，省级公务员的选择百分比要比地市级和县级公务员多7.5%以上。如果地市级或者县级政府通过制定某种规范性法律文件来规范自身的政府协调工作，那么，这种文件的法律属性层次较低，而且考虑到基层协调工作的丰富多变性，基层公务员可能更倾向于灵活的协调。

基层县级公务员由于行政事务繁忙，对于会议协调的形式比较不满，因而更倾向于选择“优化协调方式，减少会议协调”。仍然希望通过会议协调的形式对下级政府之间的协调进行规范的省级公务员，则并不太重视此选项。

四、基于不同性别的分类数据分析

对不同性别公务员选择如何健全政府内部协调机制的数据进行统计，得表8-45。

表8-45　不同性别公务员对如何健全政府内部协调制度的选择（限选三项）

选　项	统　计	男性	女性
[1] 明确规定可以协调的事项	选择计数	669	332
	百分比（%）	52.6	50.8
[2] 明确主要职能部门的协调责任	选择计数	990	521
	百分比（%）	77.8	79.7
[3] 规范行政首长在协调中的权力行使	选择计数	592	280
	百分比（%）	46.5	42.8
[4] 规范协调程序，减少协调随意性	选择计数	840	449
	百分比（%）	66.0	68.7
[5] 优化协调方式，减少会议协调	选择计数	502	269
	百分比（%）	39.5	41.1
[6] 其他（请填写）	选择计数	11	8
	百分比（%）	0.9	1.2
总计	参选人数	1 272	654
	百分比（%）	100.0	100.0

通过表 8-45 可以看出，在男性和女性公务员的选择排序上，与总体分析排序完全一致，即“明确主要职能部门的协调责任”“规范协调程序，减少协调随意性”“明确规定可以协调的事项”“规范行政首长在协调中的权力行使”“优化协调方式，减少会议协调”等。可以认为性别因素对于本调查的影响不是特别大。

对比而言，男性公务员更倾向于直接解决问题（“明确规定可以协调的事项”“规范行政首长在协调中的权力行使”），而女性公务员更倾向于间接解决问题（“明确主要职能部门的协调责任”“规范协调程序，减少协调随意性”“优化协调方式，减少会议协调”）。

五、基于不同年龄的分类数据分析

对不同年龄公务员选择如何健全政府内部协调制度的数据进行统计，得表 8-46。

表 8-46　不同年龄公务员对如何健全政府内部协调制度的选择（限选三项）

选　项	统　计	30 周岁以下	31～40 周岁	41～50 周岁	51～60 周岁	61 周岁以上
[1] 明确规定可以协调的事项	选择计数	245	357	284	114	2
	百分比（%）	50.9	46.4	58.1	60.0	100.0
[2] 明确主要职能部门的协调责任	选择计数	373	609	385	149	1
	百分比（%）	77.5	79.1	78.7	78.4	50.0
[3] 规范行政首长在协调中的权力行使	选择计数	216	346	223	97	2
	百分比（%）	44.9	44.9	45.6	51.1	100.0
[4] 规范协调程序，减少协调随意性	选择计数	301	547	327	117	1
	百分比（%）	62.6	71.0	66.9	61.6	50.0
[5] 优化协调方式，减少会议协调	选择计数	215	334	162	64	0
	百分比（%）	44.7	43.4	33.1	33.7	0.0
[6] 其他（请填写）	选择计数	5	6	7	1	0
	百分比（%）	1.0	0.8	1.4	0.5	0.0
总计	参选人数	481	770	489	190	2
	百分比（%）	100.0	100.0	100.0	100.0	100.0

表 8-46 中由于 61 岁以上公务员只有两名，不具有与其他年龄层次比对的足够数量，因此不予特别分析。从其他年龄段公务员的选择百分比上，可以看出其有着与总体分析一致的排序，即“明确主要职能部门的协调责

任”“规范协调程序，减少协调随意性”“明确规定可以协调的事项”“规范行政首长在协调中的权力行使”“优化协调方式，减少会议协调”等。

关于“明确主要职能部门的协调责任”，各年龄层次也差异不大，各年龄层次间最大差异为1.6%。几乎可以忽略不计。

关于“规范协调程序，减少协调随意性”，30岁以下、31～40岁、41～50岁、51～60岁公务员的选择百分比分别是62.6%、71.0%、66.9%和61.6%。30岁以下公务员对于“程序”等制度性要素的理解相对不是很深刻，其选择此选项的也相对较少；31～40岁公务员对于程序问题理解更深入，且更愿意通过程序解决协调问题，其选择此选项的比重最高；41～50岁公务员对于制度性解决问题在中国的现实可能性越来越怀疑，其对于此选项的选择比起31～40岁的公务员更少些；41～50岁公务员随着人生阅历的丰富和对中国国情的体味，相对地不再看重制度性因素或者程序性要素，而是更为关注“规范行政首长在协调中的权力行使”。对比而言，“明确主要职能部门的协调责任”是不会因为对程序性制度构建失去信心而被忽略的，笔者前面曾分析其有超越西方式的法治图景的强大包容性。

从“明确规定可以协调的事项”选项的选择上可以看出，51～60岁的公务员，基于既往长久的工作经验，对于这种貌似比较僵化、形式化的健全制度的思路比较赞同，因为很多灵活性和原则性兼有的制度设计在中国无法被成功构建，而很多貌似僵化的规定反而由于其难以融通，具有较强的实效。相对而言，41～50岁的公务员也基本上认识到这样一个问题，而31～40岁的公务员沉浸在程序构建的理想法治图景里，未必愿意承认这种相对僵化的制度构建。30岁以下的公务员认为制度构建有着一定的不确定性，对法治图景欠缺信心，因而在一定程度上赞成这样的硬性约束手段，但是不及41～60岁公务员的选择百分比。

对“规范行政首长在协调中的权力行使”选项51～60岁公务员的比例最高，这可能与他们阅历深，了解更多实际运行有关。在50岁之前，可能大部分公务员都无法在这样的心态下在三项限选题里面过多地勾选这个选项。

“优化协调方式，减少会议协调”的选择，不出所料地吻合于之前的分析，30岁以前的那些年轻人还无法适应会议频繁的公务员工作方式，而30

岁之后，他们就渐渐习以为常。虽然出于对于会议形式的固有的抱怨而有1/3以上的公务员选择此选项，但是，结合前面的调查报告，就会知道这个选项不可能成为健全协调制度的重点。

六、基于不同学历的分类数据分析

对不同学历公务员选择如何健全政府内部协调制度的数据进行统计，得表8－47。

表8－47　不同学历公务员对如何健全政府内部协调制度的选择（限选三项）

选　项	统　计	高中及以下	大专	本科	硕士研究生	博士研究生
[1] 明确规定可以协调的事项	选择计数	50	182	612	132	11
	百分比（%）	66.7	51.0	53.0	47.7	35.5
[2] 明确主要职能部门的协调责任	选择计数	51	275	925	211	26
	百分比（%）	68.0	77.0	80.2	76.2	83.9
[3] 规范行政首长在协调中的权力行使	选择计数	43	171	515	129	12
	百分比（%）	57.3	47.9	44.6	46.6	38.7
[4] 规范协调程序，减少协调随意性	选择计数	41	223	776	198	24
	百分比（%）	54.7	62.5	67.2	71.5	77.4
[5] 优化协调方式，减少会议协调	选择计数	22	151	453	116	14
	百分比（%）	29.3	42.3	39.3	41.9	45.2
[6] 其他（请填写）	选择计数	0	4	10	3	1
	百分比（%）	0.0	1.1	0.9	1.1	3.2
总计	参选人数	75	357	1 154	277	31
	百分比（%）	100.0	100.0	100.0	100.0	100.0

按表8－47所示，从大专、本科、硕士研究生对于政府内部协调制度健全方式的选择百分比上，可以看出其有着与总体分析一致的排序，即“明确主要职能部门的协调责任”“规范协调程序，减少协调随意性”“明确规定可以协调的事项”“规范行政首长在协调中的权力行使”“优化协调方式，减少会议协调”等。

高中以下学历的公务员对于健全协调制度，往往根据实践经验和人生经历，抓住几个自认为关键的问题，即明确职能部门的协调责任、明确协调事项的范围以及针对行政首长很少受到制约的权力而进行规制。可能在他们看来，空洞的程序说辞，反而不如实在的明定目标。虽然在学习过法学方法论或者法哲学的人的心目中，这些明定目标与抽象的原则相比仅仅是程度差异。博士研究生学历公务员的选择则突出地体现了博士生考虑问题深入的特点，有83.9%的博士生选择了“明确主要职能部门的协调责任”，77.4%的博士生选择了“规范协调程序，减少协调随意性”。但是，仅对西方法治途径的了解并不能全然解决中国当下的法治化问题，高学历公务员由于缺乏对现实足够的了解，因此对于必要时刻可以牺牲灵活性而强化规制标准的刚性也缺乏必要的认可。由此，仅仅出于排斥会议形式繁多的固有思维和基于对既往协调效果不理想的现实认识，就有45.2%的博士生选择了“优化协调方式，减少会议协调”。这与其在政府协调存在的问题中对“会议协调过多”的选择百分比惊人一致，而其他学历的公务员虽然都曾经选择过“会议协调过多”问题，但不全是真正愿意忠实于这种选择，会因为现实的其他因素改变。例如，高中以下学历公务员在政府协调问题的选择上，选择“会议协调过多”的有56.8%，但多是出于劳累的本能而选择，往往会因为直观的更重要的其他关键要素而放弃选择“优化协调方式，减少会议协调”，最终仅有29.3%的人选择该选项。大专、本科和硕士研究生学历的公务员在选择“优化协调方式，减少会议协调”时也都打了折扣。

七、基于不同工龄的分类数据分析

对不同工龄公务员选择如何健全政府内部协调制度的数据进行统计，得表8-48。

表8-48　不同工龄公务员对如何健全政府内部协调制度的选择（限选三项）

选　项	统　计	10年以下	11～20年	21～30年	30年以上
[1] 明确规定可以协调的事项	选择计数	499	243	145	49
	百分比（%）	49.3	51.4	59.2	62.0
[2] 明确主要职能部门的协调责任	选择计数	802	373	194	59
	百分比（%）	79.2	78.9	79.2	74.7
[3] 规范行政首长在协调中的权力行使	选择计数	456	204	120	43
	百分比（%）	45.0	43.1	49.0	54.4
[4] 规范协调程序，减少协调随意性	选择计数	673	340	165	47
	百分比（%）	66.4	71.9	67.3	59.5

续前表

选　项	统　计	10 年以下	11～20 年	21～30 年	30 年以上
[5] 优化协调方式，减少会议协调	选择计数	444	185	72	32
	百分比（%）	43.8	39.1	29.4	40.5
[6] 其他（请填写）	选择计数	7	7	4	0
	百分比（%）	0.7	1.5	1.6	0.0
总计	参选人数	1 013	473	245	79
	百分比（%）	100.0	100.0	100.0	100.0

按表 8－48，从各个工龄阶段的公务员的选择百分比上可以看出，其大部分有着与总体分析一致的排序，即“明确主要职能部门的协调责任”“规范协调程序，减少协调随意性”“明确规定可以协调的事项”“规范行政首长在协调中的权力行使”“优化协调方式，减少会议协调”等。仅有 49 名 30 年工龄以上公务员的选择与总体分析的排序稍有出入，其更注重“明确规定可以协调的事项”，占总人数的 62.0%；而对“规范协调程序，减少协调随意性”的选择比例只有 59.5%。这说明，公务员年龄越高、工作年限越多，对于中国国情的体悟程度就越高，越能明白舍弃灵活性而引入规范化标准，减少自由裁量，对于法治国家建设中的中国，有着实用的意义。同样是这样的智慧，30 年工龄以上的公务员对于制约主管领导权力选项的选择热情也比较高，有 54.4%的人选择了“规范行政首长在协调中的权力行使”。

八、基于不同职务类型的分类数据分析

对不同职务类型公务员选择如何健全政府内部协调制度的数据进行统计，得表 8－49。

表 8－49　不同职务类型公务员对如何健全政府内部协调制度的选择（限选三项）

选　项	统　计	领导职务	非领导职务
[1] 明确规定可以协调的事项	选择计数	277	402
	百分比（%）	52.9	51.0
[2] 明确主要职能部门的协调责任	选择计数	416	635
	百分比（%）	79.4	80.5

续前表

选　项	统　计	领导职务	非领导职务
[3] 规范行政首长在协调中的权力行使	选择计数	230	338
	百分比（%）	43.9	42.8
[4] 规范协调程序，减少协调随意性	选择计数	364	542
	百分比（%）	69.5	68.7
[5] 优化协调方式，减少会议协调	选择计数	219	340
	百分比（%）	41.8	43.1
[6] 其他（请填写）	选择计数	5	6
	百分比（%）	1.0	0.8
总计	参选人数	524	789
	百分比（%）	100.0	100.0

由表 8－49 可见，分类越简单，得出的选择百分比就越接近，领导职务和非领导职务公务员对于“明确主要职能部门的协调责任”“规范协调程序，减少协调随意性”“明确规定可以协调的事项”“优化协调方式，减少会议协调”的选择是接近的。最大差别不足 2.0%，排序完全一致。

有一点需要指出的是，对于“优化协调方式，减少会议协调”的选择，与政府协调问题调研中“会议协调过多”的选择百分比并不吻合。领导职务公务员有 52.6%的被调查者选择了“会议协调过多”，而选择“优化协调方式，减少会议协调”的公务员与之相比减少了 10.8%。可能是由于领导职务公务员仍然认为，抱怨归抱怨，可是减少会议协调形式，就会更加有损于协调效果，为今之计不是减少会议，而是提高会议质量、规范会议程序、确定会议提起条件等。

九、基于不同地区的分类数据分析

按表 8－50 所示，全国公务员在对健全协调制度的意见上比较一致，选择最多的选项是“明确主要职能部门的协调责任”，其次是“规范协调程序，减少协调随意性”。

表 8－50　对如何健全政府内部协调制度的不同地区公务员的选择（限选三项）

选　项	统　计	东部沿海	中部地区	西部地区	东北地区
[1] 明确规定可以协调的事项	选择计数	400	340	142	160
	百分比（%）	58.9	49.9	43.6	52.5

续前表

选　项	统　计	东部沿海	中部地区	西部地区	东北地区
[2] 明确主要职能部门的协调责任	选择计数	485	549	267	258
	百分比（%）	71.4	80.5	81.9	84.6
[3] 规范行政首长在协调中的权力行使	选择计数	306	282	174	153
	百分比（%）	45.1	41.3	53.4	50.2
[4] 规范协调程序，减少协调随意性	选择计数	433	509	222	167
	百分比（%）	63.8	74.6	68.1	54.8
[5] 优化协调方式，减少会议协调	选择计数	263	290	137	100
	百分比（%）	38.7	42.5	42.0	32.8
[6] 其他（请填写）	选择计数	8	6	2	4
	百分比（%）	1.2	0.9	0.6	1.3
总计	参选人数	679	682	326	305
	百分比（%）	100.0	100.0	100.0	100.0

对于“明确规定可以协调的事项”的选择，大部分地区公务员都非常重视，在各地区选择百分比中是第三位，仅仅在西部地区排第四位。

另外，各地区除了重视上述三种选项之外，也不约而同地重视规范行政领导的权力行使，在经济欠发达、民风较传统的西部地区，公务员选择“规范行政首长在协调中的权力行使”的有 53.4%，排西部地区选项比例的第三位。

东北地区对于“明确主要职能部门的协调责任”的选择比例最高，占到 84.6%，西部地区次之，为 81.9%，中部地区再次之，为 80.5%，最后是东部沿海地区，为 71.4%。其原因可能是，东北地区是中国传统权威意识较为浓厚的地区，依赖政府和领导的心态比较重，其对于涉及主要职能部门权责的明确化是较为重视的。东部沿海地区经济发达，社会发展更是迅速，需要对社会变化进行快速反应，该地区公务员不会过分强调某种健全协调制度的方法。

对于“规范行政首长在协调中的权力行使”的选择百分比，欠发达的西部地区和东北地区较东部沿海和中部地区高，高了最少 5 个百分点。“保守”和“欠发达”给人治社会的领导权威创造了最好的生存环境，与之相应，中部地区对于程序建设抱有最大的热情，保守的东北地区对程序建设的诉求低，因此该选项东北地区的选择比例最少。

十、基于北京市与其他省份的分类数据分析

对北京市与其他省份公务员选择如何健全政府内部协调制度的数据进行统计，得表 8－51。

表 8－51 “如何健全政府内部协调制度”——北京与其他省份公务员态度比较

选　项	统　计	北京市专项调研	其他省份调研
[1] 明确规定可以协调的事项	选择计数	864	1 042
	百分比（%）	56.3	52.3
[2] 明确主要职能部门的协调责任	选择计数	1 234	1 559
	百分比（%）	80.3	78.3
[3] 规范行政首长在协调中的权力行使	选择计数	630	915
	百分比（%）	41.0	45.9
[4] 规范协调程序，减少协调随意性	选择计数	959	1 331
	百分比（%）	62.4	66.8
[5] 优化协调方式，减少会议协调	选择计数	573	790
	百分比（%）	37.3	39.7
[6] 其他（请填写）	选择计数	8	20
	百分比（%）	0.5	1.0
总计	参选人数	1 536	1 992
	百分比（%）	100.0	100.0

按表 8－51，从北京市与其他省份的公务员的选择百分比上，可以看出其有着与总体分析比较一致的排序，即“明确主要职能部门的协调责任”“规范协调程序，减少协调随意性”“明确规定可以协调的事项”“规范行政首长在协调中的权力行使”“优化协调方式，减少会议协调”等。只是相比较而言，北京市公务员更强调制度改善的刚性，其在“明确主要职能部门的协调责任”“明确规定可以协调的事项”的选择比例高于其他省份公务员的选择。而其他省份公务员面临的主管领导裁断随意性较强和会议形式过多等问题，都较北京市公务员严重，因而在选择上也侧重于解决此类问题。作为中国建设社会主义法治国家桥头堡的北京市，其规范性做法起码在形式上是引领全国的。消除制度中的不确定性，换言之，讲求制度的确定性，北京市似乎是引导中国制度构建的示范样板。

十一、结论

经过上述分析，可以看到被调查问题“您认为应该从哪些方面健全政府内部协调制度？（限选三项）”，其总体分析和比较分析得出的结论都是比较一致的，选择百分比的排序不仅仅是前三位一致，而且是除了“其他”之外的所有选项的排序都基本一致。

这样，就很容易得出调查问题的共识结论：当今我国政府内部协调制度的健全，需要首先从“明确主要职能部门的协调责任”“规范协调程序，减少协调随意性”“明确规定可以协调的事项”入手。“明确主要职能部门的协调责任”不仅迎合了法治现代化的要求，而且切合中国人“在其位谋其政”的传统文化。“规范协调程序，减少协调随意性”是一种西方式的制度化程式化诉求，可以在多大程度上成功是一个问题，成为共识性结论又是另一个问题。通过多年改革，人民对程序问题已日益重视，通过程序来规范权力运行也逐渐成为共识。

第六节　政府决策权、执行权、监督权协调路径的数据分析

一、序言

党的十七大、十八大报告都明确指出要建立健全决策权、执行权、监督权既相互制约又相互协调的权力结构和运行机制。党的十九大报告更进一步指出权力运行机制应当决策科学、执行坚决、监督有力。“决策权、执行权、监督权既相互制约又相互协调”指的是按照权力运行过程的职能分工原则来配置的一般管理结构和体制，即按照现代管理过程所具有的决策、执行、监督等不同环节，把权力划分为决策、执行、监督三种相对独立的职能，并交由不同部门分别行使，从而形成的“三权”既相互制约又相互协调的管理职权配置形式和相互关系。[①] 本文从政府决策权、执行权与监督权如何协调的

① 郑曙村．论建立决策、执行、监督制约与协调机制的维度及构想——兼与“行政三分制”论商榷．四川行政学院学报，2010（5）．

角度上展开数据分析与讨论，以期为建立具有我国特色的政府决策权、执行权与监督权协调的路径做出相应贡献。

（一）本题的设计缘由

从世界范围内来看，英国是最早提出在政府权力中将决策与执行相分离的国家，在其1988年推行的《改进政府管理：下一步行动》方案中，核心即通过在政府部门设立独立的执行机构，履行决策部门决策执行职能。该种方案强调政府的核心功能是“掌舵”而非“划桨”，决策权上移，可有效避免政府在决策过程中被“部门利益”绑架，而决策与执行分离，不仅可实现执行的专业化，也可最大限度地弱化“选择性执行”所带来的负面效应。

虽然英国的政府管理改革影响到世界各国的行政管理体制改革，但不容否认的是，从权力相对集中的政府权力发展到决策权、执行权、监督权相分离在一定程度上是弱化了政府的效率，加之从权力结构的角度对政府权力进行的“再分立”，客观上使得“再分立”后的政府诸权力会产生相互制约的实际效果，而这将会在一定程度上加剧政府权力内部间的矛盾。因而，如何对政府权力“再分立”后的决策权、执行权、监督权进行协调，以消除因政府权力“再分立”对政府权力配置及运行的消极影响，将成为确保在政府权力领域进行决策权、执行权、监督权“再分立”的关键性制度保障。为切实摸清政府决策权、执行权、监督权相互协调的选择路径，我们有针对性地设计了相关问题，涵盖了协调主体、协调制度设计以及监督协调三个大的方面。

（二）调查问卷的相关问题说明

本题题干下共设计了6个选项，本题的设计情况如下。

为加强政府决策权、执行权和监督权的协调，我们提出以下建议，您认为哪些可行？（多选）

[1] 决策部门之间的协调，由所在政府负责

[2] 决策、执行、监督之间的协调由综合性的议事协调机构负责

[3] 建立统一的信息平台，加强信息沟通

[4] 建立规范化的协调制度，明确协调程序，避免协调的随意性

[5] 加强对协调制度和协调结果执行情况的监督

［6］其他

针对上面题目设计的具体内容，共有以下三个方面的内容需要进行明晰。

1. 关于政府决策权、执行权和监督权的协调

从政府决策权、执行权和监督权运行来看，三者关注的重点与价值追求各有不同，决策权关注及追求的是决策的科学与民主，执行权关注及追求的是执行的效率与效益，而监督权关注及追求的是监督的公正与公开。基于此，三者在各自权力运行的制度建构中，必然会出现某些冲突。例如，决策的民主与执行的效率二者之间，即天然地存在某种矛盾。而从三者同属于政府权力的视角来看，三者又必然会在某一点上相交汇。一方面，三者的价值取向呈现着一定程度的冲突，甚至从某种意义上来说，该矛盾本质上是不相容的。另一方面，三者基于其同属于政府权力的原因，又呈现出共同特质，并交汇于某一特定的时点上。为此，加强三者的协调对于实现三者正常运行，形成合力以实现政府权力的基本要求，意义重大。

2. 关于问题选项

主要有四类：第一类是协调主体，如第一、第二选项，前者主要涉及决策之间的协调，后者则指决策、执行、监督之间的协调。之所以将决策之间的协调单独列出，其主要原因在于决策的实质是利益分配。现代决策通常具有综合性、复杂性等特点，其所涉及利益多元。为此，必须通过决策间的协调，以平衡部门、地方等的利益，才能确保决策得以顺利进行。从此种角度而言，决策之间的协调是决策得以实现的前提条件。第二类是协调制度设计，包括第三、第四选项。从根本上说，协调的制度化保障是防止随意协调的客观需要，而信息沟通是协调得以顺利进行的前提。加强信息沟通，并在此基础上通过制度化的保障，赋予协调以相应的法律效力，以此实现协调的制度化、法治化。第三类是监督协调，监督协调作为制度化协调的结果，必须对其进行监督，以确保协调的效果。第四类是“其他”选项。

3. 调查采集的基本信息（见表 8－52）

表 8－52　加强政府决策权、执行权和监督权协调的可行性建议基本数据：为加强政府决策权、执行权和监督权的协调，我们提出以下建议，您认为哪些可行？（多选）

选　项	选择计数	百分比（%）
［1］决策部门之间的协调，由所在政府负责	1 315	56.7

续前表

选 项	选择计数	百分比（%）
[2] 决策、执行、监督之间的协调，由综合性的议事协调机构负责	1 087	46.9
[3] 建立统一的信息平台，加强信息沟通	1 629	70.2
[4] 建立规范化的协调制度，明确协调程序，避免协调的随意性	1 658	71.5
[5] 加强对协调制度和协调结果执行情况的监督	1 461	63.0
[6] 其他	60	2.6
总计	2 319	100.0

二、总体分析

本部分以所有的调查问卷为分析对象，分析当前政府决策权、执行权和监督权的协调的影响因素，并试图以此为基础，探寻政府决策权、执行权和监督权协调的选择路径。对表 8－52 中的数据按照公务员选择比例大小进行重新排序，可以得到表 8－53。

表 8－53　加强政府决策权、执行权和监督权协调的可行性建议排序：为加强政府决策权、执行权和监督权的协调，我们提出以下建议，您认为哪些可行？（多选）

新序号	选 项	选择计数	百分比（%）
1	[4] 建立规范化的协调制度，明确协调程序，避免协调的随意性	1 658	71.5
2	[3] 建立统一的信息平台，加强信息沟通	1 629	70.2
3	[5] 加强对协调制度和协调结果执行情况的监督	1 461	71.5
4	[1] 决策部门之间的协调，由所在政府负责	1 315	56.7
5	[2] 决策、执行、监督之间的协调由综合性的议事协调机构负责	1 087	46.9
6	[6] 其他	60	2.6
	总计	2 319	100.0

从表 8－53 中可以看到，在加强政府决策权、执行权和监督权协调的可行性建议中位于前三位的分别是“建立规范化的协调制度，明确协调程序，避免协调的随意性”“建立统一的信息平台，加强信息沟通”“加强对协调制度和协调结果执行情况的监督”。其中，“建立规范化的协调制度，明确协调

程序，避免协调的随意性”占据首位，有71.5%的被调查者认为此建议在加强政府决策权、执行权和监督权的协调方面，具有可行性。这固然反映出协调制度化、程序化以及规范化的重要性，但从反面来考虑的话，通过对数据结果进行逆向思维分析，可以得知当前困扰政府决策权、执行权和监督权的协调的最大问题是协调的随意性、非制度性。

从政府决策权、执行权和监督权的运行来看，三者各自建立起了一整套为实现其价值目标服务的制度，加之三者功能上的差异性，从而使得其制度建构之初即天然地存在某种程度上的不可调和性。基于此，三者间的协调对于三者合力实现政府权力的目标必不可少。然而从现实来看，由于缺乏对三者间协调的制度性建构，加之协调程序的非明确性，从而导致协调的随意性，这不仅加剧了协调的难度，更弱化了协调的效果。

首先，协调的非制度化其实质是协调的非法治化，这不仅增加了协调的成本，更弱化了协调结果的稳定性。现有的协调制度，多是通过召开联席会议的方式进行的，以政府首脑或相当级别的领导为协调人，对相关部门进行协调，其实质是借助政府首脑或相当级别的领导的影响力，来协调相关部门间的矛盾。此种协调模式，关键性因素在于负责协调的政府首脑或相当级别的领导人的意志，这实质上是一种“人治”模式的具体体现。在此种模式下，协调的方式、协调的程序甚至协调的结果均随负责协调的政府首脑或相当级别的领导人的意志的转变而转变，协调的主动权掌握于政府首脑或相当级别的领导人手中。为争取协调时对己有利的局面，各相关部门会采取各种手段，对政府首脑或相当级别的领导人施加影响，这增加了协调的成本。这些先于正式协调所做的“隐性协调”，带有某种程度的“暗箱操作”的性质。所有的“隐性协调”汇总于负责协调的政府首脑或相当级别的领导人处，会客观上产生“未协先调”的实际效果，会使得政府首脑或相当级别的领导人带着“隐性协调”所造就的影响进入正式协调，从而弱化了正式协调的效果。

其次，协调程序的非明确性，无法满足协调公开、公平、公正的要求，弱化了协调的效果。从逻辑关系上而言，协调的制度化天然地包括协调程序的确定化。然而，协调的非制度化却并不排斥协调程序的确定化。规范的协调程序虽然无法保证达成协调结果实质公平、公正的目的，但能最大限度地减轻协调过程的不公平、不公正。协调本质上是利益的再分配，是各方利益达成一致的过程。因此，协调公开、公平、公正，既是协调的本质要求，也是政府决策权、执行权和监督权协调制度建构的根本目的。规范、明确的协调程序，一方面可以提高政府决策者、执行者和监督者相互利益博弈的能力，降低三者隐性成本的支出；另一方面可以保证协调过程的公开、公平与公正，限制或降低协调负责人对协调结果的根本影响力，有助于协调制度化、法治化的实现。

最后，协调制度化、程序确定化、协调非随意性，有助于实现政府决策权、执行权、监督权三分的目的。从本质上来说，将政府权力进行政府决策权、执行权、监督权三分的目的，既是顺应政府权力行使的客观规律的要求，更是为了防止权力过分集中产生“部门利益”“权力寻租”等弊端。由于政府权力三分，客观上必然产生决策权、执行权、监督权某种程度上的冲突，协调必不可少，因此，协调的成功与否，从某种意义上来说，等同于政府权力三分是否成功。而协调的非制度化、程序的非确定化、协调的随意性，将协调置于负责协调的政府首脑或相当级别的领导人手中，借助其影响力实现利益的再协调，虽能实现政府决策权、执行权、监督权的协调，但从实质上来说，是将分立的三种权力再度集中起来，从而弱化了政府权力三分制度设计的功能。因此，协调制度化、程序确定化、协调的非随意性，可有效避免已分立的政府权力再度集中，有助于实现政府权力三分的目的。

“建立统一的信息平台，加强信息沟通”选项，在加强政府决策权、执行权和监督权协调的可行性建议中，支持度位居第二，有70.2%的被调查者认为此建议能够实现三者的协调。这表明，信息沟通对政府决策权、执行权和监督权三者的协调意义重大。

在现代社会中，信息作为一种要素，日益发挥着较以往更为重要的作用。而“信息不对称”理论自提出以来，其应用领域在不断拓展，从最初的经济学，到现在的政治学、行政学，乃至法学领域，均发挥了重要作用。其核心强调在社会政治、经济等活动中，一些成员拥有其他成员无法拥有的信息，由此造成信息的不对称。在信息不对称的情况下能产生交易关系和契约安排的不公平或者市场效率降低问题。基于此，信息沟通、信息共享在协调政府决策权、执行权和监督权方面发挥着无可替代的作用。在政府决策权、执行权、监督权三分的状态下，各种权力运行均在相对密闭的环境下进行，而基于同属于政府权力以及同为实现政府权力运行的目标服务这一客观事实，三者必然会在某一点进行交汇，协调无可避免。从本质上来看，协调实质上是利益再分配的过程，是在对三者各自的利益充分了解的前提下，通过三者相互间的博弈，达到利益均衡的过程。因此，充分了解信息、相互沟通信息从此种意义上来说，是导致协调成功与否的决定性因素。从当前信息沟通的现状来看，呈现出横向沟通与共享机制缺乏，纵向沟通共享机制往往局限于高层级的特点。具体来说，由于当前权力配置以"事权"为中心，"部门利益"难以避免，各部门为实现自身利益最大化，通常会隐瞒对自身不利的信息，放大对自身有利的信息，因此在横向上，信息沟通与共享机制缺乏。而在纵向上，由于长期以来，强调地方对中央、对上级的服从，忽视地方合理、正当的利益，信息沟通与共享机制在纵向上常局限于高层级也存在沟通不畅的问题。基于此种情况，在政府决策、执行、监督权三分的权力结构下，建立统一的信息平台，加强信息沟通，使三者利益协调在充分了解信息的基础上进行，不仅有助于三者运行，更有助于协调的效果。

"加强对协调制度和协调结果执行情况的监督"选项，在加强政府决策权、执行权和监督权协调的可行性建议中，支持度位居第三，有63%的被调查者认为此建议可行。该结果表明，有相当程度的被调查者对协调制度和协调结果执行情况存有疑虑，认为应当对其加强监督。

虽然协调制度可使政府决策权、执行权和监督权三者在其制度框架中进行利益上的妥协，实现三者协调，但这是建立在协调制度本身能得以充分发挥作用的基础之上的，而协调结果的执行状况进一步表明了协调制度能否真正实现。虽然在协调制度的框架下，政府决策权、执行权和监督权三者利益协调通过协调结果表现于协调制度外部，但必须正视的是，协调本身意味着利益的再分配，对于三者而言，更具意义的不是分配了多少利益，而是能够实现多少利益。由于权力天然的扩张性与侵略性难以消除，就使得对协调制度与协调结果执行状况的监督对于协调本身而言意义重大。正如孟德斯鸠所言："一切有权力的人都容易滥用权力，这是万古不易的一条经验。有权力的人使用权力一直到遇有界限的地方才休止。”① 虽然从制度上可以对政府决策权、执行权和监督权进行协调，但如果不对协调制度及协调结果执行情况进行监督，协调的意义就会荡然无存。因此，从此种意义上来说，只有协调制度与协调结果得到切实执行，才能达到协调的目的，对协调制度和协调结果执行情况的监督实质上是确保协调制度不“走空”的制度保障。

“决策部门之间的协调，由所在政府负责”“决策、执行、监督之间的协调由综合性的议事协调机构负责”选项，在加强政府决策权、执行权和监督权协调的可行性建议中，支持度分别位于第四、第五位。从选项上分析，二者实质上可以归入一类，即协调主体。前者强调决策的协调由所在政府负责，后者则建议决策、执行、监督的协调由专门的综合性议事协调机构进行。对于前者，有56.7%的人认同，后者的数据则为46.9%。

各级政府以及政府各部门均有其自身的利益，这是不容否认的客观事实，因此，相较于执行、监督而言，决策本身的利益分配特质更为强烈，而决策部门之间的利益客观上也需要建立特定的协调制度来进行，此种协调制度虽可内化于决策权、执行权、监督权的协调制度中，但与三者间的协调毕竟不同，这不仅体现于其利益协调更加复杂上，更体现于涉及主体行政层级相对较高，影响面更广。因此，适用于三者的协调制度，特别是协调主体未必能适应决策部门之间的协调。基于此，将决策部门之间的协调，交由所在政府负责，是从决策的客观实际出发，能够切实满足决策协调的现实需要。相对于决策部门之间的协调，决策、执行、监督三者之间的协调涉及的利益要简单许多，在更多情况下并不需要由政府来专门进行协调，但为了实现三者协调的常态化，也应由专门机构进行。由于决策、执行、监督三者所涉事项的广泛性，此专门机构应为综合性的议事协调机构，由其负责协调，以实现协调主体的制度化。

三、基于中央与地方公务员的分类数据分析

由于中央与地方在政府决策权、执行权和监督权的协调方面所面临的实

① 孟德斯鸠．论法的精神：上册．张雁深，译．北京：商务印书馆，1987：154.

际情况有所不同，对于中央而言，其必须面对横向协调与纵向协调，而对于地方政府而言，其主要针对的是纵向协调，因此，我们选取中央及地方公务员为调查对象，试图找出加强政府决策权、执行权和监督权协调方面的可行性建议。统计结果见表 8-54。

表 8-54　地方与中央公务员对决策权、执行权和监督权协调路径的选择（多选）

选　项	统　计	地方政府	中央政府
[1] 决策部门之间的协调，由所在政府负责	选择计数	1 038	277
	百分比（%）	55.9	59.8
[2] 决策、执行、监督之间的协调由综合性的议事协调机构负责	选择计数	915	172
	百分比（%）	49.3	37.1
[3] 建立统一的信息平台，加强信息沟通	选择计数	1 310	319
	百分比（%）	70.6	68.9
[4] 建立规范化的协调制度，明确协调程序，避免协调的随意性	选择计数	1 322	336
	百分比（%）	71.2	72.6
[5] 加强对协调制度和协调结果执行情况的监督	选择计数	1 176	285
	百分比（%）	63.4	61.6
[6] 其他	选择计数	49	11
	百分比（%）	2.6	2.4
总计	参选人数	1 856	463
	百分比（%）	100.0	100.0

将表 8-54 的数据做成曲线图，可得图 8-10。

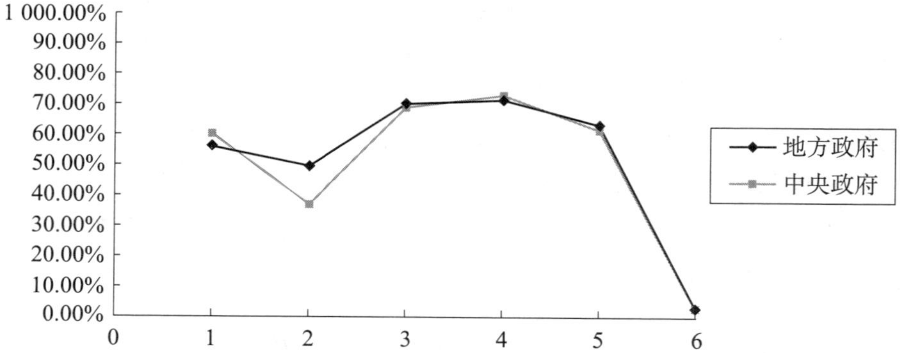

图 8-10　地方与中央公务员关于加强政府决策权、执行权和监督权协调的可行性建议

说明：横向坐标轴的 1 至 6 分别代表选项 1 到选项 6

从表 8-54 及图 8-10 中可以看出，地方及中央公务员在加强政府决策权、执行权和监督权协调的可行性建议的选择上，整体呈现趋同的态势，除选项［2］“决策、执行、监督之间的协调由综合性的议事协调机构负责”有较大不同以外，其余选项呈现出较高的一致性。最具可行性建议选项的选择排序依次是“建立规范化的协调制度，明确协调程序，避免协调的随意性”“建立统一的信息平台，加强信息沟通”“加强对协调制度和协调结果执行情况的监督”。地方及中央公务员对上述三个选项的选择百分比不仅较为接近，而且在所有选项中所占位次完全相同。

选项［4］“建立规范化的协调制度，明确协调程序，避免协调的随意性”，在地方及中央公务员中，被选择的人数在所有备选项中最多，数据分别为71.2%及72.6%，两者相差1.4个百分点。这表明，无论是地方还是中央，当前有关政府决策权、执行权及监督权的协调的随意性均是制约三者协调的主要因素。而中央比地方高出1.4个百分点的原因，可能在于中央在建立制度化的协调机制方面，需要平衡比地方更多的利益，面临的难度要比地方更大，制度化的协调机制更有利于实现相互间的利益协调。从此意义上而言，中央对此的需求也更高。

选项［3］“建立统一的信息平台，加强信息沟通”，在所有备选选项中位列第二，地方及中央公务员的数据分别为70.6%、68.9%，地方比中央高出1.7个百分点。这表明，地方对于建立统一的信息平台、加强信息沟通的需求要强于中央。其可能的原因在于：一方面中央本身掌握的信息资源要强于地方，地方政府决策权、执行权、监督权协调所获得的信息要少于中央，因而需求较中央高；另一方面中央基于其对地方纵向协调的需要，客观上需要将有利于实现自己决策权、执行权、监督权的信息掌握于自己手中，因而，其需求较地方低。

选项［5］“加强对协调制度和协调结果执行情况的监督”在所有备选选项中，位列第三，地方及中央公务员的数据分别为63.4%、61.6%，地方比中央高出1.8个百分点。这表明，地方对于加强对协调制度和协调结果执行情况的监督的需求要高于中央。其可能的原因在于，对于涉及中央的协调，由于中央决策、执行及监督在我国行政管理体制的特殊地位，其协调结果既可借助于中央对地方的权威，也可借助于对协调制度和协调结果执行情况的监督。而对于地方政府决策权、执行权和监督权的协调而言，由于缺乏类似于中央权力运行的权威，因此，通过对协调制度和协调结果执行情况的监督，以实现协调制度及协调结果就成为主要的选择。另外，对于中央与地方的纵向协调而言，确保地方通过协调机制得到的利益顺利实现，仅依赖于中央的非制度化的承诺，显然是不足的。因此，对协调制度和协调结果执行情况的监督的需求而言，地方的需求高于中央当属应有之义。

在诸选项中，差异较大的是选项［2］“决策、执行、监督之间的协调由综合性的议事协调机构负责”，该选项在所有备选选项中位居第五，地方及中央的数据分别为 49.3%、37.1%。虽然二者均未过被调查者的半数，但地方数据高出中央数据 12.2 个百分点，差异明显。从数据本身可以看到，地方对建立综合性议事协调机构以协调决策、执行、监督的需求明显高于中央。这一方面表明地方对于政府决策权、执行权、监督权的协调机构较中央而言有更为明确的指向，期望通过综合性的议事协调机构来发挥协调职能，另一方面也表明此种方案在中央层级的协调功能效果不佳，因而其可行性仍值得进一步商榷。数据产生如此大差异的可能性原因在于，中央政府在决策权、执行权、监督权的协调上，必须面对横向及纵向两种不同类型的协调。当前，在横向协调上，大多采取临时性跨部的议事协调机构来进行，但协调的效果不佳，并不能摆脱“利益部门化”的困境。虽然制度化的综合性议事协调机构协调效果肯定优于前述方案，但并不能抵销中央公务员对于既有的议事协调机构运转效果不佳的印象。在纵向协调上，当前虽然主要依靠中央对地方的权威来加以实现，但同样由于议事协调机构运转的效果不佳，在当前要求确认合理、合法地方利益的大背景下，以综合性议事协调机构来实现中央对地方的纵向协调，中央公务员明显信心不足。而相较于中央而言，地方政府决策权、执行权、监督权通常仅涉及纵向协调，虽然基于行政层级的不同，同样存在类似于央地关系一样的不同层级地方政府间的利益协调，但毕竟同央地关系的本质有所区别，加之当前综合性议事协调机构主要适用于横向协调，而纵向协调上较少采用，因此地方对此方案的认同度明显高于中央。

除以上选项以外，位于所有备选选项第四位的是选项［1］“决策部门之间的协调，由所在政府负责”，地方与中央的数据分别为 55.9%、59.8%，中央的数据高于地方 3.9 个百分点。这表明对于决策部门之间的协调，中央较地方而言更倾向于发挥政府的功能。其可能的原因在于，由于决策的特殊性，要求将利益在不同部门、不同地区间进行分配，所涉及利益要远较执行、监督更复杂，因此，只能由政府负责，才能发挥统筹兼顾的作用。而从中央政府的角度来看待问题，选择由所在政府负责，隐含地存在“服从中央政府”的传统惯性思维，这也是中央更倾向于由政府来负责决策部门的协调的可能性原因所在。

四、基于不同府级公务员的分类数据分析

由于我国的行政层级较多，各行政层级面临的政府决策权、执行权和监督权的协调客观上有所不同，因此，我们选取中央—省—地级市—县（县级市）的公务员为调查对象，从不同府级公务员的视角来考察政府决策权、执行权和监督权的协调问题，调查结果见表 8－55。

表 8－55　不同府级公务员对决策权、执行权和监督权协调路径的选择（多选）

选　项	统　计	国家部委	省级政府	市级政府	县级政府
[1] 决策部门之间的协调，由所在政府负责	选择计数	277	343	389	306
	百分比（%）	59.8	56.8	59.0	51.6
[2] 决策、执行、监督之间的协调由综合性的议事协调机构负责	选择计数	172	280	291	344
	百分比（%）	37.1	46.4	44.2	58.0
[3] 建立统一的信息平台，加强信息沟通	选择计数	319	397	468	445
	百分比（%）	68.9	65.7	71.0	75.0
[4] 建立规范化的协调制度，明确协调程序，避免协调的随意性	选择计数	336	451	469	402
	百分比（%）	72.6	74.7	71.2	67.8
[5] 加强对协调制度和协调结果执行情况的监督	选择计数	285	385	434	357
	百分比（%）	61.6	63.7	65.9	60.2
[6] 其他	选择计数	11	16	15	18
	百分比（%）	2.4	2.6	2.3	3.0
总计	参选人数	463	604	659	593
	百分比（%）	100.0	100.0	100.0	100.0

将表 8－55 的结果用曲线图加以表达，可得到图 8－11。

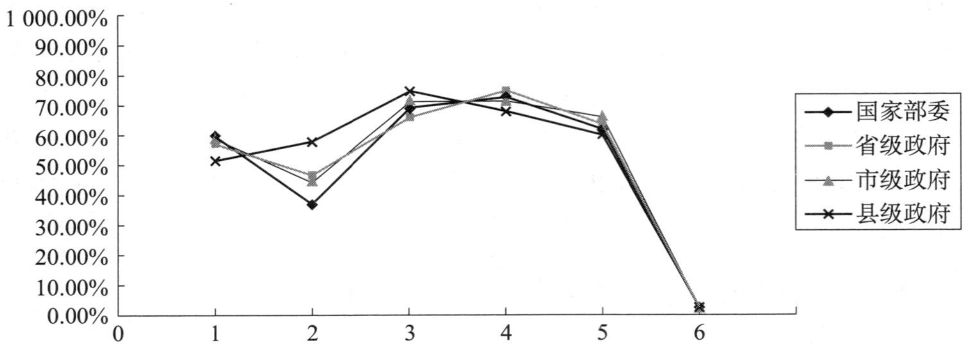

图 8－11 不同府级公务员关于加强政府决策权、执行权和监督权协调的可行性建议

说明：横向坐标轴的 1 至 6 分别代表选项 1 到选项 6

从表 8－55 及图 8－11 中可以看到，不同府级公务员在加强政府决策权、执行权和监督权协调的可行性建议备选选项中，选择的选项总体上呈现出大体一致的趋向，其中国家部委、省级政府及市级政府曲线趋同性较高，而县级政府偏离性较高。从各选项排列次序上来看，国家部委、省级政府、市级政府公务员选项支持度最高的选项保持一致，依次为“建立规范化的协调制度，明确协调程序，避免协调的随意性”“建立统一的信息平台，加强信息沟通”“加强对协调制度和协调结果执行情况的监督”。而县级政府公务员的选项排列次序（以支持度高低为序）依次为“建立统一的信息平台，加强信息沟通”“建立规范化的协调制度，明确协调程序，避免协调的随意性”“加强对协调制度和协调结果执行情况的监督”。而对于选项［2］“决策、执行、监督之间的协调由综合性的议事协调机构负责”，国家部委、省级政府、市级政府公务员虽然对此选项在备选选项位次中保持一致（位居第五，仅高于“其他”选项），但数据上呈现出较明显的不同，尤其是国家部委的数据明显较省、市级政府低。而县级政府公务员在选项［5］“加强对协调制度和协调结果执行情况的监督”在此选项居于备选选项位次的问题上，与其他层级政府公务员也并不相同（位居第四，高于选项［1］“决策部门之间的协调，由所在政府负责”及选项［6］“其他”）。

对于选项［4］“建立规范化的协调制度，明确协调程序，避免协调的随意性”，国家部委、省、市政府的总体判断保持一致。此选项在所有备选选项中位居第一，数据依次为72.6%、74.7%、71.2%，县级政府则将此选项列为第二，数据为67.8%。从此数据上看，最认同协调制度化的应为省级政府，然后依次为国家部委、市级政府、县级政府。其可能的原因在于，政府决策权、执行权、监督权的协调过程，实质是利益再分配的过程，而省级政府作为地方政府的典型代表，一方面需要面对央地利益的博弈，另一方面需要面对本行政区域内的不同层级政府利益的再分配，其更期望借助制度化的协调制度、明确的协调程序来稳定其与国家部委的利益博弈格局，以及借助此制度稳定本行政区域内利益分配格局。从利益博弈的角度来说，省级政府直接面对中央政府，其博弈手段虽然较市、县级政府多，但面临中央政府的压力也最大，而制度化的协调制度可将此压力降至最低。从另一个角度来说，制度化的协调制度可给予本行政区域内不同层级政府利益分配以相对稳定的预期，有利于本省范围内的政府决策、执行、监督的协调。

选项［3］“建立统一的信息平台，加强信息沟通”在所有备选选项中位列第二，国家部委、省、市级政府的数据依次为68.9%、65.7%、71.0%，而县级政府将此选项列为备选选项中的第一位因素，数据为75.0%。就县级政府而言，由于处于政府层级的末端，信息资源相对薄弱，这种信息不对称加剧了政府决策权、执行权及监督权协调问题的不确定性及难度，因此，“建立统一的信息平台，加强信息沟通”成为增强县级政府对于决策权、执行权及监督权三者协调能力的首要因素。而对于国家部委、省级政府及市级政府而言，数据呈现先高后低再高的趋势，省级政府数据表象上既低于国家部委，也低于市级政府。其可能的原因在于对于省级政府而言，一方面要面对中央权威，另一方面要面对更低层级政府的利益分配，信息沟通能否使中央正视地方正当合法利益，是否有损于自身利益分配的效果，省级政府对此均无确切把握，两者结合使得省级政府对于建立信息平台及加强信息沟通的动力弱于国家部委及市级政府。

对于选项［5］“加强对协调制度和协调结果执行情况的监督”，国家部委、省级政府、市级政府及县级政府总体判断保持一致，此选项在所有备选选项中位居第三。数据依次为61.6%、63.7%、65.9%及60.2%，整体呈现出先升后降的趋势。市级政府对此选项的认同度最高，县级政府则最低，两者相差5.7个百分点。其可能的原因在于，对于市级政府而言，由于本身处于政府决策、执行、监督协调的末端（不考虑县政府），本身的博弈能力有限，因此更为关注博弈的结果能否得以实现。而对于县级政府来说，按照正常的逻辑推理，应具有比市级政府更强的动力去关注对协调制度和协调结果执行情况的监督，因为这是确保在有限的协调中实现自身利益的途径，但数据并不支持此一推论，具体的原因仍需要进一步调研。

对于选项[2]“决策、执行、监督之间的协调由综合性的议事协调机构负责”，虽然国家部委、省级政府、市级政府的总体判断保持一致（位居第五，仅高于“其他”选项），但数据差异相对较大，依次为37.1%、46.4%、44.2%。县级政府对此选项的判断则有别于前三者（位居第四，高于选项[1]“决策部门之间的协调，由所在政府负责”及选项[6]“其他”），数据达到了58.0%，高于前三者中数据最高的省级政府11.6个百分点，而与数据最低的国家部委相比，数据相差则达到了20.9个百分点，差异显著。这表明，随着政府层级的降低，对通过综合性的议事协调机构来实现政府决策、执行、监督之间协调的需求度，依次升高。其可能的原因在于，对于较低层级的政府而言，当前的协调更多地依赖于临时性措施加以实现，并无固定的协调主体，这加剧了协调结果的不确定性。而对于数据居中的省级政府（高于国家部委、市级政府，低于县级政府）而言，其可能的原因在于：一方面在纵向协调时通过综合性议事协调机构可实现中央正视本省合法正当利益；另一方面通过综合性议事协调机构可实现本省内部决策、执行、协调的可预期性。国家部委的数据最低则表明，此类建议在国家部委的横向协调中，因无法摆脱“利益部门化”，使得综合性议事协调机构无法实现预期目的，由此连累到对纵向协调的协调效果的预期。

五、基于不同地区公务员的分类数据分析

由于我国幅员辽阔，地区发展不平衡，各地所面临的政府决策、执行、监督实际情况有所不同，这必然会影响到三者间的协调状况。为此，我们选取东、中、西部地区公务员为调查对象，所得数据见表8-56和图8-12。

表 8-56　不同地区公务员对决策权、执行权和监督权协调路径的选择（多选）

选　项	统　计	东部地区	中部地区	西部地区
［1］决策部门之间的协调，由所在政府负责	选择计数	153	219	666
	百分比（%）	54.4	59.8	55.1
［2］决策、执行、监督之间的协调由综合性的议事协调机构负责	选择计数	144	151	620
	百分比（%）	51.2	41.3	51.3
［3］建立统一的信息平台，加强信息沟通	选择计数	206	270	834
	百分比（%）	73.3	73.8	69.0
［4］建立规范化的协调制度，明确协调程序，避免协调的随意性	选择计数	196	282	844
	百分比（%）	69.8	77.0	69.8
［5］加强对协调制度和协调结果执行情况的监督	选择计数	185	247	744
	百分比（%）	65.8	67.5	61.5
［6］其他	选择计数	9	3	37
	百分比（%）	3.2	0.8	3.1
总计	参选人数	281	366	1 209
	百分比（%）	100.0	100.0	100.0

将表 8-56 的数据作成曲线图，可得图 8-12。

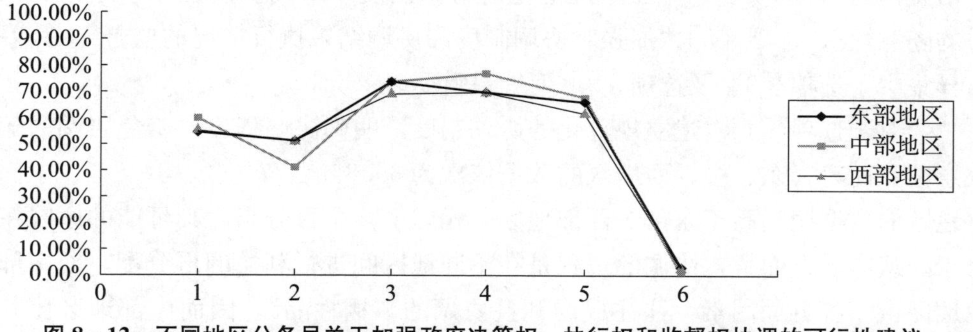

图 8-12　不同地区公务员关于加强政府决策权、执行权和监督权协调的可行性建议

说明：横向坐标轴的 1 至 6 分别代表选项 1 到选项 6

根据表 8-56 及图 8-12 的数据，可以看到，三个地区的数据在整体趋势上呈现出大体相同的表现，但在具体选项上又有各自不同的表现。以相似度来看，中部地区的数据与东、西部地区有较大差异。而东部、西部地区除在少数选项上有相对明显差异外，整体相似度较高。总体来说，中部、西部地区按选择数据高低排序，虽然数据有所差异，但位次排列上完全相同，依次为：选项［4］“建立规范化的协调制度，明确协调程序，避免协调的随意性”；选项［3］“建立统一的信息平台，加强信息沟通”；选项［5］“加强对协调制度和协调结果执行情况的监督”；选项［1］“决策部门之间的协调，由所在政府负责”；选项［2］“决策、执行、监督之间的协调由综合性的议事协调机构负责”；选项［6］“其他”。而东部地区按选择数据高低排序，依次为选项［3］“建立统一的信息平台，加强信息沟通”；选项［4］“建立规范化的协调制度，明确协调程序，避免协调的随意性”；选项［5］“加强对协调制度和协调结果执行情况的监督”；选项［1］“决策部门之间的协调，由所在政府负责”；选项［2］“决策、执行、监督之间的协调由综合性的议事协调机构负责”；选项［6］“其他”。三地在排列次序位于前三位的选择次序上有明显不同，但后三位选择次序上保持一致。

对于中部、西部地区而言，排列次序位于前三位的分别是选项［4］“建立规范化的协调制度，明确协调程序，避免协调的随意性”；选项［3］“建立统一的信息平台，加强信息沟通”；选项［5］“加强对协调制度和协调结果执行情况的监督”。东部地区则是选项［3］“建立统一的信息平台，加强信息沟通”；选项［4］“建立规范化的协调制度，明确协调程序，避免协调的随意性”；选项［5］“加强对协调制度和协调结果执行情况的监督”，其差异集中于选项［3］及选项［4］何者最重要。

对于选项［4］“建立规范化的协调制度，明确协调程序，避免协调的随意性”而言，东、中、西地区的数据依次为69.8％、77.0％、69.8％。中部地区的数据明显高于东部、西部地区，相差7.2个百分点。其可能的原因在于，从本质上而言，协调的过程是在不同地区间进行利益的再分配，而中部地区由于各方面因素，往往成为利益协调的“牺牲品”，因而中部地区比其他两个地区更期待协调的制度化，以在协调过程中实现自身的利益。对于选项［3］“建立统一的信息平台，加强信息沟通”而言，东、中、西地区数据依次为73.3％、73.8％、69.0％，中部地区仍然最高，西部地区最低，两者相差4.8个百分点。东部地区虽然数据居中，但在东部所有备选选项排列次序中，此数据位列第一，高于位于第二的选项3.5个百分点。这表明，对于东部地区而言，信息沟通的有无，很大程度上影响着协调制度的规范化，只有建立在统一信息平台基础上的协调制度，才有可能实现规范化，而信息的沟通也客观上影响着协调程序的作用效果。加之东部地区地处改革前列，对于决策、执行、监督三分已试行一定时期，积累了一定经验，协调制度的规范化、程序的明确性已成为其协调的基本共识，因此，相比于已达成共识的协调的制度化而言，东部地区更为关注信息沟通及信息平台的统一性。而西部地区，由于客观上长期受到国家政策的倾斜，因此信息沟通及信息平台虽然也较为重要，但对于其协调而言，信息不对称所造成的协调难度较协调的非制度化低。而且相对于中部地区，其在全国范围内的政府决策、执行、监督的协调中，由于受政策倾斜，因信息沟通不畅所导致的协调不利产生的可能性要弱于中部地区。从此意义上来说，中部地区由于既无政策倾斜照顾，又无协调制度相对规范化的前期积累，因此，对信息沟通及共享的关注度要较东、西部地区高。对于选项［5］“加强对协调制度和协调结果执行情况的监督”而言，东、中、西地区的数据分别为65.8％、67.5％、61.5％。数据呈现出先升后降的趋势。其可能的原因在于，由于西部地区享受国家政策倾斜，东部地区协调制度相对规范，客观上使得中部地区必须通过对协调制度和协调结果执行情况的监督，以实现其在协调过程中本地区利益的保障。

六、结论

综合起来说，政府决策权、执行权、监督权的协调对于政府权力三分体制的构建意义重大。从权力制约与协调的关系来看，只有权力相互协调，才能缓解因权力制约降低的权力功能，而对于政府权力三分体制而言，政府决策权、执行权、监督权同属于政府权力的客观事实，使得三者间的协调保证了政府权力运转的目标得以实现，从此意义上来讲，合理、高效、法治化的协调制度是确保协调效果的前提条件。从影响三者协调的因素来看，大体上可分为三类。

第一类是协调制度设计因素，涉及协调制度化、信息沟通及共享方面，包括第三、第四选项。从总体数据来看，上述两个选项一般位居所有备选选项的前两位。这表明，当前制约政府决策权、执行权、监督权协调的主要因素是协调的非制度化及信息的不对称。从逻辑上来说，信息的充分沟通与共享是协调制度化、规范化的前提条件，但从实践来看，实现完全的信息充分沟通与共享几乎不可能实现。由此，使得协调制度化、规范化成为三者协调的首要影响因素。而从数据上来看，省级政府作为衔接中央政府与基层政府的中间层级，一方面要代表地方与中央政府进行协调，通过制度化、规范化的协调可有效对抗中央权威；另一方面又要通过制度建构来协调本省内部的决策、执行与监督。因此，其对协调制度化、规范化的动力最强。而中部地区作为既不拥有政府体制改革先期经验积累，又不享受国家政策倾斜的地区，通过制度化、规范化的协调不仅能够实现政府体制改革的顺利推进，又能有效实现本地区利益，因此，相较于东部及西部地区，其对协调制度化、规范化的动力最强。

第二类是监督协调因素，涉及对协调制度和协调结果的执行监督方面，具体指第五选项。从总体数据来看，该选项一般位居所有备选选项的第三位。从逻辑上来分析，在信息的充分沟通与共享后，通过制度化、规范化的协调，实现政府决策权、执行权及监督权的协调，之后即是协调制度及协调结果的执行问题。从此意义上来看，监督协调实质是政府决策权、执行权及监督权协调体系的最后一环。从实践上来看，这一环节却是最具现实意义的环节，只有实现此一环节，协调制度才可真正实现。从理论上来看，在整个协调过程中，博弈能力越低，越关注协调制度及协调结果的执行，因而对加强协调制度和协调结果的执行监督方面支持度越高。此理论可从中部地区对此选项的数据高于东、西两地区得以验证。另外，数据虽然支持此理论在国家部委、省级政府、市级政府的变化趋势，却并不支持县级政府的选择。因此，仍有进一步研究的需要。

第三类是协调主体因素，涉及由谁来进行协调。具体指第一、第二选项。前者强调决策部门的协调，由所在政府负责，后者则强调对于政府决策权、执行权及监督权的协调，由综合的议事协调机构来进行。对于第一选项而言，由于其他选项集中于政府决策权、执行权、监督权的协调，而此选项单独将决策部门的协调列出，客观上可能使被调查者基于思维定式的原因，将其误读为“政府决策、执行、监督权的协调，由所在政府负责”，但由于我们将此选项置于第一选项，将前述误读降至最低。由于决策本身意味着利益博弈与分配，相较于执行、监督的协调的利益分配，决策过程的利益分配是“一次分配”，是协调过程“二次分配”的基础，因而更为重要，应由所在政府负责。此选项虽然能够适应决策部门协调的客观需要，但也不可避免导致协调主体的模糊化。因此，此选项从数据上来看，位于所有备选选项中的第四位（县级政府的数据位于所有备选选项的第五位）。而对于第二选项而言，从选项设计上来看，由专门的综合性议事协调机构来负责政府决策、执行、监督的协调，有助于实现协调主体的明确化，但由于此种措施在当前已广泛存在，而现实的效果未尽如人意，因此，使得此选项的正效应被忽视，负效应则被放大。从数据上来看，该选项位于所有备选选项的第五位（县级政府的数据位于所有备选选项的第四位），仅高于“其他”选项。这进一步表明，协调主体的明确化，并不能保证协调的制度化、规范化，更不能实现协调结果的现实化。

总体来说，要实现政府决策权、执行权、监督权的有效协调，首先要破除的是协调的随意性，通过建立起规范化、制度化的协调制度，最大限度地剥离协调中的依赖于政府首脑及相当级别的领导人的个人因素的影响，使协调在法治化的框架下进行；其次要建立协调所需要的信息共享平台，实现信息沟通的通畅，尽力避免信息不对称情况下导致的协调不公；最后要实现协调制度与协调结果执行的监督的常态化，通过适当的制度建构，监督协调制度与协调结果的执行，确保协调制度与协调结果不“走空”。在上述举措的基础上，科学合理地确定协调主体，区分决策协调主体以及政府决策权、执行权和监督权的协调主体的不同要求，使协调主体明确化，继而由其来实现前述的制度要求，真正实现政府决策权、执行权和监督权的有效协调，为实现政府权力三分提供有效保障。

第九章

政府权力结构和运行机制保障方式实证研究

第一节　行政体制改革中法律保障作用的数据分析

一、序言

法律是社会用以调整人们行为规则的重要方式，尤其是市场经济条件下，法律的作用越来越突显。我国自 1978 年改革开放以来，开始了轰轰烈烈的立法运动：从宪法的全面修订，到刑法、民法、行政法、刑事诉讼法、民事诉讼法、行政诉讼法等主要部门法的制定；从全国人大及其常委会的立法，到地方各级人大及政府立法及制定规范性文件的活动，中国现代主要法律制度框架及规则在短短四十多年里迅速搭建起来，一定程度上解决了无法可依的问题。

然而，具体到行政体制改革领域，法治的程度却远远满足不了社会发展的需求：一方面，作为行政体制改革基本法律框架的各类组织法非常不健全，无论是国务院组织法还是地方政府的组织法，都面临着过于粗糙、陈旧、简单和不能与市场经济条件下政府运作机制相适应的重大问题；另一方面，国务院推进各次机构改革主要依靠国务院的命令、决定，法律发挥的作用比较小，至今为止，国务院机构改革的主要依据仍然是“三定决定”。

（一）本题设计缘由

为了更精确地了解公务员对行政体制改革中法律手段的作用的认知，促进法律对改革的支持和理解，我们设计了本调查题目。

（二）调查问卷及基本说明

调查的具体问题如下：

对于法律手段在“建立健全决策权、执行权、监督权既相互制约又相互协调的权力结构和运行机制”中的作用，您怎么评价？（单选）

[1] 重要，政府的权力结构和运行机制需要建立在法律的基础上

[2] 一般，地位并不突出

[3] 不重要，按政策管理更灵活

[4] 无所谓，可有可无

[5] 其他（请填写）

这一问题针对法律手段在建立健全决策权、执行权、监督权既相互制约又相互协调的权力结构和运行机制中的作用，共分为四个不同的梯次：第一梯次是认为法律手段很重要，认可政府的权力结构和运行机制必须建立在法律基础上；第二梯次认为法律作用一般，地位并不突出；第三梯次是将法律与政策进行了比较，认为法律不重要，不如政策管理更灵活；第四梯次认为法律作用可有可无。

对这一问题进行调查后采集的基本信息情况见表9-1。

表9-1 对于法律手段在“建立健全决策权、执行权、监督权既相互制约又相互协调的权力结构和运行机制”中的作用，您怎么评价？（单选）

选　项	选择计数	百分比（%）
[1] 重要，政府的权力结构和运行机制需要建立在法律的基础上	1 558	77.4
[2] 一般，地位并不突出	374	18.6
[3] 不重要，按政策管理更灵活	46	2.3
[4] 无所谓，可有可无	28	1.4
[5] 其他（请填写）	8	0.4
总计	2 014	100.0

“其他”选项填写情况：从更大范围层次上说法律手段重要，但就政府本身而言会大大损害效率；赞成第一种观点，但法律的执行和作用的实现也必须以一定合理的权力结构（分工、监督、制约）为基础条件或前提；没有解决人治问题，权力分离如一纸空文；主要看法律的执行力；费用会太高。

二、总体分析

从调查的结果来看，77.4%的公务员认为法律手段在政府权力结构和运行机制中非常重要，占据绝对优势。这一结果表明我国政府公务员大部分能够认识到法律在行政体制改革中的作用，也认可法律作为调整社会关系的规则在权力关系与结构中的重要地位。另外，这一绝对优势的选项也体现了法律意识在公务员中的普及和提高。

仅次于认为法律作用重要的选项是认为法律作用一般、地位不突出的选项，比重占到18.6%。这一结果显示出还有为数不少的公务员认为法律发挥的作用不明显。而这部分公务员之所以认为法律的作用不明显，很大程度上是由他们对自己身边法律实际发挥的作用进行评价的结果，在一定程度上也反映出现实中需要进一步加强法律在实施层面的作用。

认为法律手段不重要、按政策管理更灵活的选项比重为2.3%。这是公务员中较少的比例，但也反映出少部分公务员对法律的作用评价较低，仍然沿用传统的政策管理的方式和思维。

认为法律手段无所谓、可有可无的选项比重更小，为1.4%。这是对法律作用评价最低层次的选项，完全否认法律手段在行政体制改革中的作用。

此外，在“其他”选项中也提及法律实施的重要性与法律制度本身的合理性、科学性问题，在一定程度上反映了公务员对法律手段还是抱有较大的期待。

三、基于不同地区的分类数据分析

由于地理环境、发展程度的差异，我们的抽样分别在东部沿海、中部、西部和东北地区四个区域进行，统计结果见表9-2。

表 9－2　对于法律手段在“建立健全决策权、执行权、监督权既相互制约又相互协调的权力结构和运行机制”中的作用，您怎么评价？（单选）

选　项	统　计	东部沿海	中部地区	西部地区	东北地区
［1］重要，政府的权力结构和运行机制需要建立在法律的基础上	选择计数	517	579	221	241
	百分比（%）	75.3	84.6	67.0	77.0
［2］一般，地位并不突出	选择计数	133	95	87	59
	百分比（%）	19.4	13.9	26.4	18.8
［3］不重要，按政策管理更灵活	选择计数	21	4	13	8
	百分比（%）	3.1	0.6	3.9	2.6
［4］无所谓，可有可无	选择计数	13	2	8	5
	百分比（%）	1.9	0.3	2.4	1.6
［5］其他（请填写）	选择计数	3	4	1	0
	百分比（%）	0.4	0.6	0.3	0.0
总计	参选人数	687	684	330	313
	百分比（%）	100.0	100.0	100.0	100.0

从表 9－2 对不同地域公务员的调查数据来看，西部地区对法律作用的整体评价最低。西部地区有 67%的受访公务员认为法律作用很重要、政府的权力结构和运行机制需要建立在法律基础上，低于东部沿海和东北地区的 70%以上的比例，更远低于中部地区 84.6%的高认同率。同时，西部地区认为法律地位一般的比例也占到了 26.4%，高于其他地区。这一结果可能与西部地区经济相对比较落后、社会转型进程较慢、传统社会痕迹较重等原因有关。

东部沿海和东北地区的调查数据表明：东部沿海与东北地区对法律作用的理解程度比较相似，对法律的认可程度普遍高于西部地区。如在东部沿海地区认为法律重要的选项选择率为 75.3%，东北地区为 77.0%，都比西部地区高出近 10 个百分点。造成这一差距的原因一方面是由经济的发达程度造成的：一般来说，商品经济越发达，法律的作用越明显。另一方面，这一差距也与开放的程度有关：开放越早、开放越深，传统政策调整和人治方式的负面作用越能为人们所认识，法律的作用越重要。

但是，从调查数据来看，对法律地位认同最高的既不是沿海地区，也不是东北地区，而是中部地区。中部地区有 84.6%的公务员认为法律作用很重要。中部地区的调查数据显示出中部地区公务员对法律作用的认可超过了被访的任何一个区域。这一结果说明了中部地区公务员的法律意识水平较高。

四、基于北京市和其他省份的分类数据分析

北京市作为首都和政治、文化中心，地位具有特殊性，因此，本课题组对北京市开展专项调查，并将北京市与其他省份数据进行对比（见表9－3）。

表9－3 对于法律手段在“建立健全决策权、执行权、监督权既相互制约又相互协调的权力结构和运行机制”中的作用，您怎么评价？（单选）

选项	统计	北京市专项调研	其他省份调研
[1] 重要，政府的权力结构和运行机制需要建立在法律的基础上	选择计数	1 126	1 558
	百分比（%）	72.9	77.4
[2] 一般，地位并不突出	选择计数	321	374
	百分比（%）	20.8	18.6
[3] 不重要，按政策管理更灵活	选择计数	53	46
	百分比（%）	3.4	2.3
[4] 无所谓，可有可无	选择计数	42	28
	百分比（%）	2.7	1.4
[5] 其他（请填写）	选择计数	2	8
	百分比（%）	0.1	0.4
总计	参选人数	1 544	2 014
	百分比（%）	100.0	100.0

从表9－3的数据可以看出，北京市专项调查对象的公务员对法律的认可程度低于其他省份：认为法律重要的比例比其他省份低将近5个百分点，而认为法律地位一般、作用不突出的又比其他省份高2.2个百分点；此外，认为法律不重要和认为法律可有可无的选项也都高于其他省份。这一结果虽然出人意料，但并非没有理由：一方面，北京作为首都，中央各个部门都在京办公，北京是全国的权力中心，北京地区公务员对权力高层的运行规则与博弈比其他地区公务员有更直接、全面的了解，这些因素在一定程度上会造成北京市公务员对权力作用的认可更高，对法律作用的认可较低。另一方面，从经济发展与改革开放带来的变化看，其他省份受到的冲击可能会大于北京市：北京作为首都，一直以来都是国家关注的对象，无论是否改革开放，北京都是发展的重点；但其他省份在改革开放之前获得国家制度支持相对较小，因此，改革开放对这些省份带来的冲击和影响可能更大，对法律作用的认知也就更强。

五、基于不同府级的分类数据分析

不同级别的政府公务员对法律作用的认知也不尽相同，具体数据见表 9-4。

表 9-4 对于法律手段在“建立健全决策权、执行权、监督权既相互制约又相互协调的权力结构和运行机制”中的作用，您怎么评价？（不同府级公务员）（单选）

选 项	统 计	省级政府	地市级政府	县级政府
[1] 重要，政府的权力结构和运行机制需要建立在法律的基础上	选择计数	403	696	459
	百分比（%）	78.3	75.9	78.9
[2] 一般，地位并不突出	选择计数	88	180	106
	百分比（%）	17.1	19.6	18.2
[3] 不重要，按政策管理更灵活	选择计数	13	21	12
	百分比（%）	2.5	2.3	2.1
[4] 无所谓，可有可无	选择计数	7	17	4
	百分比（%）	1.4	1.9	0.7
[5] 其他（请填写）	选择计数	4	3	1
	百分比（%）	0.8	0.3	0.2
总计	参选人数	515	917	582
	百分比（%）	100.0	100.0	100.0

从表 9-4 的数据来看，省级政府与县级政府对法律作用的认知程度基本相同，地市级政府对法律作用的认可度较低：在认为法律作用重要的选项中，地市级政府比省级和县级政府低了 3 个百分点左右，但在认为法律作用一般的选项中，地市级政府又比省级和县级政府高了 2 个百分点左右；此外，认为法律不重要、无所谓的选项，地市级政府也较高。

六、基于不同性别的分类数据分析

不同性别公务员对法律作用的认知数据见表 9-5。

表 9-5 对于法律手段在“建立健全决策权、执行权、监督权既相互制约又相互协调的权力结构和运行机制”中的作用，您怎么评价？（单选）

选 项	统 计	男性	女性
[1] 重要，政府的权力结构和运行机制需要建立在法律的基础上	选择计数	994	516
	百分比（%）	77.1	78.7
[2] 一般，地位并不突出	选择计数	242	114
	百分比（%）	18.8	17.4

续前表

选　项	统　计	男性	女性
[3] 不重要，按政策管理更灵活	选择计数	31	13
	百分比（%）	2.4	2.0
[4] 无所谓，可有可无	选择计数	15	13
	百分比（%）	1.2	2.0
[5] 其他（请填写）	选择计数	7	0
	百分比（%）	0.5	0.0
总计	参选人数	1 289	656
	百分比（%）	100.0	100.0

从表 9-5 的数据来看，男性和女性公务员对待法律作用的认知不存在明显差别，数据非常接近：如认为法律非常重要的男性与女性公务员比例相差仅为 1%左右，认为法律作用一般的男性与女性公务员比例相差也不超过 2%。

七、基于不同年龄的分类数据分析

不同年龄公务员对法律作用的认知数据见表 9-6。

表 9-6　对于法律手段在“建立健全决策权、执行权、监督权既相互制约又相互协调的权力结构和运行机制”中的作用，您怎么评价？（单选）

选　项	统　计	30 周岁以下	31～40 周岁	41～50 周岁	51～60 周岁	61 周岁以上
[1] 重要，政府的权力结构和运行机制需要建立在法律的基础上	选择计数	396	618	367	128	2
	百分比（%）	81.1	79.3	74.3	67.4	100.0
[2] 一般，地位并不突出	选择计数	75	134	103	51	0
	百分比（%）	15.4	17.2	20.9	26.8	0.0
[3] 不重要，按政策管理更灵活	选择计数	8	11	20	6	0
	百分比（%）	1.6	1.4	4.0	3.2	0.0
[4] 无所谓，可有可无	选择计数	7	12	2	5	0
	百分比（%）	1.4	1.5	0.4	2.6	0.0
[5] 其他（请填写）	选择计数	2	4	2	0	0
	百分比（%）	0.4	0.5	0.4	0.0	0.0
总计	参选人数	488	779	494	190	2
	百分比（%）	100.0	100.0	100.0	100.0	100.0

从表 9－6 统计的数据来看，除了 61 周岁的调查数据以外（61 周岁以上只有两名被访人，数据不足以说明问题），其他年龄段的数据都呈现出随着年龄增长反而对法律作用认可程度下降的趋势。认为法律作用重要的选项，30 周岁以下、31～40 周岁、41～50 周岁与 51～60 周岁段的选择百分比分别为：81.1%、79.3%、74.3%、67.4%；而认为法律作用一般的选项又呈现随年龄段上升的趋势。这样的特征反映出在实践中，年龄越大，公务员对社会现实的认识与权力规则的了解越深、越实际；另外，30 周岁以下的年龄段公务员对法律作用持乐观态度也部分因为刚从校门进入社会，对现实的复杂程度认识不够全面。

八、基于不同学历的分类数据分析

不同学历公务员对法律作用的认知数据见表 9－7。

表 9－7　对于法律手段在“建立健全决策权、执行权、监督权既相互制约又相互协调的权力结构和运行机制”中的作用，您怎么评价？（单选）

选　项	统　计	高中及以下	大专	本科	硕士研究生	博士研究生
[1] 重要，政府的权力结构和运行机制需要建立在法律的基础上	选择计数	56	262	929	215	17
	百分比（%）	75.7	72.8	79.5	77.1	54.8
[2] 一般，地位并不突出	选择计数	14	83	196	50	13
	百分比（%）	18.9	23.1	16.8	17.9	41.9
[3] 不重要，按政策管理更灵活	选择计数	3	7	28	5	1
	百分比（%）	4.1	1.9	2.4	1.8	3.2
[4] 无所谓，可有可无	选择计数	1	8	10	7	0
	百分比（%）	1.4	2.2	0.9	2.5	0.0
[5] 其他（请填写）	选择计数	0	0	6	2	0
	百分比（%）	0.0	0.0	0.5	0.7	0.0
总计	参选人数	74	360	1 169	279	31
	百分比（%）	100.0	100.0	100.0	100.0	100.0

从表 9－7 的数据可以看出：第一，对法律作用的认可程度以本科学历公务员为制高点，向两边下降，比本科学历越高与越低的公务员都越不认可

法律的作用。博士研究生公务员认为法律作用很重要的仅占到了 54.8%，硕士研究生公务员认为法律很重要的占到了 77.1%，大专生公务员认为法律作用很重要的占到 72.8%，高中及以下学历公务员认为法律很重要的占到 75.7%，都低于本科生公务员 79.5%的认同率。尤其让人吃惊的是博士研究生公务员的认同率非常低，远低于全国平均水平。从理论上来看似乎是矛盾的：博士研究生公务员理应知识最丰富、最能认可法律的作用。当然，造成这一统计结果的原因可能是博士研究生公务员受访者本身数量就少，所以统计出来的结果的准确性与代表性不如本科生学历公务员。第二，这一数据实际上也从侧面反映出我国公务员队伍的受教育程度构成：本科生公务员是公务员队伍中的最大部分，博士研究生公务员占的比例较小。

九、基于不同工龄的分类数据分析

不同工龄公务员对法律作用的认知数据见表 9-8。

表 9-8　对于法律手段在“建立健全决策权、执行权、监督权既相互制约又相互协调的权力结构和运行机制”中的作用，您怎么评价？（单选）

选　项	统　计	10 年以下	11～20 年	21～30 年	30 年以上
[1] 重要，政府的权力结构和运行机制需要建立在法律的基础上	选择计数	838	365	180	52
	百分比（%）	81.5	76.5	72.6	69.3
[2] 一般，地位并不突出	选择计数	160	89	59	19
	百分比（%）	15.6	18.7	23.8	25.3
[3] 不重要，按政策管理更灵活	选择计数	14	16	7	3
	百分比（%）	1.4	3.4	2.8	4.0
[4] 无所谓，可有可无	选择计数	11	5	1	1
	百分比（%）	1.1	1.0	0.4	1.3
[5] 其他（请填写）	选择计数	5	2	1	0
	百分比（%）	0.5	0.4	0.4	0.0
总计	参选人数	1 028	477	248	75
	百分比（%）	100.0	100.0	100.0	100.0

根据表 9-8 统计的数据显示，不同工龄公务员对法律作用的认可程度呈现随着年龄增长而逐渐降低的趋势。认为法律作用很重要的比例从 10 年以下到 11～20 年、21～30 年、30 年以上分别为：81.5%、76.5%、

72.6%、69.3%，20年以上工龄的公务员的选择百分比几乎每10年分别下降几个百分点；认为法律地位一般的选项比例则每10年上升几个百分点。这一趋势与之前统计过的年龄趋势非常相近：公务员工作时间越久、年龄越大，对社会的认知越全面、实际，更能看到法律规则在实践中实施的困难和阻力。

十、基于不同职务类型的分类数据分析

根据是否担任领导职务，我们对不同职务类型的公务员也做了比较分析数据，见表9-9。

表9-9　对于法律手段在“建立健全决策权、执行权、监督权既相互制约又相互协调的权力结构和运行机制”中的作用，您怎么评价？(单选)

选　项	统　计	领导职务	非领导职务
[1] 重要，政府的权力结构和运行机制需要建立在法律的基础上	选择计数	420	653
	百分比（%）	79.5	81.9
[2] 一般，地位并不突出	选择计数	89	118
	百分比（%）	16.9	14.8
[3] 不重要，按政策管理更灵活	选择计数	12	15
	百分比（%）	2.3	1.9
[4] 无所谓，可有可无	选择计数	5	7
	百分比（%）	0.9	0.9
[5] 其他（请填写）	选择计数	2	4
	百分比（%）	0.4	0.5
总计	参选人数	528	797
	百分比（%）	100.0	100.0

从表9-9统计的数据来看，领导职务公务员比非领导职务公务员更不认同法律的作用：认为法律非常重要的选项中，领导职务公务员占到79.5%，非领导职务公务员占81.9%；认为法律地位一般的选项中，领导职务公务员占到16.9%，非领导职务公务员占14.8%；而在认为法律手段不重要、按政策管理更灵活的选项中，领导职务公务员的数据也高于非领导职务公务员。这一数据可能由以下原因造成：第一，在现实中，领导职务公务员对权力规则有切身的、更深刻的感受，离权力中心较近，更能体会到权

力与法律在较量中的分量；第二，在一定程度上，领导职务公务员本身的行为缺乏法律约束，因此其自身对法律作用的感受及认同不如非领导职务公务员。

十一、结论

从公务员调查问卷的统计数据中，我们可以基本得出以下几个调查结论。

第一，整体来说，地方公务员都比较认同法律的作用。绝大多数的受访者都认为法律的作用非常重要，支持通过法律手段保障决策、执行、监督行政三分权的改革。体制改革的基本目标之一是能够用较少的资源消耗取得同样多的效果或用同样的资源消耗取得较大效果。而正如张文显所言，体制的效率取决于多种因素，其中法制化是一个基本因素。① 这一点已经成为大多数地方公务员的共识。

第二，不同群体和地域对法律作用认同存在差别，这反映了由于所处地域和个人情况的不同，法律的适用和法律作用的发挥有所不同。为了了解不同群体对法律作用认同的差别，我们专门针对不同府级、不同性别、不同年龄阶段、不同学历、不同工龄阶段、不同职务类型、不同区域的数据进行比较，并对北京市做了专项调研。从这样的角度来看，不同群体对法律作用的认可程度存在差异性，其中，区域、年龄、学历、工龄这四项的差异性最为明显，其他的因素差异并不明显。换言之，不同区域公务员对法律作用的认可程度差别很大，不同年龄与工龄的公务员对法律作用的态度有明显差异，不同学历公务员对法律作用的评价也有较大差别。这些调查结果与法律在不同区域适用情况不同存在关联，也与年龄、阅历与知识对个人的判断产生的影响有关联。

第三，尽管不同地域的公务员群体对法律作用的判断存在差别，但差别的比例并不大，整体意见比较一致，他们都基本认可法律在决策、执行、监督行政三分权改革中的作用。

---

① 张文显，杨春堂．法制在政治体制改革中的作用．政治学研究，1988（4）．

第二节　行政管理纠纷中法律解决途径的数据分析

一、序言

行政管理活动中会产生各种类型的纠纷。根据我国现行的纠纷解决机制，解决纠纷的方式基本上包括法律途径、行政途径、上访途径、和解途径等。其中法律途径在解决行政管理中的纠纷和问题方面效果一直不很理想。在社会调整剧烈的转型时期，大量的纠纷走向上访、信访途径。而信访案件中绝大部分属于《行政诉讼法》受案范围。这可以看出行政管理纠纷中法律解决途径的建设仍有待加强。

（一）本题设计的缘由

我国自 1989 年制定《行政诉讼法》以来，致力于通过法律手段解决行政争议，取得了很大成绩，但仍不是很满意，究竟公务员怎么看待这个问题，希望通过调查问卷来了解分析这个状况。

（二）调查问卷及基本说明

本题设计如下：

当前，在解决行政管理中的纠纷和问题方面，法律途径的效果不是很理想。您认为出现这种情况的原因是（多选）。

[1] 行政法治建设不充分，行政管理缺乏法律依据

[2] 行政法治观念淡薄，缺乏适用法律的意识

[3] 相比之下法律手段处理问题不如其他的方法便利

[4] 对相关的法律手段缺乏了解

[5] 法律途径的成本高

[6] 其他（请填写）

这一问题针对法律途径效果不理想的原因，从法治建设本身、法治观念法律意识、法律手段的便利性及成本等角度给出了五个基本选项，并预留了“其他”选项作为主观意见的补充。

对这一问题进行调查后采集的基本信息情况见表 9－10。

表 9-10 行政管理中用法律途径解决纠纷的效果不理想的原因（多选）

选　项	选择计数	百分比（%）
[1] 行政法治建设不充分，行政管理缺乏法律依据	1 304	64.9
[2] 行政法治观念淡薄，缺乏适用法律的意识	1 366	68.0
[3] 相比之下法律手段处理问题不如其他的方法便利	901	44.9
[4] 对相关的法律手段缺乏了解	755	37.6
[5] 法律途径的成本高	676	33.7
[6] 其他（请填写）	28	1.4
总计	2 008	100.0

“其他”选项的填写情况：（1）最根本的原因是有法不依，权大于法，丧失信仰和党性；（2）这类纠纷与行政机关个体关系不大；（3）法律的公平性损害了部门或个人的利益；（4）法律途径的时效性欠缺，等法律裁决后，已时过境迁；（5）实践中，习惯用人治方式解决问题，法律的规定过于空泛，不便使用；（6）纠纷通过法律途径没有得到很好解决，造成公民对法律的不信任；（7）各个法均由各业务主管部门草拟，法律打架现象严重；（8）法律往往效力不足；（9）法律程序烦琐，没有时效性；（10）司法程序太复杂，成本太高；（11）司法、行政虽然独立，但依存度仍较大；（12）有的问题还上升不到法律层面解决；（13）在某些情况下，仍存在“权大于法”的情况。

二、总体分析

从调查的结果来看，“行政法治观念淡薄，缺乏适用法律的意识”一项选择比例最高，68%的受访者都将这一项作为法律途径解决纠纷效果不理想的原因；“行政法治建设不充分，行政管理缺乏法律依据”的选项比例也非常高，有 64.9%的受访者选择了这一选项。这两个选项的选择比例都超过了半数，是公务员认为我国法律救济途径不理想的主要原因。

“相比之下法律手段处理问题不如其他的方法便利”这一选项的比例为 44.9%，是受访的公务员认为法律途径解决纠纷效果不理想的第三位原因。“对相关的法律手段缺乏了解”的选项比例达到 37.6%；“法律途径的成本高”的选项比例达到 33.7%。在“其他”主观选项中，主要包括现实中存在的立法科学性欠缺部门利益绑架、权大于法、司法途径效率低、司法不独立等问题。

三、基于不同地区的分类数据分析

由于地理环境、发展程度的差异，我们的抽样分别在东部沿海、中部、西部和东北地区四个区域进行，统计结果见表 9－11。

表 9－11　行政管理中用法律途径解决纠纷的效果不理想的原因（多选）

选　项	统　计	东部沿海	中部地区	西部地区	东北地区
[1] 行政法治建设不充分，行政管理缺乏法律依据	选择计数	432	423	231	218
	百分比（%）	63.3	61.8	70.2	69.9
[2] 行政法治观念淡薄，缺乏适用法律的意识	选择计数	444	477	245	200
	百分比（%）	65.1	69.6	74.5	64.1
[3] 相比之下法律手段处理问题不如其他的方法便利	选择计数	319	293	161	128
	百分比（%）	46.8	42.8	48.9	41.0
[4] 对相关的法律手段缺乏了解	选择计数	232	285	140	98
	百分比（%）	34.0	41.6	42.6	31.4
[5] 法律途径的成本高	选择计数	206	272	119	79
	百分比（%）	30.2	39.7	36.2	25.3
[6] 其他（请填写）	选择计数	5	11	8	4
	百分比（%）	0.7	1.6	2.4	1.3
总计	参选人数	682	685	329	312
	百分比（%）	100.0	100.0	100.0	100.0

从表 9－11 对不同地域公务员的调查数据来看，西部和东北地区的公务员认为法律途径效果不理想的原因主要集中在"行政法治建设不充分，行政管理缺乏法律依据"和"行政法治观念淡薄，缺乏适用法律的意识"上，其中 70.2%的西部地区公务员、69.9%的东北部地区公务员选择了"行政法治建设不充分，行政管理缺乏法律依据"，而选择"行政法治观念淡薄，缺乏适用法律的意识"的西部地区公务员高达 74.5%。中部地区公务员选择"行政法治建设不充分，行政管理缺乏法律依据"选项的比例是 61.8%，选择"行政法治观念淡薄，缺乏适用法律的意识"的比例高达 69.6%。相比之下，东部沿海地区对这两个选项的选择比重较小：选择"行政法治建设不

充分，行政管理缺乏法律依据”选项的东部沿海地区公务员比重是63.3%，选择“行政法治观念淡薄，缺乏适用法律的意识”的东部沿海地区公务员比重是65.1%。造成这一结果差异可能是由于东部沿海地区改革开放较深入、经济较发达，行政法治建设的基础更好一些，因此行政法治观念更强。

在“相比之下法律手段处理问题不如其他的方法便利”的选项中，地区之间差异性不大：东部沿海地区的比重是46.8%，中部地区的比重是42.8%，西部地区的比重是48.9%，东北地区的比重是41.0%。相比之下，西部地区的比重最大。这一结果反映出在西部地区法律手段的不便性成为阻碍法律途径有效性的重要原因之一。

在“对相关的法律手段缺乏了解”的选项中，中部地区和西部地区明显高于东部沿海地区和东北地区：中部地区的比重是41.6%，西部地区的比重是42.6%，东部沿海地区的比重是34.0%，东北地区的比重是31.4%。造成这一结果的原因很可能与开放程度和经济发展程度有关。一般来说，经济越发达的地方，法律的知晓程度越高。而东部沿海地区的比较更低，可能是对法律的热情有关，在多个选项中，东部地区的比例都低。进一步的原因需要通过别的途径去分析。

在“法律途径的成本高”的选项中，中部地区的比重最高，为39.7%；西部地区其次，比重为36.2%；东部沿海地区和东北地区的比重较低，分别为30.2%和25.3%。

四、基于北京市和其他省份的分类数据分析

北京市作为首都和政治、文化中心，地位具有特殊性，因此，本课题组对北京市开展专项调查，并将北京市与其他省份数据进行对比（见表9-12）。

表9-12　行政管理中用法律途径解决纠纷的效果不理想的原因（多选）

选　项	统　计	北京专项调研	其他省份调研
[1] 行政法治建设不充分，行政管理缺乏法律依据	选择计数	966	1 304
	百分比（%）	63.4	64.9
[2] 行政法治观念淡薄，缺乏适用法律的意识	选择计数	879	1 366
	百分比（%）	57.7	68.0
[3] 相比之下法律手段处理问题不如其他的方法便利	选择计数	622	901
	百分比（%）	40.8	44.9

续前表

选　项	统　计	北京专项调研	其他省份调研
[4] 对相关的法律手段缺乏了解	选择计数	559	755
	百分比（%）	36.7	37.6
[5] 法律途径的成本高	选择计数	401	676
	百分比（%）	26.3	33.7
[6] 其他（请填写）	选择计数	14	28
	百分比（%）	0.9	1.4
总计	参选人数	1 523	2 008
	百分比（%）	100.0	100.0

从表 9－12 的统计数据来看，北京市与全国其他省份调研数据相比，在“行政法治建设不充分，行政管理缺乏法律依据”和“对相关的法律手段缺乏了解”这两个选项的结果上基本一致。差异最大的选项是“行政法治观念淡薄，缺乏适用法律的意识”：北京公务员选择这一选项的比重是 57.7%，其他省份则高达 68.0%，相差 10.3 个百分点。造成这一结果的主要原因可能是北京地区行政法治观念淡薄的现象没有其他省份那么突出。差异次大的选项是“法律途径的成本高”：北京公务员选择这一选项的比重是 26.3%，其他省份则为 33.7%，相差 7.4 个百分点。造成这一结果的原因可能是北京的司法救济途径相对较畅通，成本较低。在“相比之下法律手段处理问题不如其他的方法便利”的选项中，北京地区与其他省份的数据分别为 40.8% 与 44.9%，相差 4.4 个百分点。这一结果也和前面的分析类似，北京法律救济制度相对完善，法律手段不便利的缺点不如其他省份明显。

五、基于不同府级的分类数据分析

不同级别的政府公务员对法律作用不明显原因的认知也不尽相同，具体数据见表 9－13。

表 9－13　　行政管理中用法律途径解决纠纷的效果不理想的原因（多选）

选　项	统　计	省级政府	地市级政府	县级政府
[1] 行政法治建设不充分，行政管理缺乏法律依据	选择计数	322	603	379
	百分比（%）	63.0	65.8	65.2
[2] 行政法治观念淡薄，缺乏适用法律的意识	选择计数	338	619	409
	百分比（%）	66.1	67.6	70.4

续前表

选　项	统　计	省级政府	地市级政府	县级政府
[3] 相比之下法律手段处理问题不如其他的方法便利	选择计数	237	413	251
	百分比（%）	46.4	45.1	43.2
[4] 对相关的法律手段缺乏了解	选择计数	188	332	235
	百分比（%）	36.8	36.2	40.4
[5] 法律途径的成本高	选择计数	189	309	178
	百分比（%）	37.0	33.7	30.6
[6] 其他（请填写）	选择计数	12	11	5
	百分比（%）	2.3	1.2	0.9
总计	参选人数	511	916	581
	百分比（%）	100.0	100.0	100.0

从表 9－13 的数据可以看出，在“行政法治建设不充分，行政管理缺乏法律依据”的选项中，省级政府最低，比重为 63.0%，地市级和县级政府基本一致，分别为 65.8%和 65.2%。这一结果说明省级政府的行政法治建设水平要高于基层。

在“行政法治观念淡薄，缺乏适用法律的意识”的选项中，选择比重呈现了从省级向地市级、县级逐级递增的趋势，分别为 66.1%、67.6%和 70.4%。这一结果也说明政府层级越高，行政法治观念相对要高一些。

在“相比之下法律手段处理问题不如其他的方法便利”的选项中，选择比重则呈现了从省级向地市级、县级逐级递减的趋势，分别为 46.4%、45.1%和 43.2%。当然，结果之间的差异非常小。

在“对相关的法律手段缺乏了解”的选项中，省级政府与地市级政府的比重基本一致，县级政府相对较高，为 40.4%。这也反映了在基层仍然更缺乏对相关法律及救济手段的了解。

在“法律途径的成本高”的选项中，选择比重呈现了从省级向地市级、县级逐级递减的趋势，分别为 37.0%、33.7%和 30.6%。

六、基于不同性别的分类数据分析

不同性别公务员对法律作用不明显原因的认知数据见表 9－14。

表 9-14　行政管理中用法律途径解决纠纷的效果不理想的原因（多选）

选　项	统　计	男性	女性
[1] 行政法治建设不充分，行政管理缺乏法律依据	选择计数	820	440
	百分比（%）	63.8	67.1
[2] 行政法治观念淡薄，缺乏适用法律的意识	选择计数	877	446
	百分比（%）	68.2	68.0
[3] 相比之下法律手段处理问题不如其他的方法便利	选择计数	599	264
	百分比（%）	46.6	40.2
[4] 对相关的法律手段缺乏了解	选择计数	470	255
	百分比（%）	36.6	38.9
[5] 法律途径的成本高	选择计数	436	222
	百分比（%）	33.9	33.8
[6] 其他（请填写）	选择计数	17	11
	百分比（%）	1.3	1.7
总计	参选人数	1 285	656
	百分比（%）	100.0	100.0

从表 9-14 的数据来看，男性公务员和女性公务员对待法律途径作用不明显的原因认知不存在明显差别，数据比较接近。只有在“行政法治建设不充分，行政管理缺乏法律依据”选项、“相比之下法律手段处理问题不如其他的方法便利”选项上存在 4 个百分点左右的差别，其他的选项基本一致。

七、基于不同年龄的分类数据分析

不同年龄公务员对法律作用不明显原因的认知数据见表 9-15。

表 9-15　行政管理中用法律途径解决纠纷的效果不理想的原因（多选）

选　项	统　计	30 周岁以下	31～40 周岁	41～50 周岁	51～60 周岁	61 周岁以上
[1] 行政法治建设不充分，行政管理缺乏法律依据	选择计数	339	482	304	135	2
	百分比（%）	69.5	62.2	62.2	69.6	100.0
[2] 行政法治观念淡薄，缺乏适用法律的意识	选择计数	334	530	327	141	2
	百分比（%）	68.4	68.4	66.9	72.7	100.0

续前表

选　项	统　计	30 周岁以下	31～40 周岁	41～50 周岁	51～60 周岁	61 周岁以上
[3] 相比之下法律手段处理问题不如其他的方法便利	选择计数	211	374	205	81	0
	百分比（%）	43.2	48.3	41.9	41.8	0.0
[4] 对相关的法律手段缺乏了解	选择计数	202	292	172	64	1
	百分比（%）	41.4	37.7	35.2	33.0	50.0
[5] 法律途径的成本高	选择计数	168	295	144	55	0
	百分比（%）	34.4	38.1	29.4	28.4	0.0
[6] 其他（请填写）	选择计数	6	13	7	2	0
	百分比（%）	1.2	1.7	1.4	1.0	0.0
总计	参选人数	488	775	489	194	2
	百分比（%）	100.0	100.0	100.0	100.0	100.0

在表 9－15 的数据中，61 周岁以上只有两名被访人，数据不足以说明问题，因此重点分析 60 周岁以下群体的调查结果。整体来说，不同年龄层次对选项结果的选择差别不大。在“行政法治建设不充分，行政管理缺乏法律依据”的选项中，30 周岁以下和 51～60 周岁的人的选择比重基本一致，31～40周岁与 41～50 周岁的人的选择比重一致。在“行政法治观念淡薄，缺乏适用法律的意识”选项中，出现了一些跳跃的现象，总体差别不大。在“相比之下法律手段处理问题不如其他的方法便利”选项中，31～40 周岁的群体选择比重最高，其他年龄群体的选择比重基本一致。在“对相关的法律手段缺乏了解”选项中，除了 61 周岁以上的被访者外，其他年龄阶段的被访者出现了随着年龄增加选择率不断递减的规律。在“法律途径的成本高”的选项中，选择比重最高的是 31～40 周岁的受访者。总体来说，年龄差异对选项选择率的影响不大。

八、基于不同学历的分类数据分析

不同学历公务员对法律作用不明显原因的认知数据见表 9－16。

表 9-16　　行政管理中用法律途径解决纠纷的效果不理想的原因（多选）

选　项	统　计	高中及以下	大专	本科	硕士研究生	博士研究生
[1] 行政法治建设不充分，行政管理缺乏法律依据	选择计数	48	229	765	183	14
	百分比（%）	63.2	64.1	65.6	65.8	45.2
[2] 行政法治观念淡薄，缺乏适用法律的意识	选择计数	57	234	792	195	26
	百分比（%）	75.0	65.5	67.9	70.1	83.9
[3] 相比之下法律手段处理问题不如其他的方法便利	选择计数	26	142	530	141	16
	百分比（%）	34.2	39.8	45.5	50.7	51.6
[4] 对相关的法律手段缺乏了解	选择计数	31	125	451	103	10
	百分比（%）	40.8	35.0	38.7	37.1	32.3
[5] 法律途径的成本高	选择计数	8	101	413	113	15
	百分比（%）	10.5	28.3	35.4	40.6	48.4
[6] 其他（请填写）	选择计数	0	5	16	6	1
	百分比（%）	0.0	1.4	1.4	2.2	3.2
总计	参选人数	76	357	1 166	278	31
	百分比（%）	100.0	100.0	100.0	100.0	100.0

从表 9-16 统计的数据来看，公务员学历越高，对“相比之下法律手段处理问题不如其他的方法便利”“法律途径的成本高”的选项也越认可。在行政法治观念淡薄选项中，博士研究生公务员的认可程度最高，其次是高中及以下公务员，其他学历层次公务员的认可程度基本一致。在“对相关的法律手段缺乏了解”的选项中，呈现了随着学历升高而选择百分比总体递减的规律，这说明学历高低与对法律手段的了解程度是直接关联的。至于大专学历公务员的选择低于本科学历公务员的，原因不得而知，可能与这些公务员对法律比较熟悉或者直接运用较多有关。

九、基于不同工龄的分类数据分析

不同工龄公务员对法律作用不明显原因的认知数据见表 9-17。

表 9 - 17　　行政管理中用法律途径解决纠纷的效果不理想的原因（多选）

选　项	统　计	10 年以下	11～20 年	21～30 年	30 年以上
[1] 行政法治建设不充分，行政管理缺乏法律依据	选择计数	670	301	163	52
	百分比（%）	65.4	63.4	66.0%	67.5
[2] 行政法治观念淡薄，缺乏适用法律的意识	选择计数	702	318	175	53
	百分比（%）	68.5	66.9	70.9	68.8
[3] 相比之下法律手段处理问题不如其他的方法便利	选择计数	467	230	102	23
	百分比（%）	45.6	48.4	41.3	29.9
[4] 对相关的法律手段缺乏了解	选择计数	391	186	94	25
	百分比（%）	38.1	39.2	38.1	32.5
[5] 法律途径的成本高	选择计数	366	169	70	20
	百分比（%）	35.7	35.6	28.3	26.0
[6] 其他（请填写）	选择计数	16	7	2	1
	百分比（%）	1.6	1.5	0.8	1.3
总计	参选人数	1 025	475	247	77
	百分比（%）	100.0	100.0	100.0	100.0

根据表 9 - 17 的数据，针对前两个选项，即“行政法治建设不充分，行政管理缺乏法律依据”“行政法治观念淡薄，缺乏适用法律的意识”，不同工龄公务员对这两项的认可程度是基本一致的。在“相比之下法律手段处理问题不如其他的方法便利”的选项中，30 年以上工龄的公务员认可程度较低，11～20 年工龄的公务员认可程度最高。在对“法律途径的成本高”的认识上，工龄越长认可程度越低。在“对相关的法律手段缺乏了解”的选项上各工龄段公务员则没有太大差别，相较而言 30 年以上工龄的公务员认可程度最低。

十、基于不同职务类型的分类数据分析

根据是否担任领导职务，我们对不同职务类型的公务员也做了比较分析数据，见表 9 - 18。

表 9-18 行政管理中用法律途径解决纠纷的效果不理想的原因（多选）

选 项	统 计	领导职务	非领导职务
[1] 行政法治建设不充分，行政管理缺乏法律依据	选择计数	348	488
	百分比（%）	65.9	61.5
[2] 行政法治观念淡薄，缺乏适用法律的意识	选择计数	355	545
	百分比（%）	67.2	68.7
[3] 相比之下法律手段处理问题不如其他的方法便利	选择计数	230	361
	百分比（%）	43.6	45.5
[4] 对相关的法律手段缺乏了解	选择计数	189	328
	百分比（%）	35.8	41.4
[5] 法律途径的成本高	选择计数	190	268
	百分比（%）	36.0	33.8
[6] 其他（请填写）	选择计数	6	16
	百分比（%）	1.1	2.0
总计	参选人数	528	793
	百分比（%）	100.0	100.0

从表 9-18 的统计数据来看，是否担任领导职务对选项结果的影响总体来说不大，二者的选项比重基本一致。相差相对大一些的两个选项：一个是“行政法治建设不充分，行政管理缺乏法律依据”，领导职务公务员比非领导职务公务员群体的认可程度高出 4.4 个百分点，这可能是因为领导职务公务员对行政法治建设的整体情况更加了解；另一个是“对相关的法律手段缺乏了解”选项，领导职务公务员比非领导职务公务员的认可程度低了将近 6 个百分点，其中的原因很可能是领导对相关的法律手段的了解程度更高，不认为这是构成法律途径不理想的重要原因。

十一、结论

从以上公务员调查问卷的统计数据中，我们可以基本得出以下几个调查结论。

第一，整体来说，受访公务员基本认可我国当前法治建设不充分与法治观念淡薄是造成法律途径不理想的主要原因。公务员认同度最高的选项是“行政法治观念淡薄，缺乏适用法律的意识”，其次是“行政法治建设不充分，行政管理缺乏法律依据”。

第二，就受访群体的自变量而言，对调查结果有较大影响的变量分别是地区、府级、年龄、工龄、学历；其他的自变量包括性别、领导职务与非领导职务，这些都对调查结果没有太大影响。北京地区专项调研与其他省份数据对比差别不大。

第三，尽管不同地域和群体对法律作用不明显原因的认可程度存在差别，但差别比例并不大，整体意见比较一致。

第三节　地方公务员对行政体制改革立法意愿的数据分析

一、序言

通过法律手段保障行政体制改革的进行已经成为地方公务员的共识。但由于立法资源的有限性和立法成本的昂贵，我们必须针对目前的实际情况摸清楚最急需的立法领域，使得法律的制定能够解决实践中存在的问题。

（一）本题设计缘由

完善的行政体制需要法律保障，但实践中法律缺口很大，为了掌握实践需求，我所设计了这一问题。

（二）调查问卷及基本说明

本题设计如下：

为“建立健全决策权、执行权、监督权既相互制约又相互协调的权力结构和运行机制”，您认为目前以下哪些方面的立法最需要加强？（限选三项）

[1] 政府组织机构的法律制度（包括组织机构和人员编制）

[2] 涉及决策权的法律制度

[3] 涉及执行权的法律制度

[4] 涉及监督权的法律制度

[5] 涉及政府权力制约机制的法律

[6] 涉及政府权力协调机制的法律

[7] 其他（请填写）

这一问题针对建立行政三分权的体制进行立法，给出了包括组织机制、决策、执行、监督、权力制约、权力协调六个方面的立法选项，并预留了“其他”选项作为主观意见、补充。对这一问题进行调查后采集的基本信息情况见表 9-19。

表 9-19　为“建立健全决策权、执行权、监督权既相互制约又相互协调的权力结构和运行机制”，您认为目前以下哪些方面的立法最需要加强？（限选三项）

选　项	选择计数	百分比（%）
[1] 政府组织机构的法律制度（包括组织机构和人员编制）	1 055	52.9
[2] 涉及决策权的法律制度	1 220	61.2
[3] 涉及执行权的法律制度	1 001	50.2
[4] 涉及监督权的法律制度	1 198	60.1
[5] 涉及政府权力制约机制的法律	824	41.3
[6] 涉及政府权力协调机制的法律	444	22.3
[7] 其他（请填写）	14	0.7
总计	1 993	100.0

二、总体分析

从调查结果来看，公务员认为最需加强立法的三项内容分别是涉及决策权的法律制度、涉及监督权的法律制度和政府组织机构的法律制度，其中认可程度最高的是决策权制度。除了这三项之外，涉及执行权的法律制度的认可程度也比较高，比第三位“政府组织机构法律制度”仅低 2.7 个百分点。公务员认为相对次要的立法内容分别是涉及政府权力制约机制的法律与涉及政府权力协调机制的法律，尤其是权力协调机制的法律，认可程度仅有 22.3%。在“其他”主观选项中，主要包括了加强立法者素质的要求以及涉及选举制度、责任追究制度的法律。

三、基于不同地区的分类数据分析

由于地理环境、发展程度的差异，我们的抽样分别在东部沿海、中部、西部和东北地区四个区域进行，统计结果见表 9-20。

表 9-20　为“建立健全决策权、执行权、监督权既相互制约又相互协调的权力结构和运行机制”，您认为目前以下哪些方面的立法最需要加强？（限选三项）

选　项	统　计	东部沿海	中部地区	西部地区	东北地区
[1] 政府组织机构的法律制度（包括组织机构和人员编制）	选择计数	369	341	184	161
	百分比（%）	54.5	49.9	56.1	52.8
[2] 涉及决策权的法律制度	选择计数	402	412	218	188
	百分比（%）	59.4	60.3	66.5	61.6
[3] 涉及执行权的法律制度	选择计数	370	317	145	169
	百分比（%）	54.7	46.4	44.2	55.4
[4] 涉及监督权的法律制度	选择计数	394	425	205	174
	百分比（%）	58.2	62.2	62.5	57.0
[5] 涉及政府权力制约机制的法律	选择计数	256	323	138	107
	百分比（%）	37.8	47.3	42.1	35.1
[6] 涉及政府权力协调机制的法律	选择计数	141	181	62	60
	百分比（%）	20.8	26.5	18.9	19.7
[7] 其他（请填写）	选择计数	7	3	0	4
	百分比（%）	1.0	0.4	0.0	1.3
总计	参选人数	677	683	328	305
	百分比（%）	100.0	100.0	100.0	100.0

从表 9-20 的数据来看，不同地域公务员对立法意愿的选择呈现以下特点：第一，在对政府组织机构的法律制度（包括组织机构和人员编制）的立法选择上，西部地区最高，然后是东部沿海地区、东北地区，最后是中部地区，不过四个区域的选择差别不是非常大。第二，在对涉及决策权的法律制度的立法选择上，西部地区明显高于其他地区，选择意愿最低的是东部沿海地区。这一数据说明东部沿海地区在改革开放过程中受到决策优惠较大，对目前的决策体制改革的意愿不是最强烈，而西部地区相对而言在改革开放过程中受到的决策优惠并不明显，因此，对决策体制改革和加强立法的愿望最强烈。第三，在涉及执行权的法律制度选择上，意愿最强烈的是东北地区和东部沿海地区，中部地区和西部地区意愿相对较弱。第四，涉及监督权的法律制度的选择则与执行权相反，意愿最强烈的变成中部地区和西部地区，东北地区和东部沿海地区则意愿相对较弱。这两个相反的结果从一定程度上说明了中部地区和西部地区行政权力的监督问题更为突出，而东部沿海地区和

东北地区在政策执行方面遇到的问题更多。第五，在涉及政府权力制约机制的法律立法选择上，中部地区的立法意愿最强烈，其次是西部地区，最后是东部沿海和东北地区。第六，在涉及政府权力协调机制的法律立法选择上，中部地区立法意愿最强烈，其他地区的立法意愿程度基本类似。

四、基于北京市和其他省份分类数据分析

北京市作为首都和政治、文化中心，地位具有特殊性，因此，本课题组对北京开展专项调查，并将北京市与其他省份数据进行对比（见表 9－21）。

表 9－21　为“建立健全决策权、执行权、监督权既相互制约又相互协调的权力结构和运行机制”，您认为目前以下哪些方面的立法最需要加强？（限选三项）

选　项	统　计	北京专项调研	其他省份调研
[1] 政府组织机构的法律制度（包括组织机构和人员编制）	选择计数	774	1 055
	百分比（%）	50.6	52.9
[2] 涉及决策权的法律制度	选择计数	914	1 220
	百分比（%）	59.7	61.2
[3] 涉及执行权的法律制度	选择计数	803	1 001
	百分比（%）	52.5	50.2
[4] 涉及监督权的法律制度	选择计数	867	1 198
	百分比（%）	56.7	60.1
[5] 涉及政府权力制约机制的法律	选择计数	589	824
	百分比（%）	38.5	41.3
[6] 涉及政府权力协调机制的法律	选择计数	357	444
	百分比（%）	23.3	22.3
[7] 其他（请填写）	选择计数	9	14
	百分比（%）	0.6	0.7
总计	参选人数	1 530	1 993
	百分比（%）	100.0	100.0

从表 9－21 的数据来看，北京公务员的立法意愿与全国调研数据并无太大差别，政府组织机构的法律制度、涉及决策权的法律制度、涉及执行权的法律制度、涉及政府权力协调机制的法律制度这几项的立法愿意程度基本一致，相差 2%左右。相对而言，相差较大的是涉及监督权的法律制度，北京公务员的立法意愿比全国数据低了近 4 个百分点，同时在涉及政府权力制约

机制的法律的立法意愿中，北京的数据也比全国的低近3个百分点。造成这一结果的原因很可能是北京是首都，各项制度相对比较规范，在监督权方面与政府权力制约方面的问题不明显，使得公务员对这些问题的认可程度低于全国平均认可程度。

五、基于不同府级的分类数据分析

不同级别的政府公务员的立法意愿也不尽相同，具体数据见表9-22。

表9-22　为“建立健全决策权、执行权、监督权既相互制约又相互协调的权力结构和运行机制”，您认为目前以下哪些方面的立法最需要加强？（限选三项）

选　项	统　计	省级政府	地市级政府	县级政府
[1] 政府组织机构的法律制度（包括组织机构和人员编制）	选择计数	257	473	325
	百分比（%）	50.2	52.1	56.7
[2] 涉及决策权的法律制度	选择计数	327	560	333
	百分比（%）	63.9	61.7	58.1
[3] 涉及执行权的法律制度	选择计数	252	441	308
	百分比（%）	49.2	48.6	53.8
[4] 涉及监督权的法律制度	选择计数	325	536	337
	百分比（%）	63.5	59.0	58.8
[5] 涉及政府权力制约机制的法律	选择计数	218	379	227
	百分比（%）	42.6	41.7	39.6
[6] 涉及政府权力协调机制的法律	选择计数	111	219	114
	百分比（%）	21.7	24.1	19.9
[7] 其他（请填写）	选择计数	9	4	1
	百分比（%）	1.8	0.4	0.2
总计	参选人数	512	908	573
	百分比（%）	100.0	100.0	100.0

从表9-22的数据来看，不同府级公务员的立法意愿具有以下特点：第一，在对政府组织机构的法律制度（包括组织机构和人员编制）的立法选择上，呈现出随着政府级别降低而不断递增的趋势。换言之，县级政府具有最强烈的立法意愿，地市级政府次之，省级政府最弱。造成这一结果很大程度上是由于我国大部分具体行政工作和公共服务都在县级，很多服务都以县级为统筹单位，但县级政府工作人员编制又非常少，因此，县级对组织机制的

立法意愿最强烈。第二，在涉及决策权的法律制度的立法选择上，呈现出随着政府级别降低而不断递减的趋势。换言之，省级政府具有最强烈的立法意愿，地市级政府次之，县级政府最弱。这也与我国行政系统内决策权往往集中在上级政府，下级政府主要是执行的角色定位有关系，决策权与省级政府关系更密切，他们更有理由关注有关决策的法律制度。第三，在涉及执行权的法律制度选择上，三级政府的意愿程度基本一致，相较之下县级政府最强烈，省级政府与地市级政府相似。第四，在涉及监督权的法律制度的立法意愿上，又出现了随着政府级别降低而不断递减的趋势，即省级政府具有最强烈的立法意愿，地市级政府次之，县级政府最弱。这一结果也与政府的角色定位有关系，层次越高的政府越关注对下级政府的监督。第五，在涉及政府权力制约机制和政府权力协调机制的立法选择上，三级政府的立法意愿程度基本类似。

六、基于不同性别的分类数据分析

不同性别公务员的立法意愿数据见表 9-23。

表 9-23　为“建立健全决策权、执行权、监督权既相互制约又相互协调的权力结构和运行机制”，您认为目前以下哪些方面的立法最需要加强？（限选三项）

选　项	统　计	男性	女性
[1] 政府组织机构的法律制度（包括组织机构和人员编制）	选择计数	677	343
	百分比（%）	53.2	52.4
[2] 涉及决策权的法律制度	选择计数	777	400
	百分比（%）	61.0	61.2
[3] 涉及执行权的法律制度	选择计数	636	321
	百分比（%）	50.0	49.1
[4] 涉及监督权的法律制度	选择计数	773	382
	百分比（%）	60.7	58.4
[5] 涉及政府权力制约机制的法律	选择计数	525	281
	百分比（%）	41.2	43.0
[6] 涉及政府权力协调机制的法律	选择计数	292	144
	百分比（%）	22.9	22.0
[7] 其他（请填写）	选择计数	11	3
	百分比（%）	0.9	0.5
总计	参选人数	1 273	654
	百分比（%）	100.0	100.0

从表 9 - 23 的数据来看，不同性别公务员对立法意愿的选择几乎没有差别，相对有较大差别的选项分别是涉及监督权的法律制度和涉及政府权力制约机制的法律制度。在涉及监督权的法律制度立法意愿上，男性比女性高 2.3 个百分点；在涉及政府权力制约机制的法律的立法意愿上，女性则比男性高近 2 个百分点。在其他的立法意愿选项中，男性和女性的差别基本不到 1%，可以忽略不计。

七、基于不同年龄的分类数据分析

不同年龄段公务员的立法意愿数据见表 9 - 24。

表 9 - 24　为“建立健全决策权、执行权、监督权既相互制约又相互协调的权力结构和运行机制”，您认为目前以下哪些方面的立法最需要加强？（限选三项）

选　项	统　计	30 周岁以下	31～40 周岁	41～50 周岁	51～60 周岁	61 周岁以上
[1] 政府组织机构的法律制度（包括组织机构和人员编制）	选择计数	266	375	267	112	1
	百分比（%）	55.4	48.7	54.7	58.0	50.0
[2] 涉及决策权的法律制度	选择计数	280	473	313	117	1
	百分比（%）	58.3	61.4	64.1	60.6	50.0
[3] 涉及执行权的法律制度	选择计数	238	387	241	95	2
	百分比（%）	49.6	50.3	49.4	49.2	100.0
[4] 涉及监督权的法律制度	选择计数	282	471	286	118	2
	百分比（%）	58.8	61.2	58.6	61.1	100.0
[5] 涉及政府权力制约机制的法律	选择计数	199	336	195	78	0
	百分比（%）	41.5	43.6	40.0	40.4	0.0
[6] 涉及政府权力协调机制的法律	选择计数	127	180	88	40	0
	百分比（%）	26.5	23.4	18.0	20.7	0.0
[7] 其他（请填写）	选择计数	7	3	2	1	0
	百分比（%）	1.5	0.4	0.4	0.5	0.0
总计	参选人数	480	770	488	193	2
	百分比（%）	100.0	100.0	100.0	100.0	100.0

从表 9 - 24 的数据来看，不同年龄段公务员的立法意愿有以下特点：第一，在对政府组织机构的法律制度（包括组织机构和人员编制）的立法选择上，51～60 周岁的群体意愿最强烈，其次是 30 周岁以下和 41～50 周岁的公

务员，意愿最弱的是31～40周岁的公务员。61周岁以上只有两人，统计结果不能说明普遍问题。第二，在涉及决策权的法律制度的立法选择上，50周岁以下公务员呈现出随着年龄的递增而立法意愿递增的现象，但51～60周岁年龄段又下降到31～40周岁年龄段的立法意愿程度。第三，在涉及执行权、监督权和政府权力制约机制的法律制度选择上，不同年龄段的立法意愿程度基本一致。第四，在涉及政府权力协调机制的法律立法选择上，50周岁以下公务员呈现出随着年龄的递增而立法意愿递减的现象，即30周岁以下的群体立法意愿最强烈。但51～60周岁群体的立法意愿又上升，超过了41～50周岁群体。

八、基于不同学历的分类数据分析

不同学历公务员的立法意愿数据见表9－25。

表9－25　为“建立健全决策权、执行权、监督权既相互制约又相互协调的权力结构和运行机制”，您认为目前以下哪些方面的立法最需要加强？（限选三项）

选　项	统　计	高中及以下	大专	本科	硕士研究生	博士研究生
[1] 政府组织机构的法律制度（包括组织机构和人员编制）	选择计数	42	189	633	125	15
	百分比（%）	57.5	52.8	54.7	45.3	48.4
[2] 涉及决策权的法律制度	选择计数	42	205	717	175	18
	百分比（%）	57.5	57.3	62.0	63.4	58.1
[3] 涉及执行权的法律制度	选择计数	42	187	574	126	16
	百分比（%）	57.5	52.2	49.6	45.7	51.6
[4] 涉及监督权的法律制度	选择计数	42	208	693	172	21
	百分比（%）	57.5	58.1	59.9	62.3	67.7
[5] 涉及政府权力制约机制的法律	选择计数	24	151	461	145	12
	百分比（%）	32.9	42.2	39.8	52.5	38.7
[6] 涉及政府权力协调机制的法律	选择计数	14	85	244	74	7
	百分比（%）	19.2	23.7	21.1	26.8	22.6
[7] 其他（请填写）	选择计数	0	1	3	9	0
	百分比（%）	0.0	0.3	0.3	3.3	0.0
总计	参选人数	73	358	1 157	276	31
	百分比（%）	100.0	100.0	100.0	100.0	100.0

从表 9－25 的数据来看，学历变量对选择结果的影响还是比较大的。具体来说：第一，在对政府组织机构法律制度（包括组织机构和人员编制）的立法选择上，本科以下学历公务员立法意愿较强烈，硕士研究生以上学历公务员立法意愿较弱，其中意愿最强烈的是高中及以下，比例达到 57.5%，最弱的是硕士研究生，比例为 45.3%。第二，在涉及决策权的法律制度的立法选择上，本科和硕士研究生群体意愿相对较强烈。第三，在涉及执行权的法律制度选择上，在硕士学历以下的学历群体中呈现了随着学历增加而立法意愿递减的现象，即高中及以下意愿最强，大专、本科次之，最弱是硕士。到了博士学历公务员的立法意愿又增强了，达到了介于大专与本科之间的水平。第四，在涉及监督权的法律制度的立法意愿上，则又出现了随着学历增加而立法意愿不断递增的趋势，即博士学历的群体意愿最强烈，硕士、本科次之，然后是大专，最弱的是高中及以下。第五，在涉及政府权力制约机制和政府权力协调机制的立法意愿选择上呈现了同样的规律，意愿最强烈的是硕士，其次是大专，再次是本科和博士，最弱的是高中及以下。

九、基于不同工龄的分类数据分析

不同工龄公务员的立法意愿数据见表 9－26。

表 9－26　为“建立健全决策权、执行权、监督权既相互制约又相互协调的权力结构和运行机制”，您认为目前以下哪些方面的立法最需要加强？（限选三项）

选　项	统　计	10 年以下	11～20 年	21～30 年	30 年以上
[1] 政府组织机构的法律制度（包括组织机构和人员编制）	选择计数	528	251	139	52
	百分比（%）	52.2	52.8	56.3	66.7
[2] 涉及决策权的法律制度	选择计数	627	275	159	43
	百分比（%）	62.0	57.9	64.4	55.1
[3] 涉及执行权的法律制度	选择计数	491	227	133	38
	百分比（%）	48.6	47.8	53.8	48.7
[4] 涉及监督权的法律制度	选择计数	615	279	149	47
	百分比（%）	60.8	58.7	60.3	60.3
[5] 涉及政府权力制约机制的法律	选择计数	420	216	91	32
	百分比（%）	41.5	45.5	36.8	41.0

续前表

选　项	统　计	10年以下	11～20年	21～30年	30年以上
[6] 涉及政府权力协调机制的法律	选择计数	237	107	44	17
	百分比（%）	23.4	22.5	17.8	21.8
[7] 其他（请填写）	选择计数	2	4	1	0
	百分比（%）	0.2	0.8	0.4	0.0
总计	参选人数	1 011	475	247	78
	百分比（%）	100.0	100.0	100.0	100.0

从表9-26的数据来看，第一，在对政府组织机构的法律制度（包括组织机构和人员编制）的立法选择上，呈现了随着工龄增加而立法意愿递增的现象。第二，在涉及决策权的法律制度的立法选择上，21～30年工龄群体意愿最强烈，10年以下工龄群体次之，11～20年以及30年以上工龄群体最弱。第三，在涉及执行权的法律制度选择上，只有21～30年工龄群体意愿相对最强，其他工龄段群体意愿基本一致。第四，在涉及监督权的法律制度的立法意愿上，各个工龄段群体意愿基本一致，相对只有11～20年工龄群体意愿较弱。第五，在涉及政府权力制约机制的立法意愿选择上，意愿最强烈的是11～20年工龄群体，其次是10年以下和30年以上工龄群体，意愿最弱的是21～30年工龄群体。第六，在政府权力协调机制的立法意愿选择上，在30年以下工龄群体中呈现了随着工龄增加而立法意愿递减的现象，但30年以上工龄群体的立法意愿又上升到了与11～20年工龄群体相当的水平。

十、基于不同职务类型的分类分析

根据是否担任领导职务，我们对不同职务类型的公务员也做了比较分析数据，见表9-27。

表9-27　为“建立健全决策权、执行权、监督权既相互制约又相互协调的权力结构和运行机制”，您认为目前以下哪些方面的立法最需要加强？（限选三项）

选　项	统　计	领导职务	非领导职务
[1] 政府组织机构的法律制度（包括组织机构和人员编制）	选择计数	287	411
	百分比（%）	54.7	52.2

续前表

选　项	统　计	领导职务	非领导职务
［2］涉及决策权的法律制度	选择计数	349	453
	百分比（%）	66.5	57.6
［3］涉及执行权的法律制度	选择计数	249	385
	百分比（%）	47.4	48.9
［4］涉及监督权的法律制度	选择计数	324	479
	百分比（%）	61.7	60.9
［5］涉及政府权力制约机制的法律	选择计数	215	363
	百分比（%）	41.0	46.1
［6］涉及政府权力协调机制的法律	选择计数	108	203
	百分比（%）	20.6	25.8
［7］其他（请填写）	选择计数	2	7
	百分比（%）	0.4	0.9
总计	参选人数	525	787
	百分比（%）	100.0	100.0

从表 9－27 的数据来看，是否担任领导职务这一变量对选择结果的影响还是比较明显的，尤其在以下几项：第一，在涉及决策权的法律制度的立法意愿上，领导职务公务员比非领导职务公务员的意愿强出近 10 个百分点。这一明显差异的结果可能与领导职务公务员本身就是决策主体，对决策有更深刻的感受有关。第二，在政府权力制约、协调机制的立法意愿选择上，领导职务与非领导职务公务员的选择结果差别也比较明显，非领导职务公务员对这两项的立法意愿比领导职务公务员高出 5 个多百分点。除了上述三项以外，其他三项，即在政府组织机构、执行权、监督权的立法意愿上，领导职务与非领导职务公务员的选择结果基本一致。

十一、结论

从以上公务员调查问卷的统计数据中，我们基本可以得出以下几个调查结论。

第一，整体来说，公务员认为最需加强立法的三项内容分别是涉及决策权的法律制度、涉及监督权的法律制度和政府组织机构的法律制度。对这三项法律制度的需求已经得到不同年龄、工龄、地域、府级等公务员群体的普遍认可。

第二，就受访群体的自变量而言，对调查结果有较大影响的变量分别是地域、工龄、学历、领导职务与非领导职务；对调查结果有一定影响、但影响不明显的变量为府级。北京地区的专项调研与其他省份的数据对比差别不大。

第三，在立法意愿上，不同群体的选择比重差别整体比较大。与对法律的作用的认可程度和法律途径效果不理想的原因的理解不同，在立法意愿的选择上呈现了差异较大的选择结果。造成这一结果可能与每个群体面临的问题、所处的环境与自我的认识水平的差异性有关。

附　录

研究报告[①]

党的十七大报告明确提出，要“着力转变职能、理顺关系、优化结构、提高效能，形成权责一致、分工合理、决策科学、执行顺畅、监督有力的行政管理体制”，“建立健全决策权、执行权、监督权既相互制约又相互协调的权力结构和运行机制”。十八大报告中也再次强调要“深化行政体制改革”，“稳步推进大部门制改革，健全部门职责体系”。为全面把握我国政府权力结构和运行机制的现状，深入分析其中存在的问题，并提出立足我国国情的改革对策和立法建议，课题组（即“法治视野下的政府权力结构和运行机制研究——决策权、执行权、监督权的制约与协调”课题组）自立项以来，建立了一套作为分析工具的指标体系，并分别于 2008 年、2009 年和 2010 年在国务院部门和地方政府及部门进行了三次大规模的调查研究工作。

2008 年 7 月至 10 月，课题组在国家发展和改革委员会、人力资源和社会保障部、审计署、国务院法制办公室、中国银行业监督管理委员会等多个国务院机构进行问卷调查。调研人群涉及部门领导、中层干部和普通公务员。

2009 年 4 月至 9 月，课题组派出 11 个调研小组分赴东部、中部、西部和东北部 11 个省（直辖市）对省、市、县（区）、乡（街道）四级政府进行了抽样调查。本次调查分为普遍调查和专项调查两个部分，普遍调查涉及

---

① 本报告中对于政府权力结构及其运行现状的分析和建议均建立在 2008—2010 年调研的基础上，在此后 10 年中我国的政府体制又经历了两轮改革，总体上，政府的权力结构和运行机制有了很大改进，一些问题得到了解决，但部分问题至今依然存在。

10个省、直辖市，其中东部包括浙江、广东（主要是深圳市）、海南，中部包括湖南、山西、天津，西部包括云南、重庆，东北部包括吉林、黑龙江。专项调查是指专门针对首都北京地区开展专项调查。调研涉及省、市、县（区）、乡（街道）四级政府。调研人群涉及政府相关领导、主要职能部门负责人、中层干部和普通公务员。

2010年7月至9月，课题组派出12个调查小组分赴中央政府部门及地方对各级政府进行了抽样调查。涉及调研的地方省份包括广西、贵州、河北、湖南、江西、内蒙古、宁夏、山东、四川、新疆、西藏、重庆等省（直辖市）。调研同样涉及省、市、县（区）、乡（街道）四级政府。调研人群涉及政府相关领导、主要职能部门负责人、中层干部和普通公务员。

课题组在这三次大规模调研的基础上，通过实证分析和制度研究，对目前我国政府权力结构和运行机制进行全景式描述，有针对性地提出改革我国政府权力结构和运行机制的对策建议，并提出建立健全相关法律制度的具体设想。

一、政府权力结构及其运行机制研究的社会背景

我国自改革开放以来，经济、社会经历着深刻而剧烈的变革，市场经济逐步建立、多元社会日益形成。目前，我国面临着社会转型和走向世界的双重挑战。经济、社会变革客观上要求以政府权力结构和运行机制为核心的行政管理体制进行全方位调整，以满足发展的需求。

第一，社会和经济的发展日益呈现出分工精细化的趋势，这就要求政府的权力结构必须提高专业化的程度，依据决策、执行、监督、协调各个功能的不同要求（如决策强调综合、执行强调效率等），对行政权力进行合理的配置。同时，从发达国家的经验来看，大部制也并不只是对机构的简单合并，而重在对功能的整合，以此降低行政成本，提高行政效率。目前我国的政府权力结构还停留在简单的决策、执行合一阶段，并且过于注重执行，忽略决策、监督等功能，造成了结构上的不平衡状态。因此，推进大部门制改革，进一步完善政府权力结构是行政管理规律的客观要求。

第二，经过三十多年的改革开放，我国逐渐由计划经济向市场经济转轨。和计划经济时代不同，市场经济要求政府加强和改善宏观调控，减少对

微观经济的干预，综合管理、科学决策。然而，我国当下的政府权力结构仍然未能摆脱计划经济时代因事设置、条块分割的影响，导致在机构设置中管理分散，碎片化严重，职能过度交叉。这不仅不利于政府经济职能的有效行使，更不利于市场充分发挥资源配置的功能。由此可见，推进大部制改革，进一步完善政府权力结构是适应市场经济发展的迫切要求。

第三，经济改革带来了社会的变迁。社会发展呈现出流动性、开放性、多元性、交融性等特征，需要政府进行管理、提供服务的事务错综复杂，互相关联。这就对政府的管理提出了灵活、综合的要求。而以事权为中心的政府权力结构是适应以往简单、静态的管理方式和运行体制的，不仅由于条块分割而导致协调性较差，综合性不足，而且对社会的回应性较为迟缓，灵活度不够，缺乏长远、全局的规划，往往难以彻底地解决问题。以城市流动人口管理为例，其与城市的建设规划、产业经济、社会福利等制度相关联，而目前对这一问题的解决上，不少地区还仅仅把目光局限在人口调控措施方面，而忽略了影响人口管理的各个方面，导致采取的措施不仅难以执行，而且可能引发社会争议。

目前，社会转型面临许多问题：一是虽然改革取得了巨大的成就，但人们对改革的认同度并不一致；二是经济在持续快速发展，但是付出了过多的资源和环境代价；三是社会转型、体制转轨在快速推进，但也积聚了大量的社会冲突、社会矛盾。① 这些现象都直接指向政府管理的深层问题，尤其是政府权力结构方面存在的问题。现有的政府权力结构条块分割，造成了管理漏洞；信息咨询等支持系统的不完备导致了决策科学性不强，对社会问题的回应性较差。因此，推进大部制改革，进一步完善政府权力结构是政府进行社会管理创新，有效回应复杂、激烈的社会变化的重要途径。

第四，在现代社会，随着社会的发展和技术的进步，政府扁平化成为行政管理体制改革的趋势。对政府进行结构与流程的再造，减少行政层级，构建参与式行政，更多地采用自下而上和横向的协调是民主政治的要求。而我国目前政府权力结构是命令、服从层级控制的组织体系，擅长于纵向的控制而不是横向的制衡。此外，信息传递也不太迅捷。信息传递是宝塔式的结

① 汪玉凯．深化行政体制改革需要进一步解放思想．河北学刊，2008（4）．

构，所有的信息汇集到最高点才能形成指令。故而，推进大部制改革，进一步完善政府权力结构是加快传统行政模式向现代行政模式转变，建立中国特色行政体制的需要。

二、调研的指标体系和主要内容

本课题调研以决策权、执行权和监督权的配置和运行为视角，调研各级政府的权力结构和运行机制的实际状况。调研之初，我们对各级政府权力配置和运行机制的实际现状进行了梳理和分析，在此基础上经课题组成员多次讨论、修改，形成了课题调研的指标体系，以此指导调研文件的设计和安排。课题共设立三个一级指标，七个二级指标，具体内容如下。

(一) 政府权力结构与配置

1. 三权界定与内涵

①决策权。包括决策（决策内涵、决策事项、决策类型），决策权（确定决策议题权、决策方案拟定权、决策方案审查权、决策方案确定权）等。

②执行权。包括执行（执行内涵、执行事项），执行权（执行组织权、执行实施权、执行协调权、执行监控权、执行评估权）等。

③监督权。包括监督（监督内涵、监督类型），监督权（信息权、调查权、审议权、处置权）等。

2. 政府权力结构配置

包括决策权配置（决策权在政府系统内部的配置、决策权在政府系统与社会之间的配置、决策权在决策流程中的配置）；执行权配置（执行权在政府系统内部的配置、执行权在政府系统与社会之间的配置、执行权在执行流程中的配置）；监督权配置（监督权在政府系统内部的配置、监督权在政府系统与社会之间的配置、监督权在监督流程中的配置）；决策权、执行权、监督权之间的配置和比例关系等。涉及的主要问题：中国政府的权力结构中，决策权、执行权和监督权处于什么样的相互关系？西方推行“决策与执行适度分离”的做法，在我国是否具有可行性？

(二) 政府权力运行机制

1. 三权各自的运行机制

①决策权运行机制。包括决策主体、决策依据、决策程序、决策形式、

决策责任以及特定行政决策研究（重大政府投资项目决策、政策类决策）等。涉及的主要问题有：政府重大决策是如何做出的？如何保证决策的科学化、民主化？有无必要建立统一的立法？需要规定哪些内容？

②执行权运行机制。包括执行主体、执行依据、执行措施、执行程序等。涉及的主要问题有：目前阻碍政府执行力提升的原因主要什么？在执行某项任务时，如何保证执行到位？即执行监控的实现问题。在政府管理或提供公共服务过程中，有没有企业或社会组织参与其中，主要在哪些领域？即执行的社会化问题。

③监督权运行机制。包括监督主体、监督依据、监督内容、监督程序、责任追究以及特定监督类型研究（如规范性文件监督）等。涉及的主要问题有：目前政府内部有哪些监督方式？作用如何？怎么去改进？

2. 政府权力协调机制

包括决策权、执行权、监督权自身运行中的协调机制（协调主体、协调内容、协调程序、协调手段），决策、执行、监督权相互之间的协调机制（执行权与决策权的衔接、监督权与决策权、执行权的衔接），特定协调问题研究（以决策权协调为例）等。涉及的主要问题有：政府主要对哪些事项进行协调？协调的原因是什么？采用哪些协调方式？协调的效果怎么样？

3. 政府权力制约机制

包括权力制约机制的内涵、权力制约结构、权力制约机制的表现形式等。涉及的主要问题有：目前我国政府中，决策权、执行权、监督权能否相互制约？如不能，原因在哪？如能，如何实现的？存在哪些问题？

（三）政府权力结构和运行机制的保障机制

1. 政府权力结构和运行机制的法律保障

包括政府组织机构的法律制度、涉及决策权的法律制度、涉及执行权的法律制度、涉及监督权的法律制度、涉及政府权力制约机制的法律制度、涉及政府权力协调机制的法律制度、权力配置和运行中的法律制度等。涉及的主要问题有：对于法律手段在“建立健全决策权、执行权、监督权既相互制约又相互协调的权力结构和运行机制”中的作用，如何评价？政府权力结构和运行机制方面的法律制度有哪些？是否健全？目前哪些方面的立法最需要加强?

2. 政府权力结构和运行机制的其他保障

包括体制保障（政治体制、行政体制、经济体制）、人员保障（人员素质、规模、组织结构）、财力保障（经费预算等）、行政文化（行政惯例、行政规则、潜规则等）、信息保障（信息获取的及时性、准确性、完整性）、社会保障（经济发展程度、社会民主意识、公民文化素养）等。涉及的主要问题有：影响政府权力结构和运行机制的主要因素有哪些？如何通过配套条件的改善来推动政府权力结构和运行机制理性化的发展？

三、我国政府权力结构存在的问题及改革

（一）政府权力结构存在的问题

政府权力结构是行政管理体制的重要组成部分，主要是指政府内部的权力配置和相应的机构框架，涉及决策权、执行权、监督权在同一级政府内部以及不同层级政府之间的分配及相互之间的关系。政府权力结构是否合理直接影响着政府机构管理的科学性，关系着政府运行机制的顺畅运行，进而影响经济、社会、政治、文化等各方面的发展。

改革开放四十年来，我国的政府权力结构进行了很大调整。在计划经济的一元社会时代，我国的政府权力结构以事权为核心，决策权与执行权融为一体，执行功能突出，决策权与监督权都不发达。而随着经济社会的发展，多元利益的崛起，政府逐渐认识到决策和监督的重要性，决策、监督制度有了长足的发展，政府的权力结构有了一定的改善。但政府权力结构仍然不很理性，为此，在调研中，我们专门设计了一道反映政府权力结构现状的试题，即："中央提出要'建立决策权、执行权、监督权相互制约又相互协调的权力结构和运行机制'，您如何评价本市政府现行的权力结构?"根据调研数据统计，排在第一位的选项是"主要是以执行权为核心的结构，决策权制度和监控权制度不发达"，占受访者的51.5%；有48.9%的受访者选择了"保障决策执行的监督权薄弱，决策执行依赖于执行者的自觉"，排第二位；有40.3%的受访者选择了"决策权配置过于分散，经常多头决策，扯皮不断"，排第五位；也有44%的受访者表达了不同意见，认为"决策权、执行权和监督权有合理的分工布局，能相互制约和协调"，排在第三位。（见表1）

表 1　　中央提出要“建立决策权、执行权、监督权相互制约又相互协调的权力结构和运行机制”，您如何评价本市政府现行的权力结构？

选　项	选择计数	百分比（%）
[1] 主要是以执行权为核心的结构，决策权制度和监控权制度不发达	1 022	51.5
[2] 决策权、执行权和监督权有合理的分工布局，能相互制约和协调	872	44.0
[3] 决策权配置过于分散，经常多头决策，扯皮不断	799	40.3
[4] 保障决策执行的监督权薄弱，决策执行依赖于执行者的自觉	969	48.9
[5] 部门间条块分工的情况比较严重，没有建立起系统的管理结构	852	43.0
[6] 其他（请填写）	23	1.2
参选人数总计	1 983	100.0

根据调研数据的总体分析以及现实的经验考察，我们认为，政府的权力结构仍是以执行权为主，决策权和监督权不发达。尽管从 20 世纪 80 年代至今，我国政府经历了七次较大规模的行政体制改革，政府对决策和监督日益重视，但比较起来，执行权仍然“一枝独大”。这与我国以执行为主的传统体制不无关系。在计划经济时代，我国的行政管理基本上是一元化的，国家“包办”一切，一切都由国家来推动和主导，利益一元使得决策和执行相对比较容易。中央统一制定政策，各地、各部门重在执行，执行权显得尤为重要。而进入社会转型时期，社会事务的日益复杂化以及多元利益的显现要求政府在作出决策时必须统筹各方面因素，进行综合平衡，在决策的科学性、民主性方面提出了更高的要求，政府迫切需要加强决策职能。同时，由于利益的多元化以及决策的综合性，执行不再像过去一样轻而易举、“不折不扣”，执行异化等问题逐渐凸显，监督职能也亟待加强。

但是，过去强调执行权的权力结构模式难以在短时间内迅速转变，政府的决策权和监督权还比较弱小。决策权配置过于分散，经常多头决策，扯皮不断；保障决策执行的监督权薄弱，决策执行依赖于执行者的自觉。这种传统的执行权“独大”模式，使得政府的权力结构失衡，不适应社会和时代的发展需求，亟须调整。

政府权力结构上存在的问题，既有传统体制上的原因，也与我国的传统文化不无关系。众所周知，我国的传统文化的主流是伦理文化，其以儒家思想为基础，重视身份和等级，强调上下服从。这种传统文化使得我国政府比较擅长于纵向的控制而不是横向的制衡，讲究“说理”的决策和强调“制约”的监督容易被忽视。虽然改革开放后管理理性精神逐渐增长，但伦理文化仍盛行于国家的行政实践之中，造成了行政管理过程中“重执行，轻决策、监督”的情况。

（二）问题的症结所在——以事权为中心的政府权力结构

我国目前政府权力结构的基本构造是依照事权划分配置政府权力，主要业务部门往往集决策、执行、监督等功能于一身，部门条块分割。其建立在单向度的“命令—服从”的基础上，较适应我国传统上静态、简单的管理方式和运行机制。然而在大力发展社会主义市场经济的今天，各个市场要素之间结合紧密，相互影响，可谓“牵一发而动全身”。社会的发展呈现出动态化、复杂化的特性，进而要求静态、简单的管理方式和运行机制必须向灵活性、综合性转化。以事权为中心的政府权力结构与时代的发展和要求产生了差距。

首先，以事权为中心的部门设置忽视了决策综合性的要求，导致政出多门、法出多门。目前的行政管理部门基本上是根据行业部门（也就是“事”）来设置的。但是不少需要管理的事项往往是综合性的、统一性的，如河流管理、环境污染治理等。这种条块分割的管理体制往往容易将亟须综合性、统一性管理的事项人为地分解为不同的领域，由不同的部门来管理，导致政出多门。各部门之间职责平行，缺乏综合协调和联合执法的机制和手段，跨部门、跨行政区域的行政管理事项难以解决。同时，条块分割的各个管理部门自行制定规章，或提请政府制定有关行政法规，强调管理事项某个方面的重要性和特殊性，而对其他方面或部分的利益和需要考虑不足，导致行业性突出、缺乏统筹。我国的流域治理就是一个例子。目前从国家和地方角度在流域管理方面已制定了很多污染预防与控制规划，但是由于技术、经济及政策的原因，如水环境管理项目没有与资源管理规划和土地利用计划相衔接，没有融入国家和地方的国民经济和社会发展规划，导致这些规划基本上没有达到预期的水环境目标。①

① 张斌键，杨璇．中国海洋环境深度报告．［2012 - 01 - 19］．http：//www.huaxia.com/hxhy/hyxw/2011/06/2453277.html.

此外，依照事权划分也容易导致管理的真空。在我国的监管领域，虽然有不少部门具备监管职能但却屡屡出现事故，其中原因之一就是以事权为中心的划分导致了管理空隙的产生。实际上，在整个“工作链条”中，各部门都是严格在自己的职权范围进行工作。但是，各个环节之间的交流协调严重不足，正是这种“条块分割”的局面，导致了管理的漏洞。以事权为中心的条块分割也容易导致政府职能的缺位，难以有效回应社会。举例而言，农民工和流动人口是社会关注的重点问题，但政府职能却分散存在，流动人口服务管理部门和农民工工作部门各管一块，缺乏足够的规划和引导，难以保障农民工的权益。

其次，以事权为中心的政府权力结构中决策与执行不分，其结果是决策和执行功能较弱。现代社会中，行政决策和建立制度成为政府最重要的职能，需要政府投入很大的精力履行这项职责。尤其是我国仍处在转型期，政府的行政决策和制度建设任务繁重，执行决策和行政执法的任务也很艰巨，决策与执行不分，政府会顾此失彼。政府能力是有限的，机构的职责也是有限的，既决策又执行，决策与执行不分，不利于相互之间的理性制约。此外，支撑决策和执行的各个要素功能也不发达。在信息搜集统计方面，信息系统部门化、分散化，难以达到决策综合的要求；在研究咨询方面，各部门的研究咨询机构主要立足于本部门职能范畴，不能超脱自身的利益、对相关的行政管理事项进行统筹研究；在人员安排方面，不能按照决策和执行的要求分类选拔和培养，导致从事决策的公务员不具备综合的知识背景，而执行人员又缺乏足够的专业知识；在资源配备方面，决策和执行等功能的发挥需要人、财、物等多方面资源的支持，但是以事权为中心配置权力的方式导致了各类资源在事权配置上没有整合，不相匹配。这些要素功能不发达的状况直接影响了决策、执行功能的发挥。

再次，以事权为中心的政府权力结构造成各种行政子系统的重复建设，增加了行政成本。各部门职责条块分割，管理碎片化，导致行政资源浪费程度较高。例如在海洋监测方面，我国在流域和近海地区，有多个监管部门在监测海域环境质量，各个部门监测标准不一，且数据不能共享。在湿地的监测方面，环保部、水利部和林业局都有一套环境监测平台，但是数据不能共享，各自呈封闭的格局。行政机构在管理上条块分割还容易造成管理资源上的溢出效应。如果一个行政机构由于工作上的原因收集相关信息，在主观上容易将信息资源视为部门所有，不愿拿出来共享，而其他部门就可能想“搭便车”，从而引发是否应当资源共享，谁承担实现共享带来的大量协调、运行和维护工作等种种争论。[①]

最后，在以事权为中心的政府权力结构中部门利益比较突出。权力的过于集中往往导致利益链条的产生。同时，部门中决策、执行、监督功能混杂，支撑这些功能的要素机构也局限在部门之中，开放性欠佳，系统封闭性较强。部门之外的机关对该部门提出共享和协调的要求困难，部门之间基本上不存在权力上的制约，而公众参与也难以在这种封闭的系统中真正发挥作用。

（三）目前政府权力结构形成的原因分析

一是以事权为中心的政府权力结构模式根源于我国的历史传统。行政至上、命令服从的层级控制组织体系，以忠孝为核心的儒家伦理文化，强调的都是纵向的控制，而不是横向的综合治理。行政传统对政府权力结构的影响一方面在于其所带来的路径依赖容易给改革形成阻力，另一方面在于其所形成的思维和理念将深刻地影响着政府和社会，影响政府体制的创新。

二是我国渐进式的经济改革影响了政府权力结构的转化。目前我国的经济体制依然处在由计划经济向市场经济转轨的过程中。随着市场经济的发展，社会从权力集中的一元框架向利益分化崛起的多元社会转型。原先的政府权力结构是适应原有经济体制和社会制度的，故而条块分割，因事设岗。而要适应市场经济和多元社会，政府权力结构就应当注重综合和协调。目前，我国的政府权力结构虽然正在向这一方面转变，但仍需要漫长过程。

三是对行政管理规律和改革的认识和研究不足。改革并没有现成的范本，我国的历次行政体制改革都是在摸索中前进的。由于发展程度和时代背景的限制，理论界和实务界对现代行政管理规律把握和认识也会有很大局限，从而影响改革方向和具体改革方案的选择，影响了对政府权力结构的调整。

（四）转型方向——以功能为中心的政府权力结构

自 1978 年改革开放至今，我国历次行政体制改革的核心都在于调整政府权力结构。与以往的五次改革相比，2008 年开始的大部制改革揭开了政

① 吴晓敏．政府信息资源内部共享体制和机制研究．[2012-01-19]．电子政务工程服务网：http：//www.echinagov.com/echinagov/yanjiu/2006-6-17/434.shtml.

府权力结构迈向科学性和社会回应性的新篇章。十七大报告首先指出要“加大机构整合力度，探索实行职能有机统一的大部门体制”。随后，《关于深化行政管理体制改革的意见》和《国务院机构改革方案》正式标志着大部制改革的启动。这一改革尝试在解决部门间分工过细、职能交叉、权责脱节等问题上取得了一定的效果，但改革前部外的扯皮被大部门改革后部内的扯皮所取代，政府权力结构碎片化的状况没有得到根本转变。根据 2010 年 7 月对全国各级政府运行现状的抽样调查数据，认为政府权力结构不合理的受访公务员占调查人数 84.8%，其中认为部分不合理的占 58.6%，认为不合理部分较多的占 24.2%（见表 2）。2013 年的改革继续推动了大部制的发展。

表 2　对于我国政府权力结构，您认为是否需要改变？

选　项	选择计数	百分比（%）
[1] 政府权力结构合理，不需要改变	344	14.8
[2] 政府权力结构有一些不合理，需要局部调整	1 364	58.6
[3] 政府权力结构有许多不合理，需要较大的调整	472	20.3
[4] 政府权力结构非常不合理，需要整体性调整	90	3.9
[5] 不太清楚	58	2.5
参选人数总计	2 328	100.0

我们认为，以事权为中心的政府权力结构应当向以功能为中心的政府权力结构转型。以下是调查数据（表 3）。

表 3　如果先进行部分内容的改革，您认为应该进行哪项改革？

选　项	选择计数	百分比（%）
[1] 按照“大部制”的方式建立综合性的决策部门，加强决策	345	14.9
[2] 执行与决策相分离，将执行职能从政府部门中剥离出来，由专门机构负责	673	29.0
[3] 强化执行监控，保证政策的执行到位	818	35.3
[4] 加强研究机构，增强政府对重大决策事项规律性的把握	165	7.1
[5] 弱化“上下对口”和层级节制的直接管理，强调上级决策的宏观指导和上级政府对下级政府的执行监控	295	12.7
[6] 其他	24	1.0
参选人数总计	2 320	100.0

以功能为中心的政府权力结构以政府的决策、执行、监督等功能发挥作

为政府权力的配置的出发点，具有以下几个特点。

第一，以功能为中心的政府权力结构在事权分类的基础上，将行政管理事项相关、职能相近的部门进行整合，建立大部制，使事权相对集中，以利于综合决策。我国 2008 年和 2013 年的改革虽然在这一方面也做了大量的工作，但由于大部制改革只是在一些部门试点，在事权的集中上不够彻底，在部门的整合上只是进行了简单的合并，没有真正将与事权相关的功能进行整合，只得“其形”，未得“其神”。

第二，强化决策、执行、监督等功能。以事权为中心的政府权力结构影响了决策、执行等功能的发挥，对各功能没有予以足够重视。而以功能为中心的政府权力结构则从各行政功能的客观要求出发，对权力进行配置。具体而言：一是决策综合协调，避免碎片化。为保证决策的科学性，必然要考虑决策的整体性、综合性和复杂性，妥善解决决策涉及的各方利益，在各方之间达到一种平衡。要实现这一要求，需要建立系统性的决策体制，将那些职能相近、业务范围趋同的事项相对集中，统一决策，实现决策的“大部制”。二是决策与执行相对分离。与决策强调宏观性、整体性以及利益的综合考量不同，执行强调的是专业性和效率。为保证执行到位，需要由不同的执行主体根据各自的专业领域、经验阅历乃至技术装备分头执行，以保证高效、准确地完成任务。决策与执行相对分离，就是把决策与执行这两种不同性质的职能分别交给不同的主体承担，从而使决策者和执行者各司其职，各负其责。这种决策和执行的相对分离不仅要建立在事权分类集中的基础上，而且要从各部门自身的特点和需求出发。并不是所有的部门都采取决策、执行相对分离的权力配置方式，而是要根据部委的特点来确定什么机构适宜于采用决策与执行分开的方式，什么机构只能采取传统的科层制管理模式。

第三，以功能为中心的政府权力结构重视对信息系统、设备平台、研究机构等支撑决策、执行功能要素的建设，各要素较为发达。主要体现为以下几点内容：一是对于受众面广、涉及多个政府部门共同完成的项目，将现有的信息系统、设备平台等要素从单个部门中抽出，进行统一设计和整合，最大限度地避免部门各自为政，促进共享和协调，保障决策的综合性和执行的高效。二是加强研究咨询机构，尤其是综合性研究咨询机构的建设。以功能为中心的政府权力结构要求整合国务院和部门的研究、咨询力量，设置各种专家参与的综合性的研究咨询委员会，同时也注重发展和培育体制外的社会决策咨询机构，为政府决策提供不同的视角和观点。三是执行监控机制较为完善。执行监控制度指的是为执行组织者自身或委托其他部门对执行实施者的行为和效能进行实时监督和控制，发现执行偏离决策目标，随时予以纠正。以功能为中心的政府权力结构需要在决策和执行相对分离的基础上建设长效的执行监控机制，保障保证决策目标的实现。

第四，部门之间、部门内部机构之间协调性较好。以功能为中心的政府权力结构强调事权的相对集中，在决策上进行综合统筹。因此，决策主体的数量相对减少，从而使得决策主体之间的摩擦减少，协调的成本也相对较低。此外，以功能为中心的政府权力结构还根据不同部门的特性和部门之间的关系，建立部门之间利益分享、责任共担的利益协调机制以及跨部门跨组织的协调性机构，增强了部门间和部门内部的协调性。[①] 以功能为中心的政府权力结构强调专业分工和网络化、系统化管理，对协调机制的依赖性很强。

第五，需要法律的支持和保障。以事权为中心的政府权力结构由于决策、执行等功能合一，部门内形成了较为封闭的系统，权力结构在运行机制上对人（领导意志）的依赖性较强。而以功能为中心的政府权力结构则打破了以往较为封闭的体系，强调突显决策、执行等功能，整合信息系统、设备平台等功能支撑要素，要求明晰职能，清晰边界，对法律等规则的依赖性较强，需要法律的支持和保障。

从总体上看，以功能为中心的政府权力结构与动态、灵活的管理方式和运行机制相适应；以事权为中心的政府权力结构与计划经济体制相适应，具有静态、僵化的特征。而现今的社会变化迅猛，冲突矛盾频发，要求政府权力结构及其运行机制能够快速、及时、适当地回应社会，处理问题。以功能为中心的政府权力结构在决策上的综合性和执行上的高效有力能够加强对社会回应的力度，有利于行政事务彻底、有效的解决和处理。

四、权力配置及运行方面的问题及改革

（一）决策权配置及运行方面的问题及改革

行政决策的内涵随着时代的发展而不断发展。作为法治政府的重要活

① 李荣娟，田仕兵．整体性治理视角下的大部制改革完善探析．社会主义研究，2011（3）．

动，现代行政决策应当是科学的，并要遵循合法性、民主性等要求，在内涵上包括事实基础、法律依据、决策目标和实现目标的手段等四个要素。

决策是行政的起点，科学配置决策权，建立健全行政决策运行机制，是有效进行行政管理的基础。行政决策权是进行政决策的权力，是政府权力结构的重要组成部分，包括确定决策议题权、决策方案拟定权、决策方案审查权、决策方案确定权等。行政决策权在政府权力结构中的配置（集中还是分散）与行政决策的科学性、合理性紧密相关。

在运行机制上，决策要求科学化、民主化、法治化：决策科学化要求决策目标符合经济社会需求、务实可行，决策民主化侧重解决决策外部运行机制的公正要求，决策法治化将体现科学民主决策要求的基本制度法定化，通过将决策活动纳入法治轨道实现依法科学民主决策。①

1. 主要问题

近年来，有关决策碎片化的讨论越来越多。通过调研，我们发现决策碎片化的问题已经成为政府决策过程中的一个突出问题。所谓决策碎片化，主要是决策机构设置过多过细，决策权限严重分割，决策职能相互交叉、重叠，决策效果单一化且相互干扰，反映在决策体制上呈现出一种碎片化的倾向。比如，政府对于房地产市场的调控。房地产行业是我国国民经济中的一个重要行业，不仅自身能创造出巨大的经济价值，还可以拉动相关产业部门的发展。同时房地产行业还涉及广大城市居民的住房保障，具有重要的社会功能。对于房地产市场的调控，应当综合考虑经济和社会因素。但是，目前对于房地产市场的管理，涉及住房和城乡建设、规划、国土、环境、金融、税收等诸多政府职能部门。各部门都有自己的政策目标和管理职能，因此，在讨论和出台有关房地产市场的调控政策时，各部门往往从自身出发进行决策，缺乏一种系统性和整体性的考虑，政策之间缺乏必要的沟通与协调，导致房地产市场的调控效果无法形成一种合力，同时，由于缺乏宏观整体性的考量和规划，容易“头疼医疼、脚痛医脚”，结果往往是“按下葫芦起了瓢”，老问题刚解决，新问题又出现。

决策碎片化与我国行政体制不无关系。我国政府从计划经济时代发展而

① 王万华．科学设置决策机关 建立健全行政决策运行机制．政府机构改革与管理，2011（5）．

来，计划经济的一个显著特点是部门设置多，实行条条管理，导致机构重叠、职能交叉、协调困难。尽管历经多次改革，但部门设置过多过细的问题目前仍然存在。同时，在部门内部，由于我国没有实行决策权与执行权的分离，几乎每个部门都有决策职能，既负责制定政策，又负责政策的落实。因此，决策部门设置过细、决策职能分割等问题就出现了，决策碎片化成为一种“体制病”。

决策碎片化是影响决策科学性的突出问题。在现代社会，行政决策的一种基本要求就是决策的系统性和整体性。随着市场经济的深入发展、社会分工的细化和利益群体的日趋多元化，一个行政决策往往涉及多元利益，市场连接度高，社会影响面广，因而容易出现“局部正确、整体错误”。为保证决策的科学性，必然要考虑决策的整体性、综合性和复杂性，妥善解决决策涉及的各方利益，在各方之间达成平衡。要实现这一要求，需要建立系统性的决策体制，将那些职能相近、业务范围趋同的事项相对集中，由一个部门统一决策，实现决策的“大部制”。可以说，国外的大部制改革主要解决的是行政决策的科学性要求，要把职能相近的部门、负责目标设计的部门和负责管理手段的部门，以及涉及各个决策环节的部门全部整合在一起。我国虽然在 2008 年和 2013 年推行了“大部制”改革，但无论从改革的深度还是从广度来说，改革的效果还远远没有达到。

决策权适当配置、决策机制运行顺畅是政府作出科学合理决策的两个重要保证。良好的决策权运行机制要求行政决策必须经过科学程序，大量收集信息，充分研究论证，采用集体决策的方式，利用现代化手段，把静态的典型研究和动态的系统分析结合起来，以期最大限度地提高决策的精度。①同时，行政决策还要充分听取不同意见，行政主体应当在人们进行充分利益表达的基础上进行合理的利益综合。

决策公开化与透明度不足是政府决策过程中的一个突出问题。根据调研数据统计结果显示，被调查者认为重大行政决策中最为突出的问题是决策的公开化与透明度不足，占被调查人数的 58.9%。(见表 4)

① 杨建平．加速推进政府决策的科学化．中国行政管理，2000 (1).

表 4　　　　据您了解，政府的重大决策中存在的主要问题是什么？(限选三项)

选　项	选择计数	百分比（%）
[1] 上下级政府、政府与所属部门、部门与部门之间的决策权限划分不清楚	719	36.3
[2] 决策权配置不合理，个别部门的决策权过大	914	46.2
[3] 重大事项的范围不明确，缺乏统一的标准	678	34.3
[4] 决策的公开化与透明度不足，公众参与、决策听证等制度流于形式	1 166	58.9
[5] 决策的科学性有待提高，经验决策、领导拍脑门决策的情况仍然存在	789	39.9
[6] 制度不健全，特别是在决策程序方面缺乏刚性的法律规定	440	22.2
[7] 责任追究机制不完善，很多情况下决策责任的追究难以落到实处	866	43.8
[8] 决策人员素质不能适应决策的实际需要，有待提高	224	11.3
[9] 其他（请填写）	15	0.8
参选人数总计	1 979	100.0

所谓决策的公开化和透明度不足，就是没有将决策的过程公之于众，或者虽然公之于众，但是公众没有参与决策过程的机会，丧失了在决策过程中的话语权，公众没有参与决策的渠道。这实际上反映了政府决策的民主化程度问题。决策的民主化主要体现在决策的公开与参与上，公开是前提，参与是目的。

近年来，随着政府改革的深入，决策的民主化要求已经为各级政府所接受，并且规定在各种不同层级的法律文件中。比如，国务院《全面推进依法行政实施纲要》明确规定："社会涉及面广、与人民群众利益密切相关的决策事项，应当向社会公布，或者通过举行座谈会、听证会、论证会等形式广泛听取意见。"《法治政府建设实施纲要》规定："拟设定的制度涉及群众切身利益或各方面存在较大意见分歧的，要采取座谈会、论证会、听证会、问卷调查等形式广泛听取意见。"《政府信息公开条例》将一些属于政府重大决策的事项明确纳入了政府应当主动公开的范围。不少地方也对重大行政决策进行专门立法，建立了重大决策公示制度、重大决策听证制度等。同时，实践中，政府对涉及民生的决策事项召开听证会听取群众意见，也不再成为“稀罕事”。应该说，政府在决策的民主化方面做了不少的工作，相比较改革开放初期，行政决策的公开化和透明度已经大大提高，社会公众的知情权、参与权也得到了一定的保障。

但不可否认的是，决策的公开化和透明度不足的问题依然比较严重。比较突出的表现是，决策公开的范围和程度不够，政府“有选择”地公开；决策的公众参与不够，决策听证等制度流于形式，公众对决策的参与热情大大降低。比如，在决策的信息公开方面，根据《政府信息公开条例》的规定，“重大建设项目的批准和实施情况”属于政府应当主动公开的重大决策事项。2008 年国际金融危机发生后，中央政府推出 4 万个亿的投资计划后，全国各地数千个建设项目纷纷上马。这些动辄上亿的重大建设项目到底有哪些，涉及多少资金，项目的必要性和可行性如何，政府是怎么审查批准的，目前实施效果如何，这些重要信息政府并没有公开，甚至在有律师向法院起诉要求政府履行公开义务的情况下，政府依然没有公开，只是笼统地介绍了一下总体情况。再比如，在决策的参与方面，近年来各地的一些价格听证会已经逐渐失去了本来应有的了解民情、吸取民意、笼络民心的意义，成为部分政府做出涨价决策的“过场”，部分价格听证会甚至沦为“涨价听证会”。公众对听证会制度的有效性和公正性产生了怀疑，听证会制度遭遇了公众信任危机。

决策透明度不足也严重影响了决策的科学程度。在现代社会里，政府决策往往涉及多个社会主体的利益。社会主体需要有合适的途径表达利益诉求，政府决策主体也同样需要在充分了解各方面信息和诉求的基础上，考虑多方面因素，协调和平衡各方关系与利益，从而提高决策结果的科学程度和社会公众的可接受程度。行政决策事项和过程不公开，不仅使公众失去了参与决策的机会，而且导致行政决策者缺少信息收集的渠道，影响决策的科学性，决策结果发布后也容易遭遇执行危机。

再如，目前在政府机构改革决策领域，无论是中央还是地方政府机构的改革方案，在拟订过程中社会的参与程度也较低。在部分国务院机构发放的关于中央级行政机关管理体制的调查问卷就从侧面反映出了其中的问题（见表 5）。

表 5 **您对目前政府机构改革方案的设计如何评价？**

选　项	选择计数	百分比（%）
[1] 有政府和社会各界广泛参与的基础，比较科学，既具有针对性，又具有可行性	227	43.2
[2] 缺乏广泛参与的基础，改革者自己设计改革方案，正当性和科学性不足	261	49.6
[3] 方案周延，对改革的各个环节设计周密	118	22.4
[4] 方案粗糙，对改革的各个环节设计顾此失彼	99	18.8
[5] 改革过程和改革结果缺乏法律的规制，随意性大	209	39.7
[6] 其他	20	3.8
参选人数总计	526	100.0

从问卷统计结果来看，主要问题涉及方案内容不科学、程序缺乏正当性、法律保障不足等。尽管从历史发展的角度上看，在经济体制转型和行政管理体制改革深化的过程中，实践中一些做法与法律制度存在滞后或矛盾现象也可以理解，现有的机构改革方案就是转型时期里的产物。但在法治意识增强，立法手段和技术已经逐步提高的时代趋势下，通过及时制定和修改法律，将机构改革方案中的刚性条款及时纳入法律的调整范围，已经成为政府实现依法行政，推动经济社会发展的迫切任务。

现行决策民主化遭遇的困境，从表面上看，是由于决策公开与公众参与制度的不完善。比如决策听证会制度，听证会代表如何选择，上会的方案如何设计，意见如何听取，这些都需要作出具体细化的规定。但是，从更深层次上看，决策民主化的诸多问题，与我国目前的行政决策模式不无关系。我国行政决策最突出的特点是行政系统对整个行政决策过程的高度支配性以及由此带来的行政决策的单方性。在这种传统模式下，决策的公开与公众的参与显得有些格格不入。虽然随着经济社会的发展，这种传统模式难以为继，但彻底的转型并非一朝一夕的事情。同时，决策的民主化也需要社会组织的充分发育，比如成熟的利益群体，这些条件在目前尚不具备。

2. 改革方向

第一，整合决策部门，实现综合决策。决策涉及利益的整合和划分，强调科学，要求具有宏观性和整体性。决策碎片化的问题，已经成为影响决策科学性的主要体制性障碍。而要解决这一问题，需要整合现有政府部门，按照大行业、大系统的标准设立专门的决策机构，实现决策的“大部制”。因此，下一步的大部制改革除了要继续按照大行业、大系统的标准整合政府部门外，还应该在职能整合上下功夫，而不是机构的简单裁并。通过职能整合，使改革后的大部门成为综合决策的中心，主要负责制定政策和标准，同时监督落实，从而实现决策的科学性。根据本课题组 2010 年 7 月对全国各级政府运行现状的抽样调查数据（见表 6），认为在决策权配置方面应当整合职能相近部门的受访公务员占调查人数的 70.2% 。

表 6　以下关于政府权力结构在决策权配置方面的建议，您认为哪些比较合理？

选　项	选择计数	百分比（%）
[1] 将职能相近的部门整合一起	1 631	70.2
[2] 将负责制定决策目标的部门和掌握人、财、物等决策手段的部门整合在一起	794	34.2
[3] 加强决策的信息搜集和咨询论证，并设置相应的机构	1 263	54.4
[4] 加强决策的研究，设置专门的研究机构	1 069	46.0
[5] 加强决策的互动系统，通过听证等方式充分听取公众的意见	1 619	69.7
[6] 提高决策人员的决策能力和综合素质	1 484	63.9
[7] 其他	26	1.1
参选人数总计	2 322	100.0

决策的“大部制”，不仅意味着设立专门的决策部门，更重要的是构建符合管理规律的现代决策机制：其一，决策组织尽量扁平化，决策信息、咨询论证等机构可以在行政系统外平行设立，某些重要决策的拍板决定可以采取委员会的形式，实行票决制；其二，实现决策的环节分离，加强决策的信息搜集、调查研究、咨询论证、征求意见等环节的功能，建立规范的决策程序；其三，提高决策人员的素质，决策者要有宏观视野和综合思维，具备更高的判断力、决断力和责任感；其四，建立决策协调机制，避免决策之间的冲突等。

第二，规范决策程序，增强决策的公开化和透明度。决策的民主化遭遇一定的困境，主要表现在决策的公开化不够，公众参与不足。究其原因，既有制度设计的问题，又有深层次的行政主导式决策模式的问题。决策的民主化主要反映在决策程序上，因此解决决策民主化的问题，可以从规范行政决策的程序入手。

行政决策法治化程度不高，还没有全国性的专门立法，地方性立法内容不一，并且还不普及。总的来说，作为行政决策制度重要的组成部分——行政决策程序，目前缺乏统一的、规范的、强制性的法律规定。在调研中，我们专门设计了一道反映决策程序现状的试题："您单位重大事项的决策主要经过下列哪些环节?"选择最多同时也意味着行政机关最普遍采用的两个程序是"调查研究"(85.9%)、"集体审议"(70.4%)，排在前两位，远高于其他选项；而作为反映决策民主化的两个程序环节——决策程序公开(48%)、公众参与(45.3%)选择比例相对较低，还排在"专家论证"(49.7%)、"合法性审查"(48.5%)之后，居第五位和第六位(见表7)。这个事实可以反映，决策的民主化在行政决策程序中并没有得到充分的重视。因此，我们可以通过推动行政决策的法治化，推动决策程序的规范化，在这个过程中，要把决策的公开制度以及公众参与制度纳入行政决策的必经程序。

表7　　您单位重大事项的决策主要经过下列哪些环节?

选　项	选择计数	百分比(%)
[1] 调查研究	1 727	85.9
[2] 公众参与	911	45.3
[3] 专家论证	999	49.7
[4] 成本效益分析	689	34.3
[5] 决策程序公开	964	48.0
[6] 合法性审查	974	48.5
[7] 集体审议	1 416	70.4
[8] 其他(请填写)	35	1.7
参选人数总计	2 010	100.0

在建构决策公开制度时，除了要规定行政机关不公开所要承担的责任外，还要注意保障公众的知情权，赋予公众相应的救济权利。值得关注的是公民提起的信息公开诉讼。尽管《政府信息公开条例》规定，公民可以对政府的信息公开行为(包括不作为)提起行政诉讼，但实践中绝大多数案件的结果很难让人满意。对于公民维护知情权的司法救济行为，有些政府和法院似乎都顾虑重重，没有做好相应的准备。最高人民法院正在拟定有关信息公开案件的司法解释，希望该解释的出台，能够对信息公开诉讼起到积极的指导和推动作用，切实保障公民的知情权。

在建构公众参与制度时，要注意区分一般性的公众参与和正式的决策听证制度。不是每一个行政决策都需要进行听证，一般性的公众参与应是决策参与的常态。在一般性的公众参与中，要设置多种合理方式以便公众提供信息、意见和观点，同时，行政机关必须对公众意见进行回应，这方面可以借鉴美国《行政程序法》（APA）设置的“通告—评论”程序，除特殊情况外，行政机关要进行意见的归纳以及书面评论，没有采纳的意见要说明理由。对于决策听证制度，主要问题是行政高度控制下的公众参与模式中，有效论辩意识的缺失以及达成目标共识意识的缺乏，难免走过场。因此，需要根据论辩精神对决策听证制度进行改造。比如对于公众代表的选取，可以建立一定的法律规则，由公众自主推选代表，不再由决策机关主导。另外，为保证公众代表发挥作用，还需要完善公众参与的代理人规则、专家辅助人规则等。

（二）执行权配置及运行方面的问题及改革

行政执行是行政机关通过一定运作机制，实施决策内容，以落实公共事务管理和公共服务任务的一系列活动的总称。执行与政策或决策相对应。行政执行决定行政决策的实现程度，是目标与结果之间的桥梁，有效行政执行方能获得良好结果，从而实现决策目标。[①]

行政执行权包括执行组织权、执行实施权、执行协调权、执行监控权、执行评估权等内容，其配置和运行是现代行政中不可忽视的重要环节。其中行政执行权与行政决策权之间的关系以及行政执行运行机制的各个环节，是保证决策实施正确的关键。

行政执行权与行政决策权之间的关系主要有两种模式：第一种是决策执行混合模式，第二种是决策与执行适当分开模式。行政执行运行机制的主要环节包括执行实施、执行监控、执行保障。执行实施包括在贯彻决策过程中的具体行政行为、部门间的协调沟通等；执行监控主要指运用明确的标准衡量执行绩效，以确定执行质量偏差及其性质，而后采取相应措施，对执行不当的地方进行纠正。

行政机关日常工作中大量的活动都是执行。政府依靠行政执行去实现既定的决策目标，而社会公众借此接受政府的规范和服务，并形成对政府的认

---

① 刘俊生．行政执行的影响因素及执行机制完善．政府机构改革与管理，2011（6）．

知和评价。这是行政管理的重要环节之一。

1. 主要问题

目前，行政执行中存在着不少问题，如“上有政策，下有对策”，有令不行、有禁不止、有章不循等等，影响决策的实施和运行。这些问题的产生，其中一个重要原因就是执行体制的不合理。

根据调研数据统计（见表 8），对于“据您了解，在政府的政策执行过程中，目前存在的主要问题是什么？（限选三项）”的问题，调查结果中排在第二位的选项是执行体制问题，即“执行体制不合理，政策制定、政策执行经常是一个部门，没有实现适当分离”，有 60.7％的受访者表达了这一观点。

表 8　据您了解，在政府的政策执行过程中，目前存在的主要问题是什么？（限选三项）

选　项	选择计数	百分比（％）
[1] 执行体制不合理，政策制定、政策执行经常是一个部门，没有实现适当分离	1 207	60.7
[2] 靠行政机关执行，社会组织或个人的参与程度不够	1 150	57.9
[3] 政策执行过程中缺乏监控机制，导致执行不到位（如上有政策、下有对策）	1 439	72.4
[4] 执行手段缺乏	626	31.5
[5] 执行依据不足	310	15.6
[6] 执行人员素质、执行专业化程度有待提高	705	35.5
[7] 财政保障不足	249	12.5
[8] 其他（请填写）	28	1.4
参选人数总计	1 987	100.0

此外，执行权还存在专业化程度不高，缺乏良好的手段和方法等问题。这同样在调查中体现出来，认为“执行人员素质、执行专业化程度有待提高”的受访者占 35.5％，认为“执行手段缺乏”的受访者占 31.5％。

执行权运行中的问题主要在于我国政府体制的一个重要特点，就是决策和执行的合一。一个政府部门，通常既负责决策，也负责执行，两者在机构上没有清楚的界线，通常只是以是否担任领导职务、是否是领导集体成员来区分决策群体和执行群体，而且政府部门中每一个组织层级上都有这样的区分。这种体制使决策和执行功能在所有组织层级和所有管理环节上都紧密连在一起，形成一个混合管理模式。这种体制的优点是有利于迅即决策、快速执行，有利于决策与执行二者在运行过程中灵活地整合，有利于上级对下级直接指挥。但其也存在极大的弊端：其一，决策与执行合一的模式不仅限制了行政机关能力的发挥，分散了精力，也导致了权责混合，难以判断问题的原因究竟是在决策环节还是在执行环节，为追究行政责任制造了障碍。其二，决策与执行合一加大了决策和执行环节的随意性。一些部门自行决策、自行执行，致使边决策边执行，或者边执行边决策，执行的结果往往与初始的决策差之千里。其三，决策与执行合一极易滋长部门利益。部门既是决策主体又是政策实施主体，对公共利益有利但对部门利益不利的决策动机就会被压抑在部门内部，即使进入决策过程也不可避免被部门利益所左右。再加上实施过程中部门利益的巨大作用，从而导致对部门利益有影响的政府管理行动最终都很难真正奏效。其四，决策与执行合一导致执行的专业性无法保证。与决策强调宏观性、整体性以及利益的综合考量不同，执行强调的是专业性和效率。现代决策往往是综合决策，涉及多方面社会事务，为保证执行到位，需要由不同的执行主体根据各自的专业领域、经验阅历乃至技术装备分头执行，以保证高效、准确地完成任务。比如，近年来对于“小煤窑”的监管是令各地政府头疼不已的难题。在监管过程中，必须借助懂得煤炭安全生产的专业人士才能实施有效监管，而目前政府有关职能部门（如安监局）中真正懂行的人不多，力量也不够，面对众多的“小煤窑”管理起来力不从心。其五，决策与执行合一容易导致对执行的监督流于形式。如何检验执行是否符合行政管理目标，是否到位，需要将执行的效果和决策相验证。然而，决策与执行一体使得决策对执行的监督陷入“自己监督自己”的境地。

执行权运行机制是为了确保行政机关有效、及时施行行政决策的制度，要求在行政执行的过程中不断地监控、校正行政行为，避免出现与行政决策初衷或行政决策目的不和谐，甚至是背道而驰的状况。

执行监控是行政执行过程中的重要一环。所谓执行监控，是指为保证决策目标的实现，执行组织者自身或委托其他部门对执行实施者的行为和效能进行实时监督和控制，发现执行偏离决策目标，随时予以纠正。执行监控的根本目的在于保证执行到位，实现决策目标和决策方案的内容，提高决策的执行力。

执行缺乏监控是我国行政执行过程中的突出问题。执行不到位现象比较严重，一个重要原因就是执行缺乏有效的监控。上级政府制定政策后，无法对下级政府的执行情况进行实时的监督和控制，下级政府出于种种考虑，在执行中打折扣、消极执行，乃至搞“上有政策，下有对策”的情况已屡见不鲜，比如中央政府与地方政府在房地产市场调控上的博弈。在调研过程中，这一问题也得到了广大调研对象的认同。

调研问卷中，“据您了解，在政府的政策执行过程中，目前存在的主要问题是什么？（限选三项）”一题，“政策执行过程中缺乏监控机制，导致执行不到位（如上有政策、下有对策）”这一选项，在 8 个选项中高居榜首，获得 72.4%的受访者的认同（见表 9）。

表 9　据您了解，在政府的政策执行过程中，目前存在的主要问题是什么？（限选三项）

选　项	选择计数	百分比（%）
[1] 执行体制不合理，政策制定、政策执行经常是一个部门，没有实现适当分离	1 207	60.7
[2] 靠行政机关执行，社会组织或个人的参与程度不够	1 150	57.9
[3] 政策执行过程中缺乏监控机制，导致执行不到位（如上有政策、下有对策）	1 439	72.4
[4] 执行手段缺乏	626	31.5
[5] 执行依据不足	310	15.6
[6] 执行人员素质、执行专业化程度有待提高	705	35.5
[7] 财政保障不足	249	12.5
[8] 其他（请填写）	28	1.4
参选人数总计	1 987	100.0

对执行权监控力度不足的最明显表现就是执行领域缺少相应的监控主体和有效的监控手段。政策执行过程中，主要是由政策制定部门（即决策部门）来督促政策的落实，保证政策执行到位，常用的手段是听取汇报、专项检查、抽查等。但是，由于政策制定部门的人员、精力、能力所限，政策制定部门不可能实时、全面地掌握执行部门的执行状况，也不可能随时发现执行中的偏差，及时提出纠正的要求。因此，执行的效果更多的是靠执行部门的自觉。比如，2009 年年初交通运输部发出《关于加强高速公路服务设施建设管理工作的指导意见》，规定在高速公路服务区“不刻意追求延伸功能

和商业利益”，要求各省的交通运输主管部门加以管制。但如何保证这一规定的落实，文件没有涉及。远在中央的交通运输部无法事必躬亲地“监工”，但是它也并没有将监控权力具体地落实或委托于任何机构。另外，这种指导意见本身虽代表官方立场，但却并非法律规范，没有权利义务内容的设置，只是对某些行为采取所谓的鼓励、提倡或禁止、限制态度，行政指导性的语言难以对具体执行起到有效的制约作用，至于是否遵行完全取决于地方执行机构的利益取舍，法律责任上的空白使得执行难免大打折扣。

2. *改革方向*

第一，执行权与决策权的适度分离，实现执行专业化。决策与执行适度分离是现代行政管理的一个发展趋势。所谓决策与执行分开，就是要改变传统的决策与执行合一的行政体制，把决策与执行这两种不同性质的职能分别交给不同的主体承担，从而使决策者和执行者各司其职，各负其责。在经济社会背景下，决策越来越具有宏观性、综合性的特征，需要统筹考虑各种相关利益并进行有效平衡；执行则恰恰相反，需要保证其专业性和分散性，让最适合的执行机构去承担最合适的执行任务。这是决策与执行相对分离或者发展专门行政执行机构的基础。

从国外经验来看，不少国家在政策执行方面设立专门执行机构，实行决策与执行的分离。其中最为典型的就是英国的实践。英国在 20 世纪 80 年代中后期，在政府部门内创立负责政府政策实施和日常管理的半自治性执行机构，主管部长对执行机构实行准契约性质的合同管理，将决策与执行分开。我国香港地区也是类似体制。香港特区政府在特首之下设司、局、署（处）三级。司有政务司、财政司、律政司。政务司下设 12 个局（政策局），局下设有 60 多个署（处）。在行政管理中，3 司和 12 局具有决策功能，同时还有直属特首的行政会议、中央政策组等咨询机构，60 多个署（处）则是执行机构，决策部门和执行部门是分开的。

从 2009 年中国政法大学对全国各级政府抽样调查的结果（见表 10）来看，有 51.1%的受访公务员赞成决策与执行适度分离。而在 2010 年的第二次调查中，赞成这一思路的受访公务员则达到调查人数的 84.3%（见表 11）。这说明了，在公务员队伍中，决策与执行适度分离的观念的影响也在逐渐扩大。

表 10 2009 年调查中公务员对决策与执行适度分离的总体态度

选　项	选择计数	百分比（%）
［1］可行	1 028	51.1
［2］不太可行	701	34.8
［3］不太清楚	255	12.7
［4］其他（请填写）	29	1.4
参选人数总计	2 013	100.0

表 11 2010 年调查中公务员对决策与执行适度分离的态度

选　项	选择计数	百分比（%）
［1］赞同，可以全面推行	519	22.3
［2］赞同，但改革难度很大，可以先搞试点	1 443	62.0
［3］不赞同，尽管思路合理，但目前不具有可行性	271	11.6
［4］不赞同，思路不合理	94	4.0
参选人数总计	2 327	100.0

决策与执行分离受制于多种因素，比如改革进路选择、配套改革、法律制度保障，目前全面铺开的时机还不成熟。但是，这个改革的方向不能动摇。目前，大部制改革其实已经先行迈出了一步，将决策相对集中。在决策集中的前提下，可以逐步地推进政府部门内的执行机构分类行使执行权。值得说明的是，由于各级政府在决策权集中程度上的不一，执行机构设置的重点也不同。结合我国的情况，地方执行机构的设置就可以因行业的各自特点进行因级制宜的设置。比如，以省级政府交通管理职权来看，比较适宜设置公路局、陆上运输局、港航局等机构，其中公路局主要负责国道、省道以及相应级别的高速公路的管养、运力调度、收费公路运营的监管等职责；而陆上运输局则主要承担道路运输管理、运政执法、城市公交以及与中央直管的铁路与邮政运输的协调；港航局除管理地方船检、海事、航道、水运外，也同时承担与中央垂直管理的海事局的协调。

第二，建立专门的执行监控机制。执行监控是执行组织者为保证行政执行能够忠实于决策目标所采取的实时的监督和控制活动，目的在于通过纠偏来保证执行到位。因此，这里所说的执行监控是行政系统内部的监控措施，是作为执行过程中一个必不可少的环节存在的，不同于传统意义上的行政监督或者广泛意义上的外部监控（如立法机构对执行主体的监督，司法审查、政党监督、利益集团和社会舆论的监督等）。

在我国，专门的执行监控机制缺失，日常的政策执行情况主要靠决策部门跟踪。这种方式最大的问题是决策部门无法及时、准确、全面地获取执行信息，从而无法实施有效的监控。实践中往往是决策一旦作出，就脱离了决策者关注的视线。因此，需要建立专门的执行监控机制。对于建立执行监控机制的必要性，实务部门表示了高度的认同。在调研中，我们专门设计了这样一道题："为保证政策执行到位，在执行过程中建立一定的监控机制，您认为有无必要?"经过调研数据统计，有高达 88.2%的受访者都认为"非常必要"（见表 12）。

表 12　为保证政策执行到位，在执行过程中建立一定的监控机制，您认为有无必要?

选　项	选择计数	百分比（%）
[1] 非常必要	1 777	88.2
[2] 必要性不大	140	7.0
[3] 没有必要	59	2.9
[4] 不太清楚	35	1.7
[5] 其他（请填写）	3	0.1
参选人数总计	2 014	100.0

执行监控机制应如何构建呢? 执行监控机制其实与行政执行体制紧密相关。西方发达国家通过新公共管理运动推行决策与执行分开，实现了执行的社会化。政府设立法定机构或委托社会组织专司执行，决策部门对执行机构实行准契约性质的合同管理，为保证执行效果，对执行机构的绩效情况进行定期评审并将结果公布于众，同时引入竞争机制，推动执行机构改进服务质量。如在英国，对执行性的部以下行政机构一般是通过设定法定化的目标实现主管部门的监督和控制；而对"下一步"等纯执行性机构，主管部长通常会通过合同或框架文件对其具体管理过程加以限定，保持了解，以备监控。尽管我们认为，决策与执行分开、执行社会化是我国行政体制改革尤其是行政执行体制改革的一个方向，但就目前而言，执行活动仍是靠处于行政系统内部的各级行政机关开展的。并且，这些行政机关在完成上一级机关执行任务的同时，本身也在做着决策。课题组认为，有必要从以下方面着手建构执行监控机制。

首先，进行任务分解。执行机构（执行任务的承担者，或执行组织者）要对执行活动进行任务分解，认识到执行监控是执行活动的必经环节，同执行的组织、执行的实施一样必不可少，相伴始终。

其次，建立专门的监控机构。与任务分解相对应，执行机构要在明确执行实施者的同时，成立专门的监控机构，专司执行实施的监控任务。对于监控机构的设置，在 2009 年的调研中我们设置了一道专门试题（见表 13）："为保证政策执行到位，在执行过程中建立一定的监控机制，您认为应该由谁去监控？"有 53.8%的受访者认为应"成立专门的监控机构"，还有 38%的受访者认为可以由行政监察部门承担。我们认为，一般情况下行政监察部门与执行部门分属于不同的业务部门，限于专业、时间、精力、人员以及能力等因素，不可能对执行实施活动实施实时的监控，还是成立专门的监控机构为宜。这一观点也在 2010 年的调研中有所反映，支持成立专门监控机构的受访者数量较支持其他观点的要多（见表 14）。

表 13　为保证政策执行到位，在执行过程中建立一定的监控机制，您认为应该由谁去监控？（2009 年调研）

选　项	选择计数	百分比（%）
[1] 成立专门的监控机构	862	53.8
[2] 行政监察部门	608	38.0
[3] 主管领导	87	5.4
[4] 其他（请填写）	45	2.8
参选人数总计	1 602	100.0

表 14　为改变有令不行、有禁不止的状况，我们建议成立专门的执行监控机构。以下关于设立执行监控机构的建议，您认为哪种比较可行？（2010 年调研）

选　项	选择计数	百分比（%）
[1] 不设新的机构，由监察部门具体负责政策执行的监控	616	26.6
[2] 在决策部门下设立执行监控部门，执行监控部门隶属于决策部门	729	31.4
[3] 由政府设立统一的执行监控部门，负责执行监控	925	39.9
[4] 其他	50	2.2
参选人数总计	2 320	100.0

再次，明确监控过程。监控的对象是执行实施者的执行活动；监控的标准是执行活动是否遵照决策方案，实现了决策目标；在监控过程中，如发现执行活动偏离了决策目标，要向执行实施者及时反馈，建议纠偏，如果执行实施者有异议，要及时将意见反馈给执行机构（执行组织者），等候处理。同时，要对整个执行活动进行绩效评价。

最后，赋予监控方式。监控方式可以是多种多样的，比如检查、调查、质询、询问等，或者直接参与、实时跟踪。但无论怎样，要能够及时、准确、全面地获取执行信息，保证对执行活动的实时了解。

（三）监督权配置及运行方面的问题及改革[①]

行政监督是指在公共行政管理过程中所进行的监察、督促和控制活动，是各类监督主体依法对行政机关在执行行政决策时各种行政行为所实施的监察、督促和控制活动。行政监督包括行政机关内部上下级之间，以及专设的行政监察、审计机关对行政机关及其公务人员的监督。行政监督权包括信息权、调查权、审议权、处置权等，其配置及运行机制始终围绕着如何使公共权力在决策和执行过程中不被滥用而建构。

行政监督有广义和狭义之分。狭义的行政监督主要是行政系统的内部监督，包括行政系统内部上下级之间的相互监督、平行部门就职能范围管辖事务的监督和行政监察、审计等机关对其他行政机关的专门监督。广义的行政监督还包括行政系统以外的权力与非权力主体对行政机关及其工作人员实施的监督，即外部监督。本课题主要研究狭义的行政监督。[②]

监督权运行机制要求行政监督机制公开、透明、全面、高效地运行，监督方式、手段多样化，不仅有一次性的监督，而且有追踪性、经常性的监督以及全程性的监督。

1. 主要问题

就调研反馈的情况看，行政监督长期存在流于形式和监督乏力的现象。表现在：其一，专门监督机构缺乏必要的独立性和威慑力，不能形成对行政权的制约力量。实践中，监督不力的问题比较突出。监察、审计、财政、人事等部门相对于其他职能部门而言，负有较多、较专业的监督职能，只是它们和一般部门在行政级别上是平行的，监督的能力和权威性不能达到更高水

① 本部分分析和建议均建立在2008—2010年调研的基础上，2018年《监察法》通过，《行政监察法》已经废止，但实证调查发现的部分问题和建议仍然具有参考意义。

② 狭义的行政监督可划分为专职机关监督和非专职机关监督两类。内部专职机关监督指政府专设的监督机构所实施的行政监督以及各类专业性行政监督，主要包括行政监察、审计监督、物价监督和质量监督等专业性行政监督。内部非专职机关监督包括上下层级监督和平行部门监督。上下级监督指各级行政机关及其主管部门按行政隶属关系自上而下或自下而上进行的直线监督，而平行部门监督是指政府职能部门就其所辖事务，在自身权限与责任范围内对其他部门实施的监督。

平。有的监督主体仅有督办功能而无裁决权力，如信访监督部门；有的监督主体有制裁权力，但权力太小，如行政监察、审计部门。同时，大量的行政监察机构内设在行政机关内部，往往无法真正超脱地独立对本机关的活动开展监督。而审计机关设在政府内部，监督的效果也受到诸多制约。

其二，层级监督制度化、规范化程度不够。层级监督是保证政令畅通必不可少的手段，是一种经常性的监督措施。实践中，层级监督存在着很大的随意性，上级机关监督什么、怎么监督等内容不明确。许多上级机关该监督的没监督，不该监督的又干预过多；下级机关该请示报告的不请示报告，不该请示报告的又层层请示报告。同时，由于信息的不对称，上级机关不可能实时地对下级机关的活动进行跟踪了解，也影响了监督的效果。结果是上级管了许多不该管的事，下级做了许多不该做的事。

其三，监督的程序性和透明度不高，公信力不足。我国行政监督缺乏程序制约和透明度，随意性和暗箱操作现象比较严重。比如，监察机关、审计机关究竟每年接到多少举报，哪些追查了，哪些没有追查，追查了是否都一查到底，都缺乏有效的程序制约。结果可能出现“选择性执法”，也容易丧失社会公信力，反过来也影响监督工作的开展。

监督不到位的原因很多，调研问卷专门设计了一道相关问题：“就您单位看，影响监督的最主要因素是什么?”

从调研数据统计结果（见表 15）看，主要有以下因素：一是制度不健全，调研中该选项的比例最高。比如层级监督制度，目前亟须建立。另外，尽管有些领域已经有专门立法（《行政监察法》《审计法》），但总的来说制度还不健全，有些基本问题如行政人员的考核、评价标准、行政责任、行政监督等方面都缺乏必要的具体的制度。二是监督模式属于内部监督。行政监督作为行政系统的内部监督，确实有一定先天的缺陷性。比如各部门内设的监察机构，往往难以发挥作用。三是监督人员本身的素质水平、态度、效率等。行政监督工作是一项专业性很强、对人要求很高的工作，监督人员需要具备良好的职业素养、过硬的综合素质和认真负责的工作态度。目前部分监督人员缺少专门培训，政治素养、职业道德水平、业务能力与客观形势的要求有很大差距。另外，中国是个人情社会，任何人都处于一定的社会关系当中。监督人员在一地工作时间长了，被各种关系网包围着，对有些案子的处理不可避免地带有人治色彩。

表 15　　　　就您单位看，影响监督的最主要因素是什么？（限选三项）

选　项	选择计数	百分比（%）
[1] 制度是否健全	1 394	69.8
[2] 监督模式（比如外部监督还是内部监督）	1 282	64.2
[3] 监督人员的素质水平	908	45.5
[4] 被监督对象的自觉性	582	29.2
[5] 官员之间的派系和博弈	589	29.5
[6] 监督机关的态度和效率	899	45.0
[7] 其他（请填写）	23	1.2
参选人数总计	1 996	100.0

（四）权力协调与制约机制的问题及改革

协调是对组织内外各种关系的处理，也意味着对个人和机构的行为与决定进行控制，以促进组织整体目标的实现。协调机制的存在是任何组织实现有效运行的必要条件。在政府内部，各部门之间的协调机制尤为重要。其有助于减少各部门间潜在的对立和冲突，避免滋生“部门主义”的倾向和各自为政的现象，保证政策的执行。[①]

政府权力协调机制是指通过调整行政系统内各机构之间、人员之间、行政运行各环节之间的关系，以及行政系统与行政环境之间的关系，以提高行政效能，实现行政目标的机制。其主要解决政府内部部门职权不清、职权冲突等问题。

无论是从调研得到的数据，还是从大量有关行政运行方面的经验观察，我们可以看出，权力协调机制已经基本形成。调研中，我们设计了一道评价权力协调机制的试题：“您如何评价目前政府部门之间的协调机制？”选择“已经形成较健全的部门间协调机制”的受访者占 18.7%，选择“初步形成政府部门间协调机制”的受访者占 38.5%，以上两项加总 57.2%；直接选择“尚未形成政府部门之间的协调机制，部门之间推诿扯皮现象普遍”的受访者只占 16%（见表 16）。

但这个数据也反映出一个事实，就是目前的权力协调机制尚不完善，即选择“已经形成较健全的部门间协调机制”的受访者只占 18.7%；而选择“初步形成政府部门间协调机制”“有一定机制，但实际作用不大”“尚未形成政府部门

① 张成福，李丹婷，李昊城．政府架构与运行机制研究：经验与启示．中国行政管理，2010（4）．

之间的协调机制，部门之间推诿扯皮现象普遍”的受访者，加总占80.8%。

表16　　您如何评价目前政府部门之间的协调机制？

选　项	选择计数	百分比（%）
[1] 已经形成较健全的部门间协调机制	377	18.7
[2] 初步形成政府部门间协调机制	776	38.5
[3] 有一定机制，但实际作用不大	529	26.3
[4] 尚未形成政府部门之间的协调机制，部门之间推诿扯皮现象普遍	323	16.0
[5] 其他（请填写）	10	0.5
参选人数总计	2 015	100.0

1. 主要问题

(1) 权力协调机制不完善。权力协调机制有哪些不完善的地方，或者说存在哪些问题呢？我们通过一道专门问题进行了调研：“就您单位参与协调的情况看，政府协调存在哪些问题？（限选三项）”排在前四位的选项分别是：“协调解决问题的效果不理想”（51.5%）、“会议协调过多”（49.3%）、“政府协调的制度不健全”（48.8%）、“领导对某些协调事项的裁断个人主观性太强”（46.5%）（见表17）。因此，权力协调机制的问题主要表现在以下几个方面。

表17　　就您单位参与协调的情况看，政府协调存在哪些问题？（限选三项）

选　项	选择计数	百分比（%）
[1] 领导对某些协调事项的裁断个人主观性太强	921	46.5
[2] 会议协调过多	976	49.3
[3] 协调成本太高	598	30.2
[4] 协调解决问题的效果不理想	1 020	51.5
[5] 有的问题完全不必要进行协调	332	16.8
[6] 协调的随意性较大	708	35.8
[7] 政府协调的制度不健全	965	48.8
[8] 其他（请填写）	38	1.9
参选人数总计	1 979	100.0

第一，协调效果不理想。虽然权力协调机制已基本形成，政府在内部协调上做了不少工作，但是总的来说，协调的效果并不好。一个重要的原因是大量需要协调的事项是由于政府本身职责权限交叉或者是部门利益分割造成

的，而对这些体制原因造成的协调事项，即使在政府主要领导威权性的强力协调下，仍然只能做到“一次性”解决问题，而不能制度性地解决问题。这就使得协调的效率大大降低，协调的可持续性更是没有保证。

第二，协调制度化程度不高。根据调研，政府协调制度化程度不高主要表现在：会议协调过多，临时性机构过多，领导人个人的主观性太强。其实，无论是会议协调还是临时性机构协调，主要靠的还是领导最终的裁断，通过领导人的权威性来协调解决问题。这就难免带有领导个人的主观性。

第三，协调随意性大，协调程序不健全。主要表现在：一是领导个人意志往往不自觉地代替了部门间平等协商，损害了部门参与协调的积极性。二是协调的时效性不够。由于协调过程缺乏制度化的规定，协调的时间无法保证。三是协调标准和依据的随意性。协调工作中，一些政府部门往往把法律规定撇在一边，要么利用政府所谓的“权威”进行命令式协调，要么是采取“和稀泥”的办法进行协调，致使协调实质性违法。四是协调结果的不确定性。对协调达到什么目标，或协调要达到何种程度，并没有硬性规定。在协调实践中，即使在协调会议上达成了协议，在一方不遵守的情况下也缺乏强制执行力。

第四，对协调的监督与追责的缺失。应该协调而没有协调、协调达成的决议没能有效实施、协调违反政策法规、协调没有达到预期的目标，凡此种种，没有任何的监督，更谈不上追究相关部门或人员的责任，这又进一步强化了协调的随意性。比如，2005 年 9 月 1 日，国家发展改革委会同监察部、财政部、建设部、铁道部、交通部、信息产业部、水利部、商务部、民航总局和国务院法制办 11 个部门共同起草了《招标投标部际协调机制暂行办法》，建立部际协调机制，一年一度举办高规格论坛。但 2006 年招标投标高层论坛只剩下 6 个部门，包括监察部、财政部、信息产业部、民航总局、国务院法制办在内的 5 部门没有参加。

（2）权力制约机制不到位。政府权力制约机制设置的目的在于：约束行政权力运行过程，监控行政权力运行效益，防止和纠正行政权力运行过程中出现的偏误与紊乱。[①] 其内容主要包括：通过权力结构的设计，达到决策

① 陈党．实现“五个结合”完成“四个转变”——论构建有效的行政权力制约机制．“落实科学发展观推进行政管理体制改革”研讨会暨中国行政管理学会 2006 年年会论文集．

权、执行权、监督权在静态结构上的相互制约；通过权力运行过程中的互为牵制，达到决策权、执行权、监督权在动态运行中的相互制约。

权力制约机制主要是指政府决策权、执行权和监督权相互制约的结构设置和运行机制。在结构设置上，决策权、执行权和监督权这“小三权”要分离，不能相互融合，尽量分属不同的主体；在运行机制上，决策权、执行权和监督权在各自的权力运行过程中要有所联系，互为牵制，比如决策过程要考虑执行的可行性，执行要忠于决策而不偏离等。

在调研中，我们设计了一道专门反映权力制约机制现状的题目：“您认为，政府决策权、执行权、监督权相互制约中存在哪些问题?”数据统计结果（见表 18）显示，有 69.3%的受访者选择了“决策权与执行权不分，常常是一个部门既决策又执行，无法相互制约”，排在第一位；有 66.4%的受访者选择了“决策权、执行权和监督权之间的权力界限不清晰”，排在第二位；有 65.1%的受访者选择了“监督权乏力，对决策权和执行权的制约起不到应有的作用”，排在第三位；排在第四、第五位的选项分别是“制度不健全，依据不足，缺乏制约的途径和手段”“决策权、执行权对监督权的制约目前基本不存在”，各占受访者的 40.6%、23.3%。

表 18　　您认为，政府决策权、执行权、监督权相互制约中存在哪些问题?

选　项	选择计数	百分比（%）
[1] 决策权、执行权和监督权之间的权力界限不清晰	1 324	66.4
[2] 决策权与执行权不分，常常是一个部门既决策又执行，无法相互制约	1 382	69.3
[3] 监督权乏力，对决策权和执行权的制约起不到应有的作用	1 297	65.1
[4] 决策权、执行权对监督权的制约目前基本不存在	464	23.3
[5] 制度不健全，依据不足，缺乏制约的途径和手段	810	40.6
[6] 其他（请填写）	29	1.5
参选人数总计	1 993	100.0

通过调研，我们基本可以得出一个结论，我国的权力制约机制尚未真正形成。主要表现在以下方面。

第一，决策权、执行权和监督权没有完全分离，无法进行有效制约。首先是决策权与执行权不分，这是目前权力制约中最主要的问题，在调研中也得到了受访者的高度认同。决策与执行不分是由我国目前所采取的行政组织模式所决定的，我国仍然采用传统的官僚制行政组织模式，即：部—若干司（局）—若干处，或厅（局）—若干处—若干科的科层制形式，其基本特征是职能部门化的分工协作模式。从理论上讲，部长与司局长是负责决策的，而处长们则主要负责执行；但由于处长们与司局长之间是行政隶属关系，处长们在执行政策的过程中听命于部长与司局长，因而部长与司局长们也承担了执行的责任；而制订政策又是从处级开始的，处级单位又承担了决策的任务；部长、司局长、处长之间，谁负责决策、谁负责执行，是浑然一体的，决策与执行职能一体化。其次，决策权、执行权、监督权之间的权力界限不清晰。事实上，这个因素和第一个因素之间是互为补充的，并在一定程度上重合。决策权与执行权不分恰恰说明了决策权、执行权以及监督权之间的权力界限不清晰，在实际运作中，三者常常交织在一起。就行政体制而论，中国政府各个职能部门多同时兼有决策、执行和监督的权力，“异体”监督、制衡的力量明显不足。

第二，在权力运行过程中，决策权、执行权和监督权相互之间不能形成有效制约。首先是监督权乏力，对决策权和执行权的制约起不到应有的作用。我国政府的监督主要是靠上下级之间的层级监督和监察、审计等部门的专门监督。总体来说，行政监督长期存在流于形式和监督乏力的现象。这一点前面已经详述。其次，是决策权、执行权对监督权的制约几乎不存在。就我国政府权力制约现状来看，仅仅存在监督权对决策权和执行权的单向制约，决策权、执行权对监督权的制约机制尚未建立起来，呈现出政府权力制约的单向化。再次，决策权与执行权之间的相互制约处于初级阶段。虽然目前也有执行部门对决策过程的参与，决策部门吸取执行信息的反馈调整决策方案等做法，但还没有成为常态，并且，规范化程度不高，方式有限。最后，是制度不健全。决策权、执行权和监督权之间的制约制度目前还比较欠缺，更多的是实践中的做法。

2. 改革方向：实现三权在结构上的科学配置——协调与制约

随着决策权综合化、执行权专业化的改革，一些问题往往会逐渐暴露。如执行机构数量多、种类多，专门化程度高，目标明确，虽然提高了公共服务的灵活性，但互相之间缺乏合作，使政府公共服务的整体效果下降，出现了“碎片化”问题。再如中央政府对不同部门间获取信息的能力下降，如果不同部门提供公共服务的效果有相互抵消的情况，决策部门也不易发现并采取调控措施，这有可能会导致“政策执行方面出现了失控的问题”，并且“部长的公共责任下降”，“部长和执行局之间关系模糊不清”。另外是从提高效率的角度看，独立的小机构有自身的高效率，但协作和整体行动有时比分散化的效率要高。也就是说，“单一的内部成本控制忽视了政府公共部门管理的外部效应最大化这一核心问题”。即政策与执行二者之间不能够在非常协调的情况下运转，同时也影响了整体效率。①

这时就要注意决策权、执行权、监督权在政府结构配置中的协调和制约问题。从国外经验来看，英国、新西兰等国从1997年布莱尔提出的“协同政府”到新西兰、澳大利亚等的“整体政府”的思路出发，对此问题进行了相应调整。所谓“整体政府”是指“公共服务机构为了完成共同的目标而实行的跨部门协作，以及为了解决某些特殊问题组成的联合机构。所采取的措施可以是正式的也可以是非正式的，可以侧重政策的制定、项目的管理或者服务的提供”②。其中的具体措施包括：一是通过在中央政府成立新的监督控制机构来增强监控和部门整合能力，纵向上强化对下属机构的控制，横向上加强部门之间的联合、协作。其中特别强调决策、规划方面的集中统一。二是通过“公共服务协议”将内阁、政府核心部门和执行机构三者从总体目标上整合起来，虽然各司其职但由于设立了统一的总目标和合作关系，公共服务就不再分散凌乱。三是针对过去执行机构高度的独立自主性、目标的分散性带来的与主管部门似无关联、互不关心、各自为政的状况，要求执行机构的工作不仅在目标上和主管部门保持一致性，而且要成为主管部门整体工作的有机组成部分。四是要在管理文化和观念上进行适应性调整，从只重竞争转向兼顾合作，从注重借鉴私营部门管理方式到同时重视自身管理行为的改进，从单纯强调分开到同时注重联合。③

结合我国国情，借鉴国外经验，我国在决策、执行、监督适度分离的同

① 傅小随．政策执行专职化：政策制定与执行适度分开的改革路径．中国行政管理，2008（2）．

② Tom Christensen，Per Legreid. 后新公共管理：作为一种新趋势的整体政府．中国行政管理，2006（9）．

③ 同①．

时，也要注意加强“协调与制约”机制的建设，具体可从以下方面入手。

其一，继续清理和规范议事协调机构。根据《国务院行政机构设置和编制管理条例》与《地方各级人民政府机构设置和编制管理条例》规定：设立议事协调机构应当严格控制，并须经由编办审核、提出方案。而且，《国务院行政机构设置和编制管理条例》规定：可以交由现有机构承担职能的或者由现有机构进行协调可以解决问题的，不另设立议事协调机构。如果严格执行这些规定，是能够控制议事协调机构的数量的，但事实上，我国议事协调机构的设立是政策主导型，中央和地方政府有权根据需要设立临时性行政管理机构，这就导致议事协调机构泛滥到需要清理的程度。今后要加强清理那些设置不科学、存在的意义不大的议事协调机构。对于以后新成立议事协调机构，要根据《国务院行政机构设置和编制管理条例》与《地方各级人民政府机构设置和编制管理条例》等规定严格设立，规范管理。

其二，加快部门间协调制度的建设。针对政府部门间协调中存在的问题，在部门间协调制度的建设上，要建立如下的基本制度：一是建立协调启动制度，在这方面，可以借鉴行政许可法确立的“一个窗口对外”的制度，即：有相对人提出申请的，只要事项属于该部门的职责范围，而该部门需要与其他部门进行协调解决的，就应该由受理申请的部门启动协调机制，否则，就要承担相应的责任。二是要建立部门间的协调程序制度。这里面包括了要明确协调时效，明确协调的依据与标准，明确协调参与方的权利与义务，明确协调议决的方案的法律效力以及协调议决方案的执行主体。三是要建立部门间协调的监督和追责制度。可以考虑在各级政府建立一个直属行政首长的部际协调监管机构，由该机构制定部门间协调的政府协调守则，同时，该监管机构有权对部门间的权限争议进行处理，在明确部门权限的基础上确定各部门参与协调的义务，并以此为依据追究其协调责任。

其三，加强综合性协调机构和机制的建设。协调的进一步制度化必须改变目前主要依靠领导人的权威和决断来协调的状况。在这方面必须找到一种制度化的替代机制。我们认为，必须借鉴国外经验，加强综合性协调机构和机制的建设。综合协调的优势在于将行政管理中的协调职能专业化、常态化，它突破了传统的“一事一协调”“一时一协调”的限制，强调综合协调机构的独立性和综合协调机制的长期性，有利于提高政府的综合治理能力。加强政府综合协调中心的建设应该包括两个层面：一是在机构层面，有必要设立综合性的协调机构。比较可行的方案是明确政府办公厅的综合性协调职能，确立其综合协调中心的地位，加强探索和建设。我们认为，确立行政首脑办事机构（主要是指各级政府办公厅）的综合协调中心地位，加强综合协调中心对各部门行政立法行为的监控力度。加强各级政府综合协调中心建设的着重点可放在，研究制定跨部门协调措施、指导督促部门间合作、开展联合监督检查等方面。二是在制度层面，对需多部门常态合作的特定事项建立综合性协调机制。比如，宏观调控协调机制就是一种典型的综合性协调机制。运用综合性协调机制时，不但要采取统一的步调，而且要做好无缝的衔接。针对流程性工作的跨部门综合协调，可尝试采用流程分段设计，把不同的环节交由不同的部门或组织，做好相互的无缝衔接，避免协调上的脱节或管理上的真空。

五、政府权力结构保障机制的问题与改革

政府的高效运作必须以一系列保障机制与措施为依托。从西方国家的经验看，人力、财力、信息技术和法律制度的基础保障为政府的改革提供了有力的支持，促进了政府改革的顺利实施；同时，西方国家的政府改革也注重对相关保障机制的改进和创新，从整体上全面提升政府效能。[①]

（一）主要问题

通过实地调查研究和借鉴西方经验，我们认为政府权力结构及其运行机制的保障机制包括法律保障、人员保障、财力保障、信息保障、行政文化等五个方面，目前这五个方面均存在程度不同的不足，具体表现如下。

1. 法律保障不足

法制化不仅应当是政府运作的日常形态，也是推进和巩固政府改革的必要手段。[②] 行政组织法律制度与政府权力结构及其运行机制密切相关。但是目前我国的行政组织法律制度严重滞后于行政的发展和变革。举例来说，《国务院组织法》自 1982 年制定以来历经 30 年只字未变，对 1982 年以后的

① 张成福，李丹婷，李昊城．政府架构与运行机制研究：经验与启示．中国行政管理，2010（4）.

② 同①.

行政改革没有任何回应。国务院制定的《国务院行政机构设置和编制管理条例》和《地方各级人民政府机构设置和编制管理条例》在规范机构设置、控制机构规模方面发挥了一定作用，但行政机关职能交叉、机构重叠、条块分割等问题并没有得到有效解决。行政组织法缺位、行政组织法律制度供给不足已影响到公共行政的发展，并制约着中国的现代化进程。经济改革、社会变迁要求作为上层建筑的公共行政转型，公共行政面临着从一元到多元、从人治到法治的转变，需要大量行政组织法律制度的建构。而现实是公共行政领域仍然主要依赖政策和习惯，法治建设远落后于经济社会发展的需要。行政组织法发展缺位的直接后果是：其一，公共行政转型缓慢，无法快速回应经济、社会的发展需求。其二，造成了公共行政领域的无序竞争。其三，限制了公共行政领域的改革创新。①

2. 人员配置科学化程度需要提升

在人员配置方面，人员的编制和素质关系到一个组织能否正常运作，是组织的核心组成部分。目前人员配置方面存在的问题表现在两个方面：一是人员结构不尽合理，难以适应专业化的工作要求；二是人员编制紧张，严重影响了工作任务的完成。例如在 2008 年的改革中，住建部在原建设部基础上新组建了两个司，而根据国务院各部门“三定”方案的要求，行政编制只增加了 15 名。在行政编制紧缺的情况下，住建部压缩了原有部分司局的行政编制，重新组建了内设机构。但即使这样，该部还是感到机关人员编制紧缺的矛盾日益突出，“一个处往往只有 2—3 人，很多业务部门都在‘借人’”，各部门经常出现很多人员调走或挂职锻炼，部门工作由借调人员来主持的现象。据估计，一些中央部委机关借调人员的数量大体在正式编制的 10%～20%。

3. 信息流不够顺畅，重复建设多

信息获取是否及时、准确、完整决定着决策的质量。在目前政府的行政运作中信息流并不顺畅。具体问题体现在：（1）信息搜集和综合手段不足，能力弱。由于我国政府长期实行计划的管理手段，造成宏观管理能力相对不足和对市场信息的搜集缺乏有效渠道，市场数据真伪辨析和信息处理能力普

① 薛刚凌．行政组织法发展缺位之检讨．江苏社会科学，2008（5）．

遍较弱，这导致部门在进行宏观决策时缺乏充足和有效的信息依据，信息的不对称严重影响部门职能的落实。（2）部门间信息共享缺失，造成资源浪费。长久以来形成的信息资源部门所有的惯例使政府部门将由于职能赋予的权力所采集的信息资源作为独家垄断，在权力和利益问题作祟下，很难实现公开和共享。在现行体制下，政府信息资源的开发利用一般都按政府部门业务条块进行，在开发的规划、组织、资金和体制上都是条条块块、各自为政，而且目前突出的问题是纵强横弱，没有责任主体对信息共享的组织协调和运行工作负责。由于缺乏统一规划和管理，信息资源多头采集、重复建设、浪费巨大；大部分数据库不共享或只在有限范围内共享，使用成本太高。[①]

4. 事权财权不匹配

公共财政是政府改革顺利进行和政府有效运作的基础物质保障。无论是何种规模的行政改革，还是政府的常规运作，都必须依托于财政保障。在大力发展国民经济的同时，西方国家政府试图通过科学的财政制度设计以及有效的财政管理方式，实现资源的最优配置和财政效益的最大化，为政府改革和政府运转提供更有力的财政支持。[②]

在财力保障方面存在的问题是各部门的事权与财权相对不均衡。财政部和发改委权力过大，致使财政资源过度集中。在部门财政供给权方面，从国外经验来看，许多国家都奉行预算民主原则，政府只享有预算提案权，议会掌握着预算决定权，中央政府各个部门的开支必须要有议会批准的预算作为依据。可以说，如果没有议会批准的预算，部门组织将寸步难行。而我国的财权和项目权则主要集中在财政部和发改委之手，由此形成了国务院和其他部委之间的“隐形层级”。

5. 行政文化亟须转型

行政文化和社会观念对于政府权力结构与运行机制建构的具体作用在于两点：一是它们对于政府权力结构与运行机制设计的价值取向存在着影响。行政文化和社会观念中的价值渗透在具体制度之中。二是行政文化和社会观

① 吴晓敏．政府信息资源内部共享体制和机制研究．[2012－01－19]. http://www.celap.org.cn/html/20060510/566690.html.

② 张成福，李丹婷，李昊城．政府架构与运行机制研究：经验与启示．中国行政管理，2010 (4).

念承载着具体制度的运行，是行政管理制度作用发挥的保障。如果行政管理制度有相适应的行政文化和社会观念承载，则可以充分发挥制度功能，达到其制度目标。反之，其实施效果则会大打折扣。我国在行政文化和社会观念中还有不少不适应现代行政的地方，主要表现如下。

首先，一元观念仍然深入人心。在中国传统社会中，政治系统和行政系统合一，不存在立法、行政、司法的分工合作，也不存在多元的管理主体。“普天之下，莫非王土，率土之滨，莫非王臣。”权力极为集中。这就形成了传统文化中的一元观。[①] 一元观对于当下行政管理和行政法律制度的影响仍然存在，表现为政府全能的观念。在其影响下，政府忽视社会利益多元的现象，在多元社会管理主体方面疏于培养，吝于把职能移转给社会。而民众也缺乏对于政府职能的认识，一方面难以防范行政权力对于个人权益的侵害，另一方面则对政府职能有不切实际的想象，认为什么问题都是政府应该管理的。

其次，理性精神缺乏。客观地说，在行政法治建设实践中出现的问题，有一部分是法律制度设计的问题，有一部分是政府执行存在的问题，还有一些是社会民众的问题。在社会民众的问题中，有不少是缺乏理性精神，缺少对法律的尊重所致。例如在法院判决后撕毁判决，拒不执行，或者暴力殴打法官等等（这里面固然有一些源于法院判决有误，但也有不少是法院判决没有错误，而当事人缺乏足够的道德勇气和冷静，面对判决结果所导致的）。同样，在行政机关和司法机关中也有不少缺乏理性精神，缺少对法律的敬畏之心的现象。

最后，效率观念不足。在中国传统文化中，“德治”“人性本善”观念影响深远。在此影响下，一是在行政管理的过程中，过于强调行政机关工作人员的个人品德修养，认为只要行政机关工作人员品德高尚，就不会有部门利益等问题的存在，忽略行政主体本身也是理性的，具有一定利益这一事实。二是在日常行政的过程中，往往只重视好的出发点，仅仅讲求政治正确，而忽视成本效益的分析，不考虑目标和手段、物质保障的匹配性。这就导致了行政管理过程中重视人的能力，忽视行政机关自身应予以规范的问题以及行

---

① 孔玥彬．传统行政文化的负面影响及对策．理论界，2005（8）．

政决策中的“三拍”现象。

（二）改革方向

政府的高效运作必须以一系列保障机制与措施为依托。从西方国家的经验看，人力、财力、信息技术和法律制度的基础保障为政府的改革提供了有力的支持，促进了政府改革的顺利实施；同时，西方国家的政府改革也注重对相关保障机制的改进和创新，从整体上全面提升政府效能。[①] 我们应从法律保障、人员保障、财力保障、信息保障、行政文化等五个方面对政府权力结构保障机制加以完善。

1. 完善行政组织法律制度，将政府权力结构及其运行机制法定化

在法律保障方面，我们需要完善行政组织法律制度，将政府权力结构及其运行机制法定化，通过法律的普遍约束力来保障各项组织制度的合理正常运行。

第一，应当在理性的基础上通过法律制度对政府权力结构及其运行机制进行整体设计。在横向结构上注重明确行政组织的职能范围，加强综合决策；在纵向结构上控制中央政府组织的幅度和层次；在保障机制方面，注重信息资源、财政资源、人力资源、制度资源在政府组织结构中的合理配置。第二，对于权力结构的配置和运行机制进行科学合理的规定，如决策、执行、监督等机关的定位和相互之间的关系；决策程序机制、信息机制、责任机制、监督机制、协调机制、绩效评估机制和社会参与机制在内的政府各类运行机制等等。第三，规定推进行政改革的相关法律。立法先行是西方国家政府改革常用的方式。如新西兰于20世纪末出台了《国有企业法案》《国家部门法案》《公共财政法案》和《财政责任法案》，推进了该时期的整体改革。此外，西方国家政府普遍注重以法制化的形式，及时巩固已取得的改革成果。[②] 我国有必要借鉴此种经验，提升改革的理性与合法性。

2. 注重人才的类型及配置，实现人员配置科学化

制度是由人运行实施的，良好的制度缺少了人力资源的保障就无法达到预期效果。正因如此，近年来西方国家政府的改革，无一例外地包含着对公务员制度的再设计。从现今状况看，西方国家政府正以更加灵活化的管理方

① 张成福，李丹婷，李昊城．政府架构与运行机制研究：经验与启示．中国行政管理，2010（4）．
② 同①．

式，打造一支专业的、高素质的、具有公共精神的公务员队伍。①针对人员保障方面的问题，我们需要采取以下措施。

一是要实现人员编制管理的科学化。我国政府人员编制配备应与职能相适应，编制应向行使社会管理和公共服务职能的机构和部门倾斜，而不应与行使政府内部事务管理职能的部门一概而论。应根据部门工作任务的繁重程度和社会责任的大小程度、区分政府内部事务部门和社会事务部门重新核定编制，向公共服务和社会管理部门倾斜。对公共服务部门的编制管理，可以借鉴国外编制管理办法，对于直接服务于公众的社会管理和公共服务部门根据服务对象的多少来确定编制数量。编制分配不能一成不变，应根据定编因素的变化，每隔一定时间进行一次调整，建议每五年调整一次。

二是要注重人才的类型及配置。可以设置高级公务员和一般公务员的分类。高级公务员主要指是指掌握两门或以上相关专业知识或技能的人才，主要适用于工作内容多、协调性要求较高、专业性要求较低的工作；一般公务员是指仅掌握一门专业知识或技能的人才，主要适用于工作内容单一、协调性要求不高的工作。高级公务员主要是决策岗位的公务员，而一般公务员存在于执行岗位。高级公务员的多种素质可以在政府部门的综合性决策中发挥作用，有利于大部制的改革和运行。在这一方面，英国的高级公务员制度可以加以借鉴。②

3. 整合决策所需信息系统，建设运行顺畅、资源共享的信息机制

在信息保障方面，传统的信息处理方式缺乏弹性而且缓慢，使政府在应对当代纷繁复杂的公共事务时显得力不从心。传统行政权力结构已经不能适应信息社会的管理需要。信息技术与生产能力的发展导致了社会公共事务日益复杂化，变化迅速，时限性强，但官僚制政府弹性和回应性不足。③ 针对前述问题，我们需要作出如下应对。

第一，整合信息系统、设备平台等支持决策、执行功能的辅助系统。资

① 张成福，李丹婷，李昊城．政府架构与运行机制研究：经验与启示．中国行政管理，2010 (4).

② 英国文官制度对公务员的选拔比较偏爱通才而不是专才。通才型公务员不可能给部长提供信息的原始资料，因为他们本身没有时间，也没有这方面的能力来进行具体的研究。这些信息都是由专才型公务员——专业技术人员提供的，经由高级公务员总结之后再递交给部长。

③ 同①.

源的整合不仅有利于决策综合性、协调便利，而且也是降低行政成本，提高行政效率的要求。我们应当对现有的条块分割的信息系统、设备平台从单个职能部门中抽出，进行合并，促进跨部门资源共享和合作。即对于受众面广、涉及多个政府部门共同完成的项目，统一设计和建设信息系统、设备平台，最大限度地避免部门各自为政。如美国的电子化政府建设就是个很好的借鉴经验。其不仅加速了各部门之间信息的获取，也推动了政府与社会公众、企业之间的信息的快速获取、传输和处理，还重塑了行政流程，促进不同的部门之间以及不同流程之间的整合。

第二，建立政府部门之间信息资源共享的业务体制。信息资源管理部门与各部门信息中心通过政务信息网络（外网平台、内网平台）互联互通，建立业务协作关系，实现政府部门之间的信息资源交换与共享；政府信息资源按规划实行集中与分布式相结合的方式建设。基础性的数据库集中建设，各部门共享；专业业务性的数据库分布建设，各部门按需要有条件共享。基础数据采集由业务主管部门一家采集提供各部门共享，保证数据源头单一性及数据的准确性。政府部门内部通过政务内网门户网站及政务外网门户网站服务。面向公众的政府信息在政府门户网站发布通过互联网服务。①

4. 注重各部门事权与财权的匹配

在财权事权匹配方面，可以建立专业化的财务咨询制度，使财政部和发改委在决定资金和项目分配时更为科学，并有一定的制约。专业化的财务咨询制度有助于财务管理的优化。西方国家采取的主要措施有：加强政府财务管理，为各个机构提供专业化的财务咨询，组建财务官咨询团体，使财务官能够共享信息，改进财务信息管理系统等。同时对于需要跨部门完成的事项，可以建立以合作为导向的拨款途径。西方国家普遍通过财政优惠的激励，促进政府部门间的合作。这有助于避免项目的重复建设和部门之间争夺财政拨款和项目资源的现象。

5. 促进行政文化的改革转型

我们首先需要转变一元观为多元观，正视多元利益的存在，培育多元的管理主体，政府的部分职能可以向其他社会管理主体转移。这体现在行政法

① 吴晓敏．政府信息资源内部共享体制和机制研究．[2012－01－19]．http：//www.celap.org.cn/html/20060510/566690.html.

律制度上即是辅助性原则的确立、政府职能相关法律规定的明晰以及行政组织法律制度的完善。其次，应当培育社会理性精神。理性精神源于西方，与西方的法治传统一脉相承，其精髓在于冷静、客观，超越情绪，直面真理。理性精神在西方历史上对于解决或超越矛盾和冲突，继而在推进西方现代化（包括精神现代化）的过程中发挥了重大作用。① 最后，应当重视行政目标正确性和行政机关工作人员品德之外，增强效率和效益的观念。体现在行政法律制度中就是要加强行政程序制度的建设，以规范行政管理的过程，以及尽快对重大行政决策的相关内容进行立法，规定在决策的过程中，需要着重考虑哪些因素。

六、我国政府权力结构和运行机制改革的影响因素

政府权力结构和运行机制的改革是一项复杂工程。除了需要按照管理的需求和规律重新设计外，还需要关注直接影响改革的其他关联问题。根据中国政法大学 2010 年 7 月对全国各级政府运行现状的抽样调查数据（见表 19），在受访的公务员的观念中，排在前几位的改革困难分别是（1）既得利益者的阻挠（占 63.6%）；（2）配套制度的构建（占 59.8%）；（3）政府公务员的工作方式和行政习惯（占 56.6%）；（4）现有行政秩序失控的危险（占 50.3%）。

表 19　　如果进行改革，您认为改革的主要困难是什么？

选　项	选择计数	百分比（%）
[1] 政府工作人员的工作方式和行政习惯难以转变	1 316	56.6
[2] 改革将会打破现有的行政秩序，可能在一定范围内导致管理失控，风险较大	1 170	50.3
[3] 构建配套制度的难度大	1 390	59.8
[4] 法律依据不足	612	26.3
[5] 将损害部分人员的既得利益，受到他们的抵制	1 480	63.6
[6] 其他	42	1.8
参选人数总计	2 326	100.0

针对这些问题，我们可以发现影响改革的因素主要有以下几点。

第一，管理理念。管理理念深刻地影响着政府的行为模式。为实现政府

① 邱震海．中国需要理性精神洗礼．[2012-01-19]．http：//www.chinanews.com/hb/news/2009/06-08/1724385.shtml.

组织结构由以事权为中心向以功能为中心转变，需要打破传统“大而全”“小而全”的管理观念，转变命令服从的简单管理方式，强调行政管理的科学和理性。此外，还要树立管理就是服务的意识，弱化部门利益。

第二，改革的可接受性。政府组织结构的改革是一个循序渐进的过程，因而在改革过程中，要注意不能追求简单快速、一次性完备，而是要根据实际情况，在不打破管理链条，不影响行政控制力的情况下进行改革。改革方案的设计要科学论证，并具有可操作性，以为社会所接受。

为探索改革经验，可选择在国务院部委中进行试点，鼓励先行先试，总结经验后推广。还可以在地方进行改革试点。我国各地的经济和社会发展不平衡，一成不变的地方政府组织结构难以符合当地社会的需求。同时，地方改革的成本较低、风险较小。地方政府，尤其是发达地区的政府往往愿意尝试改革。要通过授权给予地方的改革创新权。

第三，配套制度建设。政府组织结构的改革不能一蹴而就，也不是单兵突进，而是一个系统，因而需要众多配套制度的支持。以功能为中心的政府组织结构需要和人事制度、财政制度的改革和调整相协调，同时也要与行政运行的各个机制的改革、建设相配合。此外，还应注意决策、执行等功能对公务员的素质也提出了不同的要求。例如在决策方面，要求公务员的心理素质、洞察力、决断力、应变能力、驾驭全局等能力都达到一定水平。而在执行方面，则要求公务员有较强的专业素养、娴熟的执行技巧以及良好的协调能力。我们应当根据决策、执行等功能的不同要求培养和选拔人才。

第四，行政法治。目前的政府组织结构受“小而全”“大而全”的管理理念影响，决策、执行等功能合一，命令服从，对领导意志的依赖性较强。而以功能为中心的政府组织结构则强调政府的功能建设，需要依照决策、执行和监督的功能要求对机构设置和权力配置进行明晰，对法律的依赖性较强。因此，应当加强立法，以支撑和推动政府组织结构的改革。具体而言，应当站在一个全新的视野来制定行政组织法，明晰政府组织结构的轮廓；对重大行政决策机制、执行实施和监控机制、绩效评估机制、研究咨询机制、行政问责机制、综合信息系统等支持决策、执行、监督、协调等功能的具体机制和系统平台进行规定和完善。通过对行政组织的权利义务、运行程序条款、权限冲突解决等问题的规定，充实政府组织结构的“血肉”。

总之，政府组织结构和运行机制的改革过程是一个随着行政管理科学逐渐发展而完善的过程，也是一个需要立足国情不断回应社会的过程。对于这一动态过程，我们不能简单地希望“毕其功于一役”，也不能因为其复杂性而望而却步。只有不断地探索和改进，才能真正建立其适合现代社会需要的科学、合理的政府组织结构。

后　记

本研究报告是笔者承担的国家社会科学基金重大项目“法治视野下的政府权力结构与运行机制研究——决策权、执行权、监督权的制约与协调”的部分研究成果。历时三年的实证调研是在教师和学生团队的艰苦努力和通力合作下完成的，也让我们付出了很多人力、物力和时间，但实证调研带给我们很多书斋无法获取的数据和信息，加深了我们对行政管理实践的了解把握，也使我们深刻体会到政府体制改革转型的艰难。

多年过去，我国的政府体制又经历了两轮改革，尤其是2018年的党和国家机构改革加强了综合决策，改革了国家监察制度，政府的系统性、整体性和科学性加强，政府体制朝着更合理的方向发展。但实证调查发现的部分问题至今依然存在，如对政府执行权的监督仍有缺口。新成立的国家监察委员会作为行使国家监察职能的专责机关，其职责是“对所有行使公权力的公职人员（以下称公职人员）进行监察，调查职务违法和职务犯罪，开展廉政建设和反腐败工作，维护宪法和法律的尊严”。换言之，国家监察委员会侧重于国家权力运行的合法性监督和打击腐败，对于如何保障决策的执行和确保决策目标的实现，仍然需要更加有效的保障机制。

党的十九届四中全会明确指出要坚持和完善中国特色社会主义制度，推进国家治理体系和治理能力现代化，政府的权力结构和运行机制需要对接国家独特的经济模式和政治模式，也必须满足国家日益开放的需要。政府体制改革任重道远，改革永远在路上。政府体制改革也是一个复杂的系统工程，需要逐步推进，具有中国特色的政府权力结构和与进行机制的建设需要逐步构造和完善。正是在此意义上，我们将课题调研数据和结果予以出版，以供更多的学者研究探讨，这也是课题组的一份心愿。

本研究报告是多位老师学生和实务部门领导及公务员共同努力的结果。参与调查问卷的设计、调查和分析报告撰写的老师和学生多达上百人，调查过程中还得到了实践部门许多领导和公务员的无私帮助和支持！在此向所有课题的所有参与者与支持者表示衷心感谢！需要特别感谢原中国政法大学党委书记石亚军教授对该课题调查给予的大力帮助，没有他的指导和支持这项调查难以完成。还要特别感谢的是中国人民大学出版社的编辑们，没有她们的努力和投入，这项调查报告难以最后面世。也特别感谢华南师范大学及法学院，他们为我提供了很好的研究空间，使该书能够最终修订完成。

薛刚凌

2020 年 7 月

图书在版编目（CIP）数据

法治视野下的政府权力结构和运行机制研究：决策权、执行权、监督权的制约与协调问卷调查数据分析/薛刚凌主编．—北京：中国人民大学出版社，2021.1
（中国特色社会主义法学理论体系丛书）
ISBN 978-7-300-27712-7

Ⅰ.①法…　Ⅱ.①薛…　Ⅲ.①国家行政机关－行政权力－研究－中国　Ⅳ.①D630.1

中国版本图书馆 CIP 数据核字（2019）第 264786 号

"十三五"国家重点出版物出版规划项目
中国特色社会主义法学理论体系丛书
法治视野下的政府权力结构和运行机制研究
——决策权、执行权、监督权的制约与协调问卷调查数据分析
主　编　薛刚凌
副主编　杨　欣　陈晓勤
Fazhi Shiye xia de Zhengfu Quanli Jiegou he Yunxing Jizhi Yanjiu

出版发行	中国人民大学出版社		
社　　址	北京中关村大街 31 号	**邮政编码**	100080
电　　话	010－62511242（总编室）		010－62511770（质管部）
	010－82501766（邮购部）		010－62514148（门市部）
	010－62515195（发行公司）		010－62515275（盗版举报）
网　　址	http://www.crup.com.cn		
经　　销	新华书店		
印　　刷	北京联兴盛业印刷股份有限公司		
规　　格	170 mm×240 mm　16 开本	**版　　次**	2021 年 1 月第 1 版
印　　张	53 插页 3	**印　　次**	2021 年 1 月第 1 次印刷
字　　数	829 000	**定　　价**	268.00 元